新訂朱子全書

附外編

3

［宋］朱熹 撰
朱傑人 嚴佐之 劉永翔 主編

上海古籍出版社

本册書目

儀禮經傳通解（二）

王貽樑　校點　呂友仁　審讀
苑學正　陳良中　陳　才　李慧玲　修訂

儀禮經傳通解卷第二十六

夏小正　　王朝禮三之上

傳曰：何以謂之小正？以小著名也。

正月。啓蟄，鴈北鄉，鄉，許亮反。雉震呴，呴，古豆反。魚陟負冰。農緯厥耒，初歲祭耒，始用暢。囿有見韭〔一〕。時有俊風，寒日滌凍塗。田鼠出，農率均田。獺祭魚，獺，他達反。鷹則爲鳩。農及雪澤，初服于公田。采芸。鞠則見，初昏參中，斗柄縣在下。縣，音玄。柳稊，稊，徒稽反。梅、杏、杝、桃則華，杝，音夷。緹縞，緹，他禮反。縞，古老反。雞捊粥。捊，步侯反。粥，音育。

傳曰：正月。啓蟄，言始發蟄也。鴈北鄉。先言鴈而後言鄉者何也？見鴈而後數其鄉也。數，色主反。鄉者何也？鄉其居也，鴈以北方爲居。何以謂之爲居？生且長焉爾。

長，丁丈反。九月「遰鴻鴈」，遰，特計反。先言遰而後言鴻鴈何也？見遰而後數之，則鴻鴈也。何不謂南鄉也？曰：非其居也，故不謂南鄉。記鴻鴈之遰也，如不記其鄉，何也？曰：鴻不必當小正之遰者也。雉震呴。震也者，鳴也；呴也者，鼓其翼也。正月必雷。雷不必聞，惟雉爲必聞之。何以謂之？雷則雉震呴，相識以雷。魚陟負冰。陟，升也。負冰云者，言解蟄也。農緯厥耒。緯，束也。束其耒云爾者，用是見君之亦有耒也。初歲祭耒，始用暢也。暢也者，終歲之用祭也。其曰初云爾也者，言是月之始用之也。初者，始也。或曰祭韭也。囿有見韭。囿也者，園之燕者也。時有俊風。俊者，大也。大風，南風也。何大於南風也？曰：合冰必於南風，解冰必於南風，生必於南風，收必於南風，故大之也。寒日滌凍塗。滌也者，變也，變而煖也。凍塗者，凍下而澤上多也。田鼠出。田鼠者，嗛鼠也。嗛，户監反。記時也。農率均田。率者，循也。均田者，始除田也，言農夫急除田也。獺祭魚。傳本獺下有「獸」字。其必與之獻「與」，疑作「謂」。「獻」，傳作「獸」。何也？曰：非其類也。祭也者，得多也。善其祭而後食之。十月「豺祭獸」謂之祭，獺祭魚謂之獻，傳作「獸祭」。何也？豺祭其類，獺祭非其類，故謂之獻，傳作「獸」。大之也。鷹則爲鳩。鷹也者，其殺之時也；鳩也者，非其殺之時也。善變而之仁也，故具言之也曰「則」，盡其辭也；鳩爲鷹，變而之不仁也，故不盡其辭也。農及雪澤，言雪澤之無高下也。初服于公田。古者有公田焉，言古者先服公田而後服其田也〔二〕。采芸，舊注云：似邪蒿，可食。爲廟采也。鞠則見。鞠也者何也？星名也。鞠則見者，歲再見爾。初昏參中，蓋記時也云。斗柄縣在下。言斗柄者，所以著參之中也。柳稊。稊也者，發孚也。梅杏杝桃則華。杝桃，山桃也。緹縞。緹也者，莎隨也。縞也者，其實也。先言緹而後言縞者何也？緹先見者也。雞桴粥。粥也者，相粥之時也。或曰：桴，嫗伏也。伏，扶又反。粥，養也。

二月。往耰黍，禪。耰，音憂。禪，音丹。初俊羔，助厥母粥。綏多女士。丁亥，萬用入學。祭鮪，鮪，位軌反。榮堇，堇，居隱反。采蘩，昆小蟲，抵蚳。蚳，直其反。來降燕，乃睇。睇，特計反。剥鱓，鱓，常演反。有鳴倉庚。榮芸，時有見稊始收。

傳曰：二月。往耰黍，禪。禪，單也。初俊羔，助厥母粥。俊也者，大也。粥也者，養也。言大羔能食草木而不食其母也，羊羔非其子而後養之，善養而繼之也。或曰：夏大戴作「憂」。有煮祭，祭者用羔。是時也不足喜樂，樂，音洛。喜傳本作「善」。羔之爲生也而記之，與牛羊傳云：舊注作「羔羊」。腹時也。綏多女士。綏，安也，冠子娶婦之時也。冠，古亂反。丁亥，萬用入學。丁亥者，吉日也。萬也者，干戚舞也。入學也者，大學也，謂今時大舍采也。祭鮪。祭不必記，記鮪何也？鮪之至有時，美物也。鮪者，魚之先至者也。

而其至有時，謹記其時。榮堇，采蘩。堇，采也。大戴作「采色」。蘩，由胡。由胡者，蘩母也。蘩方勃也，皆豆實也，故記之。昆小蟲，抵蚳。昆者，衆也。由魂，魂也者，動也，小蟲動也。其先言動而後言蟲者何也？萬物至是動而後著。抵，猶推也。推，土堆反。蚳，螘卵也，螘，魚豈反。卵，盧短反。爲祭醢也。取之則必推之，推之不必取，取必推而不言取。來降燕，乃睇。燕，乙也。降者，下也。言來者何也？莫能見其始出也，故曰來降。言乃睇何也？睇者，眄也。眄，普莧反。眄者，視可爲室者也。百鳥皆曰巢，穾穴取與之室何也？摻泥而就家，人大戴作「入」。人內也。摻，所覽反。剝鱓，以爲鼓也。有鳴倉庚。倉庚者，商庚也。商庚者，長股也。榮芸，時有見稊始收。有見稊而後始收，是小正序也。小正之序時也，皆若是也。稊者，所爲豆實。

三月。參則伏。攝桑，委楊，䍧羊，螜則鳴。螜，音斛。頒冰，采識，妾子始蠶，執養宮事。祈麥實，越有小旱，田鼠化爲鴽，鴽，音如。拂桐芭，鳴鳩。

傳曰：三月。參則伏。伏者，非亡大戴作「忘」。之辭也。星無時而不見，我有不見之時，故曰伏云。攝桑。攝而記之，急桑也。委一作「萎」。楊。楊則花而後記之。䍧羊。羊有相還之時，其類䍧䍧然，記變爾。或曰：䍧，羝也。羝，丁奚反。螜則鳴。螜，天螻也。螻，音樓。頒冰。頒冰者，分冰以授大夫也。采識。識，草也。妾子始蠶。先妾而後子何也？曰：事有漸也，言自卑事者始也。傳本云：當云「事自卑者始」。或無「也」字。執養宮事。執，操也；操，七刀反。養，長也。長，丁丈反。祈麥實。麥實者，五穀之先見者，故急祈而記之也。越有小旱。越，于也，記是時恒有小旱。田鼠化爲鴽。鴽，鵪也。鵪，烏含反。變而之善，故盡其辭也。鴽爲鼠，變而之不善，故不盡其辭也。拂桐芭。拂也者，拂也，桐芭之時也。或曰：言桐芭始生，貌拂拂然也。鳴鳩，言始相命也。先鳴而後鳩何也？鳩者鳴而後知其鳩也。

四月。昴則見。見，賢遍反。初昏，南門正。鳴札，囿有見杏，鳴蜮。蜮，音或。王萯莠，取茶，萯，房九反。莠幽。越有大旱，執陟攻駒。

傳曰：四月。昴則見，初昏，南門正。南門者，星也。歲再見，壹正，蓋大正所取法也。鳴札。札者，寧縣也。縣，音懸。鳴而後知之，故先鳴而後札。囿有見杏。囿者，山之燕者也。鳴蜮。蜮也者，或曰屈造之屬也。王萯莠，取茶。茶也者，以爲君薦蔣也。莠幽，越有大旱。記時爾。執陟攻駒。執也者，始執駒也。執駒也者〔三〕，離之去母也，執而升之君也。攻駒也者，教之服車數舍之也。

五月。參則見。見，賢遍反。浮游有殷，鴂則鳴。「鴂」，與「鵙」通，古役反。時有養日，乃瓜，良蜩鳴。蜩，音彫。匽之興五日翕，望乃伏。匽，於殄反。啓灌藍蓼，鳩爲鷹，唐蜩鳴。初昏，大火中。煮梅，蓄蘭，菽麋，菽，音叔。麋，音門。頒馬。

傳曰：五月。參則見。參也者，伐一作「牧」。星也，故盡其辭也。浮游有殷。殷，衆也。浮游者，渠略也，朝生而暮死。稱「有」何也？有見也。鴂則鳴。鴂者，百鷯也。鳴者，相命也。其不辜之時也，是善之，故盡其辭也。時有養日，大戴「日」作「白」。以十月「養夜」考之，作「日」近是。養，長也。長，丁丈反。一則在本，一則在末，故其記曰「時養日」大戴作「白」，非是。云本多作「之」，今從傅本舊注。也。乃瓜。傅本「瓜」上有「衣」字。乃傅云：一本有「衣」字。者，急瓜傅云一作「衣」[四]。之辭也。傅云：一本有「衣也者，始創衣也」。瓜也者，始食瓜也。良蜩鳴。良蜩也者，五采具。匽之興五日翕，望乃伏。其不言生而稱興何也？不知其生之時，故曰興。以其興也，故言之興五日翕也。望也者，月之望也。而伏云者，不知其死也，故謂之伏。五日也者，十五日也。翕也者，合也。伏也者，入而不見也。啓灌藍蓼。啓者，別也，陶而疏之也。灌者，聚生者也。記時也。鳩爲鷹，唐蜩鳴。唐蜩鳴者，匽也。初昏，大火中。大火者，心也。心中，種黍菽麋時也。煮梅，爲豆實也。蓄蘭，爲沐浴也。菽麋，以在經中矣，又言之時何也？是食短闕而記之。頒馬，分夫婦一作「大夫卿」。之駒也。將閒諸則，或取離駒納之則法也。

六月。初昏，斗柄正在上。煮桃，鷹始摯。

傳曰：六月。初昏，斗柄正在上。五月大火中，六月斗柄正在上，用此見斗柄之不在當心也，蓋當依。依，尾也。煮桃。桃也者，杝桃也。杝桃也者，山桃也，煮以爲豆實也。傳本「杝」作「梔」，注云：按爾雅：「梔，椴。」郭璞云：「白椴也，樹似白楊。」而古今字書有杝而無梔，亦無有訓山桃者。爾雅：「榹桃，山桃。音斯。」唐韻亦云：「此書梔桃者，山桃也，當作榹。」蓋傳寫之誤。鷹始摯。始摯而言之何也？諱煞之辭也，傳本有「言」字。摯云。

七月。莠雚葦。莠，讀爲秀。雚，胡官反。葦，于鬼反。狸子肇肆，湟潦生苹。湟，音皇。潦，力倒反。苹，符兵反。爽死，苹莠〔五〕。漢案户。寒蟬鳴。初昏，織女正東鄉。鄉，音向。時有霖雨，灌荼。斗柄縣在下則旦。縣，音懸。

傳曰：七月。莠雚葦。未莠則不爲雚葦，莠然後爲雚葦，故先言莠。狸子肇肆。肇，始也。肆，遂也。言其始遂也。其或曰：肆，殺也。湟潦生苹。湟，下處也。有湟然後有潦，有潦而後有苹草也。爽死。爽也者，猶疏也。苹莠。苹也者，有馬帚也〔六〕。漢案户。漢也者，河也。大戴無此三字。案户也者，直户也，言正南北也。寒蟬鳴。蟬也者，蝭蠑也。蝭，大兮反。初昏，織女正東鄉。時有霖雨，灌荼。灌，聚也〔七〕；荼，雚葦之莠。傳本有「也」字。爲蔣楮之也。雚未秀爲菼，菼，土敢反。葦未秀爲蘆。傳本「秀」皆作「莠」。斗柄縣在下則旦。

八月。剥瓜，玄校。剥棗，㮚零。㮚，力執反。丹鳥羞白鳥。辰則伏，鹿人從。駕爲鼠。參中則旦。

傳曰：八月。剥瓜。剥瓜也者，畜瓜之時也。玄校。玄也者，黑也；校也者，若緑傳本作「緣」。色然。婦人未嫁者衣之。衣，去聲。剥棗。剥也者，取也。㮚大戴作「栗」。零。零也者，降也。零而後取之，故不言剥也。丹鳥羞白鳥。丹鳥者，謂丹良也；白鳥者，謂蚊傳本作「閩」。蚋也。蚋，儒税反。其謂之鳥也，重其養者也。有翼者爲鳥。羞也者，進也，不盡食也。辰則伏。辰也者，謂星也；伏也者，入而不見也。鹿人從。鹿人從者，從羣也。鹿之養也，離羣而善而傳本無此「而」字。之。離而生，非所知時也，故記從不記離。君子之居幽也不言。或曰：人從。大戴無此「從」字。人從也者，大者於外，小者傳本有。於内，率之也。駕爲鼠。參中則旦。

九月。内火。内，音納。遰鴻鴈。遰，特計反。主夫出火。陟玄鳥蟄，熊羆、貊貉、鼬鼪則穴〔八〕。貊，莫白反。貉，曷各反。鼬，音佑。鼪，音生。榮鞠，樹麥。鞠，居六反。王始裘。辰繫于日，雀入于海爲蛤。

傳曰：九月。内火。内火也者，大火。大火也者，心也〔九〕。遰鴻鴈。遰，往也。主夫出火。主夫也者，主以時縱火也。陟玄鳥蟄。陟，升也；玄鳥者，鷰也。先言陟而後言蟄何也？陟而後蟄也。熊羆、貊貉、鼬鼪則穴，大戴「穴」作「大」，非。若蟄而〔一〇〕。榮鞠，樹麥。大戴無「樹麥」字，傳云：或曰傳文也。鞠，草也。鞠榮而樹麥，時之急也。王始裘。王始裘者何也？衣裘之時也。衣，去聲。辰繫于日。傳本注無此字，疑八月「辰則伏」之類，寫時脱也。雀入于海爲蛤，蓋有矣，非常入也。

十月。豺祭獸。豺，牀皆反。初昏，南門見。見，賢遍反。黑鳥浴。時有養夜。玄雉入于淮爲蜃。蜃，時忍反。織女正北鄉則旦。鄉，許亮反。

傳曰：十月。豺祭獸。善其祭而後食之也。初昏，南門見。南門者，星名也。及此再見矣。黑鳥浴。黑鳥者何也？烏也。浴也者，飛乍高乍下也。時有養夜。時有養夜者，養，長也，若日之長也。玄傳本注無「玄」字，傳作云，疑屬上則然，亦非也。雉入于淮爲蜃。蜃者，蒲蘆也。織女正北鄉則旦。織女，星名也。

十有一月。王狩，陳筋革。嗇人不從，隕麋角。

傳曰：十有一月。王狩。狩者，言王之時田，冬獵爲狩。陳筋革。陳筋革者，省兵甲也。嗇人不從。不從者，弗行於時月也，萬物不通。隕麋角。隕，墜也。日冬至，陽氣至始動，諸向生皆蒙蒙符矣，故麋角隕，記時焉爾。

十有二月。鳴弋，玄駒賁。賁，音奔。納卵蒜〔一一〕。蒜，蘇貫反。虞人入梁。隕麋角。

傳曰：十有二月。鳴弋。弋也者，禽也。先言鳴而後言弋者何也？鳴而後知其弋也。玄駒賁。玄駒也者，螘也。螘，魚豈反。賁者何也？走於地中也。納卵蒜。卵蒜也者，本如卵者也。納者何也？納之君也。虞人入梁。虞人，官也。梁者，主設罔罟者也。罟，音古。隕麋角，蓋陽氣旦睹也，故記之也。○周月：維一月既南至，昏昴畢見，日短極，基踐長，微陽動于黃泉，陰降慘于萬物。是月斗柄建子，始昏北指，陽氣虧，草木萌蕩。日月俱起于牽牛之初，右回而行。月周天起一次而與日合宿。日行月一次而周天，曆舍于十有二辰〔一二〕，終則復始，是謂日月權輿與？周正歲道，數起于時一而成于十次，一爲首，其義則然。凡四時成歲，歲有春夏秋冬，各有孟仲季以名十有二月，中氣以著時應。春三中氣：雨水、春分、穀雨；夏三中氣：小滿、夏至、大暑；秋三中氣：處暑、秋分、霜降；冬三中氣：小雪、冬至、大寒。閏無中氣，斗指兩辰之閒。萬物春生夏長，長，丁丈反。秋收冬藏，天地之正，四時之極，不易之道。夏數得天，百王所同。其在商湯，用師于夏，降民之災，順天革命，改正朔，變服殊號，一文一質，示不相沿。以建丑爲正，易民之眡。若天時天變，亦一代之時。亦越我周王致伐于商，改正異械，以垂三統。至於敬授民時，巡狩烝享，猶自夏焉。是謂周月，以紀于政。以上見汲冢周書，雖出近世所僞作，然其所論亦會集經傳之文，無悖理者，今姑存之。○單子曰：「夫辰角見而雨畢，單，音善。夫，音扶。見，賢遍反，下同。○辰角，大辰蒼龍之角。角，星名也。見者，朝見東方建戌之初，寒露節也。雨畢者，殺氣日至，而雨氣盡也。天根見而水涸，涸，下各反，下同。○天根，亢、氐之閒。涸，竭也。謂寒露雨畢之後五日，天根朝見，水潦盡竭也。月令：「仲秋，水始涸。」天根見，乃盡竭也。」本見而草木節解，解，下買反。○本，氐也。謂寒露之後十日，陽氣盡，草木之枝節皆理解也。駟見而隕霜，駟，天駟，房星也。隕，落也。謂建戌之中霜始降。火見而清風戒寒，謂霜降之後，清風先至，所以戒人爲寒備也。故先王之教曰：『雨畢而除道，水涸而成梁，教，謂月令之屬也。九月雨畢，十月水涸也。草木節解而備藏，備，收藏也。月令：季秋，農事畢收。隕霜而冬裘具，孟冬，天子始裘，故九月可以具。清風至而修城郭宮室。』謂火見之後，建亥之初也。故夏令曰：『九月除道，十月成梁。』夏令，夏后氏之令，周所因也。除道所以便行旅，成梁所以便民，使不涉也。其時儆曰：『收而場功，偫而畚梮，偫，直里反。畚，音本。梮，九玉反。○時儆，時以儆告其民也。收而場功，使人修囷倉也。偫，具也。畚，器名，土籠也。梮，舁土之器。具爾畚梮，以築作也。營室之中，土功其始。定，謂之營室也。建亥小雪中，定星昏正於午，土功可以始，故詩云「定之方中，作于楚宮」也。火之初見，期於司里。期，會也。致其築作之具，會於司里之官也。此先王所以不用財賄，而廣施德於天下者也。施德，謂因時警戒，謹蓋藏，成築功也。今陳國火朝覿矣，而道路若塞，野場若棄，澤不陂障，川無舟梁，覿，徒歷反。陂，彼爲反。障，之亮反。○舟梁，以舟爲梁矣。是廢先王之教也。國語周語○魯宣公夏濫於泗淵，濫，盧瞰反。○濫，漬也。漬罟於泗水之淵以取魚也。泗在魯城北也，又曰南門。里革斷其罟而棄之，罟，網也。曰：「古者大寒降，土蟄發，降，下也。寒氣初下，謂季冬建丑之月，大寒之後也。土蟄發，謂孟春建寅之月，蟄始震也。月令：孟春「蟄蟲始震，魚上冰，獺祭魚」也。水虞於是乎講罛罶，取名魚，登川禽，而嘗之寢廟，行諸國人，助宣氣也。罛，音孤。罶，音柳。○水虞，漁師也，掌川澤之禁令。講，習也。罛，漁網。罶，笱也。名魚，大魚也。川禽，鼈蜃之屬。諸，之也。是時陽氣起，魚陟負冰，故令國人取之，所以助宣氣也。月令：「季冬始漁，迺嘗魚，先薦寢廟」。唐云「孟春」，誤矣。鳥獸孕，水蟲成，孕，懷子也。謂春時也。獸虞於是乎禁罝羅，矠魚鼈以爲夏犒，罝，音嗟。矠，叉角反。犒，苦老反。○獸虞，掌鳥獸之禁令。罝，兔罟。羅，鳥罟也。禁，禁不得施也。矠，擉也。犒，乾也。夏不得取，故於此時擉刺魚鼈以爲夏儲也。助生阜也。阜，長也。鳥獸方孕，故取魚鼈助生物也。鳥獸成，水蟲孕，水虞於是禁罝麗，設穽鄂，罝，音獨。麗，音鹿。穽，音靜。鄂，五各反。○罝，當作「罜」。罜麗，小網也。穽，陷也。鄂，柞格，所以誤獸也。謂立夏鳥獸已成，水蟲懷孕之時，禁取魚之網，設取獸之物也。以實廟庖，畜功用也。以獸實宗廟庖厨也。而長魚鼈，畜四時功，足國財用也。且夫山不槎蘖，槎，仕雅反。蘖，五達反。○槎，斫也。以株生曰蘖。澤不伐夭，屮木未成曰夭。魚禁鯤鮞，鯤，音昆。鮞，音而。○鯤，魚子也。鮞，未成魚也。獸長麑麌，長，丁丈反。麑，音倪。麌，一老反。○鹿子曰麑，麋子曰麌。鳥翼鷇卵，鷇，古候反。○翼，成也。生哺曰鷇，未乳曰卵。蟲舍蚳蝝，舍，音捨。蚳，音遲。蝝，音沿。○蚳，螘子也，可以爲醢。蝝，蝠陶也，可食。舍，不取也。蕃庶物也，古之訓也。國語魯語○縣子問子思曰：「顏回問爲邦，夫子曰：『行夏之時。』若時，殷、周異正爲非乎？」縣，音懸。○縣子瑣言夏以建寅爲正，夫子是之，則商、周以子丑爲正，乃非乎？子思曰：「夏數得天，堯、舜之所同也。夏以寅爲正，得天數之全，故堯、舜亦然。殷、周王征伐革命以應乎天，因改正朔，若云天時之改爾，故不相因也。湯、武革命，所以應天，故變其正朔，蓋言若受天命然。夫受禪於人者則襲其統，夏因人心之歸以受舜禪，故亦因其朔不改。受命於天者則革之，所以神其事，如天道之變然也。三統之義，夏得其正，是以夫子云。」孔叢子雜訓

王朝禮三之下

月令

孟春之月，日在營室，昏參中，旦尾中。參，所林反。○孟，長也。日月之行，一歲十二會，聖王因其會而分之以爲大數焉，觀斗所建，命其四時。此云孟春者，日月會於諏訾而斗建寅之辰也。凡記

昏明中星者，爲人君南面而聽天下，視時候以授人事。○淮南子時則訓篇無「日在營室」字，有「招摇指寅」字。○唐本作「正月之節，日在虚，昏昴中，曉心中，斗建寅位之初」。其日甲乙。乙之言軋也。日之行，春東從青道，發生萬物，月爲之佐，時萬物皆解孚甲，自抽軋而出，因以爲日名焉。乙不爲月名者，君統臣功也。○淮此上有「其位東方」，下有「盛德在木」字。其帝大皞，其神句芒。大，音泰。皞，胡老反。句，古侯反，下同。○此蒼精之君，木官之臣，自古以來著德立功者也。大皞，宓戲氏。句芒，少皞氏之子，曰重，爲木官。○淮無此二句〔一三〕。其蟲鱗，象物孚甲將解。鱗，龍蛇之屬。其音角，謂樂器之聲也。三分羽益一以生角，角數六十四，屬木者，以其清濁中民象也。春氣和則角聲調，樂記曰：「角亂則憂，其民怨」。凡聲尊卑取象五行，數多者濁，數少者清，大不過宫，細不過羽。律中大蔟。中，丁仲反，下同。蔟，七豆反。○律，候氣之管，以銅爲之。中，猶應也。孟春氣至則大蔟之律應，謂吹灰也。大蔟者，林鍾之所生，三分益一，律長八寸，凡律空圍九分。周語曰：「大蔟，所以金奏贊陽出滯。」其數八，數者，五行佐天地生物、成物之次也。易曰：「天一，地二，天三，地四，天五，地六，天七，地八，天九，地十。」而五行自水始，火次之，木次之，金次之，土爲後。木生數三，成數八，但言八者，舉其成數。○唐此下有「其性仁，其事貌」字。其味酸，其臭羶。木之臭味也。凡酸羶者，皆屬焉。其祀户，祭先脾。春，陽氣出，祀之於户，内陽也。祀之先祭脾者，春爲陽中，於藏直脾，脾爲尊。凡祭五祀於廟，用特牲，有主有尸，皆先設席於奥。祀户之禮，南面設主於户内之西，乃制脾及腎爲俎，奠於主北。又設盛於俎西，祭黍稷，祭肉，祭醴，皆三。祭肉，脾一，腎再，既祭徹之，更陳鼎俎，設饌於筵前，迎尸，略如祭宗廟之儀。東風解凍，蟄蟲始振。魚上冰，獺祭魚，鴻鴈來。獺，他達反。○皆記時候也。振，動也。夏小正：「正月啓蟄，魚陟負冰。」漢始亦以驚蟄爲正月中，此時魚肥美，獺將食之，先以祭也。鴈自南方來，將北反其居。今月令「鴻」皆爲「候」。○呂氏春秋及淮「鴻鴈來」皆作「候鴈北」。○淮「振」下有「蘇」字，「上」下有「負」字。○唐云「立春之日，東風解凍，後五日，蟄蟲始振，後五日，魚上冰」，仍以「獺祭魚，鴻鴈來」兩句入後章。天子居青陽左个，乘鸞路，駕倉龍，載青旂，衣青衣，服倉玉，食麥與羊，其器疏以達。載，音戴。上衣去聲，後同。○皆所以順時氣也。青陽左个，大寢東堂北偏。鸞路，有虞氏之車，有鸞和之節而飾之以青，取其名耳。春言鸞，冬夏言色，互文。馬八尺以上爲龍。凡所服玉，謂冠飾及所佩者之衡璜也。麥實有孚甲，屬木。羊，火畜也，時尚寒，食之以安性也。器疏者刻鏤之，象物當貫土而出也。凡此車馬衣服，皆所取於殷時而有變焉，非周制也。周禮朝祀戎獵，車服各以其事，不以四時爲異。又玉藻曰：「天子龍袞以祭，玄端而朝日，皮弁以日視朝。」與此皆殊。○呂「路」作「輅」，「倉龍」作「蒼龍」，「倉玉」作「青玉」。○淮此一節作「天子衣青衣，乘蒼龍，服蒼玉，建青旗，食麥與羊，服八風水，爨柘燧火，東宮御女青色衣，青采，鼓琴瑟，其兵矛，其畜羊，朝於青陽左个，以出春令，命相布德施惠行，慶賞省，徭賦」。○唐「鸞」作「青」，「路」作「輅」，「倉」並作「蒼」。是月也，以立春。先立春三日，大史謁之天子曰：「某日立春，盛德在木。」天子乃齊。先，悉薦反。齊，側皆反。下同。○大史，禮官之屬，掌正歲年以序事。謁，告也。○呂、唐「齊」皆作「齋」。○淮無「是月」至此一節。○唐無「是月也以立春」字，「大史」下有「以先立春三日」字，「之」作「於」。立春之日，天子親帥三公、九卿、諸侯、大夫以迎春於東郊。還反，賞公、卿、諸侯、大夫於朝。還，音旋，後同。○迎春，祭倉帝靈威仰於東郊之兆也。王居明堂禮曰「出十五里迎歲」，蓋殷禮也。周近郊五十里。賞，謂有功德者有以顯賜之也。朝，大寢門外。○呂、淮、唐「帥」皆作「率」。唐無「三」、「九」字。呂、淮並無「諸侯」字。淮「迎春」作「迎歲」，「於」作「于」〔一四〕，無「還反」至「於朝」一節。呂、唐「反」皆作「乃」。命相布德和令，行慶施惠，下及兆民。相，悉亮反。○相，謂三公相王之事也。德，謂善教也。令，謂時禁也。慶，謂休其善也。惠，謂恤其不足也。天子曰兆民。○唐「民」作「人」，篇内並同。慶賜遂行，毋有不當。當，丁浪反。○遂，猶達也。言使當得者皆得，得者無非其人。○呂、唐「毋」皆作「無」，篇内並同。○淮以「命相」至此一節屬上文。乃命大史守典奉法，司天日月星辰之行，宿離不貸，毋失經紀，以初爲常。離，音儷，呂計反。貸，吐得反。○典，六典。法，八法也。離，讀如儷偶之儷。宿儷，謂其屬馮相氏、保章氏掌天文者相與宿偶，當審候伺，不得過差也。經紀，謂天文進退度數。○呂「貸」作「忒」。○淮無「乃命」至此一節。○唐云「命大史司天曆候」，無「之行」字，「爲常」下又有「是月也，命有司祭風師，是月也，命有司釁龜筴占兆，審卦吉凶」。○下又別分一章，云：「正月中氣，日在危，昏畢中，曉尾中，斗建寅位之中。雨水之日，獺祭魚，後五日，鴻鴈來，後五日，草木萌動。天子乃命有司布農事，舍東郊，修封疆，端徑術，善相丘陵阪險原隰，土地所宜，五穀所殖，以教導人，必躬親之。田事既飭，先定準直，農乃不惑。」是月也，天子乃以元日祈穀于上帝。謂以上辛郊祭天也。春秋傳曰：

「夫郊祀后稷以祈農事，是故啓蟄而郊，郊而後耕。」上帝，大微之帝也。〇唐無「是月也」字。乃擇元辰，天子親載耒耜，措之于參保介之御間。帥三公、九卿、諸侯、大夫躬耕帝籍，天子三推，三公五推，卿、諸侯九推。耒，力對反。推，吐回反。〇元辰，蓋郊後吉亥也。耒，耜之上曲也。保介，車右也。置耒耜於車右與御者之間，明己勸農，非農者也。人君之車，必使勇士衣甲居右而參乘，備非常也。保，猶衣也。介，甲也。帝籍，爲天神借民力所治之田也。〇呂「于參」作「參于」，「帥」作「率」，「帝籍」作「藉田」，「侯」下有「大夫」字。〇唐「措」作「置」，無「于參保介之御間」字，有「車右」字，無「三」、「九」字，「帥」及「帝籍」同呂本。反，執爵于大寢，三公、九卿、諸侯、大夫皆御，命曰勞酒。勞，力報反。〇既耕而宴飲，以勞羣臣也。大寢，路寢。御，侍也。〇呂無「大夫皆」字。〇淮無「是月」至此一節。〇唐「反」作「還」，「執爵」作「讌飲」，「于」作「於」，無「三」、「九」字。是月也，天氣下降，地氣上騰，天地和同，唐無此一節。草木萌動。此陽氣蒸達，可耕之候也。農書曰：「土長冒橛，陳根可拔，耕者急發。」〇呂「萌」作「繁」。王命布農事，命田舍東郊，皆修封疆，審端徑術，田，謂田畯，主農之官也。舍東郊，順時氣而居[一五]，以命其事也。封疆，田首之分職。術，周禮作「遂」。遂上有徑。遂，小溝也，步道曰徑。今尚書曰：「分命義仲，宅隅夷」也。〇呂「王」下無「命」字。善相丘陵、阪險、原隰，土地所宜，五穀所殖，以教道民，必躬親之。相，視也。田事既飭，先定準直，農乃不惑。相，息亮反。阪，音反。道，音導。〇説所以命田舍東郊之意也。準直，謂封疆徑遂也。夏小正曰：「農率均田。」○淮無「是月」至此一節。○唐屬上文。是月也，命樂正入學習舞。爲仲春將釋菜。○淮無此一節。○唐無「入學」字。乃脩祭典，重祭禮，歲始省録也。○淮作「修除祠位」。命祀山林川澤，犧牲毋用牝。牝，頻忍反。○爲傷妊生之類〔一六〕。○淮作「幣禱鬼神，犧牲用牝」。○唐「山林川澤」作「岳鎮海瀆」。禁止伐木，盛德所在。○淮無「止」字。毋覆巢，毋殺孩蟲、胎夭、飛鳥，毋麛，毋卵。孩，户哀反。夭，烏老反。麛，音迷。卵，力管反。○爲傷萌幼之類。○淮「巢」下無「毋」字及「孩蟲飛鳥」字。○唐無「毋覆」至「飛鳥」字。毋聚大衆，毋置城郭，爲妨農之始。○淮無「大」字及下「毋」字。掩骼埋胔。骼，江百反。胔，才賜反。○爲死氣逆生也。骨枯曰骼，肉腐曰胔。○「埋胔」，呂作「霾髊」，○淮作「薶骴」。是月也，不可以稱兵，稱兵必天殃。逆生氣。○呂、唐「必」下有「有」字。兵戎不起，不可從我始。爲客不利，主人則可。○呂「可」下有「以」字。毋變天之道，以陰政犯陽。毋絶地之理，易剛柔之宜。毋亂人之紀。仁之時而舉義事。○淮無「是月」至此一節。孟春行夏令，則雨水不時，巳之氣乘之也。四月於消息爲乾。○呂、淮「雨水」並作「風雨」。草木蚤落，生日促。○呂、淮、唐「蚤」並作「早」，篇内並同。呂「落」作「槁」。國時有恐；以火訛相驚。○呂、淮「時」作「乃」。行秋令，則其民大疫，申之氣乘之也，七月始殺。○呂無「其」字。猋風暴雨摠至，猋，必遥反。○正月宿直尾箕，箕好風，其氣逆也。回風爲猋。○呂「猋」作「疾」，「摠」作「數」。淮、唐「猋」作「飄」。○淮「摠」作「總」。藜莠蓬蒿並興；藜，力兮反。莠，音酉。○生氣亂，惡物茂。行冬令，則水潦爲敗，雪霜大摯，首種不入。摯，音至。種，章勇反。○亥之氣乘之也。舊説首種謂稷。○淮「雪」作「雨」，「摯」作「雹」，「種」作「稼」，句下有「正月官司空，其樹楊」。○仲春之月，日在奎，昏弧中，旦建星中。奎，苦圭反。弧，音胡。○仲，中也。仲春者，日月會於降婁而斗建卯之辰也。弧在輿鬼南，建星在斗上。○吕「弧」作「孤」。○淮無「日在奎」字，有「招摇指卯」字。○唐作「二月之節，日在營室，昏東井中，曉箕中，斗建卯位之初」。律中夾鐘。夾鐘者，夷則之所生，三分益一，律長七寸二千一百八十七分寸之千七十五。仲春氣至，則夾鐘之律應。周語曰：「夾鐘，出四隙之細。」○諸本上下並與孟春文同，今从唐本删，後放此。始雨水，桃始華，倉庚鳴，鷹化爲鳩。皆記時候也。倉庚，驪黄也。鳩，搏穀也。漢始以雨水爲二月節。○吕「始」作「李」。淮作「桃李始華」。○唐無「始雨水」字，作「驚蟄之日，桃始華，後五日，倉庚鳴，後五日，鷹化爲鳩」。天子居青陽大廟。青陽大廟，東堂大室。○淮「居」作「朝于」。是月也，安萌芽，養幼少，存諸孤。少，詩召反。○助生氣也。○淮以此一節屬下文。擇元日，命民社。社，后土也。使民祀焉，神其農業也。祀社日用甲。○淮、唐皆以此屬下文。命有司省囹圄，去桎梏，毋肆掠，止獄訟。省，所景反，又所幸反。囹，音零。圄，魚吕反。去，羌吕反。桎，音質。梏，工毒反。掠，音亮。○順陽寬也。省，減也。囹圄所以禁守繫者，若今別獄矣。桎梏，今械也，在手曰梏，在足曰桎。肆，謂死刑暴尸也。周禮曰：「肆之三日。」掠，謂捶治人。○淮「肆」作「笞」，下有「養幼小，存孤獨，以通句萌。擇元日，令民社」十六字。是月也，唐此下有「命樂正習舞，上丁，釋奠于國學，天子乃率公卿諸侯親往視之，命有司上戊釋奠于太公廟。是月也，擇元日命人社」，又分此下別爲一章，云：「二月中氣，日在奎，昏東井中，曉南斗中，斗建卯位之中。春分之日，玄鳥至，後五日，雷乃發聲，後五日，始電。是月也，祀朝日於東郊，天子獻羔開冰，先薦寢廟。是月也，日夜分，則同度量，平權衡。」玄鳥至。至之日，以太牢祠于高禖，天子親往，禖，音梅。○玄鳥，燕也。燕以施生時來，巢人堂宇而孚乳，嫁娶之象也，媒氏之官以爲候。高辛氏之世，玄鳥遺卵，娀簡吞之而生契，後王以爲媒官嘉祥而立其祠焉。變媒言禖，神之也。○呂「祠」作「祀」。○唐此上別有「是月也」字，無下「至」字。后妃帥九嬪御。御，謂從往侍祠。周禮天子有夫人，有嬪，有世婦，有女御。獨云九嬪，舉中言也。○呂、唐「帥」作「率」。乃禮天子所御，帶以弓韣，授以弓矢于高禖之前。韣，大木反。○天子所御，謂今有娠者。於祠，大祝酌酒，飲於高禖之庭，以神惠顯之也。帶以弓韣，授以弓矢，求男之祥也。王居明堂禮曰：「帶以弓韣，禮之禖下，其子必得天材。」○淮無「是月也」至此節。○唐此下有「是月也，命有司祭馬祖」九字。是月也，日夜分，雷乃發聲，始電。蟄蟲咸動，啓户始出。又記時候。發，猶出也。○呂「啓」作「開」。○淮「乃」作「始」，無「始電」字，「動」下有「蘇」字，無「啓户始出」字。○唐以此一節屬上文，無「蟄蟲」以下八字。先雷三日，奮木鐸以令兆民曰：「雷將發聲，有不戒其容止者，生子不備，必有凶災。先，悉薦反。○主戒婦人有娠者也。容止，猶動靜。○呂、淮並無「木」字，「將」並作「且」。呂「令」下有「于」字。淮「奮」作「振」，「令」下有「於」字。○唐無此一節。日夜分，則同度量，鈞衡石，角斗甬，正權概。量，音亮。甬，音勇。概，古代反。○因晝夜等而平當平也。同、角、正，皆謂平之也。丈尺曰度。斗斛曰量。三十斤曰鈞。稱上曰衡。百二十斤曰石。甬，今斛也。稱錘曰權。概，平斗斛者。○呂「甬」作「桶」。○淮無「日夜分則」字，有「令官市」字，「甬」作「稱」，「正」作「端」。○唐此一節屬上文。是月也，耕者少舍，乃脩闔扇，寢廟畢備，闔，户臘反。○舍，猶止也。因蟄蟲啓户，耕事少閒而治門户也。用木曰闔。用竹葦曰扇。畢，猶皆也。凡廟，前曰廟，後曰寢。○淮無此一節。毋作大事以妨農之事。大事，兵役之屬。○呂、淮、唐並無「之」字。呂、淮「事」作「功」。○淮以此句屬下文。是月也，毋竭川澤，毋漉陂池，毋焚山林。漉，音鹿。陂，彼宜反。○順陽養物也。畜水曰陂。穿地通水曰池。○淮無「是月也」字，有「毋作大事以妨農功」八字。天子乃鮮羔開冰，先薦寢廟。鮮，當爲「獻」，聲之誤也。獻羔，謂祭司寒也。祭司寒而出冰，薦於宗廟，乃後賦之。春秋傳曰：「古者日在北陸而藏冰，西陸朝覿而出之。其藏冰也，深山窮谷，固陰沍寒，於是乎取之。其出之也，朝之禄位，賓、食、喪、祭，於是乎用之。其藏之也，黑牡、秬黍以享司寒。其出之也，桃弧棘矢以除其災。其出入也時。食肉之禄，冰皆與焉。大夫命婦，喪浴用冰。祭寒而藏之，獻羔而啓之。公始用之，火出而畢賦。自命夫命婦至於老疾，無不受冰。」○呂「鮮」作「獻」。○淮無此一節。○唐屬上文。上丁，命樂正習舞釋菜。樂正，樂官之長也。命習舞者，順萬物始出地鼓舞也。將舞，必釋菜於先師以禮之。夏小正曰：「丁亥，萬用入學。」天子乃帥三公、九卿、諸侯、大夫親往視之。順時達物也。仲丁，又命樂正入學習樂。爲季春將合樂也。習樂者，習歌與八音。○呂「習」作「入」，「釋」作「舍」，「帥」作「率」，無「大夫」字，「仲」作「中」。○淮無「上丁」以下至此一節。○唐入前章。是月也，祀不用犧牲，用圭璧，更皮幣。更，古行反。○爲季春將選而合騰之也。更，猶易也。當祀者，告以玉帛而已。仲春行秋令，則其國大水，寒氣摠至，酉之氣乘之也。八月，宿直昴畢，畢好雨。○淮「摠」作「總」。寇戎來征；金氣動也，畢又爲邊兵。行冬令，則陽氣不勝，麥乃不孰，子之氣乘之也。十一月爲大陰。○諸本「孰」皆作「熟」，篇内皆同。民多相掠；陰奸衆也。○淮「掠」作「殘」。行夏令，則國乃大旱，煖氣早來，午之氣乘之也。○呂、淮「煖」作「燠」。淮「國乃」作「其國」。蟲螟爲害。螟，亡丁反。○暑氣所生爲災害也。○淮此下有「二月官倉其樹杏」。○季春之月，日在胃，昏七星中，旦牽牛中。季，少也。季春者，日月會於大梁而斗建辰之辰。○淮無「日在胃」字，有「招搖指辰」字。○唐作「三月之節，日在婁，昏柳中，曉南斗中，斗建辰位之初」。律中姑洗。洗，素典反。○姑洗者，南呂之所生也，三分益一，律長七寸九分寸之一。季春氣至，則姑洗之律應。國語曰：「姑洗，所以修潔百物，考神納賓。」○諸本見仲春章。桐始華，田鼠化爲鴽，虹始見，蓱始生。鴽，音如。虹，音紅。見，賢遍反。蓱，步丁反。○皆記時候也。鴽，鴾母。螮蝀謂之虹。蓱，萍也，其大者曰蘋。○呂、淮、唐「蓱」作「萍」。○唐云「清明之日，桐始華，後五日，田鼠化爲鴽，後五日，虹始見」，又分「萍始生」入下章。天子居青陽右个。青陽右个，東堂南偏。○諸本見仲春章。是月也，天子乃薦鞠衣于先帝。鞠，居六反，如菊華也；又去六反，如麴塵。○爲將蠶，求福祥之助。鞠衣，黃桑之服。先帝，大皞之屬。○呂無「乃」字。○淮無此一節。命舟牧覆舟，五覆五反，乃告舟備具于天子焉。覆，芳服反。○舟牧，主舟之官也。覆反舟者，備傾漏也。○呂、淮皆無「命」字。唐「舟牧」作「有司」。淮「告」作「言」，無「舟備焉」字。天子始乘舟，薦鮪于寢廟，鮪，于軌反。○進時美物。○淮「子」下有「乃」字，「于」作「於」。乃爲麥祈實。爲，于僞反。○於含秀求其成也。不言所祈，承寢廟可知。○唐無此句。是月也，生氣方盛，陽氣發泄，句者畢出，萌者盡達，不可以内。句，古侯反。○時可宣出，不可收斂也。句，屈生者。芒而直曰萌。○呂「句」作「牙」。天子布德行惠，命有司發倉廩，賜貧窮，振乏絶；振，猶救也。○淮無「布德行惠」字，「倉」作「囷」，「廩」作「倉」，「賜」作「助」。○呂「倉」作「窌」。開府庫，出幣帛，周天下；勉諸侯，聘名士，禮賢者。周，謂給不足也。勉，猶勸也。聘，問也。名士，不仕者。○淮無「周天下」字，「勉」作「使」。○唐分此下别爲一章，曰：「三月中氣，日在胃，昏張中，曉南斗中，斗建辰位之中。穀雨之日，萍始生，後五日，鳴鳩拂其羽，後五日，戴勝降于桑。」是月也，命司空曰：「時雨將降，下水上騰。循行國邑，周視原野，脩利隄防，道達溝瀆，開通道路，毋有障塞。上，時掌反。行，下孟反。隄，丁兮反。○廣平曰原。國也，邑也，平野也，溝瀆與道路皆不得不通，所以除水潦，便民事也。古者溝上有路。○淮無「是月也」、「曰」字，「道達」作「導通」，「開通道路」作「達路除道」，無「毋有障塞」字，有「從國始至境止」字。○唐「命司空」作「天子命有司」，「循」作「巡」。田獵，罝罘、羅罔、畢翳、餧獸之藥，毋出九門。」罝，子斜反。罘，音浮。翳，於計反。餧，於僞反。○爲鳥獸方孚乳，傷之逆天時也。獸罟曰罝罘。鳥罟曰羅罔。小而柄長謂之畢。翳，射者所以自隱也。凡諸罟及毒藥，禁其出九門，明其常有，時不得用耳。天子九門者，路門也、應門也、雉門也、庫門也、皐門也、城門也、近郊門也、遠郊門也、關門也。今月令無「罘」，「翳」爲「弋」。○罟，音古。弋，羊職反。○呂「罔」作「網」。呂、淮「獵」下有「畢弋」字，無「畢翳」字。呂、唐「九」並作「國」。淮「罔」作「罟」，「獸」作「毒」。是月也，命野虞毋伐桑柘。柘，之夜反。○愛蠶食也。野虞，謂主田及山林之官。○淮無「是月也」字，「命」作「乃禁」。○唐「野虞」作「有司」。鳴鳩拂其羽，戴勝降于桑，蠶將生之候也。鳴鳩飛且翼相擊，趨農急也。戴勝，織紝之鳥，是時恒在桑。言降者，若時始自天來，重之也。○淮「拂」作「奮」，「勝」作「鵀」。○唐屬上文。具曲植籧筐。植，直吏反。籧，居呂反。筐，丘狂反。○時所以養蠶器也。曲，薄也。植，槌也。○呂「曲植籧」作「狹曲蒙」，淮作「樸曲筥」，唐作「乃修蠶器」。后妃齊戒，親東鄉躬桑，禁婦女毋觀，省婦使，以勸蠶事。鄉，許亮反。觀，古喚反。省，所景反。○后妃親採桑，示帥先天下也。東鄉者，鄉時氣也。是明其不常留養蠶也。留養者，所卜夫人與世婦。婦，謂世婦及諸臣之妻也。內宰職曰：「仲春，詔后帥外內命婦，始蠶于北郊。」女，外內子女也。夏小正曰：「妾子治蠶，執養宮事。」毋觀，去容飾也。婦使，縫線組紃之事。○呂「勸」作「力」。○淮無「親」字，「躬」作「親」，無「禁婦女毋觀」字，無「以」字。○唐「親東鄉躬桑」作「享先蠶而躬桑」，無「禁婦女」，無「觀省婦使」字。蠶事既登，分繭稱絲效功，以共郊廟之服，無有敢惰。繭，古典反。共，音恭。○登，成也。敕往蠶者，蠶畢將課功，以勸戒之。○呂「惰」作「墮」。○淮、唐無此一節。是月也，命工師令百工審五庫之量，金鐵、皮革筋、角齒、羽箭幹、脂膠、丹漆，毋或不良。量，音亮。筋，音斤。○工師，司空之屬官也。五庫，藏此諸物之舍也。量，謂物善惡之舊法也。幹，器之木也。凡輮幹有當用脂。良，善也。○呂、淮「或」並作「有」。○淮無「是月也」字，「命工師」至「之量」作「命五庫令百官審」，無「齒羽」字。百工咸理，監工日號：「毋悖于時，毋或作爲淫巧以蕩上心。」監，古銜反。悖，必内反。○咸，皆也。於百工皆理治其事之時，工師則監之。日號令之，戒之以此二事也。悖，猶逆也。百工作器物，各有時，逆之則不善。時者，若弓人「春液角，夏治筋，秋合三材，冬定體」之屬也。淫巧，謂僞飾不如法也。蕩，謂動之使生奢泰也。今月令無「于時」、「作爲」。爲，詐僞。○呂「爲」作「僞」。呂、唐「于」作「於」。唐無「或爲」字。是月之末，擇吉日大合樂，天子乃率三公、九卿、諸侯、大夫親往視之。大合樂者，所以助陽達物，風化天下也。其禮亡，今天子以大射，郡國以鄉射禮代之。○淮無「是月之末」字。唐「之末」作「也」。淮「擇」下有「下旬」字，「樂」下有「致歡欣」字，無「天子」以下十六字。○唐屬下文。是月也，乃合累牛騰馬，遊牝于牧。累，力追反。○累、騰，皆乘匹之名。是月所合牛馬，謂繫在廄者，其牝欲遊，則就牧之牡而合之。○呂「累」作「纍」。○淮無「是月也」，「累」作「欙」。犧牲駒犢，舉書其數。以在牧而校數書之，明出時無他故，至秋當録内，且以知其息之多少也。○淮無此八字。○唐此下云「是月也，擇吉日大合樂，天子乃率公卿諸侯大夫親往視之」。命國難，九門磔攘，以畢春氣。難，乃多反。磔，竹伯反。攘，如羊反。○此難，難陰氣也。陰寒至此不止，害將及人。所以及人者，陰氣右行，此月之中，日行歷昴，昴有大陵積尸之氣，氣佚則厲鬼隨而出行，命方相氏帥百隸索室敺疫以逐之，又磔牲以攘於四方之神，所以畢止其災也。王居明堂禮曰：「季春出疫于郊，以攘春氣。」○呂無「命」字，「國」下有「人」字，此下有「行之是令而其至三旬」。○呂、淮、唐「難」並作「儺」。○淮「命」作「令」，此下有「行是月令，甘雨至三旬」。○唐「命」上有「是月也」字。季春行冬令，則寒氣時發，草木皆肅，丑之氣乘之也。肅，謂枝葉縮栗。國有大恐；以水訛相驚。行夏令，則民多疾疫，時雨不降，未之氣乘之也。六月宿直鬼，鬼爲天尸，時又有暑也。山陵不收；高者暵於熱也。○淮「收」作「登」。行秋令，則天多沈陰，淫雨蚤降，戌之氣乘之也。九月多陰。淫，霖也，雨三日以上爲霖。今月令曰「衆雨」。兵革並起。陰氣勝也。○淮此下有「三月官鄉，其樹李」。○孟夏之月，日在畢，昏翼中，旦婺女中。孟夏者，日月會於實沈而斗建巳之辰。○呂作「旦須女中」。○淮無「日在畢」字，有「招揺指巳」字。○唐作「四月之節，日在昴，昏翼中，曉牽牛中，斗建巳位之初」。其日丙丁。丙之言炳也。日之行，夏南從赤道，長育萬物，月爲之佐，時萬物皆炳然著見而强大，又因以爲日名焉。易曰：「齊乎巽，相見乎離。」○淮此上有「其位南方」字，下有「盛德在火」字。○唐「丙」作「景」。其帝炎帝，其神祝融。此赤精之君，火官之臣，自古以來，著德立功者也。炎帝，大庭氏也。祝融，顓頊氏之子，曰黎，爲火官。○淮無此二句。其蟲羽，象物從風鼓葉，飛鳥之屬。其音徵，徵，張里反。○三分宮去一以生徵，徵數五十四，屬火者，以其微清，事之象也。夏氣和則徵聲調，樂記曰：「徵亂則哀，其事勤。」律中中呂。中呂之中，音仲。○孟夏氣至，則中吕之律應。中吕者，無射之所生，三分益一，律長六寸萬九千六百八十三分寸之萬二千九百七十四。周語曰：「中吕，宣中氣。」○諸本「中」皆作「仲」。其數七，火生數二，成數七，但言七者，亦舉其成數。○唐此下有「其性禮，其事視」。其味苦，其臭焦。火之臭味也。凡苦焦者皆屬焉。其祀竈，祭先肺。夏陽氣盛，熱於外，祀之於竈，從熱類也。祀之先祭肺者，陽位在上，肺亦在上，肺爲尊也。竈在廟門外之東。祀竈之禮，先席於門之奥，東面設主於竈陘，乃制肺及心肝爲俎，奠於主西。又設盛於俎南，亦祭黍三，祭肺、心、肝各一，祭醴三，亦既祭徹之，更陳鼎俎，設饌於筵前，迎尸，如祀户之禮。螻蟈鳴，蚯蚓出。王瓜生，苦菜秀。螻，音樓。蟈，古獲反。蚓，以忍反。○皆記時候也。螻蟈，蛙也。王瓜，萆挈也。今月令云「王萯生」，夏小正云「王萯秀」，未聞孰是。○吕「瓜」作「善」。○淮「蚓」作「螾」。○唐云「立夏之日，螻蟈鳴，後五日，丘蚓出，後五日，王瓜生」，而分「苦菜秀」入後章。天子居明堂左个，乘朱路，駕赤騮，載赤旂，衣朱衣，服赤玉，食菽與雞，其器高以粗。騮，音留。粗，七奴反。○明堂左个，大寢南堂東偏也。菽實孚甲堅合，屬水。雞，木畜。時熱食之，亦以安性也。粗，猶大也。器高大者，象物盛長。○吕、唐「路」作「輅」。○淮此一節作「天子衣赤衣，乘赤騮，服赤玉，建赤旗，食菽與雞，服八風水，爨柘燧火，南宫御女赤色衣，赤采，吹芋笙，其兵戟，其畜雞，朝于明堂左个，以出夏令」。○唐「雞」作「彘」。是月也，以立夏。先立夏三日，大史謁之天子曰：「某日立夏，盛德在火。」天子乃齊。先，悉薦反。○謁，告也。○淮無「是月也」至此一節。○唐無「是月也以立夏」

六字，「大史」下云「以先立夏三日謁於」。立夏之日，天子親帥三公、九卿、大夫以迎夏於南郊。還反，行賞封諸侯，慶賜遂行，無不欣説。説，音悦。○迎夏，祭赤帝赤熛怒於南郊之兆也。不言帥諸侯而云封諸侯，諸侯時或無在京師者，空其文也。祭統曰：「古者於禘也，發爵賜服，順陽義也。於嘗也，出田邑，發秋政，順陰義也。」今此行賞可也，而封諸侯則違於古。封諸侯、出土地之事，於時未可，似失之。○諸本「帥」並作「率」，「反」並作「乃」。○呂無「行」及「諸」字。○淮「迎夏」作「迎歲」，「行賞」作「賞賜」，無「慶賜」以下八字。○唐無「三」、「九」字，「賞」下無「封」字，有「公卿」字，「侯」下有「大夫於朝」字。乃命樂師習合禮樂，爲將飲酎。○淮作「脩禮樂，饗左右」。○唐以此一節屬下文。命大尉贊桀俊，遂賢良，舉長大，助長氣也。贊，猶出也。桀俊，能者也。遂，猶進也。三王之官有司馬，無大尉，秦官則有大尉。今俗人皆云周公作月令，未通於古。○呂「尉」作「封」。○淮「遂」作「選」，「長大」作「孝弟」。○唐「大尉」作「相」，「桀」作「傑」。○今按：後章「養壯佼」字當屬此「長大」之下，蓋簡錯也。行爵出禄必當其位。當，丁浪反。○使順之也。○淮「必當其位」作「佐天長養」。○唐此下云：「是月也，命樂正習盛樂，大雩帝，命有司禱祀山川，方之卿士有益於人者，以祈穀實。是月也，命有司祀雨師。」又別分一章云：「四月中氣，日在畢，昏軫中，曉須女中，斗建巳位之中。小滿之日，苦菜秀，後五日，靡草死，後五日，小暑至，挺重囚，出輕繫。」是月也，繼長增高，謂草木盛蕃廡。○淮無「是月也」，「長」作「脩」。毋有壞墮。墮，許規反。○亦爲逆時氣。○呂、淮「墮」作「隳」。毋起土功，毋發大衆，爲妨蠶農之事。○淮「起」作「興」，無「毋發大衆」字。毋伐大樹。亦爲逆時氣。是月也，天子始絺。絺，敕其反。○初服暑服。○淮無此一節。○唐作「天子初衣暑服」。命野虞出行田原，爲天子勞農勸民，毋或失時。行，下孟反，下同。爲，于僞反。○重敕之。○呂無「爲天子」字，淮、唐同。○淮「命」作「令」，無「出」字，「勞農勸民」作「勸農事」，無「毋或失時」字。○唐「野虞出」作「有司巡」，「勸民」作「勉人」。命司徒巡行縣鄙，命農勉作，毋休于都。急趨於農也。縣鄙，鄉遂之屬，主民者也。王居明堂禮曰：「毋宿于國。」今月令「休」爲「伏」。○呂「巡」作「循」。○淮、唐並無此一節。是月也，驅獸毋害五穀，淮無「是月也」字，「獸」下有「畜」字，「毋害」亦作「勿令害」。毋大田獵。爲傷蕃廡之氣。○淮無此句。農乃登麥，天子乃以彘嘗麥，先薦寢廟。登，進也。麥之新氣尤盛，以彘食之，散其熱也。彘，水畜。○呂「登」作「升」。○淮無「農乃登麥」一句，無「乃」字。○唐「嘗麥」下有「羞以含桃」字。是月也，聚畜百藥。畜，丑六反。○蕃廡之時，毒氣盛。○呂「畜」作「蓄」。○淮無「是月也」字。○唐以屬下章。靡草死，麥秋至。斷薄刑，決小罪，斷，丁亂反。○舊説云：靡草，薺、亭歷之屬。祭統曰：「草艾則墨。」謂立秋後也。刑無輕於墨者。今以純陽之月斷刑決罪，與「毋有壞墮」自相違，似非。○呂「靡」作「糜」，無「決小罪」一句。○淮無「斷薄刑，決小罪」二句。○唐已見上文。出輕繫。崇寬。○呂、淮並無此句。○唐已見上文。蠶事畢，后妃獻繭，乃收繭税，以桑爲均，貴賤長幼如一，以給郊廟之服。長，丁丈反。○后妃獻繭者，内命婦獻繭於后妃。收繭税者，收於外命婦。外命婦雖就公桑蠶室而蠶，其夫亦當有祭服以助祭，收以近郊之税耳。貴賤長幼如一，國服同。○呂無

「蠶事畢」字，「長幼」作「少長」，「之」下有「祭」字。○淮無此一節。○唐作「是月也，蠶事既登」。是月也，天子飲酎，用禮樂。酎，直又反。○酎之言醇也，謂重釀之酒也。春酒至此始成，與羣臣以禮樂飲之於朝，正尊卑也。孟冬云「大飲烝」，此言「用禮樂」，互其文。○呂無「用禮樂」字，有「行之是令甘雨至三旬」字。○淮無此一節。孟夏行秋令，則苦雨數來，五穀不滋，數，所角反。○申之氣乘之也。苦雨，白露之類，時物得雨傷。四鄙入保；金氣爲害也。鄙，界上邑。小城曰保。○淮「鄙」作「鄰」。行冬令，則草木蚤枯，長日促。後乃大水，敗其城郭；亥之氣乘之也。○淮「敗」作「壞」。行春令，則蝗蟲爲災，暴風來格，蝗，音黃。○寅之氣乘之也。必以蝗蟲爲災者，寅有啓蟄之氣，行於初暑，則當蟄者大出矣。格，至也。○呂、淮「災」作「敗」。秀草不實。氣更生之，不得成也。○淮此下有「四月官田，其樹桃」。○仲夏之月，日在東井，昏亢中，旦危中。亢，音剛。○仲夏者，日月會於鶉首而斗建午之辰也。○淮無「日在東井」字，有「招搖指午」字。○唐作「五月之節，日在參，昏角中，曉危中，斗建午位之初」。律中蕤賓。蕤，人誰反。○蕤賓者，應鐘之所生，三分益一，律長六寸八十一分寸之二十六。仲夏氣至，則蕤賓之律應。周語曰：「蕤賓，所以安靜神人，獻酬交酢。」○諸本上下與孟夏同，今從唐本。小暑至，唐已見上章。螳蜋生，鵙始鳴，反舌無聲。螳，音堂。蜋，音郎。鵙，工役反。○皆記時候也。螳蜋，螵蛸母也。鵙，搏勞也。反舌，百舌鳥。○唐作「芒種之日，螳蜋生，後五日，鵙始鳴，後五日，反舌無聲」。天子居明堂大廟，明堂大廟，南堂當大室也。○諸本此下與孟夏文同，今从唐本。養壯佼。佼，古卯反。○助長氣也。○今按：此句當屬上章「舉長大」之下。是月也，命樂師脩鞀鞞鼓，均琴瑟管簫，執干戚戈羽，調竽笙箎簧，飭鐘磬柷敔。鞀，大刀反。鞞，步西反。竽，音于。箎，音池。簧，音黄。柷，昌六反。敔，魚呂反。○爲將大雩帝，習樂也。脩、均、執、調、飭者，治其器物，習其事之言。○呂「箎簧」作「塤篪」。○呂、淮無「是月也」及「鼓」字。淮「鞞」作「鞸」，無「均」字，「執干戚戈羽」在「鐘磬」下，無「笙」、「簧」字，「箎」作「篪」，無「柷敔」字。○唐無此一節。命有司爲民祈祀山川百源，大雩帝，用盛樂，乃命百縣雩祀百辟、卿士有益於民者，以祈穀實，辟，必亦反。○陽氣盛而常旱，山川百源，能興雲雨者也。衆水始所出爲百源，必先祭其本乃雩。雩，吁嗟求雨之祭也。雩帝，謂爲壇南郊之旁，雩五精之帝，配以先帝也。自鞀鞞至柷敔皆作曰盛樂。凡他雩，用歌舞而已。百辟卿士，古者上公，若句龍、后稷之類也。春秋傳曰：「龍見而雩。」雩之正當以四月。凡周之秋三月之中而旱，亦脩雩禮以求雨，因著正雩，此月失之矣。天子雩上帝，諸侯以下雩上公。周冬及春夏雖旱，禮有禱無雩。○呂、淮「源」作「原」。呂「縣雩」下有「祭」字。○淮無「乃命百縣」以下。○唐已見上章。農乃登黍。登，進也。○淮、唐無此句。是月也，天子乃以雛嘗黍，羞以含桃，先薦寢廟。雛，仕于反。○此嘗雛也而云「嘗黍」，不以牲主穀也。必以黍者，黍，火穀，氣之主也。含桃，櫻桃也。○呂「雛」作「雞」。○淮無「是月也」，「雛」作「雉」。○唐無此一節。令民毋艾藍以染，爲傷長氣也。此月藍始可別，夏小正曰：「五月啓灌藍蓼。」○淮「令」作「禁」。毋燒灰，爲傷火氣也，火之氣於是爲盛。火之滅者爲灰。○呂「灰」作「炭」。毋暴布。暴，布卜反。○不以陰功干大陽之事。○唐無此一節。門閭毋閉，關市毋索。索，所格反。○順陽敷縱，不難物。挺重囚，益其食。挺，大頂反。○挺，猶寬也。○淮此下有「存孤寡振死事」六字。○唐「門」上有「是月也」字，又以「挺重囚」入上章，而無「益其食」三字。游牝別羣，孕妊之欲止也。則縶騰駒，爲其壯氣有餘，相蹄齧也。○呂、淮無「則」字，「縶」作「執」。班馬政。馬政，謂養馬之政教也。庾人職曰：「掌十有二閑之政教，以阜馬佚特教駣攻駒。」此之謂也。○呂「政」作「正」。○唐此下云「是月也，聚蓄百藥」，又別分一章云：「五月中氣，日在東井，昏亢中，曉營室中，斗建午位之中。夏至之日，鹿角解，後五日，蜩始鳴，後五日，半夏生。是月也，祀皇地祇於方丘。」是月也，日長至，陰陽爭，死生分。爭者，陽方盛，陰欲起也。分，猶半也。○呂「日長至」作「長至日」。○淮無「是月也」字，「長」作「短」。君子齊戒，處必掩身，毋躁。掩，猶隱翳也。躁，猶動也。今月令「毋躁」爲「欲靜」。○呂「身」下有「欲靜」字。○淮無「處必」字，「掩」作「慎」。止聲色，毋或進。進，猶御見也。聲，謂樂也。易及樂、春秋說：「夏至，人主與羣臣從八能之士作樂五日。」今止之，非其道也。○淮「止」作「節」，無「毋或進」字。○今按：止聲色，蓋亦「處必掩身毋躁」之義。若以止樂言，則拘矣。月令之説固多有未安，而此難以爲非也，注文蓋失其指矣。薄滋味，毋致和。和，户卧反。○爲其氣異，此時傷人。○淮無此句。節耆欲，定心氣。微陰扶精，不可散也。○呂「節」作「退」。○呂、唐「耆欲」作「嗜慾」。○淮無此二句。百官靜事毋刑，罪罰之事不可以聞。今月令「刑」爲「徑」。○淮「刑」作「徑」。以定晏陰之所成。晏，伊見反。○晏，安也。陰，猶安。鹿角解，蟬始鳴，半夏生，木堇榮。解，户買反。堇，音謹。○又記時候也。半夏，藥草。木堇，王蒸也。○唐上三句已見上文，而無下一句，此下有「是月也命有司祭先牧」九字。是月也，毋用火南方，陽氣盛，又用火於其方，害微陰也。○淮作「禁民無發火」。可以居高明，可以遠眺望，可以升山陵，可以處臺榭。順陽在上也。高明，謂樓觀也。闍者謂之臺，有木者謂之榭。○淮無下三「可以」字，「升」作「登」。仲夏行冬令，則雹凍傷穀，子之氣乘之也。陽爲雨，陰起脅之，凝爲雹。○呂、淮「凍」作「霰」。道路不通，暴兵來至。盜賊攻劫，亦雹之類。行春令，則五穀晚孰，卯之氣乘之也。生日長。○淮「晚」作「不」。百螣時起，其國乃饑；螣，音特。○螣，蝗之屬。言百者，明衆類並爲害。○唐「饑」作「虚」。行秋令，則草木零落，酉之氣乘之也。八月宿直昴畢，爲天獄，主殺。果實早成，生日短。○淮「早」作「蚤」。民殃於疫。大陵之氣來爲害也。○淮此下有「五月官相，其樹榆」。○季夏之月，日在柳，昏火中，旦奎中。季夏者，日月會於鶉火而斗建未之辰也。○淮無「日在柳」字，有「招揺指未」字。○呂、淮作「昏心中」。○唐作「六月之節，日在東井，昏氐中，曉東壁中，斗建未位之初」。律中林鐘。林鐘者，黃鐘之所生，三分去一，律長六寸。季夏氣至，則林鐘之律應。周語曰：「林鐘，和展百物，俾莫不任肅純恪。」○淮「林」作「百」，高誘云：「百鐘者，林鐘也。」○諸本見仲夏章，但淮云「其位中央，其日戊己，盛德在土，其蟲羸，其音宫，律中百鐘，其數五，其味甘，其臭香，其祀中霤，祭先心」。温風始至，蟋蟀居壁，鷹乃學習，腐草爲螢。蟋，音悉。蟀，音率。螢，釋文作「熒」，户扃反。○皆記時候也。鷹學習，謂擭搏也。夏小正曰：「六月，鷹始摯。」螢，飛蟲，熒火也。○呂「壁」作「宇」，「螢」下有「蚈」字，呂、淮「草」下有「化」字。淮「宇」作「奥」，「螢」作「熒」。○唐云「小暑之日，温風至，後五日，蟋蟀居壁，後五日，鷹乃學習」，而以「腐草爲螢」入下章。天子居明堂右个，明堂右个，南堂西偏也。○諸本見仲夏章，但淮云「天子衣純黄，乘黄騮，服黄玉，建黄旗，食稷與牛，服八風水，爨柘燧火，中宫御女黄色衣，黄采，其兵劍，其畜牛，朝于中宫」。命漁師伐蛟、取鼉、登龜、取黿，蛟，音交。鼉，夫多反。黿，音元。○四者甲類，秋乃堅成。周禮曰：「秋獻龜魚。」又曰：「凡取龜用秋時。」是夏之秋也。作月令者，以爲此秋據周之時也。周之八月，夏之六月，因書於此，似誤也。蛟言伐者，以其有兵衛也。龜言登者，尊之也。鼉、黿言取，羞物賤也。鼉皮又可以冒鼓。今月令「漁師」爲「𢭏人」。○呂「命」上有「是月也」字，「命」作「令」，無「登龜」字。○淮「師」作「人」。○唐屬後九月章。命澤人納材葦。葦，于鬼反。○蒲葦之屬，此時柔刃，可取作器物也。○呂「命」上有「乃」字，「澤」作「虞」，「納」作「入」。○淮「命」作「令」，「澤」作「滂」。○唐無此一節。是月也，命四監大合百縣之秩芻，以養犧牲，令民無不咸出其力，四監，主山林川澤之官。百縣，鄉遂之屬，地有山林川澤者也。秩，常也。百縣給國養犧牲之芻，多少有常，民皆當出力爲艾之。今月令「四」爲「田」。○呂、淮「命」作「令」，「大」下皆有「夫」字。○淮無「令民」以下八字。以共皇天上帝、名山大川、四方之神，以祠宗廟社稷之靈，以爲民祈福。共，音供。○牲以供祠神靈，爲民求福，明使民艾芻，是不虚取也。皇天，北辰耀魄寶，冬至所祭於圓丘也。上帝，太微五帝。○呂、淮「共」作「供」。淮無「以祠之靈以」字，「福」下有「行惠令，吊死問疾，存視長老，行稃鬻，厚席蓐，以送萬物歸也」二十三字。○唐無「是月」至此一節。是月也，命婦官染采，黼黻文章必以法故，無或差貸。黼，音甫。黻，音弗。貸，他得反。○婦官，染人也。采，五色。○呂無「染」字，「貸」作「忒」。○淮無「是月也」及「必以」以下八字。○唐「婦官」作「有司」，「采」作「綵」。黑黄倉赤，莫不質良，無敢詐僞。質，正也。良，善也。所用染者，當得真采正善也。○呂「無」作「勿」，「詐僞」作「僞詐」。呂、唐「倉」並作「蒼」。淮「黑」作「青」，「倉」作「白」，「赤」作「黑」，無「無敢詐僞」字。以給郊廟祭祀之服，以爲旗章，以别貴賤等給之度。别，彼列反。○旗章，旌旗及章識也。○呂、唐「給」作「級」。○淮「郊」作「宗」，無「祭祀」及「以爲旗章」以下十二字，而服下有「必宣以明」字。○唐此下别分一章云：「六月中氣，日在柳，昏尾中，曉奎中，斗建未位之中。大暑之日，腐草爲螢，後五日，土潤溽暑，後五日，大雨時行。」是月也，樹木方盛，乃命虞人入山行木，毋有斬伐。行，下孟反。○爲其未堅刃也。○呂「命」作「令」，「有」作「或」。○淮無「乃命」至「行木」八字，「毋有」作「勿敢」。○唐「虞人」作「有司」。不可以興土功，不可以合諸侯，不可以起兵動衆。土將用事，氣欲静。○淮無「不可以興土功」字，「侯」下有「起土功」字，無「不可以」字，「起兵動衆」作「動衆興兵」。○唐自「是月也樹木」至此屬下文。毋舉大事，以摇養氣，大事，興繇役以有爲。○呂「養」作「蕩」，下有「於」字。毋發令而待，以妨神農之事也。發令而待，謂出繇役之令以預驚民也。民驚則心動，是害土神之氣。土神稱曰神農者，以其主於稼穡。○呂「待」作「干」，下有「時」字，無「也」字。水潦盛昌，神農將持功，舉大事則有天殃。言土以受天雨澤、安靜養物爲功，動之則致害也。孝經説曰：「地順受澤，謙虚開張，含泉任萌，滋物歸中。」○呂無「昌」字，下有「命」字，「持」作「循」。○淮無「毋舉大事」至「舉大事」一節，「則」作「必」。○唐與淮同，並無「則有天殃」四字。是月也，土潤辱暑，潤辱，謂塗溼也。○淮、唐無「是月也」字，餘已見上文。○諸本「辱」作「溽」。大雨時行，唐已見上文。燒薙行水，利以殺草，如以熱湯。薙，它計反。○薙，謂迫地芟草也。此謂欲稼萊地，先薙其草，草乾燒之，至此月大雨，流水潦畜於其中，則草死不復生，而地美可稼也。薙人掌殺草，職曰：「夏日至而薙之。」又曰：「如欲其化也，則以水火變之。」○淮無「燒薙行水如以熱湯」字。○唐「燒」上有「乃」字，無「如以熱湯」字。可以糞田疇，可以美土彊。彊，其丈反。○土潤辱，膏澤易行也。糞、美互文耳。土彊，强檃之地。○淮無兩「可以」字，「美」作「肥」。○呂此下有「行之是令，是月甘雨三至，三旬二日」。○唐此下有「是月也，樹木方盛，乃命有司入山行木，無有斬伐，不可以興土功，不可以合諸侯，不可以起兵動衆」。季夏行春令，則穀實鮮落，國多風欬，鮮，音仙，又仙典反。欬，苦代反。○辰之氣乘之也。未屬巽，辰又在巽位，二氣相亂爲害。○諸本「鮮」皆作「解」。○淮無「國」字。民乃遷徙；象風轉移物也。行秋令，則丘隰水潦，戌之氣乘之也。九月宿直奎，奎爲溝瀆，與此月大雨并而高下皆水。禾稼不孰，傷於水也。○呂「禾稼」作「稼穡」。乃多女災；含任之類敗也。行冬令，則風寒不時，丑之氣乘之也。

○呂「風寒」作「寒氣」。鷹隼蚤鷙，隼，息允反。鷙，音至。○得疾癘之氣也。○呂、唐並作「鷙」。○淮作「摯」。四鄙入保。象鳥雀之走竄也。都邑之城曰保。○淮此下有「六月官少內，其樹梓」。○中央土，火休而盛德在土也。其日戊己。戊之言茂也。己之言起也。日之行四時之閒，從黃道，月爲之佐。至此萬物皆枝葉茂盛，其含秀者抑屈而起，故因以爲日名焉。其帝黃帝，其神后土。此黃精之君，土官之神，自古以來著德立功者也。黃帝，軒轅氏也。后土，亦顓頊氏之子，曰黎，兼爲土官。其蟲倮，倮，力果反。○象物露見不隱藏，虎豹之屬恒淺毛。○呂「倮」作「螺」。其音宮，聲始於宮，宮數八十一。屬土者，以其最濁，君之象也。季夏之氣和則宮聲調。樂記曰：「宮亂則荒，其君驕。」律中黃鍾之宮，黃鍾之宮最長也。十二律轉相生，五聲具，終於六十焉。季夏之氣至，則黃鍾之宮應。禮運曰：「五聲六律十二管，還相爲宮。」其數五。土生數五，成數十，但言五者，土以生爲本。○唐此下有「其性信，其事思」。其味甘，其臭香，土之臭味也。凡甘香者，皆屬之。其祀中霤，祭先心。霤，力又反。○中霤，猶中室也。土主中央而神在室。古者複穴，是以名室爲霤云。祀之先祭心者，五臟之次，心次肺，至此心爲尊也。祀中霤之禮，設主於牖下，乃制心及肺、肝爲俎。其祭肉，心、肺、肝各一，他皆如祀户之禮。○唐此下有「是月也，祀黃帝于南郊」。天子居大廟大室，乘大路，駕黃騮，載黃旂，衣黃衣，服黃玉，食稷與牛，其器圜以閎。圜，于權反。閎，音宏。○大廟大室，中央室也。大路，殷路也。車如殷路之制，而飾之以黃。稷，五穀之長。牛，土畜也。器圜者，象土周匝於四時。閎，讀如紘。

紘謂中寬，象土含物。○呂「圜」作「高」，「閎」作「拚」。○淮無此章文，並見季夏章。○唐「大路」作「黃輅」，「駵」作「龍」。○孟秋之月，日在翼，昏建星中，旦畢中。孟秋者，日月會於鶉尾而斗建申之辰也。○呂「之月」下有「長日至四旬六日」字，「建星」作「斗畢」，「中」下有「則立秋」字。○淮無「日在翼」字，有「招摇指申」字，「建星」亦作「斗」。○唐作「七月之節，日在張，昏尾中，曉婁中，斗建申位之初」。其日庚辛。庚之言更也，辛之言新也。日之行，秋西從白道，成熟萬物，月爲之佐，萬物皆肅然改更，秀實新成，又因以爲日名焉。○淮此上有「其位西方」字，下有「盛德在金」字。其帝少皞，其神蓐收。少，詩召反。蓐，音辱。○此白精之君，金官之臣，自古以來著德立功者也。少皞，金天氏。蓐收，少皞氏之子，曰該，爲金官。○淮無此二句。其蟲毛。象物應涼氣而備寒。狐貉之屬，生旃毛也。其音商，三分徵益一以生商，商數七十二。屬金者，以其濁次宫，臣之象也。秋氣和則商聲調。樂記曰：「商亂則陂，其官壞。」律中夷則。孟秋氣至，則夷則之律應。夷則者，大呂之所生也，三分去一，律長五寸七百二十九分寸之四百五十一。周語曰：「夷則，所以詠歌九則，平民無貳。」其數九。金生數四，成數九，但言九者，亦舉其成數。○唐此下有「其性義，其事言」。其味辛，其臭腥。金之臭味也，凡辛腥者皆屬焉。其祀門，祭先肝。秋，陰氣出，祀之於門，外陰也。祀之先祭肝者，秋爲陰中，於藏直肝，肝爲尊也。祀門之禮，北面設主於門左樞，乃制肝及肺、心爲俎，奠於主南。又設盛於俎東，其他皆如祭竈之禮。涼風至，白露降，寒蟬鳴，鷹乃祭鳥，用始行戮。皆記時候也。寒蟬，寒蜩，謂蜺也。鷹祭鳥者，將食之，示有先也。既祭之後，不必盡食，若人君行刑，戮之而已。○唐作「立秋之日，涼風至，後五日，白露降，後五日，寒蟬鳴，以鷹乃祭鳥屬」，後章無「用始行戮」一句。天子居總章左个，乘戎路，駕白駱，載白旂，衣白衣，服白玉，食麻與犬，其器廉以深。駱，音洛。○總章左个，大寢西堂南偏。戎路，兵車也，制如周革路，而飾之以白。白馬黑鬣曰駱。麻實有文理，屬金。犬，金畜也。器廉以深，象金傷害物入藏。○淮此一節云：「天子衣白衣，乘白輅，服白玉，建白旗，食麻與犬，服八風水，爨柘燧火。西宮御女白色衣，白采，撞白鐘，其兵戈，其畜狗，朝于總章左个，以出秋令。求不孝不悌戮暴傲悍而罰之，以助損氣。」○唐「戎路」作「白輅」，「麻」作「酒」，「犬」作「魚」。是月也，以立秋。先立秋三日，大史謁之天子曰：「某日立秋，盛德在金。」天子乃齊。先，悉薦反。○淮無「是月」至此一節。○唐無「是月也以立秋」字，「太史」下有「以先立秋三日」字，「之」作「於」。立秋之日，天子親帥三公、九卿、諸侯、大夫以迎秋於西郊。還反，賞軍帥武人於朝。帥，所類反。○迎秋者，祭白帝白招拒於西郊之兆也。軍帥，諸將也。武人，謂環人之屬有勇力者。○諸本「帥」皆作「率」，「反」作「乃」。○淮無「諸侯」字，「於」作「于」。○唐無「三」、「九」字。天子乃命將帥選士厲兵，簡練桀俊，專任有功，以征不義，征之言正也，伐也。○呂、淮無「乃」字，「帥」作「率」。淮、唐無「天子」字。淮「士」作「卒」。唐「厲」作「勵」，「桀」作「傑」，「俊」作「儁」。詰誅暴慢，以明好惡，順彼遠方。詰，去吉反。好，呼報反。惡，烏路反。○詰，謂問其罪，窮治之也。順，猶服也。○呂「順」作「巡」。○淮無「以明好惡」字，「遠」作「四」。○唐此下別分一章，云：「七月中氣，日在張，昏箕中，曉昴中，斗建申位之中。處暑之日，鷹乃祭鳥，後五日，天地始肅，後五日，禾乃登。」是月也，命有司脩法制，繕囹圄，具桎梏，繕，市戰反。○呂「繕」作「謹」。○淮無「是月也」及「具桎梏」字。○唐此下有「斷薄刑決小罪」字。禁止姦，慎罪邪，務搏執，順秋氣，政尚嚴。○淮無「止罪」字，「慎」作「塞」，無「務搏執」三字。命理瞻傷、察創、視折，創，初良反。○理，治獄官也，有虞氏曰士，夏曰大理，周曰大司寇。創之淺者曰傷。○淮無此一節。審斷決獄，訟必端平，斷，丁亂反，下同。○端，猶正也。○呂「端」作「正」。○淮無「斷」字，「獄」下有「平詞訟」字，無「必端平」字。戮有罪，嚴斷刑。淮無此六字。○唐無「禁止」至此四節。天地始肅，不可以贏。贏，音盈。○肅，嚴急之言也。贏，猶解也。○淮「地」作「墜」，後並同。

是月也，農乃登穀，天子嘗新，先薦寢廟。黍稷之屬，於是始孰。○呂、淮「登」作「升」。○淮無「也」字，「乃」作「始」。○唐「月也」下有「築場圃」字。命百官始收斂，順秋氣，收斂物。○呂無「收」字。○唐作「是月也，命有司納材葦」。完堤防，謹壅塞，以備水潦。完，胡官反。壅，於勇反。○備者，備八月也。八月宿直畢，畢好雨。○淮「壅」作「障」。○唐無此一節。修宮室，坏墻垣，補城郭。坏，步回反。垣，音袁。○象秋收斂，物當藏也。○淮作「修城郭繕宮室」，無「坏墻垣」字。○呂「坏」作「坿」，「修宮」上有「是月也」字，無「補城郭」字。是月也，毋以封諸侯、立大官，毋以割地、行大使、出大幣。使，色吏反。○古者於嘗出田邑，此其月也，而禁封諸侯割地，失其義。○呂、淮無「諸」字，呂

「以割地」作「割土地」，淮無「毋以割地」字，吕、淮下有二句，並作「行重幣出大使」。○吕此下有「行之是令而凉風至三旬」。○淮此下有「行是月令，凉風至三旬」。○唐無此一節。孟秋行冬令，則陰氣大勝，亥之氣乘之也。介蟲敗穀，介，甲也。甲蟲屬冬。敗穀者，稻蟹之屬。戎兵乃來；十月宿直營室，營室之氣爲害也。營室主武士〔一七〕。行春令，則其國乃旱，寅之氣乘之也。雲雨以風除也。陽氣復還，五穀無實；復，扶又反。○陽氣能生而不能成實。○吕「復」作「後」，「無」作「不」。行夏令，則國多火災，巳之氣乘之也。○淮作「冬多」。○唐作「其國」。寒熱不節，民多瘧疾。瘧疾，寒熱所爲也。今月令「瘧疾」爲「疾疫」。○淮「熱」作「暑」，此下有「七月官庫，其樹楝」。〇仲秋之月，日在角，昏牽牛中，旦觜觿中。觜，子斯反。觿，户圭反。○仲秋者，日月會於壽星而斗建酉之辰也。○淮無「日在角」字，有「招摇指酉」字。○吕、淮皆作「觜巂中」。○唐作「八月之節，日在翼，昏南斗中，曉畢中，斗建酉位之初」。律中南吕。南吕者，太蔟之所生，三分去一，律長五寸三分寸之一。仲秋氣至，則南吕之律應。周語曰：「南吕者，贊陽秀物。」○諸本上下與孟秋同，今從唐本。盲風至，鴻鴈來，玄鳥歸，羣鳥養羞。盲，亡庚反。○皆記時候也。盲風，疾風也。玄鳥，燕也。歸，謂去蟄也。凡鳥隨陰陽者，不以中國爲居。羞，謂所食也。夏小正曰：「九月，丹鳥羞白鳥〔一八〕。」説曰：「丹鳥也者，謂丹良也。白鳥也者，謂閩蚋也。其謂之鳥者，重其養者也。有翼爲鳥。養也者，不盡食也。」二者文異，羣鳥、丹良，未聞孰是。○吕、淮「盲」作「凉」，「鴻」作「候」。淮「養」作「翔」，無「羞」字。○唐作「白露之日，鴻鴈來，後五日，玄鳥歸，後五日，羣鳥養羞」，無「盲風至」三字。天子居總章大廟。總章，大廟西堂當大室也。○淮「居」作「朝于」。○諸本與孟秋同，今从唐本。是月也，養衰老，授几杖，行麋粥飲食。麋，亡疲反。粥，之六反。○助老氣也。行，猶賜也。○淮以此一節屬下文。乃命司服，具飭衣裳，文繡有恒，制有小大，度有長短，此謂祭服也。文，謂畫也。祭服之制，畫衣而繡裳。○呂「恒」作「常」。衣服有量，必循其故，量，音亮。○此謂朝燕及他服，凡此爲寒益至也。詩云：「七月流火，九月授衣。」於是作之可也。冠帶有常。因制衣服而作之也。○淮無「乃命」至此一節，唐以屬季秋章。乃命有司申嚴百刑，斬殺必當，毋或枉撓。枉撓不當，反受其殃。當，丁浪反。撓，女教反，又乃絞反。○申，重也。當，謂值其罪。○諸本皆無「乃」字。○淮「枉撓」作「決獄」，下有「是月也，養長老，授几杖，行稃鬻飲食」。○唐「命有」上有「是月也」，「必當」下有「無留有罪」，仍以此一節屬後章。是月也，乃命宰祝，循行犧牲，視全具，按芻豢，瞻肥瘠，察物色，必比類，量小大，視長短，皆中度。五者備當，上帝其饗。行，下孟反。芻，初其反。豢，音患。中，丁仲反。○於鳥獸肥充之時，宜省羣牲也。宰祝，大宰、大祝，主祭祀之官也。養牛羊曰芻，犬豕曰豢。五者，謂所視也，所按也，所瞻也，所察也，所量也。此皆得其正，則上帝饗之，上帝饗之而無神不饗也。○呂「循」作「巡」，「饗」作「享」。○淮無「是月也循視全具」字，「瞻肥瘠」作「視肥臞全粹」，「必」作「謂」，「長短」作「少長」，「皆」作「莫不」，無「五者」以下八字。○唐無「乃」字，「宰祝」作「有司」。天子乃難，以達秋氣。難，乃多反。○此難，難陽氣也。陽暑至此不衰，害亦將及人。所以及人者，陽氣左行，此月宿直昴畢，昴畢亦得大陵積尸之氣，氣佚則厲鬼亦隨而出行，於是亦命方相氏帥百隸而難之。王居明堂禮曰：「仲秋，九門磔攘以發陳氣，禦止疾疫。」○諸本「難」作「儺」。○呂「儺」下有「禦佐疾」字，「達」作「通」。○淮「達」作「御」。○唐「天子」上有「是月也」字，此下有「是月也，命樂正習吹，上丁釋奠於國學，天子乃率公卿諸侯大夫親往視之，是月也，命有司上戊釋奠於太公廟，是月也，擇元日命人社」，此下又別分一章，云：「八月中氣，日在軫，昏南斗中，曉東井中，斗建酉位之中。秋分之日，雷乃收聲，後五日，蟄蟲坏户，後五日，水始涸。是月也，祀夕月于西郊。是月也，命有司享壽星於南郊。」以犬嘗麻，先薦寢廟。麻始孰也。○唐以此屬下文。是月也，可以築城郭，建都邑，穿竇窖，修囷倉。竇，音豆。窖，古孝反。囷，丘倫反。○爲民將入，物當藏也。穿竇窖者，入地圓曰竇，方曰窖。王居明堂禮曰：「仲秋，命庶民畢入于室，曰：時殺將至，毋罹其災。」○呂「窖」作「窌」。○淮無「也」字。乃命有司趣民收斂，務畜菜，多積聚。趣，七緑反。畜，丑六反。○始爲禦冬之備。○呂「畜」作「蓄」。○淮無「務」字，「菜」作「采」。○唐無「是月」至此二節。乃勸種麥，毋或失時，其有失時，行罪無疑。麥者，接絶續乏之穀，尤重之。○呂「其有」作「其或」。○淮無「乃」字，「種」下有「宿」字，無「毋或失時」字，「其有」作「若或」。○唐以此一節屬下文。是月也，日夜分，雷始收聲，蟄蟲坏户，殺氣浸盛，陽氣日衰，水始涸。坏，步回反。涸，户角反。○又記時候也。雷始收聲，在地中動内物也。坏，益也。蟄蟲益户，謂稍小之也。涸，竭也。此甫八月中氣，雨未止，而云水竭，非也。周語曰：「辰角見而雨畢，天根見而水涸。」又曰：「雨畢而除道，水涸而成梁。」辰角見，九月本也。天根見，九月末也。王居明堂禮曰：「季秋除道致梁，以利農也。」○呂、淮「雷」下有「乃」字，無「聲」字。呂「坏」作「俯」。淮「坏」作「培」。○唐以屬上文。日夜分，則同度量，平權衡，正鈞石，角斗甬。呂、淮「同」作「壹」，「角」作「齊」，「斗」作「升」。淮無「則」字，「甬」作「稱」。○唐無「正鈞石、角斗甬」，別有「是月也，命有司祭馬社，天子嘗麻，先薦寢廟，命有司申嚴百刑，斬殺必當，無留有罪，無或枉撓，枉撓不當，反受其殃。是月也，勸人種麥，無或失時」四十八字。是月也，易關市，來商旅，納貨賄，以便民事。四方來集，遠鄉皆至，則財不匱，上無乏用，百事乃遂。易，以豉反。匱，其位反。○易關市，謂輕其稅，使民利之。商旅，賈客也。匱，亦乏也。遂，猶成也。○呂「集」作「雜」。○淮無「是月也」及「則」字，「易」作「理」，「賄」作「財」。呂、淮「納」作「入」，「則財」下有「物」字。凡舉大事，毋逆大數，必順其時，慎因其類。事，謂興土功、合諸侯、舉兵衆也。季夏禁之，孟秋始征伐，此月築城郭，季秋教田獵，是以於中爲之戒焉。○呂無「大」字，「大」作「天」〔一九〕，「慎」作「乃」，此下有「行之是令白露降三旬」。○淮無此一節。○唐無「是月」以下至此一節。仲秋行春令，則秋雨不降，卯之氣乘之也。卯宿直房心，心爲大火。草木生榮，應陽動也。國乃有恐；以火訛相驚。○呂、淮「乃有」作「有火」。行夏令，則其國乃旱，蟄蟲不藏，五穀復生。復，扶又反。○午之氣乘之也。○呂無「乃」字。○淮「穀」下有「皆」字。行冬令，則風災數起，收雷先行，數，色角反。○子之氣乘之也。北風殺物。先，猶蚤也。冬主閉藏。草木蚤死。寒氣盛也。○淮此下有「八月官尉，其樹柘」。○季秋之月，日在房，昬虚中，旦柳中。季秋者，日月會於大火而斗建戌之辰也。○淮無「日在房」字，有「招摇指戌」字。○唐作「九月之節，日在角，昬牽牛中，曉東井中，斗建戌位之初」。律中無射。射，音亦。○無射者，夾鐘之所生，三分去一，律長四寸六千五百六十一分寸之六千五百二十四。季秋氣至，則無射之律應。周語曰：「無射，所以宣布哲人之令德，示民軌儀。」○諸本見仲秋章。鴻鴈來賓，爵入大水爲蛤，鞠有黄華，豺乃祭獸戮禽。鞠，九六反。豺，音柴。○皆記時候也。來賓，言其客止未去也。大水，海也。戮，猶殺也。○呂、淮「鴻」作「候」，「鞠」作「菊」。呂「乃」作「則」。淮「爵」作「雀」。○唐作「寒露之日，鴻鴈來賓，後五日，雀入大水爲蛤，後五日，菊有黄華」，「豺乃」以下入後章。天子居總章右个。總章右个，西堂北偏。○淮「居」作「朝于」，餘見仲秋章。是月也，申嚴號令，申，重。○淮、唐「是月也」並作「命有司」。命百官貴賤無不務内，以會天地之藏，無有宣出。内，謂收斂入之也。會，猶聚也。○呂、淮無「命」字，「内」作「入」。○唐此下有「是月也，命有司伐蛟、取鼉、登龜、取黿」，又分此下别爲一章，云：「九月中氣，日在氐，昬須女中，曉柳中，斗建戌位之中。霜降之日，豺乃祭獸，後五日，草木黄落，後五日蟄蟲咸俯。」乃命冢宰，農事備收，備，猶盡也。○呂無「乃」字。○唐屬下文。舉五穀之要，定其租税之簿。○呂「穀」作「種」。藏帝藉之收於神倉，祗敬必飭。重粢盛之委也。帝藉，所耕千畝也。藏祭祀之穀爲神倉。祗，亦敬也。○呂無「之收」字。○淮無「祗敬必飭」字。○唐屬下文。是月也，霜始降，則百工休。

寒而膠漆之作不堅好也。○淮無「則」字。乃命有司曰：「寒氣總至，民力不堪，其皆入室。」總，猶猥卒。○猥，温罪反。卒，七忽反。○唐「總」作「揔」，此下有「是月也，命有司具飭衣裳，文繡有恒，衣服有量，冠帶有常，必循其故。是月也，天子嘗稻，先薦寢廟，乃命有司，農事備收，舉五穀之要，藏帝藉於神倉，祗敬必飭。是月也，命有司合秩芻以養犧牲，以供皇天上帝名山大川四方之神，以祠宗廟社稷之靈，爲人祈福」。上丁，命樂正入學習吹。吹，昌睡反。○爲將饗帝也。春夏重舞，秋冬重吹也。○唐無「上丁」、「入學」字。是月也，大饗帝，言大饗者，遍祭五帝也。曲禮曰：「大饗不問卜。」謂此也。○淮、唐無「是月也」字。唐「帝」下有「於明堂」字。嘗犧牲，告備于天子。嘗者，謂嘗羣神也。天子親嘗帝，使有司祭於羣神，禮畢而告焉。○淮無「告備于天子」。○唐此上有「命有司」，此下有「是月也趣人收斂務蓄菜」十字。合諸侯制，百縣爲來歲受朔日，與諸侯所税於民輕重之法、貢職之數，以遠近土地所宜爲度，以給郊廟之事，無有所私。秦以建亥之月爲歲首，於是歲終，使諸侯及鄉遂之官受此法焉。合諸侯制者，定其國家、宫室、車旗、衣服、禮儀也。諸侯言合制，百縣言受朔日，互文也。貢職，謂所入天子。凡周之法，以正月和之，正歲而縣於象魏。○淮「職」作「賦」，「地」作「墜」，無「以給」下十字。○唐無此一節。是月也，天子乃教於田獵以習五戎，班馬政。教於田獵，因田獵之禮教民以戰法也。五戎，謂五兵：弓矢、殳、矛、戈、戟也。政，謂齊其色，度其力，使同乘也。校人職曰：「凡軍事，物馬而頒之。」○吕「班」作「夏」，無「政」字。○淮無「天子班馬政」字。命僕及七騶咸駕，載旌旐，授車以級，整設于屏外。騶，側求反。旐，音兆。○僕，戎僕及御夫也。七騶，謂趣馬，主爲諸官駕説者也。既駕之，又爲之載旌旗，司馬職曰：「仲秋教治兵，如振旅之陳。辨旗物之用：王載大常，諸侯載旂，軍吏載旗，師都載旜，鄉遂載物，郊野載旐，百官載旟。」是也。級，等次也。整，正列也。設，陳也。屏，所田之地，門外之蔽。○呂「旌」作「旍」，「旐」下有「與」字，「授」作「受」。○淮「命」下有「大」字，「載」作「戴」，「旌」作「荏」，無「旐字」，「整」作「皆正」。司徒搢扑，北面誓之。搢，音晉。扑，普卜反。○誓衆以軍法也。○呂淮「面」作「嚮以」。淮「誓」作「贊」。天子乃厲飾，執弓挾矢以獵，厲飾，謂戎服，尚威武也。今月令「獵」爲「射」。○呂「厲」下有「服厲」字，淮有「服廣」字。呂、淮「挾」作「操」，呂「獵」作「射」。命主祠祭禽于四方。以所獲禽祀四方之神也。司馬職曰：「羅弊致禽以祀祊。」○呂「于」作「於」。○淮無「于」字。○唐無「是月也」以下至此一節。是月也，草木黄落，乃伐薪爲炭。伐木必因殺氣。○淮無「也」字。○唐無「是月也」字，「草木黄落」已見上文。蟄蟲咸俯在内，皆墐其户。墐，其靳反。○墐，爲塗閉之，辟殺氣。○呂「内」作「穴」。○淮「俯」作「俛」，無下六字。○唐上四字見上文，亦無下六字。乃趣獄刑，毋留有罪。趣，七緑反。○殺氣已至，有罪者即決也。○呂「趣」作「決」。○唐無此一節。收禄秩之不當、供養之不宜者。當，丁浪反。供，九用反。養，餘亮反。○天氣殺而萬物咸藏〔二〇〕，可以去之也。禄秩之不當，恩所加增也。供養之不宜，欲所貪者，能蹯之屬，非常食。○呂「當」下有「者」字，「供」作「共」。○淮此下有「通路除道，從境始，至國而后已」十二字。○唐無此一節。是月也，天子乃以犬嘗稻，先薦寢廟。稻始熟也。○呂無「以犬」字。○淮「稻」作「麻」。○唐已見上文。季秋行夏令，則其國大水，冬藏殃敗，民多鼽嚏；鼽，音求。嚏，丁計反。○未之氣乘之也。六月，宿直東井，氣多暑雨。○呂、淮「嚏」作「窒」。行冬令，則國多盜賊，邊境不寧，土地分裂；丑之氣乘之也。極陰爲外，邊境之象也，大寒之時，地隆坼也〔一二〕。行春令，則煖風來至，民氣解惰，解，古買反。○辰之氣乘之也。巽爲風。○呂「煖」作「燠」，「惰」作「墮」。師興不居。辰宿直角，角主兵。不居，象風行不休止也。○呂「興不居」作「旅必興」。○淮此下有「九月官候，其樹槐」。○孟冬之月，日在尾，昏危中，旦七星中。孟冬者，日月會於析木之津而斗建亥之辰也。○淮無「日在尾」字，有「招搖指亥」字。○唐作「十月之節，日在房，昏虚中，曉張中，斗建亥位之初」。其日壬癸。壬之言任也，癸之言揆也。日之行，冬北從黑道，閉藏萬物，月爲之佐，時萬物懷任於下，揆然萌芽，又因以爲日名焉。○淮此上有「其位北方」字，下有「盛德在水」字。其帝顓頊，其神玄冥。顓，音專。頊，許玉反。○此黑精之君，水官之臣，自古以來著德立功者也。顓頊，高陽氏也。玄冥，少皞氏之子，曰脩，曰熙，爲水官。○淮無此二句。其蟲介。介，甲也。象物閉藏地中，龜鼈之屬。其音羽，三分商去一以生羽，羽數四十八。屬水者，以爲最清，物之象也。冬氣和則羽聲調。樂記曰：「羽亂則危，其財匱。」律中應鐘。孟冬氣至則應鐘之律應。應鐘者，姑洗之所生，三分去一，律長四寸二十七分寸之二十。周語曰：「應鐘，均利器用，俾應復。」其數六。水生數一，成數六，但言六者，亦舉其成數。○唐此下有「其性智其事聽」。其味鹹，其臭朽。水之臭味也。凡鹹朽者皆屬焉。氣若有若無爲朽。○淮「朽」作「腐」。其祀行，祭先腎。冬陰盛，寒於水〔二一〕，祀之於行，從辟除之類也。祀之先祭腎者，陰位在下，腎亦在下，腎爲尊也。行在廟門外之西，爲軷壤，厚二寸，廣五尺，輪四尺。祀行之禮，北面設主於軷上，乃制腎及脾爲俎，奠於主南。又設盛於俎東，祭肉腎一脾再，其他皆如祀門之禮。○淮「行」作「井」。水始冰，地始凍，雉入大水爲蜃，虹藏不見。蜃，常忍反。見，賢遍反。○皆記時候也。大水，淮也。大蛤曰蜃。○唐作「立冬之日，水始冰，後五日，地始凍，後五日，野雞入大水爲蜃」，而以下四字屬後章。天子居玄堂左个。乘玄路，駕鐵驪，載玄旂，衣黑衣，服玄玉。食黍與彘，其器閎以奄。驪，力知反。○玄堂左个，北堂西偏也。鐵驪，色如鐵。黍秀舒散，屬火，寒時食之，亦以安性也。彘，水畜也。器閎而奄，象物閉藏也。今月令曰「乘軫路」，似當爲「袗」字之誤也。○呂「奄」作「弇」。○淮此一節作「天子衣黑衣，乘玄驪，服玄玉，建玄旗，食黍與彘，服八風水，爨松燧火。北宫御女黑色衣，黑采，擊磬石，其兵鎩，其畜彘，朝于玄堂左个，以出冬令。命有司修羣禁，禁外徙，閉門閭，大搜客，斷罰刑，殺當罪，阿上亂法者誅」。○諸本「路」皆作「輅」。○唐「黑」作「玄」，「彘」作「鴈」。是月也，以立冬。先立冬三日，大史謁之天子曰：「某日立冬，盛德在水。」天子乃齊。立冬之日，天子親帥三公、九卿、大夫以迎冬於北郊。還反，賞死事，恤孤寡。先，悉薦反。○迎冬者，祭黑帝叶光紀於北郊之兆也。死事，謂以國事死者，若公叔禺人、顔涿聚者也。孤寡，其妻子也。有以恵賜之，大功加賞。○吕無「以」字，「帥」作「率」，「反」作「乃」。○淮無「是月」至「乃齊」一節，「冬於」作「歲于」。○唐無「是月也以立冬」字，「太史」下有「先立冬三日」字，無「三」、「九」字，有「諸侯」字。○淮、唐「帥」、「反」並同吕本。是月也，命大史釁龜筴占兆，審卦吉凶。釁，許靳反。筴，初格反。○筴，著也。占兆，龜之繇文也。周禮龜人：「上春釁龜。」謂建寅之月也。秦以其歲首使大史釁龜筴，與周異矣。卦吉凶，謂易也。審，省録之。而不釁筮，筮短，賤於兆也。今月令曰「釁祠」，「祠」，衍字。○吕「史」作「卜」，「釁」作「禱祠」。吕、淮「筴」作「策」，無「占兆」字，「卦」下有「兆以察」字。淮無「也」字，「史」作「祝」，「釁」作「禱」，「祀」下又有「神位占」字。○唐以此一節屬孟春章。是察阿黨，則罪無有掩蔽。阿黨，謂治獄吏以私恩曲橈相爲也。○吕「是」上有「於」字，「黨」作「上」，下有「亂法者」字，「罪」下有「之」字。○淮無此一節。○唐無「是」字，「蔽」下有「是月也，可以築城郭，造宫室，穿竇窖，修囷倉」。是月也，天子始裘。九月授衣，至此可以加裘。○淮「是月也」作「於是」。○唐此下有「是月也，祭神州地祇於北郊。是月也，命有司祭司寒。是月也，命有司祭司中、司命、司人、司禄」，此下又别分作一章，云「十月中氣，日在尾，昏危中，曉翼中，斗建亥位之中」。命有司曰：「天氣上騰，地氣下降，天地不通，閉塞而成冬。」上，時掌反。○使有司助閉藏之氣。門户可閉閉之，窻牖可塞塞之。○吕無「塞」字。○淮無此一節。○唐云「小雪之日，虹藏不見，後五日，天氣上騰，地氣下降，後五日，閉塞而成冬」，無「天地不通」字。命百官謹蓋藏。藏，才浪反。○謂府庫囷倉有藏物。○吕「命」作「令」。○唐「百官」作「有司」。命司徒循行積聚，無有不斂。行，下孟反。積，子賜反。聚，才柱反。○謂芻禾薪蒸之屬。○淮無「循」字及「無有不斂」字。○唐無「命司徒」字。坏城郭，戒門閭，修鍵閉，慎管籥。固封疆，備邊境，完要塞，謹關梁，塞徯徑。鍵，其偃反。籥，羊灼反。疆，居良反。要塞之塞，先代反。徯，音奚。○坏，益也。鍵，牡。閉，牝也。管籥，搏鍵器也。固封疆，謂使有司循其溝樹及其衆庶之守法也。要塞，邊城要害處也。梁，橋横也。徯徑，禽獸之道也。今月令「疆」或爲「壃」。○吕「坏」作「坿」，「管」作「關」。○吕、淮「鍵」作「楗」，「疆」作「壃」，「徯」作「蹊」。○淮「坏」作「脩」，「戒」作「警」，「備」作「修」，無「梁」字，「塞」作「絶」。○唐無「慎」至「疆」六字及「完要塞」三字，「徯」作「蹊」。飭喪紀，辨衣裳，審棺椁之薄厚，塋丘壟之小大、高卑、厚薄之度，貴賤之等級。塋，音營。壟，力勇反。○此亦閉藏之具，順時飭正之也。辨衣裳，謂襲斂尊卑所用也，所用又有多少。○吕「喪」作「哀」。○淮無「辨衣裳」字。「椁」下有「衣衾」字，「卑」作「庳」，「度」下云「使貴賤尊卑各有等級」。是月也，命工師效功，陳祭器，案度程，毋或作爲淫巧以蕩上心，必功致爲上。霜降而百工休，至此物皆成也。工師，工官之長也。效功，録見百工所作器物也。主於祭器，祭器尊也。度，謂制大小也。程，謂器所容也。淫功，謂奢僞怪好也。蕩，謂摇動生其奢淫。○吕、淮無「命」字。吕、唐無「或」、「爲」、「必」字。淮「程」作「呈」，無「毋或」至「心必」十一字，「功」作「堅」。物勒工名，以考其誠。勒，刻也。刻工姓名於其器，以察其信，知其不功致。○淮無此一節。功有不當，必行其罪，以窮其情。當，丁浪反。○功不當者，取材美而器不堅也。○吕「巧」作「工」。○淮云「工事苦慢，作爲淫巧，必行其罪」，與唐皆無「以窮其情」四字。是月也，大飲烝。十月農事畢，天子諸侯與其羣臣飲酒於太學，以正齒位，謂之大飲，别之於他。其禮亡，今天子以燕禮，郡國以鄉飲酒禮代之。烝，謂有牲體爲俎也。黨正職曰：「國索鬼神而祭祀，則以禮屬民，而飲酒于序，以正齒位。」亦謂此時也。詩云：「十月滌場，朋酒斯饗。曰殺羔羊，躋彼公堂。稱彼兕觥，受福無疆。」是頌大飲之詩。○呂、淮「烝」作「蒸」。天子乃祈來年于天宗，大割祠于公社及門閭，臘先祖五祀。臘，力合反。○此周禮所謂蜡祭也。天宗，謂日月星辰也。大割，大殺羣牲割之也。臘，謂以田獵所得禽祭也。五祀：門、户、中霤、竈、行也。或言祈年，或言大割，或言臘，互文。○呂「割」下有「牲」字，「臘」作「饗禱」。○淮無「乃」字，「割」作「禱」，「祠」作「祭」，無「及門閭」字，「臘」作「畢饗」，無「五祀」字。○唐無此一節。勞農以休息之。勞，力報反。○黨正屬民飲酒正齒位是也。○呂、淮「農」下有「夫」字。天子乃命將帥講武，習射御角力。將，子匠反。帥，色類反。○爲仲冬將大閱，簡習之，亦因營室主武事也。凡田之禮，唯狩最備。夏小正：「十一月，王狩。」○呂「帥」作「率」，「習」作「肄」。○淮無「天子乃」字，「力」下有「勁」字。○唐無此一節，而有「是月也，易關市，來征旅，納貨賄，以便人事。四方來集，遠鄉皆至，則財不匱，上無乏用，百事乃遂」。是月也，乃命水虞漁師收水泉池澤之賦。毋或敢侵削衆庶兆民，以爲天子取怨於下。其有若此者，行罪無赦。因盛德在水，收其税。○淮無「是月也」及「敢」字，「削」作「平」，又無「衆庶」以下二十一字。○唐「水虞漁師」作「有司」，無「泉池」字，「或」作「令」，亦無「衆庶」字，「赦」下有「是月也，乃命有司，秫稻必齊，麴糱必時，湛熾必絜，水泉必香，陶器必良，火齊必得，兼用六物，酒官監之，無有差貸」四十三字〔二三〕。孟冬行春令，則涷閉不密，地氣上泄，寅之氣乘之也。○呂、淮「上」並作「發」。民多流亡；象蟄蟲動。行夏令，則國多暴風，方冬不寒，蟄蟲復出；復，扶又反。○巳之氣乘之也。立夏巽用事，巽爲風。○淮無「國」字。行秋令，則雪霜不時，申之氣乘之也。小兵時起，土地侵削。申陰氣尚微。申宿直參伐，參伐爲兵。○淮此下有「十月官司馬，其樹檀」。

○仲冬之月，日在斗，昏東辟中，旦軫中。辟，必亦反。○仲冬者，日月會於星紀而斗建子之辰也。○呂「辟」作「壁」。○淮無「日在斗」字，有「招搖指子」字，無「東」字。○唐作「十一月之節，日在箕，昏營室中，曉軫中，斗建子位之初」。律中黃鍾。黃鍾者，律之始也，九寸。仲冬氣至，則黃鍾之律應。周語曰：「黃鍾，所以宣養六氣九德。」○諸本上下與孟冬同，今從唐本。冰益壯，地始坼，鶡旦不鳴，虎始交。鶡，苦割反。○皆記時候也。鶡旦，求旦之鳥也。交，猶合也。○呂、淮「旦」作「鴠」。淮「鶡」作「鳱」。○唐無「冰益壯地始坼」字，作「大雪之日，鶡鳥不鳴，後五日，虎始交，後五日，荔挺出」。天子居玄堂大廟。玄堂太廟，北堂當大室。○諸本上下與孟冬同，今从唐本。飭死事。飭軍事〔二四〕，戰必有死志。○呂、淮、唐並無此三字。今按：三字衍文，當從唐本。命有司曰：「土事毋作，慎毋發蓋，毋發室屋及起大衆，以固而閉，地氣沮泄，是謂發天地之房，諸蟄則死，民必疾疫，又隨以喪，命之曰暢月。而，猶女也。暢，猶充也。大陰用事，尤重閉藏。○呂無「慎」字，「蓋」下有「藏」字，無「發室屋及」字，「閉」下有「發蓋藏起大衆」字，「沮」作「且」，「必」作「多」。○淮無「慎」、「蓋」字，

「屋」作「居」，無「以固」至「沮泄」八字，「房」作「藏」，「又」作「有」，「喪」下有「急捕盗賊，誅淫佚詐僞之人」，無「之」字，「暢」作「暘」。○唐無「曰」、「慎」、「蓋」字，「沮」作「且」，無「命之曰暢月」字。是月也，命奄尹申宫令，審門閭，謹房室，必重閉。重，直龍反。○奄尹，主領奄豎之官也，於周則爲内宰，掌治王之内政宫令，譏出入及開閉之屬。重閉，外内閉也。○淮無「是月也」字。○唐「奄尹」作「内宰」。省婦事，毋得淫。雖有貴戚近習，毋有不禁。省，所景反。○省婦事，所以静陰類也。淫，謂女功奢僞怪好物也。貴戚，謂姑、姊妹之屬。近習，天子所親幸者。○淮無「毋得」以下十三字。○唐無「省婦」以下六字。乃命大酋，秫稻必齊，麴蘖必時，湛熾必絜，水泉必香，陶器必良，火齊必得。兼用六物，大酋監之，毋有差貸。酋，在由反。秫，音述。麴，丘六反。蘖，魚列反。湛，子廉反。齊，才細反。監，工銜反。貸，他得反。○酒孰曰酋。大酋者，酒官之長也，於周則爲酒人。秫稻必齊，謂孰成也。湛，漬也。熾，炊也。火齊，生孰之調也。物，猶事也。差貸，謂失誤，有善有惡也。古者穫稻而漬米麴，至春而爲酒。詩云：「十月穫稻，爲此春酒，以介眉壽。」○呂「熾」作「饎」，無「兼用」以下八字。○唐此一節見前章。天子命有司祈祀四海、大川、名源、淵澤、井泉。順其德盛之時祭之也。今月令「淵」爲「深」。○呂、淮「子」下有「乃」字。呂「源」作「原」。淮、唐無「祈」字。淮無「源淵井泉」字。唐無「天子」字，無「淵澤」字，又分此下别爲一章，云：「十一月中氣，日在南斗，昏東壁中，曉角中，斗建子位之中。冬至之日，蚯蚓結，後五日，麋角解，後五日，水泉動。是月也，祀昊天上帝於圜丘。」是月也，農有不收藏積聚者，馬牛畜獸有放佚者，取之不詰。畜，許六反。○此收斂尤急之時，人有取者不罪，所以警懼其主也。王居明堂禮曰：「孟冬之月，命農畢積聚，繫收牛馬。」○呂淮「馬牛」作「牛馬」，「佚」作「失」。淮無上「者」字。○唐「畜」作「禽」，「佚」作「逸」。山林藪澤，有能取蔬食，田獵禽獸者，野虞教道之。其有相侵奪者，罪之不赦。藪，素口反。○務收斂野物也。大澤曰藪。草木之實爲蔬食。○諸本「道」皆作「導」。呂、淮「蔬」作「疏」。淮無下「者」字。唐「野虞」作「有司」，此下有「是月也，命有司祭馬步，是月也，伐木取竹箭」。是月也，日短至，陰陽爭，諸生蕩。爭者，陰方盛，陽欲起也。蕩，謂物動將萌牙也。○淮無「諸生蕩」字。君子齊戒，處必掩身。身欲寧，去聲色，禁耆欲，安形性，事欲靜，以待陰陽之所定。齊，側皆反。去，起呂反。耆，音嗜。○寧，安也。聲，謂樂也。易及樂、春秋説云「冬至，人主與羣臣從八能之士作樂五日」，此言「去聲色」，又相反。○諸本並無「一身」字，「耆」皆作「嗜」。○呂「掩」作「弇」。○淮「君子」上有「是月也」字，「寧」作「靜」，「欲」作「慾」，下又有「寧身體」字，無「事欲」以下十字。○唐「欲寧」作「無躁」。芸始生，荔挺出，蚯蚓結，麋角解，水泉動。解，音蟹。○又記時候也。芸，香草也。荔挺，馬薤也。水泉動，潤上行。○淮作「荔挺出，芸始生」，「蚓」作「螾」。○唐無「芸始生」三字，餘見上文。日短至，則伐木取竹箭。此其堅成之極時。○淮無「日短至」三字，「伐」下有「樹」字。○唐已見上文。是月也，可以罷官之無事，去器之無用者。謂先時權所建作者也。天地閉藏而萬物休，可以去之。○淮無「以去」字。塗闕庭門閭，築囹圄，此以助天地之閉藏也。順時氣也。○呂、淮「此」作「所」。淮無「藏也」字。唐無此一節。

仲冬行夏令，則其國乃旱，午之氣乘之也。氛霧冥冥，氛，芳芸反。○霜露之氣散相亂也。○呂「氛」作「氣」。雷乃發聲；震之動也，午屬震。行秋令，則天時雨汁，瓜瓠不成，雨，于付反。瓠，户故反。○酉之氣乘之也。酉宿直昴畢，畢好雨。雨汁者，水雪雜下也。子宿直虚危，虚危内有瓜瓠。○淮「天」作「其」，「汁」作「水」。國有大兵；兵亦畢之氣。行春令，則蝗蟲爲敗，當蟄者出，卯之氣乘之也。○呂、淮並作「蟲螟」。○唐作「蟲蝗」。水泉咸竭，大火爲旱。民多疥癘。疥癘之病，孚甲象也。○呂、淮「疥」作「疾」。○淮此下有「十一月官都尉，其樹棗」。○季冬之月，日在婺女，昏婁中，旦氐中。婁，力侯反。氐，丁兮反。○季冬者，日月會於玄枵而斗建丑之辰也。○淮無「日在婺女」字，有「招摇指丑」字。○唐作「十二月之節，日在南斗，昏奎中，曉亢中，斗建丑位之初」。律中大吕。大吕者，蕤賓之所生也，三分益一，律長八寸二百四十三分寸之百四。季冬氣至，則大吕之律應。周語曰：「大吕，助陽宣物。」○諸本見仲冬章。鴈北鄉，鵲始巢，雉雊雞乳。鄉，音向。雊，古豆反。乳，如住反。○皆記時候也。雊，雉鳴也。詩云：「雉之朝雊，尚求其雌。」○呂「雉雊雞乳」作「乳雉雊」。○淮「始」作「加」，「雉雊雞乳」作「雉雊雞呼卵」。○唐云「小寒之日，鴈北鄉，後五日，鵲始巢，後五日，野雉始雊」。天子居玄堂右个。玄堂右个，北堂東偏。○諸本見仲冬章。○唐此下有「命將帥講武，習射御，角力，乃教田獵，以習五戎，班馬政，命僕夫七騶咸駕〔一二五〕，載旌旐，授車以級，整設于屏外，有司搢扑，北面以誓之，天子乃厲飾，執弓挾矢以獵，命有司修祭禽之禮，天子乃禮百神於南郊，爲來年祈福於天宗」。又分此下别爲一章，云：「十二月中氣，日在須女，昏婁中，曉氐中，斗建丑位之中。大寒之日，雞始乳，後五日，鷙鳥厲疾，後五日，水澤腹堅。」命有司大難，旁磔，出土牛以送寒氣。難，乃多反。磔，竹百反。○此難，難陰氣也。難陰始於此者，陰氣右行，此月之中，日歷虚危，虚危有墳墓四司之氣，爲厲鬼，將隨强陰出害人也。旁磔，於四方之門磔攘也。出，猶作也。作土牛者，丑爲牛，牛可牽止也。送，猶畢也。○諸本「難」作「儺」。○淮無「以送寒氣」字。○唐屬下文。征鳥厲疾，殺氣當極也。征鳥，題肩也，齊人謂之擊征，或名曰鷹，仲春化爲鳩。○唐見上文。乃畢山川之祀，及帝之大臣、天之神祇。祇，音祁。○四時之功成於冬，孟月祭其宗，至此可以祭其佐也。帝之大臣，句芒之屬。天之神祇，司中、司命、風師、雨師。○吕「畢」下有「行」字，「天」下有「地」字。○淮、唐無此一節。是月也，命漁師始漁，天子親往，乃嘗魚，先薦寢廟。天子必親往視漁，明漁非常事，重之也。此時魚絜美。○淮無「是月也」字，「嘗」作「射」。淮、唐無「乃」字。唐「漁師」作「有司」。冰方盛，水澤腹堅。命取冰，腹，厚也。此月日在北陸，冰堅厚之時也。北陸，謂虚也。今月令無「堅」。○吕、淮「腹」作「復」。○唐「水澤腹堅」已見上文，此但云「命取而藏之」。冰以入，令告民出五種。種，章勇反。○冰既入而令田官告民出五種，明大寒氣過，農事將起也。○淮無「冰方」至「以入」十三字，又無「告」字。○唐「以」作「已」。命農計耦耕事，修耒耜，具田器。耜者，耒之金也，廣五寸。田器，鎡錤之屬。○吕「命」下有「司」字。○淮「命」作「令」。○唐無「事」字，此下又有「命有司出土牛以示農耕之早晚」。命樂師大合吹而罷。合，古答反。吹，昌睡反。○歲將終，與族人大飲，作樂於大寢，以綴恩也。言罷者，此用禮樂於族人最盛，後年若時乃復然也。凡用樂必有禮，用禮則有不用樂者。王居明堂禮：「季冬，命國爲酒，以合三族，君子説，小人樂。」○唐以此一節屬下文。乃命四監收秩薪柴，以共郊廟及百祀之薪燎。共，音供，下並同。燎，力召反。○四監，主山林川澤之官也。大者可析謂之薪，小者合束謂之柴。薪施炊爨，柴以給燎。春秋傳曰：「其父析薪。」今月令無「及百祀之薪燎」。○呂、淮「共」作「供」，「郊」作「寢」。淮無「柴」字。唐以此一節屬下文。是月也，日窮于次，月窮于紀，星回于天，數將幾終，幾，音機。○言日月星辰運行于此月，皆周匝於故處也。次，舍也。紀，會也。○呂「回」作「迴」。○淮「回」作「周」，無「數將幾終」字。歲且更始。專而農民，毋有所使。而，猶女也。言專一女農民之心，令之豫有志於耕稼之事，不可傜役。傜役之，則志散失業也。○呂、淮「且」作「將」。呂「而」作「於」。淮「專」作「令」，「而」作「靜」。唐「而」作「其」。天子乃與公卿大夫共飭國典，論時令，以待來歲之宜。飭國典者，和六典之法也。周禮以正月爲之，建寅而縣之，今用此月，則所因於夏殷也。○呂無「公」字。○淮無「共」字，「來」作「嗣」。○唐此下有「是月也，合諸侯制，百縣爲來歲受朔日，與諸侯所税於人輕重之法、貢職之數，以遠近土宜爲度，以給郊廟之事，無有所私」。乃命大史次諸侯之列，賦之犧牲，以共皇天上帝社稷之饗。此所與諸侯共者也。列國有大小也，賦之犧牲，大者出多，小者出少。饗，獻也。○諸本「共」並作「供」。○淮「饗」作「芻享」。○唐「太史」作「有司」，無「皇天上帝社稷之饗」八字，而有「享祀」二字。乃命同姓之邦，共寢廟之芻豢。此所以與同姓共也。芻豢，猶犧牲。○呂、淮「邦」作「國」，「共」作「供」。命宰歷卿大夫至于庶民土田之數，而賦犧牲，以共山林名川之祀。此所與卿大夫庶民共者也。歷，猶次也。卿大夫采地亦有大小，其非采地，以其邑之民多少賦之。○呂「命」作「令」，「歷」作「磿」，「賦」下有「之」字，「共」作「供」。○淮無「命宰歷」三字，「卿」下有「士」字，無「土田」至「犧牲以」九字。○唐無此一節。凡在天下九州之民者，無不咸獻其力，以共皇天上帝、社稷寢廟、山林名川之祀。民非神之福不生，雖有其邦國采地，此賦要由民出。○呂此下有「行之是令，此謂一終二旬二日」。○淮無此一節。○唐無「者」字，「共」作「供」，「名川」作「川澤」，此下又有「命樂正大合吹而罷，乃命有司收秩薪柴，以供郊廟及百祀之薪燎，命有司大儺旁磔，以送寒氣」。季冬行秋令，則白露早降，介蟲爲妖，戌之氣乘之也。九月初，尚有白露，月中乃爲霜。丑爲鼈蟹。四鄙入保；畏兵辟寒象。○呂「鄙」作「鄰」。行春令，則胎夭多傷，辰之氣乘之也。夭，少長也。此月物甫萌牙，季春乃句者畢出，萌者盡達。胎夭多傷者，生氣早至，不充其性。○淮無「多」字。國多固疾，生不充性，有久疾也。命之曰逆；衆害莫大於此。行夏令，則水潦敗國，時雪不降，冰凍消釋。未之氣乘之也。季夏，大雨時行。淮此下有「十二月官獄，其樹櫟」。

校勘記

〔一〕囿有見韭　此四字原脱，據賀本補。

〔二〕言古者先服公田而後服其田也　「言古者」，原作「者古言」，據朝鮮本、賀本改。

〔三〕始執駒也執駒也者　此句原作「始執駒也者」，據賀本改。

〔四〕傳云一作衣　「傳」，原作「詩」，據四庫本改。

〔五〕苹莠　丁本、傅本、朝鮮本、吕本同，賀本「苹」作「荓」。下文「苹莠」「苹也者」同。

〔六〕有馬帚也　諸本同，大戴禮記同，傅崧卿注本夏小正無「有」字。

〔七〕灌聚也　「灌」，原作「藋」，據丁本、吕本、賀本改。

〔八〕熊羆貊貉鼬鼪則穴　「羆」字原脱，據賀本補。

〔九〕大火也者心也　「者」字原脱，據賀本補。

〔一〇〕若蟄而　丁本、傅本、朝鮮本、吕本同，賀本「而」作「也」。

〔一一〕納卵蒜　「蒜」，原作「菻」，據賀本改。

〔一二〕曆舍于十有二辰　「有」，原作「月」，據賀本改。

〔一三〕淮無此二句　「句」，原作「字」，據賀本改。

〔一四〕於作于　此句原作「於作于」，據朝鮮本改。

〔一五〕順時氣而居　「而」，原作「則」，據四庫本改。

〔一六〕爲傷妊生之類　「生」字原脱，據賀本補。

〔一七〕營室主武士　丁本、傅本、朝鮮本、吕本同，賀本「士」作「事」。

〔一八〕九月丹鳥羞白鳥　丁本、傅本、朝鮮本、吕本同，禮記注同；賀本「九」作「八」，與夏小正合。

〔一九〕吕無大字大作天　丁本、傅本、朝鮮本、吕本同，賀本作「吕無上大字下大作天」。

〔二〇〕天氣殺而萬物咸藏　「氣」，原作「地」；「咸」，原作「成」。皆據丁本、吕本改。

〔二一〕地隆坼也　「坼」，原作「拆」，據丁本改。

〔二二〕冬陰盛寒於水　諸本同，禮記注諸本同，唯七經孟子考文引古本作「冬陰氣盛寒於外」，足利本同。

〔二三〕四十三字　「三」字原脱，據賀本補。

〔二四〕飭軍事　丁本、傅本、朝鮮本、吕本同，賀本「事」作「士」，與禮記注合。

〔二五〕命僕夫七騶咸駕　「夫」，原作「大」，據丁本、朝鮮本改。

儀禮經傳通解卷第二十七[一]

王朝禮四之上

樂制

周禮大宗伯：以天産作陰德，以中禮防之；以地産作陽德，以和樂防之。天産者，動物，謂六牲之屬。地産者，植物，謂九穀之屬。陰德，陰氣在人者。陰氣虚，純之則劣，故食動物，作之使動，過則傷性，制中禮以節之。陽德，陽氣在人者，陽氣盈，純之則躁，故食植物，作之使静，過則傷性，制和樂以節之。如是，然後陰陽平，性情和，而能育其類。以禮樂合天地之化、百物之産，以事鬼神，以諧萬民，以致百物。禮濟虚，樂損盈，並行則四者乃得其和。能生非類曰化，生其種曰産。○大司樂：以六律、六同、五聲、八音、六舞，大合樂以致鬼神示，以和邦國，以諧萬民，以安賓客，以説遠人，以作動物。示，音祇。説，音悦。○六律，合陽聲者也。六同，合陰聲者也。此十二者以銅爲管，轉而相生，黄鍾爲首，其長九寸，各因而三分之，上生者益一分，下生者去一焉。國語曰：「律所以立均出度也。古之神瞽考中聲而量之以制，度律均鐘。」言以鐘聲定律，以律立鐘之均。大合樂者，謂徧作六代之樂，以冬日至作之，致天神人鬼，以夏日至作之，致地祇、物魖、動物、羽蠃之屬。虞書曰：「夔曰：戛擊鳴球、搏拊琴瑟以詠。祖考來格，虞賓在位，羣后德讓，下管鼗鼓，合止柷敔，笙鏞以閒。鳥獸蹌蹌，簫韶九成，鳳皇來儀。夔曰：於！予擊石拊石，百獸率舞，庶尹允諧。」此其於宗廟九奏效應。乃分樂而序之，以祭，以享，以祀。分，謂各用一代之樂。乃奏黄鐘，歌大吕，舞雲門，以祀天神。以黄鐘之鐘、大吕之聲爲均者，黄鐘，陽聲之首，大吕爲之合，奏之以祀天神，尊之也。天神，謂五帝及日月星辰也。王者又各以夏正月祀其所受命之帝於南郊，尊之也，孝經説曰「祭天南郊，就陽位」是也。乃奏大蔟，歌應鐘，舞咸池，以祭地示。大，音泰。蔟，七豆反。○大蔟，陽聲第二，應鐘爲之合。咸池，大咸也。地示，所祭於北郊，謂神州之神及社稷。乃奏姑洗，歌南吕，舞大磬，以祀四望。洗，先典反。磬，音韶。○姑洗，陽聲第三，南吕爲之合。四望，五嶽、四鎮、四瀆。此言祀者，司中、司命、風師、雨師，或亦用此樂與？乃奏蕤賓，歌函鐘，舞大夏，以祭山川。蕤，人誰反。函，胡南反。○蕤賓，陽聲第四，函鐘爲之合。函鐘，一名林鐘。乃奏夷則，歌小吕，舞大濩，以享先妣。濩，户故反。○夷則，陽聲第五，小吕爲之合。小吕，一名中吕。先妣，姜嫄也。姜嫄履大人跡，感神靈而生后稷，是周之先母也。周立廟自后稷爲始祖，姜嫄無所妃，是以特立廟而祭之，謂之「閟宫」。閟，神之。○妃，音配，本亦作「配」。乃奏無射，歌夾鐘，舞大武，以享先祖。射，音亦。○無射，陽聲之下也，夾鐘爲之合。夾鐘，一名圜鐘。先祖，謂先王、先公。凡六樂者，文之以五聲，播之以八音。六者言其均，皆待五聲八音乃成也。播之言被也。故書「播」爲「藩」。杜子春云：「藩，當爲『播』，讀如后稷播百穀之播。」凡六樂者，一變而致羽物及川澤之示，再變而致贏物及山林之示，三變而致鱗物及丘陵之示，四變而致毛物及墳衍之示，五變而致介物及土示，六變而致象物及天神。贏，力果反。○變，猶更也，樂成則更奏也。此謂大蜡索鬼神而致百物，六奏樂而禮畢。東方之祭，則用大蔟、姑洗。南方之祭，則用蕤賓。西方之祭，則用夷則、無射。北方之祭，則用黃鐘爲均焉。每奏有所感，致和以來之。凡動物敏疾者，地祇高下之甚者易致。羽物既飛又走，川澤有孔竅者，蛤蟹走則遲，墳衍孔竅則小矣，是其所以舒疾之分。土祇，原隰及平地之神也。象物，有象在天，所謂四靈者。天地之神，四靈之知，非德至和則不至。禮運曰：「何謂四靈？麟、鳳、龜、龍謂之四靈。龍以爲畜，故魚鮪不淰；鳳以爲畜，故鳥不獝；麟以爲畜，故獸不狘；龜以爲畜，故人情不失。」凡樂，圜鐘爲宮，黃鐘爲角，大蔟爲徵，姑洗爲羽；靁鼓靁鞀，孤竹之管，雲和之琴瑟，雲門之舞。冬日至，於地上之圜丘奏之。若樂六變，則天神皆降，可得而禮矣。凡樂，函鐘爲宮，大蔟爲角，姑洗爲徵，南呂爲羽；靈鼓靈鞀，孫竹之管，空桑之琴瑟，咸池之舞。夏日至，於澤中之方丘奏之。若樂八變，則地示皆出，可得而禮矣。凡樂，黃鐘爲宮，大呂爲角，大蔟爲徵，應鐘爲羽；路鼓路鞀，陰竹之管，龍門之琴瑟，九德之歌，九磬之舞，於宗廟之中奏之。若樂九變，則人鬼可得而禮矣。徵，張里反。靁，音雷。鼗，徒刀反。○此三者皆禘大祭也。天神則主北辰，地祇則主崑崙，人鬼則主后稷。先奏是樂以致其神，禮之以玉而裸焉，乃後合樂而祭之。大傳曰：「王者必禘其祖之所自出。」祭法曰：「周人禘嚳而郊稷。」謂此祭天圜丘，以嚳配之。圜鐘，夾鐘也。夾鐘生於房心之氣，房心爲大辰，天帝之明堂。函鐘，林鐘也。林鐘生於未之氣，未坤之位，或曰天社，在東井輿鬼之外。天社，地神也。黄鐘生於虚危之氣，虚危爲宗廟。以此三者爲宫，用聲類求之，天宫夾鐘陰聲，其相生從陽數，其陽無射。無射上生中吕，中吕與地宫同位，不用也。中吕上生黄鐘，黄鐘下生林鐘，林鐘地宫，又不用。林鐘上生太蔟，太蔟下生南吕，南吕與無射同位，又不用。南吕上生姑洗。地宫林鐘，林鐘上生太蔟，太蔟下生南吕，南吕上生姑洗。人宫黄鐘，黄鐘下生林鐘，林鐘地宫，又辟之。林鐘上生太蔟，太蔟下生南吕，南吕與天宫之陽同位，又辟之。南吕上生姑洗，姑洗、南吕之合，又辟之。姑洗下生應鐘，應鐘上生蕤賓，蕤賓地宫，林鐘之陽也，又辟之。蕤賓上生大吕。凡五聲，宫之所生，濁者爲角，清者爲徵羽。此樂無商者，祭尚柔，商堅剛也。鄭司農云：「雷鼓、雷鼗，皆謂六面有革可擊者也。雲和，地名也。靈鼓、靈鼗，四面。路鼓、路鼗，兩面。九德之歌，春秋傳所謂：『水、火、金、木、土、穀，謂之六府。正德、利用、厚生，謂之三事。六府三事，謂之九功。九功之德皆可歌也，謂之九歌也。』」玄謂：雷鼓、雷鼗，八面。靈鼓、靈鼗，六面。路鼓、路鼗，四面。孤竹，竹特生者。孫竹，竹枝根之末生者。陰竹，生於山北者。雲和、空桑、龍門，皆山名。九磬，讀當爲大韶，字之誤。

○凡舞，有帗舞，有羽舞，有皇舞，有旄舞，有干舞，有人舞。帗，音弗。○故書「皇」作「翌」。鄭司農云：「帗舞者，全羽。羽舞者，析羽。皇舞者，以羽冒覆頭上，衣飾翡翠之羽。旄舞者，氂牛之尾。干舞者，兵舞。人舞者，手舞。社稷以帗，宗廟以羽，四方以皇，辟雝以旄，兵事以干，星辰以人舞。翌，讀爲皇，書亦或爲皇。」玄謂：帗，析五采繒，今靈星舞子持之是也。皇，雜五采羽如鳳皇色，持以舞。人舞，無所執，以手袖爲威儀。四方以羽，宗廟以人，山川以干，旱暵以皇。教樂儀，行以肆夏，趨以采薺，車亦如之，環拜以鐘鼓爲節。薺，徐私反。○教樂儀，教王以樂出入於大寢朝廷之儀。故書「趨」作「跢」。鄭司農云：「跢，當爲『趨』」，書亦或爲『趨』。肆夏、采薺，皆樂名，或曰皆逸詩。謂人君行步以肆夏爲節，趨疾於步則以采薺爲節。若今時行禮於大學，罷出，以鼓陔爲節。環，謂旋也。拜，直拜也。」玄謂：行者，謂於大寢之中。趨，謂於朝廷。爾雅曰：「堂上謂之行，門外謂之趨。」然則王出既服，至堂而肆夏作，出路門而采薺作。其反，入至應門、路門亦如之。此謂步迎賓客，王如有車出之事，登車於大寢西階之前，反降於阼階之前。尚書傳曰：「天子將出，撞黄鐘之鐘，右五鐘皆應。入則撞蕤賓之鐘，左五鐘皆應。大師於是奏樂。」凡射，王以騶虞爲節，諸侯以貍首爲節，大夫以采蘋爲節，士以采蘩爲節。騶，側留反。○騶虞、采蘋、采蘩，皆樂章名，在國風召南；唯貍首在樂記。射義曰：「騶虞者，樂官備也。貍首者，樂會時也。采蘋者，樂循法也。采蘩者，樂不失職也。是故天子以備官爲節，諸侯以時會爲節，卿大夫以循法爲節，士以不失職爲節。」鄭司農説以大射禮曰：「樂正命大師曰：『奏貍首，間若一。』大師不興，許諾。樂正反位，奏貍首以射。」貍首，曾孫。○樂師○王宫縣，諸侯軒縣，卿大夫判縣，士特縣。縣，音玄。○樂縣，謂鐘磬之屬縣於筍簴者。鄭司農云：「宮縣，四面縣。軒縣，去其一面。判縣，又去其一面。特縣，又去其一面。四面象宮室，四面有墻，故謂之宮縣。軒縣三面，其形曲，故春秋傳曰「請曲縣繁纓以朝」，諸侯之禮也。故曰：唯器與名不可以假人。」玄謂：軒縣去南面，辟王也。判縣，左右之合，又空北面。特縣，縣於東方，或於階間而已。凡縣鐘磬，半爲堵，全爲肆。鐘磬者，編縣之，二八十六枚而在一簴，謂之堵。鐘一堵，磬一堵，謂之肆。半之者，謂諸侯之卿大夫士也。諸侯之卿大夫，半天子之卿大夫，西縣鐘，東縣磬。士亦半天子之士，縣磬而已。鄭司農云以春秋傳曰：「歌鐘二肆。」○小胥○太師：掌六律六同，以合陰陽之聲。陽聲：黄鐘、太蔟、姑洗、蕤賓、夷則、無射；陰聲：大吕、應鐘、南吕、函鐘、小吕、夾鐘。皆文之以五聲：宮、商、角、徵、羽。皆播之以八音：金、石、土、革、絲、木、匏、竹。○凡樂事，以鐘鼓奏九夏：王夏、肆夏、昭夏、納夏、章夏、齊夏、族夏、祴夏、驁夏。齊，側皆反。祴，古哀反。驁，五羔反。○以鐘鼓者，先擊鐘，次擊鼓，以奏九夏。夏，大也，樂之大歌有九。故書「納」作「内」。杜子春云：「内，當爲『納』。」祴，讀爲陔鼓之陔。王出入奏王夏，尸出入奏肆夏，牲出入奏昭夏，四方賓來奏納夏，臣有功奏章夏，夫人祭奏齊夏，族人侍奏族夏，客醉而出奏陔夏，公出入奏驁夏。肆夏，詩也，春秋傳曰：『穆叔如晉，晉侯享之，金奏肆夏之三，不拜。工歌文王之三，又不拜。歌鹿鳴之三，三拜。曰：「三夏，天子所以享元侯也，使臣不敢與聞。」』肆夏與文王、鹿鳴俱稱三，謂其三章也，以此知肆夏詩也。國語曰：『金奏肆夏、繁遏、渠，天子所以享元侯。』肆夏、繁遏、渠，所謂三夏矣。吕叔玉曰：肆夏、繁遏、渠，皆周頌也。肆夏，時邁也。繁遏，執傹也。渠，思文也。肆，遂也。夏，大也。言遂於大位，謂王位也，故時邁曰：『肆于時夏，允王保之。』繁，多也。遏，止也。言福禄止於周之多也，故執傹曰：『降福穰穰〔二〕，降福簡簡，福禄來反。』渠，大也。言以后稷配天，王道之大也，故思文曰：『思文后稷，克配彼天。』故國語謂之曰：『皆昭令德以合好也。』」玄謂：以文王、鹿鳴言之，則九夏皆詩篇名，頌之族類也。此歌之大者，載在樂章，樂崩亦從而亡，是以頌不能具。○鍾師○典同：掌六律六同之和，以辨天地四方陰陽之聲，以爲樂器。陽聲屬天，陰聲屬地，天地之聲布於四方。爲，作也。故書「同」作「銅」。鄭司農云：「陽律以竹爲管，陰律以銅爲管。竹，陽也。銅，陰也。各順其性，凡十二律，故大師職曰：『執同律以聽軍聲。』」玄謂：律，述氣者也。同助陽宣氣，與之同，皆以銅爲〔三〕。凡聲：高聲碮，正聲緩，下聲肆，陂聲散，險聲斂，達聲贏，微聲韽，回聲衍，侈聲筰，弇聲鬱，薄聲甄，厚聲石。碮，古本反。陂，彼義反。韽，音闇。筰，側百反。甄，音震。○故書「碮」或作「硍」。杜子春讀碮爲鏗鎗之鏗。高，謂鐘形容高也。韽，讀爲闇不明之闇。筰，讀爲行扈唶唶之唶。石，如磬石之聲。鄭大夫讀碮爲衮冕之衮，陂讀爲人短罷之罷，韽讀爲鶉韽之韽〔四〕。鄭司農云：「鐘形下當踔。正者，不高不下，鐘形上下正傭。」玄謂：高，鐘形大上，上大也。高則聲上藏，衮然旋如裏。正，謂上下正直，則聲緩無所動。下，謂鐘形大下，下大也，下則聲出去放肆。陂，讀爲險陂之陂，陂謂偏侈，陂則聲離散也。險，謂偏弇也，險則聲斂不越也。達，謂其形微大也，達則聲有餘，若大放也。微，謂其形微小也。韽，讀爲飛鉆涅韽之韽。韽，聲小不成也。回，謂其形微圜也，回則其聲淫衍，無鴻殺也。侈，謂中央約也，侈則聲迫筰，出去疾也。弇，謂中央寬也，弇則聲鬱勃不出也。甄，讀爲甄濯之甄，甄猶掉也。鐘微薄則聲掉，鐘大厚則如石，叩之無聲。凡爲樂器，以十有二律爲之數度，以十有二聲爲之齊量。齊，才計反。量，音亮。○數度，廣長也。齊量，侈弇之所容。凡和樂亦如之。和，謂調其故器也。○爾雅釋樂曰：宮謂之重，商謂之敏，角謂之經，徵謂之迭，羽謂之柳。皆五音之別名，其義未詳。大瑟謂之灑，灑，所買反。○長八尺一寸，廣一尺八寸，二十七弦。大琴謂之離，或曰：琴大者，二十七弦，未詳長短。廣雅曰：「琴長三尺六寸六分，五弦。」大鼓謂之鼖，鼖，音墳。○鼖長八尺。小者謂之應，詩曰：「應輮縣鼓。」在大鼓側。大磬謂之馨，馨，虛驕反。○馨，形似犂錧，以玉石爲之。大笙謂之巢，列管匏中，施簧管端，大者十九簧。小者謂之和，十三簧者。鄉射記曰：「三笙一和而成聲。」大篪謂之沂，篪，音池。沂，音銀。○篪，以竹爲之，長尺四寸，圍三寸。一孔上出一寸三分，名翹，横吹之。小者尺二寸。廣雅云八孔。大塤謂之嘂，塤，許緣反。嘂，音叫。○塤，燒土爲之，大如鵝子，鋭上平底，形如稱錘，六孔。小者如雞子。大鐘謂之鏞，書曰：「笙鏞以閒。」亦名鑮，音博。其中謂之剽，小者謂之棧。大簫謂之言，剽，音瓢。棧，側簡反。○編二十三管，長尺四寸。小者謂之筊。筊，户交反。○十六管，長尺二寸。簫，一名籟。大管謂之簥，簥，九遥反。○管長尺，圍寸，併漆之，有底。賈氏以爲如篪，六孔。其中謂之篞，小者謂之篎。大籥謂之産，篞，乃結反。篎，音妙。○籥，如笛，三孔而短小，廣雅云七孔。其中謂之仲，小者謂之箹。徒鼓瑟謂之步，箹，音握。○獨作之。徒吹謂之和，徒歌謂之謡，吹，昌睡反。○詩云：「我歌且謡。」徒擊鼓謂之咢，咢，五各反。○詩云：「或歌或咢。」徒鼓鐘謂之修，徒鼓磬謂之蹇。

寋，紀展反。○未見義所出。所以鼓柷謂之止，柷，昌孰反。○柷如漆桶，方二尺四寸，深一尺八寸，中有椎柄，連底挏之，令左右擊。止者，其椎名。所以鼓敔謂之籈。敔，魚呂反。籈，之仁反。○敔如伏虎，背上有二十七鉏鋙，刻以木，長尺，櫟之，籈者其名。大鼗謂之麻，小者謂之料。料，力彫反。○麻者音概而長也，料者聲清而不亂。和樂謂之節。○鳧氏：爲鐘，兩欒謂之銑。欒，力端反。銑，先典反。○故書「欒」作「樂」，杜子春云：「當爲『欒』，書亦或爲『欒』。銑，鐘口兩角。」銑閒謂之于，于上謂之鼓，鼓上謂之鉦，鉦上謂之舞，鉦，音征。○此四名者，鐘體也。鄭司農云：「于，鐘脣之上祛也。鼓，所擊處。」舞上謂之甬，甬上謂之衡。甬，音勇。○此二名者，鐘柄。鐘縣謂之旋，旋蟲謂之幹。縣，音玄。旋，如字。○旋屬鐘柄，所以縣之也。鄭司農云：「旋蟲者，旋以蟲爲飾也。」玄謂：今時旋有蹲熊、盤龍、辟邪〔五〕。鐘帶謂之篆，篆閒謂之枚，枚謂之景。帶所以介其名也，介在於鼓鉦舞甬衡之閒，凡四。鄭司農云：「枚，鐘乳也。」玄謂：今時鐘乳俠鼓與舞，每處有九，面三十六。于上之攠謂之隧。攠，音摩。○攠，所擊之處攠弊也。隧在鼓中，窐而生光，有似夫隧。○窐，烏華反。十分其銑，去二以爲鉦。以其鉦爲之銑閒，去二分以爲之鼓閒。以其鼓閒爲之舞脩，去二分以爲舞廣。去，起呂反。廣，古曠反。○此言鉦之徑，居銑徑之八，而銑閒與鉦之徑相應，鼓閒又居銑徑之六，與舞脩相應。舞脩，舞徑也。舞上下促，以横爲脩，從爲廣，舞廣四分。今亦去徑之二分以爲之閒，則舞閒之方恒居銑之四也。舞閒方四，則鼓閒六亦其方也。鼓六，鉦六，舞四，此鐘口十者，其長十六也。鍾之大數以律爲度，廣長與圜徑假設之耳。其鑄之，則各隨鍾之制爲長短大小也。凡言閒者，亦爲從篆以介之，鉦閒亦當六，今時鍾或無鉦閒。以其甬長爲之圍，參分其圍，去一以爲衡圍。衡居甬上又小。參分其甬長，二在上，一在下，以設其旋。令衡居一分，則參分旋，亦二在上，一在下。以旋當甬之中央，是其正。薄厚之所震動，清濁之所由出，侈弇之所由興，有説。説，猶意也。故書「侈」作「移」。鄭司農云：「當爲『侈』。」鍾已厚則石，大厚則聲不發。已薄則播，大薄則聲散。侈則柞，柞，側百反。○柞讀爲咋咋然之咋，聲大外也。弇則鬱。聲不舒揚。長甬則震，鍾掉則聲不正。是故大鍾十分其鼓閒，以其一爲之厚；小鍾十分其鉦閒，以其一爲之厚。言若此則不石不播也。鼓鉦之閒同方六，而今宜異，又十分之一猶大厚，皆非也。若言鼓外鉦外，則近之。鼓外二，鉦外一。鍾大而短，則其聲疾而短聞。聞，音問，下同。○淺則躁，躁易竭也。鍾小而長，則其聲舒而遠聞。深則安，安難息。爲遂，六分其厚，以其一爲之深而圜之。厚，鍾厚。深，謂窐之也，其窐圜。故書「圜」或作「圍」。杜子春云：「當爲『圜』。」○韗人：爲皋陶，韗，音運。○鄭司農云：「韗，書或爲『鞠』。皋陶，鼓木也。」玄謂：鞠者，以皋陶名官也。鞠則陶字，從革。長六尺有六寸，左右端廣六寸，中尺，厚三寸。廣，古曠反。○版中廣頭狹，爲穹隆也。鄭司農云：「謂鼓木一判者，其兩端廣六寸，而其中央廣尺也，如此乃得有腹。」穹者三之一，鄭司農云：「穹，讀爲志無空邪之空，謂鼓木腹穹隆者，居鼓三之一也。」玄謂：穹，讀如穹蒼之穹。穹隆者，居鼓面三分之一，則其鼓四尺者，版穹一尺三寸三分寸之一也。倍之爲二尺六寸三分寸之二，加鼓四尺，穹之徑六尺六寸三分寸之二也。此鼓合二十版。上三正。鄭司農云：「謂兩頭一平，中央一平也。」玄謂：三，當爲「參」。正，直也。參直者，穹上一直，兩端又直，各居二尺二寸〔六〕，不弧曲也。此鼓兩面，以六鼓差之，賈侍中云「晉鼓大而短」，近晉鼓也。以晉鼓鼓金奏。鼓長八尺，鼓四尺，中圍加三之一，謂之鼖鼓。鼖，扶云反。○中圍加三之一者，加於面之圍以三分之一也。面四尺，其圍十二尺，加以三分一四尺，則中圍十六尺，徑五尺三寸三分寸之一也。今亦合二十版，則版穹六寸三分寸之二耳。大鼓謂之鼖，以鼖鼓鼓軍事。鄭司農云：「鼓四尺，謂革所蒙者廣四尺。」爲皐鼓，長尋有四尺，鼓四尺，倨句磬折。倨，音據。句，音鉤。折，之設反。○以皐鼓鼓役事。磬折，中曲之不參正也。中圍與鼖鼓同，以磬折爲異。凡冒鼓，必以啓蟄之日。啓蟄，孟春之中也，蟄蟲始聞雷聲而動，鼓所取象也。冒，蒙鼓以革。良鼓瑕如積環。革調急也。鼓大而短，則其聲疾而短聞。鼓小而長，則其聲舒而遠聞。○磬氏：爲磬，倨句一矩有半。必先度一矩爲句，一矩爲股，而求其弦。既而以一矩有半觸其弦，則磬之倨句也。磬之制有大小，此假矩以定倨句，非用其度耳。其博爲一，博，謂股博也。博，廣也。股爲二，鼓爲三。參分其股博，去一以爲鼓博；參分其鼓博，以其一爲之厚。鄭司農云：「股，磬之上大者。鼓，其下小者，所當擊者也。」玄謂：股外面，鼓內面也。假令磬股廣四寸半者，股長九寸也，鼓廣三寸，長尺三寸半，厚一寸。已上則摩其旁，鄭司農云：

「磬聲太上，則摩鑢其旁。」玄謂：太上，聲清也。薄而廣，則濁。已下則摩其耑。耑，音端。○太下，聲濁也。短而厚，則清。○魯隱公問羽數於衆仲，衆，音終。○問執羽人數。對曰：「天子用八，八八六十四人。諸侯用六，六六三十六人。大夫四，四四十六人。士二，二二四人。士有功，賜用樂。夫舞，所以節八音而行八風，八音：金、石、絲、竹、匏、土、革、木也。八風，八方之風。八音之器播八方之風，手之舞之，足之蹈之，節其制而叙其情。故自八以下。」唯天子得盡物數，故以八爲列。諸侯則不敢用八。○左氏隱五年○荀子曰：聲樂之象：鼓大麗，鐘統實，磬廉制，竽笙簫和，管籥發猛，塤篪翁博，瑟易良，易，以豉反。琴婦好，歌清盡，舞天道兼。兼，音建。鼓，其樂之君耶！故鼓似天，鐘似地，磬似水，竽笙簫管籥似星辰日月，鞉柷拊椌楬似萬物。鞉，音桃。柷，昌六反。拊，音撫。椌，苦江反。楬，苦瞎反。曷以和舞之意？曰：目不自見，耳不自聞也，然而治俯仰、詘信、進退、遲速莫不廉制，詘，音屈。信，音申。盡筋骨之力，以要鐘鼓拊會之節，而靡有悖逆者，衆積謘謘乎！要，平聲。悖，布内反〔七〕。謘，直黎反。○白虎通曰：八音者何謂也？土曰塤，竹曰管，皮曰鼓，匏曰笙，絲曰絃，石曰磬，金曰鐘，木曰柷敔，此謂八音也，法易八卦也。壎，坎音也；管，艮音也；鼓，震音也；絃，離音也；鐘，兑音也；柷敔，乾音也。壎在十一月，壎之爲言勳也，陽氣於黄泉之下勳蒸而萌。匏之言施也，在十二月，萬物始施而勞。笙者，太蔟之氣，象萬物之生，故曰笙。有七正之節焉，有六合之和焉，天下樂之，樂，音洛，下同。故謂之笙。鼓，震音，煩氣也。萬物憤懣震動而生，懣，音悶。雷以動之，温以煖之，風以散之，雨以濡之，奮至德之聲，感和平之氣也。同聲相應，同氣相求，神明報應，天地祐之，其本乃在萬物之始耶？故謂鼓也。鞀者，震之氣也。上應昴星，以通王道，故謂之鞀也。簫者，中之氣〔八〕。萬物生於無聲，見於無形，僇也簫也，故謂之簫。簫者，以祿爲本，言承天繼物爲民本，人力加，地道化，然後萬物戮也，故謂之簫也。瑟者，嗇也，閑也，所以懲忿，宫商角則宜〔九〕，君父有節，臣子有義，然後四時和，四時和然後萬物生，故謂之瑟也。琴者，禁也，所以禁止淫邪，正人心也。磬者，夷則之氣也，象萬物之盛也〔一〇〕，其氣磬。故曰：磬有貴賤焉，有親疏焉，有長幼焉。長，丁丈反。朝廷之禮，貴不讓賤，所以明尊卑也。鄉黨之禮，長不讓幼，所以明有年也。宗廟之禮，親不讓疏，所以明有親也。此三者行，然後王道得，王道得然後萬物成，天下樂用磬也〔一一〕。鐘之爲言動也，陰氣用事，萬物動成，鐘爲氣，用金聲也〔一二〕。鎛者，時之氣聲也，鎛，音博。節度之所生也。君臣有節度則萬物昌，無節度則萬物亡。亡與昌正相迫，故謂之鎛。柷敔者，終始之聲，萬物之所生也。陰陽順而復，故曰柷。承順天地，序迎萬物，天下樂之，故樂用柷。柷，始也。敔，終也。一説，笙、柷、鼓、簫、琴、塤、鐘、磬也如其次：笙在北方，柷在東北方，鼓在東方，簫在東南方，琴在南方，塤在西南方，鐘在西方，磬在西北方也。聲五、音八何？聲爲本，出於五行，音爲末，象八風。故樂記曰「聲成文謂之音，比音而樂之謂之樂」也。○景王將鑄無射，而爲之大林，賈侍中云：「無射，鐘名，律中無射也。大林，無射之覆也。作無射，而爲大林以覆之，其律中林鐘也。」或説云：「鑄無射，而加以林鐘之數益之。」昭謂：下言「細抑大陵」，又曰「聽聲越遠」，如此則賈言無射有覆近之矣。單穆公曰：「不可。夫鐘不過以動聲，單，音善。○動聲，謂合樂以金奏，而八音從之。若無射有林，耳不及也。若無射復有大林以覆之。無射，陽聲之細者。林鐘，陰聲之大者。細抑大陵，故耳不能聽及也。夫鐘聲以爲耳也，耳所不及，非鐘聲也。非法鐘之聲也。猶目所不見，不可以爲目也。若目之精明，所不能見，亦不可以施目也。耳目所不能及而强之，則有眩惑之失，以生疾也。夫目之察度也，不過步武尺寸之閒；六尺爲步，賈君以半步爲武。其察色也，不過墨丈尋常之閒。五尺爲墨，倍墨爲丈，八尺爲尋，倍尋爲常。耳之察龢也，在清濁之閒。清濁，律吕之變也。黄鐘爲宫則濁，大吕爲角則清。其察清濁也，不過一人之所勝。勝，音升。○勝，舉也。是故先王之制鐘也，大不出鈞，重不過石。鈞，所以鈞音之法也。以木長七尺，有絃繫之，以爲鈞法。百二十斤爲石。律度量衡於是乎生，律，五聲陰陽之法也。度，丈尺也。量，斗斛也。衡有斤兩之數，生於黄鐘。黄鐘之管容秬黍千二百粒。粒百爲銖，是爲一龠。龠二爲合，合重一兩。故曰「律度量衡於是乎生」也。小大器用於是乎出，出於鐘也。易曰：「制器者尚其象。」小，謂錙銖分寸。大，謂斤兩丈尺。故聖人慎之。今王作鐘也，聽之弗及，耳不及知其清濁也。比之不度，不度，不中鈞石之數。鐘聲不可以知龢，耳不能聽，故不可以知和。制度不可以出節，節，謂法度量衡之節。無益於樂，而鮮民財，將焉用之！夫樂不過以聽耳，而美不過以觀目。若聽樂而震，觀美而眩，患莫甚焉。焉用之焉，於虔反。夫耳目，心之樞機也，樞機，發動也。心有所欲，耳目爲之發動。故必聽和而視正。聽和則聰，視正則明。習於和正，則不眩惑也。聰則言聽，明則德昭。聽言昭德，則能思慮純固。以言德於民，民歆而德之，則歸心焉。歆，許金反。○歆，猶嘉服也。言德，以言發德教也。是以作無不濟，求無不獲，然後能樂。若視聽不和，而有震眩，則味入不精，不精則氣佚，氣佚則不和。不和，無射、大林也。若聽樂而震，視色而眩，則味入不精美。味入不精美，則氣放佚，不行於身體。於是乎有狂悖之言，有眩惑之明，有轉易之名，有過慝之度。悖，布内反。慝，它得反。○慝，惡也。此四者，氣佚之所生。狂悖眩惑，說子朝、寵賓孟也。轉易過惡，嬖子配適，將殺大臣也。出令不信，有轉易也。刑政放紛，動不順時，民無據依，不知所力，各有離心。不知所爲盡力也。上失其民，作則不濟，求則不獲，其何以能樂？」王弗聽，問之伶州鳩，對曰：「臣聞之：琴瑟尚宮，凡樂輕者從大，重者從細，故琴瑟尚宮也。鐘尚羽，鐘聲大，故尚羽也。石尚角，石，磬也。輕於鐘，故尚角。角，清濁之中也。匏竹利制，匏，笙也。竹，簫管也。利制，以聲音調利爲制，無所尚也。大不踰宮，細不過羽。夫宮，音之主也。第以及羽，宮聲大，故爲主。第，次也。故樂器重者從細。重，謂金石也。從細，尚細聲。謂鐘尚羽，石尚角也。輕者從大。輕，瓦絲也。從大，謂瓦絲尚宫也。是以金尚羽，石尚角，瓦絲尚宫，匏竹尚議，議，議從其調和。革木一聲。革，鼗鼓也。木，柷敔也。一聲，無清濁之變。夫政象樂，樂從和，和從平。和，八音克諧也。平，細大不踰也，故可以平民。樂和則諧，政和則平矣。聲以和樂，律以平聲。謂五聲也，以成八音而調樂也。賈侍中云：「律，黄鍾爲宫，林鍾爲徵，太蔟爲商，南吕爲羽，姑洗爲角，所以平五聲也。」金石以動之，鐘磬所以發動五聲。絲竹以行之，管絃所以行之。詩以道之，道己志也，誦之曰詩。書曰：「詩言志。」歌以詠之，詠，詠詩也。書曰：「歌永言，聲依永。」匏以宣之，宣，發揚也。瓦以贊之，贊，助也。革木以節之。物得其常曰樂極，物，事也。極，中也。極之所集曰聲，集，會也。言中和之所會集曰正聲。聲應相保曰和，保，安也。細大不踰曰平。細大之聲不相踰越曰平。今無射有大林，是不平也。如是而鑄之金，鑄金以爲鐘也。磨之石，磨石以爲磬也。繫之絲木，繫絲木以爲琴瑟也。越之匏竹，越匏竹以爲笙管也。越，謂爲之孔也。樂記曰：「朱絃而疏越。」節之鼓，節其長短小大。而行之以遂八風。遂，順也。傳曰：「所以節八音而行八風也。」正西曰兑，爲金，爲閶闔風。西北曰乾，爲石，爲不周風。正北曰坎，爲革，爲廣莫風。東北曰艮，爲匏，爲融風。正東曰震，爲竹，爲明庶風。東南曰巽，爲木，爲清明風。正南曰離，爲絲，爲景風。西南曰坤，爲瓦，爲凉風。於是乎氣無滯陰，亦無散陽，滯，積也。積陰而發，則夏有霜雹。散陽，陽不藏，冬無冰，李梅實之類也。陰陽序次，風雨時至，嘉生繁祉，人民和利，物備而樂成，上下不罷，罷，音皮。○罷，勞也。故曰樂正。今細抑大陵，不容於耳，非和也。細，無射也。大，大林也。言大聲陵之，細聲抑而不聞。不容於耳，耳不能容别也。聽聲越遠，非平也。越，迂也。言無射之聲爲大林所陵，聽之微細迂遠，非平也。夫有和平之聲，於是乎道之以中德，詠之以中音，中德，中庸之德聲也。中音，中和之音也。德音不愆，以合神人，合神人，謂祭祀享宴也。神是以寧，民是以聽。若夫匱財用，罷民力，以逞淫心，逞，快也。聽之不龢，比之不度，無益於教，而離民怒神，非臣之所聞也。」王不聽。國語○周景王將鑄無射，周景王也。無射，鐘名，律中無射。伶州鳩曰：「王其以心疾死乎！伶，樂官。州鳩，其名也。夫樂，天子之職也。職所主也。夫音，樂之輿也；樂因音而行。而鐘，音之器也。音由器以發。天子省風以作樂，省風俗，作樂以移之。器以鍾之，鍾，聚也。以器聚音。輿以行之。樂須音而行。小者不窕，窕，他彫反。○窕，細不滿。大者不槬，槬，户化反。○槬，横大不入。則和於物。物和則嘉成，嘉樂成也。故和聲入於耳而藏於心，心億則樂。樂，音洛。○億，安也。窕則不感，感，户暗反，一本作「咸」，如字。○不充滿人心。槬則不容，心不堪容。心是以感，感實生疾。今鐘槬矣，王心弗堪，其能久乎！」左氏昭二十一年○太史公曰：夫上古明王舉樂者，非以娱心自樂，樂，音洛。快意恣欲，將爲治也〔一三〕。正教者皆始於音，音正而行正。故音樂者，所以動蕩血脉，通流精神，而和正心也。故宫動脾而和正聖，商動肺而和正義，角動肝而和正仁，徵動心而和正禮，羽動腎而和正智。故樂所以内輔正心而外異貴賤也；上以事宗廟，下以變化黎庶也。琴長八尺一寸，「琴」上疑有闕字。八尺一寸者，是京房律準。正度也。弦大者爲宫，而居中央，爲君。商張右傍，其餘大小相次，不失其次序，則君臣之位正矣。故聞宫音，使人温舒而廣大；聞商音，使人方正而好義；聞角音，使人惻隱而愛人；聞徵音，使人樂善而好施；聞羽音，使人整齊而好禮。好，呼報反。○一出韓詩外傳，謂湯作護云云。夫禮由外入，樂自内出。故君子不可須臾離禮，須臾離禮則暴慢之行窮外；不可須臾離樂，須臾離樂則姦邪之行窮内。離，去聲。行，下孟反，下同。故樂音者，君子之所以養義也。夫古者天子諸侯聽鐘磬未嘗離於庭，卿大夫聽琴瑟之音未嘗離於前，所以養行義而防淫泆也。泆，音逸。夫淫泆生於無禮，故聖人使人耳聞雅頌之音，目視威儀之禮，足行恭敬之容，口言仁義之道。故君子終日言而邪辟無由入也。辟，讀爲僻。○史記樂書

王朝禮四之下

樂記

凡音之起，由人心生也。人心之動，物使之然也。感於物而動，故形於聲。宫、商、角、徵、羽，雜比曰音〔一四〕，單出曰聲。形，猶見也。聲相應，故生變。樂之器，彈其宫則衆宫應，然不足

樂，是以變之使雜也。易曰：「同聲相應，同氣相求。」春秋傳曰：「若以水濟水，誰能食之？若琴瑟之專一，誰能聽之？」變成方，謂之音。方，猶文章也。比音而樂之，及干戚羽旄，謂之樂。比，毗志反。○干，盾也。戚，斧也。武舞所執也。羽，翟羽也。旄，旄牛尾也。文舞所執。周禮舞師、樂師掌教舞，有兵舞，有干舞，有羽舞，有旄舞。詩曰：「左手執籥，右手秉翟。」樂者，音之所由生也，其本在人心之感於物也。是故其哀心感者，其聲噍以殺；其樂心感者，其聲嘽以緩；其喜心感者，其聲發以散；其怒心感者，其聲粗以厲；其敬心感者，其聲直以廉；其愛心感者，其聲和以柔。六者非性也，感於物而后動。噍，子堯反。殺，色界反。樂心之樂，音洛。嘽，昌善反。○言人聲在所見，非有常也。噍，踧也。嘽，寬綽貌。發，猶揚也。粗，麄也。是故先王愼所以感之者，故禮以道其志，樂以和其聲，政以一其行，刑以防其姦。禮樂刑政，其極一也，行，下孟反。○極，至也。所以同民心而出治道也。此其所謂至也。○凡音者，生人心者也。情動於中，故形於聲。聲成文，謂之音。是故治世之音安以樂，其政和；亂世之音怨以怒，其政乖；亡國之音哀以思，其民困。聲音之道與政通矣。樂，音洛。思，去聲。○言八音和否隨政也。玉藻曰：「御瞽幾聲之上下。」宮爲君，商爲臣，角爲民，徵爲事，羽爲物。五者不亂，則無怗懘之音矣。怗，昌廉反。懘，昌制反。○五者，君、臣、民、事、物也。凡聲濁者尊，清者卑。怗懘，敝敗不和貌。宮亂則荒，其君驕。商亂則陂，其官壞。角亂則憂，其民怨。徵亂則哀，其事勤。

羽亂則危，其財匱。五者皆亂，迭相陵，謂之慢，如此則國之滅亡無日矣。陂，彼義反。○君、臣、民、事、物，其道亂則其音應而亂。荒，猶散也。陂，傾也。書曰：「王耄荒。」易曰：「無平不陂。」鄭、衛之音，亂世之音也，比於慢矣。比，猶同也。桑間濮上之音，亡國之音也，其政散，其民流，誣上行私而不可止也。濮，音卜。○濮水之上，地有桑間者，亡國之音於此之水出也。昔殷紂使師延作靡靡之樂，已而自沈於濮水，後師涓過焉，夜聞而寫之，爲晉平公鼓之，是之謂也。桑間在濮陽南。誣，罔也。○凡音者，生於人心者也。樂者，通倫理者也。倫，猶類也。理，分也。是故知聲而不知音者，禽獸是也。知音而不知樂者，衆庶是也。唯君子爲能知樂。禽獸知此爲聲爾，不知其宫商之變也。八音並作，克諧曰樂。是故審聲以知音，審音以知樂，審樂以知政，而治道備矣。是故不知聲者不可與言音，不知音者不可與言樂，知樂則幾於禮矣。禮樂皆得，謂之有德。德者，得也。幾，近也。聽樂而知政之得失，則能正君、臣、民、事、物之禮。是故樂之隆，非極音也；食饗之禮，非致味也。食，音嗣。○隆，猶盛也。極，窮也。清廟之瑟，朱弦而疏越，壹倡而三歎，有遺音者矣。大饗之禮，尚玄酒而俎腥魚，大羹不和，有遺味者矣。倡，昌諒反。和，去聲。○清廟，謂作樂歌清廟也。朱弦，練朱弦，練則聲濁。越，瑟底孔也。畫疏之，使聲遲也。倡，發歌句也。三歎，三人從歎之耳。大饗，祫祭先王，以腥魚爲俎實，不臑孰之。大羹，肉湇，不調以鹽菜。遺，猶餘也。○今按：呂氏春秋「遺」皆作「進乎」，近是。是故先王之制禮樂也，非以極口腹耳目之欲也，將以教民平好惡而反人道之正也。好、惡，並去聲。○教之使知好惡也。○天地之道，寒暑不時則疾，風雨不節則饑。教者，民之寒暑也，教不時則傷世。事者，民之風雨也，事不節則無功。教謂樂也。然則先王之爲樂也，以法治也，善則行象德矣。以法治，以樂爲治之法。行象德，民之行順君之德也。○夫民有血氣心知之性，而無哀樂喜怒之常，應感起物而動，然後心術形焉。言在所以感之也。術，所由也。形，猶見也。是故志微噍殺之音作而民思憂，嘽諧、慢易、繁文、簡節之音作而民康樂，粗厲、猛起、奮末、廣賁之音作而民剛毅，廉直、勁正、莊誠之音作而民肅敬，寬裕、肉好、順成、和動之音作而民慈愛，流辟、邪散、狄成、滌濫之音作而民淫亂。知，音智。思，息吏反。嘽，昌善反。易，以豉反。樂，音洛。賁，扶粉反。肉，而救反。辟，匹亦反。○志微，意細也。吴公子札聽鄭風而曰：「其細已甚，民弗堪也。」簡節，少易也。奮末，動使四支也。賁，讀爲憤。憤，怒氣充實也。春秋傳曰：「血氣狡憤。」肉，肥也。狄、滌，往來疾貌也。濫，僭差也。此皆民心無常之傚也。肉，或爲潤。是故先王本之情性，稽之度數，制之禮義，合生氣之和，道五常之行，使之陽而不散，陰而不密，剛氣不怒，柔氣不懾，四暢交於中，而發作於外，皆安其位而不相奪也。行，下孟反。懾，之涉反。○生氣，陰陽氣也。五常，五行也。密之言閉也。懾，猶恐懼也。然後立之學等，廣其節奏，省其文采，以繩德厚。等，差也，各用其才之差學之。廣，謂增習之。省，猶審也。文采，謂節奏合也。繩，猶度也。周禮大司樂：「以樂語教國子，興、道、諷、誦、言、語。以樂舞教國子，舞雲門、大卷、大咸、大韶、大夏、大濩、大武。」律小大之稱，比始終之序，以象事行。稱，尺證反。比，毗志反。○律，六律也。周禮典同：「以六律六同辨天地四方陰陽之聲，以爲樂器。」小大，謂高聲、正聲之類也。終始，謂始於宫，終於羽。宗廟，黄鍾爲宫，大吕爲角，大蔟爲徵，應鍾爲羽。以象事行，宫爲君，商爲臣。使親疏貴賤、長幼男女之理皆形見於樂，故曰：樂觀其深矣。長，丁丈反。見，音現。○謂同聽之，莫不和敬，莫不和順，莫不和親。○土敝則草木不長，水煩則魚鼈不大，氣衰則生物不遂，世亂則禮慝而樂淫。是故其聲哀而不莊，樂而不安，慢易以犯節，流湎以忘本，廣則容姦，狹則思欲，感條暢之氣，而滅和平之德，是以君子賤之也。長，丁丈反。湎，緜鮮反。○遂，猶成也。慝，穢也。廣，謂聲緩也。狹，謂聲急也。感，動也。動人條暢之善氣，使失其所。凡姦聲感人而逆氣應之，逆氣成象而淫樂興焉。正聲感人而順氣應之，順氣成象而和樂興焉。倡和有應，回邪曲直各歸其分，而萬物之理，各以類相動也。和，去聲。分，扶問反。○成象者，謂人樂習焉。是故君子反情以和其志，比類以成其行。姦聲亂色不留聰明，淫樂慝禮不接心術，惰慢邪辟之氣不設於身體，使耳目鼻口心知百體，皆由順正以行其義。行，去聲。辟，匹亦反。知，音智。○反，猶本也。術，猶道也。然後發以聲音，而文以琴瑟，動以干戚，飾以羽旄，從以簫管，奮至德之光，動四氣之和，以著萬物之理。奮，猶動也。動至德之光，謂降天神、出地祇、假祖考。著，猶成也。是故清明象天，廣大象地，終始象四時，周還象風雨，五色成文而不亂，八風從律而不姦，百度得數而有常，小大相成，終始相生，倡和清濁，迭相爲經。還，音旋。○清明，謂人聲也。廣大，謂鐘鼓也。周還，謂舞者。五色，五行也。八風從律，應節至也。百度，百刻也。言日月晝夜不失正也。清，謂蕤賓至應鐘。濁，謂黄鍾至中吕。故樂行而倫清，耳目聰明，血氣和平，移風易俗，天下皆寧。言樂用則正人理，和陰陽也。倫，謂人道也。故曰：樂者，樂也。君子樂得其道，小人樂得其欲。以道制欲，則樂而不亂；以欲忘道，則惑而不樂。樂也之樂，音洛，下同。○道，謂仁義也。欲，謂邪淫也。是故君子反情以和其志，廣樂以成其教。樂行而民鄉方，可以觀德矣。鄉，去聲。○方，猶道也。○德者，性之端也；樂者，德之華也；金石絲竹，樂之器也。詩言其志也，歌咏其聲也，舞動其容也。三者本於心，然後樂器從之。是故情深而文明，氣盛而化神，和順積中而英華發外，唯樂不可以爲僞。三者本，志也，聲也，容也。言無此本於内，則不能爲樂也。樂者，心之動也；聲者，樂之象也。文采節奏，聲之飾也。君子動其本，樂其象，然後治其飾。是故先鼓以警戒，三步以見方，再始以著往，復亂以飭歸[一五]，奮疾而不拔，極幽而不隱，獨樂其志，不厭其道，備舉其道，不私其欲。是故情見而義立，樂終而德尊。君子以好善，小人以聽過。故曰：生民之道，樂爲大焉。樂其、獨樂之樂，並音洛。見，音現。好，去聲。○文采，樂之威儀也。先鼓，將奏樂，先擊鼓以警戒衆也。三步，謂將舞，必先三舉足，以見其舞之漸也。再始以著往，武王除喪，至盟津之上，紂未可伐，還歸三年〔一六〕，乃遂伐之。武舞再更始，以明伐時再往也。復亂以飭歸，謂鳴鐃而退，明以整歸也。奮疾，謂舞者也。極幽，謂歌者也。夫樂者，樂也，人情之所不能免也。樂必發於聲音，形於動靜，人之道也。聲音動靜，性術之變盡於此矣。樂也、樂必之樂，並音洛。○免，猶自止也。人道，人之所爲也。性術，言此出於性也。盡於此，不可過。故人不耐無樂，樂不耐無形，形而不爲道，不耐無亂。樂，音洛。○形，聲音動靜也。耐，古書「能」字也，後世變之，此獨存焉。古以「能」爲「三台」字。先王恥其亂，故制雅、頌之聲以道之，使其聲足樂而不流，使其文足論而不息，使其曲直、繁瘠、廉肉、節奏足以感動人之善心而已矣，不使放心邪氣得接焉。是先王立樂之方也。足樂之樂，音洛。肉，而救反。○流，猶淫放也。文，篇辭也。息，猶銷也。曲直，歌之曲折也。繁瘠、廉肉，聲之鴻殺也。節奏，闋作進止所應也。方，道也。是故樂在宗廟之中，君臣上下同聽之，則莫不和敬；在族長鄉里之中，長幼同聽之，則莫不和順；在閨門之內，父子兄弟同聽之，則莫不和親。故樂者，審一以定和，比物以飾節，節奏合以成文，所以合和父子君臣，附親萬民也。是先王立樂之方也。長，丁丈反。比，毗志反。○審一，審其人聲也。比物，謂雜金革土匏之屬也。以成文，五聲八音克諧相應和。故聽其雅、頌之聲，志意得廣焉；執其干戚，習其俯仰詘伸，容貌得莊焉；行其綴兆，要其節奏，行列得正焉，進退得齊焉。故樂者，天地之命，中和之紀，人情之所不能免也。詘，丘勿反。綴，知衛反。

要，平聲。行，户剛反。○綴，表也，所以表行列也，詩云：「荷戈與綴。」兆，域也，舞者進退所至也。要，猶會也。命，教也。紀，摠要之名也。夫樂者，先王之所以飾喜也。軍旅鈇鉞者，先王之所以飾怒也。故先王之喜怒皆得其儕焉。鈇，音夫。鉞，音越。儕，仕皆反。○儕，猶輩類。喜則天下和之，怒則暴亂者畏之。先王之道，禮樂可謂盛矣。天子之於天下，喜怒節之以禮樂，則兆民和從而畏敬之。禮樂，王者所常興，則盛也。○以上並樂記。○雅頌之聲皆發於辭，本於情，故君臣以睦，父子以親；故韶夏之樂也，聲浸乎金石，潤乎草木。今取怨思之聲施之於弦管，聞其音者不淫則悲，淫則亂男女之辨，悲則感怨思之氣，思，息嗣反。豈所謂樂哉？故事不本於道德者，不可以爲儀；言不合乎先王者，不可以爲道；音不調乎雅頌者，不可以爲樂。〔一七〕○賢人之政降人以體，聖人之政降人以心。體降可以圖始，心降可以保終。降體以禮，降心以樂。所謂樂者，非金石絲竹也，謂人樂其家，謂人樂其族，謂人樂其業，謂人樂其都邑，謂人樂其政令，謂人樂其道德。如此，君人者乃作樂以節之，使不失其和。故有德之君以樂樂人，無德之君以樂樂身。樂人者久而長，樂身者不久而亡。樂其、樂人、樂身之樂，並音洛。○三略○先王之樂，所以節百事也，故有五節。五聲之節。遲速本末以相及，中聲以降，五降之後，不容彈矣。此謂先王之樂得中聲，聲成五降而息也。降，罷退。於是有煩手淫聲，慆堙心耳，乃忘平和，君子弗聽也。慆，土刀反。堙，音因。○五降而不息，則雜聲並奏，所謂鄭衛之聲。

物亦如之。言百事皆如樂，不可失節。至於煩，乃舍也已，無以生疾。舍，音捨。○煩不舍，則生疾。君子之近琴瑟，以儀節也，非以慆心也。爲心之節儀，使動不過度。○左氏昭元年○六律者何？黄鐘、蕤賓、無射、太蔟、夷則、姑洗是也，故天子左五鐘，右五鐘。六律爲陽，六吕爲陰。凡律吕十二各一鐘。天子宫縣黄鐘、蕤賓在南北，其餘則在東西。天子將出，則撞黄鐘，右五鐘皆應。撞，丈江反。○黄鐘在陽，陽氣動。西五鐘在陰，陰氣静。君將出，故以動告静，静者皆和也。馬鳴中律，步者皆有容，駕者皆有文，御者皆有數。步者中規，折還中矩，立則磬折，拱則抱鼓。中，去聲。折，之設反。還，音旋。○言聲合於樂體，比於禮也。然後大師奏登車，告出也。大，音泰。○周禮：「王出入，奏王夏。」入則撞蕤賓，左五鐘皆應。蕤賓在陰，東五鐘在陽。君入，故以静告動，動者則亦皆和之也。以治容貌，容貌得則氣得，氣得則肌膚安，肌膚安則色齊矣。入，故欲其静也。蕤賓聲，狗吠彘鳴，及倮介之蟲，皆莫不延頸以聽蕤賓。彘，直吏反。倮，力果反。○皆守物及陰之類也。在内者皆玉色，在外者皆金聲。玉色，反其正性也。金聲，其事殺。然後少師奏登堂就席，告入也。少，去聲。○少師，佐成大師之事者也。此言至樂相知，物動相生，同聲相應之義也。古者帝王升歌清廟，樂章名。大琴練弦達越，大瑟朱弦達越〔一八〕，以韋爲鼓，謂之搏拊，何以也？拊，方武反。○練弦、朱弦，互文也。越，下孔也。凡練弦達越搏拊者，象其德寬和。君子有大人聲，不以鐘鼓竽瑟之聲亂人聲。清廟升歌者，歌先人之功烈德澤也，故欲其清也。烈，業也。其歌之呼也，呼，出聲也。曰：「於穆清廟。」於者，歎之也；穆者，敬之也；清者，欲其在位者徧聞之也。故周公升歌文王之功烈德澤，苟在廟中嘗見文王者，愀然如復見文王。故書曰：「搏拊琴瑟以詠，祖考來假。」此之謂也。於，音烏。愀，七小反。假，音格。〔一九〕〇賓牟賈侍坐於孔子，孔子與之言，及樂，曰：「夫武之備戒之已久，何也？」對曰：「病不得其衆也。」武，謂周舞也。備戒，擊鼓警衆。病，猶憂也，以不得衆心爲憂，憂其難也。「咏歎之，淫液之，何也？」對曰：「恐不逮事也。」液，音亦。〇咏歎、淫液，歌遲之也。逮，及也。事，伐事也。「發揚蹈厲之已蚤，何也？」對曰：「及時事也。」蚤，音早。〇時至，武事當施也。「武坐，致右憲左，何也？」對曰：「非武坐也。」言武之事無坐也。致，謂膝至地也。憲，讀爲軒，聲之誤。「聲淫及商，何也？」對曰：「非武音也。」言武歌在正其軍，不貪商也。時人或說其義爲貪商也。子曰：「若非武音，則何音也？」對曰：「有司失其傳也。若非有司失其傳，則武王之志荒矣。」傳，直專反。〇有司，典樂者也。傳，猶說也。荒，老耄也。言典樂者失其說也，而時人妄說也。書曰：「王耄荒。」子曰：「唯丘之聞諸萇弘，亦若吾子之言是也。」萇，直良反。〇萇弘，周大夫。賓牟賈起，免席而請曰：「夫武之備戒之已久，則既聞命矣。敢問遲之遲而又久，何也？」遲之遲，謂久立於綴。子曰：「居，吾語女。夫樂者，象成者也。揔干而山立，武王之事也；發揚蹈厲，大公之志也；武亂皆坐，周、召之治也。語，去聲。女，音汝。大，音泰。召，時詔反。○居，猶安坐也。成，謂已成之事也。摠干，持盾也。山立，猶正立也，象武王持盾正立待諸侯也。發揚蹈厲，所以象威武時也。武舞象戰鬭也。亂，謂失行列也。失行列則皆坐，象周公、召公以文止武也。且夫武，始而北出，再成而滅商，三成而南，四成而南國是疆，五成而分，周公左，召公右，六成復綴以崇，綴，知衛反，下同。○成，猶奏也，每奏武曲一終爲一成。始奏，象觀兵盟津時也；再奏，象克商時也；三奏，象克殷有餘力而反也；四奏，象南方荆蠻之國侵畔者服也；五奏，象周公、召公分職而治也；六奏，象兵還振旅也。復綴，反位止也。崇，充也。凡六奏以充武樂也。天子夾振之而駟伐，盛威於中國也。夾振之者，王與大將夾舞者，振鐸以爲節也。駟，當爲「四」，聲之誤也。武舞，戰象也，每奏四伐，一擊一刺爲一伐。牧誓曰：「今日之事，不過四伐、五伐。」分夾而進，事蚤濟也。分，猶部曲也。事，猶爲也。濟，成也。舞者各有部曲之列，又夾振之者，象用兵，務於早成也。久立於綴，以待諸侯之至也。象武王伐紂待諸侯也。且女獨未聞牧野之語乎？女，音汝。○欲語以作武樂之意。武王克殷反商，未及下車而封黄帝之後於薊，封帝堯之後於祝，封帝舜之後於陳；下車而封夏后氏之後於杞，投殷之後於宋，封王子比干之墓，釋箕子之囚，使之行商容而復其位。庶民弛政，庶士倍禄。濟河而西，馬散之華山之陽而弗復乘，牛散之桃林之野而弗復服，車甲衅而藏之府庫而弗復用；倒載干戈，包之以虎皮；將帥之士，使爲諸侯，名之曰「建櫜」，然後天下知武王之不復用兵也。薊，音計。行，去聲。弛，始氏反。華，去聲。弗復之復，扶又反，下「不復」同。衅，許靳反，與「釁」同。倒，丁老反。將，去聲。帥，率内反。櫜，音羔。〇反，當爲「及」，字之誤也。及商，謂至紂都也。牧誓曰：「至于商郊牧野。」封，謂故無土地者也。投，舉徙之辭也。時武王封紂子武庚於殷墟，所徙者微子也，後周公更封而大之。積土爲封。封比干墓，崇賢也。行，猶視也，使箕子視商禮樂之官，賢者所處，皆令反其居也。弛政，去其紂時苛政也。倍禄，復其紂時薄者也。散，猶放也。桃林，在華山旁。甲，鎧也。衅，釁字也。包干戈以虎皮，明能以武服兵也。建，讀爲鍵，字之誤也。兵甲之衣曰櫜。鍵櫜，言閉藏兵甲也。詩曰：「載櫜弓矢。」春秋傳曰：「垂櫜而入。」周禮曰：「櫜之欲其約也。」薊，或爲「續」。祝，或爲「鑄」。散軍而郊射，左射貍首，右射騶虞，而貫革之射息也；裨冕搢笏，而虎賁之士説劍也；祀乎明堂，而民知孝；朝覲，然後諸侯知所以臣；耕藉，然後諸侯知所以敬。五者，天下之大教也。裨，被支反。搢，音進。賁，音奔。説，吐活反。朝，音潮。〇郊射，爲射宫於郊也。左，東學也。右，西學也。貍首、騶虞，所以歌爲節也。貫革，射穿甲革也。裨冕，衣裨衣而冠冕也。裨衣，衮之屬也。搢，猶插也。賁，憤怒也。文王之廟爲明堂制。耕藉，藉田也。食三老五更於大學，天子袒而割牲，執醬而饋，執爵而酳，冕而摠干，所以教諸侯之弟也。食，音嗣。更，古行反。大，音泰。酳，音胤。弟，大計反。〇三老、五更，互言之耳，皆老人更知三德五事者也。冕而摠干，親在舞位也。周名大學曰東膠。若此，則周道四達，禮樂交通，則夫武之遲久，不亦宜乎？」言武遲久，爲重禮樂。〇樂記

〇魏文侯問於子夏曰：「吾端冕而聽古樂，則唯恐卧。聽鄭衛之音，則不知倦。敢問古樂之如彼，何也？新樂之

如此，何也？」魏文侯，晉大夫畢萬之後，僭諸侯者也。端，玄衣也。古樂，先王之正樂也。子夏對曰：「今夫古樂，進旅退旅，和正以廣。弦匏笙簧，會守拊鼓，始奏以文，復亂以武，治亂以相，訊疾以雅。君子於是語，於是道古，脩身及家，平均天下。此古樂之發也。拊，音撫。相，息亮反。訊，音信。○旅，猶俱也。俱進俱退，言其齊一也。和正以廣，無姦聲也。會，猶合也，皆也，言衆皆待擊鼓乃作。周禮大師職曰：「大祭祀，帥瞽登歌，令奏擊拊。」下管，播樂器，令奏鼓朄。文，謂鼓也。武，謂金也。相，即拊也，亦以節樂。拊者，以韋爲表，裝之以糠。糠一名相，因以名焉。今齊人或謂糠爲相。雅，亦樂器名也，狀如漆筩，中有椎。今夫新樂，進俯退俯，姦聲以濫，溺而不止，及優侏儒，獶雜子女，不知父子。樂終，不可以語，不可以道古。此新樂之發也。侏，音朱。獶，乃刀反。○俯，猶曲也，言不齊一也。濫，濫竊也。溺而不止，聲淫亂，無以治之。獶，獼猴也。言舞者如獼猴戲也，亂男女之尊卑。獶，或爲「優」。今君之所問者樂也，所好者音也。夫樂者，與音相近而不同。」好，去聲。○言文侯好音而不知樂也。鏗鏘之類皆爲音，應律乃爲樂。文侯曰：「敢問何如？」欲知音樂異意。子夏對曰：「夫古者天地順而四時當，民有德而五穀昌，疾疢不作而無妖祥，此之謂大當。然後聖人作爲父子君臣以爲紀綱，紀綱既正，天下大定。天下大定，然後正六律，和五聲，弦歌詩頌，此之謂德音，德音之謂樂。當，去聲。疢，勑覲反。○當，謂樂不失其所。詩云：「莫其德音，其德克明，克明克類，克長克君。王此大邦，克順克俾。俾于文王，其德靡悔。既受帝祉，施于孫子。」此之謂也。莫，亡伯反。長，丁丈反。王，去聲。施，以豉反。○此有德之音，所謂樂也。德正應和曰莫。照臨四方曰明。勤施無私曰類。教誨不倦曰長。慶賞刑威曰君。慈和徧服曰順。俾，當爲「比」，聲之誤也。擇善從之曰比。施，延也。言文王之德皆能如此，故受天福，延於後世也。今君之所好者，其溺音乎？好，去聲。○言無文王之德，則所好非樂也。文侯曰：「敢問溺音何從出也？」玩習之久，不知所由出也。子夏對曰：「鄭音好濫淫志，宋音燕女溺志，衛音趨數煩志，齊音敖辟喬志：此四者皆淫於色而害於德，是以祭祀弗用也。敖，音傲。辟，讀爲僻。喬，音驕。○言四國皆出此溺音。濫，濫竊姦聲也。燕，安也。春秋傳曰：「懷與安，實敗名。」趨數，讀爲促速，聲之誤也。煩，勞也。祭祀者不用淫樂。詩云：『肅雍和鳴，先祖是聽。』夫肅肅，敬也；雍雍，和也。夫敬以和，何事不行？言古樂敬且和，故無事而不用。溺音無所施。爲人君者，謹其所好惡而已矣。君好之，則臣爲之；上行之，則民從之。詩云：『誘民孔易。』此之謂也。好、惡，並去聲。易，以豉反。○誘，進也。孔，甚也。言民從君所好惡，進之於善無難。然後聖人作爲鞉、鼓、椌、楬、壎、篪，此六者，德音之音也。鞉，音桃。椌，苦江反。楬，苦瞎反。壎，許袁反。篪，音池。○六者爲本，以其聲質也。椌楬，謂柷敔也。壎篪，或爲「簨虡」。然後鐘磬竽瑟以和之，干戚旄狄以舞之。此所以祭先王之廟也，所以獻酬酳酢也，所以官序貴賤各得其宜也，所以示後世有尊卑長幼之序也。酬，市由反。酢，音昨。長，丁丈反。

○官序貴賤，謂尊卑樂器列數有差次。鐘聲鏗，鏗以立號，號以立橫，橫以立武。君子聽鐘聲，則思武臣。鏗，苦耕反。橫，古曠反。○號，號令，所以警衆也。橫，充也，謂氣作充滿也。石聲磬，磬以立辨，辨以致死。君子聽磬聲，則思死封疆之臣。石聲磬，磬當爲「罄」，字之誤也。辨，謂分明於節義。絲聲哀，哀以立廉，廉以立志。君子聽琴瑟之聲，則思志義之臣。廉，廉隅也。竹聲濫，濫以立會，會以聚衆。君子聽竽笙簫管之聲，則思畜聚之臣。濫，力敢反。○濫之意，猶擥聚也。會，猶聚也。聚，或爲「最」。鼓鼙之聲讙，讙以立動，動以進衆。君子聽鼓鼙之聲，則思將帥之臣。鼙，步西反。將，去聲。帥，所類反。○聞讙囂則人意動作〔二〇〕。讙，或爲「歡」。動，或爲「動」。君子之聽音，非聽其鏗鏘而已也，彼亦有所合之也。鏘，七羊反。○以聲合成己之志。

○樂記。○孔子學琴於師襄子，襄子曰：「吾雖以擊磬爲官，然能於琴。今子於琴已習，可以益矣。」孔子曰：「丘未得其數也。」有間，曰：「已習其數，可以益矣。」孔子曰：「丘未得其志也。」有間，曰：「已習其志，可以益矣。」孔子曰：「丘未得其爲人也。」有間，孔子有所謬然思焉，謬然，深思貌。有所睪然高望而遠眺焉，睪，音繹。眺，他弔反。○眺，見。曰：「丘迨得其爲人矣。迨，近也。黮而黑，頎然長，曠如望羊，黮，徒感反。頎，音祈。○曠，用志廣遠。望羊，遠視也。奄有四方，奄，同也。文王之時，三分天下有其二。後周有四方，文王之功也。非文王其孰能爲此？」師襄子避席葉拱而對曰：葉拱，兩手薄其心也。「君子，聖人也！」其傳曰文王操。家語○孔子至齊郭門之外，遇一嬰兒挈一壺，相與俱行。其視精，其心正，其行端。孔子謂御曰：「趣驅之！趣驅之！韶樂方作。」於是至而聞韶，學之三月不知肉味，曰：「不圖爲樂之至於此也。」故樂非獨以自樂也，又以樂人；非獨以自正也，又以正人，至矣哉！趣，音促。自樂、樂人之樂，音洛。○說苑○吴公子札來聘，請觀於周樂。魯以周公故，有天子禮樂。使工爲之歌周南、召南，爲，去聲，後同。召，音邵。○此皆各依其本國歌所常用聲曲。曰：「美哉！美其聲。始基之矣，周南、召南，王化之基。猶未也，猶有商紂，未盡善也。然勤而不怨矣。」未能安樂，然其音不怨怒。爲之歌邶、鄘、衛，邶，音佩。鄘，音容。○武王伐紂，分其地爲三監。三監叛，周公滅之，更封康叔，并三監之地。故三國盡被康叔之化。曰：「美哉，淵乎！憂而不困者也。淵，深也。亡國之音哀以思，其民困。衛康叔、武公之德化深遠，雖遭宣公淫亂、懿公滅亡，民猶秉義，不至於困。吾聞衛康叔、武公之德如是，是其衛風乎！」康叔，周公弟。武公，康叔九世孫。皆衛之令德君也。聽聲以爲別，故有疑言。爲之歌王，王，黍離也。幽王遇西戎之禍，平王東遷，王政不行於天下，風俗下與諸侯同，故不爲雅。曰：「美哉！思而不懼，其周之東乎！」宗周隕滅，故憂思。猶有先王之遺風，故不懼。爲之歌鄭，詩第七。曰：「美哉！其細已甚，民弗堪也。是其先亡乎！」美其有治政之音。譏其煩碎，知不能久。爲之歌齊，詩第八。曰：「美哉，泱泱乎！大風也哉！泱，於郎反。○泱泱，弘大之聲。表東海者，其大公乎！大，音泰。○太公封齊，爲東海之表式。國未可量也。」言其或將復興。爲之歌豳，豳，彼貧反。○詩第十五。豳，周之舊國，在新平漆縣東北。曰：「美哉，蕩乎！樂而不淫，其周公之東乎！」樂，音洛。○蕩乎，蕩蕩然也。樂而不淫，言有節。周公遭管、蔡之變，東征三年，爲成王陳后稷、先公不敢荒淫，以成王業，故言「其周公之東乎」。爲之歌秦，詩第十一。後仲尼删定，故不同。曰：「此之謂夏聲。夫能夏則大，大之至也，其周之舊乎！」夫，音扶。○秦本在西戎汧、隴之西，秦仲始有車馬禮樂，去戎狄之音，而有諸夏之聲，故謂之夏聲。及襄公佐周平王東遷，而受其故地，故曰「周之舊」。爲之歌魏，詩第九。魏，姬姓國。閔元年，晉獻公滅之。曰：「美哉，渢渢乎！大而婉，險而易行，以德輔此，則明主也。」渢，扶弓反。易，以豉反。○渢渢，中庸之聲。婉，約也。險當爲「儉」，字之誤也。大而約，則儉節易行。惜其國小無明君也。爲之歌唐，詩第十。唐，晉詩。曰：「思深哉！其有陶唐氏之遺民乎！不然，何憂之遠也？晉本唐國，故有堯之遺風。憂深思遠，情發於聲。非令德之後，誰能若是？」爲之歌陳，詩第十二。曰：「國無主，其能久乎？」淫聲放蕩，無所畏忌，故曰國無主。自鄶以下無譏焉。鄶，古外反。○鄶，第十三。曹，第十四。言季子聞此二國歌，不復譏論之，以其微也。爲之歌小雅，小雅，小正，亦樂歌之常。曰：「美哉！思而不貳，思文武之德，無貳叛之心。怨而不言，有哀音。其周德之衰乎？衰，小也。猶有先王之遺民焉。」謂有殷王餘俗，故未大衰。爲之歌大雅，大雅陳文王之德以正天下。曰：「廣哉，熙熙乎！熙熙，和樂聲。曲而有直體，論其聲。其文王之德乎！」雅、頌所以詠盛德形容，故但歌其美者，不皆歌變雅。爲之歌頌，頌者，以其成功告於神明。曰：「至矣哉！言道備。直而不倨，倨，音據。○倨，傲。曲而不屈，屈，撓。邇而不偪，謙退。遠而不攜，攜，貳。遷而不淫，淫，過蕩。復而不厭，常日新。哀而不愁，知命。樂而不荒，樂，音洛。○節之以禮。用而不匱，德弘大。廣而不宣，不自顯。施而不費，施，去聲。○因民所利而利之。取而不貪，義然後取。處而不底，底，丁禮反。○守之以道。行而不流。制之以義。五聲和，宮、商、角、徵、羽。八風平。八方之氣。節有度，守有序，八音克諧，節有度也。無相奪倫，守有序也。盛德之所同也。」頌有殷、魯，故曰盛德之所同。見舞象箾、南籥者，箾，音朔。○象箾，舞所執。南籥，以籥舞也。皆文王之樂。曰：「美哉！猶有憾。」美哉，美其容也。文王恨不及己致太平。見舞大武者，武王樂。曰：「美哉！周之盛也，其若此乎！」見舞韶濩者，濩，音護。○殷湯樂。曰：「聖人之弘也，而猶有慙德，聖人之難也。」慙於始伐。見舞大夏者，禹之樂。曰：「美哉！勤而不德，非禹其誰能脩之？」盡力溝洫，勤也。見舞韶箾者，箾，音簫。○舜樂。曰：「德至矣哉，大矣！如天之無不幬也，幬，徒報反。○幬，覆也。如地之無不載也。雖甚盛德，其蔑以加於此矣。觀止矣！若有他樂，吾不敢請已。」魯用四代之樂，故及韶箾而季子知其終也。季札賢明才博，在吴雖已涉見此樂歌之文，然未聞中國雅聲，故請作周樂，欲聽其聲，然後依聲以參時政，知其興衰也。聞秦詩謂之夏聲，聞頌曰「五聲和，八風平」，皆論聲以參政也。舞畢，知其樂終，是素知其篇數。○左氏襄二十九年○子贛見師乙而問焉，曰：「賜聞聲歌各有宜也，如賜者宜何歌也？」贛，與貢同。○子貢，孔子弟子。師，樂官也。乙，名。聲歌各有宜，氣順性也。師乙曰：「乙，賤工也，何足以問所宜。請誦其所聞，而吾子自執焉。樂人稱工。執，猶處也。夫歌者，直己而陳德也，動己而天地應焉，四時和焉，星辰理焉，萬物育焉。寬而靜、柔而正者，宜歌頌；廣大而靜、疏達而信者，宜歌大雅；恭儉而好禮者，宜歌小雅；正直而靜、廉而謙者，宜歌風；肆直而慈愛者，宜歌商；好，去聲。○商，宋詩也。愛，或爲哀。直己而陳德，各因其德歌所宜。育，生也。温良而能斷者，宜歌齊。故商者，五帝之遺聲也，商人識之，故謂之商。齊者，三代之遺聲也，齊人識之，故謂之齊。明乎商之音者，臨事而屢斷；明乎齊之音者，見利而讓。斷，都亂反。○屢，數也。數斷事，以其肆直也。見利而讓，以其温良能斷也。斷，猶決也。臨事而屢斷，勇也；見利而讓，義也。有勇有義，非歌孰能保此？保，猶安也，知也。故歌者，上如抗，下如隊，曲如折，止如槀木，倨中矩，句中鉤，纍纍乎端如貫珠。隊，直媿反。折，之設反。槀，古老反。中，去聲。句，紀具反。纍，力追反。○言歌聲之著，動人心之審，如有此事。故歌之爲言也，長言之也。説之，故言之；言之不足，故長言之；長言之不足，故嗟嘆之；嗟嘆之不足，故不知手之舞之、足之蹈之也。」説，音悦。○長言之，引其聲也。嗟嘆，和續之也。不知手之舞之足之蹈之，歡之至也。○樂記○子路鼓琴，孔子聞之，謂冉有曰：「甚矣，由之不才也！夫先王之制音也，奏中聲以爲節，流入於南，不歸於北。夫南者，生育之鄉；北者，殺伐之域。故君子之音，温柔居中，以養生育之氣，憂愁之感不加于心也，暴厲之動不在于體也。夫然者，乃所謂治安之風也。小人之音則不然，亢麗微末，以象殺伐之氣，中和之感不載於心，温和之動不存于體。夫然者，乃所以爲亂亡之風。昔者舜彈五絃之琴，造南風之詩，其詩曰：「南風之薰兮，可以解吾民之愠兮。南風之時兮，可以阜吾民之財兮。」得其時。阜，盛也。唯脩此化，故其興也勃焉，德如泉流，至于今，王公大人述而弗忘。殷紂好爲北鄙之聲，其廢也忽然，至于今，王公大人舉以爲誡。夫舜起布衣，積德含和，而終以帝；紂爲天子，荒淫暴亂，而終以亡：非各所脩之致乎？由今也匹夫之徒，曾無意于先王之制，而習亡國之聲，豈能保其六七尺之體哉？」冉有以告子路，子路懼而自悔，靜思不食，以至骨立。夫子曰：「過而能改，其進矣乎！」家語〇吕氏春秋古樂曰：樂所由來者尚也，尚，曩。必不可廢。有節有侈，有正有淫矣。節，適也。侈，大也。正，雅也。淫，亂也。賢者以昌，不肖以亡。昔古朱襄氏之治天下也，朱襄氏，古天子，炎帝之別號。多風而陽氣畜積，萬物散解，果實不成，故士達作爲五絃瑟，以來陰氣，以定羣生。士達，朱襄氏之臣。昔葛天氏之樂，三人摻牛尾投足以歌八闋：摻，所斬反。闋，苦穴反。〇葛天氏，古帝名。投足，猶蹀足。闋，終。一曰載民，二曰玄鳥，三曰遂草木，四曰奮五穀，五曰敬天常，六曰達帝功，七曰依地德，八曰總萬物之極。樂之八篇名也。昔陶唐氏之始，陰多滯伏而湛積，湛，音沈。○陶唐氏，堯之號。水道壅塞，不行其原，故有洪水之災。民氣鬱閼而滯著，著，直略反。○閼，讀曰遏止之遏。筋骨瑟縮不達，故作爲舞以宣導之。宣，通。昔黃帝令伶倫作爲律。伶倫，黃帝臣。伶倫自大夏之西，大夏，西方之山。乃之阮隃之陰，隃，式注、式朱二反。○阮隃，山名。山北曰陰。取竹於嶰谿之谷，以生空竅厚鈞者，斷兩節間，竹生谿谷者，取其厚鈞，斷兩節間，以爲律管。其長三寸九分而吹之，以爲黃鐘之宮，斷竹長三寸九分，吹之音中黃鐘之宮。吹曰舍少次，制十二筒，六律六呂各有管，故曰十二筒，合成舍矣。以之阮隃之下，聽鳳凰之鳴，以別十二律。其雄鳴爲六，雌鳴亦六，以此黃鐘之宮適合〔二〕。合，和諧。黃鐘之宮皆可以生之，故曰：黃鐘之宮，律呂之本。法鳳之雄雌，故律有陰陽。上下相生，故曰黃鐘之宮皆可以生之。黃帝又命伶倫與榮猨鑄十二鐘，以和五音。以仲春之月，乙卯之日，日在奎，始奏之，命之曰咸池。猨，音袁。○奏十二鐘樂，名之爲咸池。帝顓頊生自若水，實處空桑，顓，音專。頊，許六反。○處，居空桑。乃登爲帝。惟天之合，正風乃行，惟天之合，德與天合。風，化也。其音若熙熙淒淒鏘鏘。帝顓頊好其音，乃令飛龍作效八風之音，好，去聲。○八風，八卦之風。命之曰承雲，以祭上帝。上帝，昊天上帝。乃令鱓先爲樂倡，鱓，音善。倡，昌亮反。○倡，始也。鱓乃偃浸，以其尾鼓其腹，鼓，擊。其音英。英，和盛貌。帝嚳命咸黑作爲聲歌：九招、六列、六英。

倕作爲鼙鼓、鐘磬、吹苓、管壎箎，因令鳳鳥、天翟舞之。帝嚳大喜，乃以康帝德。嚳，枯沃反。招，時遥反。倕，音垂。○康，安。帝堯立，乃命質爲樂。質乃效山林谿谷之音以歌，質，當爲「夔」。乃以麋輅置缶而鼓之，輅，力角反。○鼓，擊。乃拊石擊石，以象上帝玉磬之音，以致舞獸。鼓楃乃拌五絃之瑟〔二二〕，拌，分。作以爲十五絃之瑟，命之曰大章，以祭上帝。舜立，鼓楃、延乃拌鼓楃之所爲瑟〔二三〕，益之八絃，以爲二十三絃之瑟。帝舜乃令質修九招、六列、六英，以明帝德。招、列、英，皆樂名也。帝，謂舜。禹立，勤勞天下，日夜不懈，通大川，決壅塞，鑿龍門，降通漻水以導河，漻，蓮條反。○決壅塞，故鑿龍門也。降，大。漻，水〔二四〕。疏三江五湖，注之東海，以利黔首。於是命皐陶作爲夏籥九成，以昭其功。黔，其廉反。陶，音遥。○九成，九變。昭，明。殷湯即位，夏爲無道，暴虐萬民，侵削諸侯，不用軌度，天下患之。湯於是率六州以討桀之罪〔二五〕，功名大成，黔首安寧。湯乃命伊尹作爲大濩，歌晨露，修九招、六列，以見其善。大濩、晨露、九招、六列，皆樂名。善，美。周文王處岐，諸侯去殷三淫而翼文王。文王，古公亶父之孫，王季歷之子也。古公避獯鬻之難，邑于岐山之陽，有周地，及受命因爲天下號也。淫，過。翼，佐。三淫，謂剖比干之心，斮賢士之股，刳孕婦之胎，故諸侯去之而佐文王也。散宜生曰：「殷可伐也。」文王弗許。散宜生，文王四臣之一也。論語曰：文王爲西伯，「三分天下有其二，以服事殷」。故不許。周公旦乃作詩曰：「文王在上，於昭于天。周雖舊邦，其命惟新。」

以繩文王之德。武王即位，以六師伐殷，六師未至，以鋭兵克之於牧野。於，音烏。○未至殷都，而勝紂於牧野。歸，乃薦俘馘于京太室，乃命周公爲作大武。馘，古獲反。爲，去聲。○大武，周樂。成王立，殷民反，反，叛〔二六〕。王命周公踐伐之。踐，往。商人服象，爲虐于東夷，象，獸名也。周公遂以師逐之，至于江南，乃爲三象，以嘉其德。故樂之所由來者尚矣，非獨爲一世之所造〔二七〕。三象，周公所作樂名。嘉，美也。尚，久也。自黄帝以來，功成作樂，故曰「非獨爲一世之所造」也。

校勘記

〔一〕儀禮經傳通解卷第二十七　按：本卷原缺，改以丁本爲底本。

〔二〕降福穰穰　「穰穰」，原作「禳禳」，據賀本改。

〔三〕皆以銅爲　「爲」下原有「之」字，據傅本、朝鮮本删。

〔四〕鞀讀爲鶉鞀之鞀　傅本、朝鮮本、吕本同，賀本後兩「鞀」字皆作「鞱」。

〔五〕今時旋有蹲熊盤龍辟邪　「龍」下原有「獸名」二字，據賀本删。

〔六〕各居二尺二寸　「二寸」之「二」，原作「一」，據賀本改。

〔七〕悖布内反　「悖」，原描補作「沛」，據傅本、朝鮮本、吕本、賀本改。

〔八〕簫者中之氣　傅本、朝鮮本、吕本同，賀本「中」下有「吕」字，「氣」下有「也」字。

〔九〕宫商角則宜　傅本、朝鮮本、吕本同，賀本此句作「窒慾正人之德也故曰瑟有君父之節臣子之法」十九字。

〔一〇〕象萬物之盛也　傅本、朝鮮本、吕本同，賀本「盛」作「成」。

〔一一〕天下樂用磬也　傅本、朝鮮本、吕本同，賀本「樂」下有「之故樂」三字。

〔一二〕用金聲也　傅本、朝鮮本、吕本同，賀本「金」下有「爲」字。

〔一三〕將爲治也　「將」，原作夾行小字「將欲」二字，據傅本、朝鮮本、吕本、賀本改。

〔一四〕雜比曰音　「比」，原作「出」，據賀本改。

〔一五〕復亂以飭歸　「飭」，原作「飾」，據賀本改。注同。

〔一六〕還歸三年　諸本同。按：禮記注「三」作「二」。

〔一七〕不可以爲樂　此句下原有墨丁，傅本、吕本同，朝鮮本爲空。按：墨丁處當作小字「淮南子泰族訓」。

〔一八〕大瑟朱弦達越　「瑟」，原作「琴」，據賀本改。

〔一九〕假音格　此句下原有墨丁，傅本、吕本同，朝鮮本無，賀本墨丁處作「尚書大傳」四字。

〔二〇〕聞讙囂則人意動作　「囂」，原作「嚚」，據傅本、朝鮮本、吕本、賀本改。

〔二一〕以此黄鐘之宫適合　諸本同，吕氏春秋舊本同。按：畢沅校本吕氏春秋「此」作「比」，校云：「比，舊本誤作『此』。李善注馬季長長笛賦引作『比』，漢志、説苑皆同。」

〔二二〕鼓榠乃拌五絃之瑟　諸本同。按：吕氏春秋「鼓榠」作「瞽叟」，「拌」作「拚」。注「拌分」及下文「延乃拌鼓榠之所爲瑟」同。

〔二三〕鼓榠延乃拌鼓榠之所爲瑟　諸本同。按：吕氏春秋「鼓榠延」作「仰延」。

〔二四〕澤水　諸本同。按：吕氏春秋注「水」作「流」。

〔二五〕湯於是率六州以討桀之罪　「率」，原作「變」，據賀本改。

〔二六〕反叛　二字原作「叛反」，據賀本改。

〔二七〕非獨爲一世之所造　諸本同，賀本「造」下有「也」字。

儀禮經傳通解卷第二十八〔一〕

王朝禮五

王制之甲 分土

禹貢：五百里甸服：甸，田遍反。○規方千里之内謂之甸服，爲天子服治田，去王城面五百里。百里賦納總，甸服内之百里，近王城者。禾稾曰總，入之供飼國馬。二百里納銍，銍，珍栗反。○銍，刈，謂禾穗。○穗，音遂。三百里納秸服，秸，工八反。○秸，稾也，服稾役。四百里粟，五百里米。所納精者少，麤者多。五百里侯服：甸服外之五百里。侯，候也，斥候而服事。百里采，侯服内之百里，供王事而已，不主一。二百里男邦，男，任也，任王者事。三百里諸侯。三百里同爲王者斥候，故合三爲一名。五百里綏服：綏，安也。侯服外之五百里，安服王者政教。三百里揆文教，揆，度也，度王者文教而行之，三百里皆同。○度，待洛反。二百里奮武衛。文教外之二百里，奮武衛，天子所以安。五百里要服：要，一遥反。○綏服外之五百里，要束以文教。三百里夷，守平常之教，事王者而已。二百里蔡。蔡，法也。法三百里而差簡。五百里荒服：要服外之五百里。言荒，又簡略。三百里蠻，以文德蠻來之，不制以法。二百里流。流，移也，言政教隨其俗。凡五服相距爲方五千里。東漸于海，西被于流沙，朔南曁聲教，漸，子廉反。○漸，入也。被，及也。此言五服之外，皆與王者聲教而朝見。訖于四海。

傳曰：禹合諸侯于塗山，執玉帛者萬國。諸侯執玉，附庸執帛。塗山，在壽春東北。○哀公七年左氏傳

王者之制禄爵，公、侯、伯、子、男，凡五等。諸侯之上大夫卿、下大夫、上士、中士、下士，凡五等。二五，象五行剛柔十日。禄，所受食。爵，秩次也。上大夫曰卿。○天子之田方千里，象日月之大，亦取晷同也。此謂縣内，以禄公、卿、大夫、元士。公、侯田方百里，伯七十里，子、男五十里。不能五十里者，不合於天子，附於諸侯，曰附庸。天子之三公之田視公、侯，天子之卿視伯，天子之大夫視子、男，天子之元士視附庸。皆象星辰之大小也。不合，謂不朝會也。小城曰附庸。附庸者，以國事附於大國，未能以其名通也。視，猶比也。元，善也。善士，謂命士也。此地，殷所因夏爵三等之制也。殷有鬼侯、梅伯，則殷爵三等者，公、侯、伯也。周武王初定天下，更立五等之爵，增以子、男，而猶因殷之地，以九州之界尚狹也。周公攝政，致太平，斥大九州之界，制禮成武王之意，封王者之後爲公，及有功之諸侯。大者地方五百里，其次侯四百里，其次伯三百里，其次子二百里，

其次男百里。所因殷之諸侯，亦以功黜陟之。其不合者，皆益之地爲百里焉。是以周世有爵尊而國小，爵卑而國大者。唯天子畿内千里不增，以禄羣臣，不主爲治民。○凡四海之内九州，州方千里。州建百里之國三十，七十里之國六十，五十里之國百有二十，凡二百一十國。名山大澤不以封，其餘以爲附庸、閒田。八州，州二百一十國。閒，音閑。○建，立也。立大國三十，十三公也；立次國六十，十六卿也；立小國百二十，十十二小卿也〔二〕。名山大澤不以封者，與民同財，不得障管，亦賦税之而已。此大界方三千里，三三而九，方千里者九也。其一爲縣内，餘八各立一州，此殷制也。周公制禮，九州大界方七千里，七七四十九，方千里者四十有九也。其一爲畿内，餘四十八，八州各有方千里者六。設法一州封地方五百里者不過四，謂之大國；又封方四百里者不過六，又封方三百里者不過十一，謂之次國；又封方二百里者不過二十五，及餘方百里者，謂之小國。盈上四等之數，并四十六。一州二百一十國，則餘方百里者百六十四也。凡處地方千里者五，方百里者五十九，其餘方百里者四十一，附庸地也。天子之縣内，方百里之國九，七十里之國二十有一，五十里之國六十有三，凡九十三國。名山大澤不以盼，其餘以禄士，以爲閒田。縣内，夏時天子所居州界名也。殷曰畿，詩殷頌曰：「邦畿千里，維民所止。」周亦曰畿。畿内大國九者，三公之田三，爲有致仕者副之爲六也，其餘三待封王之子弟。次國二十一者，卿之田六，亦爲有致仕者副之爲十二，又三爲三孤之田，其餘六亦待封王之子弟。小國六十三，大夫之田二十七，亦爲有致仕者副之爲五十四，其餘九，亦以待封王之子弟。三孤之田不副者，以其無職，佐公論道耳。雖有致仕，猶可即而謀焉。盼，讀爲班。○凡九州千七百七十三國，天子之元士、諸侯之附庸不與。與，音預。○不與，不在數中也。春秋傳曰：「禹會諸侯於塗山，執玉帛者萬國。」言執玉帛，則是唯謂中國耳。中國而言萬國，則是諸侯之地有方百里，有方七十里，有方五十里者，禹承堯舜而然矣。要服之内，地方七千里乃能容之。夏末既衰，夷狄内侵，諸侯相并，土地減，國數少。殷湯承之，更制中國方三千里之界，亦分爲九州，而建此千七百七十三國焉。周公復唐虞之舊域，分其五服爲九，其要服之内亦方七千里，而因殷諸侯之數，廣其土，增其爵耳。孝經説曰：「周千八百諸侯，布列五千里内。」此又改周之法，關盛衰之中，三七之間以爲説也。終此説之意，五五二十五，方千里者二十五也。其一爲畿内，餘二十四州各有方千里者三，其餘諸侯之地大小則未得而聞也。○天子，百里之内以共官，千里之内以爲御。共，音供。○謂此地之田税所給也。官，謂其文書財用也。御，謂衣食。千里之外設方伯，五國以爲屬，屬有長；十國以爲連，連有帥；三十國以爲卒，卒有正；二百一十國以爲州，州有伯。長，丁丈反。帥，色類反，下同。○屬、連、卒、州，猶聚也。伯、帥、正，亦長也。凡長皆因賢侯爲之。殷之州長曰伯，虞夏及周皆曰牧。八州，八伯，五十六正，百六十八帥，三百三十六長。八伯各以其屬，屬於天子之老二人，分天下以爲左右，曰二伯。老，謂上公。周禮曰：「九命作伯。」春秋傳曰：「自陝以東，周公主之；自陝以西，召公主之。」天子使其大夫爲三監，監於方伯之國，國三人。監，古暫反。監於，古銜反。○使佐方伯，領諸侯。○天子之縣内諸侯，禄也。選賢置之於位，其國之禄如諸侯，不得世。

外諸侯，嗣也。有功乃封之，使之世也。冠禮記曰：「繼世以立諸侯，象賢也。」〇千里之内曰甸，能治田出穀税〔二〕。千里之外曰采，九州之内也。取其美物以當穀税。曰流。謂九州之外也。夷狄流移，或貢或不貢。禹貢：「荒服之外，三百里蠻，二百里流。」〇方千里者爲方百里者百，封方百里者三十國，其餘方百里者七十。又封方七十里者六十，爲方百里者二十九，方十里者四十，其餘方百里者四十，方十里者六十。又封方五十里者百二十，爲方百里者三十，其餘方百里者十，方十里者六十。名山大澤不以封，其餘以爲附庸、閒田，諸侯之有功者取於閒田以禄之，其有削地者歸之閒田。〇天子之縣内方千里者，爲方百里者百。封方百里者九，其餘方百里者九十一。又封方七十里者二十一，爲方百里者十，方十里者二十九。其餘方百里者八十，方十里者七十一。又封方五十里者六十三，爲方百里者十五，方十里者七十五。其餘方百里者六十四，方十里者九十六。〇諸侯世子世國，象賢也。大夫不世爵。使以德，爵以功。謂縣内及列國諸侯爲天子大夫者。不世爵而世禄，辟賢也。未賜爵，視天子之元士以君其國。列國及縣内之國也。諸侯之大夫不世爵禄。〇中國戎夷五方之民皆有性也，不可推移。地氣使之然。東方曰夷，被髮文身，有不火食者矣。南方曰蠻，雕題交趾，有不火食者矣。雕、文，謂刻其肌，以丹青涅之。交趾，足相鄉然，浴則同川，卧則僢。不火食，地氣暖，不爲病。西方曰戎，被髮衣皮，有不粒食者矣。北方曰狄，衣羽毛，穴居，有不粒食者矣。衣，去聲。〇不粒食，地氣寒，少五穀。中國、夷蠻戎狄皆有安居、和味、宜服、利用、備器。其事雖異，各自足。五方之民，言語不通，嗜欲不同。達其志，通其欲，東方曰寄，南方曰象，西方曰狄鞮，北方曰譯。鞮，丁兮反。譯，音亦。○皆俗閒之名，依其事類耳。鞮之言知也，今冀部有言狄鞮者。○已上並王制。○周禮：大司徒：以土圭之灋測土深，正日景，以求地中。日南則景短多暑，日北則景長多寒，日東則景夕多風，日西則景朝多陰。深，尺鴆反。○土圭，所以致四時日月之景也。測，猶度也，不知廣深，故曰測。故書「求」爲「救」，杜子春云：「當爲『求』。」鄭司農云：「測土深，謂南北東西之深也。日南，謂立表處大南，近日也。日北，謂立表處大北，遠日也。景夕，謂日跌景乃中，立表處大東，近日也。景朝，謂日未中而景中，立表處大西，遠日也。」玄謂：晝漏半而置土圭，表陰陽，審其南北。景短於土圭，謂之日南，是地於日爲近南也。景長於土圭，謂之日北，是地於日爲近北也。東於土圭，謂之日東，是地於日爲近東也。西於土圭，謂之日西，是地於日爲近西也。如是，則寒暑陰風偏而不和，是未得其所求。凡日景於地，千里而差一寸。日至之景尺有五寸，謂之地中，天地之所合也，四時之所交也，風雨之所會也，陰陽之所和也。然則百物阜安，乃建王國焉。制其畿，方千里而封樹之。景尺有五寸者，南戴日下萬五千里，地與星辰四遊升降於三萬里之中，是以半之得地之中也。畿方千里，取象於日一寸爲正。樹，樹木溝上，所以表助阻固也。鄭司農云：「土圭之長尺有五寸，以夏至之日立八尺之表，其景適與土圭等，謂之地中，今潁川陽城地爲然。」凡建邦國，以土圭土其地而制其域。諸公之地，封疆方五百里，其食者半。諸侯之地，封疆方四百里，其食者參之一。諸伯之地，封疆方三百里，其食者參之一。諸子之地，封疆方二百里，其食者四之一。諸男之地，封疆方百里，其食者四之一。土其地，猶言度其地。鄭司農云：「土其地，但爲正四方耳。其食者半，公所食租税得其半耳，其半皆附庸小國也，屬天子。參之一者，亦然。故魯頌曰：『錫之山川，土田附庸。奄有龜、蒙，遂荒大東，至于海邦。』論語曰：『季氏將伐顓臾，孔子曰：先王以爲東蒙主，且在邦域之中，是社稷之臣。』此非七十里所能容。然則方五百里、四百里，合於魯頌、論語之言。諸男食者四之一，適方五十里，獨此與今五經家説合耳。」〇凡邦國，千里封公，以方五百里則四公，方四百里則六侯，方三百里則七伯，方二百里則二十五子，方百里則百男，以周知天下。以此率徧知四海九州邦國多少之數也。方千里者，爲方百里者百。以方三百里之積，以九約之，得十一有奇。云「七伯」者，字之誤也。周九州之界方七千里，七七四十九，方千里者四十九。其一爲畿内，餘四十八，八州各有方千里者六。周公變殷湯之制，雖小國地皆方百里，是每事言「則」者，設法也。設法者，以待有功而大其封，一州之中，以其千里封公，則可四；又以其千里封侯，則可六；又以其千里封伯，則可十一；又以其千里封子，則可二十五；又以其千里封男，則可百。公侯伯子男，亦不是過也。州二百一十國，以男備其數焉，其餘以爲附庸。四海之封，黜陟之功，亦如之。雖有大國，爵稱子而已。鄭司農云：「此制亦見大司徒職，曰：『諸公之地方五百里，諸侯之地方四百里，諸伯之地方三百里，諸子之地方二百里，諸男之地方百里』。」凡邦國，大小相維。大國比小國，小國事大國，各有屬相維聯也。王設其牧，選諸侯之賢者爲牧，使牧理之。制其職，各以其所能；牧監參伍之屬。用能，所任秩次。制其貢，各以其所有。國之地物所有。方千里曰王畿，其外方五百里曰侯服，又其外方五百里曰甸服，又其外方五百里曰男服，又其外方五百里曰采服，又其外方五百里曰衛服，又其外方五百里曰蠻服，又其外方五百里曰夷服，又其外方五百里曰鎮服，又其外方五百里曰藩服。服，服事天子也。詩云：「侯服于周。」○職方氏

傳：祭公謀父之言曰：「先王之制：邦内甸服，父，音甫。○邦内，謂天子畿内千里之地。商頌曰：「邦畿千里，維民所止。」王制曰：「千里之内曰甸。」京邑在其中央，故夏書曰：「五百里甸服。」則古今同矣。甸，王田也。服，服其職業也。自商以前，并畿内爲五服。武王克殷，周公致太平，因禹所弼，除畿内，更制天下爲九服。千里之内謂之王畿，王畿之外曰侯服，侯服之外曰甸服。今謀父諫穆王，稱先王之制，猶以王畿爲甸服者，甸，古名，世俗所習也。故周襄王謂晉文公曰：「昔我先王之有天下也，規方千里，以爲甸服。」是也。周禮亦以蠻服爲要服，足以相況也。邦外侯服，邦外，邦畿之外也。方五百里之地謂之侯服。侯服，侯圻也。言諸侯之近者，歲一來見也。侯、衛賓服，此總言之也。侯，侯圻也。衛，衛圻也。言自侯圻至衛圻，其間凡五圻，圻五百里，五五二千五百里，中國之界也。謂之賓服，常以服貢賓見於王也。五圻者，侯圻之外曰甸圻，甸圻之外曰男圻，男圻之外曰采圻，采圻之外曰衛圻。周書康誥曰「侯、甸、男、采、衛」是也。凡此服數，諸家之説皆紛錯不同，唯賈

君近之。蠻、夷要服，蠻，蠻圻也。夷，夷圻也。周禮：衛圻之外曰蠻圻，去王城三千五百里，九州之界也。夷圻去王城四千里。周禮行人職曰：「衛圻之外謂之要服。」此言「蠻、夷要服」，則夷圻朝貢或與蠻圻同也。要者，要結好信而服從也。戎、狄荒服。戎、狄，去王城四千五百里至五千里也。四千五百里爲鎮圻，五千里爲蕃圻，在九州之外荒裔之地，與戎、狄同俗，故謂之荒，荒忽無常之言也。甸服者祭，供日祭也。此采地之君，其見無數。侯服者祀，供月祀也。堯、舜及周，侯服皆歲見。賓服者享，供時享也。享，獻也。周禮，甸圻二歲而見，男圻三歲而見，采圻四歲而見，衛圻五歲而見。其見必以所貢助祭於廟，孝經所謂「四海之内，各以其職來祭」者是也。要服者貢，供歲貢也。要服六歲一見也。荒服者王。王，王事天子也。周禮：「九州之外，謂之蕃國，世一見，各以其所貴寶爲贄。」故詩云：「自彼氐羌，莫敢不來王。」日祭，日祭，祭於祖考，謂上食也。近漢亦然。月祀，月祀於高、曾也。時享，時享於二祧也。歲貢，歲貢於壇、墠也。終王，終，謂世終也。朝嗣王及即位而來見也。先王之訓也。有不祭則修意，意，志意也。謂邦國之内有一違闕不供日祭者，先修志意以自責也。圻内近，知王意。有不祀則修言，言，號令也。有不享則修文，文，典法也。有不貢則修名，名，謂尊卑職供之名號也。晉語曰：「信於名則上下不干也。」有不王則修德，遠人不服，則修文德以來之。序成而有不至則修刑。序成，謂上五者次序已成，而有不至，則有刑誅。於是乎有刑不祭，伐不祀，征不享，讓不貢，讓，譴責也。告不王。謂以文辭告曉之也。地遠者罪輕。於是乎有刑罰之辟，刑不祭也。有攻伐之兵，伐不祀也。有征討之備，征不享也。有威讓之令，讓不貢也。有文告之辭。告不王也。布令陳辭而又不至，則增修於德，而無勤民於遠，勤，勞也。是以近無不聽，遠無不服。周語○羊客問子思曰：「周自后稷封爲王者，後子孫據國，至大王、王季、文王，此固世爲諸侯矣，焉得爲西伯乎？」子思曰：「吾聞諸子夏，古之帝王中分天下，使二公治之，謂之二伯。殷王帝乙之時，王季以功，九命作伯，大，音泰。焉，於虔反。○禮：九命：一命受職，再命受服，三命受位，四命受器，五命受則，六命受官，七命受國，八命受牧，九命作伯。受圭瓚鬯之賜，瓚，才但反。鬯，勑亮反。○禮：九錫：一曰車馬，二曰衣服，三曰樂器，四曰納陛，五曰虎賁，六曰朱户，七曰斧鉞，八曰弓矢，九曰圭瓚。故文王因之，得專征伐，此以諸侯爲伯，猶周、召之君爲伯也。」召，音邵。○周、召之地，在雍州岐山之陽。古公亶父避狄，自豳始遷於此，修德以建王業，故商王帝乙命其子季歷以爲西伯。至紂，又命文王爲西伯。蓋商之州長曰伯，謂以文王爲伯而在西也。故文王行化，而雍、梁、荆、豫、徐、揚之人咸被其德而從之〔四〕，故語曰：「三分天下有其二，由服事殷。」惟冀、青、兖一分屬紂矣。文王受命，作邑于豐，而岐陽周、召之地已空，故分賜周公、召公以爲采邑，施大王、王季之化於己所職之國。傳記言分陝而治者，蓋此也。○孔叢子○周成王使召康公命齊大公曰：「五侯九伯，女實征之，以夾輔周室。」召，音邵。女，音汝。○五等諸侯，九州之伯，皆得征討其罪。齊桓因此命以夸楚。○

左氏僖公四年〇子曰〔五〕：「自陝而東者，周公主之；自陝而西者，召公主之；一相處乎內。」陝，失冉反。一云：當作「郟」。召，音邵。相，去聲。〇陝者，蓋今弘農陝縣是也。禮：司馬主兵，司徒主教，司空主土。春秋撥亂世，以絀陟爲本，故舉絀陟以所主者言之。〇公羊隱公五年〇周襄王命尹氏及王子虎、內史叔興父策命晉侯重耳爲侯伯。重，平聲。〇以策書命晉侯爲伯。〇左氏僖公二十八年〇王者必立牧，方三人，使窺遠牧衆也。遠方之民有饑寒而不得衣食，有獄訟而不平其冤，失賢而不舉者，入告乎天子。天子於其君之朝也，揖而進之曰：「意朕之政教，有不得爾者邪？何如乃有饑寒而不得衣食，有獄訟而不平其冤，失賢而不舉？」然後其君退而與其卿大夫謀之。遠方之民聞之，皆曰：「誠天子也！夫我居之僻，見我之近也；我居之幽，見我之明也。可欺乎哉？」故牧者所以明四目，通四聰也。夫，音扶。〔六〕

校勘記

〔一〕儀禮經傳通解卷第二十八　按：本卷原缺，改以丁本爲底本。

〔二〕十十二小卿也　上「十」字，原作「二」，據賀本改。

〔三〕能治田出穀稅　諸本同，宋余仁仲本禮記同，他本「能」多作「服」。按：「能」當爲「服」字之誤。

〔四〕而雍梁荆豫徐揚之人咸被其德而從之　「揚」，原作「楊」，據賀本改。

〔五〕子曰　朝鮮本、吕本同，傅本刪去此二字，賀本於「子」上補「公羊」二字。

〔六〕夫音扶　此句下原有五墨丁，按引文，當作「○韓詩外傳」。

儀禮經傳通解卷第二十九

王朝禮六

王制之乙 制國

凡建王國，大司徒以土圭之法測土深，正日景以求地中。日南則景短多暑，日北則景長多寒，日東則景夕多風，日西則景朝多陰。深，尺鴆反。○土圭，所以致四時日月之景也。測，猶度也，不知廣深故曰測。故書「求」爲「救」，杜子春云：「當爲『求』。」鄭司農云：「測土深，謂南北東西之深也。日南，謂立表處大南，近日也。日北，謂立表處大北，遠日也。景夕，謂日跌景乃中，立表處大東，近日也。景朝，謂日未中而景中，立表處大西，遠日也。」玄謂：晝漏半而置土圭，表陰陽，審其南北。景短於土圭，謂之日南，是地於日爲近南也。景長於土圭，謂之日北，是地於日爲近北也。東於土圭，謂之日東，是地於日爲近東也。西於土圭，謂之日西，是地於日爲近西也。如是，則寒暑陰風偏而不和，是未得其所求。凡日景於地，千里而差一寸。日至之景，尺有五寸，謂之地中，天地之所合也，四時之所交也，風雨之所會也，陰陽之所和也。然則百物阜安，乃建王國焉。制其畿，方千里而封樹之。景尺有五寸者，南戴日下萬五千里，地與星辰四遊升降於三萬里之中，是以半之，得地之中也。畿方千里，取象於日一寸爲正。樹，樹木溝上，所以表助阻固也。鄭司農云：「土圭之長，尺有五寸，以夏至之日，立八尺之表，其景適與土圭等，謂之地中，今潁川陽城地爲然。」○今按：自唐以來，以浚儀岳臺晷景爲地中。○量人：掌營國城郭，營后宮，量市朝道巷門渠，造都邑亦如之。量，音亮。朝，直遥反。○建，立也。立國有舊法式，若匠人職云。分國，定天下之國分也〔一〕。后，君也。言君，容王與諸侯。○匠人：營國，方九里，旁三門。營，謂丈尺其大小。天子十二門，通十二子。疏云：王城當十二里。國中九經九緯，經涂九軌。國中，城内也。經、緯，謂涂也。經緯之涂，皆容方九軌。軌，謂轍廣。乘車六尺六寸，旁加七寸，凡八尺，是爲轍廣。九軌，積七十二尺，則此涂十二步也。旁加七寸者，輻内二寸半，輻廣三寸半，綆三分寸之二，金轄之間，三分寸之一。左祖右社，面朝後市，王宫所居也。祖，宗廟。面，猶鄉也。王宫當中經之涂也。市朝一夫。方各百步。夏后氏世室，堂脩二七，廣四脩一。廣，古曠反。○世室者，宗廟也。魯廟有世室，牲有白牡，此用先王之禮。脩，南北之深也。夏度以步。令堂脩十四步，其廣益以四分脩之一，則堂廣十七步半。五室，三四步，四三尺。堂上爲五室，象五行也。三四步，室方也。四三尺，以益廣也。木室於東北，火室於東南，金室於西南，水室於西北，其方皆三步，其廣益之以三尺。土室於中央，方四步，其廣益之以四尺。此五室居堂，南北六丈，東西七丈。九階，南面三，三面各二。四旁兩夾，窻，窻助户爲明，每室四户八窻。白盛，蜃灰也。盛之言成也。以蜃灰堊墻，所以飾成宫室。門堂，三之二，門堂，門側之堂。取數於正堂，令堂如上制。則門堂南北九步二尺，東西十一步四尺。爾雅曰：「門側之堂謂之塾。」室，三之一。兩室與門各居一分。殷人重屋，堂脩七尋，堂崇三尺，四阿重屋。重，直龍反。○重屋者，王宫正堂若大寢也。其脩七尋五丈六尺，放夏、周，則其廣九尋七丈二尺也。五室各二尋。崇，高也。四阿，若今四注屋。重屋，複笮也。○笮，側白反。周人明堂，度九尺之筵，東西九筵，南北七筵，堂崇一筵，五室，凡室二筵。度，徒洛反，下同。○明堂者，明政教之堂。周度以筵，亦王者相改。周堂高九尺，殷三尺，則夏一尺矣，相參之數。禹卑宫室，謂此一尺之堂與？此三者，或舉宗廟，或舉王寢，或舉明堂，互言之，以明其同制。室中度以几，堂上度以筵，宫中度以尋，野度以步，涂度以軌。周，文者，各因物宜爲之數。室中，舉謂四壁之内。廟門容大扃七个，扃，古熒反，下同。个，古賀反。○大扃，牛鼎之扃，長三尺。每扃爲一个，七个二丈一尺。闈門容小扃參个。廟中之門曰闈。小扃，腳鼎之扃，長二尺，三个六尺。路門不容乘車之五个，乘，去聲。○路門者，大寢之門。乘車，廣六尺六寸，五个三丈三尺。言不容者，是兩門乃容之。兩門乃容之，則此門半之，丈六尺五寸。應門二徹參个。正門謂之應門，謂朝門也。二徹之内八尺，三个二丈四尺。内有九室，九嬪居之；外有九室，九卿朝焉。嬪，音頻。朝，直遥反。○内，路寢之裏也。外，路門之表也。九室，如今朝堂諸曹治事處。

九嬪掌婦學之法，以教九御。六卿三孤爲九卿。九分其國以爲九分，九卿治之。九分其國，分國之職也。三孤佐三公論道，六卿治六官之屬。王宮門阿之制五雉，宮隅之制七雉，城隅之制九雉。阿，棟也。宮隅、城隅，謂角浮思也。雉，長三丈，高一丈。度高以高，度廣以廣。經涂九軌，環涂七軌，野涂五軌。廣狹之差也。故書「環」或作「轘」，杜子春云：「當爲『環』。環涂，謂環城之道。」門阿之制以爲都城之制。都四百里，外距五百里，王子弟所封。其城隅高五丈，宮隅門阿皆三丈。宮隅之制以爲諸侯之城制。諸侯，畿以外也，其城隅制高七丈，宮隅門阿皆五丈。禮器曰：「天子諸侯臺門。」環涂以爲諸侯經涂，野涂以爲都經涂。經，亦謂城中道。諸侯環涂五軌，其野涂及都環涂、野涂皆三軌。

記：明堂者，古有之也。凡九室，一室而有四户八牖，凡三十六户，七十二牖。以茅蓋屋，上圓下方。赤綴户也，白綴牖也。二九四七五三六一八。記用九室，謂法龜文，故取此數以明其制也。堂高三尺，東西九筵，南北七筵。九室十二堂，室四户，户二牖，其宮方三百步。在近郊，近郊三十里。淳于登説：「明堂在國之陽三里之外，七里之内，丙巳之地。」韓詩説：「明堂在南方七里之郊。」然三十里無所取也。此天子之路寢也，不齊不居其室。待朝在南宫，揖朝出其南門。齊，側皆反。朝，直遥反，下同。○大戴禮○昔者周公朝諸侯於明堂之位，朝，直遥反。○周公攝王位，以明堂之禮儀朝諸侯也。不於宗廟，辟王也。天子負斧依南鄉而立。依，於豈反。鄉，去聲。○天子，周公也。負之言背也。斧依，爲斧文屏風於户牖之間，周公於前立焉。三公，中階之前，北面東上。諸侯之位，阼階之東，西面北上。諸伯之國，西階之西，東面北上。諸子之國，門東，北面東上。諸男之國，門西，北面東上。九夷之國，東門之外，西面北上。八蠻之國，南門之外，北面東上。六戎之國，西門之外，東面南上。五狄之國，北門之外，南面東上。九采之國，應門之外，北面東上。四塞，世告至。此周公明堂之位也。塞，先代反。○朝之禮不於此，周公權用之也。朝位之上，上近主位，尊也。九采，九州之牧典貢職者也。正門謂之應門。二伯帥諸侯而入，牧居外而糾察之也。四塞，謂夷服、鎮服、蕃服在四方爲蔽塞者，新君即位，則乃朝。周禮：「侯服歲一見，甸服二歲一見，男服三歲一見，采服四歲一見，衛服五歲一見，要服六歲一見。九州之外謂之蕃國，世一見。」明堂也者，明諸侯之尊卑也。朝於此，所以正儀辨等也。○明堂位

○内宰：凡建國，佐后立市。設其次，置其叙，正其肆，陳其貨賄，出其度量淳制，祭之以陰禮。量，音亮。淳，諸允反。○市朝者，君所以建國也。建國者，必面朝後市，王立朝而后立市，陰陽相承之義。次，司次也。叙，介次也。陳，猶處也。度，丈尺也。量，豆區之屬。鄭司農云：「佐后立市者，始立市，后立之也。祭之以陰禮者，市中之社，先后所立社也。」故書「淳」爲「敦」，杜子春讀「敦」爲「純」，純，謂幅廣也。制，謂匹長。玄謂：純制，天子巡守禮所云「制幣丈八尺，純四炽」與？陰禮，婦人之祭禮。

王畿千里，以廛里任國中之地，以場圃任園地，以宅田、士田、賈田任近郊之地，以官田、牛田、賞田、牧田任遠郊之地，廛，直連反。賈，音古。○司馬法曰：「王國百里爲郊，二百里爲州，三百里爲野，四百里爲縣，五百里爲都。」杜子春云：「五十里爲近郊，百里爲遠郊。」玄謂：廛里者，若今云邑里居矣。廛，民居之區域也。里，居也。以廛里任國中，而遂人職授民田，「夫一廛，田百畮」，是廛里不謂民之邑居在都城者與？圃，樹果蓏之屬，季秋於中爲場。樊圃謂之園。宅田，致仕者之家所受田也。士相見禮曰：「宅者在邦，則曰市井之臣；在野，則曰草茅之臣。」士，讀爲仕。仕者亦受田，所謂圭田也。孟子曰：「自卿以下必有圭田，圭田五十畝。」賈田，在市賈人其家所受田也。官田，庶人在官者其家所受田也。牛田者，以養公家之牛。賞田者，賞賜之田。牧田者，牧六畜之田。牛田、牧田，牧者之家所受田也。以公邑之田任甸地，公邑，謂六遂餘地，天子使大夫治之。自此以外皆然。二百里、三百里，其上大夫如州長。四百里、五百里，其下大夫如縣正。是以或謂二百里爲州，四百里爲縣云。遂人亦監焉。以家邑之田任稍地，稍，所教反。○家邑，大夫之采地。以小都之田任縣地，小都，卿之采地。以大都之田任畺地。畺，居良反。○大都，公之采地、王子弟所食邑也。畺五百里，王畿界也。皆言任者，地之形實不方平如圖，受田邑者，遠近不得盡如制，其所生育賦貢，取正於是耳。○凡王畿内方千里，積百同，九百萬夫之地也。有山陵林麓、川澤溝瀆、城郭宫室涂巷，三分去一，餘六百萬夫。又以田不易、一易、再易，上中下相通，定受田者三百萬家也。遠郊之内，地居四同，三十六萬夫之地也。三分去一，其餘二十四萬夫。六鄉之民七萬五千家，通不易、一易、再易，一家受二夫，則十五萬夫之地，其餘九萬夫。廛里也，場圃也，宅田也，士田也，賈田也，官田也，牛田也，賞田也，牧田也，九者亦通受一夫焉，則半農人也，定受田十二萬家也。食貨志云：「農民户一人已受田，其家衆男爲餘夫，亦以口受田如比。士工商家受田，五口乃當農夫一人。」今餘夫在遂地之中，如此則士工商以事入在官，而餘夫以力出耕公邑。甸稍縣都合居九十六同，八百六十四萬夫之地。城郭宫室差少，塗巷又狹，於三分所去六而存一焉。以十八分之十三率之，則其餘六百二十四萬夫之地，通上中下六家而受十三夫，定受田二百八十八萬家也，其在甸七萬五千家爲六遂，餘則公邑。○疏曰：此一經論任土之法，但天子畿内千里，中置國城，四面至畺各五百里，百里爲一節，封授不同。今則從近向遠，發國中爲始也。但自遠郊百里之内，置六鄉七萬五千家，自外餘地，有此廛里以至牧田九等所任也。云「以公邑之田任甸地」者，郊外曰甸，甸在遠郊之外，其中置六遂七萬五千家，餘地既九等之人所受，以爲公邑也。但自此以至畿畺，四處皆有公邑，故據此而言也。云「以家邑之田任稍地」者，謂天子大夫各受采地二十五里，在三百里之内也。云「以小都之田任縣地」者，謂天子之卿各受五十里采地，在四百里縣地之内也。云「以大都之田任畺地」者，謂三公及親王子母弟各受百里采地，在五百里畺地之中也。名三百里地爲「稍」者，以大夫地少，稍稍給之，故云稍也。四百里爲「縣」者，以四百里采地之外地爲公邑，主之者尊卑如縣正，故司馬法亦名四百里爲縣也。五百里爲「畺」者，以外畔至五百里畿畺，故以畺言之。○今按：郊地四同，六鄉井田在内；甸地十二同，六遂、公邑在内；稍地二十同，家邑、公邑在内；縣地二十八同，小都、公邑在内；畺地三十六同，大都、公邑在内。甸地之外皆謂之野。公邑、家邑、小都、大都，皆謂之都鄙。

○載師○六鄉之法：五家爲比，使之相保；五比爲閭，使之相受；四閭爲族，使之相葬；五族爲黨，使之相救；五黨爲州，使之相賙；五州爲鄉，使之相賓。比，毗志反。賙，音周。○此所以勸民者也。使之者，皆謂立其長而教令使之。保，猶任也。救，救凶災也。賓，賓客其賢者。故書「受」爲「授」，杜子春云：「當爲『受』，謂民移徙所到則受之，所去則出之。」又云：「『賙』當爲『糾』，謂糾其惡。」玄謂：受者，宅舍有故，相受寄託也。賙者，謂禮物不備，相給足也。閭，二十五家。族，百家。黨，五百家。州，二千五百家。鄉，萬二千五百家。○大司徒○六遂之法：五家爲鄰，五鄰爲里，四里爲酇，五酇爲鄙，五鄙爲縣，五縣爲遂，皆有地域，溝樹之。使各掌其政令刑禁，以歲時稽其人民，而授之田野，簡其兵器，教之稼穡。酇，作管反。○鄰、里、酇、鄙、縣、遂，猶郊內比、閭、族、黨、州、鄉也。鄭司農云：「田野之居，其比伍之名與國中異制，故五家爲鄰。」玄謂：異其名者，示相變耳。遂之軍法，追胥起徒役，如六鄉。辨其野之土，上地、中地、下地，以頒田里：上地，夫一廛，田百畮，萊五十畮，餘夫亦如之；中地，夫一廛，田百畮，萊百畮，餘夫亦如之；下地，夫一廛，田百畮，萊二百畮，餘夫亦如之。畮，與畝同。○萊，謂休不耕者。鄭司農云：「戶計一夫一婦而賦之田，其一戶有數口者，餘夫亦受此田也。廛，居也。楊子雲有田一廛，謂百畝之居也。」玄謂：廛，城邑之居，孟子所云「五畝之宅，樹之以桑」者也。六遂之民，奇受一廛。雖上地猶有萊，皆所以饒遠也。王莽時城郭中宅不樹者爲不毛，出三夫之布。凡治野，夫間有遂，遂上有徑。十夫有溝，溝上有畛。百夫有洫，洫上有涂。千夫有澮，澮上有道。萬夫有川，川上有路，以達于畿。畛，之忍反。洫，況逼反。澮，古外反。○十夫，二鄰之田。百夫，一酇之田。千夫，二鄙之田。萬夫，四縣之田。遂、溝、洫、澮，皆所以通水於川也。遂廣深各二尺，溝倍之，洫倍溝。澮廣二尋，深二仞。徑、畛、涂、道、路，皆所以通車徒於國都也。徑容牛馬，畛容大車，涂容乘車一軌，道容二軌，路容三軌。都之野涂與環涂同可也。萬夫者，方三十三里少半里，九而方一同。以南畝圖之，則遂從溝橫，洫從澮橫，九澮而川周其外焉。去山陵、林麓、川澤、溝瀆、城郭。○遂人○凡造都鄙，制其地域而封溝之，以其室數制之：不易之地，家百畝；一易之地，家二百畝；再易之地，家三百畝。都鄙，王子弟、公卿大夫采地，其界曰都，鄙所居也。王制曰：「天子之縣內，方百里之國九，七十里之國二十有一，五十里之國六十有三。」此蓋夏時采地之數，周未聞矣。春秋傳曰：「遷鄭焉而鄙留。」城郭之宅曰室。詩云：「嗟我婦子，曰爲改歲，入此室處。」以其室數制之，謂制丘甸之屬。王制曰：「凡居民，量地以制邑，度地以居民。地邑民居，必參相得。」鄭司農云：「不易之地，歲種之，地美，故家百畝。一易之地，休一歲乃復種，地薄，故家二百畝。再易之地，休二歲乃復種，故家三百畝。」○大司徒○乃經土地而井牧其田野：九夫爲井，四井爲邑，四邑爲丘，四丘爲甸，四甸爲縣，四縣爲都。以任地事而令貢賦，凡稅斂之事。此謂造都鄙也。采地制井田異於鄉遂，重立國。小司徒爲經之，立其五溝五塗之界，其制似「井」之字，因取名焉。孟子曰：「夫仁政必自經界始。經界不正，井地不均，貢祿不平，是故暴君姦吏必慢其經界。經界既正，分田制祿，可坐而定也。」鄭司農云：「井牧者，春秋傳所謂井衍沃、牧隰皋者也。」玄謂：隰皋之地，九夫爲牧，二牧而當一井。今造都鄙，授民田，有不易，有一易，有再易，通率二而當一，是之謂井牧。昔夏少康在虞思，有田一成，有衆一旅。一旅之衆而田一成，則井牧之法先古然矣。九夫爲井者，方一里，九夫所治之田也。此制小司徒經之，匠人爲之溝洫，相包乃成耳。邑丘之屬相連比以出田稅，溝洫爲除水害。四井爲邑，方二里。四邑爲丘，方四里。四丘爲甸，甸之言乘也，讀如衷甸之甸。甸方八里。旁加一里，則方十里爲一成，積百井，九百夫。其中六十四井，五百七十六夫，出田稅。三十六井，三百二十四夫，治洫。四甸爲縣，方二十里。四縣爲都，方四十里。四都方八十里，旁加十里，乃得方百里，爲一同也，積萬井，九萬夫。其四千九十六井，三萬六千八百六十四夫，出田稅。二千三百四井，二萬七百三十六夫，治洫。三千六百井，三萬二千四百夫，治澮。井田之法備於一同，今止於都者，采地食者皆四之一，其制三等：百里之國凡四都，一都之田稅入於王；五十里之國凡四縣，一縣之田稅入於王；二十五里之國凡四甸，一甸之田稅入於王。地事，謂農、牧、衡、虞也。貢，謂九穀、山澤之材也[一]。賦，謂出車徒，給繇役也。司馬法曰：「六尺爲步，步百爲畝，畝百爲夫，夫三爲屋，屋三爲井[二]，井十爲通。通爲匹馬，三十家，士一人，徒二人。通十爲成，成百井，三百家，革車一乘，士十人，徒二十人。十成爲終，終千井，三千家，革車十乘，士百人，徒二百人。十終爲同，同方百里，萬井，三萬家，革車百乘，士千人，徒二千人。」○小司徒

○匠人：爲溝洫。主通利田閒之水道。耜廣五寸，二耜爲耦。一耦之伐，廣尺，深尺，謂之甽。田首倍之，廣二尺，深二尺，謂之遂。耜，音嗣。廣，古曠反，下同。耦，音偶。甽，古犬反。○古者耜一金，兩人併發之。其壟中曰甽，甽上曰伐。

伐之言發也。甽，畎也。今之耜歧頭兩金，象古之耦也。田一夫之所佃百畝，方百步地。遂者，夫間小溝。遂上亦有徑。九夫爲井，井間廣四尺，深四尺，謂之溝。方十里爲成，成間廣八尺，深八尺，謂之洫。方百里爲同，同間廣二尋，深二仞，謂之澮。此畿内采地之制。九夫爲井，井者，方一里，九夫所治之田也。采地制井田，異於鄉、遂及公邑。三夫爲屋，屋，具也。一井之中，三屋九夫，三三相具，以出賦税，共治溝也。方十里爲成，成中容一甸，甸方八里出田税，緣邊一里治洫。方百里爲同，同中容四都，六十四成，方八十里出田税，緣邊十里治澮。采地者，在三百里、四百里、五百里之中。載師職曰：「園廛二十而一，近郊十一，遠郊二十而三。甸、稍、縣、都，皆無過十二。」謂田税也，皆就夫税之，輕近重遠耳。滕文公問爲國於孟子，孟子曰：「夏后氏五十而貢，殷人七十而助，周人百畝而徹，其實皆什一也。徹者，徹也。助者，藉也。龍子曰：『治地莫善於助，莫不善於貢。』貢者，校數歲之中以爲常。」文公又問井田，孟子曰：「請野九一而助，國中什一使自賦。卿以下必有圭田，圭田五十畝，餘夫二十五畝。死徙無出鄉，鄉田同井，出入相友，守望相助，疾病相扶持，則百姓親睦。方里而井，井九百畝，其中爲公田。八家皆私百畝，同養公田。公事畢，然後敢治私事，所以别野人也。」又曰：「詩云：『雨我公田，遂及我私。』惟助爲有公田。由此觀之，雖周亦助也。」魯哀公問於有若曰：「年饑，用不足，如之何？」有若對曰：「盍徹與？」曰：「二，吾猶不足，如之何其徹也？」春秋宣公十五年秋「初税畝」，傳曰：「非禮也。穀出不過藉，以豐財也。」此數者，世人謂之錯而疑焉。以載師職及司馬法論之，周制畿内用夏之貢法，税夫無公田。以詩、春秋、論語、孟子論之，周制邦國用殷之助法，制公田不税夫。貢者，自治其所受田，貢其税穀。助者，借民之力以治公田，又使收斂焉。畿内用貢法者，鄉遂及公邑之吏，旦夕從民事，爲其促之以公，使不得恤其私。邦國用助法者，諸侯專一國之政，爲其貪暴，税民無藝。周之畿内，税有輕重，諸侯謂之徹者，通其率以什一爲正。孟子云「野九夫而税一，國中什一」，是邦國亦異外、内之法耳。圭之言珪，絜也，周謂之士田。鄭司農説以春秋傳曰「有田一成」，又曰「列國一同」。

○冬官○王制：方一里者爲田九百畝。一里方三百步。方十里者爲方一里者百，爲田九萬畝。方百里者爲方十里者百，爲田九十億畝。億，今十萬。方千里者爲方百里者百，爲田九萬億畝。萬億，今萬萬也。○自恒山至於南河，千里而近。恒，胡登反。○冀州域。自南河至於江，千里而近。豫州域。自江至於衡山，千里而遥。荆州域。自東河至於東海，千里而遥。徐州域。自東河至於西河，千里而近。亦冀州域。自西河至於流沙，千里而遥。雍州域。西不盡流沙，南不盡衡山，東不盡東海，北不盡恒山。凡四海之内，斷長補短，方三千里，爲田八十萬億一萬億畝。斷，音短。○九州之大計。方百里者，爲田九十億畝。山陵、林麓、川澤、溝瀆、城郭、宫室、塗巷，三分去一，其餘六十億畝。麓，音鹿。瀆，音讀。去，起吕反。○以一大國爲率，其餘所以授民也。山足曰麓。○率，音律。古者以周尺八尺爲步，今以周尺六尺四寸爲步。古者百畝，當今東田百四十六畝三十步。古者百里，當今百二十一里六十步四尺二寸二分。周尺之數，未詳聞也。按禮制，周猶以十寸爲尺，蓋六國時多變亂法度。

或言周尺八寸，則步更爲八八六十四寸。以此計之，古者百畝當今百五十六畝二十五步，古者百里當今百二十五里。○司空執度度地，度度，上如字，下徒洛反。○司空，冬官，卿，掌邦事者。度，丈、尺也。居民山川沮澤，時四時，沮，將慮反。○觀寒暖燥濕。沮，謂萊沛。量地遠近，制邑井之處。興事任力。事，謂築邑、廬、宿、市也。○凡居民材，必因天地寒煖燥濕。煖，乃管反。○使其材藝堪地氣也。廣谷大川異制，謂其形象。民生其閒者異俗，謂其所好惡。剛柔輕重遲速異齊，齊，才細反。○謂其情性緩急。五味異和，和，胡卧反。○謂香臭與鹹苦。器械異制，械，户戒反。○謂作務之用。衣服異宜。謂氈裘與絺綌。脩其教，不易其俗；齊其政，不易其宜。教，謂禮義。政，謂刑禁。○凡居民，量地以制邑，度地以居民，地邑民居，必參相得也。得，猶足也。無曠土，無游民，食節事時，民咸安其居，樂事勸功，尊君親上，然後興學。樂，音洛。○立小學、大學。○古者公田藉而不税，藉，在亦反。○藉之言借也，借民力治公田，美惡取於此，不税民之所自治也。孟子曰：「夏后氏五十而貢，殷人七十而助，周人百畝而徹。」則所云「古者」，謂殷時。市廛而不税，廛，市物邸舍，税其舍不税其物。關譏而不征，譏，譏異服，識異言。征，亦税也。周禮：「國凶札則無門關之征，猶譏也。」林麓川澤以時入而不禁，麓，山足也。夫圭田無征。夫，猶治也。征，税也。孟子曰：「卿以下必有圭田。」治圭田者不税，所以厚賢也。此則周禮之士田，以任近郊之地，税什一。田里不粥，墓地不請。粥，音育。○皆受於公，民不得私也。粥，賣也。請，求也。用民之力，歲不過三日。治宮室、城郭、道渠。其用之也，任老者之事，食壯者之食。寬其力，饒其食。○王制。

傳：季康子欲以一井田出法賦焉，使訪孔子。子曰：「丘弗識也。」冉有三發，卒曰：「子爲國老，待子而行，若之何子不言？」孔子不對，而私於冉有曰：「求，汝來！汝弗聞乎？先王制土，藉田以力，田有税收，藉力以治公田也。而底其遠近；底，平，平其遠近，俱十一而中。賦里以入，而量其有無；里，廛里有税，度其有無以爲多少之入也。任力以夫，而議其老幼。力，作度之事。丁夫任其老幼，或重或輕。於是鰥寡孤疾老者，軍旅之出則徵之，無則已。鰥，古頑反。○於軍旅之役，則鰥寡孤疾或有所取，無軍事則止也。其歲，收田一井，出獲禾秉缶米芻藁不是過[四]，缶，方有反。○其歲，軍旅之歲。一把曰秉，四秉曰稯[五]。穗連稿芻不可分，故曰步缶。十六斗曰庾也。先王以爲之足。君子之行，必度於禮，施取其厚，度，徒洛反。施，尸豉反。○施以厚爲德也。事舉其中，事以十一爲節。斂從其薄。若是，其以丘亦足矣。斂，力豔反。○丘，十六井。不度於禮而貪冒無厭，則雖賦田將有不足。且子孫若以行之而取法，則有周公之典在。若欲犯法，則苟行之，又何訪焉？」冒，亡北反。厭，於鹽反。○家語○孟子曰：夏后氏五十而貢，殷人七十而助，周人百畝而徹，其實皆什一也。徹者，徹也；助者，藉也。徹，敕列反。藉，子夜反。○夏時一夫受田五十畝，而每夫計其五畝之入以爲貢。商人始爲井田之制，以六百三十畝之地，畫爲九區，區七十畝。中爲公田，其外八家各受一區，但借其力以助耕公田，而不復税其私田。周時一夫授田百畝。鄉遂用貢法，十夫有溝；都鄙用助法，八家同井。耕則通力而作，收則計畝而分，故謂之徹。其實皆什一者，貢法固以十分之一爲常數，惟助法乃是九一。而商制不可考，周制則公田百畝，中以二十畝爲廬舍，一夫所耕公田實計十畝，通私田百畝，爲十一分而取其一，蓋又輕於十一矣。竊料商制亦當似此，而以十四畝爲廬舍，一夫實耕公田七畝，是亦不過什一也。徹，通也，均也。藉，借也。龍子曰：「治地莫善於助，莫不善於貢。」貢者，校數歲之中以爲常。樂歲，粒米狼戾，多取之而不爲虐，則寡取之；凶年糞其田而不足，則必取盈焉。爲民父母，使民盻盻然，將終歲勤動，不得以養其父母，又稱貸而益之，使老稚轉乎溝壑，惡在其爲民父母也？」樂，音洛。盻，五禮反，從目從兮，或音普莧反者，非。養，去聲。惡，平聲。○龍子，古賢人。狼戾，猶狼藉，言多也。糞，擁也。盈，滿也。盻，恨視也。勤動，勞苦也。稱，舉也。貸，借也。取物於人，而出息以償之也。益之，以足取盈之數也。稚，幼子也。詩云：「雨我公田，遂及我私。」惟助爲有公田。由此觀之，雖周亦助也。雨，于付反。○詩小雅大田之篇。雨，降雨也。言願天雨於公田，而遂及私田，先公而後私也。當時助法盡廢，典籍不存，惟有此詩可見周亦用助，故引之也。夫仁政，必自經界始。經界不正，井地不均，穀禄不平，是故暴君汙吏必慢其經界。經界既正，分田制禄可坐而定也。夫，音扶。○經界，謂治地分田，經畫其溝塗封植之界也。此法不修，則田無定分，而豪强得以兼并，故井地有不均。賦無定法，而貪暴得以多取，故穀禄有不平。此欲行仁政者之所以必從此始，而暴君汙吏則必欲慢而廢之也。有以正之，則分田制禄，可不勞而定矣。無君子莫治野人，無野人莫養君子。養，去聲。○分田制禄之法，不可偏廢也。請野九一而助，國中什一使自賦。此分田制禄之常法，所以治野人使養君子也。野，郊外都鄙之地也。九一而助，爲公田而行助法也。國中，郊門之内，鄉遂之地也。田不井授，但爲溝洫，使什而自賦其一，蓋用貢法也。周所謂徹法者蓋如此。以此推之，當時非惟助法不行，其貢亦不止什一矣。卿以下必有圭田，圭田五十畝。此世禄常制之外，又有圭田，所以厚君子也。圭，潔也，所以奉祭祀也。不言世禄者，滕已行之，但此未備耳。餘夫二十五畝。程子曰：一夫上父母，下妻子，以五口八口爲率，受田百畝。如有弟，是餘夫也。年十六，别受田二十五畝，俟其壯而有室，然後更受百畝之田。愚按：此百畝常制之外，又有餘夫之田，以厚野人也。死徙無出鄉，鄉田同井，出入相友，守望相助，疾病相扶持，則百姓親睦。死，謂葬也。徙，謂徙其居也。同井者，八家也。友，猶伴也。守望，防寇盗也。方里而井，井九百畝，其中爲公田。八家皆私百畝，同養公田。公事畢，然後敢治私事，所以别野人也。養，去聲。别，彼列反。○此詳言井田形體之制，乃周之助法也。公田以爲君子之禄，而私田野人之所受。先公後私，所以别君子、野人之分也。不言君子，據野人而言，省文耳。上言野及國中二法，此獨詳於治野者，國中貢法，當世已行，但取之過於什一爾。○滕文公上○古者曷爲什一而藉？什一以借民力，以什與民，自取其一爲公田。公羊子曰：什一者，天下之中正也。多乎什一，大桀小桀；奢泰多取於民，比於桀也。寡乎什一，大貉小貉。貉，亡伯反。○蠻貉無社稷宗廟、百官制度之費，稅薄。什一者，天下之中正也，什一行而頌聲作矣。何休曰：聖人制井田之法而口分之，一夫一婦受田百畝以養父母妻子，五口爲一家。井田之義：一曰無泄地氣，二曰無費一家，三曰同風俗，四曰合巧拙，五曰通貨財。因井田以爲市，故俗語曰「市井」。種穀不得種一穀，以備災害。田中不得有樹，以妨五穀。還廬舍，種桑荻雜菜，畜五母雞、兩母豕，瓜果種疆畔，女工蠶織，老者得衣帛焉，得食肉焉，死者得葬焉。多於五口名曰餘夫，以率受田二十五畝。十井共出兵車一乘。司空謹别田之高下善惡，分爲三品：上田一歲一墾，中田二歲一墾，下田三歲一墾。肥饒不得獨樂，墝埆不得獨苦，故三年一換土易居，財均力平，兵車素定，是謂均民力，彊國家。在田曰廬，在邑曰里。一里八十户，八家共一巷。中里爲校室，選其耆老有高德者，名曰父老，其有辯護伉健者爲里正，皆受倍田，得乘馬。父老比三老孝弟官屬，里正比庶人在官之吏。民春夏出田，秋冬入保城郭。田作之時，春，父老及里正旦開門坐塾上，晏出後時者不得出，莫不持樵者不得入。五穀畢入，民皆居宅，里正趨緝績，男女同巷，相從夜績，至於夜中。故女功一月得四十五日作，從十月盡正月止。男女有所怨恨，相從而歌。饑者歌其食，勞者歌其事。

男年六十、女年五十無子者，官衣食之，使之民閒求詩，鄉移於邑，邑移於國，國以聞於天子。故王者不出牖户盡知天下所苦，不下堂而知四方。十月事訖，父老教於校室。八歲者學小學，十五者學大學。其有秀者，移於鄉學，鄉學之秀者移於庠序，庠序之秀者移於國學。學於小學，諸侯歲貢小學之秀者於天子。學於大學，其有秀者，命曰造士。行同而能偶，别之以射，然後爵之。士以才能進取，君以考功授官。三年耕，餘一年之蓄；九年耕，餘三年之積；三十年耕，有十年之儲。雖遇唐堯之水、殷湯之旱，民無近憂。四海之内莫不樂其業，故曰頌聲作矣。養，去聲。荻，音狄。衣、乘，並去聲。别，彼列反。墾，康很反。樂，音洛。境，苦交反。埆，克角反。校，胡教反。莫，音暮。趨，音促。食，音嗣。○宣公十五年公羊傳○齊桓公親逆管仲于郊，與之坐而問焉。管仲對曰：「昔者聖王之治天下也，參其國而伍其鄙，參，三也。國，郊以内也。伍，五也。鄙，郊以外也。謂三分國都以爲三軍，五分其鄙以爲五屬。聖王，謂若湯、武也。定民之居，成民之事，謂使四民各居其職所也，若工就官府，農就田野，所以成其事也。陵爲之終，以爲葬地。而慎用其六柄焉。柄，本也。六柄：生、殺、貧、富、貴、賤也。桓公曰：「成民之事若何？」管仲對曰：「四民者勿使雜處，四民，謂士、農、工、商。雜處則其言哤，其事易。」哤，莫江反。○哤，亂貌。易，變易也。公曰：「處士、農、工、商若何？」管子對曰：「昔聖王之處士也，使就閒燕；閒，音閑。○士，講學道藝者。閒燕，猶清淨也。處工，就官府；處商，就市井；處農，就田野。今夫士，羣萃而州處，夫，音扶。○萃，集也。處，聚也。閒燕則父與父言義，子與子言孝，其事君者言敬，其幼者言悌。少而習焉，其心安焉，不見異物而遷焉。少，去聲。○物，事也。遷，移也。是故其父兄之教不肅而成，肅，疾也。其子弟之學不勞而能。夫是，故士之子恒爲士。今夫工，羣萃而州處，審其四時，夫，音扶。恒，胡登反，下同。○言四時各有其宜也，謂死、生、凝、釋之時也。辨其功苦，辨，别也。功，牢也。苦，脆也。權節其用，權，平也，視其平沈之均也。節，節其大小輕重也。論比協材，論，擇也。比，比其善惡也。協，和也，和其剛柔也。旦莫從事，施於四方，施其物用於四方也。以飭其子弟，飭，教也。相語以事，相示以巧，相陳以功。陳，亦示也。功，成功也。功善則有賞。少而習焉，其心安焉，不見異物而遷焉。是故其父兄之教不肅而成，其子弟之學不勞而能。夫是，故工之子恒爲工。今夫商，羣萃而州處，察其四時，四時所用者，預資之也。而監其鄉之資，監，居陷反。○監，視也。資，財也。視其貴賤有無。以知其市之賈，負任擔荷，任，如深反。荷，下可反。○背曰負，肩曰擔。任，抱也。荷，揭也。服牛軺馬，軺，余招反。○服，謂牛服車也。軺，馬車也。詩云：「晥彼牽牛，不以服箱。」以周四方，周，徧也。以其所有，易其所無，市賤鬻貴，鬻，音育。○市，取也。鬻，賣也。旦莫從事於此，以飭其子弟，相語以利，相示以賴，賴，嬴也。相陳以知賈。賈，音價。少而習焉，其心安焉，不見異物而遷焉。

是故其父兄之教不肅而成，其子弟之學不勞而能。夫是，故商之子恒爲商。今夫農，羣萃而州處，察其四時，四時樹藝各有宜也。權節其用，耒耜枷芟，耜，音似。枷，音加。芟，師銜反。○權，平也。平節其器用小大倨句之宜也。枷，拂也。所以擊草也。芟，大鎌，所以芟草也。及寒，擊莫除田，莫，音杲。○寒，謂季冬大寒之時也。莫，枯草也。以待時耕。時耕，謂立春之後。及耕，深耕而疾耰之，以待時雨。耰，音憂。○疾，速也。耰，摩平也。時雨至，當種之也。時雨既至，挾其槍刈耨鎛，槍，千羊反。耨，奴遘反。鎛，音博。○在掖曰挾。槍，椿也。刈，鎌也。耨，鎡錤也。鎛，鉏也。以旦暮從事於田野。脱衣就功，首戴茅蒲，身衣襏襫，襏，芳末反。襫，音適。○脱，解也。茅蒲，簦笠也。襏襫，蓑薜衣也。茅，或作「萌」，竹萌之皮，所以爲笠也。霑體塗足，霑，濡也。暴其髮膚，盡其四支之敏，敏，猶材也。以從事於田野。少而習焉，其心安焉，不見異物而遷焉。是故其父兄之教不肅而成，其子弟之學不勞而能。夫是，故農之子恒爲農，野處而不暱。暱，近也。其秀民之能爲士者，必足賴也。秀民，民之秀出者也。賴，恃也。有司見而不以告，其罪五。有司，掌民之官也。罪在五刑也。有司已於事而竣。」竣，且旬反。○已，畢也。竣，退伏也。桓公曰：「定民之居若何？」管子對曰：「制國以爲二十一鄉。」唐尚書云：「四民之所居也。」昭謂：國，國都城郭之域也，惟士、工、商而已，農不在焉。桓公曰：「善！」管子於是制國以爲二十一鄉：二千家爲一鄉。二十一鄉，凡四萬二千家。此管仲所制，非周法也。工商之鄉六，工、商各三也，二者不從戎役也。士鄉十五，唐尚書云：「士與農共十五鄉。」昭謂：此士，軍士也。十五鄉合三萬人，是爲三軍。農，野處而不暱，不在都邑之數，則下所云五鄙是也。公帥五鄉焉，五鄉萬人，是謂中軍，公所帥也。國子帥五鄉焉，高子帥五鄉焉。國子、高子，皆齊上卿，各帥五鄉，爲左、右軍也。參國起按，以爲三官，參，三也。按，界也。分國事以爲三也。臣立三宰，三宰，三卿也。使掌羣臣也。工立三族，族，屬也。晉趙盾爲旄車之族。上言工商之鄉六，則各三也。市立三鄉，市，商也。商處市井，故曰市。澤立三虞，周禮有澤虞之官。虞，度也，掌度知川澤之大小及所生育者。山立三衡。周禮有山虞、林衡之官。衡，平也，掌平其政也。桓公曰：「伍鄙若何？」管子上言「參其國而伍其鄙」，内政既備，故復問伍鄙之事。管子對曰：「制鄙：三十家爲邑，邑有司；制野鄙之政也。此以下與郊内之制異也。十邑爲卒，卒有卒帥；十卒爲鄉，鄉有鄉帥；三鄉爲縣，縣有縣帥；十縣爲屬，屬有大夫。五屬，故立五大夫，各使治一屬焉；帥，所類反。○五屬，四十五萬家也。立五正，正，長也。各使聽一屬焉。是故正之政聽屬，正，五正也。聽大夫之治也。牧政聽縣，牧，五屬大夫也。聽縣帥之治。下政聽鄉。」下政，縣帥也。聽鄉帥之治也。桓公曰：「各保治爾所，無或淫怠而不聽治者！」齊語○楚蔿掩爲司馬，子木使庀賦，庀，匹婢反。○庀，治。數甲兵。數，色主反。○閱數之。蔿掩書土田，書土地之所宜。度山林，度，徒洛反。○度量山林之材，以共國用。

鳩藪澤，藪，素口反。○鳩，聚也。聚成藪澤，使民不得焚燎之，欲以備田獵之處。辨京陵，辨，別也。絶高曰京。大阜曰陵。別之以爲冢墓之地。表淳鹵，鹵，音魯。○淳鹵，埆薄之地。表異，輕其賦稅。數疆潦，數，色主反。潦，音老。○疆界有流潦者，計數減其租入。規偃猪，偃，於建反。○偃猪，下濕之地。規度其受水多少。町原防，町，徒鼎反。○廣平曰原。防，堤也。堤防閒地，不得方正如井田，别爲小頃町。牧隰臯，隰臯，水涯下濕，爲芻牧之地。井衍沃，衍，以善反。○衍沃，平美之地。則如周禮制以爲井田。六尺爲步，步百爲畝，畝百爲夫，九夫爲井。量入脩賦，量九土之所入，而治理其賦稅。賦車籍馬，籍，疏其毛色歲齒，以備軍用。賦車兵、車兵，甲士。徒卒、步卒。甲楯之數。楯，食準反。○使器杖有常數。既成，以授子木，禮也。襄二十五年左氏傳

校勘記

〔一〕建立也立國有舊法式若匠人職云分國定天下之國分也　諸本同。丁本眉批云：「磊按：周禮量人首有『掌建國之灋，以分國爲九州』二句，故注有『建立』至『分也』數句。今此去其經，而失于删其注，宜去之。」

〔二〕貢謂九穀山澤之材也　「材」，原作「林」，據丁本、賀本改。

〔三〕屋三爲井　「三」，原作「二」，據丁本、賀本改。

〔四〕出獲禾秉缶米芻藁不是過　丁本、傅本、朝鮮本、吕本同，明覆宋本孔子家語同，賀本「獲」作「稯」。按：國語魯語下此句作「出稯禾秉芻缶米不是過也」。

〔五〕一把曰秉四秉曰稯　丁本、傅本、朝鮮本、吕本同，吕本「秉曰」下有「筥十筥曰」四字。

儀禮經傳通解卷第三十

王朝禮七

王制之丙 王禮

天子者，與天地參，故德配天地，兼利萬物，與日月並明，明照四海而不遺微小。其在朝廷則道仁聖禮義之序，恐當作「言」。燕處則聽雅、頌之音，行步則有環佩之聲，升車則有鸞和之音。居處有禮，進退有度，百官得其宜，萬事得其序。詩云：「淑人君子，其儀不忒，正是四國。」此之謂也。參，七南反。朝，直遥反。忒，吐得反。○道，猶言也。環佩，佩環、佩玉也，所以爲行節也。玉藻曰：「進則揖之，退則揚之，然後玉鏘鳴也。」環，取其無窮止，玉則比德焉。孔子佩象環五寸。人君之環，其制未聞也。鸞、和，皆鈴也，所以爲車行節也。韓詩内傳曰：「鸞在衡，和在式。故升車則馬動，馬動則鸞鳴，鸞鳴則和應。」居處，朝廷與燕也。進退，行步與升車也。發號出令而民説，謂之和；上下相親，謂之仁；民不求其所欲而得之，謂之信；除去天地之害，謂之義。

義與信，和與仁，帝王之器也。有治民之意，而無其器，則不成。說，音悦。○器，謂所操以作事者也。義、信、和、仁，皆存乎禮。○經解○是以天子之禮有五門：曰皋門，曰雉門，曰庫門，曰應門，曰路門。三朝：曰外朝，曰治朝，曰内朝。應，應對之應。朝，直遥反。○鄭司農云：「王有五門：外曰皋門，二曰雉門，三曰庫門，四曰應門，五曰路門。路門，一曰畢門。外朝在路門外，内朝在路門内。左九棘，右九棘。」左嘉石，右肺石。明堂位説魯公宫曰：「庫門，天子皋門。雉門，天子應門。」言魯用天子之禮，所名曰庫門者，如天子皋門；所名曰雉門者，如天子應門。此名制二兼四，則魯無皋門、應門矣。檀弓曰：「魯莊公之喪，既葬，而經不入庫門。」言其除喪而反，由外來，是庫門在雉門外必矣。如是，王五門，雉門爲中門，雉門設兩觀，與今之宫門同。閽人幾出入者，窮民蓋不得入也。郊特牲譏繹於庫門内，言遠，當於廟門。廟在庫門之内，見於此矣。小宗伯職曰：「建國之神位，右社稷，左宗廟。」然則外朝在庫門之外，皋門之内與？今司徒府有天子以下大會殿，亦古之外朝哉？周天子、諸侯皆有三朝，外朝一，内朝二。内朝之在路門内者，或謂之燕朝。○秋官朝士注。○朝士：掌外朝之法：左九棘，孤卿大夫位焉，羣士在其後。右九棘，公侯伯子男位焉，羣吏在其後。面三槐，三公位焉，州長衆庶在其後。左嘉石，平罷民焉。右肺石，達窮民焉。朝，直遥反。長，丁丈反。罷，音疲。○樹棘以爲位者，取其赤心而外刺，象以赤心三刺也。槐之言懷也，懷來人於此，欲與之謀。羣吏，謂府史也。州長，鄉遂之官。帥其屬而以鞭呼趨且辟，辟，匹亦反。○趨朝辟行人，執鞭以威之。禁慢朝、錯立族談者。慢朝，謂臨朝不肅敬也。錯立族談，違其位僔語也。○僔，子損反。小司寇：掌外朝之政，以致萬民而詢焉：一曰詢國危，二曰詢國遷，三曰詢立君。朝，直遥反。○外朝，朝在雉門之外者也。國危，謂有兵寇之難。國遷，謂徙都改邑也。立君，謂無冢適，選於庶也。鄭司農云：「致萬民，聚萬民也。詢，謀也。詩曰：『詢于芻蕘。』書曰：『謀及庶人。』」其位：王南鄉，三公及州長百姓北面，羣臣西面，羣吏東面。鄉，音向。長，丁丈反。○羣臣，卿大夫士也。羣吏，府史也。其孤不見者，孤從羣臣。卿大夫在公後〔一〕。小司寇擯以敘進而問焉，以衆輔志而弊謀。擯，必刃反。○擯，謂揖之使前也。敘，更也。輔志者，尊王賢明也。司士：掌治朝之法，正其朝儀之位，辨其貴賤之等：王南鄉；三公北面東上；孤東面北上；卿大夫西面北上；王族故士、虎士在路門之右，南面東上；大僕、大右、大僕從者在路門之左，南面西上。朝，直遥反。鄉，音嚮。大僕、大右之大，音泰。從，才用反。○此王日視朝事於路門外之位。王族故士，故爲士，晚退留宿衛者。未嘗仕，雖同族，不得在王宫。大右，司右也。大僕從者，小臣、祭僕、御僕、隸僕。司士擯，詔王出揖公卿大夫以下朝者。孤卿特揖，大夫以其等旅揖，士旁三揖，王還揖門左，揖門右。特揖，一一揖之。旅，衆也。大夫爵同者，衆揖之。公及孤卿大夫始入門右，皆北面東上。王揖之乃就位。羣士及故士、大僕之屬，發在其位。羣士位東面，王西南鄉而揖之。三揖者，士有上中下，王揖之，皆逡遁，既，復位。鄭司農云：「卿大夫士皆君之所揖，禮、春秋傳所謂三揖在下。」大僕前，大，音泰。○前正王視朝之位。王入，内朝皆退。朝，直遥反。○王入，入路門也。王入路門，内朝朝者皆退，反其官府治處也。王之外朝，則朝士掌焉。玉藻曰：「朝服以日視朝於内朝。朝，辨色始入。君日出而視之，退適路寢聽政，使人視大夫，大夫退，然後適小寢。」謂諸侯也。王日視朝皮弁服，其禮則同。○王眡燕朝，則大僕正位，掌擯相。眡，音視。相，去聲。○燕朝，朝於路寢之庭。王圖宗人之嘉事，則燕朝。○國語：「合神事于内朝。」○記：「公族朝於内朝。」○大僕○王六寢，后六宮。陳祥道曰：王大寢一，小寢五。大寢，聽政嚮明而治也，故在前。小寢，釋服燕息也，故在後。先儒謂王小寢五，而一寢在中，四寢於四角。春居東北，夏居東南，秋居西南，冬居西北，土王之月居中。后之六宮，亦正宮在前，五宮在後，其制如王之五寢〔一〕。○小宰之職：掌建邦之宮刑，以治王宮之政令，凡宮之糾禁。杜子春云：「宮，皆當爲『官』。」玄謂：宮刑，在王宮中者之刑。建，明布告之。糾，猶割也，察也，若今御史中丞。正歲以宮刑，憲禁于王宮。憲，謂表縣之，若今新有法令云。士師：掌宮禁。宰夫：正歲，以法警戒羣吏，令脩宮中之職事。警，敕戒之言。宮正：掌王宮之戒令糾禁，糾，猶割也，察也。以時比宮中之官府次舍之衆寡。比，毗志反。○官府之在宮中者，若膳夫、玉府、内宰、内史之屬。次，諸吏直宿，若今部署諸廬者。舍，其所居寺。辨外内而時禁。鄭司農云：「分别外人、内人，禁其非時出入。」稽其功緒，糾其德行。行，下孟反。○稽，猶考也，計也。功，吏職也。緒其志業。幾其出入，均其稍食。稍，所教反。○鄭司農云：「幾其出入，若今時宮中有罪，禁止不得出，亦不得入，及無引籍不得入宮司馬殿門也。」玄謂：幾荷其衣服、持操及疏數者。稍食，祿稟。

去其淫怠與其奇衺之民。去，起呂反。奇，音羈。衺，似嗟反。○民，宮中吏之家人也。淫，放濫也。怠，解慢也。奇衺，譎觚非常。會其什伍而教之道藝。五人爲伍，二伍爲什。會之者，使之輩作輩學相勸率，且寄宿衛之令。鄭司農云：「道，謂先王所以教道民者。藝，謂禮、樂、射、御、書、數。」宫伯：掌王宫之士庶子凡在版者。鄭司農云：「庶子，宿衛之官。版，名籍也，以版爲之，今時鄉户籍謂之户版。」玄謂：王宫之士，謂王宫中諸吏之適子也。庶子，其支庶也。掌其政令，行其秩叙，作其徒役之事，秩，禄稟也。叙，才等也。作徒役之事，大子所用。授八次八舍之職事。鄭司農云：庶子，夏官諸子所領國子之倅而掌其教治者也。國子之倅，謂公卿大夫士之子，是父之副貳。教治，謂使之脩德學道也。國有大事，則授之車甲，合其卒伍，以軍法治之。祭祀用樂，則大胥以鼓徵之而序其宫中之事。八次八舍，衛王宫者必居四角四中，於徼候便也。次，其宿衛所在。舍，其休沐之處。諸子：國有大事，則帥國子而致於大子，唯所用之。若有兵甲之事，則授之車甲，合其卒伍，置其有司以軍法治之，司馬弗正。大子之大，音泰。正，音征。○軍法，百人爲卒，五人爲伍。弗，不也。國子屬大子，司馬雖有軍事，不賦之。凡國之政事，國子存遊倅，使之脩德學道，春合諸學，秋合諸射，以考其藝而進退之。倅，七内反。○遊倅，倅之未仕者。學，大學也。射，射宫也。王制曰：「春秋教以禮、樂，冬夏教以詩、書，王大子、王子、羣后之大子、卿大夫元士之適子、國之俊選皆造焉。」虎賁氏：掌虎士八百人，以先後王而趨以卒伍。賁，音奔。○王出，將虎賁士居前後，雖羣行亦有局分。○將，子匠反。舍則守王閑。舍，王出所止宿處。閑，梐枑。王在國則守王宮。爲周衛。國有大故，則守王門。旅賁氏：夾王車而趨。賁，音奔。閽人：掌守王宮之中門之禁。閽，音昏。○中門，於外内爲中，若今宮闕門。鄭司農云：「王有五門：外曰皐門，二曰雉門，三曰庫門，四曰應門，五曰路門。路門，一曰畢門。」玄謂：雉門，三門也，春秋傳曰：「雉門災，及兩觀。」喪服凶器不入宮，潛服賊器不入宮，奇服怪民不入宮。喪服，衰絰也。凶器，明器也。潛服，若衷甲者。賊器，盜賊之任器。兵物皆有刻識。奇服，衣非常。春秋傳曰：「尨奇無常，怪民狂易。」司隸：掌罪隸、蠻隸、閩隸、貉隸、夷隸，各百有二十人，使各服其邦之服，執其邦之兵，以守王宮與野舍之厲禁。閩，亡巾反。貉，孟百反。師氏：亦使其屬帥四翟之隸，各以其服守王門。保氏：使其屬守王闈。○膳夫：掌王之食飲膳羞。凡王之饋，食用六穀，膳用六牲，飲用六清，羞用百有二十品，珍用八物，醬用百有二十甕。甕，屋貢反。○進物於尊者曰饋。此饋之盛者，王舉之饌也。六牲，馬、牛、羊、豕、犬、雞也。羞，出於牲及禽獸，以備滋味，謂之庶羞。公食大夫禮、内則下大夫十六，上大夫二十，其物數備焉。天子諸侯有其數，而物未得盡聞。珍，謂淳熬、淳母、炮豚、炮牂、擣珍、漬熬、肝膋也。醬，謂醯醢也。王舉，則醢人共醢六十甕，以五齏、七醢、七菹、三臡實之，醯人共齏菹醯物六十甕。鄭司農云：「羞，進也。六穀，稌、黍、稷、粱、麥、苽。苽，彫胡也。六清，水、漿、醴、䣼、醫、酏。」王日一舉，鼎十有二物，皆有俎。殺牲盛饌曰舉。王日一舉，以朝食也，后與王同庖。鼎十有二，牢鼎九，陪鼎三。物，謂牢鼎之實，亦九俎。以樂侑食，膳夫授祭，品嘗食，王乃食。侑，猶勸也。祭，謂刌肺脊也。禮，飲食必祭，示有所先。品者，每物皆嘗之，道尊者也。卒食，以樂徹于造。造，作也。鄭司農云：「造謂食之故所居處也。已食，徹置故處。」王齊日三舉。齊，側皆反。○鄭司農云：「齊必變食。」酒正：掌五齊：一曰泛齊，二曰醴齊，三曰盎齊，四曰緹齊，五曰沈齊。齊，才細反。盎，烏浪反。緹，音體。○泛者，成而滓浮泛泛然，如今宜成醪矣。醴，猶體也，成而汁滓相將，如今甜酒矣。盎，猶翁也，成而翁翁然葱白色，如今酇白矣。緹者，成而紅赤，如今下酒矣。沈者，成而滓沈，如今造清矣。自醴以上尤濁，縮酌者。盎以下差清，其象類則然。古之法式，未可盡聞。杜子春讀「齊」皆爲「粢」，又云：禮器曰：「緹酒之用，玄酒之尚。」玄謂：齊者，每有祭祀，以度量節作之。三酒之物：一曰事酒，二曰昔酒，三曰清酒。鄭司農云：「事酒，有事而飲者。昔酒，無事而飲也。清酒，祭祀之酒。」玄謂：事酒，酌有事者之酒，其酒則今之醳酒也。昔酒，今之酋久白酒，所謂舊醳者也。清酒，今中山冬釀，接夏而成。四飲之物：一曰清，二曰醫，三曰漿，四曰酏。醫，於已反。酏，以支反。○清，謂醴之泲者。醫，内則所謂或以酏爲醴。凡醴濁，釀酏爲之，則少清矣。醫之字，從殹從酉省也。漿，今之截漿也。酏，今之粥，内則有黍酏。酏，飲粥稀者之清也。鄭司農云以内則曰：「飲重醴，稻醴清糟，黍醴清糟，粱醴清糟。或以酏爲醴，漿，水，醷。」后致飲於賓客之禮，有醫、酏、糟。糟，音聲與糟相似。醫與醷亦相似，文字不同，記之者各異耳，此皆一物。○有太府以受其貨賄之入：關市之賦，以待王之膳服；邦中之賦，以待賓客；四郊之賦，以待稍秣；家削之賦，以待匪頒；邦甸之賦，以待工事；邦縣之賦，以待幣帛；邦都之賦，以待祭祀；山澤之賦，以待喪紀；幣餘之賦，以待賜予。凡邦國之貢，以待弔用；凡萬民之貢，以充府庫；凡式貢之餘財〔三〕，以共玩好之用。而金玉玩好，玉府掌之；良兵良器，内府掌之；王及后世子之衣服之用，則外府掌之。大，音泰。稍、削，並所教反。頒，音班。予，音與。好，呼報反。○王之吉服：祀昊天上帝，則服大裘而冕，祀五帝亦如之；享先王則衮冕；享先公饗射，則鷩冕；祀四望山川，則毳冕；祭社稷五祀，則希冕；祭羣小祀，則玄冕。凡兵事，韋弁服；眡朝，則皮弁服；凡甸，冠弁服；凡凶事，服弁服；凡弔事，弁絰服。鷩，必滅反。毳，昌鋭反。希，本又作絺，陟里反。眡，音示。朝，直遥反。絰，徒結反。○注並見器服篇。○司服○五路：一曰玉路，建大常，以祀；金路，建大旂，以賓，同姓以封；象路，建大赤，以朝，異姓以封；革路，建大白，以即戎，以封四衛；木路，建大麾〔四〕，以田，以封蕃國。大常，音泰。朝，直遥反。○注見器服篇。○巾車○宗祝在廟，三公在朝，三老在學。王前巫而後史，卜筮瞽侑皆在左右，王中心無爲也，以守至正。朝，直遥反。○此所以達禮於下也，教民尊神慎居處也。宗，宗人也。瞽，樂人也。侑，四輔也。○禮運○天子出户而巫覡有事，出門而宗祝有事。覡，胡的反。○出户，謂出内門也。女曰巫，男曰覡。有事，祓除不祥。出門，謂車駕出國門。宗者，主祭祀之官。有事，謂祭行神也〔五〕。○古者天子必有四鄰：前曰疑，後曰丞，左曰輔，右曰弼。天子有問無以對，責之疑；可志而不志，責之丞；可正而不正，責之輔；可揚而不揚，責之弼。其爵視卿，其禄視次國之君也〔六〕。○周公作立政以戒成王曰：「虎賁、綴衣、趣馬、小尹、賁，音奔。綴，丁衛反。趣，七口反。○趣馬，掌馬之官。言此三者，雖小官長，必慎擇其人。左右攜僕、百司庶府。雖左右攜、持器物之僕及百官有司、主券契藏吏，亦皆擇人。繼自今立政，其勿以憸人，其惟吉士，用勱相我國家。」勱，音邁。相，息亮反。○立政之臣，惟以吉士勉治我國家。○立政○昔成王與弟叔虞戲，削桐葉爲珪以與叔虞，曰：「以此封若。」史佚因請擇日立叔虞。成王曰：「吾與之戲耳。」史佚曰：「天子無戲言。言則史書之，禮成之，樂歌之。」於是遂封叔虞於唐。佚，音逸〔七〕。○曾子問於夫子曰：「敢問從父之令，可謂孝乎？」子曰：「是何言與？是何言與？昔者天子有爭臣七人，雖無道，不失其天下。諸侯有爭臣五人，雖無道，不失其國。大夫有爭臣三人，雖無道，不失其家。士有爭友，則身不離於令名。父有爭子，則身不陷於不義。故當不義，則子不可以不爭於父，臣不可以不爭於君。故當不義則爭之，從父之令，又焉得爲孝乎？」與，音餘。爭，音諍。離，力智反。焉，於虔反。○孝經○冢宰：以八柄詔王馭羣臣：一曰爵，以馭其貴；二曰禄，以馭其富；三曰予，以馭其幸；四曰置，以馭其行；五曰生，以馭其福；六曰奪，以馭其貧；七曰廢，以馭其罪；八曰誅，以馭其過。馭，音御。予，音與。行，下孟反。○柄，所秉執以起事者也。詔，告也，助也。爵，謂公侯伯子男卿大夫士也。詩云「誨爾序爵」，言教王以賢否之第次也。班禄所以富臣下。書曰：「凡厥正人，既富方穀。」幸，謂言行偶合於善，則有以賜予之，以勸後也。生，猶養也。賢臣之老者，王有以養之。成王封伯禽於魯，曰「生以養周公，死以爲周公後」是也。五福，一曰壽。奪，謂臣有大罪，没入家財者。六極，四曰貧。廢，猶放也，舜殛鯀於羽山是也。誅，責讓也。曲禮曰：「齒路馬有誅。」凡言馭者，所以驅之内之於善。以八統詔王馭萬民：一曰親親，二曰敬故，三曰進賢，四曰使能，五曰保庸，六曰尊貴，七曰達吏，八曰禮賓。統，所以合牽以等物也。親親，若堯親九族也。敬故，不慢舊也。晏平仲久而敬之。賢，有善行也。能，多才藝者。保庸，安有功者。尊貴，尊天下之貴者。孟子曰：「天下之達尊者三，曰：爵也，德也，齒也。」祭義曰：「先王之所以治天下者五：貴有德，貴貴，貴老，敬長，慈幼。」達吏，察舉勤勞之小吏也。禮賓，賓客諸侯，所以示民親仁善鄰。○荀卿子曰：「人主者，天下之利勢也。得道以持之，則大安也，大榮也，積美之源也。不得其道以持之，則大危也，大累也，有之不如無之，及其綦也，索爲匹夫不可得也〔八〕。累，去聲。綦，渠□反。○綦，謂窮極之時〔九〕。

校勘記

〔一〕鄉大夫在公後　「鄉」，原作「卿」，據賀本改。

〔二〕其制如王之五寢　此句下原有三墨丁，丁本、傅本同，朝鮮本爲空，吕本爲長墨塊，賀本有「宮人内宰」四字。

〔三〕凡式貢之餘財　「餘」字原脱，據賀本補。

〔四〕建大麾　此三字原脱，據賀本補。

〔五〕謂祭行神也　此句下原有「○」及墨丁，丁本、傅本、吕本同，朝鮮本爲空，賀本有「○荀子正論」四字。

〔六〕其禄視次國之君也　此句下原有墨丁，丁本、傅本、吕本同，朝鮮本無之，賀本有小字注文「尚書大傳」四字。

〔七〕佚音逸　此句下原有「○」及墨丁，傅本、吕本同，朝鮮本「○」下爲空，丁本、賀本有「○史記」二字。

〔八〕索爲匹夫不可得也　「索爲匹夫不可」六字原泐損，傅本同，據丁本補，朝鮮本、吕本「索」皆作「求」。

〔九〕累去聲綦渠□反○綦謂窮極之時　此十三字及「○」號原泐損，傅本同，據丁本補。「渠」下一字，丁本亦漫漶，朝鮮本缺，吕本爲墨丁，今仍之。

儀禮經傳通解卷第三十一

王朝禮八

王制之丁 王事

舜典：歲二月，東巡守，至于岱宗，柴。守，詩救反，下同。○諸侯爲天子守土，故稱守，巡行之。既班瑞之明月，乃順春東巡。岱宗，泰山，爲四岳所宗。燔柴，祭天告至。望秩于山川，東岳諸侯境内名山大川，如其秩次望祭之，謂五岳牲禮視三公，四瀆視諸侯，其餘視伯、子、男。肆覲東后。遂見東方之國君。協時月正日，同律度量衡。量，力尚反。○合四時之節氣、月之大小、日之甲乙，使齊一也。律，法制，及尺、丈、斛、斗、斤、兩，皆均同。修五禮、五玉、修吉、凶、賓、軍、嘉之禮，五等諸侯執其玉。三帛、二生、一死贄。贄，音至。○三帛，諸侯世子執纁，公之孤執玄，附庸之君執黄。二生，卿執羔，大夫執雁。一死，士執雉。玉、帛、生、死，所以爲贄以見之。如五器，卒乃復。卒，終復還也。器，謂圭璧。如五器，禮終則還之，三帛生死則否。五月，南巡守，至于南岳，如岱禮。南岳，衡山，自東岳南巡，五月至。八月，西巡守，至于西岳，如初。西岳，華山。初，謂岱宗。十有一月，朔巡守，至于北岳，如西禮。北岳，恒山。歸，格于藝祖，用特。巡守四岳，然後歸告至文祖之廟。藝，文也。言祖，則考著。特，一牛。五載一巡守，羣后四朝。朝，直遥反。○各會朝於方岳之下，凡四處，故曰四朝。將説敷奏之事，故申言之。堯、舜同道，舜攝則然，堯又可知。敷奏以言，明試以功，車服以庸。敷，陳。奏，進也。諸侯四朝，各使陳進治理之言。明試其言，以要其功，功成則賜車服，以表顯其能用。○王制：諸侯之於天子也，比年一小聘，三年一大聘，五年一朝。比，毗志反。朝，直遥反。○比年，每歲也。小聘使大夫，大聘使卿，朝則君自行。然此大聘與朝，晉文霸時所制也。虞夏之制，諸侯歲朝。周之制，侯、甸、男、采、衛、要服六者，各以其服數來朝。天子巡守，問百年者就見之。守，詩救反。○就見老人。命大師陳詩，以觀民風，大，音泰。○陳詩，謂采其詩而視之。命市納賈，以觀民之所好惡，志淫好辟。賈，音嫁。好、惡，並去聲。辟，音僻。○市，典市者。賈，謂物貴賤厚薄也。質則用物貴，淫則侈物貴。民之志淫邪，則其所好者不正。命典禮，考時月，定日，同律、禮、樂、制度、衣服，正之。同陰律也。山川神祇有不舉者爲不敬，不敬者君削以地；舉，猶祭也。宗廟有不順者爲不孝，不孝者君絀以爵。絀，丑律反。○不順者，謂若逆昭穆。變禮易樂者爲不從，不從者君流；流，放也。革制度衣服者爲畔，畔者君討。討，誅也。有功德於民者，加地進律。律，法也。歸，假于祖禰，用特。假，音格。禰，乃禮反。○假，至也。特，特牛也。祖下及禰，皆一牛。天子將出，類乎上帝，宜乎社，造乎禰。諸侯將出，宜乎社，造乎禰。類、宜、造，皆祭名，其禮亡。天子無事與諸侯相見，曰朝。朝，直遥反。○帝，謂五德之帝，所祭於南郊者。○事，謂征伐。考禮、正刑、一德，以尊于天子。○周制：六年五服一朝。朝，直遥反，下同。○五服，侯、甸、男、采、衛。六年一朝，會京師。又六年，王乃時巡，考制度于四岳。周制十二年一巡守，春東，夏南，秋西，冬北，故曰時巡。考正制度禮法於四岳之下，如虞帝巡守然。諸侯各朝于方岳，大明黜陟。覲四方諸侯，各朝於方岳之下，大明考績黜陟之法。○周官○大行人：王之所以撫邦國諸侯者，歲徧存；三歲徧覜；五歲徧省；七歲屬象胥，諭言語，協辭命；九歲屬瞽史，諭書名，聽聲音；十有一歲達瑞節，同度量，成牢禮，同數器，脩法則；十有二歲，王巡守殷國。徧，音遍。覜，通弔反。省，悉井反。屬，音燭。量，音亮。守，詩救反。○撫，猶安也。存、覜、省者，王使臣於諸侯之禮，所謂閒問也。歲者，巡守之明歲以爲始也。屬，猶聚也。自五歲之後，遂閒歲徧省也。七歲省而召其象胥，九歲省而召其瞽史，皆聚於天子之宮教習之也。故書「協辭命」作「叶詞命」。鄭司農云：「象胥，譯官也。『叶』當爲『汁』，『詞』當爲『辭』，書或爲『叶辭命』。」玄謂：胥讀爲諝。王制曰：「五方之民言語不通，嗜慾不同。達其志，通其慾，東方曰寄，南方曰象，西方曰狄鞮，北方曰譯。」此官正爲象者，周始有越重譯而來獻，是因通言語之官爲象胥云。諝，謂象之有才知者也。辭命，六辭之命也。瞽，樂師也。史，大史、小史也。書名，書之字也，古曰名，聘禮曰：「百名以上。」至十一歲又徧省焉。度，丈尺也。量，豆、區、釜也。數器，銓衡也。法，八法也。則，八則也。達、同、成、脩，皆謂齎其法式，行至則齊等之也。成，平也，平其僭踰者也。王巡守、諸侯會者，各以其時之方，書曰「遂覲東后」是也。其殷國，則四方四時分來如平時。時聘以結諸侯之好，殷覜以除邦國之慝。好，去聲。慝，吐得反。○此二事者，亦以王見諸侯之臣使來者爲文也。時聘者，亦無常期。天子有事，諸侯使大夫來聘，以禮見之，禮而遣之，所以結其恩好也。天子無事則已。殷覜，謂一服朝之歲也。慝，猶惡也。一服朝之歲，五服諸侯皆使卿以聘禮來覜天子，天子以禮見之，命以政禁之事，所以除其惡行也。閒問以諭諸侯之志，歸脤以交諸侯之福，賀慶以贊諸侯之喜，致禬以補諸侯之災。閒，閒厠之閒。脤，上忍反。禬，音會。○此四者，王使臣於諸侯之禮也。閒問者，閒歲一問諸侯，謂存省之屬。諭諸侯之志者，諭言語，諭書名，其類也。交，或往或來者也。贊，助也。致禬，凶禮之弔禮禬禮也。補諸侯災者，若春秋「澶淵之會，謀歸宋財」。○小行人：達六節，山國用虎節，土國用人節，澤國用龍節，皆以金爲之；道路用旌節，門關用符節，都鄙用管節，皆以竹爲之。此謂邦國之節也。達之者，使之四方，亦皆齎法式以齊等之也。諸侯使臣行覜聘，則以金節授之，以爲行道之信也。虎、人、龍者，自其國象也。道路，謂鄉、遂大夫也。都鄙者，公之子弟及卿大夫之采地之吏也。凡邦國之民遠出至他邦，他邦之民若來入，由國門者，門人爲之節；由關者，關人爲之節。其以徵令及家徙，鄉遂大夫及采地吏爲之節。皆使人執節將之以達之，亦有期以反節。管節，如今之竹使符也。其有商者，通之以符節，如門關。門關者與市聯事，節可同也，亦所以異於畿内也。凡節，有天子法式，存於國。若國札喪，則令賻補之；若國凶荒，則令賙委之；若國師役，則令槁襘之；若國有福事，則令慶賀之；若國有禍災，則令哀弔之。凡此五物者，治其事故。賻，音附。槁，苦報反。襘，音會。○故書「賻」作「傅」，「槁」爲「槀」。鄭司農云：「賻補之，謂賻喪家，補助其不足也。若今時一室二尸，則官與之棺也。『槀』當爲『槁』，謂槁師也。」玄謂：師役者，國有兵寇以匱病者也，使鄰國合會財貨以與之，春秋定五年夏「歸粟於蔡」是也。宗伯職曰：「以襘禮哀圍敗。」禍災，水火。及其萬民之利害爲一書，其禮俗、政事、教治、刑禁之逆順爲一書，其悖逆、暴亂、作慝、猶犯令者爲一書，其札喪、凶荒、厄貧爲一書，其康樂、和親、安平爲一書。凡此五物者，每國辨異之，以反命于王，以周知天下之故。悖，必内反。慝，吐得反。札，側八反。厄，烏隔反。樂，音洛。○慝，惡也。猶，圖也。○司儀：將合諸侯，則令爲壇三成，宫旁一門。合諸侯，謂有事而會也，爲壇於國外以命事。宫，謂壝土以爲墻處，所謂爲壇壝宫也。天子春帥諸侯拜日於東郊，則爲壇於國東；夏禮日於南郊，則爲壇於國南；秋禮山川丘陵於西郊，則爲壇於國西；冬禮月、四瀆於北郊，則爲壇於國北。既拜禮而還，加方明於壇上而祀焉，所以教尊尊也。覲禮曰「諸侯覲於天子，爲宫方三百步，四門，壇十有二尋，深四尺」是也。王巡守，殷國而同，則其爲宫亦如此與？鄭司農云：「三成，三重也。爾雅曰：『丘一成爲敦丘，再成爲陶丘，三成爲昆侖丘。』謂三重。」詔王儀，南鄉見諸侯，土揖庶姓，時揖異姓，天揖同姓。鄉，音嚮。○謂王既祀方明〔一〕，諸侯上介皆奉其君之旂置於宫，乃詔王升壇，諸侯皆就其旂而立。諸公中階之前，北面東上。諸侯東階之東，西面北上。諸伯西階之西，東面北上。諸子門東，北面東上。諸男門西，北面東上。王揖之者，定其位也。庶姓，無親者也。土揖，推手小下之也。異姓，昏姻也。時揖，平推手也。衛將軍文子曰：「獨居思仁，公言言義，其聞詩也，一日三復『白圭之玷』，是南宫縚之行也。夫子信其仁，以爲異姓。」謂妻之也。天揖，推手小舉之。及其擯之，各以其禮：公於上等，侯、伯於中等，子、男於下等。擯，必刃反。○謂執玉而前，見於王也。擯之各以其禮者，謂擯公者五人，侯、伯四人，子、男三人也。上等、中等、下等者，謂所奠玉處也。壇三成，深四尺，則一等一尺也。壇一十有二尋，方九十六尺，則堂上二丈四尺，每等丈二尺與？諸侯各於其等奠玉，降拜，升成拜，明臣禮也。既，乃升堂授王玉。其將幣亦如之。將幣，享也，皆於其等之上。○掌客：王合諸侯而饗禮，則具十有二牢，庶具百物備，諸侯長十有再獻。長，丁丈反。○饗諸侯而用王禮之數者，以公侯伯子男盡在，是兼饗之，莫敵用也。諸侯長，九命作伯者也。獻公侯以下，如其命數。王巡守、殷國，則國君膳以牲犢，令百官百牲皆具。從者，三公眡上公之禮，卿眡侯、伯之禮，大夫眡子、男之禮，士眡諸侯之卿禮，庶子壹眡其大夫之禮。守，詩救反。從，才用反。眡，音示。○國君者，王所過之國君。犢，繭栗之犢也。以膳天子，貴誠也。牲孕，天子不食也，祭帝不用也。凡賓客則皆角尺。令者，掌客令主國也。百牲皆具，言無有不具備。○職方氏：王將巡守，則戒于四方，曰：「各脩平乃守，考乃職事，無敢不敬戒，國有大刑。」守，詩救反。○乃，猶女也。守，謂國境之内。職事，所當共具。及王之所行，先道，帥其屬而巡戒令。先道，先由王所從道居前，行其前日所戒之令。王殷國亦如之。殷，猶衆也。十二歲王若不巡守，則六服盡朝，謂之殷國。其戒四方諸侯與巡守同。○土訓誦訓：王巡守，則夾王車。土方氏：樹王舍。爲之藩羅。○天子適諸侯曰巡狩。巡狩者，巡所守也。諸侯朝于天子曰述職。述職者，述所職也。無非事者。春省耕而補不足，秋省斂而助不給。夏諺曰：「吾王不遊，吾何以休？吾王不豫，吾何以助？一遊一豫，爲諸侯度。」狩，舒救反。○述，陳也。省，視也。斂，收獲也。給，亦足也。夏諺，夏時之俗語也。豫，樂也。巡所守，巡行諸侯所守之土也。述所職，陳其所受之職也。皆無有無事而空行者，而又春秋循行郊野，察民之所不足而補助之。故夏諺以爲王者一遊一豫，皆有恩惠以及民，而諸侯皆取法焉，不敢無事慢遊以病其民也。○梁惠王下○入其疆，土地辟，田野治，養老尊賢，俊傑在位，則有慶，慶以地。入其疆，土地荒蕪，遺老失賢，掊克在位，則有讓。一不朝，則貶其爵；再不朝，則削其地；三不朝，則六師移之。辟，音闢。掊，蒲侯反。朝，直遥反。○慶，賞也，益其地以賞之也。掊克，聚斂也。讓，責也。移之者，誅其人而變置之也。自入其疆至則有責，言巡狩之事。自一不朝至六師移之，言述職之事。○告子下○神農之法曰：丈夫丁壯而不耕，天下有受其饑者；婦人當年而不織，天下有受其寒者。故身自耕，妻親織，以爲天下先〔二〕。○昔者天子爲藉千畝，冕而朱紘，躬秉耒。諸侯爲藉百畝，冕而青紘，躬秉粢。以事天地山川、社稷先古，以爲醴酪齊盛於是乎取之，敬之至也。紘，音宏。酪，音洛。齊，音資。盛，音成。○藉，藉田也。先古，先祖。○祭義○内宰：中春，詔后帥外内命婦，始蠶于北郊，以爲祭服。中，音仲。○蠶於北郊，婦人以純陰爲尊，郊必有公桑蠶室焉。歲終，則會内人之稍食，稽其功事。會，古外反。稍，所教反。○内人，主謂九御。佐后而受獻功者，比其小大與其粗良而賞罰之。比，毗志反。○獻功者，九御之屬。鄭司農云：「烝而獻功。」玄謂：典婦功曰：「及秋獻功。」上春，詔王后帥六宮之人而生穜稑之種，而獻之于王。穜，直龍反。稑，音六。○六宮之人，夫人以下分居后之六宮者。古者使后宮藏種，以其有傳類蕃孳之祥，必生而獻之，示能育之，使不傷敗，且以佐王耕事，共禘郊也。鄭司農云：「先種後熟謂之穜，後種前熟謂之稑。王當以耕種于籍田〔三〕。」玄謂：詩云「黍稷穜稑」是也。夫人以下分居后之六宮者，每宮九嬪一人，世婦三人，女御九人，其餘九嬪三人，世婦九人，女御二十七人，從后，唯其所燕息焉。從后者五日而沐浴，其次又上，十五日而徧云。夫人如三公，從容論婦禮。○民之大事在農，穀，民之本，故農爲大事也。上帝之粢盛於是乎出，粢，子私反。盛，音成。○出於農也。器實曰粢，在器曰盛。民之蕃庶於是乎生，蕃，息也。庶，衆也。事之供給於是乎在，供，具也。給，足也。和協輯睦於是乎興，協，和也。輯，聚也。睦，親也。財用蕃殖於是乎始，殖，長也。敦庬純固於是乎成，庬，莫江反。○敦，厚也。庬，大也。是故稷爲大官。民之大事在農，故稷之職爲大官也。古者太史順時覛土，覛，音脉。陽癉，癉，丁佐反。憤盈，土氣震發，覛，視也。癉，厚也。憤，積也。盈，滿也。震，動也。發，越也。農祥晨正，農祥，房星也。晨正，謂立春之日，晨中於午也。農事之候，故曰農祥也。日月底于天廟，底，至也。天廟，營室也。孟春之月，日月皆在營室也。土乃脉發。脉，理也。農書曰：「春土冒橛，陳根可拔，耕者急發。」先時九日，先，先立春日也。太史告稷曰：「自今至于初吉，初吉，二月朔日也。詩云：「二月初吉。」陽氣俱蒸，土膏其動。蒸，升也。膏，潤也。其動，潤澤欲行也。弗震弗渝，脉其滿眚，穀乃不殖。」震，動也。渝，變也。眚，災也。言陽氣俱升，土膏欲動，當即發動變寫其氣。不然，則脉滿氣結〔四〕，更爲災疫，穀乃不殖也。稷以告以太史之言告王。王曰：「史帥陽官以命我司事，史，太史。陽官，春官。司事，主農事官也。曰：『距今九日，土其俱動，距，去也。王其祗祓，監農不易。』」祓，音弗。○祗，敬也。祓，齊戒、祓除也。不易，不易物土之宜也。王乃使司徒咸戒公卿、百吏、庶民，百吏，百官。庶民，甸師氏所掌之民也，主耕耨王之藉田者。司空除壇于藉，司空，掌地也。命農大夫咸戒農用。農大夫，田畯也。農用，田器也。先時五日，先耕時也。瞽告有協風至，瞽，樂大師，知風聲者也。協，和也。風氣和，時候至也。立春曰融風也。王即齊宮，齊，側皆反。○所齊之宮也。百官御事，各即其齊三日。御，治也。王乃淳，淳，之純反。濯饗醴，淳，沃也。濯，溉也。饗，飲也。謂王沐浴飲醴酒也。及期，期，耕日也。鬱人薦鬯，鬯，音暢。○鬱，鬱金香草，宜以和鬯酒也。周禮鬱人：「掌祼器，凡祭祀賓客，和鬱鬯以實彝而陳之。」共王之齊鬯也。犧人薦醴，犧人司樽，掌共酒醴。王祼鬯，饗醴乃行，祼，灌也。灌鬯，飲醴，皆所以自香潔也。百吏、庶民畢從。及藉，后稷監之，監，察也。膳夫、農正陳藉禮，膳夫，上士也，掌王之飲食膳羞之饋食。農正，田大夫也，主敷陳藉禮而祭其神，爲農祈也。大史贊王，贊，導也。王敬從之。王耕一墢，鉢、伐二音。班三之，班，次也。王耕一墢，一耜之發也。耜廣五寸，二耜爲耦，一耦之發，廣尺深尺。三之，下各三其上也。王一墢，公三，卿九，大夫二十七也。庶民終于千畝。終，盡耕之也。其后稷省，省，息井切。功，太史監之；司徒省民，大師監之；畢，宰夫陳饗，膳宰監之。宰夫，下大夫。膳宰，膳夫也。膳夫贊王，王歆大牢，歆，饗也。班嘗之，公、卿、大夫也。庶人終食。終，畢也。是日也，瞽帥、音官以省風土。音官，樂官。風土，以音律省土風，風氣和則土氣養也。廩于藉東南，鍾而藏之〔五〕，廩，御廩也，一名神倉。東南，生長之處。鍾，聚也。謂爲廩以藏王所藉田，以奉粢盛也。而時布之于農。布，賦也。稷則徧誡百姓，紀農協功，紀，謂綜理也。協，同也。曰：「陰陽分布，震雷出滯。」陰陽分布，日夜同也。滯，蟄蟲也。明堂月令曰：「日夜分，雷乃發聲，始震電，蟄蟲咸動，啓户而出也。」土不備墾，辟在司寇。墾，發也。辟，罪也。在司寇，司寇行其事也。乃命其旅曰：「徇，旅，衆也。徇，行也。農師一之，一之，先往也。農師，上士也。農正再之，農正，后稷之佐，田畯也，故次農師。后稷三之，農官之君也，故次農正。司空四之，司空主道路溝洫，故次后稷也。司徒五之，司徒省民，故次司空也。大保六之，大師七之，大保、大師，天子三公，佐王論道，泛監衆官，不特掌事，故次司徒也。大史八之，大史掌逆官府之治，故次大師也。宗伯九之，宗伯，卿官，掌相王之大禮，若王不與祭則攝位，故次大史也。王則大徇。大徇，帥公、卿、大夫親行農也。耨穫亦如之。」如之，如耕時也。民用莫不震動，恪恭于農，用，謂田器也。修其疆畔，日服其鎛，不解于時，疆，境也。畔，界也。鎛，鉏屬。財用不乏，民用和同。是時也，王事惟農是務，無有求利於其官，以干農功，求利，謂變易役使，干亂農功。三時務農而一時講武，三時，春、夏、秋。一時，冬也。講，習也。故征則有威，守則有財，而和於民矣。周語〇古者天子諸侯必有公桑蠶室，近川而爲之，築宫仞有三尺，棘墻而外閉之。及大昕之朝，君皮弁素積，卜三宫之夫人、世婦之吉者，使入蠶于蠶室，奉種浴于川，桑于公桑，風戾以食之。昕，許斤反。奉，芳勇反。種，章勇反。〇大昕，季春朔日之朝也。諸侯夫人三宫，半王后也。風戾之者，及早涼脆採之，風戾之，使露氣燥，乃以食蠶，蠶性惡濕。歲既單矣，世婦卒蠶，奉繭以示于君，遂獻繭于夫人，夫人曰：「此所以爲君服與！」遂副褘而受之，因少牢以禮之。繭，古典反。與，音餘，注同。褘，音暉。少，詩照反。〇歲單，謂三月月盡之後也。言歲者，蠶歲之大功事畢於此也。副褘，王后之服，而云夫人，記者容二王之後與？禮之，禮奉繭之世婦。及良日，夫人繅，三盆手，遂布于三宫夫人、世婦之吉者，使繅。遂朱緑之，玄黄之，以爲黼黻文章。服既成，君服以祀先王先公，敬之至也。繅，悉刀反。黼，音甫。黻，音弗。〇祭義〇是故天子親耕於南郊，以共齊盛；王后蠶於北郊，以共純服。諸侯耕於東郊，亦以共齊盛；夫人蠶於北郊，以共冕服。天子、諸侯非莫耕也，王后、夫人非莫蠶也，身致其誠信，誠信之謂盡，盡之謂敬，敬盡然後可以事神明，此祭之道也。共，音供。齊，子私反。盛，音成。○祭統○王后親織玄紞，紞，丁感反。○説云：「紞，冠之垂前後者。」昭謂：紞，所以懸瑱當耳者也。公侯之夫人加之以紘綖，紘，音宏。綖，音延。○既織紞，復加之紘、綖也。冕曰紘。紘，纓之無緌者也，從下而上，不結。綖，冕上覆之者也。卿之内子爲大帶，卿之適妻爲内子。大帶，緇帶也。命婦成祭服，命婦，大夫之妻也。祭服，玄衣、纁裳也。列士之妻加之以朝服，朝，直遥反。○列士，元士也。既成祭服，又加之以朝服也。朝服，天子之士皮弁素積，諸侯之士玄端委貌。自庶士以下，皆衣其夫。衣，去聲。○庶士，下士也。下，至庶人也。社而賦事，烝而獻功，社，春分祭社也，事農桑之屬也。冬祭曰烝，烝而獻五穀、布帛之功也。男女效績，愆則有辟，古之制也。辟，婢亦反。○績，功也。辟，罪也。君子勞心，小人勞力，先王之訓也。自上以下，誰敢淫心？魯語○太宰：以九職任萬民，一曰三農，生九穀；二曰園圃，毓草木；三曰虞衡，作山澤之材；四曰藪牧，養蕃鳥獸；五曰百工，飭化八材；六曰商賈，阜通貨賄；七曰嬪婦，化治絲枲；八曰臣妾，聚斂疏材；九曰閒民，無常職，轉移執事。大，音泰。「毓」，古「育」字。藪，素口反。蕃，扶元反。賈，音古。嬪，音頻。枲，絲里反。閒，音閑。○任，猶傳也。鄭司農云：「三農，平地、山、澤也。九穀，黍、稷、秫、稻、麻、大小豆、大小麥。八材，珠曰切，象曰瑳，玉曰琢，石曰磨，木曰刻，金曰鏤，革曰剥，羽曰析。閒民，謂無事業者，轉移爲人執事，若今傭賃也。」玄謂：三農，原、隰及平地。九穀，無秫、大麥而有粱、苽。樹果蓏曰圃。園，其樊也。虞衡，掌山澤之官，主山澤之民者。澤無水曰藪。牧，牧田在遠郊，皆畜牧之地。行曰商，處曰賈。阜，盛也。金玉曰貨，布帛曰賄。嬪，婦人之美稱也。堯典曰：「釐降二女嬪于虞。」臣妾，男女貧賤之稱。晉惠公卜懷公之生，曰：「將生一男一女，男爲人臣，女爲人妾。」生而名其男曰圉，女曰妾。及懷公質於秦，妾爲宦女焉。疏材，百草根實可食者。疏不熟曰饉。以九賦斂財賄，一曰邦中之賦，二曰四郊之賦，三曰邦甸之賦，四曰家削之賦，五曰邦縣之賦，六曰邦都之賦，七曰關市之賦，八曰山澤之賦，九曰幣餘之賦。削，所教反。○財，泉穀也。鄭司農云：「邦中之賦，二十而稅一，各有差也。幣餘，百工之餘。」玄謂：賦，口率出泉也。今之筭泉，民或謂之賦，此其舊名與？鄉大夫以歲時登其夫家之衆寡，辨其可任者。國中自七尺以及六十，野自六尺以及六十有五，皆征之。遂師之職亦云：「以徵其財征。」皆謂此賦也。邦中，在城郭者。四郊，去國百里。邦甸，二百里。家削，三百里。邦縣，四百里。邦都，五百里。此平民也。關市、山澤，謂占會百物。幣餘，謂占賣國中之斥幣。皆末作當增賦者，若今賈人倍筭矣。自邦中以至幣餘，各入其所有穀物，以當賦泉之數。每處爲一書，所待異也。以九式均節財用，一曰祭祀之式，二曰賓客之式，三曰喪荒之式，四曰羞服之式，五曰工事之式，六曰幣帛之式，七曰芻秣之式，八曰匪頒之式，九曰好用之式。秣，音末。頒，音班。好，呼報反。○式，謂用財之節度。荒，凶年也。羞，飲食之物也。工，作器物者。幣帛，所以贈勞賓客者。芻秣，養牛馬禾穀也。鄭司農云：「匪，分也。頒，讀爲班布之班，謂班賜也。」玄謂：王所分賜羣臣也。好用，燕好所賜予。

以九貢致邦國之用，一曰祀貢，二曰嬪貢，三曰器貢，四曰幣貢，五曰材貢，六曰貨貢，七曰服貢，八曰斿貢，九曰物貢。「嬪」，故書作「賓」。○鄭司農云：「祀貢，犧牲包茅之屬。賓貢，皮帛之屬。器貢，宗廟之器。幣貢，繡帛。材貢，木材也。貨貢，珠貝自然之物也。服貢，祭服。斿貢，羽毛。物貢，九州之外，各以其所貴爲摯，肅慎氏貢楛矢之屬是也。」玄謂：嬪貢，絲枲。器貢，銀、鐵、石、磬、丹、漆也。幣貢，玉、馬、皮、帛也。材貢，櫄榦、栝柏、篠簜也。貨貢，金、玉、龜、貝也。服貢，絺紵也。斿，讀如囿游之游。斿貢，燕好珠璣、琅玕也。物貢，雜物，魚、鹽、橘、柚。

○大府：掌九貢、九賦、九功之貳，以受其貨賄之入，頒其貨于受藏之府，頒其賄于受用之府。大，音泰。○九功，謂九職也。受藏之府，若内府也。受用之府，若職内也。凡貨賄皆藏以給用耳，良者以給王之用，其餘以給國之用。或言受藏，或言受用，又雜言貨賄，皆互文。凡官府都鄙之吏及執事者，受財用焉。

凡頒財，以式法授之：關市之賦，以待王之膳服；邦中之賦，以待賓客；四郊之賦，以待稍秣；家削之賦，以待匪頒；邦甸之賦，以待工事；邦縣之賦，以待幣帛；邦都之賦，以待祭祀；山澤之賦，以待喪紀；幣餘之賦，以待賜予。稍、削，並所教反。秣，音末。頒，音班。予，音與。○待，猶給也。此九賦之財給九式者。膳服，即羞服也。稍秣，即芻秣也。謂之稍，稍用之物也。喪紀，即喪荒也。賜予，即好用也。鄭司農云：「幣餘，使者有餘來還也。」玄謂：幣餘，占賣國之斥幣。

凡邦國之貢，以待弔用；此九貢之財所給也。給弔用，給凶禮之五事。凡萬民之貢，以充府庫；此九職之財。充，猶足。凡式貢之餘財，以共玩好之用；好，呼報反。○謂先給九式及弔用，足府庫而有餘財，乃可以共玩好，明玩好非治國之用。言「式」言「貢」，互文。凡邦之賦用，取具焉。賦用，用賦。歲終，則以貨賄之入出會之。會，古外反。○遺人：掌邦之委積，以待施惠；鄉里之委積，以恤民之囏阨；門關之委積，以養老孤；郊里之委積，以待賓客；野鄙之委積，以待羇旅；縣都之委積，以待凶荒。遺，于僞反。委，於僞反。積，子賜反。施，式豉反。囏，古「艱」字。羇，居宜反。○委積者，廩人、倉人計九穀之數足國用，以其餘共之，所謂餘法用也。職内邦之移用亦如此也，皆以餘財共之。少曰委，多曰積。鄉里，鄉所居也。囏阨，猶困乏也。門關以養老孤，人所出入，易以取餼廩也。羇旅，過行寄止者。待凶荒，謂邦國所當通給者也。故書「囏阨」作「槿阨」，「羇」作「寄」，杜子春云：「『槿阨』當爲『囏阨』，『寄』當爲『羇』。」凡國野之道，十里有廬，廬有飲食；三十里有宿，宿有路室，路室有委；五十里有市，市有候館，候館有積。廬，若今野候，徙有庌也〔六〕。宿，可止宿，若今亭有室矣。候館，樓可以觀望者也。一市之閒，有三廬一宿。○均人：凡均力政，以歲上下。豐年則公旬用三日焉，中年則公旬用二日焉，無年則公旬用一日焉。政，音征〔七〕。○豐年，人食四鬴之歲也。人食三鬴爲中歲，人食二鬴爲無歲，歲無贏儲也。公，事也。旬，均也，讀如「畇畇原隰」之畇。易「坤爲均」，今書亦有作「旬」者。凶札則無力政，無財賦。札，側八反〔八〕。○無力政，恤其勞也。無財賦，恤其乏困也。財賦，九賦也。不收地守地職，不均地政。政，音征。○不收山澤及地稅，亦不平計地稅也。非凶札之歲，當收稅，乃均之耳。三年大比，則大均。比，毗志反。○有年無年，大平計之。若久不脩，則數或闕。○旅師：掌聚野之耡粟、屋粟、閒粟，耡，音鉏。閒，音閑。○野，謂遠郊之外也。耡粟，民相助作，一井之中所出九夫之稅粟也。屋粟，民有田不耕，所罰一夫之稅粟。閒粟，閒民無職事者所出一夫之征粟。而用之，以質劑致民。平頒其興積，施其惠，散其利，而均其政令。劑，子隨反。積，子賜反。○而，讀爲若，聲之誤也。若用之，謂恤民之艱阨，委積於野，如遺人於鄉里也。以質劑致民，案入稅者名，會而貸之。興積，所興之積，謂三者之粟也。平頒之，不得偏頗有多少。縣官徵聚物曰興，今云軍興是也。是粟縣師徵之，旅師斂之而用之。以賙衣食曰惠，以作事業曰利。均其政令者，皆以國服爲之息。凡用粟，春頒而秋斂之。困時施之，饒時收之。凡新甿之治皆聽之，使無征役，以地之㜸惡爲之等。甿，莫耕反。㜸，音美。○新甿，新徙來者也。治，謂有所求乞也。使無征役，復之也。王制曰：「自諸侯來徙於家，期不從政。」以地美惡爲之等，七人以上授以上地，六口授以中地，五口以下授以下地，與舊民同。旅師掌斂地稅，而又施惠散利，是以屬用新民焉。○大史典禮，執簡記，奉諱惡，惡，去聲。○簡記，策書也。諱，先王名。惡，忌日，若子卯。天子齊戒受諫。齊，側皆反。○歲終羣臣奏歲事，諫王所當改爲也。司會以歲之成質於天子，會，古外反。○司會，冢宰之屬。掌計要者。成，計要也。質，猶平也，平其計要。冢宰齊戒受質。贊王受之。大樂正、大司寇、市三官以其成，從質於天子。大樂正，於周宗伯之屬。市，司市也，於周司徒之屬。從，從司會也。大司徒、大司馬、大司空齊戒受質。百官各以其成質於三官，大司徒、大司馬、大司空以百官之成質於天子。百官，此三官之屬。百官齊戒受質，受平報也。然後休老勞農，勞，力報反。○饗養之。成歲事，斷計要也。制國用。王制○冢宰制國用，必於歲之杪。五穀皆入，然後制國用。杪，亡少反。○制國用，如今度支經用。杪，末也。用地小大，視年之豐耗。耗，呼報反。○小國大國，豐凶之年，各以歲之收入制其用多少。多不過禮，少有所殺。以三十年之通制國用，量入以爲出。量，音亮。○通三十年之率，當有九年之蓄。出，謂所當給爲。祭用數之仂，仂，音勒，下同。○筭今年一歲經用之數，用其什一。喪用三年之仂。喪，大事，用三歲之什一。喪祭用不足曰暴，有餘曰浩。暴，猶耗也。浩，猶饒也。祭，豐年不奢，凶年不儉。常用數之仂。國無九年之蓄曰不足，無六年之蓄曰急，無三年之蓄曰國非其國也。三年耕必有一年之食，九年耕必有三年之食。以三十年之通，雖有凶旱水溢，民無菜色，然後天子食，日舉以樂。菜色，食菜之色。民無食菜之飢色，天子乃日舉樂以食。○王制○禮：國有飢人，人主不飧；飧，音孫。國有凍人，人主不裘；報囚之日，人主不舉樂。歲凶穀不登〔九〕，臺扉榭徹干侯〔一〇〕，馬不食穀，馳道不除，食減膳，饗祭有闕。故禮者，自行之義，養民之道也〔一一〕。○受計之禮，主所親拜者二：聞生民之數則拜之，聞登穀則拜之。詩曰：「君子樂胥，受天之祜。」夫憂民之憂者，民亦憂其憂；樂民之樂者，民亦樂其樂。與士民若此者，受天之福矣。樂，音洛。夫，音扶〔一二〕。○古者聚貨不妨民衣食之利，聚馬不害民之財用，貨，珠玉之屬，自然物也。貨、馬多，則養求者衆，妨財用力也。國馬足以行軍，國馬，民馬也。十六井爲丘，有戎馬一匹，牛三頭，足以行軍也。公馬足以稱賦，公馬，公之戎馬。稱，舉也。賦，兵賦也。不是過也。公貨足以賓獻，賓，饗。獻，貢也。家貨足以共用，共，音供。○家，大夫也。不是過也。楚語○古者稅什一，宣十五年注詳矣。豐年補敗，敗謂凶年。不外求而上下皆足也，雖累凶年，民弗病也。莊公二十八年穀梁傳○古之君人者，必時視民之所勤。民勤於力，則功築罕。罕，希。民勤於財，則貢賦少。民勤於食，則百事廢矣。凶荒殺禮。冬築微，春新延廄，以其用民力爲已悉矣。莊公二十九年穀梁傳○天子不言多少，諸侯不言利害，大夫不言得喪，喪，息浪反。○皆謂言貨財也。士不通貨財，士賤，雖得言之，亦不得貿遷如商賈也。有國之君不息牛羊，息，蕃育也。錯質之臣不息雞豚，錯，七路反。質，音至。○錯，置也。質，讀爲贄，孟子曰：「出疆必載質。」蓋古字通耳。置贄，謂執贄而置於君。士相見禮曰：「士大夫奠贄於君，再拜稽首。」禮記曰：「畜馬乘者，不察於雞豚。」或曰：置質，猶言委質也。言凡委質爲人臣，則不得與下爭利。家卿不脩幣，大夫不爲場園，家卿，上卿。不脩幣，謂不脩財幣販息之也。治稼穡曰場，樹菜蔬曰園。謂若公儀子不奪園夫、工女之利也。從士以上皆羞利而不與民爭業，樂分施而恥積臧。然故民不困財，貧屢者有所竄其手。樂，音洛。臧，音藏。屢，讀爲窶。○竄，容也，謂有所容其手而力作也。多積財而羞無有，羞貧。重民任而誅不能，使民不能勝任而復誅之。此邪行之所以起，刑罰之所以多也。上好羞，則民闇飾矣；行、好，並去聲，下同。○好羞貧而事奢侈，則民闇自脩飾也。上好富，則民死利矣。二者，亂之衢也。衢，道。民語曰：「欲富乎？忍恥矣，傾絶矣，絶故舊矣，與義分背矣。」背，蒲内反。○忍恥，不顧廉恥。傾絶，謂傾身絶命而求也。分背，如人分背而行。上好富，則人民之行如此，安得不亂〔一三〕？○歲凶，年穀不登，登，成也。君膳不祭肺，馬不食穀，馳道不除，祭事不縣，大夫不食粱，士飲酒不樂。縣，音懸。○皆自爲貶損，憂民也。禮食殺牲則祭先，有虞氏以首，夏后氏以心，殷人以肝，周人以肺，不祭肺則不殺也。天子食，日少牢，朔月大牢。諸侯食，日特牲，朔月少牢。除，治也。不治道，爲妨民取蔬食也。縣，樂器，鐘、磬之屬也。粱，加食也。不樂，去琴瑟。○曲禮○國家靡敝，則車不雕幾，甲不組縢，食器不刻鏤，君子不履絲屨，馬不常秣。靡，亡皮反。幾，音祈。組，音祖。縢，大登反。鏤，音漏。秣，音末。○靡敝，賦稅亟也。雕，畫也。幾，附纏爲沂鄂也。組縢，以組飾之及紟帶也。詩云：「公徒三萬，貝胄朱綅。」亦鎧飾也。○少儀○五穀不升爲大饑，升，成也。一穀不升謂之嗛，嗛，去簟反。○嗛，不足貌。二穀不升謂之饑，三穀不升謂之饉，四穀不升謂之康，饉，音近。○康，虛。五穀不升謂之大侵。侵，傷。大侵之禮，君食不兼味，臺榭不塗，塗，堊飾。弛侯，廷道不除，弛，式氏反。○弛，廢也。侯，射侯也。廢侯不燕射，廷内道路不修除。百官布而不制，官職脩列不可闕廢，不更有造作。鬼神禱而不祀，周書曰：「大荒有禱而無祀。」此大侵之禮也。襄公二十四年穀梁傳○大喪則不舉，大荒則不舉，大札則不舉，天地有烖則不舉，邦有大故則不舉。札，側八反。烖，音災。○大荒，凶年。大札，疫癘。天烖，日月晦食。地烖，崩動。大故，寇戎之事。鄭司農云：「大故，刑殺也。春秋傳曰：『司寇行戮，君爲之不舉。』」○膳夫○大札、大荒、大災，素服。大荒，饑饉也。大災，水火爲害。君臣素服縞冠，若晉伯宗哭梁山之崩。○司服○至于八月不雨，君不舉。爲旱變也。此謂建子之月不雨，盡建未月也。春秋之義，周之春夏無雨未能成災，至其秋秀實之時而無雨，則雩，雩而得之則書雩，喜祀有益也。雩而不得則書旱，明災成也。○年不順成，君衣布搢本，關梁不租，山澤列而不賦，土功不興，大夫不得造車馬。搢，音薦。○皆爲凶年變也。君衣布者，謂若衛文公大布之衣、大帛之冠是也。搢本，去珽荼，佩士笏也。士以竹爲笏，飾本以象。關梁不租，此周禮也，殷則關恒譏而不征。列之言遮列也。雖不賦，猶爲之禁，不得非時取也。造，謂作新也。○荼，音舒。○年不順成，天子素服，乘素車，食無樂。自貶損也。○以上並玉藻。○古者有災者謂之厲，君一時素服，使有司弔死問疾，憂以巫醫，匍匐以救之，湯粥以方之，善者先乎矜寡孤獨及疾不能相養。死無以葬埋者，葬埋之。匍，音蒲。匐，蒲北反。矜，古頑反〔一四〕。○孔子在齊，大旱，春饑，景公問於孔子曰：「如之何？」孔子曰：「凶年則乘駑馬，力役不興，馳道不脩，駑，音奴。○馳道，君行之道。祈以幣玉，君所祈請，用幣及玉，不用牲也。祭事不縣，縣，音懸。○不作樂也。祀以下牲，當用大牢者，用少牢。此則賢君自貶以救民之禮也。」家語○魯大旱，公欲焚巫尫，尫，烏黃反，後同。○巫尪，女巫也，主祈禱請雨者。或以爲尪非巫也，瘠病之人，其面上向，俗謂天哀其病，恐雨入鼻，故爲之旱，是以公欲焚之。臧文仲曰：「非旱備也！脩城郭，貶食省用，務穡勸分，穡，儉也。勸分，有無相濟。此其務也。巫尪何爲？」僖公二十一年左氏傳○歲旱，穆公召縣子而問然，縣，音懸。○然之言焉也。凡「穆」或作「繆」。曰：「天久不雨，吾欲暴尪而奚若？」暴，蒲卜反。○尪者面向天，覬天哀而雨之。曰：「天則不雨，而暴人之疾子，虐，毋乃不可與？」與，音餘。○錮疾，人之所哀，暴之是虐。「然則吾欲暴巫而奚若？」曰：「天則不雨而望之愚婦人，於以求之，毋乃已疏乎？」已，猶甚也。巫主接神，亦覬天哀而雨之。春秋傳説巫曰：「在女曰巫，在男曰覡。」周禮女巫：「旱暵則舞雩。」「徙市則奚若？」曰：「天子崩，巷市七日；諸侯薨，巷市三日。爲之徙市，不亦可乎？」爲，去聲。○徙市者，庶人之喪禮。今徙市，是憂戚於旱若喪。○檀弓下○日有食之，天子不舉，去盛饌。伐鼓于社；責羣陰。伐，猶擊也。諸侯用幣于社，社尊於諸侯，故請救而不敢責之。伐鼓于朝，退自責。以昭事神、訓民、事君，天子不舉，諸侯用幣，所以事神。尊卑異制，所以訓民。示有等威，古之道也。等威，威儀之等差。○文公十五年左氏傳○國主山川，主，謂所主祭。故山崩川竭，君爲之不舉，爲，去聲。○去盛饌。降服，損盛服。乘縵，縵，武旦反。○車無文。徹樂，息八音。出次，舍於郊。祝幣，陳玉帛。史辭，自罪責。以禮焉。禮山川。○成公五年左氏傳○天反時爲災，寒暑易節。地反物爲妖，羣物失性。民反德爲亂，亂則妖災生，故文反正爲乏。文，字。○宣公十五年左氏傳○軍有憂，則素服哭於庫門之外，憂，謂爲敵所敗也。素服者，縞冠也。赴車不載櫜韔。櫜，音羔。韔，勑亮反。○兵不戢，示當報也。以告喪之辭言之，謂還告於國。櫜，甲衣。韔，弓衣。○檀弓○有焚其先人之室，則三日哭，謂人燒其宗廟，哭者哀精神之有虧傷。故曰：新宮火，亦三日哭。火，人火也，新宮火在魯成三年。○檀弓下○國亡大縣邑，公、卿、大夫、士皆厭冠，哭於大廟三日，君不舉。厭，于業反。大廟，大，音泰。○軍敗失地，以喪歸也。厭冠，今喪冠，其服未聞。或曰：君舉而哭於后土。后土，社也。孔子惡野哭者。爲其變衆。周禮銜枚氏：「掌禁野叫呼歎嗚于國中者，行歌哭于國中之道者。」○檀弓上○孔子爲大司寇，國廄焚，子退朝而之火所。鄉人有自爲火來者，則拜之，士一，大夫再。子貢曰：「敢問何也？」孔子曰：「其來者，亦相弔之道，吾爲有司，故拜之。」廄，居又反。自爲，于僞反。○言拜之者，爲其來弔己。宗伯職曰：「以弔禮哀禍災。」○家語

校勘記

〔一〕謂王既祀方明　「祀」，原作「禮」，據賀本及本書卷二十四覲禮改。

〔二〕以爲天下先　此句下原有墨丁，丁本、傅本、呂本、賀本同，朝鮮本爲空。按：此條見淮南子齊俗訓。

〔三〕王當以耕種于籍田　丁本、傅本、朝鮮本、吕本同，賀本「籍」作「藉」。

〔四〕則脉滿氣結　「滿」，原作「萌」，據賀本改。

〔五〕鍾而藏之　「鍾」，原作「鐘」，據賀本改。下注「鍾聚也」同。

〔六〕徙有庌也　「徙」，丁本、傅本、朝鮮本、吕本同，賀本作「徒」。「庌」，原作「房」，據丁本、賀本改。

〔七〕政音征　「音」，原作「意」，據丁本、朝鮮本、賀本改。

〔八〕札側八反　「八」，原作「入」，據丁本、賀本改。

〔九〕歲凶穀不登　「穀」，原作「殺」，據賀本改。

〔一〇〕臺扉榭徹干侯　「臺扉榭」，諸本同。按：盧文弨本新書「臺扉」下有「不塗」二字，校云：「建本脱『不塗』二字，譚本有。」又「干」，原作「于」，據賀本改。

〔一一〕養民之道也　此句下原有墨丁，丁本、傅本、吕本同，朝鮮本、賀本缺。按：此條見賈誼新書。

〔一二〕夫音扶　此句下原有「〇」及墨丁，丁本、傅本、吕本同，朝鮮本「〇」下爲空，賀本有「並賈誼新書禮篇」七字。

〔一三〕安得不亂　此句下原有墨丁，丁本、傅本、吕本同，朝鮮本爲空，賀本有小字注文「荀子大略篇」五字。

〔一四〕矜古頑反　此句下原有「〇」及墨丁，丁本、傅本、吕本同，朝鮮本「〇」下爲空，賀本有「説苑」二字。

儀禮經傳通解卷第三十二

王朝禮九

王制之戊 設官

昔者黄帝氏以雲紀，故爲雲師而雲名；黄帝，軒轅氏，姬姓之祖也。黄帝受命有雲瑞，故以雲紀事，百官師長皆以雲爲名號。縉雲氏蓋其一官也。炎帝氏以火紀，故爲火師而火名；炎帝，神農氏，姜姓之祖也。亦有火瑞，以火紀事，名百官。共工氏以水紀，故爲水師而水名；共，音供。○共工氏，以諸侯霸有九州者，在神農前，大皞後。亦受水瑞，以水名官。大皞氏以龍紀，故爲龍師而龍名。大，音泰。皞，胡老反，下同。○大皞，伏羲氏，風姓之祖也。有龍瑞，故以龍命官。少皞摯之立也，鳳鳥適至，故紀於鳥，爲鳥師而鳥名：鳳鳥氏，歷正也；少，詩照反。摯，音至。○鳳鳥知天時，故以名歷正之官。玄鳥氏，司分者也；玄鳥，燕也。以春分來，秋分去。伯趙氏，司至者也；伯趙，伯勞也。以夏至鳴，冬至止。青鳥氏，司啓者也；青鳥，鶬鷃也。以立春鳴，立夏止。丹鳥氏，司閉者也；丹鳥，鷩雉也。以立秋來，立冬去，入大水爲蜃。上四鳥皆歷正之屬官。祝鳩氏，司徒也；祝鳩，鵻鳩也。鵻鳩孝，故爲司徒，主教民。鴡鳩氏，司馬也；鴡，七徐反。○鴡鳩，王鴡也。鷙而有别，故爲司馬主法制。鳲鳩氏，司空也；鳲，音尸。○鳲鳩，鴶鵴也。鳲鳩平均，故爲司空，平水土也。爽鳩氏，司寇也；爽鳩，鷹也。鷙，故爲司寇，主盜賊。鶻鳩氏，司事也。鶻，胡骨反。○鶻鳩，鶻鵰也，春來冬去，故爲司事。五鳩，鳩民者也。鳩，聚也。治民上聚，故以鳩爲名。五雉爲五工正，五雉，雉有五種：西方曰鷷雉，東方曰鶅雉，南方曰翟雉，北方曰鵗雉，伊、洛之南曰翬雉。利器用、正度量，夷民者也。量，音亮。○夷，平也。九扈爲九農正，扈，音户。○扈有九種也：春扈鳻鶞，夏扈竊玄，秋扈竊藍，冬扈竊黄，棘扈竊丹，行扈唶唶，宵扈嘖嘖，桑扈竊脂，老扈鷃鷃。以九扈爲九農之號，各隨其宜以教民事。扈民無淫者也。扈，止也。止民使不淫放。自顓頊以來，不能紀遠，乃紀於近，爲民師而命以民事，則不能故也。顓，音專。頊，許玉反。○顓頊氏，代少皞者，德不能致遠瑞，而以民事命官。○春秋左氏傳昭公十七年

傳：叔孫昭子問於郯子曰：「少皞氏鳥名官，何故也？」少皞，金天氏，黄帝之子，己姓之祖也。問何故以鳥名官。郯子曰：「吾祖也，我知之。」仲尼聞之，見於郯子而學之。於是仲尼年二十八。既而告人曰：「吾聞之，『天子失官，學在四夷』，猶信。」失官，官不脩其職也。傳言聖人無常師。○春秋左氏傳昭公十七年

古者大撓作甲子，黔如作虜首，黔，其占反。容成作羲曆，羲和作占日，尚儀作占月，后益作占歲，胡曹作衣，夷羿作弓，羿，五計反。祝融作市，狄儀作酒，高元作室，虞姁作舟，伯益作井，赤冀作臼，乘特作駕，寒哀作御，王冰作服牛，史皇作圖，巫彭作醫，巫咸作筮。著筮〔一〕。

傳曰：此二十官者，聖王之所以治天下也。聖王不能二十官之事，然而使二十官盡其巧，畢其能，聖王作上故也。聖王在上，官使人人，故盡畢其巧能也。聖王之所不能也，用其人，得其任，故所不能。其不知也，所以知之也。老子曰：「不知乃知之。」此之謂也。養其神，脩其德而已矣，無所思慮勞神，是養神也。無狀而能化育萬物，謂之德。豈必勞形愁心弊耳目哉〔二〕？

唐虞稽古建官，惟百内有百揆，四岳外有州、牧、侯、伯，堯、舜考古以建百官，内置百揆。四岳象天之有五行，外置州、牧十二及五國之長，上下相維，外内咸治，言有法。庶政惟和，萬國咸寧。官職有序，故衆政惟和，萬國皆安，所以爲至治。夏、商官倍，亦克用乂。禹、湯建官二百，亦能用治，言不及唐、虞之清要。○周官○夏商之制：天子三公、九卿、二十七大夫、八十一元士；大國三卿皆命於天子，下大夫五人，上士二十七人；次國三卿，二卿命於天子，一卿命於其君，下大夫五人，上士二十七人；小國二卿，皆命於其君，下大夫五人，上士二十七人。命於天子者，天子選用之，如今詔書除吏矣。小國亦三卿，一卿命於天子，二卿命於其君。此文似誤脱耳，或者欲見畿内之國二卿與〔三〕？○王制○制：三公一命卷，若有加，則賜也，不過九命；次國之君不過七命；小國之君不過五命。卷，俗讀也，其通則曰「衮」。三公八命矣，復加一命則服龍衮，與王者之後同。多於此則賜，非命服也。虞夏之制，天子服有日月星辰。周禮曰：「諸公之服，自衮冕而下，如王之服。」大國之卿不過三命，下卿再命，小國之卿與下大夫一命。不著次國之卿者，以大國之下互明之。此卿命則異，大夫皆同。周禮公侯伯之卿三命，其大夫再命，子男之卿再命，其大夫一命。○王制○制：農田百畝，百畝之分，上農夫食九人，其次食八人，其次食七人，其次食六人，下農夫食五人。庶人在官者，其禄以是爲差也。分，扶問反。食，音似。○農夫皆受田於公。田肥墝有五等，收入不同也。庶人在官，謂府史之屬，官長所除，不命於天子國君者。分，或爲「糞」。諸侯之下士視上農夫，禄足以代其耕也。中士倍下士，上士倍中士，下大夫倍上士。卿四大夫禄，君十卿禄。次國之卿三大夫禄，君十卿禄。小國之卿倍大夫禄，君十卿禄。此班禄尊卑之差。次國之上卿，位當大國之中，中當其下，下當其上大夫。小國之上卿，位當大國之下卿，中當其上大夫，下當其下大夫。此諸侯使卿大夫覜聘並會之序也。其爵位同，小國在下；爵異，固在上耳。○春秋傳小國無「上大夫下當其」六字。其有中士下士者，數各居其上之三分。謂其爲介，若特行而並會也。居，猶當也。此據大國而言，大國之士爲上，次國之士爲中，小國之士爲下。

士之數，國皆二十七人，各三分之：上九，中九，下九。以位相當，則次國之上士當大國之中，中當其下，小國之上士當大國之下。凡非命士，亦無出會之事。春秋傳謂士爲微。○王制○諸侯之下士祿食九人，中士食十八人，上士食三十六人，下大夫食七十二人，卿食二百八十八人，君食二千八百八十人。次國之卿食二百一十六人，君食二千一百六十人。小國之卿食百四十四人，君食千四百四十人。次國之卿命於其君者，如小國之卿。天子之大夫爲三監，監於諸侯之國者，其祿視諸侯之卿，其爵視次國之君，其祿取之於方伯之地。方伯爲朝天子，皆有湯沐之邑於天子之縣內，視元士。食，音似。監，古陷反。監於，古銜反。爲，于僞反。朝，直遥反。○給齋戒自潔清之用。浴用湯，沐用潘。○王制

傳曰：古者天子三公，每一公三卿佐之，每一卿三大夫佐之，每一大夫三士佐之。故天子三公、九卿、二十七大夫、八十一元士，所與爲天下者，若此而已。自三公至元士凡百二十，此夏時之官，周之官三百六十。禮志曰〔四〕：「有虞氏之官五十，夏后百，殷二百，周三百。」近之，未得其實也。據夏周推其差，則有虞氏之官六十，夏后氏百二十，殷二百四十，周三百六十，爲有所法〔五〕。

周禮：以九儀之命，正邦國之位。每命異儀，貴賤之位乃正。春秋傳曰：「名位不同，禮亦異數。」壹命受職，始見命爲正吏，謂列國之士，於子男爲大夫。王之下士亦一命。鄭司農云：「受職，治職事。」再命受服，鄭司農云：「受服，受祭衣服爲上士。」玄謂：此受玄冕之服，列國之大夫再命，於子

男爲卿。卿大夫自玄冕而下，如孤之服。王之中士亦再命，則爵弁服。三命受位，鄭司農云：「受下大夫之位。」玄謂：此列國之卿，始有列位於王，爲王之臣也。王之上士亦三命。四命受器，鄭司農云：「受祭器爲上大夫。」玄謂：此公之孤始得有祭器者也。禮運曰：「大夫具官，祭器不假，聲樂皆具，非禮也。」王之下大夫亦四命。五命賜則，鄭司農云：「則者，法也，出爲子男。」玄謂：則，地未成國之名。王之下大夫四命，出封加一等，五命，賜之以方百里、二百里之地者。方三百里以上爲成國。王莽時以二十五成爲則，方五十里，合今俗説子、男之地，獨劉子駿等識古有此制焉。六命賜官，鄭司農云：「子、男入爲卿，治一官也。」玄謂：此王六命之卿賜官者，使得自置其臣，治家邑如諸侯。春秋襄十八年冬，晉侯以諸侯圍齊，荀偃爲君禱河，既陳齊侯之罪而曰：「曾臣彪將率諸侯以討焉，其官臣偃實先後之。」七命賜國，王之卿六命，出封加一等者。鄭司農云：「出就侯伯之國。」八命作牧，謂侯伯有功德者，加命得專征伐於諸侯。鄭司農云：「一州之牧。」王之三公亦八命。」九命作伯。上公有功德者，加命爲二伯，得征五侯九伯者。鄭司農云：「長諸侯爲方伯。」○宗伯○諸侯之五儀曰：上公九命爲伯，其國家、宮室、車旗、衣服、禮儀皆以九爲節；侯、伯七命，其國家、宮室、車旗、衣服、禮儀皆以七爲節；子、男五命，其國家、宮室、車旗、衣服、禮儀皆以五爲節。上公，謂王之三公有德者，加命爲二伯。二王之後亦爲上公。國家，國之所居，謂城方也。公之城蓋方九里，宮方九百步。侯、伯之城蓋方七里，宮方七百步。子、男之城蓋方五里，宮方五百步。大行人職則有諸侯圭藉、冕服、建常、樊纓、貳車、介牢、禮朝位之數焉。王之三公八命，其卿六命，其大夫四命。及其出封，皆加一等，其國家、宮室、車旗、衣服、禮儀亦如之。四命，中下大夫也。出封，出畿内，封於八州之中。加一等，褒有德也。大夫爲子、男，卿爲侯、伯，其在朝廷則亦如命數耳。王之上士三命，中士再命，下士一命。凡諸侯之適子誓於天子，攝其君，則下其君之禮一等。未誓，則以皮帛繼子、男。適，音嫡。○誓，猶命也。言誓者，明天子既命以爲之嗣，樹子不易也。春秋桓九年，曹伯使其世子射姑來朝，行國君之禮是也。公之子如侯、伯而執圭，侯、伯之子如子、男而執璧，子、男之子與未誓者皆次小國之君，執皮帛而朝會焉，其賓之皆以上卿之禮焉。諸臣五等之命曰：公之孤四命，以皮帛眡小國之君；其卿三命；其大夫再命；其士壹命。其宮室、車旗、衣服、禮儀，各眡其命之數，侯、伯之卿、大夫、士亦如之。子、男之卿再命，其大夫壹命，其士不命，其宮室、車旗、衣服、禮儀，各眡其命之數。眡，音示。○視小國之君者，列於卿大夫之位，而禮如子男也。鄭司農云：「九命上公，得置孤卿一人。春秋傳曰：『列國之卿當小國之君，固周制也。』」○典命○周立大師、大傅、大保，兹惟三公。論道經邦，燮理陰陽。燮，息列反。○師，天子所師法。傅，傅相天子。保，保安天子於德義者。此惟三公之任，佐王論道，以經緯國事，和理陰陽，言有德乃堪之。官不必備，惟其人。三公之官不必備員，惟其人有德，乃以處之。少師、少傅、少保，曰三孤。少，詩照反。○此三官名曰三孤，孤，特也，言卑於公，尊於卿，特置此三者。貳公弘化，寅亮天地，弼予一人。副貳三公，弘大道化，敬信天地之教，以輔我一人之治。冢宰掌邦治，統百官，均四海。天官卿，稱大宰，主國政治，統理百官，均平四海之内邦國，言任大。司徒掌邦教，敷五典，擾兆民。地官卿，司徒主國教化，布五常之教，以安和天下衆民，使小大協睦。宗伯掌邦禮，治神人，和上下。春官卿，宗廟官長，主國禮，治天地神祇、人鬼之事及國之吉、凶、軍、賓、嘉五禮，以和上下，尊卑等列。司馬掌邦政，統六師，平邦國。夏官卿，主戎馬之事，掌國征伐，統正六軍，平治王邦、四方國之亂者。司寇掌邦禁，詰奸慝，刑暴亂。慝，吐得反。○秋官卿，主寇賊法禁，治奸惡，刑强暴作亂者。夏司馬討惡助長物，秋司寇刑奸順時殺。司空掌邦土，居四民，時地利。冬官卿，主國空土以居民，士農工商四人，使順天時，分地利，授之土，能吐生百穀，故曰土。六卿分職，各率其屬，以倡九牧，阜成兆民。倡，昌亮反。○六卿各率其屬官大夫士，治其所分之職，以倡道九州牧伯爲政，大成兆民之性命，皆能其官則政治〔六〕。○周禮之略：惟王建國，建，立也。周公居攝而作六典之職，謂之周禮，營邑於土中，七年致政成王，以此禮授之，使居雒邑治天下。司徒職曰：「日至之景尺有五寸，謂之地中。天地之所合也，四時之所交也，風雨之所會也，陰陽之所和也，然則百物阜安，乃建王國焉。」辨方正位，辨，别也。鄭司農云：「别四方，正君臣之位，君南面臣北面之屬。」玄謂：考工：「匠人建國，水地以縣，置槷以縣，視以景。爲規，識日出之景與日入之景，晝參諸日中之景，夜考之極星，以正朝夕。」是别四方。召誥曰：「越三日戊申，太保朝至于洛，卜宅。厥既得卜，則經營。越三日庚戌，太保乃以庶殷攻位於雒汭。

越五日甲寅，位成。」正位，謂此定宮廟。體國經野，體，猶分也。經，謂爲之里數。鄭司農云：「營國方九里，國中九經九緯，左祖右社，面朝後市；野則九夫爲井，四井爲邑之屬是也。」設官分職，鄭司農云：「置冢宰、司徒、宗伯、司馬、司寇、司空，各有所職而百事舉。」以爲民極。極，中也。令天下之人各得其中，不失其所。○今按：極，謂標準也。○乃立天官冢宰，使帥其屬，而掌邦治，以佐王均邦國。掌，主也。邦治，王所以治邦國也。佐，猶助也。鄭司農云：「邦治，謂總六官之職也，故大宰職曰：『掌建邦之六典，以佐王治邦國。』六官皆總屬於冢宰。故論語曰：『君薨，百官總己以聽於冢宰。』言冢宰於百官無所不主。爾雅曰：『冢，大也。』冢宰，大宰也。」大宰，卿一人。大，音泰，後同。○掌建邦之六典，以佐王治邦國。以八法治官府，以八則治都鄙，以八柄詔王馭羣臣，以八統詔王御萬民，以九職任萬民，以九賦斂財賄，以九式均節財用，以九貢致邦國之用，以九兩繫邦國之民。小宰，中大夫二人。掌宮刑及王宮之政令、糾禁，掌六典、八法、八則、九貢、九賦、九式之貳、六敘、六屬、六職、六聯、八成、六計。宰夫，下大夫四人。掌治朝之法、羣吏之治，辨八職。○宮正，掌王宮之戒令糾禁，宮官之長也。宮伯。掌王宮士庶子之政令。○膳夫，掌王之食飲膳羞，以養王及后、世子，食官之長也。庖人，庖，扶交反。○掌共膳羞之物。內饔，饔，於容反，下同。○掌王及后、世子之割亨煎和。外饔，掌外祭祀之割亨及賓客之飧饔饗食。亨人。亨，普庚反。○掌爨亨煮。○甸師，甸，田遍反。○掌耕王籍，共齍盛、蕭茅、果蓏、薪蒸，共野物官之長也。獸人，掌罟田獸。䱷人，䱷，音魚。○掌以時䱷。

鼈人，掌取互物。腊人。掌乾肉。○醫師，掌醫之政令，醫官之長也。食醫，掌和王之食飲膳羞。疾醫，掌養萬民之疾病。瘍醫，瘍，音羊。○掌療瘍。獸醫。掌療獸。○酒正，掌酒之政令，酒官之長也。其屬皆奄奴，唯凌人用士。酒人，掌爲酒齊。漿人，掌共六飲。凌人，凌，力證反。○掌冰。籩人，掌籩實。醢人，醢，呼在反。○掌豆實。醯人，醯，呼西反。○掌凡醯物。鹽人，掌鹽之政令。冪人。冪，莫歷反。○掌共巾冪。○宫人，掌王之六寢之脩，寢舍之長也。掌舍，掌王會同之舍。幕人，掌帷幕幄帟綬。掌次。次自脩正之處。○大府，下大夫。掌九貢、九賦、九功之貳，以受頒其貨賄，治藏之長也。玉府，掌王金玉、玩好、兵器，凡良貨賄之藏。内府，掌受九貢、九賦、九功之貨賄、良兵、良器。外府。掌邦布之入出。○司會，中大夫。會，古外反。○掌六典、八法、八則之貳、九貢、九賦、九功、九式之法，計官之長也。司書，掌六典、八法、八則、九職、九正、九事、邦中之版、土地之圖。職内，掌邦之賦入。職歲，掌邦之賦出。職幣。掌式法以斂幣。○司裘，掌爲裘及射侯與邦之皮事。掌皮。掌斂頒皮革。○内宰，下大夫。掌王内之政令，教陰禮，教婦職，贊后禮，佐后立市，詔后蠶及生種稑之種，宫中官之長也。内小臣，掌王后之命，奄士也。閽人，閽，音昏。○掌守王宫中門之禁。寺人，掌内人及女宫之戒令。内豎，豎，音樹。○掌内外之通令，凡小事。九嬪，嬪，音頻。○掌婦學之法，不列三夫人者，猶三公之無職也。世婦，掌祭祀、賓客、喪紀之事。女御，掌御叙於王之燕寢。女祝，掌王后之内祭祀、禱祠之事。女史。掌禮職、内治之貳，以詔后治内政。○典婦功，掌婦式之法，主婦功官之長也。典絲，掌絲之入出。典枲。枲，絲里反。○掌布緦縷紵麻草之物。○内司服，掌王后之六服、外内命婦之服，主宫中裁縫官之長也。縫人，縫，扶用反。○掌王宫縫線之事。染人，染，如豔反。○掌染絲帛。追師，追，丁回反。○掌王后及外内命婦之首服。屨人，掌王及后之服屨，辨外内命夫婦之屨。夏采。掌染鳥羽及大喪之復。○乃立地官司徒，使帥其屬而掌邦教，以佐王安擾邦國。教所以親百姓，訓五品。有虞氏五而周十有二焉。擾亦安也，言饒衍之。大司徒，卿一人。掌建邦之土地之圖與其人民之數，辨邦國都鄙之數，而制其畿疆、社稷，以土會之法辨五地之物生，因此以施十二教，以土宜之法辨十二土而相民宅，辨十二壤而知其種，以土均之法辨五物九等而制地征，以土圭之法建王國，制邦國，造都鄙，以荒政十二聚萬民，以保息六養萬民，以本俗六安萬民，頒十二職于邦國、都鄙，以鄉三物、五禮、六樂教萬民，以鄉八刑糾萬民。小司徒，中大夫二人。掌建邦之教法，以稽國中及四郊都鄙之夫家、九比之數，會萬民之卒伍，以起軍旅、作田役、比追胥、令貢賦，均土地以知其民數，經土地而井牧其田野。鄉師，下大夫四人。各掌所治鄉之教。○鄉老，二鄉則公一人。鄉大夫，每鄉則卿一人。萬二千五百家爲鄉，凡六鄉。鄉大夫掌其鄉之政教、禁令。州長，每州中大夫一人。長，丁丈反。○二千五百家爲州，凡三十州。州長各掌其州之教治政令。黨正，每黨下大夫一人。五百家爲黨，凡百五十黨。黨正各掌其黨之政令教治。族師，每族上士一人。百家爲族，凡七百五十族。族師各掌其族之戒令政事。閭胥，每閭中士一人。二十五家爲閭，凡三千閭。閭胥各掌其閭之徵令。比長，五家下士一人。比，毗志反。○五家爲比，凡一萬五千比。比長各掌其比之治。○封人，掌設王社壝及畿封樹、邦國都邑之社稷、封域。鼓人，教六鼓四金之音，以節聲樂，和軍旅，正田役。舞師，教兵舞、帗舞、羽舞、皇舞、野舞。牧人，牧祭祀之牲。牛人，養公牛。充人。繫祭祀之牲。○載師，掌任土之法，稅官之長也。閭師，掌國中、四郊人民、六畜之數，以任其力，徵其賦。縣師，掌邦國都鄙人民、田萊之數，徵野之賦貢。遺人，遺，於季反。○掌委積以待施惠。均人。掌均地政、地守、地職。○師氏，中大夫。掌以美詔王，以德行教國子，居虎門以司王朝，帥四隸以守王門，諫教官之長也。保氏，下大夫。掌諫王惡，以六藝、六儀教國子，守王闈。司諫，糾萬民之德，正其行而强之道藝。司救，掌萬民之衺惡過失而誅讓之。調人，司萬民之難而諧和之。媒氏。掌萬民之判，令嫁娶，聽陰訟。○司市，下大夫。掌市之治教政刑、量度禁令，市官之長也。質人，掌成市之貨賄、質劑、書契、度量、淳制。廛人，廛，直連反。○掌斂市布。胥師，各掌其次之政令。賈師，賈，音古。○各掌其次之貨賄之治。司虣，虣，音暴。○掌憲市之禁令。司稽，掌巡市而察其犯禁、不物者。胥，各掌所治之政。肆長，長，丁丈反。○各掌其肆之政令。泉府。掌斂市之滯貨，以待買、以賒貸者。○司門，下大夫。掌授管鍵，以啓閉國門，幾出入不物者。司關，掌國貨之節。掌節。掌守邦節，以輔王命。○遂人，中大夫。掌經田野，造縣鄙之地域溝樹，使各掌其政令，簡其兵器，教之稼穡，以令貢賦、師田、政役之事，六遂都鄙官之長也。遂師，下大夫四人。各掌其遂之政令戒禁，以徵財征，作役事。遂大夫，每遂中大夫一人。萬二千五百家爲遂，凡六。遂大夫各掌其遂之政令，教稼穡，簡稼器，脩稼政。縣正，每縣下大夫一人。二千五百家爲縣，縣正各掌其縣之政令徵比，趨其稼事。鄙師，每鄙上士一人。五百家爲鄙，鄙師各掌其鄙之政令祭祀。酇長，每酇中士一人。酇，作管反。○百家爲酇，酇長各掌其酇之政令。里宰，每里下士一人。二十五家爲里，里宰掌比其邑之衆寡、六畜、兵器，合耦於耡，以治稼穡。鄰長，五家一人。五家爲鄰，鄰長掌相糾相受。○旅師，掌聚野之粟，春頒而秋斂之。稍人，稍，所教反。○掌丘乘之政令。委人，委，於僞反。○掌斂野之賦斂、薪芻、木材。土均，掌平土地之政。草人，掌土化之法。稻人。掌稼下地。○土訓，掌道地圖，道地慝。誦訓。掌道方志，道方慝。○山虞，掌山林之政令，而爲之厲禁。林衡，掌巡林麓而平其守。川衡，掌巡川澤而平其守。澤虞，掌國澤之政令。迹人，掌邦田之政令。丱人，丱，虢猛反。○掌金玉錫石之地。角人，徵齒角。羽人，徵羽翮。掌葛，徵絺綌。掌染草，掌炭，掌荼，掌蜃，囿人，場人。掌場圃。○廩人，下大夫。掌九穀之數，穀官之長也。舍人，掌平宫中之穀。倉人，掌粟入之藏。司禄，司稼，掌巡野觀稼，以年上下出斂法。舂人，共米。饎人，饎，尺志反〔七〕。○共盛。槀人。槀，苦報反。○共内外朝冗食者之食。○乃立春官宗伯，使帥其屬而掌邦禮，以佐王和邦國。大宗伯，卿一人。掌以吉禮事鬼神示，以凶禮哀邦國之憂，以賓禮親邦國，以軍禮同邦國，以嘉禮親萬民，以九儀之命正邦國之位，以六瑞等邦國，以六摯等諸臣，以六器禮天地四方，以中禮和樂，教萬民事鬼神，致百物。小宗伯，中大夫二人。掌建國之神位，掌五禮之禁令，辨廟祧之昭穆，辨五服、車旗、宮室，辨三族之親疏，掌其門子之政令，毛六牲，辨六齍、六彝、六尊。肆師，下大夫四人。掌立國祀之禮，序其祭祀。○鬱人，鬱，於物反。○掌祼器，和鬱鬯。鬯人，鬯，敕亮反。○共秬鬯。雞人，共雞牲，夜嘑旦。司尊彝，掌六尊六彝。司几筵，掌五几五席。天府，掌祖廟之守藏。典瑞，掌玉瑞、玉器之藏。典命，掌諸侯五儀、諸臣五等之命。司服，掌王之吉凶衣服。典祀，掌外祀之兆守。守祧。守先王先公之廟祧。○世婦，每宮卿二人，下大夫四人。掌女宮宿戒及祭祀。內宗，掌宗廟之祭祀，薦加豆籩。外宗。掌宗廟之祭祀，佐后薦豆籩。○冢人，下大夫。掌公墓。墓大夫，下大夫。掌邦墓。職喪。掌凡有爵者之喪。○大司樂，中大夫。掌成均之法，以治建國之學政，以樂德、樂語、樂舞教國子，以六律、六同、五聲、八音、六舞大合樂，以致鬼神示，和邦國，諧萬民，作動物，禁淫聲，樂官之長也。樂師，下大夫。掌國學之政，教國子小舞，教樂儀。大胥，掌學士之版，以待致諸子。小胥。掌學士之徵令而比之。大師，下大夫。掌六律六同，教六詩。小師，掌教鼓、鼗、柷、敔、簫、管、絃、歌〔八〕。瞽矇，矇，音蒙。○掌鼗、鼓、柷、敔、塤、簫、琴、瑟及九德六詩之歌〔九〕。眡瞭，眡，音視。瞭，音了。○掌凡樂事相瞽。典同，掌爲樂器。磬師，鐘師，笙師，鎛師，鎛，音博。韎師，韎，音妹。○教韎樂。旄人，教舞散樂、夷樂。籥師，教國子舞、吹籥〔一〇〕。籥章，掌土鼓豳籥，以逆暑迎寒、祈年祭蜡。鞮鞻氏，鞮，丁兮反。鞻，九具反。○掌夷樂。典庸器，掌藏庸器樂器。司干。掌舞器。○大卜，下大夫。掌三兆、三易、三夢之法，以邦事作八命，卜筮官之長也。卜師，掌開龜之四兆。龜人，掌六龜之屬，取之，攻之，釁之。菙氏，菙，時髓反。○掌共焳契。占人，掌占龜筮。簭人，簭，音筮。○掌三易以辨九筮。占夢，占六夢。眡祲。祲，子鴆反，又且衽反。○掌十煇以觀妖祥。○大祝，下大夫。掌六祝、六祈，作六辭，辨六號、九祭、九拜，祝官之長也。小祝，掌小祭之祝號。喪祝，掌大喪勸防之事。甸祝，掌表貉之祝號。詛祝。掌盟詛、類造、攻説、襘禜之祝號。○司巫，掌羣巫之政，巫官之長也。男巫，女巫。○大史，下大夫。掌建邦之典、法、則，正歲年以序事，頒告朔於邦國，史官之長也。小史，掌邦國之志。馮相氏，馮，音憑。相，息亮反。○掌歲、月、辰、日、星之位。保章氏。掌志星辰日月之變。內史，中大夫。掌八柄以詔王治，書王命。外史，掌書外令、四方之志、三皇五帝之書，達書名於四方。御史。掌邦國都鄙萬民之治令，以贊冢宰。○巾車，下大夫。掌公車之政令。典路，掌五路。車僕，掌車路之倅。司常。掌九旗。○都宗人，掌都祭祀之禮。家宗人。掌家祭祀之禮。凡以神仕者無數。○乃立夏官司馬，使帥其屬而掌邦政，以佐王平邦國。大司馬，卿一人。掌建邦國之九法，以佐王平邦國，以九伐之法正邦國，以九畿之籍施邦國之政，教振旅、茇舍、治兵、大閲，大合軍，以行禁令，以救無辜，伐有罪。小司馬，中大夫二人。軍司馬，下大夫四人。輿司馬，行司馬。○軍將命卿將，去聲。○萬二千五百人爲一軍。師帥，中大夫。帥，所類反，下同。○二千五百人爲師。旅帥，下大夫。五百人爲旅。卒長，上士。長，丁丈反。○百人爲卒。兩司馬，中士。二十五人爲兩。伍長。長，丁丈反。○五人爲伍。○司勳，掌六鄉賞地，以等功。馬質，掌質馬。量人，量，音亮。○掌建國之法。小子，掌祭祀，羞羊肆、羊殽、肉豆。羊人，掌羊牲。司爟。爟，古喚反。○掌行火之政令。○掌固，掌脩城郭、溝池、樹渠之固，而頒其守。司險，掌九州山林川澤之阻，設溝涂而樹之，皆有守禁。掌疆，候人。各掌其方之道治。○環人，掌致師，察軍慝。挈壺氏。挈壺以令軍井。○射人，下大夫。掌公、卿、大夫將射見王之位，以射法治射儀。○服不氏，養猛獸。射鳥氏，射，食亦反。羅氏，羅烏鳥。掌畜。畜，許六反。○養鳥。○司士，下大夫。掌羣臣之版，正朝儀之位，衛官之長也。諸子，下大夫。掌國子之倅。司右。掌羣右之政令。虎賁氏，下大夫。賁，音奔。○掌先後王而趨。旅賁氏，賁，音奔。○夾王車。節服氏，維王之太常。方相氏。掌時難。○太僕，下大夫[一一]。掌正王之服位，出入王之大命，建路鼓以達窮者及遽令，僕官之長也。小臣，掌王之小命，相王之小法儀。祭僕，掌視祭祀而警戒其有司。御僕，掌羣吏之逆、庶民之復。隸僕。掌廟寢掃除糞洒之事。○弁師。掌五冕。○司甲，下大夫。兵官之長也。司兵，掌五兵、五盾。司戈盾。盾，常允反。○司弓矢，下大夫。司弓官之長也。繕人，掌王之用弓弩。槀人。槀，古老反。○掌齎弓矢之工。○戎右，中大夫。古參乘也，掌戎車之兵革。齊右，下大夫。齊，側皆反。○掌前齊車。道右。掌前道車。○大馭，中大夫。馭，音御。○掌御玉路。戎僕，中大夫。掌御戎車。齊僕，齊，側皆反。○掌御金路。

道僕，掌御象路。田僕，掌御田路。馭夫。掌御貳車、從車、使車。○校人，中大夫。校，户教反。○掌王馬之政，馬官之長也。趣馬，趣，七走反〔一二〕。○掌贊正良馬。巫馬，掌養疾馬。牧師，掌牧地。廋人，廋，所求反。○掌十有二閑之政教。圉師，圉，魚吕反，下同。○教養馬。圉人。掌養馬。○職方氏，中大夫四人，下大夫八人。掌天下之圖，辨九州九服之國，主四方官之長也。土方氏，掌土圭之法，以相宅，建邦國都鄙。懷方氏，掌來遠民。合方氏，掌達道路同數器。訓方氏，掌道四方之政事。形方氏，掌制邦國之地域。山師，掌山林名物。川師，掌川澤名物。邍師，邍，音元。○掌四方之地名名物。匡人，掌達法則，匡邦國。撢人。撢，他南反。○掌誦王志，巡邦國。○都司馬，掌都之車馬兵甲。家司馬。○乃立秋官司寇，使帥其屬而掌邦禁，以佐王刑邦國。大司寇，卿一人。掌建三典以詰四方，以五刑糾萬民，以圜土教罷民，以兩造禁民訟，以兩劑禁民獄，以嘉石平罷民，以肺石達窮民。小司寇，中大夫二人。掌外朝之政以詢萬民，以五聽求民情，以八辟附刑罰，以三刺斷獄訟。士師，下大夫四人。掌以五禁、左右刑罰，以五戒先後刑罰，掌士之八成。鄉士，各掌其鄉之獄訟。遂士，各掌其遂之獄訟。縣士，各掌其縣之獄訟。方士，掌都家之獄訟。訝士，掌四方之獄訟。朝士。朝，直遥反。○掌外朝之法。○司民。掌登萬民之數。○司刑，掌五刑之法。司刺。掌三刺、三宥、三赦之法。○司約，約，於妙反。○掌邦國萬民之約劑。司盟，掌盟載之法。職金，掌凡金玉錫石丹青之戒令。司厲。掌盜賊之任器貨賄。○犬人。掌犬牲。○司圜，收教罷民。掌囚，守盜賊。掌戮，掌殺戮。司隸，掌五隸。罪隸，役百官府。蠻隸，役校人。閩隸，閩，莫巾反。○役畜養鳥。夷隸，役牧人。貉隸，貉，孟百反。○役服不氏。布憲，掌憲刑禁。禁殺戮，掌司斬殺戮者。禁暴氏，掌禁庶民之亂暴。野廬氏，掌達道路。蜡氏，蜡，清預反。○掌除骴。雍氏，雍，於勇反。○掌溝瀆澮池之禁。萍氏，掌水禁、幾酒、謹酒。司寤氏，掌夜時。司烜氏，烜，音毁。○掌取明水、火，修火禁。條狼氏，條，音滌。○掌執鞭以趨辟。脩閭氏，掌比國中宿互欜者。冥氏，掌攻猛獸。庶氏，庶，音煮。○除毒蠱。穴氏，攻蟄獸。翨氏，翨，音翅，失豉反。○攻猛鳥。柞氏，柞，側百反。○攻草木。薙氏，薙，他計反。○殺草。硩蔟氏，硩，音摘。蔟，倉獨反。○覆夭鳥之巢。翦氏，除蠹物。赤犮氏，犮，音跋。○除墻屋。蟈氏，蟈，古獲反。○去鼃黽。壺涿氏，涿，陟角反。○除水蟲。庭氏，射夭鳥。銜枚氏，司囂。伊耆氏。共杖咸。○大行人，中大夫。掌大賓、大客之禮儀，以親諸侯。此以下皆主賓客之官。小行人，下大夫。掌禮籍，以待四方之使者，達六節，成六瑞，合六幣。司儀，掌九儀以詔賓客擯相，儀容辭令揖讓之節。行夫，掌邦國傳遽之小事。環人，掌送迎賓客。象胥，掌客，掌訝，掌交，掌以節與幣巡諸侯及萬民〔一三〕。掌察，掌貨賄，朝大夫，朝，直遥反。○掌都家之國治。都則，都士，家士。○冬官司空亡。考工之屬，攻木之工：輪人，爲輪，爲蓋。輿人，爲車。車人，爲車，爲耒。輈人，輈，張留反。○爲輈。廬人，爲廬器。匠人，建國，營國，爲溝洫。弓人，爲弓。梓人。爲侯，爲筍虡，爲飲器。攻金之工：築氏，爲削。冶氏，爲殺矢。鳧氏，爲鐘。㮚氏，「㮚」，古「栗」字。○爲量。段氏，段，丁亂反。○爲鎛。桃氏。爲劍。攻皮之工：函人，爲甲。鮑人，韗人，韗，音運。○爲皐陶。韋氏，裘氏。設色之工：畫繢，鐘氏，染羽。筐人，筐，音匡。㡆氏。㡆，莫黄反。○湅絲。刮摩之工：刮，古八反。玉人，楖人，楖，側筆反。雕人，磬氏，爲磬。矢人。爲矢。摶埴之工：摶，音團，一音博。埴，時職反。陶人，爲甗。旊人。旊，甫往反。○爲簋。○凡執技以事上者，祝、史、射、御、醫、卜及百工。言技，謂此七者。凡執技以事上者，不貳事，不移官，欲專其事，亦爲不德。出鄉不與士齒，賤也。於其鄉中則齒，親親也。仕於家者，出鄉不與士齒。亦賤〔一四〕。

校勘記

〔一〕蓍筮　賀本此句下有「○吕氏春秋勿躬」六字。

〔二〕豈必勞形愁心弊耳目哉　賀本此句下有小字注文「○吕氏春秋勿躬」六字。

〔三〕或者欲見畿内之國二卿與　「二」字原脱，據賀本補。

〔四〕禮志曰　諸本同。按：所引見禮記明堂位。

〔五〕爲有所法　此句下原有長墨塊兩行，傅本同，丁本、朝鮮本、吕本、賀本缺。

〔六〕皆能其官則政治　賀本此句下有「○尚書周官」四字。

〔七〕饎尺志反　「饎」，原作「鐂」，據朝鮮本、賀本改。

〔八〕掌教鼓鼗柷敔簫管絃歌　丁本、傅本、朝鮮本、吕本同，賀本「敔」下有「塤」字，與周禮合。

〔九〕掌鼗鼓柷敔塤簫琴瑟及九德六詩之歌　諸本同。按：周禮無「鼓」字。

〔一〇〕教國子舞吹籥　丁本、傅本、朝鮮本、吕本同，賀本「舞」下有「羽」字，與周禮合。

〔一一〕太僕下大夫　「下」，原作「中」，據賀本改。

〔一二〕趣七走反　「走」，原作空格，據吕本、賀本補。按：經典釋文作「口」。

〔一三〕掌以節與幣巡諸侯及萬民　此十一字原在上「象胥」二字下，據賀本移此。

〔一四〕亦賤　賀本此句下有「○王制」二字。

儀禮經傳通解卷第三十三

王朝禮十

王制之己 建侯

凡建邦國，大司徒以土圭土其地而制其域，見王制篇，其與周禮不同者，鄭氏已言之矣。土方氏以土地相其宅，相，息亮反。○土地，猶度地，知東西南北之深而相其可居者。宅，居也。量人以建國之法量其城郭、宮室、市朝、道巷、門渠，量，音亮。朝，直遥反。○立國有舊法式，若匠人職云。太祝先告后土，用牲幣，后土，社神也。封人設其社稷之壝而封其四疆。壝，維癸反。

匠人營國，方九里。○鄭氏曰：公之城方九里，宮廣九百步；侯、伯之城方七里，宮廣七百步；子、男之城方五里，宮廣五百步。○費誓曰：魯人三郊三遂。費，音秘。○疏曰：三郊三遂，謂魯人三軍。周禮司徒：「萬二千五百家爲鄉。」司馬法：「萬二千五百人爲軍。」小司徒云：「凡起徒役，無過家一人。」是家出一人，一鄉爲一軍。天子六軍，出自六鄉，則諸侯大國三軍，亦當出自三鄉也。周禮又云：「萬二千五百家爲遂。」遂人職云：「以歲時稽其人民，簡其兵器，以起征役。」則六遂亦當出六軍。鄉爲正，遂爲副耳。鄭衆云：「六遂之地，在王國百里之外。」然則王國百里爲郊，鄉在郊内，遂在郊外。釋地云：「邑外謂之郊。」孫炎曰：「邑，國都也。」設百里之國，去國十里爲郊，則諸侯之制，亦當鄉在郊内，遂在郊外。此言三郊三遂者，三郊謂三鄉也。蓋使三鄉之民分在四郊之内，三遂之民分在四郊之外，鄉近於郊，故以郊言之。○書大傳曰：古者，百里之國，三十里之遂，二十里之郊，九里之城，三里之宫；七十里之國，二十里之遂，九里之郊，三里之城，一里之宫；五十里之國，九里之遂，三里之郊，一里之城，以城爲宫。遂郊之門，執禁以譏異服，譏異言〔一〕。城或疑焉〔二〕。匠人云：「國方九里。」謂天子城也。今大國九里，則與天子同。春秋傳曰：「中五之一，小九之一。」以此推説，小國大都之城方百步，中都之城六十步，小都之城三十三步三分之一，非也。然則大國七里之城〔三〕，小國三里之城焉，爲近可也。或者，天子實十二里城，諸侯大國九里，次國七里，小國五里。○諸侯之宫，三門三朝。其外門曰臯門，次曰應門，又次曰路門。應，應對之應。○鄭氏曰：有庫、雉，無臯、應。其臯門内曰外朝，應門内曰内朝，路門内曰路寢之朝。記曰：諸侯朝服以日視朝於内朝，退適路寢聽政。鄭氏曰：天子諸侯皆三朝，此内朝者，路門外之正朝，猶天子之治朝也。路寢則猶天子之内朝，而中門之外又自有外朝也。朝，直遥反。

命諸侯，王位設黼依，依前南鄉設莞筵紛純，加繅席畫純，加次席黼純，左右玉几。黼，音甫。依，於豈反。鄉，音嚮。莞，音官。純，章允反。繅，音早。○斧謂之黼，其繡白黑采，以絳帛爲質。依，其制如屏風然。於依前爲王設席，左右有几，優至尊也。鄭司農云：「紛，讀爲豳，又讀爲和粉之粉，謂白繡也。純，讀爲均服之均。純，緣也。繅，讀爲藻率之藻。次席，虎皮爲席。書顧命曰：『成王將崩，命大保、芮伯、畢公等被冕服，憑玉几。』」玄謂：紛如綬，有文而狹者。繅席，削蒲蒻展之，編以五采，若今合歡矣。畫，謂雲氣也。次席，桃枝席，有次列成文〔四〕。宗伯儐，儐，必刃反。○儐，進之也。王將出命，假祖廟，立依前南鄉。儐者進當命者，延之命使登。内史由王右以策命之，降，再拜稽首，登，受策以出。此其略也。諸侯爵禄其臣，則於祭焉。内史策命之。鄭司農説以春秋傳曰：「王命内史叔興父策命晉侯爲侯伯。」策謂以簡策書王命，其文曰：「王謂叔父：敬服王命，以綏四國，糾逖王慝〔五〕。」

傳：衛子魚曰：「武王克商，成王定之，選建明德，以蕃屏周。故周公相王室，以尹天下，蕃，方元反。相，息亮反。○尹，正也。於周爲睦。睦，親厚也，以盛德見親厚。分魯公以大路、大旂、魯公，伯禽也。此大路，金路，錫同姓諸侯車也。交龍爲旂，周禮同姓以封。夏后氏之璜、璜，音黄。○璜，美玉名。封父之繁弱，父，音甫。○封父，古諸侯也。繁弱，大弓名。殷民六族：條氏、徐氏、蕭氏、索氏、長勺氏、尾勺氏，使帥其宗氏，輯其分族，將其類醜，索，素各反。勺，示灼反。輯，音集。○醜，衆也。以法則周公，用即命于周。即，就也，使六族就周，受周公之法制。是使之職事于魯，共魯公之職事。以昭周公之明德。昭，顯也。分之土田陪敦、陪，步回反。○陪，增也。敦，厚也。祝、宗、卜、史，大祝、宗人、大卜、大史，凡四官。備物、典策、典策，春秋之制。官司、彝器，官司，百官也。彝器，常用器。因商奄之民，商奄，國名也。與四國流言，或迸散在魯，皆令即屬魯懷柔之。命以伯禽伯禽，周公世子。時周公唯遣伯禽之國，故皆以付伯禽。○今按：下文康誥、唐誥，則伯禽亦書名。而封於少皞之虚。少，詩照反。皞，胡老反。虚，起居反。○少皞虚，曲阜也，在魯城内。分康叔康叔，衛之祖。以大路、少帛、綪茷、旃旌、少，詩照反。綪，七見反。茷，步貝反。旃，章然反。○少帛，雜帛也。綪茷，大赤，取染草名也。通帛爲旃，析羽爲旌。大吕，鐘名。殷民七族：陶氏、施氏、繁氏、錡氏、樊氏、饑氏、終葵氏，封畛土略，自武父以南及圃田之北竟，繁，步河反。錡，魚豈反。畛，之忍反。父，音甫。竟，音境。○畛，塗所徑也。略，界也。武父，衛北界。圃田，鄭藪名。取於有閻之土以共王職，共，音恭。○有閻，衛所受朝宿邑，蓋近京畿。取於相土之東都以會王之東蒐。相，息亮反。○爲湯沐邑，王東巡守，以助祭泰山。聃季授土，聃，乃甘反。○聃季，周公弟，司空。陶叔授民，陶叔，司徒。命以康誥而封於殷虚，虚，起居反。○康誥，周書。殷虚，朝歌也。皆啓以商政，疆以周索。皆魯、衛也。啓，開也，居殷故地，因其風俗，開用其政。疆理土地以周法。索，法也。分唐叔唐叔，晉之祖。

以大路、密須之鼓、密須，國名。闕鞏、鞏，九勇反。○甲名。姑洗，洗，息典反。○鐘名。懷姓九宗，職官五正。懷姓，唐之餘民。九宗，一姓爲九族。職官五正，五官之長。命以唐誥而封於夏虛，虛，起居反。○唐誥，誥命篇名也。夏虛，大夏，今太原晉陽也。啓以夏政，亦因夏風俗，開用其政〔六〕。疆以戎索。」太原近戎而寒，不與中國同，故自以戎法。○今按：策命晉文公乃爲侯伯，非封國也。伯禽、唐誥之篇，今亦亡逸，而康誥又非策命，唯微子、蔡仲之命，乃封國策命之詞也。○左氏定公四年

冢宰施六典于邦國，建其牧，立其監，設其參，傅其伍，陳其殷，置其輔。監，古陷反。參，七南反。傅，音附。○侯伯有功德者加命作州長，謂之牧，所謂「八命作牧」者。監，謂公、侯、伯、子、男各監一國。參，謂卿三人。伍，謂大夫五人。殷，衆也，謂衆士也。王制：「諸侯上士二十七人。」其中士、下士各居其上之三分。輔，府史，庶人在官者。○今按：監，疑謂天子大夫爲三監者。蓋謂之邦國則固已有君矣，但建牧立監以總之，設卿大夫士吏以輔之耳。○天官

牧誓曰：司徒、司馬、司空。左氏曰：魯季孫爲司徒，叔孫爲司馬，孟孫爲司空。內則曰：后王命冢宰，降德於衆兆民。左氏又曰：宋華元爲右師，魚石爲左師，蕩澤爲司馬，華喜爲司徒，公孫師爲司城，向爲人爲大司寇，鱗朱爲少司寇，向帶爲大宰，魚府爲少宰。華，胡化反。向，所亮反。少，詩照反。○今按：牧誓所言，蓋未克商時侯國之官，故內則以冢宰敷

教，而鄭氏以爲諸侯并六卿爲三，故以司徒兼冢宰，皆諸侯三卿之證也。唯宋得備六官，説者以爲二王之後得用天子制度，理或然也。

以九貢致其用：一曰祀貢，二曰嬪貢，三曰器貢，四曰幣貢，五曰材貢，六曰貨貢，七曰服貢，八曰斿貢，九曰物貢。嬪，音頻。○「嬪」，故書作「賓」。鄭司農云：「祀貢，犧牲包茅之屬。賓貢，皮帛之屬。器貢，宗廟之器。幣貢，繡帛。材貢，木材也。貨貢，珠貝自然之物也。服貢，祭服。斿貢，羽毛。物貢，九州之外，各以其所貴爲摯，肅慎氏貢楛矢之屬是也。」玄謂：嬪貢，絲枲。器貢，銀鐵石磬丹漆也。幣貢，玉馬皮帛也。材貢，杶幹栝柏篠簜也。貨貢，金玉龜貝也。服貢，絺紵也。斿，讀如囿游之游。斿貢，燕好珠璣琅玕也。物貢，雜物，魚鹽橘柚。以九兩繫其民：一曰牧，以地得民；二曰長，以貴得民；三曰師，以賢得民；四曰儒，以道得民；五曰宗，以族得民；六曰主，以利得民；七曰吏，以治得民；八曰友，以任得民；九曰藪，以富得民。長，丁丈反。藪，素口反。○兩，猶耦也，所以協耦萬民。繫，聯綴也。牧，州長也，九州各有封域以居民也。長，諸侯也，一邦之貴，民所仰也。師，諸侯師氏，有德行以教民者。儒，諸侯保氏有六藝以教民者。宗，繼别爲大宗收族者。鄭司農云：「主，謂公卿大夫，世世食采不絶，民税薄利之。」玄謂：利，讀如上思利民之利，謂以政教利之。吏，小吏在鄉邑者。友，謂同井相合耦耡作者。孟子曰：「鄉田同井，出入相友，守望相助，疾病相扶持，則百姓親睦。」藪亦有虞，掌其政令，爲之厲禁，使其地之民守其材物，以時入於王府，頒其餘於萬民。富，謂藪中材物。○大祝：頒祭號于邦國都鄙。祭號，六號。○太史：頒告朔于其國。天子班朔于諸侯，諸侯藏之祖廟，至朔朝于廟，告而受行之。鄭司農曰：「頒讀爲班，班，布也，以十二月朔布告天下諸侯，故春秋傳曰：『不書日，官失之也。』」

記曰：諸侯皮弁以聽朔于太廟。春秋魯文公六年閏月，不告朔，猶朝于廟。朝，直遥反。十六年夏五月，公四不視朔。論語：子貢欲去告朔之餼羊，子曰：「爾愛其羊，我愛其禮。」餼，許氣反。傳曰：諸侯受十二月朔政於天子，藏於大祖廟。每月朔朝廟，使大夫南面奉天子命，君北面而受之。此時使有司先告朔，慎之至也。受於廟者，孝子歸美先君，不敢自專也。言朝者，緣生以事死。親在，朝朝莫夕；已死，不敢渫鬼神故也。必于朔者，感月始生而朝也。朝朝，上如字，下直遥反。莫，音暮。渫，息列反。

大宗伯：以九儀之命正邦國之位：壹命受職，再命受服，三命受位，四命受器，五命賜則，六命賜官，七命賜國，八命作牧，九命作伯。注見設官篇。○典命：掌其五儀，曰：上公九命爲伯，其國家、宫室、車旗、衣服、禮儀皆以九爲節；侯、伯七命，其國家、宫室、車旗、衣服、禮儀皆以七爲節；子、男五命，其國家、宫室、車旗、衣服、禮儀皆以五爲節。王之三公八命，其卿六命，其大夫四命。及其出封，皆加一等，其國家、宫室、車旗、衣服、禮儀亦如之。○大司馬：掌建邦國之九法，以佐王平邦國。平，成也，正也。制畿封國，以正邦國；封，謂立封於疆爲界。設儀辨位，以等邦國；儀，謂諸侯及諸臣之儀。辨，别也，别尊卑之位。進賢興功，以作邦國；興，猶舉也。作，起也，起其勸善樂業之心，使不惰廢。建牧立監，以維邦國；監，古陷反。○牧，州牧也。監，監一國，謂君也。維，猶聯結也。制軍詰禁，以糾邦國；詰，猶窮治也。糾，猶正也。施貢分職，以任邦國；職，謂賦税也。任，猶事也，事以其力之所堪。簡稽鄉民，以用邦國；簡，謂比數之。稽，猶計也。均守平則，以安邦國；諸侯有土地者均之，尊者守大，卑者守小。則，法也。比小事大，以和邦國。比，毗志反。○比，猶親，使大國親小國，小國事大國，相合和也。又使其屬合方氏者：達其道路，津梁相湊，不得陷絶。通其財利，茂遷其有無。同其數器，權衡不得有輕重。壹其度量，量，音亮。○尺丈釜鍾不得有大小。除其怨惡，惡，烏路反。○怨惡，邦國相侵虐。同其好善。好，呼報反。○所好所善，謂風俗所高尚。撢人者：誦王志，道國之政事，以巡天下之邦國而語之，撢，吐南反。語，魚據反。○道，猶言也。以王之志與政事諭説諸侯，使不迷惑。使萬民和説而正王面。説，音悦。○面，猶鄉也，使民之心曉而正鄉王。○司服：辨其服，曰：公之服，自袞冕而下，如王之服；侯、伯之服，自鷩冕而下，如公之服；子、男之服，自毳冕而下，如侯伯之服。鷩，普滅反。毳，昌鋭反。○典瑞：掌其瑞，曰：公執桓圭，侯執信圭，伯執躬圭，子執穀璧，男執蒲璧。信，音申。○巾車：掌其車，曰：金路以封同姓，象路以封異姓，革路以封四衛，木路以封蕃國。以上注見名器篇。○大宗伯：以脤膰之禮，親兄弟之國。脤，時忍反。膰，音煩。○脤膰，社稷宗廟之肉，以賜同姓之國，同福禄也。兄弟，有共先王者。魯定公十四年，天王使石尚來歸脤。以賀慶之禮，親異姓之國。異姓，王昏姻甥舅。以賓禮親邦國，親，謂使之相親附。賓禮之别有八。曰：春見曰朝，夏見曰宗，秋見曰覲，冬見曰遇；時見曰會，殷見曰同，時聘曰問，殷覜曰視。見，賢遍反。朝，直遥反。覜，他弔反。○注見朝狩篇。以軍禮同邦國，曰：大師之禮，用衆也；大均之禮，恤衆也；大田之禮，簡衆也；大役之禮，任衆也；大封之禮，合衆也。注見軍禮篇。以凶禮哀其憂，哀，謂救患分災。凶禮之别有五。曰：以喪禮哀死亡〔七〕，哀，謂親者服焉，疏者含襚。以荒禮哀凶札，札，側八反。○荒，人物有害也。曲禮曰：「歲凶，年穀不登，君膳不祭肺，馬不食穀，馳道不除，祭事不懸，大夫不食粱，士飲酒不樂。」札讀爲截，截謂疫癘。以弔禮哀禍災，禍災，謂遭水火。宋大水，魯莊公使人弔焉，曰：「天作淫雨，害於粢盛，如何不弔？」厩焚，孔子拜鄉人爲火來者，拜之，士一，大夫再，亦相弔之道。以襘禮哀圍敗，襘，户外反。○同盟者合會財貨，以更其所喪。春秋襄三十年冬，會于澶淵，宋災故，是其類。以恤禮哀寇亂。恤，憂也，鄰國相憂。兵作於外爲寇，作於内爲亂。○大司馬：以九伐之法正邦國：馮弱犯寡，則眚之；賊賢害民，則伐之；暴内陵外，則壇之；野荒民散，則削之；負固不服，則侵之；賊殺其親，則正之；放弑其君，則殘之；犯令陵政，則杜之；外内亂，鳥獸行，則滅之。馮，皮冰反。眚，所景反。壇，音善。行，下孟反。○注見軍禮篇。○以上並周禮。○書曰：「三載考績，三考，黜陟幽明。」其訓曰：三歲而小考者，正職而行事也。九歲而大考者，黜無職而賞有功也。其賞有功也，諸侯賜弓矢者，得專征；賜鈇鉞者，得專殺；賜圭瓚者，得爲鬯以祭。不得專征者，以兵屬於得專征之國；鈇，方于反。鉞，音越。瓚，才旦反。鬯，敕亮反。○春秋傳曰「魯賦八百，邾賦六百」，以屬於晉，由是也。不得專殺者，以獄屬於專殺之國；不得賜圭瓚者，資鬯於天子之國然後祭。資，取。〔八〕○又曰：諸侯得專征者，鄰國有臣弑其君，孽伐其宗，雖有請於天子而征之可也，征而歸其地於天子。孽，魚列反。○孽，支子也。宗，適子也。征，伐也。諸侯之有不率正者，天子絀之：絀，音出。○率，循也。正，政也。一絀，少絀以爵；謂三年時也。言少絀，明以漸也。再絀，少絀以地；謂六年時也。三絀而地畢。〔九〕

周平王錫晉文侯秬鬯一卣、彤弓一、彤矢百、盧弓一、盧矢百、馬四匹。秬，音巨。鬯，敕亮反。卣，由手反。彤，徒冬反。○黑黍曰秬，釀以鬯草。不言圭瓚，可知。卣，中罇也。當以錫命告其始祖，故賜鬯。彤，赤。盧，黑也。馬四匹曰乘。○書文侯之命○齊桓公會諸侯于葵丘，王使宰孔賜齊侯胙，胙，音祚。○胙，祭肉。尊之，比二王後。賞服大路、龍旂九旒、渠門赤旂。旂，音祈。旒，音流。○大路，謂金路，鉤樊纓九就。龍旂，畫交龍於縿也，正幅爲縿，旁屬爲旒。鉤，婁頷之鉤。樊，馬大帶。纓，當胸，削革爲之。皆以五采罽飾之。九就，就，成也。渠門，兩旗所建，以爲軍門，若今牙門也。○齊語○晉文公以諸侯之師及楚人戰于城濮，楚師敗績，獻楚俘於王，駟介百乘，徒兵千人。濮，音卜。乘，去聲。○駟介，四馬被甲。徒兵，步卒。王命尹氏及王子虎、内史叔興父策命晉侯爲侯伯，父，音甫。○以策書命晉侯爲伯也。周禮：「九命作伯。」尹氏、王子虎，皆王卿士也。叔興父，大夫也。三官命之，以寵晉。賜之大輅之服、戎輅之服，輅，音路。○大輅，金輅。戎輅，戎車。二輅各有服。彤弓一，彤矢百，玈弓矢千，彤，徒冬反。玈，音盧。○彤，赤弓。玈，黑弓。弓一矢百，則矢千弓十矣。諸侯賜弓矢，然後專征伐。秬鬯一卣，秬，音巨。鬯，敕亮反。卣，由手反。○秬，黑黍。鬯，香酒，所以降神。卣，器名。虎賁三百人。曰：「王謂叔父：『敬服王命，以綏四國，糾逖王慝。』」賁，音奔。逖，敕力反。慝，吐得反。○逖，遠也。有惡於王者，糾而遠之。晉侯三辭，從命，曰：「重耳敢再拜稽首，奉揚天子之丕顯休命。」重，直龍反。稽，音啓。○稽首，首至地。丕，大也。休，美也。受策以出，出入三覲。出入，猶去來也。從來至去，凡三見王。○左僖公二十八年○舜曰：「咨，禹！惟時有苗弗率，汝徂征。」禹乃會羣后，誓于師，曰：「蠢兹有苗，昏迷不恭，侮慢自賢，反道敗德。肆予以爾衆士，奉辭罰罪。爾尚一乃心力，其克有勳。」蠢，春允反。○書大禹謨○啓與有扈戰于甘之野，王曰：「有扈氏威侮五行，怠棄三正，天用剿絶其命，今予惟恭行天之罰。」扈，音户。剿，子小反。○書甘誓○惟仲康肇位四海，胤侯命掌六師。羲和廢厥職，酒荒于厥邑，胤后承王命徂征，告于衆曰：「惟時羲和顛覆厥德，沉亂于酒，畔官離次，昏迷于天象，以干先王之誅。今予以爾有衆，奉將天罰。爾衆士同力王室，尚弼予欽承天子威命。」肇，音兆。胤，引證反。○書胤征○諸侯朝正於王，朝，直遥反。○朝而受政教也。王宴樂之，於是乎賦湛露，則天子當陽，諸侯用命也。樂，音洛。湛，直減反。○湛露曰：「湛湛露斯，匪陽不晞。」晞，乾也。言露見日而乾，猶諸侯稟天子命而行。諸侯敵王所愾而獻其功，愾，苦愛反。○敵，猶當也。愾，恨怒也。王於是乎賜之彤弓一、彤矢百、玈弓矢千，以覺報宴。彤，徒冬反。玈，音盧。○覺，明也。謂諸侯有四夷之功，王賜之弓矢，又爲歌彤弓，以明報功宴樂。○左氏傳文公四年○凡諸侯有四夷之功，則獻于王，王以警于夷；以警懼夷狄。中國則否，諸侯不相遺俘。遺，維季反。○雖夷狄俘，猶不以相遺。○左氏傳莊公三十一年○禮：諸侯三年一貢士於天子，天子命與諸侯輔助爲政，所以通賢共治，示不獨專，重民之至。大國舉三人，次國舉二人，小國舉一人。一適謂之好德，再適謂之賢賢，三適謂之有功。不適謂之過，再不適謂之傲，三不適謂之誣。好，呼報反〔一〇〕。○天子賜諸侯之樂，則以柷將之；賜伯子男樂，則以鼗將之。柷，昌六反。○將，謂執以致命。柷、鼗，皆所以節樂。○王制

衛武公年數九十有五矣，猶箴儆於國曰：「自卿以下至於師長士，苟在朝者，無謂我老耄而舍我，必恭恪於朝，朝夕以交戒我；聞一二之言，必誦志而納之，以訓道我。」箴，音針。長，丁丈反。耄，莫報反。舍，音捨。在朝、於朝之朝，直遥反。道，音導。○言，謗譽之言也。志，記也。

在輿有旅賁之規，賁，音奔。○規，規諫也。旅賁，勇力之士，掌執戈楯夾車而趨，車止則持輪。位宁有官師之典，宁，直吕反。○中庭之左右謂之位，門屏之閒謂之宁。師，長也。典，常也。倚几有誦訓之諫，誦訓，工師所誦之諫，書之於几也。居寢有暬御之箴，暬，音薛。○暬，近也。臨事有瞽史之道，道，音導。○事，戎祀也。瞽，樂太師，掌詔吉凶。史，太史也，掌詔禮事。宴居有師工之誦，師，樂師。工，瞽矇也。誦，謂箴諫也。史不失書，矇不失誦，以訓御之，矇，音蒙。○御，進也。於是乎作懿戒以自儆也。三君云：懿，戒書也。昭謂：懿，詩大雅抑之篇也。懿，讀曰抑，毛詩叙曰：「抑，衛武公刺厲王，亦以自儆也。」及其没也，謂之叡聖武公。」叡，悦歲反。○楚語○衛獻公出奔齊。師曠侍於晉侯，師曠，晉樂大師子野。晉侯曰：「衛人出其君，不亦甚乎？」對曰：「或者其君實甚。良君將賞善而刑淫，養民如子，蓋之如天，容之如地；民奉其君，愛之如父母，仰之如日月，敬之如神明，畏之如雷霆，其可出乎？天生民而立之君，使司牧之，勿使失性。有君而爲之貳，貳，卿佐。使師保之，勿使過度。是故天子有公，諸侯有卿，卿置側室，側室，支子之官。大夫有貳宗，貳宗，宗子之副貳者。士有朋友，庶人工商、皂隸牧圉皆有親暱，以相輔佐也。善則賞之，皂，在早反。暱，女乙反。○賞，謂宣揚。過則匡之，匡，正也。患則救之，救其難也。失則革之。革，更也。自王以下各有父兄子弟以補察其政。補其愆過，察其得失。史爲書，瞽爲詩，工誦箴諫，大夫規誨，士傳言，庶人謗，商旅于市，百工獻藝。故夏書曰：『遒人以木鐸徇于路，傳，直專反。遒，在由反。鐸，徒各反。徇，以俊反。○逸書。道人，行令之官也。木鐸，木舌金鈴。徇于路，求歌謡之言。官師相規，官師，大夫。自相規正。工執藝事以諫。』所謂獻藝。正月孟春，於是乎有之，諫失常也。有遒人徇路。夫君，神之主而民之望也。若困民之主，匱神乏祀，百姓絶望，社稷無主，將安用之？弗去何爲？天之愛民甚矣，豈其使一人肆於民上，夫，音扶。去，起吕反。○肆，放也。以從其淫而棄天地之性？必不然矣。」從，子用反。○左氏傳襄公十四年○孔子曰：在上不驕，高而不危；制節謹度，滿而不溢。高而不危，所以長守貴也。滿而不溢，所以長守富也。富貴不離其身，然後能保其社稷而和其民人，蓋諸侯之孝也。詩云：「戰戰兢兢，如臨深淵，如履薄冰。」離，力智反。兢，居陵反。○孝經○子曰：「道千乘之國，敬事而信，節用而愛人，使民以時。」道，音導。乘，去聲。○論語○又曰：「諸侯有爭臣五人，雖無道，不失其國。」爭，音諍。○孝經○辛伯諗周桓公曰：「内寵並后，外寵貳政，嬖子配適，大都偶國，亂之本也。」諗，音審。適，音嫡。○左氏傳閔公二年

傳曰：始封諸侯無子，死不得與兄弟何？古者象賢也，弟非賢者子孫。至繼體諸侯無子，得及親屬者，以其俱賢者子孫也，重其先祖之功，故得及之。禮服傳曰：「大宗不可絶，同宗則可以爲後。」王者受命而作，興滅國，繼絶世何？爲先王無道，妄殺無辜，及嗣子幼弱，爲强臣所奪，子孫皆無罪因而絶，重其先人之功，故復立之。誅君之子不立者，

義無所繼也。諸侯世位，象賢也，今親被誅絶也。春秋傳曰：「誅君之子不立。」君見弑，其子得立何？以尊君防篡弑也。大夫功成未封，子得封者，善善及子孫也。諸侯入爲公卿大夫，得食兩家采不？曰：有能，然後居其位，德加於人，然後食其禄，所以尊賢重有德也。今以盛德人輔佐，兩食之何？王制曰：「天子之縣内諸侯，禄也；外諸侯，嗣也。」天子太子食采者，儲君，嗣主也，當有土以尊之也。太子食百里，與諸侯封同，故禮曰「公仕大夫子」，子也無爵而在大夫上，故知百里也。公卿大夫皆食采者，示與民同有無也。世子三年喪畢，必上受爵命於天子何？明爵土者，天子之有也，臣無自爵之義。童子當受父爵命，使大夫就其國命之，明王者不與童子爲禮也。

校勘記

〔一〕遂郊之門執禁以譏異服譏異言　丁本、傅本、朝鮮本、吕本同，賀本此十三字爲單行大字。

〔二〕城或疑焉　丁本、傅本、朝鮮本、吕本同，賀本「城」作「玄」，與詩經大雅文王有聲孔疏、周禮春官典命賈疏及陳祥道禮書所引合。

〔三〕大國七里之城　丁本、傅本、朝鮮本、吕本同，與陳祥道禮書所引合；賀本此句下有「次國五里之城」六字，與詩經大雅文王有聲孔疏、周禮春官典命賈疏所引合。

〔四〕有次列成文　賀本此句下有「〇司幾筵文」四字。

〔五〕糾逖王慝　賀本此句下有「〇春官」二字。

〔六〕開用其政　「用」，原作「明」，據賀本改。

〔七〕曰以喪禮哀死亡　「曰」字原在上句「以凶禮哀其憂」之前，據賀本移此。

〔八〕資取　此下原有「〇」及墨丁，丁本、傅本同，朝鮮本「〇」下爲空，賀本缺。

〔九〕三絀而地畢　此句下原有漫漶者約四字，傅本同，丁本爲墨丁，朝鮮本缺，賀本有小字注文「〇以上尚書大傳」六字。

〔一〇〕好呼報反　此下原有「〇」及墨丁，丁本、傅本同，朝鮮本「〇」下爲空，賀本作「〇尚書大傳」四字。

儀禮經傳通解卷第三十四

王朝禮十一〔一〕 集補經

王制之庚 名器上

君天下曰「天子」，朝諸侯，分職，授政，任功，曰「予一人」。朝，直遥反。○皆擯者辭也。天下，謂外及四海也。今漢於蠻夷稱天子，於王侯稱皇帝。覲禮曰：「伯父實來，余一人嘉之。」余、予，古今字耳。踐阼，臨祭祀，内事曰「孝王某」，外事曰「嗣王某」。阼，存故反。○皆祝辭也。唯宗廟稱孝，天地社稷祭之郊内，而曰嗣王，不敢同外内。臨諸侯，畛於鬼神，曰「有天王某甫」。畛，之忍反。○畛，致也，祝告至于鬼神辭也〔二〕。曰「有天王某甫」，某甫，且字也。不名者，不親往也。周禮：「大會同過山川，則大祝用事焉。」鬼神，謂百辟卿士也。畛，或爲「祇」。崩，曰「天王崩」。史書策辭。復，曰「天子復矣」。始死時呼魄辭也。不呼名，臣不名君也。諸侯呼字。告喪，曰「天王登假」。假，音遐。○告，赴也。登，上也。假，已也。上已者，若仙去云耳。措之廟，立之主，曰「帝」。

措，七故反。○同之天神。春秋傳曰：「凡君卒哭而祔，祔而作主。」天子未除喪，曰「予小子」。謙，未敢稱「一人」。春秋傳曰：「以諸侯之踰年即位，亦知天子之踰年即位。以天子三年然後稱王，亦知諸侯於其封内三年稱子。」生名之，死亦名之。生名之曰「小子王」，死亦曰「小子王」也。晉有小子侯，是僭取於天子號也。五官致貢曰享。貢，功也。享，獻也。致其歲終之功於王，謂之獻也。周禮大宰：「歲終，則令百官府各正其治，受其會，聽其致事，而詔王廢置。」五官之長曰「伯」，長，丁丈反。○謂爲三公者，周禮：「九命作伯。」是職方。職，主也，是伯分主東西者。春秋傳曰：「自陝以東，周公主之；自陝以西，召公主之。一相處乎内。」是，或爲「氏」。其擯於天子也，曰「天子之吏」。擯，必刃反。○擯者辭也。春秋傳曰：「王命委之三吏。」謂三公也。天子同姓謂之「伯父」，異姓謂之「伯舅」，自稱於諸侯曰「天子之老」，於外曰「公」，於其國曰「君」。稱之以父與舅，親親之辭也。外，自其私土之外，天子畿内。九州之長入天子之國曰「牧」。長，丁丈反。○每一州之中，天子選諸侯之賢者以爲之牧也。周禮曰：「乃施典於邦國而建其牧。」天子同姓謂之「叔父」，異姓謂之「叔舅」，於外曰「侯」，於其國曰「君」。牧尊於大國之君，而謂之叔父，辟二伯也，亦以此爲尊。禮或損之而益，謂此類也。外，自其國之外。九州之中曰侯者，本爵也。二王之後不爲牧。其在東夷、北狄、西戎、南蠻，雖大曰「子」。謂九州之外長也，天子亦選其諸侯之賢者以爲之子，子猶牧也。入天子之國曰「子」，天子亦謂之「子」，雖有侯伯之地，本爵亦無過乎子，是以同名曰「子」。於内自稱曰「不穀」，與民言之謙稱。轂，善也。於外自稱曰「王老」。威遠國也。外，亦其戎狄之中。庶方小侯入天子之國曰「某人」，於外曰「子」，自稱曰「孤」。謂戎狄子男君也。男者於外亦曰「男」，舉尊言之。諸侯見天子曰「臣某侯某」。見，賢遍反。○謂嗇夫承命告天子辭也。其爲州牧，則曰「天子之老臣某侯某奉圭請覲」。某侯者，國名。某者，人名。其與民言，自稱曰「寡人」。謙也，於臣亦然。其在凶服，曰「適子孤」。適，音的。○凶服，亦謂未除喪。臨祭祀，内事曰「孝子某侯某」，外事曰「曾孫某侯某」。稱國者，遠辟天子。死曰「薨」，亦史書策辭。復曰「某甫復矣」。某甫，且字。既葬，見天子曰「類見」。見，賢遍反。○代父受國。類，猶象也。執皮帛，象諸侯之禮見也，其禮亡。言謚曰「類」。使大夫行，象聘問之禮也。言謚者，序其行及謚所宜，其禮亡。諸侯使人使於諸侯，使者自稱曰「寡君之老」。使於、使者之使，色吏反。○繫於君，以爲尊也。此謂諸侯之卿，上大夫。列國之大夫入天子之國曰「某士」，亦謂諸侯之卿也。三命以下，於天子爲士。曰「某士」者，若晉韓起聘於周，擯者曰「晉士起」。自稱曰「陪臣某」。陪，步回反。○陪，重也。於外曰「子」，子，有德之稱，魯春秋曰：「齊高子來盟。」於其國曰「寡君之老」，使者自稱曰「某」。使，色吏反。○使，謂使人於諸侯也。某，名也。○曲禮○凡自稱，天子曰「予一人」，謙，自别於人而已。伯曰「天子之力臣」。伯，上公九命，分陝者。諸侯之於天子曰「某土之守臣某」，其在邊邑曰「某屏之臣某」，其於敵以下曰「寡人」。小國之君曰「孤」，擯者亦曰「孤」。守，手又反。○邊邑，謂九州之外。大國之君自稱曰「寡人」，擯者曰「寡君」。上大夫曰「下臣」，擯者曰「寡君之老」。下大夫自名，擯者曰「寡大夫」。世子自名，擯者曰「寡君之適」。適，音的。○擯者之辭，主謂見於他國君。下大夫自名於他國君曰「外臣某」。公子曰「臣孽」。孽，依注五葛反。○「孽」，當作「枿」，聲之誤。士曰「傳遽之臣」，於大夫曰「外私」。傳，陟戀反。遽，其庶反。○傳遽，以車馬給使者也。士臣於大夫者曰「私人」。大夫私事使，私人擯，則稱名。使，色吏反。○私事使，謂以君命私行，非聘也。若魯成公時，晉侯使韓穿來言汶陽之田，歸之於齊之類。公士擯，則曰「寡大夫」、「寡君之老」。大夫有所往，必與公士爲賓也。賓，必刃反。○謂聘也，大聘使上大夫，小聘使下大夫。公士爲賓，謂作介也。往，之也。○玉藻○國君不名卿老、世婦，大夫不名世臣、姪娣，士不名家相、長妾。姪，大結反。娣，大計反。相，息亮反。長，丁丈反。○雖貴，於其國家猶有所尊也。卿老，上卿也。世臣，父時老臣。○君大夫之子，不敢自稱曰「余小子」，辟天子之子未除喪之名。君大夫，天子大夫有土地者。不敢與世子同名。辟僭效也，其先之生，則亦不改。世，或爲「大」。○天子有后，有夫人，有世婦，有嬪，有妻，有妾。嬪，音頻。○妻，八十一御妻，周禮謂之女御，以其御序於王之燕寢。妾，賤者。公侯有夫人，有世婦，有妻，有妾。貶於天子也，無后與嬪，去上中。天子之妃曰「后」，后之言後也。諸侯曰「夫人」，夫之言扶。大夫曰「孺人」，孺之言屬。士曰「婦人」，婦之言服。庶人曰「妻」。妻之言齊。夫人自稱於天子曰「老婦」，自稱於天子，謂畿內諸侯之夫人助祭，若時事見。自稱於諸侯曰「寡小君」，謂饗來朝諸侯之時。自稱於其君曰「小童」。自世婦以下，自稱曰「婢子」。小童，若云未成人也。婢之言卑也。於其君稱此，以接見體敵，嫌其當。○曲禮○天子玉藻，十有二旒，前後邃延，龍卷以祭。旒，力求反。邃，雖醉反。卷，音衮。○祭先王之服也。雜采曰藻。天子以五采藻爲旒，旒十有二。前後邃延者，言皆出冕前後而垂也，天子齊肩。延，冕上覆也，玄表纁裏。龍卷，畫龍於衣，字或作「衮」。疑畫蟠龍，故謂之卷。玄端而朝日於東門之外，聽朔於南門之外。閏月則闔門左扉，立于其中。朝，直遥反。闔，胡臘反。扉，音非。○端，當爲「冕」，字之誤也。玄衣而冕，冕服之下。朝日，春分之時也。東門、南門，皆謂國門也。天子廟及路寢皆如明堂制，明堂在國之陽，每月就其時之堂而聽朔焉。卒事反宿路寢，亦如之。閏月，非常月也。聽其朔於明堂門中，還處路寢門終月。凡聽朔，必以特牲告其帝及神，配以文王、武王。皮弁以日視朝，遂以食；日中而餕，奏而食。日少牢，朔月大牢。朝，直遥反。餕，音俊。少，詩照反。大，音泰。○餕，食朝之餘也。奏，奏樂也。五飲：上水、漿、酒、醴、酏。酏，以支反。○上水，水爲上，餘其次之。卒食，玄端而居。天子服玄端燕居也。動則左史書之，言則右史書之，其書，春秋、尚書其存者。御瞽幾聲之上下。瞽，音古。○瞽，樂人也。幾，猶察也，察其哀樂。○諸侯玄端以祭，祭先君也。端，亦當爲「冕」，字之誤也。諸侯祭宗廟之服，唯魯與天子同。裨冕以朝，朝，直遥反，下同。○朝天子也。裨冕，公衮，侯伯鷩，子男毳也。皮弁以聽朔於大廟，大，音泰。○皮弁，下天子也。朝服以日視朝於内朝。朝服，冠、玄端、素裳也。此内朝，路寢門外之正朝也。天子諸侯皆三朝。朝，辨色始入。羣臣也。入，入應門也。辨，猶正也，别也。君日出而視之，退適路寢聽政，使人視大夫，大夫退，然後適小寢釋服。小寢，燕寢也。釋服，服玄端。又朝服以食，特牲三俎，祭肺；食必復朝服，所以敬養身也。三俎，豕、魚、腊。夕深衣，祭牢肉。祭牢肉，異於始殺也。天子言「日中」，諸侯言「夕」，天子言「餕」，諸侯言「祭牢肉」，互相挾。朔月少牢，五俎四簋。簋，音軌。○五俎，加羊與其腸胃也。朔月四簋，則日食稻粱各一簋而已。子卯稷食菜羹。食，音嗣。○忌日貶也。夫人與君同庖。庖，步交反。○不特殺也。君無故不殺牛，大夫無故不殺羊，士無故不殺犬豕。故，謂祭祀之屬。君子遠庖廚，凡有血氣之類弗身踐也。遠，于萬反。○踐，當爲「翦」，聲之誤也。翦，猶殺也。○玉藻○王之五冕，皆玄冕朱裏延紐，紐，女九反。○冕服有六，而言五冕者，大裘之冕蓋無旒，不聯數也。延，冕之覆在上，是以名焉。紐，小鼻在武上，笄所貫也，今時冠卷當簪者，廣袤以冠縱，其舊象與？五采繅十有二，就皆五采玉十有二，玉笄朱紘。繅，音藻。笄，古兮反。紘，音宏。○繅，雜文之名也，合五采絲爲之繩，垂於延之前後各十二，所謂邃延也。就，成也。繩之每一匝而貫五采玉，十二旒則十二玉也，每就閒蓋一寸。朱紘，以朱組爲紘也。紘一條，屬兩端於武。繅不言皆，有不皆者。此爲袞衣之冕十二旒，則用玉二百八十八；鷩衣之冕繅九旒，用玉二百一十六；毳衣之冕七旒，用玉百六十八；希衣之冕五旒，用玉百二十；玄衣之冕三旒，用玉七十二。諸侯之繅旒九就，瑉玉三采，其餘如王之事，繅斿皆就，玉瑱玉笄。斿，音留。瑉，亡貧反。瑱，吐練反。○侯，當爲「公」，字之誤也。三采，朱、白、蒼也。其餘，謂延紐皆玄覆朱裏，與王同也，出此則異。繅斿皆就，皆三采也，每繅九成，則九旒也。公之冕用玉百六十二。玉瑱，塞耳者。故書「瑉」作「璑」。鄭司農云：「『繅』當爲『藻』。繅，古字也，藻，今字也，同物同音。璑，惡玉名。」王之皮弁，會五采玉璂，象邸玉笄。會，如字，一古外反。璂，音其。邸，丁禮反。○故書「會」作「膾」。鄭司農云：「讀如馬會之會，謂以五采束髮也。士喪禮曰：『檜用組，乃笄。』檜讀與膾同，書之異耳。説曰：以組束髮乃著笄，謂之檜。沛國人謂反紒爲膾。璂，讀如綦車轂之綦。」玄謂：會，讀如大會之會。會，縫中也。璂，讀如薄借綦之綦。綦，結也。皮弁之縫中，每貫結五采玉十二以爲飾，謂之綦，詩云「會弁如星」，又曰「其弁伊綦」是也。邸，下柢也，以象骨爲之。王之弁絰，弁而加環絰。絰，徒結反。○弁絰，王弔所服也，其弁如爵弁而素，所謂素冠也。而加環絰，環絰者，大如緦之麻絰，纏而不糾。司服職曰：「凡弔事弁絰服。」諸侯及孤卿大夫之冕、韋弁、皮弁、弁絰，各以其等爲之。各以其等，繅斿玉璂，如其命數也。冕則侯伯繅七就，用玉九十八；子男繅五就，用玉五十。繅玉皆三采。孤繅四就，用玉三十二；三命之卿繅三就，用玉十八；再命之大夫藻再就，用玉八。藻玉皆朱緑。韋弁、皮弁，則侯伯璂飾七，子男璂飾五，玉亦三采。孤則璂飾四，三命之卿璂飾三，再命之大夫璂飾二，玉亦二采。弁絰之弁，其辟積如冕繅之就然。庶人弔者素委貌，一命之大夫冕而無旒。士變冕爲爵弁，其韋弁、皮弁之會無結飾，弁絰之弁不辟積。玉藻曰：「君未有命，不敢即乘服。」不言冠弁，冠弁兼於韋弁、皮弁矣。不言服弁，服弁自天子以下無飾無等。○弁師

○王之吉服：祀昊天上帝，則服大裘而冕，祀五帝亦如之；享先王則衮冕；享先公，饗射，則鷩冕；祀四望山川則毳冕；祭社稷五祀則希冕；祭羣小祀則玄冕。鷩，必滅反。毳，昌鋭反。希，陟里反。○六服同冕者，首飾尊也。先公，謂后稷之後，大王之前，不窋至諸盩。饗射，饗食賓客，與諸侯射也。羣小祀，林澤墳衍、四方百物之屬。鄭司農云：「大裘，羔裘也。衮，卷龍衣也。鷩，裨衣也。毳，罽衣也。」玄謂：書曰：「予欲觀古人之象，日、月、星辰、山、龍、華蟲，作繢；宗彝、藻、火、粉米、黼、黻，希繡。」此古天子冕服十二章，舜欲觀焉。華蟲，五色之蟲，繢人職曰「鳥獸蛇，雜四時五色以章之」〔三〕，謂是也。「希」，讀爲絺，或作「黹」，字之誤也。王者相變，至周而以日月星辰畫於旌旗，所謂三辰旂旗，昭其明也。而冕服九章，登龍於山，登火於宗彝，尊其神明也。九章：初一曰龍，次二曰山，次三曰華蟲，次四曰火，次五曰宗彝，皆畫以爲繢；次六曰藻，次七曰粉米，次八曰黼〔四〕，次九曰黻，皆希以爲繡。則衮之衣五章，裳四章，凡九也。鷩，畫以雉，謂華蟲也，其衣三章，裳四章，凡七也。毳，畫虎蜼，謂宗彝也，其衣三章，裳二章，凡五也。希，刺粉米，無畫也，其衣一章，裳二章，凡三也。玄者，衣無文，裳刺黻而已，是以謂玄焉。凡冕服皆玄衣纁裳。凡兵事，韋弁服。韋弁，以韎韋爲弁，又以爲衣裳，春秋傳曰「晉郤至衣韎韋之跗注」是也〔五〕。今時伍伯緹衣，古兵服之遺色。眡朝，則皮弁服。眡，音視。○視朝，視内外朝之事。皮弁之服，十五升白布衣，積素以爲裳。王受諸侯朝覲於廟，則衮冕。凡甸，冠弁服。甸，音田。○甸，田獵也。冠弁，委貌，其服緇布衣，亦積素以爲裳，諸侯以爲視朝之服。詩國風曰：「緇衣之宜兮」。謂王服此以田。王卒食而居，則玄端。凡凶事，服弁服。服弁，喪冠也，其服斬衰、齊衰。凡弔事，弁絰服。弁絰者，如爵弁而素加環絰。論語曰：「羔裘玄冠不以弔。」絰大如緦之絰，其服錫衰、緦衰、疑衰，諸侯及卿大夫亦以錫衰爲弔服。喪服小記曰：「諸侯弔必皮弁錫衰。」則變其冠耳。喪服舊説以爲士弔服，素委貌冠朝服，此近庶人弔服，而衣猶非也。士當事弁絰疑衰，變其裳以素耳。國君於其臣弁絰，他國之臣則皮弁。大夫士有朋友之恩，亦弁絰。故書「弁」作「絣」，鄭司農絣讀爲弁。而加環絰，環絰即弁絰服。○公之服，自衮冕而下如王之服。侯伯之服，自鷩冕而下如公之服。子男之服，自毳冕而下如侯伯之服。孤之服，自希冕而下如子男之服。卿大夫之服，自玄冕而下如孤之服。其凶服，加以大功、小功。士之服，自皮弁而下如大夫之服，其凶服亦如之，其齊服有玄端素端。鷩，必滅反。毳，昌銳反。希，陟里反。齊，側皆反。○自公之衮冕至卿大夫之玄冕，皆其朝聘天子及助祭之服。諸侯非二王後，其餘皆玄冕而祭於己。雜記曰：「大夫冕而祭於公，弁而祭於己。士弁而祭于公，冠而祭於己。」大夫爵弁自祭家廟，唯孤爾，其餘皆玄冠，與士同。玄冠自祭其廟者，其服朝服玄端。諸侯之自相朝聘，皆皮弁服，此天子日視朝之服。喪服，天子諸侯齊斬而已，卿、大夫加以大功、小功，士亦如之，又加緦焉。士齊有素端者，亦爲札荒有所禱請。變素服言素端者，明異制。鄭司農云：「衣有襦裳者爲端。」玄謂：端者，取其正也。士之衣袂皆二尺二寸而屬幅，是廣袤等也，其袪尺二寸。大夫已上侈之，侈之者，蓋半而益一焉。半而益一，則其袂三尺三寸，袪尺八寸。○司服

○追師：掌王后之首服，爲副編次追衡笄，爲九嬪及外内命婦之首服，以待祭祀賓客。追，丁回反。笄，左兮反。嬪，音頻。○鄭司農云：「追，冠名。」士

冠禮記曰：『委貌，周道也。章甫，殷道也。牟追，夏后氏之道也。』追師，掌冠冕之官，故并主王后之首服。副者，婦人之首服。祭統曰：『君卷冕立于阼，夫人副褘立于東房。』衡，維持冠者。春秋傳曰：『衡紞紘綖。』」玄謂：副之言覆，所以覆首爲之飾，其遺象若今步繇矣，服之以從王祭祀。編，編列髮爲之，其遺象若今假紒矣，服之以桑也。次，次第髮長短爲之，所謂髲髢，服之以見王。王后之燕居，亦纚笄總而已。追，猶治也。詩云：「追琢其章。」王后之衡笄，皆以玉爲之。唯祭服有衡，垂於副之兩旁，當耳，其下以紞縣瑱。詩云：「玼兮玼兮，其之翟也。鬒髮如雲，不屑髢也，玉之瑱也。」是之謂也。笄，卷髮者。外内命婦衣鞠衣、襢衣者服編，衣褖衣者服次。外内命婦非王祭祀賓客佐后之禮，自於其家則亦降焉。少牢饋食禮曰「主婦髲鬄衣移袂」，特牲饋食禮曰「主婦纚笄宵衣」是也。昏禮女次純衣，攝盛服耳。主人爵弁以迎。移袂，褖衣之袂。凡諸侯夫人於其國，衣服與王后同。○王后褘衣，夫人揄狄。褘，讀如翬。揄，讀如摇。翬、摇，皆翟雉名，刻繒而畫之，著於衣爲飾，因以爲名也，後世作字異耳。夫人，三夫人，亦侯伯之夫人也。王者之後，夫人亦褘衣。

君命屈狄，再命褘衣，一命襢衣，士褖衣。屈，音闕。襢，章彦反。褖，吐亂反。○君，女君也。屈，周禮作「闕」，謂刻繒爲翟，不畫也。此子男之夫人及其卿大夫士之妻命服也。褘，當爲「鞠」，字之誤。禮，天子諸侯命其臣，后夫人亦命其妻以衣服，所謂夫尊於朝，妻榮於室。子男之卿再命而妻鞠衣，則鞠衣、襢衣、褖衣者，諸侯之臣皆分三等，其妻以次受此服。公之臣，孤爲上，卿大夫次之。侯伯子男之臣卿爲上，大夫次之，士次之。褖，或作「税」。

唯世婦命於奠繭，其他則皆從男子。繭，古典反。○奠，猶獻也。凡世婦已下蠶事畢獻繭，乃命之以其服。天子之后、夫人、九嬪及諸侯之夫人，夫在其位，妻得服其服。○玉藻○玄冠朱組纓，天子之冠也。緇布冠繢緌，諸侯之冠也。組，總五反，下同。繢，户内反。緌，耳隹反。○皆始冠之冠也。玄冠，委貌也。諸侯緇布冠有緌，尊者飾也。繢，或作「繪」。緌，或作「蕤」。玄冠丹組纓，諸侯之齊冠也。玄冠綦組纓，士之齊冠也。齊，側皆反。綦，音其。○言齊時所服也。四命以上，齊祭異冠。縞冠玄武，子姓之冠也。縞，古老反，下同。○謂父喪服，子爲之不純吉也。武，冠卷也，古者冠、卷殊。縞冠素紕，既祥之冠也。紕，婢支反。○紕，緣邊也。紕，讀如埤益之埤，既祥之冠也，已祥祭而服之也。間傳曰：「大祥素縞麻衣。」垂緌五寸，惰游之士也。緌，耳隹反，下同。○惰游，罷民也。亦縞冠素紕，凶服之象也。垂長緌，明非既祥。玄冠縞武，不齒之服也。所放不帥教者。居冠屬武，屬，章欲反。○謂燕居冠也，著冠於武，少威儀。自天子下達，有事然後緌。燕無事者去飾。五十不散送，散，悉旦反。○送喪不散麻，始衰不備禮。親没不髦，髦，音毛。○去爲子之飾。大帛不緌。帛，當爲「白」，聲之誤也。大帛，謂白布冠也。不緌，凶服去飾。○玉藻○大白冠，緇布之冠，皆不蕤。委武，玄縞而后蕤。蕤，耳隹反。○不蕤，質無飾也。大白冠，大古之布冠也。春秋傳曰：「衛文公大布之衣、大白之冠。」委武，冠卷也，秦人曰委，齊東曰武。玄，玄冠也。縞，縞冠也。大夫冕而祭於公，弁而祭於己。士弁而祭於公，冠而祭於己。弁，爵弁也。冠，玄冠也。祭於公，助君祭也。大夫爵弁而祭於己，唯孤爾。士弁而親迎，然則士弁而祭於己可也。迎，魚敬反。○緣類欲許之也。親迎雖亦己之事，攝盛服爾，非常也。○雜記○君羔幦虎犆；幦，音覓，下同。○幦，覆苓也。犆，讀皆如直道而行之直，直謂緣也。此君齊車之飾。大夫齊車，豹幦豹犆，朝車；士齊車，鹿幦豹犆。齊，側皆反。朝，直遥反。○臣之朝車與齊車同飾。以帛裏布，非禮也。中外宜相稱也。冕服，絲衣也，中衣用素。皮弁服、朝服、玄端，麻衣也，中衣用布。士不衣織，衣，於既反。織，音志。○織，染絲織之。士衣染繒也。無君者不貳采。大夫去位，宜服玄端玄裳。衣正色，裳間色。間，間側之間。○謂冕服，玄上纁下。非列采不入公門，列采，正服。振絺綌不入公門，表裘不入公門。振，依注之忍反。絺，敕之反。綌，去逆反。○振，讀爲袗〔六〕，袗，禪也。表裘，外衣也。二者形且褻，皆當表之乃出。襲裘不入公門。衣裘必當裼也。纊爲繭，緼爲袍，纊，音曠。繭，古典反。緼，於粉反。袍，步羔反。○衣有著之異名也。纊，謂今之新綿也。緼，謂今纊及舊絮也。禪爲絅，禪，音丹。絅，古迥反。○有衣裳而無裏。帛爲褶。褶，音牒。○有表裏而無著。○玉藻

傳：玄冠紫緌，自魯桓公始也。緌，耳佳反。○蓋僭宋王者之後服也。緌當用繢。季康子朝服以縞，曾子問於孔子曰：「禮乎？」孔子曰：「諸侯皮弁以告朔，然後服之以視朝，若此者禮也。」縞，古老反。朝，直遥反。○朝服以縞，僭宋禮也。孔子惡指斥康子，但言諸侯之禮而已。而諸侯皮弁以告朔，卒，然後朝服以視朝，朝服明不用縞〔七〕。○朝服之以縞也，自季康子始也。亦僭宋王者之後。孔子曰：「朝服而朝，卒朔然後服之。」謂諸侯與羣臣也。諸侯視朔皮弁服。

曰：「國家未道，則不充其服焉。」謂若衛文公者。未道，未合於道。○玉藻

唯君有黼裘以誓省，大裘非古也。黼，音甫。○僭天子也。天子祭上帝，則大裘而冕。大裘，羔裘也。黼裘，以羔與狐白雜爲黼文也。省，當爲「獮」。獮，秋田也。國君有黼裘誓獮田之禮。時大夫又有大裘也。○君衣狐白裘，錦衣以裼之。衣，於既反。裼，思歷反，下同。○君衣狐白毛之裘，則以素錦爲衣覆之，使可裼也。袒而有衣曰裼，必覆之者，裘褻也。詩云：「衣錦絅衣，裳錦絅裳。」然則衣錦復有上衣明矣。天子狐白之上衣，皮弁服與？凡裼衣，象裘色也。君之右虎裘，厥左狼裘。衛尊者，宜武猛。士不衣狐白。辟君也。狐之白者少，以少爲貴也。君子狐青裘豹褎，玄綃衣以裼之；褎，音袖。綃，音宵。○君子，大夫士也。綃，綺屬也。染之以玄，於狐青裘相宜。狐青裘，蓋玄衣之裘。麛裘青豻褎，絞衣以裼之；麛，音迷。豻，音岸。絞，戶交反。○豻，胡犬也。絞，蒼黃色。孔子曰：「素衣麑裘。」羔裘豹飾，緇衣以裼之；飾，猶褎也。孔子曰：「緇衣羔裘。」狐裘，黃衣以裼之。黃衣，大蜡時臘先祖之服也。孔子曰：「黃衣狐裘。」○錦衣狐裘，諸侯之服也。非諸侯，則不用錦衣爲裼。犬羊之裘不裼，質略，亦庶人無文飾。不文飾也不裼。裼主於有文飾之事。裘之裼也，見美也。見，賢遍反。○君子於事以見美爲敬。弔則襲，不盡飾也。喪非所以見美。君在則裼，盡飾也。臣於君所。服之襲也，充美也。充，猶覆也。所敬不主於君則襲。是故尸襲，尸尊。執玉，龜襲。重寶瑞也。無事則襲，弗敢充也。謂已致龜玉也。○並玉藻。○深衣三袪，袪，起

魚反。○謂大夫士也。三袪者，謂要中之數也。袪尺二寸，圍之爲二尺四寸，三之七尺二寸。縫齊倍要，縫，音逢。齊，音咨。要，一遥反。○縫，紩也，紩下齊倍要中。齊，丈四尺四寸。縫，或爲「逢」，或爲「豐」。衽當旁，衽，而審反。○衽，謂裳幅所交裂也。凡衽者或殺而下，或殺而上，是以小要取名焉。衽，屬衣則垂而放之，屬裳則縫之，以合前後，上下相變。袂可以回肘。袂，面世反。肘，竹丑反。○二尺二寸之節。長中繼揜尺，其爲長衣、中衣，則繼袂揜一尺，若今褎矣。深衣，則緣而已。袷二寸，袷，音劫。○曲領也。袪尺二寸，袪，口也。緣廣寸半。緣，余絹反。廣，工曠反。○飾邊也。○玉藻○具父母、大父母，衣純以繢。具父母，衣純以青。如孤子，衣純以素。純，章允反。繢，音會。○尊者存，以多飾爲孝。繢，畫文也。三十以下無父稱孤。純袂、緣、純邊，廣各寸半。純，謂緣之也。緣袂，謂其口也。緣，緆也。緣邊，衣裳之側。廣各寸半，則表裏共三寸矣。唯袷廣二寸。○深衣傳曰：古者深衣，蓋有制度，以應規矩繩權衡。應，於證反。○言聖人制事，必有法度。短毋見膚，毋，音無，下同。見，賢遍反。○衣取蔽形。長毋被土。爲汙辱也。續衽鉤邊，衽，而審反。鉤，古侯反。○續，猶屬也。衽，在裳旁者也，屬連之不殊裳前後也。鉤，讀如鳥喙必鉤之鉤。鉤邊，若今曲裾也。續，或爲「裕」。要縫半下。要，一遥反。縫，扶用反。○三分要中，減一以益下，下宜寬也。要，或爲「優」。袼之高下，可以運肘；袼，音各。肘，竹九反。○肘不能不出入。袼，衣袂當掖之縫也。袂之長短，反詘之及肘。袂，彌世反。詘，丘勿反。○袂屬幅於衣，詘而至肘，當臂中爲節。臂骨上下各尺二寸，則袂肘以前尺二寸。肘，或爲「腕」。帶，下毋厭髀，上毋厭脅，當無骨者。厭，於甲反。髀，步啓反。脅，許劫反。○當骨，緩急難爲中也。制十有二幅，以應十有二月。應，於證反，下同。○裳六幅，幅分之以爲上下之殺。袂圜以應規，謂胡下也。曲袷如矩以應方，袷，音劫。○袷，交領也。古者方領，如今小兒衣領。負繩及踝以應直，踝，胡瓦反。○繩，謂裻與後幅相當之縫也。踝，跟也。下齊如權衡以應平。齊，音咨。○齊，緝。故規者，行舉手以爲容。行舉手，謂揖讓。負繩抱方者，以直其政，方其義也。故易曰：「坤六二之動，直以方也。」言深衣之直方，應易之文也。政，或爲「正」。下齊如權衡者，以安志而平心也。心平志安，行乃正。或低或仰，則心有異志者歟？五法已施，故聖人服之。言非法不服也。故規矩取其無私，繩取其直，權衡取其平，故先王貴之。貴此衣也。故可以爲文，可以爲武，可以擯相，可以治軍旅，完且弗費，善衣之次也。擯，必刃反。相，息亮反。完，音丸。○完且弗費，言可苦衣而易有也。深衣者，用十五升布，鍛濯灰治，純之以采。善衣，朝祭之服也。自士以上，深衣爲之次。庶人吉服，深衣而已。○深衣

校勘記

〔一〕王朝禮十一「禮十一」三字原缺，據朝鮮本、吕本、賀本補。

〔二〕祝告至于鬼神辭也　「祝」，原作「祀」，據賀本改。「至」，賀本作「致」。

〔三〕繢人職曰鳥獸蛇雜四時五色以章之　「繢」，原作「績」，據丁本、賀本改。

〔四〕次八曰黼　「八」，原作「一」，據丁本、朝鮮本、吕本、賀本改。

〔五〕春秋傳曰晉郤至衣韎韋之跗注是也　「注」，原作「註」，據賀本改。

〔六〕振讀爲袗　「讀」，原作「謂」，諸本同，據禮記注改。

〔七〕朝服明不用縞　此下原有「○」及三墨丁，丁本、傅本同，朝鮮本「○」下爲空，吕本爲長墨塊，賀本作「○家語」二字。按：「玄冠紫緌，自魯桓公始也」一句及注見玉藻，自「季康子朝服以縞」以下始見孔子家語。

儀禮經傳通解卷第三十五

王朝禮十二　集補經

王制之辛　名器下

以玉作六瑞，以等邦國：等，猶齊等也。王執鎮圭，鎮，安也，所以安四方。鎮圭者，蓋以四鎮之山爲瑑飾，圭長尺有二寸。公執桓圭，公，二王之後及王之上公。雙植謂之桓。桓，宫室之象，所以安其上也。桓圭，蓋亦以桓爲瑑飾，圭長九寸〔一〕。侯執信圭，伯執躬圭，信，當爲「身」，聲之誤也。身圭、躬圭，蓋皆象以人形爲瑑飾，文有麤縟耳，欲其慎行以保身。圭皆長七寸。子執穀璧，男執蒲璧。穀，所以養人。蒲爲席，所以安人。二玉，蓋或以穀爲飾，或以蒲爲瑑飾，璧皆徑五寸。不執圭者，未成國也。〇冬官玉人之事：「鎮圭尺有二寸，天子守之。命圭九寸，謂之桓圭，公守之。命圭七寸，謂之信圭，侯守之。命圭七寸，謂之躬圭，伯守之。」〇注云：命圭者，王所命之圭也，朝覲執焉，居則守之。子守穀璧，男守蒲璧，不言之者，闕耳。故書或云：「命圭五寸，謂之躬圭。」杜子春云：「當爲七寸。」玄謂：五寸者，璧文之闕亂存焉。以玉作六器，以禮天地四方。禮，謂始告神時，薦於神坐，書曰「周公植璧秉圭」是也。以蒼璧禮天，以黄琮禮地，以青圭禮東方，以赤璋禮南方，以白琥禮西方，以玄璜禮北方，琮，才宗反。璋，音章。琥，音虎。璜，音黄。○此禮天以冬至，謂天皇大帝在北極者也；禮地以夏至，謂神在崑崙者也；禮東方以立春，謂蒼精之帝，而大昊、句芒食焉；禮南方以立夏，謂赤精之帝，而炎帝、祝融食焉；禮西方以立秋，謂白精之帝，而少昊、蓐收食焉；禮北方以立冬，謂黑精之帝，而顓頊、玄冥食焉。禮神者必象其類：璧圜，象天；琮八方，象地；圭鋭，象春物初生；半圭曰璋，象夏物半死；琥猛，象秋嚴；半璧曰璜，象冬閉藏，地上無物，唯天半見。皆有牲幣，各放其器之色。放，方往反。○幣以從爵，若人飲酒有酬幣。○大宗伯○王晉大圭，執鎮圭，繅藉五采五就，以朝日。繅，音藻。藉，在夜反。朝，直遥反。○繅有五采文，所以薦玉。木爲中榦，用韋衣而畫之。就，成也。王朝日者，示有所尊，訓民事君也。天子常春分朝日，秋分夕月。覲禮曰：「拜日於東門之外。」故書「鎮」作「瑱」。鄭司農云：「晉讀爲搢紳之搢，謂插之於紳帶之間，若帶劍也。瑱，讀爲鎮〔二〕。玉人職曰：『大圭長三尺，杼上終葵首，天子服之。鎮圭尺有二寸，天子守之。』繅，讀爲藻率之藻。五就，五匝也，一匝爲一就。」公執桓圭，侯執信圭，伯執躬圭，繅皆三采三就，子執穀璧，男執蒲璧，繅皆二采再就，以朝覲宗遇會同于王。信，音申。○三采，朱、白、蒼。二采，朱、緑也。鄭司農云：「以圭璧見於王。覲禮曰：『侯氏入門右，坐奠圭，再拜稽首。』侯氏見於天子，春曰朝，夏曰宗，秋曰覲，冬曰遇，時見曰會，殷見曰同。」諸侯相見，亦如之。鄭司農云：「亦執圭璧以相見，故邾隱公朝於魯，春秋傳曰：『邾子執玉高，其容仰。』瑑圭璋璧琮，繅皆二采一就，以覜聘。瑑，直轉反。覜，他弔反。○璋以聘后夫人，以琮享之也。大夫衆來曰覜，寡來曰聘。鄭司農云：「瑑有圻鄂瑑起。」四圭有邸，以祀天旅上帝。邸，丁禮反，下同。○鄭司農云：「於中央爲璧，圭著其四面，一玉俱成。爾雅曰：『邸，本也。』圭本著於璧，故四圭有邸，圭末四出故也。或說：四圭有邸，有四角也。邸，讀爲抵欺之抵。上帝，玄天。」玄謂：祀天，夏正郊天也。上帝，五帝，所郊亦猶五帝。殊言天者，尊異之也。大宗伯職曰：「國有大故，則旅上帝及四望。」兩圭有邸，以祀地，旅四望。兩圭者，以象地數二也，僢而同邸。祀地，謂所祀於北郊，神州之神。祼圭有瓚，以肆先王，以祼賓客。祼，古亂反。瓚，才但反。○鄭司農云：「於圭頭爲器，可以挹鬯祼祭，謂之瓚，故詩曰：『卹彼玉瓚，黄流在中。』國語謂之鬯圭。以肆先王，祼先王祭也。」玄謂：肆，解牲體以祭，因以爲名。爵行曰祼。漢禮：瓚盤大五升，口徑八寸，下有盤，口徑一尺。圭璧以祀日月星辰。圭其邸爲璧，取殺於上帝。璋邸射以祀山川，以造贈賓客。射，食亦反。造，七到反。○璋有邸而射，取殺於四望。鄭司農云：「射，剡也。」土圭以致四時日月，封國則以土地。以致四時日月者，度其景至不至，以知其行得失也。冬夏以致日，春秋以致月。土地，猶度地也。封諸侯以土圭度日景，觀分寸長短，以制其域所封也。鄭司農説以玉人職曰：「土圭尺有五寸，以致日，以土地。」以求地中，故謂之土圭。珍圭以徵守，以恤凶荒。守，手又反。○杜子春云：「『珍』當爲『鎮』，書亦或爲『鎮』。以徵守者，以徵召守國諸侯，若今時徵郡守以竹使符也。鎮者，國之鎮，諸侯亦一國之鎮，故以鎮圭徵之也。凶荒則民有遠志，不安其土，故以鎮圭鎮安之。」玄謂：珍圭，王使之瑞節，制大小當與琬琰相依。王使人徵諸侯，憂凶荒之國，則授之，執以往，致王命焉，如今時使者持節矣。恤者，閔府庫振救之。凡瑞節，歸又執以反命。牙璋以起軍旅，以治兵守。鄭司農云：「牙璋，瑑以爲牙。牙齒，兵象，故以牙璋發兵，若今時以銅虎符發兵。」玄謂：牙璋，亦王使之瑞節。兵守，用兵所守，若齊人戍遂，諸侯戍周。璧羨以起度。鄭司農云：「羨，長也。此璧徑長尺以起度量。玉人職曰：『璧羨度尺，以爲度。』」玄謂：羨，不圜之貌，蓋廣徑八寸，袤一尺。駔圭、璋、璧、琮、琥、璜之渠眉，疏璧琮以斂尸。駔，音祖。斂，力驗反。○鄭司農云：「駔，外有捷盧也。駔讀爲駔疾之駔，疏讀爲沙。謂圭、璋、璧、琮、琥、璜皆爲開渠爲眉瑑，沙除以斂尸，令汁得流去也。」玄謂：以斂尸者，於大斂焉加之也。駔讀爲組，與組馬同，聲之誤也。渠眉，玉飾之溝瑑也。以組穿聯六玉溝瑑之中以斂尸，圭在左，璋在首，琥在右，璜在足，璧在背，琮在腹。蓋取象方明，神之也。疏璧琮者，通於天地。穀圭以和難，以聘女。穀圭，亦王使之瑞節。穀，善也，其飾若粟文然。難，仇讎。和之者，若春秋宣公及齊侯平莒及郯，晉侯使瑕嘉平戎於王。其聘女，則以納徵焉。琬圭以治德，以結好。琬，於阮反。好，呼報反。○琬圭，亦王使之瑞節。諸侯有德，王命賜之。及諸侯使大夫來聘，既而爲壇會之，使大夫執以命事焉。大行人職曰：「時聘以結諸侯之好。」鄭司農云：「琬圭無鋒芒，故治德以結好。」琰圭以易行，以除慝。琰，以冉反。行，下孟反。慝，吐得反。○琰圭，亦王使之瑞節。鄭司農云：「琰圭有鋒芒，傷害、征伐、誅討之象。故以易行除慝，易惡行令爲善者，以此圭責讓喻告之也。」玄謂：除慝，亦於諸侯使大夫來覜，既而使大夫執而命事於壇。大行人職曰：「殷覜以除邦國之慝。」○典瑞○天子執冒四寸，以朝諸侯。朝，直遥反。○名玉曰冒者，言德能覆蓋天下也。四寸者，方以尊接卑，以小爲貴。天子用全，上公用龍，侯用瓚，伯用將。瓚，才但反。○鄭司農云：「全，純色也。龍，當爲尨，尨謂雜色。」玄謂：全，純玉也。瓚，讀爲餰饡之饡。龍、瓚、將，皆雜名也。卑者下尊，以輕重爲差，玉多則重，石多則輕。公、侯四玉一石，伯、子、男三玉二石。○饡，作旦反。繼子男執皮帛。謂公之孤也，見禮次子男，贄用束帛，而以豹皮表之爲飾。天子之孤，表帛以虎皮。此説玉及皮帛者，遂言見天子之用贄。天子圭中必，必，讀如鹿車縪之縪，謂以組約其中央，爲執之以備失墜。四圭尺有二寸，以祀天。郊天所以禮其神也。典瑞職曰：「四圭有邸，以祀天旅上帝。」大圭長三尺，杼上終葵首，天子服之。杼，直吕反。○王所搢大圭也，或謂之珽。終葵，椎也，爲椎於其杼上，明無所屈也。杼，閷也。相玉書曰：「珽玉六寸，明自照。」土圭尺有五寸，以致日，以土地。致日，度景至不。夏日至之景尺有五寸，冬日至之景丈有三尺。土，猶度也，建邦國以度其地而制其域。祼圭尺有二寸，有瓚，以祀廟。祼之言灌也，或作「淉」，或作「果」。祼謂始獻酌奠也。瓚，如盤，其柄用圭，有流前注。琬圭九寸而繅，以象德。繅，音藻。○琬，猶圜也，王使之瑞節也。諸侯有德，王命賜之，使者執琬圭以致命焉。繅，藉也。琰圭九寸，判規，以除慝，以易行。凡圭琰上寸半。琰圭，琰半以上，又半爲瑑飾。諸侯有爲不義，使者征之，執以爲瑞節也。除慝，誅惡逆也。易行，去煩苛。璧羨度尺，好三寸，以爲度。羨，音賤。好，呼報反。○鄭司農云：「羨，徑也。好，璧孔也。爾雅曰：『肉倍好謂之璧，好倍肉謂之瑗，肉好若一謂之環。』」玄謂：羨，猶延其袤一尺而廣狹焉。圭璧五寸，以祀日月星辰。禮其神也。圭其邸爲璧，取殺於上帝。璧琮九寸，諸侯以享天子。享，獻也。聘禮：「享君以璧，享夫人以琮。」穀圭七寸，天子以聘女。納徵加於束帛。大璋、中璋九寸，邊璋七寸，射四寸，厚寸。黄金勺，青金外，朱中。鼻寸，衡四寸，有繅。天子以巡守，宗祝以前馬。射，食亦反。勺，上灼反。衡，音横。守，手又反。○射，琰出者也。勺，故書或作「約」，杜子春云：「當爲『勺』，謂酒尊中勺也。」鄭司農云：「鼻，謂勺龍頭鼻也。衡，謂勺柄龍頭也。」玄謂：鼻，勺流也，凡流皆爲龍口也。衡，古文横，假借字也。衡，謂勺徑也。三璋之勺，形如圭瓚。天子巡守，有事山川，則用灌焉。於大山川，則用大璋，加文飾也。於中山川，用中璋，殺文飾也。於小山川，用邊璋，半文飾也。其祈沈以馬，宗祝亦執勺以先之。禮：「王過大山川，則大祝用事焉。將有事於四海山川，則校人飾黄駒。」大璋亦如之，諸侯以聘女。亦納徵加於束帛也。大璋者，以大璋之文飾之也。亦如之者，如邊璋七寸，射四寸。瑑圭璋八寸，璧琮八寸，以覜聘。瑑，直轉反。覜，他弔反。○瑑，文飾也。覜，視也。聘，問也。衆來曰覜，特來曰聘。聘禮曰：「凡四器者，唯其所寶以聘可也。」牙璋、中璋七寸，射二寸，厚寸，以起軍旅，以治兵守。射，食亦反。○二璋皆有鉏牙之飾於琰側。先言牙璋，有文飾也。○鉏，側魚反。

駔琮五寸，宗后以爲權。駔，音祖。○駔，讀爲組，以組繫之，因名焉。鄭司農云：「以爲稱錘，以起量。」大琮十有二寸，射四寸，厚寸，是謂内鎮，宗后守之。射，食亦反。○如王之鎮圭也。射，其外鉏牙。駔琮七寸，鼻寸有半寸，天子以爲權。鄭司農云：「以爲權，故有鼻也。」兩圭五寸有邸，以祀地，以旅四望。邸，丁禮反。○邸謂之柢，有邸，僢共本也。瑑琮八寸，諸侯以享夫人。獻於所朝聘君之夫人也。案十有二寸，棗桌十有二列，諸侯純九，大夫純五，夫人以勞諸侯。「桌」，古「栗」字。勞，力報反。○純，猶皆也。鄭司農云：「案，玉案也。夫人，天子夫人。」玄謂：案，玉飾案也。夫人，王后也。記時諸侯僭稱王，而夫人之號不別，是以同王后於夫人也。玉案十二以爲列，王后勞朝諸侯皆九列，聘大夫皆五列，則十有二列者，勞二王之後也。棗栗實於器，乃加於案。聘禮曰：「夫人使下大夫勞以二竹簋方，玄被，纁裏，有蓋，實棗烝栗擇，兼執之以進。」璋邸射，素功，以祀山川，以致稍餼。稍，所教反。餼，許既反〔三〕。○邸射，剡而出也，致稍餼，造賓客納禀食也。鄭司農云：「素功，無瑑飾也。」「餼」或作「氣」，杜子春云：「當爲『餼』。」○玉人○贊大行曰：「圭，公九寸，侯、伯七寸，子、男五寸，博三寸，厚半寸，剡上，左右各寸半，玉也。藻三采六等。」剡，以冉反。○贊大行者，書說大行人之禮者名也。藻，薦玉者也。三采六等，以朱、白、蒼畫之再行也。子男執璧，作此贊者失之矣。○雜記○笏，天子以球玉，諸侯以象，大夫以魚須文竹，士竹，本象可也。須，音班。○球，美玉也。文，猶飾也。大夫、士飾竹以爲笏，不敢與君並用純物也〔四〕。見於天子與射，無說笏。入太廟說笏，非古也。見，賢遍反。

說，音脱，下同。○言凡吉事，無所説笏也。大廟之中，唯君當事説笏也。小功不説笏，當事免則説之。免，音問。○免，悲哀哭踊之時，不在於記事也。小功輕，不當事，可以搢笏也。既搢必盥，雖有執於朝，弗有盥矣。搢，音薦。盥，音管。朝，直遥反。○搢笏輒盥，爲必執事。凡有指畫於君前，用笏；造受命於君前，則書於笏。笏畢用也，因飾焉。畫，胡麥反。造，七到反。○畢，盡也。笏度二尺有六寸，其中博三寸，其殺六分而去一。殺，色界反。去，起呂反。○殺，猶杼也。天子杼上終葵首，諸侯不終葵首，大夫、士又杼其下首，廣二寸半。天子搢珽，方正於天下也。搢，音薦。珽，他頂反。○此亦笏也，謂之珽，珽之言珽然無所屈也，或謂之大圭，長三尺，杼上終葵首。終葵首者，於杼上又廣其首，方如椎頭，是謂無所屈，後則恒直〔五〕。相玉書曰：「珽玉六寸，明自炤。」諸侯荼，前詘後直，讓於天子也。詘，丘勿反，下同。○荼，讀爲舒遲之舒，舒懦者所畏在前也。詘，謂圜殺其首，不爲椎頭。諸侯唯天子詘焉，是以謂笏爲荼。大夫前詘後詘，無所不讓也。大夫奉君命出入者也，上有天子，下有己君，又殺其下而圜。○玉藻○聘人以珪，問士以璧，召人以瑗，絶人以玦，反絶以環。瑗，爲眷反。玦，音訣。○聘人以珪，謂使人聘他國以圭璋也。問，謂訪其國事，因遺之也。衛侯使工尹襄問子貢以弓，是其類也。説文曰：「瑗者，大孔璧也。」爾雅：「好倍肉謂之瑗，肉倍好謂之璧。」禮記曰：「君召臣以三節。」周禮：「珍圭以徵守。」鄭云：「以徵召守國之諸侯，若今徵郡守以竹使符也。」然則天子以珍圭召諸侯，諸侯召臣以瑗歟？玦，如環而缺。肉好若一謂之環。古者臣有罪，待放於境。三年不敢去，與之環則還，與之玦則絶，皆所以見意也。反絶，謂反其將絶者。此明諸侯以玉接人臣之禮也。○荀子大略○天子素帶，朱裏終辟。辟，婢支反，下同。○謂大帶也。而素帶，終辟。大夫素帶，辟垂。士練帶，率下辟。居士錦帶，弟子縞帶。並紐約用組，率，音律。縞，古老反。並，必政反。紐，女九反。組音祖。○而素帶終辟，謂諸侯也。諸侯不朱裏，合素爲之，如今衣帶爲之，下天子也。大夫亦如之。率，繂也，士以下皆禪不合而繂積，如今作幧頭爲之也。辟，讀如裨冕之裨。裨謂以繒采飾其側。人君充之，大夫裨其紐及末，士裨其末而已。居士，道藝處士也。此自「而素帶」亂脱在是耳，宜承「朱裏終辟」。三寸，長齊于帶。紳長制，士三尺，有司二尺有五寸。子游曰：「參分帶下，紳居二焉。」紳、韠、結，三齊。韠，音必。○三寸，謂約帶紐組之廣也。長齊于帶，與紳齊也。紳，帶之垂者也，言其屈而重也。論語曰：「子張書諸紳。」有司，府史之屬也。三分帶下而三尺，則帶高於中也。結，約餘也。此又亂脱在是，宜承「約用組」。結，或爲衿。大夫大帶四寸。雜帶：君朱緑，大夫玄華，士緇辟二寸，再繚四寸。凡帶有率無箴功。繚，音了。箴，音針。○雜，猶飾也，即上之裨也。君裨帶，上以朱，下以緑終之。大夫裨垂，外以玄，內以華。華，黄色也。士裨垂之下，外内皆以緇，是以緇帶。大夫以上以素，皆廣四寸。士以練，廣二寸，再繚之。凡帶，有司之帶也，亦繂之如士帶矣。無箴功，則不裨之。士雖繂帶，裨亦用箴功。凡帶不裨，下士也。此又亂脱在是，宜承「紳韠結三齊」。肆束及帶，勤者有事則收之，走則擁之。肆讀爲肄，肄，餘也。餘束，約紐之餘組也。勤，謂執勞辱之事也。此亦亂脱在是，宜承「無箴功」。童子之節也，緇布衣、錦緣、錦紳、并紐、錦束髮，皆朱錦也。緣，余絹反。并，必政反。紐，女九反。○童子，未冠之稱也。冠禮曰：「將冠者采衣紒」也。○玉藻○麻者不紳，執玉不麻，麻不加於采。吉凶不相干也。麻，謂絰也。紳，大帶也。喪以要絰代大帶也。麻不加於采，衣采者不麻，謂弁絰者必服弔服是也。采，玄纁之衣。○雜記○韠。君朱，大夫素，士爵韋。韠，音必。○此玄端服之韠也，韠之言蔽也。凡韠以韋爲之，必象裳色，則天子諸侯玄端朱裳，大夫素裳，唯士玄裳、黄裳、雜裳也。皮弁服皆素韠。圜殺直，殺，色界反。○目韠制。天子直，四角直，無圜殺。公侯前後方，殺四角使之方，變於天子也。所殺者，去上下各五寸。大夫前方後挫角，挫，作卧反。○圜其上角，變於君也。韠以下爲前，以上爲後。士前後正。士賤，與君同，不嫌也。正，直、方之間語也。天子之士則直，諸侯之士則方。韠下廣二尺，上廣一尺，長三尺，其頸五寸，肩革帶博二寸。廣，工曠反。長，直亮反。頸，吉井反。○頸五寸，亦謂廣也。頸中央，肩兩角，皆上接革帶以繫之。肩與革帶廣同。凡佩繫於革帶。○玉藻○又曰：韠長三尺，下廣二尺，上廣一尺，會去上五寸。紕以爵韋六寸，不至下五寸，純以素，紃以五采。會，古外反。紕，婢支反。純，章允反。紃，音巡。○會，謂上領縫也。領之所用，蓋與紕同，在旁曰紕，在下曰純。素，生帛也。紕六寸者，中執之，表裏各三寸也。純紕所不至者五寸，與會去上同。紃，施諸縫中，若今時絛也。○雜記○一命緼韍幽衡，再命赤韍幽衡，三命赤韍葱衡。緼，音温。韍，音弗。○此玄冕、爵弁服之韠，尊祭服，異其名耳。韍之言亦蔽也。緼，赤黄色之間色，所謂韎也。衡，佩玉之衡也。幽，讀爲黝。黑謂之黝，青謂之葱〔六〕。周禮：「公侯伯之卿三命，其大夫再命，其士一命。子男之卿再命，其大夫一命，其士不命。」○天子佩白玉而玄組綬，公侯佩山玄玉而朱組綬，大夫佩水蒼玉而純組綬，世子佩瑜玉而綦組綬，士佩瓀玟而緼組綬。組，音祖。綬，音受，下同。瑜，羊朱反。綦，音其，下同。瓀，而兗反。玟，武巾反。緼，音温。○玉有山玄水蒼者，視之文色所似也。綬者，所以貫佩玉，相承受者也。「純」，當爲「緇」，古文「緇」字或作絲旁才。綦，文雜色也。緼，赤黄。○君在不佩玉，左結佩，右設佩。謂世子也。出所處而君在焉，則去德佩而設事佩，辟德而示即事也。結其左者，若於事未有能也。結，結其綬，不使鳴也。居則設佩，謂所處而君不在焉。朝則結佩。朝，直遥反。○朝於君亦結左。齊則綪結佩而爵韠。齊，側皆反。綪，側耕反。韠，音必。○綪，屈也。結又屈之，思神靈不在事也。爵韠者，齊服玄端。凡帶必有佩玉，唯喪否。喪主於哀，去飾也。凡，謂天子以至士。君子無故，玉不去身。○古之君子必佩玉，比德焉。君子，士以上。右徵角，左宫羽。徵，側里反。○玉聲所中也。徵、角在右，事也，民也，可以勞。宫、羽在左，君也，物也，宜逸。趨以采齊，齊，依注疾私反。○路門外之樂節也。門外謂之趨。齊，當爲楚薺之薺。行以肆夏，登堂之樂節。周旋中規，中，丁仲反，下同。○反行也，宜圜。折還中矩，折，之設反。還，音旋。○曲行也，宜方。進則揖之，退則揚之，然後玉鏘鳴也。鏘，七羊反。○揖之，謂小俛見於前也。揚之，謂小仰見於後也。鏘，聲貌。故君子在車則聞鸞和之聲，行則鳴佩玉，是以非辟之心無自入也。辟，音僻。○鸞在衡，和在式。自，由也。○以上並玉藻。

傳曰：子貢問於孔子曰：「敢問君子貴玉而賤碈者何也？爲玉之寡而碈之多與？」碈，亡貧反。爲，于僞反，下同。與，音餘。○「碈」，石似玉，或作「玟」也。孔子曰：「非爲碈之多故賤之也，玉之寡故貴之也。夫昔者君子比德於玉焉：温潤而澤，仁也；夫，音扶。○色柔温潤似仁也。潤，或爲「濡」。縝密以栗，知也；縝，音軫。知，音智。○縝，緻也。栗，堅貌。廉而不劌，義也；劌，九衛反。○劌，傷也。義者不苟傷人也。垂之如隊，禮也；隊，真位反。○禮尚謙卑。叩之，其聲清越以長，其終詘然，樂也；詘，其勿反。○樂作則有聲，止則無也。越，猶揚也。詘，絶止貌也。樂記曰：「止如槁木。」瑕不揜瑜，瑜不揜瑕，忠也；瑕，音遐。揜，音掩。瑜，羊朱反。○瑕，玉之病也。瑜，其中間美者。玉之性，善惡不相揜，似忠也。孚尹旁達，信也；孚，讀爲浮。尹，讀爲竹箭之筠。浮筠，謂玉采色也。采色旁達，不有隱翳，似信也。「孚」，或作「姇」，或爲「扶」。○翳，於計反。氣如白虹，天也；精神見於山川，地也；虹，音紅。見，賢遍反。○精神，亦謂精氣也。虹，天氣也。山川，地所以通氣也。圭璋特達，德也；特達，謂以朝聘也。璧琮則有幣，有德者無所不達，不有須而成也。天下莫不貴者，道也。道者，人無不由之。詩云：『言念君子，温其如玉。』故君子貴之也。」聘義

王及后之服屨，赤舃、黑舃，赤繶、黄繶，青句，素屨，葛屨。繶，於力反。句，音劬。○屨自明矣，必連言服者，著服各有屨也。複下曰舃，禪下曰屨。古人言屨以通於複，今世言屨以通於禪，俗易

語反與？舄屨有絇、有繶、有純者，飾也。鄭司農云：「赤繶、黄繶，以赤黄之絲爲下緣。」士喪禮曰：「夏葛屨，冬皮屨，皆繶緇純。」禮家説繶，亦謂以采絲礫其下。玄謂：凡屨舄各象其裳之色，士冠禮曰「玄端黑屨，青絇繶純；素積白屨，緇絇繶純；爵弁纁屨，黑絇繶純」是也。王吉服有九，舄有三等，赤舄爲上，冕服之舄。詩云：「王錫韓侯，玄衮赤舄。」則諸侯與王同，下有白舄、黑舄。王后吉服六，唯祭服有舄，玄舄爲上，褘衣之舄也，下有青舄、赤舄，鞠衣以下皆屨耳。句，當爲「絇」，聲之誤也。絇繶純者同色，今云赤繶、黄繶、青絇，雜互言之，明舄屨衆多，反覆以見之。凡舄之飾，如繢之次。赤繶者，王黑舄之飾；黄繶者，王后玄舄之飾；青絇者，王白舄之飾。言繶必有絇純，言絇亦有繶純，三者相將。王及后之赤舄皆黑飾，后之青舄白飾。凡屨之飾，如繡次也。黄屨白飾，白屨黑飾，黑屨青飾。絇謂之拘，著舄屨之頭以爲行戒。繶，縫中紃。純，緣也。天子、諸侯，吉事皆舄，其餘唯服冕衣翟著舄耳。士爵弁纁屨，黑絇繶純，尊祭服之屨，飾從繢也。素屨者，非純吉，有凶去飾者。言葛屨，明有用皮時。

外内命夫命婦之命屨、功屨、散屨。散，素但反。○命夫之命屨，纁屨。命婦之命屨，黄屨以下。功屨，次命屨，於孤卿大夫則白屨黑屨，九嬪、内子亦然。世婦、命婦以黑屨爲功屨。女御、士妻，命屨而已。士及士妻謂再命受服者。散屨，亦謂去飾。○天官屨人

○王之五路：一曰玉路，錫，樊纓十有再就，建大常，十有二斿，以祀；錫，音陽。樊，步干反。斿，音留，下同。○王在焉曰路。玉路，以玉飾諸末。錫，馬面當盧，刻金爲之，所謂鏤錫也。樊，讀如鞶帶之鞶，謂今馬大帶也。鄭司農云：「纓謂當胸，士喪禮上篇曰：『馬纓三就。』禮家説曰：『纓當胸，以削革爲之。』三就，三重三匝也。』」玄謂：纓，今馬

鞅。玉路之樊及纓，皆以五采罽飾之十二就。就，成也。大常，九旗之畫日月者，正幅爲縿，斿則屬焉。金路，鉤，樊纓九就，建大旂，以賓，同姓以封；金路，以金飾諸末。鉤，婁頷之鉤也，金路無鍚有鉤，亦以金爲之。其樊及纓，以五采罽飾之而九成。大旂，九旗之畫交龍者。以賓，以會賓客。同姓以封，謂王子母弟率以功德出封。雖爲侯伯，其畫服猶如上公，若魯、衛之屬。其無功德，各以親疏食采畿内而已。故書「鉤」爲「拘」，杜子春讀爲鉤。象路，朱，樊纓七就，建大赤，以朝，異姓以封；朝，直遥反。○象路，以象飾諸末。象路無鉤，以朱飾勒而已。其樊及纓，以五采罽飾之而七成。大赤，九旗之通帛。以朝，以日視朝。異姓，王甥舅。革路，龍勒，條纓五就，建大白，以即戎，以封四衛；條，依注他刀反。○革路，鞔之以革而漆之，無他飾。龍，駹也。以白黑飾韋，雜色爲勒。條，讀爲絛。其樊及纓，以絛絲飾之而五成。不言樊字，蓋脱爾。以此言絛，知玉路、金路、象路飾樊纓，皆不用金、玉、象矣。大白，殷之旗，猶周大赤，蓋象正色也。即戎，謂兵事。四衛，四方諸侯守衛者，蠻服以内。木路，前樊鵠纓，建大麾，以田，以封蕃國。鵠，户毒反。麾，許危反。○木路，不鞔以革，漆之而已。前，讀爲緇翦之翦，翦，淺黑也。木路無龍勒，以淺黑飾韋爲樊，鵠色飾韋爲纓，不言就數，飾與革路同。大麾，不在九旗中，以正色言之則黑，夏后氏所建。田，四時田獵。蕃國，謂九州之外夷服、鎮服、蕃服。杜子春云：「鵠，或爲『結』。」王后之五路：重翟，鍚面朱總；厭翟，勒面繢總；安車，彫面鷖總，皆有容蓋；重，直龍反。鍚，音陽。厭，於涉反。繢，户對反。鷖，烏兮反。○重翟，重翟雉之羽也。厭翟，次其羽使相迫也。勒面，謂以如王龍勒之韋，爲當面飾也。彫者，畫之，不龍其韋。安車，坐乘車，凡婦人車皆坐乘。故書「朱總」爲「緫」，「鷖」或作「緊」。鄭司農云：「錫，馬面錫。『緫』，當爲『總』，書亦或爲『總』。鷖，讀爲鳧鷖之鷖。鷖總者，青黑色，以繒爲之，總著馬勒，直兩耳與兩鑣。容，謂幨車，山東謂之裳幃，或曰幢容。」玄謂：朱總、繢總，其施之如鷖總，車衡輨亦宜有焉。繢，畫文也。蓋，如今小車蓋也。皆有容有蓋，則重翟、厭翟謂蔽也。重翟，后從王祭祀所乘。厭翟，后從王賓饗諸侯所乘。安車無蔽，后朝見於王所乘，謂去飾也。詩國風碩人曰：「翟蔽以朝。」謂諸侯夫人始來，乘翟蔽之車，以朝見於君，盛之也。此翟蔽，蓋厭翟也，然則王后始來乘重翟乎？ 翟車，貝面組總，有握；組，音祖，下同。「握」，一作「幄」。○翟車，不重不厭，以翟飾車之側爾。貝面，貝飾勒之當面也。有握，則此無蓋矣，如今軿車是也，后所乘以出桑。 輦車，組輓，有翣，羽蓋。輓，音晚。翣，所甲反。○輦車不言飾，后居宮中從容所乘，但漆之而已。爲輇輪，人輓之以行。有翣，所以禦風塵。以羽作小蓋，爲翳日也。故書「翣」爲「毦」，杜子春云：「當爲『翣』，書亦或爲『毼』。」 王之喪車五乘：木車，蒲蔽，犬㡛，尾櫜，疏飾，小服皆疏；乘，繩證反。㡛，莫歷反，下同。櫜，音羔。○木車，不漆者。鄭司農云：「蒲蔽，謂臝蘭車，以蒲爲蔽，天子喪服之車，漢儀亦然。犬㡛，以犬皮爲覆笭。」故書「疏」爲「揟」，杜子春讀「揟」爲「沙」。玄謂：蔽，車旁禦風塵者。犬，白犬皮，既以皮爲覆笭，又以其尾爲戈戟之弢。麤布飾二物之側爲之緣，若攝服云。服，讀爲箙。小箙，刀劍短兵之衣。此始遭喪所乘，爲君之道尚微，備姦臣也。書曰：「以虎賁百人逆子釗。」亦爲備焉。 素車，棼蔽，犬㡛，素飾，小服皆素；棼，扶云反。○素車，以白土堊車也。棼，讀爲薠，薠麻以爲蔽。其㡛服以素繒爲緣。此卒哭所乘，爲君之道益著，在車可以去戈戟。藻車，藻蔽，鹿淺禊，革飾；故書「藻」作「轈」，杜子春「轈」讀爲華藻之藻，直謂華藻也。玄謂：藻，水草，蒼色，以蒼土堊車，以蒼繒爲蔽也。鹿淺禊，以鹿夏皮爲覆笭，又以所治去毛者緣之。此既練所乘。駹車，雚蔽，然禊，髤飾；駹，莫江反。雚，音丸。髤，香求反。○故書「駹」作「龍」，「髤」爲「軟」，杜子春云：「龍讀爲駹，軟讀爲桼垸之桼，直謂髤桼也。」玄謂：駹，車邊側有漆飾也。雚，細葦席也，以爲蔽者。漆則成藩，即吉也。然，果然也。髤，赤多黑少之色韋也。此大祥所乘。漆車，藩蔽，豻禊，雀飾。豻，音岸。○漆車，黑車也。藩，今時小車藩，漆席以爲之。豻，胡犬。雀，黑多赤少之色韋也。此禫所乘。服車五乘：孤乘夏篆，卿乘夏縵，大夫乘墨車，士乘棧車，庶人乘役車。五乘之乘，繩證反。篆，直轉反。縵，莫干反。棧，仕板反。○服車，服事者之車。故書「夏篆」爲「夏緣」。鄭司農云：「夏，赤也。緣，緣色。或曰：夏篆，篆讀爲圭瑑之瑑。夏篆，轂有約也。」玄謂：夏篆，五采畫轂約也。夏縵，亦五采畫，無瑑爾。墨車，不畫也。棧車，不革鞔而漆之。役車，方箱可載任器以共役。凡良車、散車不在等者，其用無常。給遊燕及恩惠之賜。不在等者，謂若今輜車後户之屬，作之有功有沽。○春官巾車○日月爲常，交龍爲旂，通帛爲旜，雜帛爲物，熊虎爲旗，鳥隼爲旟，龜蛇爲旐，全羽爲旞，析羽爲旌。旜，之然反。隼，息允反。旟，音餘。旐，音兆。旞，音遂。○通帛，謂大赤，從周正色，無飾。雜帛者，以帛素飾其側。白，殷之正色。全羽、析羽，皆五采，繫之於旞旌之上，所謂注旄於干首也。凡九旗之帛皆用絳。大閲則王建大常，諸侯建旂，孤卿建旜，大夫、士建物，師都建旗，州里建旟，縣鄙建旐，道車載旞，斿車載旌。仲冬教大閱，司馬主其禮。自王以下治民者，旗畫成物之象。王畫日月，象天明也。諸侯畫交龍，一象其升朝，一象其下復也。孤卿不畫，言奉王之政教而已。大夫、士雜帛，言以先王正道佐職也。師都，六鄉、六遂大夫也。謂之師都，都，民所聚也。畫熊虎者，鄉遂出軍賦，象其守猛，莫敢犯也。州里縣鄙，鄉遂之官，互約言之〔七〕。鳥隼象其勇捷也，龜蛇象其扞難辟害也。道車，象路也，王以朝夕燕出入。斿車，木路也，王以田以鄙。全羽、析羽五色，象其文德也。大閱，王乘戎路，建大常焉。玉路、金路不出。皆畫其象焉，官府各象其事，州里各象其名，家各象其號。事、名、號者，徽識所以題別衆臣〔八〕，樹之於位，朝各就焉。覲禮曰「公侯伯子男，皆就其旂而立」，此其類也。或謂之事，或謂之名，或謂之號，異外內也，三者旌旗之細也。士喪禮曰：「爲銘，各以其物，亡則以緇，長半幅，赬末長終幅，廣三寸，書名於末。」此蓋其制也。徽識之書，則云：某某之事，某某之名，某某之號。今大閱禮，象而爲之。兵凶事，若有死事者，亦當以相別也。杜子春云：「『畫』當爲『書』。」玄謂：畫，畫雲氣也，異於在國軍事之飾。○司常○王弓、弧弓，以授射甲革椹質者；夾弓、庾弓，以授射豻侯鳥獸者；唐弓、大弓，以授學射者、使者、勞者。射，食亦反。椹，張林反。夾，古洽反。庾，一作「庚」。豻，音岸。使，所吏反。○王、弧、夾、庾、唐、大六者，弓異體之名也。往體寡，來體多，曰王、弧。往體多，來體寡，曰夾、庾。往體來體若一，曰唐、大。甲革，革甲也。春秋傳曰：「蹲甲而射之。」質，正也，樹椹以爲射正。射甲與椹，試弓習武也。豻侯五十步，及射鳥獸，皆近射也。近射用弱弓，則射大侯者用王、弧，射參侯者用唐、大矣。學射者弓用中，後習强弱則易也。使者、勞者弓亦用中，遠近可也。勞者，勤勞王事，若晉文侯、文公受王弓矢之賜者。故書「椹」爲「鞎」。鄭司農云：「『椹』字或爲『鞎』，非是也。圉師職曰：『射則充椹質。』又此司弓矢職曰：『澤共射椹質之弓矢。』言射椹質自有弓，謂王、弧弓也。以此觀之，言『鞎質』者非。」其矢箙皆從其弓。箙，音服。○從弓數也，每弓者一箙百矢。凡弩：夾、庾利攻守，唐、大利車戰、野戰。攻城壘者與其自守者相迫近，弱弩發疾也。車戰、野戰，進退非强則不及。弩無王、弧，王、弧恒服弦，往體少者，使矢不疾。凡矢：枉矢、絜矢利火射，用諸守城、車戰；殺矢、鍭矢用諸近射、田獵；矰矢、茀矢用諸弋射；恒矢、庳矢用諸散射。枉，紆往反。絜，户結反。鍭，音侯。矰，音增。茀，音弗。弋，以隻反。恒，胡登反。庳，方二反。散，素旦反。○此八矢者，弓、弩各有四焉。枉矢、殺矢、矰矢、恒矢，弓所用也。絜矢、鍭矢、茀矢、庳矢，弩所用也。枉矢者，取名變星，飛行有光，今之飛矛是也，或謂之兵矢。絜矢象焉。二者皆可結火以射敵、守城、車戰，前於重，後微輕，行疾也。殺矢，言中則死。鍭矢象焉。鍭之言候也。二者皆可以司候射敵之近者及禽獸，前尤重，中深而不可遠也。結繳於矢謂之矰，矰，高也。茀矢象焉。茀之言刜也。二者皆可以弋飛鳥，刜羅之也，前於重，又微輕，行不低也。詩云：「弋鳧與雁。」恒矢，安居之矢也。庳矢象焉。二者皆可以散射也，謂禮射及習射也，前後訂其行平也。凡矢之制：枉矢之屬五分，二在前，三在後；殺矢之屬三分，一在前，二在後；矰矢之屬七分，三在前，四在後；恒矢之屬，軒輖中，所謂志也。鄭司農云：「庳矢，讀爲人罷短之罷。」玄謂：庳讀如痹病之痹，痹之言倫比。○司弓矢○守邦國者用玉節，守都鄙者用角節。謂諸侯於其國中，公、卿、大夫、王子弟於其采邑，有命者，亦自有節以輔之。玉節之制，以玉爲之，以命數爲小大。角，用犀角，其制未聞。凡邦國之使節：山國用虎節，土國用人節，澤國用龍節，皆金也，以英蕩輔之。使，色吏反。○使節，卿大夫聘於天子、諸侯，行道所執之信也。土，平地也。山多虎，平地多人，澤多龍，以金爲節，鑄象焉。必自以其國所多者，於以相別，爲信明也。今漢有銅虎符。杜子春云：「『蕩』當爲『帑』，謂以函器盛此節。或曰：英蕩，畫函。」門關用符節，貨賄用璽節，道路用旌節，皆有期以反節。門關，司門、司關也。貨賄者，主通貨賄之官，謂司市也。道路者，主治五涂之官，謂鄉、遂大夫也。凡民遠出至於邦國，邦國之民若來入由門者，司門爲之節；由關者，司關爲之節；其商，則司市爲之節；其以徵令及家徙，則鄉、遂大夫爲之節。唯時事而行，不出關，不用節也。變司市言貨賄者，璽節主以通貨賄，貨賄非必由市，或資於民家焉。變鄉遂言道路者，容公邑及小都大都之吏，皆主治五涂，亦有民也。符節者，如今宮中諸官詔符也。璽節者，今之印章也。旌節，今使者所擁節是也。將送者、執此節以送行者，皆以道里日時課，如今郵行有程矣，以防容姦，擅有所通也。凡節有法式，藏於掌節。凡通達於天下者必有節，以傳輔之。必有節，言遠行無有不得節而出者也。輔之以傳者，節爲信耳，傳說所齎操及所適。無節者，有幾則不達。圜土内之。○地官掌節

傳曰：昔殷紂亂天下，脯鬼侯以饗諸侯，以人肉爲薦羞，惡之甚也。是以周公相武王以伐紂。武王崩，成王幼弱，周公踐天子之位以治天下。六年，朝諸侯於明堂，制禮作樂，頒

度量，而天下大服。相，息亮反。朝，直遥反。量，音亮。○踐，猶履也。頒，讀爲班。度，謂丈尺高卑廣狹也。量，謂豆、區、斗、斛、筐、筥所容受。○區，烏侯反。筐，音匡。筥，紀吕反。七年，致政於成王。成王以周公爲有勳勞於天下，致政，以王事歸授之。王功曰勳，事功曰勞。是以封周公於曲阜，地方七百里，革車千乘，乘，繩證反。○曲阜，魯地。上公之封地方五百里，加魯以四等之附庸，方百里者二十四，并五五二十五，積四十九，開方之得七百里。革車，兵車也。千乘，成國之賦也。詩魯頌曰：「王謂叔父，建爾元子，俾侯于魯，大啓爾宇，爲周室輔。乃命魯公，俾侯于東。錫之山川，土田附庸。」又曰：「公車千乘，朱英緑縢。」命魯公世世祀周公以天子之禮樂。同之於周，尊之也。魯公，謂伯禽。是以魯君孟春乘大路，載弧韣，旂十有二旒，日月之章，祀帝于郊，配以后稷，天子之禮也。弧，音胡。韣，音獨。旂，其衣反。旒，力求反。○孟春，建子之月，魯之始郊日以至。大路，殷之祭天車也。弧，旌旗所以張幅也，其衣曰韣。天子之旌旗畫日月。帝，謂蒼帝靈威仰也。昊天上帝，魯不祭。季夏六月，以禘禮祀周公於大廟，牲用白牡，尊用犧、象、山罍，鬱尊用黄目，灌用玉瓚大圭，薦用玉豆、雕篹，爵用玉琖仍雕，加以璧散、璧角，俎用梡、嶡。升歌清廟，下管象。朱干玉戚，冕而舞大武；皮弁素積，裼而舞大夏。昧，東夷之樂也；任，南蠻之樂也。納夷蠻之樂於大廟，言廣魯於天下也。禘，大計反。大廟之大，音泰。犧，素何反。罍，音雷。瓚，才但反。篹，息緩反。琖，側眼反。散，先旦反。梡，苦管反。

嶡，居衛反。禓，星曆反。眛，音妹。任，而林反。○季夏，建巳之月也。禘，大祭也。周公曰大廟，魯公曰世室，羣公稱宮。白牡，殷牲也。尊，酒器也。犧尊，以沙羽爲畫飾。象骨飾之〔九〕。鬱鬯之器也〔一〇〕。黄彝也〔一一〕。灌，酌鬱尊以獻也。瓚，形如盤，容五升，以大圭爲柄，是謂圭瓚。籩，籩屬也，以竹爲之，雕刻飾其直者也。爵，君所進於尸也。仍，因也，因爵之形爲之飾也。加，加爵也。散、角，皆以璧飾其口也。梡，始有四足也，嶡爲之距。清廟，周頌也。象，謂周頌武也，以管播之。朱干，赤大盾也。戚，斧也。冕，冠名也。諸公之服，自衮冕而下，如王之服也。大武，周舞也。大夏，夏舞也。周禮眛師：「掌教眛樂。」詩曰：「以雅以南，以籥不僭。」廣，大也。君卷冕立于阼，夫人副褘立于房中。君肉袒迎牲于門，夫人薦豆籩。卿大夫贊君，命婦贊夫人，各揚其職。百官廢職，服大刑。卷，古本反。褘，音煇。袒，音誕。○副，首飾也，今之步摇是也。詩云：「副笄六珈。」周禮追師：「掌王后之首服，爲副。」褘，王后之上服，唯魯及王者之後夫人服之，諸侯夫人則自揄翟而下。贊，佐也。命婦，於内則世婦也，於外則大夫之妻也。祭祀，世婦以下佐夫人。揚，舉也。大刑，重罪也。是故夏礿，秋嘗，冬烝，春社，秋省，而遂大蜡，天子之祭也。礿，音藥。蜡，仕嫁反。○不言春祠，魯在東方，王東巡守以春，或闕之。省，讀爲獮。獮，秋田名也。春田祭社，秋田祀祊〔一二〕。大蜡，歲十二月索鬼神而祭之。大廟，天子明堂。庫門，天子皋門。雉門，天子應門。言廟及門如天子之制也。天子五門，皋、庫、雉、應、路。魯有庫、雉、路，則諸侯三門與？皋之言高也。詩云：「乃立皋門，皋門有伉。乃立應門，應門將將。」振木鐸於朝，天子之政也。鐸，大各反。朝，直遥反。○天子將發號令，必以木鐸警衆。山節藻棁，復廟重檐，刮楹達鄉，反坫出尊，崇坫康圭疏屏，天子之廟飾也。棁，専悦反。復，音福。重，直龍反。檐，以占反。刮，古八反。鄉，許亮反。坫，丁念反。○山節，刻欂盧爲山也。藻棁，畫侏儒柱爲藻文也。復廟，重屋也。重檐，重承壁材也。刮，刮摩也。鄉，牖屬，爲夾户窻也。每室八窻爲四達。反坫，反爵之坫也。出尊，當尊南也。唯兩君爲好，既獻，反爵於其上。禮，君尊于兩楹之閒。崇，高也。康，讀爲「亢龍」之亢。又爲高坫，亢所受圭，奠于上焉。屏謂之樹，今桴思也，刻之爲雲氣蟲獸，如今闕上爲之矣。鸞車，有虞氏之路也。鉤車，夏后氏之路也。大路，殷路也。乘路，周路也。鉤，古侯反。乘，繩證反。○鸞，有鸞和也。鉤，有曲輿者也。大路，木路也。乘路，玉路也。漢祭天，乘殷之路也，今謂之桑根車也。春秋傳曰：「大路素。」鸞，或爲「欒」也。有虞氏之旂，夏后氏之綏，殷之大白，周之大赤。四者旌旗之屬也。綏，當爲「緌」，讀如「冠蕤」之蕤。有虞氏當言「緌」，夏后氏當言「旂」，此蓋錯誤也。緌，謂注旄牛尾於杠首，所謂大麾。書云：「武王左杖黄鉞，右秉白旄以麾。」周禮：「王建大旂以賓，建大赤以朝，建大白以即戎，建大麾以田也。」夏后氏駱馬黑鬣，殷人白馬黑首，周人黄馬蕃鬣。夏后氏牲尚黑，殷白牡，周騂剛。駱，音洛。鬣，力輒反。蕃，音煩。騂，息營反。○順正色也。白馬黑鬣曰駱。殷黑首，爲純白凶也。騂剛，赤色。泰，有虞氏之尊也。山罍，夏后氏之尊也。著，殷尊也。犧、象，周尊也。著，直略反。○泰用瓦。著，著地無足。爵，夏后氏以琖，殷以斝，周以爵。斝，古雅反。○斝，畫禾稼也。詩曰：「洗爵奠斝。」灌尊，夏后氏以雞夷，殷以斝，周以黄目。其勺，夏后氏以龍勺，殷以疏勺，周以蒲勺。勺，市灼反。○夷，讀爲彝。周禮：「春祠夏禴，祼用雞彝、鳥彝。秋嘗冬烝，祼用斝彝、黄彝。」龍，龍頭也。疏，通刻其頭。蒲，合蒲如鳧頭也。土鼓、蕢桴、葦籥，伊耆氏之樂也。蕢，苦對反。桴，音浮。葦，于鬼反。○蕢，當爲「甴」，聲之誤也。籥，如笛，三孔。伊耆氏，古天子有天下之號也，今有姓伊耆氏者。拊搏，玉磬，揩擊，大琴大瑟，中琴小瑟，四代之樂器也。拊，音甫。搏，音博。揩，居八反。○拊搏，以韋爲之，充之以糠，形如小鼓。揩擊，謂柷敔。皆所以節樂者也。四代，虞、夏、殷、周也。魯公之廟，文世室也。武公之廟，武世室也。此二廟象周有文王、武王之廟也。世室者，不毁之名也。魯公，伯禽也。武公，伯禽之玄孫也，名敖。米廩，有虞氏之庠也。序，夏后氏之序也。瞽宗，殷學也。頖宫，周學也。廩，力甚反。頖，音判。○庠、序，亦學也。庠之言詳也，於以考禮詳事也，魯謂之米廩。虞帝上孝，今藏粢盛之委焉。序，次序王事也。瞽宗，樂師瞽矇之所宗也。古者有道德者使教焉，死則以爲樂祖，於此祭之。頖之言班也，於以班政教也。崇鼎、貫鼎、大璜、封父龜，天子之器也。璜，音黄。父，音甫。○崇、貫、封父，皆國名。文王伐崇。古者伐國，遷其重器，以分同姓。大璜，夏后氏之璜。春秋傳曰：「分魯公以夏后氏之璜。」越棘、大弓，天子之戎器也。越，國名也。棘，戟也。春秋傳曰：「子都拔棘。」夏后氏之鼓足，殷楹鼓，周縣鼓。縣，音玄。○足，謂四足也。楹，謂之柱，貫中上出也。縣，縣之簨虡也。殷頌曰：「植我鼗鼓。」周頌曰：「應朄縣鼓。」垂之和鐘，叔之離磬，女媧之笙簧。夏后氏之龍簨虡，殷之崇牙，周之璧翣。有虞氏之兩敦，夏后氏之四璉，殷之六瑚，周之八簋。俎，有虞氏以梡，夏后氏以嶡，殷以椇，周以房俎。夏后氏以楬豆，殷玉豆，周獻豆。有虞氏服韍，夏后氏山，殷火，周龍章。有虞氏祭首，夏后氏祭心，殷祭肝，周祭肺。夏后氏尚明水，殷尚醴，周尚酒。有虞氏官五十，夏后氏官百，殷二百，周三百。有虞氏之緌，夏后氏之綢練，殷之崇牙，周之璧翣。凡四代之服、器、官，魯兼用之。是故魯，王禮也，天下以爲有道之國，是故天下資禮樂焉。明堂位

○昭公將攻季氏，告子家駒曰：「季氏爲無道，僭於公室久矣，吾欲攻之，何如？」子家駒曰：「諸侯僭於天子，大夫僭於諸侯，久矣！」昭公曰：「吾何僭矣哉？」子家駒曰：「設兩觀，乘大路，朱干玉戚以舞大夏〔一三〕，八佾以舞大武，此皆天子之禮也。」〔一四〕

校勘記

〔一〕圭長九寸　「寸」，原作「子」，據丁本、朝鮮本、呂本、賀本改。

〔二〕瑱讀爲鎮　自此至下文「殊言天」止，底本缺頁，據丁本補。

〔三〕饇許既反　「許」，原作空格，據朝鮮本、賀本補。

〔四〕不敢與君並用純物也　「純」下原有「玉」字，據賀本删。

〔五〕後則恒直　自「直」字以下至「士練帶」止，底本缺頁，據丁本補。

〔六〕青謂之葱　「之」，原作「如」，據賀本改。

〔七〕互約言之　「互」，原作「玄」，據丁本、賀本改。

〔八〕徽識所以題別衆臣　自此至下文「鄭司農云椹字」止，底本缺頁，據丁本補。

〔九〕象骨飾之　丁本、傅本、朝鮮本、吕本同，禮記諸宋本同，賀本此句上有「象尊」二字。按：於文此二字當有。山井鼎七經孟子考文引古本「象骨」上有「象樽以」三字，足利本無「以」字。

〔一〇〕鬱鬯之器也　丁本、傅本、朝鮮本、吕本同，禮記諸宋本同；賀本此句上有「鬱尊」二字，考文引古本、足利本同。按：於文此二字當有。

〔一一〕黄彝也　丁本、傅本、朝鮮本、吕本同，禮記諸宋本同；賀本此句上有「鬱尊」二字，考文引古本、足利本同。按：於文此二字當有。

〔一二〕春田祭社秋田祀祊　「祭社秋田」四字原脱，據賀本補。

〔一三〕朱干玉戚以舞大夏　「戚」字原漶滅，「以舞」二字原爲墨丁，據丁本、朝鮮本、吕本、賀本補。

〔一四〕此皆天子之禮也　「之禮」二字原爲墨丁，據丁本、朝鮮本、吕本、賀本補。又，此句下原有長墨丁，賀本有小字注文「昭公二十五年春秋公羊傳」十一字。

儀禮經傳通解卷第三十六〔一〕

王朝禮十三

王制之壬 師田

周禮大宗伯：以軍禮同邦國：同，謂威其不協僭差者。軍禮之别有五。大師之禮，用衆也；用其義勇。大均之禮，恤衆也；均其地政、地守、地職之賦，所以憂民。大田之禮，簡衆也；古者因田習兵，閱其車徒之數。大役之禮，任衆也；築宫邑，所以事民力强弱。大封之禮，合衆也。正封疆溝塗之固，所以合聚其民。○大司馬：凡制軍，萬有二千五百人爲軍。小司徒：會萬民之卒伍而用之：五人爲伍，五伍爲兩，四兩爲卒，五卒爲旅，五旅爲師，五師爲軍。以起軍旅，以作田役，以比追胥。比，毗志反。○用，謂使民事之。伍、兩、卒、旅、師、軍，皆衆之名。兩，二十五人。卒，百人。旅，五百人。師，二千五百人。軍，萬二千五百人。此皆先王所因農事定軍令者也，欲其恩足相卹，義足相救，服容相别，音聲相識。作，爲也。役，功力之事。追，逐寇也。野，九夫爲井，四井爲邑，四邑爲丘，四丘爲甸，四甸爲縣，四縣爲都，以任地事而令貢賦，凡稅斂之事。賦，謂出車徒、給繇役也。司馬法曰：「六尺爲步，步百爲畮，畮百爲夫，夫三爲屋，屋三爲井，井十爲通。通爲匹馬，三十家，士一人，徒二人。通十爲成，成百井，三百家，革車一乘，士十人，徒二十人。十成爲終，終千井，三千家，革車十乘，士百人，徒二百人。十終爲同，同方百里，萬井，三萬家，革車百乘，士千人，徒二千人。」○族師：五家爲比，十家爲聯。五人爲伍，十人爲聯。四閭爲族，八閭爲聯。使之相保相受，刑罰慶賞相及相共。比，毗志反。聯，音連。○相共，猶相救相賙。若作民而師、田、行役，則合其卒伍，簡其兵器，以鼓鐸旗物帥而至，掌其治令、戒禁、刑罰。鐸，徒各反。○亦於軍因爲卒長。○大司馬：凡制軍，萬有二千五百人爲軍。王六軍，大國三軍，次國二軍，小國一軍，軍將皆命卿。二千有五百人爲師，師帥皆中大夫。五百人爲旅，旅帥皆下大夫。百人爲卒，卒長皆上士。二十五人爲兩，兩司馬皆中士。五人爲伍，伍皆有長。將，子亮反。帥，所類反。長，丁丈反。○軍、師、旅、卒、兩、伍，皆衆名也。伍一比，兩一閭，卒一族，旅一黨，師一州，軍一鄉。家所出一人。將、帥、長、司馬者，其師吏也。言軍將皆命卿，則凡軍帥不特置選於六官六鄉之吏。自卿以下，德任者使兼官焉。以九伐之灋正邦國：諸侯有違王命，則出兵以征伐之，所以正之也。諸侯之於國，如樹木之有根本，是以言伐云。馮弱犯寡，則眚之；馮，皮冰反。眚，所景反。○馮，猶乘陵也，言不字小而侵侮之。眚，猶人眚瘦也。王霸記曰：「四面削其地。」賊賢害民，則伐之；春秋傳曰：「粗者曰侵，精者曰伐。」又曰：「有鐘鼓曰伐。」則伐者，兵入其竟，鳴鐘鼓以往，所以聲其罪。暴内陵外，則壇之；壇，音善。○内謂其國，外謂諸侯。壇，讀如「同墠」之墠。王霸記曰：「置之空墠之地。」鄭司農云：「壇，讀從『憚之以威』之憚，書亦或爲『墠』。」玄謂：置之空墠，以出其君，更立其次賢者。野荒民散，則削之；荒，蕪也。田不治，民不附，削其地，明其不能有。負固不服，則侵之；負，猶恃也。固，險可依以固者也。不服，不事大也。侵之者，兵加其竟而已，用兵淺者。詩曰：「密人不恭，敢距大邦。」賊殺其親，則正之；正之者，執而治其罪。王霸記曰：「正，殺之也。」春秋：僖公二十八年冬，晉人執衛侯歸之于京師。坐殺其弟叔武。放弑其君，則殘之；放，逐也。殘，殺也。王霸記曰：「殘滅其爲惡。」犯令陵政，則杜之；令，猶命也。王霸記曰：「犯令者，違命也。陵政者，輕政法不循也。杜之者，杜塞使不得與鄰國交通。」外内亂，鳥獸行，則滅之。行，下孟反。○王霸記曰：「悖人倫，外内無以異於禽獸，不可親百姓，則誅滅去之也。」曲禮曰：「夫唯禽獸無禮，故父子聚麀。」○中春教振旅，司馬以旗致民，平列陳，如戰之陳。中，音仲，下同。陳，直覲反。○以旗者，立旗期民於其下也。兵者，守國之備。孔子曰：「以不教民戰，是謂棄之。」兵者凶事，不可空設，因蒐狩而習之。凡師出曰治兵，入曰振旅，皆習戰也。四時各教民以其一焉，春習振旅，兵入收衆專於農。平，猶正也。辨鼓鐸鐲鐃之用：王執路鼓，諸侯執賁鼓，軍將執晉鼓，師帥執提，旅帥執鼙，卒長執鐃，兩司馬執鐸，公司馬執鐲。鐸，徒各反。鐲，直各反。鐃，女交反。賁，扶云反。帥，所類反。提，徒兮反。鼙，蒲兮反。○鼓人職曰：「以路鼓鼓鬼享，以賁鼓鼓軍事，以晉鼓鼓金奏。以金鐃止鼓，以金鐸通鼓，以金鐲節鼓。」鄭司農云：「辨鼓鐸鐲鐃之用，謂鉦鐸之屬。鐲，讀如『濁其源』之濁。鐃，讀如『讙曉』之曉。提，讀如『攝提』之提，謂馬上鼓，有曲木提持立馬髦上者，故謂之提。」杜子春云：「公司馬，謂五人爲伍，伍之司馬也。」玄謂：王不執賁鼓，尚之於諸侯也。伍長謂之公司馬者，雖卑同其號。以教坐作進退疾徐疏數之節，數，音朔。○習戰法。遂以蒐田，有司表貉，誓民，鼓，遂圍禁，火弊，獻禽以祭社。蒐，所留反。貉，莫駕反。○春田爲蒐。有司，大司徒也。掌大田役治徒庶之政令。表貉，立教而貉祭也。誓民，誓以犯田法之罰也。誓曰：「無干車，無自後射，立旌遂圍禁。旌弊爭禽而不審者，罰以假馬。」禁者，虞衡守禽之厲禁也。既誓，令鼓而圍之，遂蒐田。火弊，火止也。春田主用火，因焚萊，除陳草，皆殺而火止。獻，猶致也，屬也。田止，虞人植旌，衆皆獻其所獲禽焉。詩云：「言私其豵，獻肩于公。」春田主祭社者，土方施生也。鄭司農云：「貉讀爲禡，禡謂師祭也。書亦或爲『禡』。」中夏教茇舍，如振旅之陳。羣吏撰車徒，讀書契，辨號名之用：帥以門名，縣鄙各以其名，家以號名，鄉以州名，野以邑名，百官各象其事，以辨軍之夜事。其他皆如振旅。茇，蒲末反。撰，息轉反。○茇，讀如「萊沛」之沛。茇舍，草止之也，軍有草止之法。撰，讀曰算。算車徒，謂數擇之也。讀書契，以簿書校録軍實之凡要。號名者，徽識所以相別也。鄉遂之屬謂之名，家之屬謂之號，百官之屬謂之事。在國以表朝位，在軍又象其制而爲之，被之以備死事。帥，謂軍將及師帥、旅帥至伍長也。以門名者，所被徽識如其在門所樹者也。凡此言「以」也、「象」也，皆謂其制同耳。軍將皆命卿。古者軍將蓋爲營治於國門，魯有東門襄仲，宋有桐門右師，皆上卿爲軍將者也。縣鄙，謂縣正、鄙師至鄰長也。家，謂食采地者之臣也。鄉以州名，亦謂州長至比長也。野，謂公邑大夫。百官，以其職從王者。此六者，皆書其官與名氏焉。門則襄仲、右師明矣，鄉則南鄉甀、東鄉爲人是也。其他象此，云某某之名、某某之號、某某之事而已，未盡聞也。鄉、遂大夫，文錯不見，以其素信于民，不爲軍將，或爲諸帥，是以闕焉。夜事，戒夜守之事。草止者慎於夜，於是主別其部職。遂以苗田，如蒐之灋。車弊，獻禽以享礿。礿，餘略反。○夏田爲苗，擇取不孕任者，若治苗去不秀實者云。車弊，驅獸之車止也。夏田主用車，示所取物希者，皆殺而車止。王制曰：「天子殺則下大綏，諸侯殺則下小綏，大夫殺則止佐車，佐車止則百姓田獵。」礿，宗廟之夏祭也。冬夏田主于祭宗廟者，陰陽始起，象神之在內。中秋教治兵，如振旅之陳。辨旗物之用：王載大常，諸侯載旂，軍吏載旗，師都載旜，鄉遂載物，郊野載旐，百官載旟，各書其事與其號焉。其他皆如振旅。旜，之然反。旐，音兆。旟，音餘。○軍吏，諸軍帥也。師都，遂大夫也。鄉遂，鄉大夫也。或載旜，或載物，衆屬軍吏無所將也。郊，謂鄉、遂之州長、縣正以下也。野，謂公邑大夫。載旐者，以其將羡卒也。百官，卿大夫也。載旟者，以其屬衛王也。凡旌旗，有軍衆者畫異物，無者帛而已。書，當爲「畫」，事也，號也，皆畫以雲氣。遂以獮田，如蒐田之灋。羅弊，致禽以祀祊。祊，音方。○秋田爲獮。獮，殺也。羅弊，罔止也。秋田主用罔，中殺者多也，皆殺而罔止。祊，當爲「方」，聲之誤也。秋田主祭四方，報成萬物。詩曰：「以社以方。」中冬教大閱，春辨鼓鐸，夏辨號名，秋辨旗物，至冬大閱，簡軍實。凡頒旗物以出軍之旗，則如秋；以尊卑之常，則如冬，司常佐司馬時也。大閱備軍禮，而旌旗不如出軍之時，空辟實。前期，羣吏戒衆庶，脩戰灋。羣吏，鄉師以下。虞人萊所田之野爲表，百步則一，爲三表，又五十步爲一表。田之日，司馬建旗于後表之中，羣吏以旗物鼓鐸鐲鐃，各帥其民而致。質明弊旗，誅後至者，乃陳車徒如戰之陳，皆坐。鄭司農云：「虞人萊所田之野，芟除其草萊，令車得驅馳。詩曰：『田卒污萊。』」玄謂：萊，芟除可陳之處。後表之中，五十步表之中央。表，所以識正行列也。四表積二百五十步。左右之廣，當容三軍，步數未聞。致，致之司馬。質，正也。弊，仆也。皆坐當聽誓。羣吏聽誓于陳前，斬牲以左右徇陳，曰：「不用命者斬之。」羣吏，諸軍帥也。陳前，南面鄉表也。月令：「季秋，天子教于田獵，以習五戎。司徒搢扑，北面以誓之。」此大閱禮，實正歲之中冬，而說季秋之政，於周爲中冬，爲月令者失之矣。斬牲者，小子也。凡誓之大略，甘誓、湯誓之屬是也。中軍以鼙令鼓，鼓人皆三鼓，司馬振鐸，羣吏作旗，車徒皆作。鼓行鳴鐲，車徒皆行，及表乃止。三鼓摝鐸，羣吏弊旗，車徒皆坐。摝，音鹿。○中軍，中軍之將也。天子六軍，三三而居一偏，羣吏既聽誓，各復其部曲。中軍之將令鼓，鼓以作其士衆之氣也。鼓人者，中軍之將、師帥、旅帥也。司馬，兩司馬也。振鐸以作衆，作，起也。既起，鼓人擊鼓以行之，伍長鳴鐲以節之。伍長，一曰公司馬。及表，自後表前至第二表也。三鼓者，鼓人也。鄭司農云：「摝，讀如弄。」玄謂：如涿鹿之鹿，掩上振之爲摝。摝者，止行息氣也。司馬法曰：「鼓聲不過閶，鼙聲不過闒，鐸聲不過琅。」又三鼓振鐸作旗，車徒皆作。鼓進鳴鐲，車驟徒趨，及表乃止，坐作如初。驟，士救反。○趨者，赴敵尚疾之漸也。春秋傳曰：「先人有奪人之心。」及表，自第二前至第三。乃鼓，車馳徒走，及表乃止。及表，自第三前至前表。鼓戒三闋，車三發，徒三刺。闋，苦穴反。○鼓戒，戒攻敵。鼓壹闋，車壹轉，徒壹刺，三而止，象服敵。乃鼓，退，鳴鐃且卻，及表乃止，坐作如初。卻，起略反。○鐃，所以止鼓。軍退，卒長鳴鐃以和衆。鼓人爲止之也。退，自前表至後表。鼓鐸則同，習戰之禮，出入一也，異者廢鐲而鳴鐃。遂以狩田，以旌爲左右和之門。羣吏各帥其車徒以叙和出，左右陳車徒，有司平之。旗居卒間以分地，前後有屯百步，有司巡其前後。險野人爲主，易野車爲主。狩，手又反。分，扶問反。易，以豉反。○冬田爲狩，言守取之，無所擇也。軍門曰和，今謂之壘門，立兩旌以爲之。叙和出，用次第出和門也。左右，或出而左，或出而右。有司平之，鄉師居門，正其出入之列也[二]。旗，軍吏所載。分地，調其部曲疏數。前後有屯百步，車徒異羣相去之數也。車徒畢出和門，鄉師又巡其行陳。鄭司農云：「險野人爲主，人居前；易野車爲主，車居前。」既陳，乃設驅逆之車，有司表貉于陳前。驅，起具反。○驅，驅出禽獸，使趨田者也。逆，逆要，不得令走。設此車者，田僕也。中軍以鼙令鼓，鼓人皆三鼓，羣司馬振鐸，車徒皆作，遂鼓行，徒銜枚而進。大獸公之，小禽私之，獲者取左耳。羣司馬，謂兩司馬也。枚，如箸，銜之，有繣結項中。軍法止語，爲相疑惑也。進，行也。鄭司農云：「大獸公之，輸之於公。小禽私之，以自畀也。詩云：『言私其豵，獻肩于公。』一歲爲豵，二歲爲豝，三歲爲特，四歲爲肩，五歲爲慎。此明其獻大者於公，自取其小者。」玄謂：慎讀爲麎。爾雅曰：「豕生三曰豵。豕牝曰豝，麋牝曰麎[三]。」獲，得也。得禽獸者取左耳，當以計功。及所弊，鼓皆駴，車徒皆譟。駴，胡楷反。譟，素報反。○鄭司農云：「及所弊，至所弊之處。」玄謂：至所弊之處，田所當於止也。

天子諸侯蒐狩有常，至其常處，吏士鼓譟，象攻敵剋勝而喜也。疾雷擊鼓曰䮨。譟，讙也。書曰：「前師乃鼓𡔷譟。」亦謂喜也。○𡔷，音符。徒乃弊，致禽饁獸于郊，入獻禽以享烝。饁，余輒反。○徒乃弊，徒止也。冬田主用衆，物多，衆得取也。致禽饁獸于郊，聚所獲禽，因以祭四方神於郊，月令季秋「天子既田，命主祠祭禽四方」是也。入又以禽祭宗廟。及師，大合軍，以行禁令，以救無辜，伐有罪。師，所謂王巡狩若會同，司馬起師，合軍以從，所以威天下，行其政也。不言大者，未有敵，不尚武。若大師，則掌其戒令，涖大卜，帥執事涖釁主及軍器。釁，許慎反。○大師，王出征伐也。涖，臨也。臨大卜，卜出兵吉凶也。司馬法曰：「上卜下謀，是謂參之。」主，謂遷廟之主及社主在軍者也。器，鼓鐸之屬。凡師既受甲，迎主于廟及社主，祝奉以從，殺牲以血塗主及軍器，皆神之。及致，建大常，比軍衆，誅後至者。比，毗志反。○比，或作庀。鄭司農云：「致，謂聚衆也。庀，具也。」玄謂：致，鄉師致民於司馬。比，校次之也。及戰，巡陳眡事而賞罰。眡，音視。○事，謂戰功也。若師有功，則左執律，右秉鉞，以先愷樂獻于社。鉞，音越。○功，勝也。律所以聽軍聲，鉞所以爲將威也。先，猶道也。兵樂曰愷。獻于社，獻功于社也。司馬法曰：「得意則愷樂、愷歌，示喜也。」鄭司農云：「故城濮之戰，春秋傳曰：『振旅愷以入于晉。』」若師不功，則厭而奉主車。厭，於涉反。○鄭司農云：「厭，謂厭冠，喪服也。軍敗，則以喪禮。故秦伯之敗於殽也，春秋傳曰：『秦伯素服郊次，鄉師而哭。』」玄謂：厭，伏冠也。奉，猶送也，送主歸於廟與社。○司常：國之大閱，贊司馬頒旗物：王建大常，諸侯建旂，孤卿建旜，大夫士建物，師都建旗，州里建旟，縣鄙建旐，道車載旞，斿車載旌。仲冬教大閱，司馬主其禮。自王以下治民者，旗畫成物之象。王畫日月，象天明也。諸侯畫交龍，一象其升朝，一象其下復也。孤卿不畫，言奉王之政教而已。大夫士雜帛，言以先王正道佐職。師都，六鄉、六遂大夫也，謂之師都，都民所聚也。畫熊虎者，鄉遂出軍賦，象其守猛，莫敢犯也。州里縣鄙，鄉遂之官，互約言之。鳥隼，象其捷勇也。龜蛇，象其扞難辟害也。道車，象路也，王以朝夕燕出入。斿車，木路也，王以田以鄙。全羽、析羽，五色，象其文德也。大閱，王乘戎路，建大常焉。玉路、金路不出。○巾車：木路，前樊鵠纓，建大麾以田。前，音翦。樊，步干反。鵠，户毒反。麾，吁爲反。○木路，不鞔以革，漆之而已。前，讀爲「緇翦」之翦，淺黑也。木路無龍勒，以淺黑飾韋爲樊，鵠色飾韋爲纓。不言就數，飾與革路同。大麾，不在九旗中，以正色言之則黑，夏后氏所建。田，四時田獵。○田僕：掌馭田路，以田以鄙。馭，音御。○田路，木路也。田，田獵也。鄙，循行都鄙。掌佐車之政，佐，亦副。設驅逆之車，驅，起御反。○驅，驅禽使前趨獲，逆衙還之，使不出圍。○衙，五嫁反。令獲者植旌，以告獲也。植，樹也。及獻比禽。比，毗志反。○田弊，獲者各獻其禽。比，種物相從次數之。凡田，王提馬而走，諸侯晉，大夫馳。提，猶舉也。晉，猶抑也。使人扣而舉之抑之，皆止奔也。馳，放不扣。○司几筵：甸役，則設熊席，右漆几。甸，音田。○謂王甸，有司祭，表貉所設席。○迹人：掌邦田之地政，爲之厲禁而守之。田之地，若今苑也。凡田獵者受令焉，令，謂時與處也。禁麛卵者與其毒矢射者。麛，音迷。卵，力管反。○爲其夭物〔四〕，且害心多也。麛，麋鹿子。○肆師：凡師甸用牲于社宗，則爲位。甸，音田。○社，軍社也。宗，遷主也。○甸祝：掌四時之甸。師甸，致禽于虞中，乃屬禽。及郊，饁獸，舍奠于祖禰，乃斂禽。禂牲，禂馬，皆掌其祝號。屬，音燭。饁，于輒反。舍，音釋。禂，音誅。祝，之秀反。○師田，謂起大衆以田也。致禽於虞中，使獲者各以其禽來致于所表之處。屬禽，別其種類。饁，饋也，以所獲獸饋於郊，薦于四方羣兆，入又以奠于祖禰，薦且告反也。斂禽，謂取三十入腊人也。○典瑞：牙璋以起軍旅，以治兵守。鄭司農云：「牙璋，瑑以爲牙。牙齒，兵象，故以牙璋發兵，若今時以銅虎符發兵。」玄謂：牙璋，亦王使之瑞節。兵守，用兵所守，若齊人戍遂，諸侯戍周。○小宗伯：若大師，則帥有司而立軍社，奉主車。有司，大祝也。王出軍，必先有事於社及遷廟，而以其主行。社主曰軍社，遷主曰祖。春秋傳曰：「軍行祓社釁鼓，祝奉以從。」曾子問曰：「天子巡狩，以遷廟主行，載于齊車，言必有尊也。」書曰：「用命賞于祖，不用命戮于社。」社之主，蓋用石爲之。奉，謂將行。若軍將有事，則與祭有司將事于四望。軍將有事，將與敵合戰也。鄭司農云：「則與祭，謂軍祭表禡軍社之屬，小宗伯與其祭事。」玄謂：與祭有司，謂大祝之屬，蓋司馬之官實典焉。○大祝：大師，宜于社，造于祖，設軍社，類上帝。國將有事于四望，及軍歸獻于社，則前祝。大，並音泰。造，七報反。○鄭司農説「設軍社」以春秋傳曰所謂「君以師行，祓社釁鼓，祝奉以從」者也。則前祝，大祝自前祝也。玄謂：前祝者，王出也、歸也，將有事於此神，大祝居前，先以祝辭告之。○大師：大師，執同律以聽軍聲，而詔吉凶。上大音泰，下大如字。○大師，大起軍師。兵書曰：「王者行師出軍之日，授將弓矢。士卒振旅，將張弓大呼，大師吹律合音。商則戰勝，軍士强；角則軍擾多變，失士心；宮則軍和，士卒同心；徵則將急，數怒，軍士勞；羽則兵弱，少威明。」鄭司農説以師曠曰：「吾驟歌北風，又歌南風。南風不競，多死聲，楚必無功。」○大史：大師，抱天時與大師同車。「大史」、「與大師」之大，音泰。○鄭司農云：「大出師，則大史主抱式以知天時，處吉凶。史官主知天道，故國語曰：『吾非瞽史，焉知天道。』」○鼓人：掌教六鼓四金之音聲，以節聲樂，以和軍旅，以正田役。以鼖鼓鼓軍事，以鼛鼓鼓役事。凡軍旅，夜鼓鼜。鼖，扶云反。鼛，音羔。鼜，千歷反。○鼜，夜戒守鼓也。司馬法曰：「昏鼓四通爲大鼜，夜半三通爲晨戒，旦明五通爲發昫。」軍動則鼓其衆，動且行。田役亦如之。○挈壺氏：凡軍事，縣壺以序聚欜。縣，音玄。欜，音託。○鄭司農云：「縣壺以爲漏，以序聚欜，以次更聚擊欜備守也。」玄謂：擊欜，兩木相敲，行夜時也。○銜枚氏：軍旅，令銜枚。爲其言語以相誤。○環人：掌致師，致師者，致其必戰之志。古者將戰，先使勇力之士犯敵焉。春秋傳曰：「楚許伯御樂伯，攝叔爲右，以致晉師。許伯曰：『吾聞致師者，御靡旌摩壘而還。』樂伯曰：『吾聞致師者，左射以菆，代御執轡，御下，掚馬，掉鞅而還。』攝叔曰：『吾聞致師者，右入壘，折馘、執俘而還。』皆行其所聞而復之。」察軍慝，慝，吐得反。○慝，陰姦也。視軍中有爲慝者，則執之。環四方之故，卻其以事謀來侵伐者，所謂折衝禦侮。巡邦國，搏諜賊，搏，音博。諜，音牒。○諜賊，反間爲國賊。訟敵國，敵國兵來，則往之與訟曲直，若齊國佐如師。揚軍旅，爲之威武以觀敵。詩云：「維師尚父，時維鷹揚。」降圍邑。降，户江反。○圍邑欲降者，受而降之。春秋傳曰：「齊人降鄣。」○大司寇：大軍旅，涖戮于社。社，謂社主在軍者也。鄭司農説以書曰：「用命賞于祖，不用命戮于社。」○大司樂：王師大獻，則令奏愷樂。愷，可亥反。

○天子將出征，類乎上帝，宜乎社，造乎禰，禡於所征之地。造，七報反。禰，乃禮反。禡，馬怕反。○禡，師祭也，爲兵禱，其禮亦亡。受命於祖，告祖也。受成于學，定兵謀也。出征執有罪，反釋奠于學，以訊馘告。馘，古獲反。○釋菜奠幣，禮先師也。訊、馘，所生獲、斷耳者。詩曰：「執訊獲醜。」又曰：「在頖獻馘。」馘，或爲「國」。○王制○兵車不式，尚威武，不崇敬。武車綏旌，綏，耳隹反。○盡飾也。綏，謂垂舒之也。武車，亦兵車。德車結旌。不盡飾也。結，謂收斂之也。德車，乘車。史載筆，士載言。謂從於會同，各持其職以待事也。筆，謂書具之屬。言，謂會同盟要之辭。前有水，則載青旌；前有塵埃，則載鳴鳶；前有車騎，則載飛鴻；前有士師，則載虎皮；前有摯獸，則載貔貅。載，音戴。埃，烏來反。鳶，悦專反。貔，婢支反。貅，許求反。○載，謂舉於旌首以警衆也。禮：君行師從，卿行旅從〔五〕。前驅舉此，則士衆知所有。所舉各以其類象。青，青雀，水鳥。鳶鳴則將風。鴻，取飛有行列也。士師，謂兵衆。虎，取其有威勇也。貔貅，亦摯獸也。書曰：「如虎如貔。」士，或爲「仕」。行，前朱鳥而後玄武，左青龍而右白虎。招摇在上，急繕其怒，以此四獸爲軍陳，象天也。急，猶堅也。繕，讀曰勁。又畫招摇星於旌旗上，以起居堅勁軍之威怒，象天帝也。招摇星，在北斗杓端主指者。進退有度，度，謂伐與步數。左右有局，各司其局。局，部分也。○曲禮

戰陳圖

後漢志云：「立秋之日，斬牲貙劉，肄孫、吴六十四陣。」今按：諸葛亮魚復平沙石磧八陳如左：

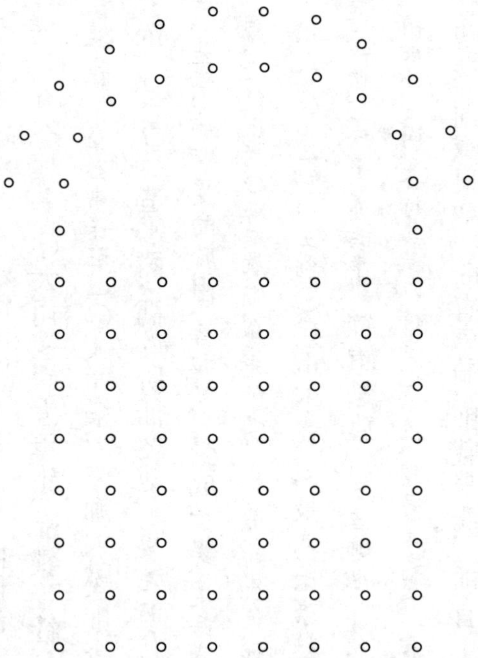

風后握機文曰：天陳、地陳、風陳、雲陳、虎翼陳、蛇蟠陳、飛龍陳、鳥翔陳，八陳。四爲正，四爲奇。陳，去聲。蟠，蒲官反。○公孫洪曰：世有八卦陳法，其中既不用奇、正，似非風后所傳，未可參用。餘奇爲握機，或總稱之。先出遊軍，定兩端，天有衡，地有軸，前後有衝，風附於天，雲附於地。衡有重列，各四隊。重，直龍反。前後之衝，各二隊。風居四維，故有圓，軸單列各二隊，前後之衝各三隊。雲居四角，故有方。天居兩端，地居中間，總爲八陳。陳訖，遊軍從後躡敵，躡，昵輒反。或驚其左，或驚其右。聽音望麾，以出四奇。麾，吁爲反。天地之前衝爲虎翼，風爲蛇蟠，圍繞之義也。虎居於中，張翼以進。蛇居兩端，向敵而蟠以應之。天地之後衝爲飛龍，雲爲鳥翔，突擊之義也。龍居於中，張翼以進，鳥掖兩端，向敵而翔以應之。虛實二壘，皆逐天文氣候，向背山川利害，隨時而行，以正合，以奇勝。○金鼓旌旗數，角音二：初警衆，末收衆。革音五：一持兵，二結陳，三行，四趨走，五急鬭。金音五：一緩鬭，二止鬭，三退，四背，五急背。麾法五：一玄，二黃，三白，四青，五赤。旗法八：一天玄，二地黃，三風青，一作赤。四雲白，五天前，上玄下赤。六天後，上玄下白。七地前，上黃下赤。八地後。上黃下青。二革二金爲天，三革三金爲地，二革三金爲風，三革二金爲雲，四革三金爲龍，三革四金爲虎，四革五金爲鳥，五革四金爲蛇，此八陳各用金鼓之制。其金革之間加一角音者，在天爲兼風，在地爲兼雲，在龍爲兼鳥，在虎爲兼蛇；加二角音者，全師進東；加三角音者，全師進南；加四角音者，全師進西；加五角音者，全師進北。鞉音不止者，行伍不整。鞉，徒刀反。行，户郎反。金革既息，而角音不止者，師並旋。三十二隊天衡，八隊天前衝，八隊天後衝，十六隊風。二十四隊地軸，十二隊地前衝，十二隊地後衝。十六隊雲。以天地前衝爲虎翼，天地後衝爲飛龍，風爲蛇蟠，雲爲鳥翔。天地以下，八重以列。或曰：握機望敵，即引其後，以掎角前列不動。掎，舉綺反。○公孫洪曰：司馬氏陳法依此，而前列先進以次之。或合而爲一，因離而爲八，各隨師之多少，觸類而長。長，丁丈反。天或圓布不動，前爲右，後爲左，天地四望之屬是也。天居兩端，其次風，其次雲，左右相向是也。公孫洪曰：此爲静。地方布，風雲各在前後衝之前。天居兩端，其次地居中間，兩地爲比是也。公孫洪曰：此爲動爲從，天陳變爲地陳，或即張形布埶，破敵攻圍，不定其形，故爲動也。縱布天一，天二次之。縱布地四，次於天後。縱布四風，挾天地之左右，天地前衝居其右，後衝居其左，雲居兩端，虚實二壘，則此是也。縱，子容反。○公孫洪曰：人多傳韓信注釋「天或圓布」以下與此微有差異，而范蠡、樂毅之説相雜。今亦錯綜於其中，其部隊或三，或五，或三十，或五十，陳圖如此，變通由人。一本自「或五十」以下云「變通之理，寄之明哲，不復備載。近古以來，其文不滿尺，多憑口訣以相傳授，予今於難解之處增字以發明之」。○按此法，六十四陳，天衡十六陳居兩端，地軸十二陳居中間，天前衝四陳居右，後衝四陳居左，地前衝六陳居前，後衝六陳居後。風八陳附天，雲八陳附地，合爲八陳。天衡并前後衡二十四陳，合風八陳，爲三十二陽。地軸并前後衡二十四陳，合雲八陳，爲三十二陰。遊軍二十四陳，在六十四陳之後。凡行軍、結陳、合戰，設疑補闕，全在遊兵。天地之前衡爲虎翼，風爲蛇蟠。兵家先陰，以右爲前，又風從虎，虎與蛇皆陰類，同位西北也。天地之後衡爲飛龍，雲爲鳥翔。兵家後陽，以左爲後，又雲從龍，龍與鳥皆陽類，同位東南也。以天地風雲爲四正，以龍虎鳥蛇爲四奇，所謂八陳也。每以二陳相從，一陳之中又有兩陳，一戰一守，故又有三十二隊天衡，二十四隊地軸等數也。中外有輕重之權，陰陽有剛柔之節，彼此有虛實之地，主客有先後之數。輕重之權，剛柔之節者，家計也。以實擊虛，以先奪後者，合變也。我易而敵常險，我簡而敵常繁，兵法所謂致人而不致於人，此其機要也。○先王之治，順天之道，設地之宜，官民之德，而正名治物。立國辨職，以爵分禄，諸侯説懷，海外來服，獄弭而兵寢，弭，緜婢反。聖德之治也。其次，賢王制禮樂法度，乃作五刑。興甲兵以討不義。巡狩省方，狩，手又反。省，悉井反。會諸侯，考不同。其有失命亂常、背德背，布内反。逆天之時，而危有功之君，偏告于諸侯，徧，音遍。彰明有罪，乃告于皇天上帝、日月星辰，禱于后土四海神祇、山川冢社。告，都皓反。祇，翹移反。冢，知隴反。乃造于先王，造，七報反。然後冢宰徵師于諸侯曰：「某國爲不道，征之。以某年月日師至于某國，會天子正刑。」冢宰與百官布令於軍曰：「入罪人之地，無暴神祇，無行田獵，無毁土功，無燔墻屋，燔，音煩。無伐林木，無取六畜、禾黍、器械。畜，許六反。械，户戒反。見其老幼，奉歸勿傷；雖遇壯者，不校勿敵；敵若傷之，醫藥歸之。」既誅有罪，王及諸侯修正其國，舉賢立明，正復厥職。司馬法〇天下有道，禮樂征伐自天子出。必以歲之孟秋，賞軍帥武人於朝，帥，所類反。朝，直遥反。簡練傑俊，任用有功，命將選士，以誅不義。將，子亮反。於是孟冬以級授軍，司徒搢扑，北面而誓之，搢，音薦。〇以等級授其鞭扑。誓于社以習其事。先期五日，大史誓于祖廟，大，音泰。擇吉日齋戒，告于郊、社稷、宗廟。既筮，則獻兆於天子。天子使有司以牲特告社，告以所征之事而受命焉。舍奠于帝學以受成，舍，音釋。〇成，謂師律已成定。然後乃類上帝，柴于郊，以出，以齊車遷廟之主及社主行。大司馬職奉之，齊，側皆反，下同。〇言以大司馬奉所遷廟社之主。無遷廟主，則以幣帛皮圭告于祖禰，禰，乃禮反。謂之主命，亦載齊車。凡行主、皮圭幣帛，皆每舍奠焉而後就館。言廟社行主及皮圭幣帛之主命每所至之地，則先舍奠而後就館，示有尊也。舍，當作「釋」。主車止于中門之外，外門之內，廟主居于道左，社主居于道右，其所經名山大川，皆祭告焉。〇及至敵所，將戰，太史卜戰日，卜右御。先期三日，有司明以敵人罪狀告之史，史定誓命。戰日，將帥陳列車甲卒伍于軍門之前，有司讀誥誓，使周定三令五申既畢，遂禱戰祈克于上帝。然後即敵，將士戰，全已克敵。史擇吉日，復禡於所征之地，禡，馬怕反。〇禡，師祭名也。柴于上帝，祭社奠祖以告克者，不頓兵傷士也。戰不克則不告也。〇凡類禡，皆用甲、丙、戊、庚、壬之剛日。

有司簡功行賞，不稽于時。其用命者，則加爵受賜于祖奠之前；其奔北犯令者，則加刑罰戮于社主之前。書稱：「用命則賞于祖，弗用命則戮于社。」然後鳴金振旅，有司徧告捷于時所有事之山川。○既至，舍于國外，三日齊，以特牛親格于祖禰，然後入，設奠以反主。舍，音赦。齊，側皆反。禰，乃禮反。○設奠反其主於廟於社。若主命，則卒奠斂玉，埋之于廟兩階間。言埋玉則幣帛焚之。反社主如初迎之禮，舍奠于帝學，以訊馘告，大享于羣吏，用備樂饗有功于祖廟，舍爵策勳焉，謂之飮至，此天子親征之禮也。舍奠之舍，音釋。馘，古獲反。舍爵之舍，音捨。○並孔叢子問軍禮。○曾子問曰：「古者師行必以遷廟主行乎？」孔子曰：「天子巡守，以遷廟主行，載于齊車，言必有尊也。今也取七廟之主以行，則失之矣。齊，側皆反。○齊車，金路。當七廟、五廟無虛主。虛主者，唯天子崩，諸侯薨，與去其國，與祫祭於祖，爲無主耳。」祫，音洽。○曾子問曰：「古者師行無遷主，則何主？」孔子曰：「主命。」問曰：「何謂也？」孔子曰：「天子諸侯將出，必以幣帛皮圭告于祖禰，遂奉以出，載于齊車以行，每舍奠焉而后就舍，以脯醢禮神，乃敢即安也。所告而不以出，即埋之。反必告，設奠。」並禮記曾子問。○乘兵車，出先刃，入後刃，不以刃鄉國也。軍尚左，左，陽也，陽主生。將軍有廟勝之策，左將軍爲上，貴不敗績。卒尚右。右，陰也，陰主殺。卒之行伍以右爲上，示有死志也。○少儀〔六〕○有虞氏戒於國中，欲民體其命也。夏后氏誓於軍中，欲民先成其慮也。殷誓於軍門之外，欲民先意以待事也。周將交刃而誓之，以致民志也。夏后氏正其德也，未用兵之刃，故其兵不雜。殷，義也，始用兵之刃矣。周，力也，盡用兵之刃矣。夏賞於朝，貴善也。殷戮於市，威不善也。周賞於朝，戮於市，勸君子懼小人也。三王彰其德，一也。朝，直遥反。○司馬法○夏后氏曰鉤車〔七〕，先正也；殷曰寅車，先疾也；周曰元戎，先良也。旂，夏后氏玄首，人之執也；殷白，天之義也；周黄，地之道也。章，夏后氏以日月，尚明也；殷以虎，尚威也；周以龍，尚文也。司馬法○天子命將出征，親絜齊盛服，設奠于祖以詔之。將，子亮反。絜，音潔。齊，側皆反。○詔，告之。大將先入，軍吏畢從，皆北面再拜稽首而受。稽，音啓。○受所命。天子當階，南面命授之節鉞，大將受。鉞，音越。○謂受所賜節鉞。天子乃東向西面而揖之，謂轉南面自東，遂西面而揖。示弗御也。謂既揖已，則不御坐。然後告太社，冢宰執蜃宜於社之右。蜃，時軫反。○左傳云：「戎有受脤。」脤，祭社之肉，盛以蜃器。南面授大將，大將北面稽首再拜而受之，承所頒賜于軍吏。頒，音班。其出不類，其克不禡，禡，馬怕反。戰之所在有大山川則祈焉，禱克于五帝。捷則報之，振旅復命，簡異功勤，親告廟告社而後適朝。朝，直遥反。○孔叢子問軍禮○祈勝之禮：命勇謀之將以禦敵，先使之迎於適所從來之方，爲壇祈克于五帝，衣服隨其方色，執事人數從其方之數，從其方之數，則北方七人，南方九人，東方十一人，西方十三人。牲則用其方之牲。祝史告于社稷、宗廟、邦域之内名山大川，君親素服誓衆于大廟，曰：大，音泰。「某人不道，侵犯大國，二三子尚皆同心比力，比，毗志反。死而守。」將帥稽首再拜受命。將，子亮反。帥，所類反，下同。稽，音啓。既誓，將帥勒士卒陳于廟之右，陳，去聲。君立大廟之庭，祝史立于社，百官各警其事御于君以待命。乃大鼓于廟門，詔將帥命卒習射三發，擊刺三行，告廟用兵于敵也。五兵備效，乃鼓而出以即敵，此諸侯應敵之禮也。應，於證反。○孔叢子儒服篇○帥師者受命於廟，受脤於社。脤，時忍反。○脤，宜社之肉，盛以蜃器。○將帥受命者〔八〕，將率入，軍吏畢入，皆北面再拜稽首受命，天子南面而授之鉞，東行西面而揖之，示弗御也。將，子亮反。帥、率，並所類反。稽，音啓。〔九〕○將居軍中之禮：介胄在身，執鋭在列，雖君父不拜，若不幸軍敗，則馹騎赴告，不載櫜韔。將，子亮反。胄，直又反。馹，音日。櫜，音羔。韔，丑亮反。○大雅曰：「載櫜弓矢。」櫜，韜也。韔，弓衣。天子素服哭于庫門之外三日，大夫素服哭于社亦如之，亡將失城則皆哭七日。軍敗三日哭，將亡城失則七日哭，蓋輕重之差。天子使使迎于軍，命將帥無請罪。然後將帥結草自縛，袒右肩而入，蓋喪禮也。帥，所類反。○並孔叢子。○齊桓公既立參國伍鄙之法，見制國篇。問於管子曰：「吾欲從事於諸侯，其可乎？」欲行伯道，討不義也。管子對曰：「未可！國未安。」桓公曰：「安國若何？」管子對曰：「脩舊法，伯王之法。擇其善者而業用之。業，猶創也。遂滋民，與無財，遂，育也。滋，長也。貧無財者，振業之也。而敬百姓，則國安矣。」桓公曰：「諾。」遂脩舊法，擇其善者而業用之。遂滋民，與無財，而敬百姓。國既安矣，桓公曰：「國安矣，其可乎？」管子對曰：「未可！君若正卒伍，脩甲兵，周禮：五人爲伍，百人爲卒。今管子亦以五人爲伍，而以二百人爲卒。則大國亦將正卒伍，脩甲兵，則難以速得志矣。君有攻伐之器，小國諸侯有守禦之備，則難以速得志矣。君若欲速得志於天下諸侯，則事可以隱令，可以寄政。」事，戎事也。隱，匿也。寄，託也。匿軍令，託於國政，若有征伐，鄰國不知也。桓公曰：「爲之若何？」管子曰：「作內政而寄軍令焉。」內政，國政也。因治政以寄軍令也。桓公曰：「善。」管子於是制國：五家爲軌，軌爲之長；長，丁丈反，下同。○軌中一人爲之長也。十軌爲里，里有司；爲立有司。四里爲連，連爲之長；十連爲鄉，鄉有良人焉。賈侍中云：「良人，鄉士也。」昭謂：良人，鄉大夫也。以爲軍令：爲軍掌令。五家爲軌，故五人爲伍，軌長帥之；居則爲軌，出則爲伍，所謂寄政也。十軌爲里，故五十人爲小戎，里有司帥之；小戎，兵車也。此有司之所乘，故曰小戎。詩云：「小戎俴收。」古者戎車一乘，步卒七十二人，今齊五十人。四里爲連，故二百人爲卒，連長帥之；十連爲鄉，故二千人爲旅，鄉良人帥之；五鄉一帥，故萬人爲一軍，五鄉之帥帥之。一帥、之帥，並所類反。○五鄉，每一軍爲五鄉也。鄉帥，卿也。萬人爲軍，齊制也，周則萬二千五百人爲軍。帥，長也。三軍，故有中軍之鼓，有國子之鼓，有高子之鼓。春以蒐振旅，蒐，色牛反。○春田曰蒐。振，整也。旅，衆也。周禮：「仲春教振旅，遂以蒐田也。」秋以獮治兵。獮，息典反。○秋田曰獮，周禮：「仲秋教治兵，遂以獮田也。」是故卒伍整於里，軍旅整於郊。內教既成，令勿使遷徙。遷徙，猶改更也。伍之人祭祀同福，死喪同恤，恤，憂也。禍災共之。人與人相疇，家與家相疇，疇，匹也。世同居，少同游。故夜戰聲相聞，足以不乖；晝戰目相視，足以相識；其歡欣足以相死。少，詩照反。○致死以相救也。居同樂，行同和，死同哀。是以守則同固，戰則同彊。君有此士也三萬人，以方行於天下，樂，音洛。○方，猶橫也。以誅無道，以屏周室。屏，猶蕃也。天下大國之君莫之能禦也。禦，當也。〔一〇〕○齊語○荀卿子曰：仁人之兵聚則成卒，散則成列，卒，卒伍。列，行列。言動皆有備也。延則若莫邪之長刃，嬰之者斷；兑則若莫邪之利鋒，當之者潰；邪，于嗟反。○兑，猶聚也，與隊同，謂聚之使短。潰，壞散也。新序作「銳則若莫邪之利鋒」也。圜居而方正，則若盤石然，觸之者角摧。摧，徂回反。○圜居方正，謂不動時也，則如大石之不可移動也。○王者之軍制：將死鼓，將，子亮反。○死，謂不棄之而奔亡也。左傳曰：「師之耳目，在吾旗鼓也。」御死轡，百吏死職，士大夫死行列。聞鼓聲而進，聞金聲而退，順命爲上，有功次之。轡，音秘。行，户江反。○軍之所重，在順命，故有功次之。令不進而進，猶令不退而退也，其罪惟均。令，教令也。言使之不進而進，猶令不退而退，其罪同也。不殺老弱，不獵禾稼，獵，與「躐」同，踐也。服者不禽，格者不舍，犇命者不獲。服，謂不戰而退者，不追禽之。格，謂相拒捍者。奔命，謂奔走來歸其命者，不獲之爲囚俘也。凡誅，非誅其百姓也，誅其亂百姓者也。百姓有扞其賊，則是亦賊也。謂爲賊之扞蔽也。以故順刃者生，蘇刃者死，犇命者貢。順刃，謂不戰，偕之而走者。蘇，讀爲傃。傃，向也。謂相向格鬭者。貢，謂來歸命者獻於上將也。○王者有誅而無戰，城守不攻，兵革不擊。德義未加，所以敵人不服，故不攻擊也，且恐傷我之士卒也。上下相喜則慶之。敵人上下相愛悦，則慶賀之，況侵伐乎？不屠城，屠，謂毁其城，殺其民，若屠者然也。不潛軍，不留衆，不久留暴露於外也。師不越時。古者行役不踰時也。故亂者樂其政，不安其上，欲其至也。樂，音洛。○東征西怨之比。○並荀子。○宋人弑昭公，趙宣子請師於靈公以伐宋，發令於大廟，召軍吏而戒樂正，大，音泰。○正，長也。軍吏，主師旅。樂正，主鐘鼓。令三軍之鐘鼓必備。趙同曰：「國有大役，不鎮撫民而備鐘鼓，何也？」宣子曰：「大罪伐之，小罪憚之。憚，懼也。襲侵之事，陵也。輕曰襲。無鐘鼓曰侵。陵，以大陵小也。是故備鐘鼓，聲其罪也；以聲張其罪。戰以錞于、丁寧，儆其民也。錞，音純。○錞于，形如碓頭，與鼓角相和。丁寧者，謂鉦也。儆，戒也。唐尚書云：「錞于，鐲也。」非也，鐲與錞于各異物。襲侵密聲，爲蹔事也。蹔，音暫。○蹔其無備也。今宋人弑其君，罪莫大焉！明聲之，猶恐其不聞也。吾備鐘鼓，爲君故也。」爲，于僞反。○爲欲尊明君道。乃使旁告于諸侯，治兵振旅，鳴鐘鼓以至于宋。」晉語○吴侵陳，斬祀，殺厲，祀，神位有屋樹者。厲，疫病。吴侵陳，以魯哀元年秋。師還出竟，陳大宰嚭使於師，夫差謂行人儀曰：「是夫也多言，盍嘗問焉？師必有名，人之稱斯師也者則謂之何？」還，音旋。竟，音境。大，音泰。嚭，普鄙反。使，色吏反。盍，胡臘反。○大宰、行人，官名也。夫差，吴子光之子。盍，何不也。嘗，猶試也。夫差修舊怨，庶幾其師有善名。大宰嚭曰：「古之侵伐者不斬祀，不殺厲，不獲二毛。獲，謂係虜之。二毛，鬢髮班白。今斯師也殺厲與？其不謂之殺厲之師與？」與，音餘，下同。○欲微切之，故其言似若不審然。正言殺厲，重人。曰：「反爾地，歸爾子，則謂之何？」子謂所獲民臣。曰：「君王討敝邑之罪，又矜而赦之，師與其無名乎？」[一一]又微勸之終其意。○檀弓○戎，昭果毅以聽之之謂禮。聽，謂常存於耳，著於心，想聞其政令。殺敵爲果，致果爲毅。易之，戮也。左傳宣公二年[一二]○工尹商陽與陳棄疾追吴師，及之，工尹，楚官名。棄疾，楚公子棄疾也。以魯昭八年帥師滅陳，縣之，楚人善之，因號焉。至十二年，楚子狩於州來，使蕩侯、潘子、司馬督、囂尹午、陵尹喜圍徐以懼吴，於時有吴師。陳，或作陵，楚人聲。陳棄疾謂工尹商陽曰：「王事也，子手弓而可。」手弓。「子射諸」。射，食亦反，下同。○商陽仁，不忍傷人，以王事勸之。射之，斃一人，韔弓。斃，音敝，下同。韔，丑亮反。○不忍復射。斃，仆也。韔，韜也。又及，謂之，又斃二人。每斃一人，揜其目。止其御曰：「朝不坐，燕不與，殺三人亦足以反命矣。」朝，直遥反。與，音預。○朝，燕於寢，大夫坐於上，士立於下，然則商陽與御者皆士也。兵車，參乘射者在左，戈盾在右，御在中央。孔子曰：「殺人之中，又有禮焉。」善之。子路怫然進曰：「人臣之節，當君大事，唯力所及，死而後已，夫子何善此？」子曰：「然如汝言也，吾取其有不忍殺人之心而已。」禮記檀弓、家語子貢問○子路問於孔子曰：「臧武仲率師與邾人戰于狐駘，遇，敗焉，師人多喪而無罰，古之道然與？」孔子曰：「凡謀人之軍師，敗則死之；謀人之國邑，危則亡之。鮐，音臺。喪，息浪反。與，音餘。○利己亡衆，非忠也。言亡之者，雖辟賢，非義退。古之正也。其君在焉者，有詔則無討。」詔，君之教也，有君教則臣無討〔一三〕。○古之爲軍也〔一四〕，軍有左右，闕從補之，左右，左右部也。闕，缺也。成而不知，是以寡敗。不知，敵不知有闕。若以下貳上，闕而不變，敗弗補也。變，更也。變非聲章，弗能移也。聲，金鼓也。章，旌旗也。移，動也。聲章過數則有釁，有釁則敵入。釁，許慎反。○釁，隙也。軍法，進退旂鼓有數〔一五〕，過則有隙，敵見隙而犯己也。敵入而凶，救敗不暇，誰能退敵？敵之如志，國之憂也。可以陵小，難以征大。以下軍貳上〔一六〕，可以侵陵小國，難以征大國〔一七〕。○古者賢王明民之德，盡民之善，故無廢德，無簡民。賞無所生，罰無所試。有虞不賞不罰而民可用〔一八〕，至德也。夏賞而不罰，至教也。殷罰而不賞，至威也。周以賞罰，德衰也。賞不踰時，欲民速得爲善之利也。罰不遷列，欲民速覩爲不善之害也。大捷不賞，上下皆不伐善。上苟不伐善，則不驕矣；下苟不伐善，必亡等矣。上下不伐善若此，讓之至也。大敗不誅，上下皆以不善在己。上苟以不善在己，必悔其過；下苟以不善在己，必遠其罪。遠，于萬反〔一九〕。上下分惡若此，讓之至也。古者戍軍三年不興，覩民之勞也。上下相報若此，和之至也。得意則愷歌，示喜也。愷，可亥反。偃伯靈臺，答民之勞，示休也。○古者以仁爲本〔二〇〕，以義治之之謂正，正不獲意則權，權出於戰，不出於中人。是故殺人安人，殺之可也。攻其國，愛其民，攻之可也。以戰止戰，雖戰可也。故仁見親，義見説，説，音悦。智見恃，勇見方，信見信。内得愛焉，所以守也；外得威焉，所以戰也。戰道：不違時，不歷民病，所以愛吾民也。不加喪，不因凶，所以愛夫其民也。冬夏不興師，所以兼愛民也。故國雖大，好戰必亡；天下雖安，忘戰必危。天下既平，天子大愷，春蒐秋獮。諸侯春振旅，秋治兵，所以不忘戰也。愷，可亥反。蒐，所留反。獮，息典反。古者逐奔不過百步，縱綏不過三舍，是以明其禮也。不窮不能而哀憐傷病，是以明其仁也。成列而鼓，是以明其信也。爭義不爭利，是以明其義也。又能舍服，是以明其勇也。舍，音捨。知終知始，是以明其智也。六德以時合教，以爲民紀之道也，自古之政也。司馬法○天子之義，必純取法天地，而觀於先聖。士庶之義，必奉於父母而正於君長。長，丁丈反。故雖有明君，士不先教，不可用也。古之教民必立貴賤之倫經，使不相陵，德義不相踰，材技不相掩，勇力不相犯，故力同而意和也。古者國容不入軍，軍容不入國，故德義不相踰。上貴不伐之士，不伐之士，上之器也。苟不伐則無求，無求則不爭。國中之聽，必得其情，軍旅之聽，必得其宜，故材技不相掩。從命爲士上賞，犯命爲士上戮，故勇力不相犯。既致教其民，然後謹選而使之，事極修則百官給矣，教極省則民興良矣，習貫成則民體俗矣，教化之至也。古者逐奔不遠，縱綏不及。不遠則難誘，不及則難陷。以禮爲固，以仁爲勝。既勝之後，其教可復，是以君子貴之也。司馬法○古者國容不入軍，軍容不入國。軍容入國則民德廢，國容入軍則民德弱。故在國言文而語温，在朝恭以遜。朝，直遥反。修己以待人，不召不至，不問不言，難進易退。易，以豉反。在軍抗而立，在行遂而果。介者不拜，兵車不式，城上不趨，危事不齒。故禮與法，表裏也；文與武，左右也。司馬法○天子諸侯無事則歲三田，三田者，夏不田，蓋夏時也。周禮：「春曰蒐，夏曰苗，秋曰獮，冬曰狩。」一爲乾豆，二爲賓客，三爲充君之庖。君尊宗廟敬賓客，故先人而後己，取其下也。又分别殺之三等，故自左膘而射之，達過於右肩髃爲上殺，以其貫心死疾，肉最絜美，故以爲乾豆也。「射右耳本」，箋云：「『射』當爲『達』。」亦自左射之，達右耳本而死者爲次殺，以其遠心，死稍遲，肉已微惡，故以爲賓客也。不言自左者，蒙上文可知。射左股髀而達過於右脅髃爲下殺，以其中脅，死最遲，肉又益惡，充君之庖也。凡射獸，皆逐後從左厢而射之，達於右髃。獨言射左髀，則上殺達於右腢，當自左脅也，次殺右耳本，當自左肩腢也。不言自左，舉下殺之射左髀，可推而知也。無事而不田曰不敬，田不以禮曰暴天物。不敬者，簡祭祀，畧賓客。天子不合圍，諸侯不掩羣。爲盡物也。天子殺則下大綏，諸侯殺則下小綏，綏，耳隹反。○綏，當爲「緌」。緌，有虞氏之旌旗也。下，謂弊之車。大夫殺則止佐車，佐車止則百姓田獵。佐車，驅逆之車。國君春田不圍澤，大夫不掩羣，士不取麛卵。生乳之時重傷其類。獺祭魚，然後虞人入澤梁；豺祭獸，然後田獵；鳩化爲鷹，然後設罻羅；草木零落，然後入山林。昆蟲未蟄，不以火田，罻，音尉。○取物必順時候也。梁，絶水取魚者。罻，小綱也。昆，明也。明蟲者，得陽而生，得陰而藏。不麛，不卵，不殺胎，不殀夭，麛，音迷。卵，力管反。殀，於表反。夭，烏老反。○重傷未成物。殀，斷殺。少長曰夭。不覆巢。覆，敗也。○王制○田者，大艾草以爲防，艾，音乂[二一]。○言田獵者必大芟殺野草以爲防限，作田獵之場，擬殺圍之處。或舍其中，舍，音赦[二二]。○或復止舍其中，謂未田之前，誓士戒衆，故教示戰法當在其間止舍也[二三]。其防之廣狹無文。褐纏旃以爲門，旃，諸延反。○既爲防院[二四]，當設周衛而立門焉。乃以織毛褐布纏通帛旃之竿以爲門之兩傍，其門蓋南開，並爲二門，用四旃四褐也。裘纏質以爲槸，槸，魚列反。○又以裘纏椹質以爲門中之闑。闑，車軌之裏兩邊約車輪者。間容握，驅而入，擊則不得入，其門之廣狹，兩軸頭去旃竿之間，各容一握。握，人四指爲四寸，是門廣於軸八寸也。入此門，當馳走而入，不得徐也。以教戰，試其能否，故令驅焉。若驅之，其軸頭擊著門傍旃竿，則不得入也，所以罰不工也。左者之左，右者之右，然後焚而射焉。以天子六軍分爲左右，雖同舍防内，令三軍各在一方，取左右相應。其屬左者之左門，屬右者之右門，不得越離部伍，以此故有二門也。教戰既畢，士卒出和，乃分地爲屯。既陳，車驅卒奔，驅禽内之於防，然後焚燒此防草，在其中而射之。天子發，然後諸侯發。諸侯發，然後大夫士發。天子發，抗大綏；諸侯發，抗小綏。獻禽於其下，抗，苦浪反。綏，耳隹反。○發，謂發矢射之也。其天子發，則先抗舉其大綏；諸侯發，則舉其小綏。必舉此綏爲表，天子諸侯殺時，因獻其禽於其下也。抗綏，謂既射舉之，因置虞旗於其中，受而致禽焉。受禽獮止則弊之，故王制曰：「天子殺則下大綏，諸侯殺則下小綏。」註云〔二五〕：「下，謂弊之。」是殺禽已訖，田止而弊綏也。各舉始終之一，故與此不同也。故戰不出頃，田不出防，不逐奔走，古之道也。戰不出所期之頃，田不出所芟之防。不逐奔走，謂出於頃防者，不逐之，古之道也。○詩車攻「東有甫草」注疏文。○傳曰：已有三牲，必田狩者，孝子之意，以爲己之所養，不如天地自然之牲逸豫肥美。禽獸多則傷五穀，因習兵事，又不空設，故因以捕禽獸，所以共承宗廟，示不忘武備。又因以爲田除害鮮者，何也？秋取嘗也。鮮，音仙。○取禽嘗祭。秋取嘗何以也？習鬪也。習鬪也者，男子之事也。然而戰鬪不可不習，故於搜狩閑之也。閑之者，貫之也。貫之也者，習之也。已祭取餘獲陳于澤，搜，所留反。狩，手又反。○澤，射宮也。然後卿大夫相與射。命中者，雖不中取也；命不中者，雖中不取，中，丁仲反。何以也？所以貴揖讓之取，而賤勇力之取也。嚮之取於國中，勇力之取也；今之取於澤，揖讓之取也。〔二六〕○魯隱公將如棠觀魚者，臧僖伯諫曰：「凡物不足以講大事，臧僖伯，公子彄也。僖，謚也。大事，祀與戎。其材不足以備器用，則君不舉焉。材，謂皮革、齒牙、骨角、毛羽也。器用，軍國之器。君，將納民於軌、物者也，故講事以度軌量謂之軌，取材以章物采謂之物。不軌不物，謂之亂政。亂政亟行，所以敗也。度，徒各反。亟，欺冀反。○言器用衆物不入法度，則爲不軌不物，亂敗之所起。故春蒐、夏苗、秋獮、冬狩，獮，息典反。狩，手又反。○蒐，索，擇取不孕者。苗，爲苗除害也。獮，殺也，以殺爲名，順秋氣也。狩，圍守也，冬物畢成，獲則取之，無所擇也。皆於農隙以講事也。各隨時事之間。三年而治兵，入而振旅。雖四時講武，猶復三年而大習。出曰治兵，始治其事；入曰振旅，治兵禮畢，整衆而還。振，整也。旅，衆也。歸而飲至，以數軍實。數，色主反。○飲於廟，以數車徒、器械及所獲也。昭文章，車服旌旗。明貴賤，辨等列，等列行伍。順少長，少，詩照反。長，丁丈反。○出則少者在前，還則在後，所謂順也。習威儀也。鳥獸之肉不登於俎，俎，祭宗廟器。皮革、齒牙、骨角、毛羽不登於器，謂以飾法度之器。則公不射，古之制也。若夫山林川澤之實，器用之資，皁隸之事，官司之守，非君所及也。」射，食亦反。夫，音扶。皁，才早反。○士臣皁，皁臣輿，輿臣隸。言取此雜猥之物以資器備，是小臣有司之職，非諸侯之所親也。○隱五年

○昔周辛甲之爲大史也，命百官，官箴王闕，大，音泰。箴，音針，下同。○辛甲，周武王大史。闕，過也。使百官各爲箴辭，戒王過。於虞人之箴虞人，掌田獵。曰：「芒芒禹迹，畫爲九州，畫，胡麥反。○芒芒，遠貌。畫，分也。經啓九道。啓開九州之道。民有寢廟，獸有茂草，各有攸處，德用不擾。人神各有所歸，故德不亂。在帝夷羿，冒于原獸，羿，五計反。○冒，貪也。亡其國恤而思其麀牡，麀，音憂。○言但念獵。武不可重，重，猶數也。用不恢于夏家，恢，枯回反。○羿以好武，

雖有夏家而不能恢大之。獸臣司原，敢告僕夫。」獸臣，虞人。告僕夫，不敢斥尊。○左襄四年○宣王料民於大原，大，音泰。○料，數也。大原，地名也。仲山父諫曰：「民不可料也。夫古者不料民而知其少多，司民協孤終，父，音甫。夫，音扶。○司民，掌登萬民之數，自生齒以上皆書於版。協，合也。無父曰孤。終，死也。合其名籍，以登于王也。司商協名姓，司商，掌賜族受姓之官。商，金聲清。謂人始生，吹律合之，定其姓名。司徒協旅，司徒，掌合師旅之衆也。司寇協姦，司寇，刑官，掌合姦民，以知死刑之數。場協入，場人掌場圃，委積珍物，斂而藏之也。廩協出。廩，力錦反。○廩人掌九穀出用之數也。是則少多、死生、出入、往來者皆可知也。於是乎又審之以事：事，謂因藉田與蒐狩以簡知其數也。王治農於藉，藉，藉於千畝田也。搜于農隙，搜，所留反。○春田曰搜。搜，擇也。禽獸懷姙未著，搜而取之也。農隙，仲春既耕之後。隙，閒也。耨穫亦於藉，耨，奴遘反。穫，户郭反。○言王亦至，於藉考課之。獮於既烝，獮，息典反。○秋田曰獮。獮，殺也，順時始殺也。烝，升也。月令：「孟秋乃升穀，天子嘗新。」既升，謂仲秋也。狩於畢時，狩，手又反。○冬田曰狩，圍守而取之。畢時，時務畢也。是皆習民數者也，又何料焉？習，簡習也。不謂其少而大料之，是示少而惡事也。惡，烏路反，下同。○言王不謂其衆少而大料數之，是示以寡少，又厭惡政事，不能修之意也。臨政示少，諸侯避之。示天下寡弱，諸侯將避遠王室，不親附也。治民惡事，無以賦令。言厭惡政事，無以賦令也。○周語○傳曰：春曰蒐，蒐，所留反，下同。夏曰苗，秋曰獮，獮，息典反，下同。冬曰狩。狩，手又反，下同。苗者謂何？曰：苗者，毛也。取之不圍澤，不揜羣，取大禽，不麛，麛，音迷，下同。不卵，卵，力管反。不殺孕重者。孕，以證反，下同。春蒐者不殺小麛及孕重者，冬狩皆取之。百姓皆出，不失其時，不抵禽，不詭遇，詭，古委反。逐不出防，此苗獮蒐狩之義也。故苗獮蒐狩之禮，簡其戎事也。故苗者毛取之，蒐者搜索之，狩者守留之。夏不田何也？曰：天地陰陽盛長之時，長，丁丈反。猛獸不攫，攫，厥縛反。鷙鳥不搏，鷙，音至。搏，音博。蝮蠆不螫。蝮，方六反。蠆，丑邁反。螫，音釋。鳥獸蟲蛇且知應天，應，於證反。而況人乎哉？是以古者必有豢牢。豢，音患。其謂之畋何？畋，音田。聖人舉事必反本。五穀者，以奉宗廟、養萬民也。去禽獸害稼穡者，去，起居反。故以田言之，聖人作名號而事義可知也。〇禮：聖主之於禽獸也，見其生不食於死，聞其聲不嘗其肉，隱弗忍也。故遠庖厨，仁之至也。遠，于萬反。不合圍，不掩羣，不射宿，射，食亦反。不涸澤。涸，曷各反。豺不祭獸，不田獵；豺，音柴。獺不祭魚，不設網罟；獺，他達反。罟，音古。鷹隼不鷙，隼，息允反。鷙，音至。眭而不逮，不出穎羅〔二七〕；草木不零落，斧斤不入山林；昆蟲不蟄，不以火田；蟄，直立反。不麛，麛，音迷。不卵，卵，力管反。不刳胎，刳，空乎反。不夭，夭，烏老反。魚肉不入廟門，鳥獸不成毫毛不登庖厨。取之有時，用之有節，則物莫不多。〇湯見祝網者置四面，其祝曰：「從天墜者，從地出者，從四方來者，皆離吾網。」湯曰：「嘻，盡之矣！非桀其孰爲此？」湯乃解其三面，置其一面，更教之祝曰：「昔蛛蝥作網，蛛，音朱。蝥，莫侯反。今之人循序，欲左者左，欲右者右，欲高者高，欲下者下，吾取其犯命者。」其憚害物也如是，漢南之國聞之，曰：「湯之德及鳥獸矣！」四十國歸之。詩曰：「王在靈囿，麀鹿攸伏，麀，音憂，下同。麀鹿濯濯，白鳥皜皜。皜，詩作「翯」，户各反。王在靈沼，於仞魚躍。」於，音烏。言德至也。聖主所以在，魚鼈禽獸猶得其所〔二八〕，況於人民乎？故仁人行其禮，則天下安而萬理得矣。逮至德渥澤洽，渥，乙角反。調和大暢，則天清澈，澈，直列反。地富煴，煴，於文反。物時熟，民心不挾詐賊，氣脉淳化，攫齧搏擊之獸鮮，毒蠚猛虭之蟲密，毒山不蕃，草木少薄矣。鑠乎大仁之化也！攫，厥縛反。齧，魚結反。搏，音博。蠚，丑略反，下同。虭，丁宵反。蕃，音煩。鑠，式灼反。○並賈誼新書。○凡土功，龍見而畢務，戒事也；見，賢遍反，下同。○謂今九月，周十一月，龍星、角亢晨見東方，三務始畢。戒民以土功事。火見而致用，大火，心星，次角亢。見者，致築作之物。水昏正而栽，栽，才代反。○謂今十月，定星昏而中，於是樹板幹而興作。日至而畢。日南至，微陽始動，故土功息。○左莊公二十九年○士彌牟營成周，計丈數，牟，莫侯反。○計所當城之丈數。揣高卑，揣，初委反。○度高曰揣。度厚薄，仞溝洫，度，待洛反。仞，而慎反。洫，況域反。○度深曰仞。物土方，議遠邇，物，相也。相取土之方面，遠近之宜。量事期，知事幾時畢。計徒庸，知用幾人功。慮材用，知費幾材用。書餱糧，餱，音侯。○知用幾糧食。

以令役於諸侯。屬役賦丈，屬，之欲反。○付所當城尺丈。書以授帥，帥，所類反。○帥，諸侯之大夫。而效諸劉子。效，户孝反。○效，致也。韓簡子臨之，以爲成命。臨履其事，以命諸侯。經所以不書魏舒。○左昭三十二年○楚令尹蔿艾獵城沂，蔿，于委反。沂，角依反。○艾獵，孫叔敖也。沂，楚邑。使封人慮事，封人，其時主築城者。慮事，謀慮計功。以授司徒。司徒掌役。量功命日，命作日數。分財用，財用，築作具。平板幹，幹，楨也。稱畚築，畚，音本。○量輕重。畚，盛土器。程土物，爲作程限。議遠邇，均勞逸。略基趾，趾，音止。○趾，城足。略，行也。具餱糧，餱，音侯。○餱，乾食也。度有司。度，待洛反。○謀監主。事三旬而成，十日爲旬。不愆于素。愆，起虔反。○不過素所慮之期也。傳言叔敖之能使民。○左宣公十一年○宋災，樂喜爲司城以爲政，樂喜，子罕也，爲正卿。知將有火災，素戒爲備火之政。使伯氏司里。伯氏，宋大夫。司里，里宰。火所未至，徹小屋，塗大屋，徹，直列反。○大屋難徹，就塗之。陳畚挶，具綆缶，畚，音本。挶，九録反。綆，古杏反。缶，方九反。○畚，簣籠。挶，土轝。綆，汲索。缶，汲器。備水器；盆罋之屬。量輕重，計人力所任。蓄水潦，積土塗；巡丈城，繕守備，蓄，敕六反。潦，音老。守，手又反。○巡，行也。丈，度也。繕，治也。行度守備之處，恐因災有亂。表火道。火起，則從其所趨標表之。使華臣具正徒，華，户化反。○華臣，華元子，爲司徒。正徒，役徒也，司徒之所主也。令隧正納郊保，奔火所。隧，音遂。○隧正，官名也。五縣爲隧，納聚郊野保守之民，使隨火所起往救之。使華閲討右官，官庀其司。閱，音悦。庀，芳婢反，下同。○亦華元子，代元爲右師。討，治也。庀，具也，使具其官屬。向戌討左，亦如之。向，式亮反。○向戌，左師。使樂遄庀刑器，亦如之。遄，市專反。○樂遄，司寇。刑器，刑書。使皇鄖命校正出馬，工正出車，備甲兵，庀武守。鄖，音云。校，户教反。守，手又反，下同。○皇鄖，皇父充石之後。校正主馬，工正主車，使各備其官。使西鉏吾庀府守，鉏，牀魚反。吾，音魚。○鉏吾，大宰也。府，六官之典。令司宫、巷伯儆宫。儆，音景。○司宫，奄臣。巷伯，寺人。皆掌宫内之事。二師令四鄉正敬享，二師，左右師也。鄉正，鄉大夫。享，祀也。祝宗用馬于四墉，祀盤庚于西門之外。墉，音容。○祝，大祝。宗，宗人。墉，城也。用馬祭於四城以禳火。盤庚，殷王，宋之遠祖。城，積陰之氣，故祀之。凡天災有幣無牲，用馬、祀盤庚，皆非禮。○

左襄九年○魯司鐸火，鐸，徒各反。○司鐸，官名。火踰公宫，桓、僖災。桓公、僖公廟。救火者皆曰顧府。言常人愛財。南宫敬叔至，命周人出御書，俟於宫，敬叔，孔子弟子南宫閱。周人，司周書典籍之官。御書，進於君者也。使待命於宫。曰：「庀女，而不在，死。」庀，匹婢反。女，音汝。○庀，具也。子服景伯至，命宰人出禮書，景伯，子服何也。宰人，冢宰之屬。以待命。命不共，有常刑。共，音恭。○待求之命。校人乘馬，巾車脂轄，校，户教反。乘，繩證反，下同。轄，户瞎反。○校人，掌馬。巾車，掌車。乘馬，使四四相從，爲駕之易。百官官備，府庫慎守，官人肅給。國有火災，恐有變難，故慎爲備。濟濡帷幕，鬱攸從之。鬱攸，火氣也。濡物於水，出用爲濟。蒙葺公屋，葺，七入反。○以濡物冒覆公屋。自大廟始，外内以悛。大，音泰。悛，七全反。○悛，次也。先尊後卑，以次救之。助所不給。有不用命，則有常刑，無赦。公父文伯至，命校人駕乘車。父，音甫，下同。○乘車，公車。季桓子至，御公立于象魏之外，象魏，門闕。命救火者傷人則止，財可爲也。命藏象魏，周禮正月縣教令之法於象魏，使萬民觀之，故謂其書爲象魏。曰：「舊章不可忘也。」富父槐至，曰：「無備而官辦者，猶拾瀋也。」瀋，尸審反。○槐，富父終生之後。瀋，汁也。言不備而責辦，不可得。於是乎去表之槀，去，起呂反。○表，表火道。槀，古老反。風所向者，去其槀積。道還公宫。開除道，周匝公宫，使火無相連。○左哀三年○鄭火作，子産辭晉公子、公孫于東門，晉人新來，未入，故辭不使前也。使司寇出新客，新來聘者。禁舊客勿出於宫。爲其知國情，不欲令去。使子寬、子上巡羣屏攝，至于大宫。大，音泰。○二子，鄭大夫。屏攝，祭祀之位。大宫，鄭祖廟。巡行宗廟，不得使火及之。使公孫登徙大龜，登，開卜大夫。使祝史徙主祏於周廟，告于先君。祏，音石。○祏，廟主石函。周廟，厲王廟也。有火災，故合羣主於祖廟，易救護。使府人、庫人各儆其事。儆，音景，下同。○儆，備火也。商成公儆司宫，商成公，鄭大夫。司宫，巷伯寺人之官。出舊宫人，寘諸火所不及。寘，之豉反。○舊宫人，先公宫女。司馬、司寇列居火道，備非常也。行火所焮。焮，許靳反。○焮，炙也。城下之人伍列登城。爲部伍登城，備姦也。明日，使野司寇各保其徵，野司寇，縣士也。火之明日，四方乃聞災，故戒保所徵役之人。郊人助祝史除於國北，爲祭處於國北者，就大陰禳火。禳火于玄冥、回禄，玄冥，水神。回禄，火神。祈于四墉。墉，音容。○墉，城也。城積土，陰氣所聚，故祈祭之，以禳火之餘災。書焚室而寬其征，與之材。征，賦税也。三日哭，國不市。示憂戚，不會市。使行人告於諸侯。左昭十八年

校勘記

〔一〕儀禮經傳通解卷第三十六　自此至「義足相救服」至，底本缺頁，據丁本補。

〔二〕正其出入之列也　丁本、傅本、朝鮮本、吕本同，賀本「之」下有「行」字，與周禮鄭注合。

〔三〕豕牝曰豝麋牝曰麎　二「牝」字原作「牡」，據賀本改。

〔四〕爲其夭物　「物」，原作「牧」，據賀本改。

〔五〕卿行旅從　「卿」，原描補作「知」，據丁本、賀本改。

〔六〕少儀　此二字原爲墨丁，據丁本、吕本、賀本補。

〔七〕夏后氏曰鉤車　丁本、傅本、朝鮮本、吕本同，賀本此句上有「戎車」二字。

〔八〕將帥受命者　諸本同。按：説苑「帥」作「師」。

〔九〕稽音啓　此句下原有「〇」及長方墨丁。按：墨丁處當作「説苑」二字。

〔一〇〕禦當也　「當」，原作「常」，據丁本、賀本改。
〔一一〕師與其無名乎　諸本同。按：禮記「其」作「有」。
〔一二〕左傳宣公二年　此六字原共爲一墨丁，據丁本、吕本、賀本補。
〔一三〕有君教則臣無討　賀本此句下有「〇家語子貢問」五字。
〔一四〕〇古之爲軍也　此句上原無「〇」，今據賀本補。
〔一五〕進退旍鼓有數　丁本、傅本、朝鮮本、吕本同，賀本「旍」作「旗」，與國語合。
〔一六〕以下軍貳上　「軍」，原作「享」，據國語晉語一改。
〔一七〕難以征大國　此句下原有「〇」及長方墨丁。按：此節見國語晉語一。
〔一八〕有虞不賞不罰而民可用　丁本、傅本、朝鮮本、吕本同，賀本「虞」下有「氏」字。
〔一九〕遠于萬反　「萬」，原作「重」，據賀本改。
〔二〇〕〇古者以仁爲本　此句上原無「〇」，今據賀本補。
〔二一〕艾音乂　「乂」，原作「又」，據朝鮮本、賀本改。
〔二二〕舍音赦　「舍」，原作「含」，據朝鮮本、賀本改。
〔二三〕故教示戰法當在其間止舍也　「教」，原作「發」，據賀本改。
〔二四〕既爲防院　丁本、傅本、朝鮮本、吕本同，賀本「院」作「限」。
〔二五〕註云　「云」，原作「去」，據丁本、賀本改。

〔二六〕揖讓之取也　此句下原有墨丁。禮書綱目亦引此文，末注「尚書大傳」四字。

〔二七〕不出潁羅　諸本同。按：新書程榮本、周子義本、盧文弨本「潁」並作「潁」，盧校云：「『潁羅』疑是『罻羅』。」

〔二八〕魚鱉禽獸猶得其所　「所」，原作「心」，據賀本改。

儀禮經傳通解卷第三十七

王朝禮十四

王制之癸 刑辟

舜曰：「皋陶，蠻夷猾夏，寇賊姦宄。陶，音遥。猾，户八反。宄，音軌。○猾，亂也。夏，華夏。羣行攻劫曰寇，殺人曰賊，在外曰奸，在内曰宄，言無教所致。汝作士，五刑有服，士，理官也。五刑：墨、劓、剕、宫、大辟。服，從也。言得輕重之中正。五服三就。既從五刑，謂服罪也。五流有宅，五宅三居。謂不忍加刑，則流放之，若四凶者。五刑之流各有所居。五居之差，有三等之居。大罪四裔，次九州之外，次千里之外。惟明克允。」○象以典刑，象，法也。法用常刑，用不越法。流宥五刑，宥，音又。○宥，寬也。以流放之法寬五刑。鞭作官刑，以鞭爲治官事之刑〔一〕。扑作教刑，扑，普卜反。○扑，榎楚也。不勤道業則撻之。金作贖刑。贖，石欲反。○金，黄金。誤而入刑，出金以贖罪。眚災肆赦，怙終賊刑。眚，所景反。怙，音户。○眚，過。災，害。肆，緩。賊，殺也。過而有害，當緩赦之。怙姦自終，當刑殺之。欽哉，欽哉，惟刑之恤哉！舜陳典刑之義，勑天下使敬之，憂欲得中[一]。○周禮大司徒：以鄉八刑糾萬民：一曰不孝之刑，二曰不睦之刑，三曰不婣之刑，四曰不弟之刑，五曰不任之刑，六曰不恤之刑，七曰造言之刑，八曰亂民之刑。婣，音因。○糾，猶割察也。不弟，不敬師長。造言，訛言惑衆。亂民，亂名改作，執左道以亂政也。鄭司農云：「任謂朋友相任，恤謂相憂。」○大司寇：掌建邦之三典，以佐王刑邦國，詰四方：詰，起吉反。○典，法也。詰，謹也。書曰：「王耄荒，度作詳刑，以詰四方。」一曰：刑新國用輕典，新國者，新辟地立君之國。用輕法者，爲其民未習於教。二曰：刑平國用中典，平國，承平守成之國也。用中典者，常行之法。三曰：刑亂國用重典。亂國，篡弑叛逆之國。用重典者，以其化惡，伐滅之。以五刑糾萬民：刑，亦法也。糾，猶察異之。一曰野刑，上功糾力；功，農功。力，勤力。二曰軍刑，上命糾守；守，手又反。○命，將命也。守，不失部伍。三曰鄉刑，上德糾孝；德，六德也。善父母爲孝。四曰官刑，上能糾職；能，能其事也。職，職事脩理。五曰國刑，上愿糾暴。愿，慤慎也。暴，當爲「恭」，字之誤也。以圜土聚教罷民。罷，音皮。○圜土，獄城也。聚罷民其中，困苦以教之爲善也。民不慜作勞，有似於罷。凡害人者，寘之圜土而施職事焉，以明刑恥之。害人，謂爲邪惡，已有過失，麗於法者。以其無故犯法，寘之圜土繫教之，庶其困悔而能改也。寘，置也。施職事，以所能役使之。明刑，書其罪惡於大方版，著其背。其能改者，反于中國，不齒三年。反于中國，謂舍之還於故鄉里也。司圜職曰：「上罪三年而舍，中罪二年而舍，下罪一年而舍。」不齒者，不得以年次列於平民。其不能改而出圜土者，殺。出謂逃亡。以兩造禁民訟，入束矢於朝，然後聽之。造，七報反。朝，直遥反。○訟，謂以財貨相告者。造，至也。使訟者兩至，既兩至，使入束矢，乃治之也。不至，不入束矢，則是自服不直者也。必入矢者，取其直也。詩曰：「其直如矢。」古者一弓百矢，束矢其百个與？以兩劑禁民獄，入鈞金三日，乃致于朝，然後聽之。劑，子隨反。朝，直遥反。○獄，謂相告以罪名者。劑，今券書也。使獄者，各賫券書，既兩券書，使入鈞金，又三日，乃治之重刑也。不券書，不入金，則是亦自服不直者也。必入金者，取其堅也。三十斤曰鈞。以嘉石平罷民。罷，音皮。○嘉石，文石也。樹之外朝門左。平，成也，成之使善。凡萬民之有罪過，而未麗於灋而害於州里者，桎梏而坐諸嘉石，役諸司空。重罪，旬有三日坐，朞役。其次九日坐，九月役。其次七日坐，七月役。其次五日坐，五月役。其下罪三日坐，三月役。使州里任之，則宥而舍之。桎，音質。梏，古毒反。朞，音基。宥，音又。舍，音捨。○有罪過，謂邪惡之人所罪過者也。麗，附也。未附於法，未著於法也。木在足曰桎，在手曰梏。役諸司空，坐日訖，使給百工之役也。役月訖，使其州里之人任之，乃赦之。宥，寬也。以肺石達窮民。肺石，赤石也。窮民，天民之窮而無告者。凡遠近惸獨老幼之欲有復於上，而其長弗達者，立於肺石三日，士聽其辭，以告于上而罪其長。惸，其營反。長，丁丈反。○無兄弟曰惸，無子孫曰獨。復，猶報也。上，謂王與六卿也。報之者，若上書詣公府言事矣。長謂諸侯，若鄉、遂大夫。○小司寇：以五聲聽獄訟，求民情：一曰辭聽，觀其出言，不直則煩。二曰色聽，觀其顏色，不直則赧然。三曰氣聽，觀其氣息，不直則喘。四曰耳聽，觀其聽聆，不直則惑。五曰目聽。觀其眸子視，不直則眊然。以八辟麗邦灋，附刑罰：辟，法也。杜子春讀麗爲羅。玄謂：麗，附也。易曰：「日月麗乎天。」故書「附」作「付」。附猶著也。一曰議親之辟，鄭司農云：「若今時宗室有罪先請是也。」二曰議故之辟，故，謂舊知也。三曰議賢之辟，鄭司農云：「若今時廉吏有罪先請是也。」玄謂：賢，有德行者。四曰議能之辟，能，謂有道藝者。春秋傳曰：「夫謀而鮮過，惠訓不倦者，叔向有焉。社稷之固也，猶將十世宥之，以勸能者，今壹不免其身，以棄社稷，不亦惑乎？」五曰議功之辟，謂有大勳力立功者。六曰議貴之辟，鄭司農云：「若今時吏墨綬有罪先請是也。」七曰議勤之辟，謂憔悴以事國。八曰議賓之辟。謂所不臣者，三恪二代之後與？○士師：掌五禁，以左右刑罰：一曰宮禁，二曰官禁，三曰國禁，四曰野禁，五曰軍禁。皆以木鐸徇之于朝，書而縣于門閭。左，音佐。右，音佑。鐸，大各反。朝，直遥反。縣，音玄。○左右，助也。助刑罰者，助其禁民爲非也。宮，王宮也。官，官府也。國，城中也。古之禁書亡矣，今宮門有符籍，官府有無故擅入，城門有離載下帷，野有田律，軍有囂讙夜行之禁，其觕可言者。以五戒先後刑罰，毋使罪麗于民。一曰誓，用之于軍旅；二曰誥，用之于會同；三曰禁，用諸田役；四曰糾，用諸國中；五曰憲，用諸都鄙。先後，猶左右也。誓、誥，於書則甘誓、湯誓、大誥、康誥之屬。禁，則軍禮曰：無干車，無自後射。此其類也。糾、憲，未有聞焉。掌士之八成：一曰邦汋，汋，上灼反。〇鄭司農云：「汋，讀如『酌酒尊中』之『酌』。國汋者，斟汋盜取國之密事，若今時刺探尚書事。」二曰邦賊，爲逆亂者。三曰邦諜，諜，音牒。〇爲異國反閒。四曰犯邦令，干冒王教令者。五曰撟邦令，撟，音矯。〇稱詐以有爲者。六曰爲邦盜，竊取國之寶藏者。七曰爲邦朋，朋黨相阿，使政不平者。故書「朋」作「傰」。鄭司農云：「朋，讀爲朋友之朋。」八曰爲邦誣。誣罔君臣，使事失實。〇鄉士：掌國中，各掌其鄉之民數而糾戒之。鄉士八人，言各者，四人而分主三鄉。聽其獄訟，察其辭，察，審也。辯其獄訟，異其死刑之罪而要之，旬而職聽于朝。要，一遥反。朝，直遥反，下同。〇辯、異，謂殊其文書也。要之，爲其罪法之要辭，如今劾矣。十日乃以職事治之於外朝，容其自反覆。司寇聽之，斷其獄，弊其訟于朝，羣士司刑皆在，各麗其法，以議獄訟。麗，附也，各附致其法以成議也。獄訟成，士師受中，協日刑殺，肆之三日。受中，謂受獄訟之成也。鄭司農云：「士師受中，若今二千石受其獄也。中者，刑罰之中也，故論語曰：『刑罰不中，則民無所措手足。』協日刑殺，協，合也，和也，和合支幹善日，若今時望後利日也。肆之三日，故春秋傳曰：『三日棄疾請尸。』論語曰：『肆諸市朝。』」玄謂：士師既受獄訟之成，鄉士則擇可刑殺之日，至其時而往涖之，尸之三日乃反也。若欲免之，則王會其期。免，猶赦也。期，謂鄉士職聽于朝，司寇聽之日，王欲赦之，則用此時，親往議之。〇遂士：掌四郊。異其死刑之罪而要之，二旬就郊而刑殺，各於其遂，肆之三日。就郊而刑殺者，遂士也。遂士擇刑殺日，至其時往涖之，如鄉士爲之矣。言各於其遂者，四郊六遂，遂處不同。若欲免之，則王令三公會其期。令，猶命也。王欲赦之，則用遂士職聽之時，命三公往議之。○縣士：掌野。異其死刑之罪而要之，三旬刑殺，各就其縣，肆之三日。亦謂縣士。若欲免之，則王命六卿會其期。期，亦謂縣士職聽之時。○餘並如鄉士。○司刑：掌五刑之灋，以麗萬民之罪：墨罪五百，劓罪五百，宮罪五百，刖罪五百，殺罪五百。劓，魚器反。刖，音月。○墨，黥也。先刻其面，以墨窒之。劓，截其鼻也。今東西夷或以墨、劓爲俗，古刑人亡逃者之世類與？宮者，丈夫則割其勢，女子閉於宮中，若今宦男女也。刖，斷足也。周改臏作刖。殺，死刑也。書傳曰：「決關梁、踰城郭而略盜者，其刑臏。男女不以義交者，其刑宮。觸易君命，革輿服制度，奸宄盜攘傷人者，其刑劓。非事而事之，出入不以道義，而誦不詳之辭者，其刑墨。降畔寇賊，刼略奪攘撟虔者，其刑死。」此二千五百罪之目略也。其刑書則亡，夏刑大辟二百，臏辟三百，宮辟五百，劓、墨各千。周則變焉，所謂刑罰世輕世重者也。鄭司農云：「漢孝文帝十三年除肉刑。」○司刺：掌三刺、三宥、三赦之灋，以贊司寇聽獄訟：刺，殺也。訊而有罪，則殺之。宥，寬也。赦，舍也。壹刺曰訊羣臣，再刺曰訊羣吏，三刺曰訊萬民；訊，言。壹宥曰不識，再宥曰過失，三宥曰遺忘；忘，音妄。○鄭司農云：「不識，謂愚民無所識，則宥之。過失，若今律過失殺人不坐死。」玄謂：識，審也。不審，若今仇讎當報甲，見乙，誠以爲甲而殺之者。過失，若舉刃欲斫伐而軼中人者。遺忘，若閒帷薄，忘有在焉，而以兵刃投射之。壹赦曰幼弱，再赦曰老旄，三赦曰惷愚。旄，亡報反。惷，勑江反。○惷愚，生而癡騃童昏者。鄭司農云：「幼弱、老旄，若今時律令年未滿八歲、八十以上，非手殺人，他皆不坐。」○呂刑曰：墨辟疑赦，其罰百鍰，閱實其罪。辟，婢亦反。鍰，户關反。閱，音悦，下並同。○刻其顙而涅之曰墨刑。疑則赦，從罰。六兩曰鍰。鍰，黄鐵也。閱實其罪，使與罰各相當。劓辟疑赦，其罰惟倍，閱實其罪。劓，魚器反。○截鼻曰劓刑。倍百爲二百鍰。剕辟疑赦，其罰倍差，閱實其罪。剕，扶謂反。○刖足曰剕。倍差，謂倍之又半，爲五百鍰。宫辟疑赦，其罰六百，鍰閱實其罪。宫，淫刑也，男子割勢，婦人幽閉，次死之刑。序五刑，先輕轉至重者，事之宜。大辟疑赦，其罰千鍰，閱實其罪。死刑也。五刑疑，各入罰，不降相因，古之制也。墨罰之屬千，劓罰之屬千，剕罰之屬五百，宫罰之屬三百，大辟之罰其屬二百，五刑之屬三千。别言罰屬，合言刑屬，明刑、罰同屬，互見其義以相備。○臧文仲言於僖公曰：「刑五而已，無有隱者，隱乃諱也。隱，謂鴆也。大刑用甲兵，賈侍中云：「謂諸夏不式王命，以六師移之。」昭謂：甲兵，謂臣有大逆，則被甲聚兵而誅之，若今陳軍也。其次用斧鉞，鉞，音越。○斧鉞，軍戮也。書曰：「後至者斬。」中刑用刀鋸，鋸，音據。○割劓用刀，斷截用鋸，亦有大辟，故周語曰：「兵在其頸。」其次用鑽笮，鑽，子端反。笮，疾各反。○鑽，臏刑也。笮，黥刑也。薄刑用鞭扑，以威民也。扑，普卜反。○鞭，官刑也。扑，教刑也。故大者陳之原野，謂甲兵、斧鉞也。小者致之市朝，朝，直遥反。○刀鋸以下也。其死刑，大夫以上尸諸朝，士以下尸諸市。五刑三次，是無隱也。五刑：甲兵、斧鉞、刀鋸、鑽鑿、鞭扑也。次，處也。三處：朝、野、市也。婦人無刑，無黥、刖之刑。雖有刑不在市朝。朝，直遥反。○謂犯死刑者，猶不暴尸。○魯語

○冉有問於孔子曰：「古者三皇五帝不用五刑，信乎？」孔子曰：「聖人之設防，貴其不犯也。制五刑而不用，所以爲至治也。凡民之所以爲姦邪竊盜、靡法妄行者，生於不足，不足生於無度，無度則小者偷惰，大者侈靡，各不知節。是以上有制度則民知所止，民知所止則不犯，故雖有姦邪賊盜、靡法妄行之獄，而無陷刑之民。不孝者生於不仁，不仁者生於喪祭之禮不明。喪祭之禮，所以教仁愛也。能致仁愛，則服喪思慕，祭祀不懈人子饋養之道。懈，户買反。養，以尚反。○言孝子奉祭祀不敢懈，與生時饋養之道同之也。喪祭之禮明，則民孝矣，故雖有不孝之獄，而無陷刑之民。殺上者生於不義，義所以別貴賤、明尊卑也。別，彼列反，下同。貴賤有別，尊卑有序，則民莫不尊上而敬長，長，丁丈反，下同。朝聘之禮者，所以明義也。朝，直遥反。義必明則民不犯，故雖有殺上之獄，而無陷刑之民。鬭變者生於相陵，相陵者生於長幼無序而遺敬讓。遺，忘也。鄉飲酒之禮者，所以明長幼之序而崇敬讓也。長幼必序，民懷敬讓，故雖有變鬭之獄，而無陷刑之民。淫亂者生於男女無別，男女無別則夫婦失義。婚禮聘享者，所以別男女，明夫婦之義也。男女既別，夫婦既明，故雖有淫亂之獄，而無陷刑之民。此五者，刑罰之所從生，各有源焉。不豫塞其源

而輒繩之以刑，是謂爲民設穽而陷之也。穽，疾正反。刑罰之源生於嗜慾不節。夫禮度者，所以禦民之嗜慾，而明好惡、順天道。夫，音扶。好、惡，並去聲。禮度既陳，五教畢修，而民猶或未化，尚必明其法典以申固之。尚，猶也。申令固其教也。其犯姦邪靡法妄行之獄者，則飭制量之度；量，音亮。有犯不孝之獄者，則飭喪祭之禮；有犯殺上之獄者，則飭朝覲之禮；朝，直遥反。有犯鬭變之獄者，則飭鄉飲酒之禮；有犯淫亂之獄者，則飭婚聘之禮。三皇五帝之所以化民者如此，雖有五刑之用〔三〕，不亦可乎？」孔子曰：「大罪有五而殺人爲下。逆天地者罪及五世，誣文武者罪及四世，逆人倫者罪及三世，誣鬼神者罪及二世，手殺人者罪止其身，故曰大罪有五而殺人爲下矣。」○冉有問於孔子曰：「先王制法，使刑不上於大夫，禮不下於庶人。然則大夫犯罪不可以加刑，庶人之行事不可以治於禮乎？」孔子曰：「不然。凡治君子，以禮御其心，所以厲之以廉恥之節也。故古之大夫，其有坐不廉汙穢而退放之者，不謂之不廉汙穢而退放，則曰簠簋不飭；飭，整齊也。有坐淫亂男女無別者，别，彼列反，下同。不謂之淫亂男女無別，則曰帷幕不修也；有坐罔上不忠者，不謂之罔上不忠，則曰臣節未著；有坐罷軟不勝任者，不謂之罷軟不勝任，則曰下官不職；罷，音皮。勝，音升。○言其下官不稱於其職，不斥其身也。有坐干國之紀者，不謂之干國之紀，則曰行事不請。言不請而擅行。此五者，大夫既自定有罪名矣，而猶不忍斥然正以呼之也，既而爲之諱，爲，于僞反。所以媿恥之。是故大夫之罪其在五刑之域者，聞而譴發，譴，詰戰反。○譴，譴讓也。發，始發露。則白冠氂纓，盤水加劍，造乎闕而自請罪，君不使有司執縛牽掣而加之也。其有大罪者，聞命則北面再拜，跪而自裁，君不使人捽引而刑殺之也。捽，昨没反。曰：『子大夫自取之耳，吾遇子有禮矣。』以刑不上大夫，而大夫亦不失其罪者，教使然也。凡所謂禮不下庶人者，以庶人遽其事而不能充禮，故不責之以備禮也。」冉有跪然免席曰：「言則美矣，求未之聞。」退而記之。家語五刑○仲弓問於孔子曰：「雍聞：至刑無所用政，至政無所用刑。至刑無所用政，桀、紂之世是也；至政無所用刑，成、康之世是也。信乎？」孔子曰：「聖人之治化也，必刑政相參焉。太上以德教民，而以禮齊之；其次以政言導民，以刑禁之，刑不刑也。化之弗變，導之弗從，傷義以敗俗，於是乎用刑矣。顓五刑必即天倫，即，就也。就天倫，謂合天意。行刑罰則輕無赦。行刑罰之官雖輕，猶不得作威作福。刑，侀也。侀，成也。壹成而不可更，故君子盡心焉。」仲弓曰：「古之聽訟，尤罰麗於事，不以其心，可得聞乎？」侀，音刑。更，古行反。○尤，過也。麗，附也。怪過人罰之，必以事相當，而不與其心也。孔子曰：「凡聽五刑之訟，必原父子之情，立君臣之義以權之；意論輕重之序，慎測淺深之量以別之；悉其聰明，致其忠愛以盡之。大司寇正刑明辟以察獄訟，必三訊焉。量，音亮。別，彼列反。辟，婢亦反。○一曰訊羣臣，二曰訊羣吏，三曰訊萬民也。有指無簡，則不聽也。簡，誠也。

有意無其誠者，不論以爲罪也。附從輕，赦從重。附人之罪，以輕爲比。赦人之罪，以重爲比。疑獄則泛與衆共之，疑則赦之，皆以小大之比成之。是故爵人必於朝，與衆共之；刑人必於市，與衆棄之。古者公家不畜刑人，大夫弗養也，士遇之塗，弗與之言，屏諸四方，唯其所之，弗及與政，弗欲生之也。」仲弓曰：「聽獄，獄之成，成何官？」孔子曰：「成獄成於吏，吏以獄之成告於正。比，毗志反。朝，直遥反。○吏，獄官。吏正，獄官長。正既聽之，乃告大司寇，聽之，乃奉於王。王命三公卿士參聽棘木之下，參，七南反。○外朝法：左九棘，孤卿大夫位焉；右九棘，公侯伯子男位焉；面三槐，三公位焉。然後乃以獄之成疑于王。王三宥之，以聽命，君王尚寬宥罪，雖已定，猶三宥之。不可得輕，然後刑之者也。而制刑焉，所以重之也。」仲弓曰：「其禁何禁？」孔子曰：「巧言破律，巧，責法令者也。遁名改作，變言與物名也。執左道以亂政者，殺。左道，亂也。作淫聲，淫，逸也，惑亂人之聲。造異服，非所常見。設奇伎奇器以蕩上心者，殺。怪異之伎，可以眩曜人心之器。蕩，動。行僞而堅，行，下孟反。○行詐僞而守之堅也。言詐而辯，學非而博，順非而澤，順其非而滑澤。以惑衆者，殺。假於鬼神、時日、卜筮以疑衆者，殺。此四誅者不以聽。不聽棘木之下。仲弓曰：「其禁盡於此而已？」孔子曰：「此其急者，其餘禁者十有四焉。命服命車不粥於市；粥，音育，下同。○粥，賣。珪璋璧琮不粥於市；宗廟之器不粥於市；兵車旍旗不粥於市；犧牲秬鬯不粥於市；戎器兵甲不粥於市；

用器不中度，不粥於市；布帛精麤不中數，廣狹不中量，不粥於市；姦色亂正色，不粥於市；文錦珠玉之器雕飾靡麗，不粥於市；衣服飲食，不粥於市；璋，音章。琮，才宗反。旍，子盈反。犧，許宜反。秬，音巨。鬯，勑亮反。中，丁仲反，下同。量，音亮。○責成衣服，非侈必僞，故禁之。禁責熟食，所以厲恥也。菓實不時，不粥於市；五木不中伐，不粥於市；鳥獸魚鼈不中殺，不粥於市。凡執此禁以齊衆者，不赦過也。」家語○孔子爲魯司寇，有父子訟者，孔子拘之，家語作「同狴執之」。三月不別。其父請止，孔子舍之。季孫聞之不說，曰：「是老也欺予，別，彼列反。舍，音捨。○老，大夫之尊稱。家語「是老」作「司寇」。曩告余曰：曩，乃黨反。『國家必先以孝。』余今戮一不孝以教民孝，不亦可乎？又舍之！」冉子以告，孔子慨然歎曰：慨，苦代反。「嗚呼！上失其道而殺其下，非理也。不教其民而聽其訟，殺不辜也。三軍大敗，不可斬也；獄犴不治，不可刑也，犴，音岸。何者？上教之不行，罪不在民故也。夫慢令謹誅，賊也；夫，音扶。徵斂無時，暴也；不教而責成功，虐也。政無此三者，然後刑可即也。書云：『義刑義殺，勿庸以即汝心，惟曰未有順事。』言必教而後刑也。既陳道德，以先服之；荀子作「既陳之以道，上先服之」。而猶不可，尚賢以勸之；又不可，即廢之；又不可，而後以威憚之。荀子作「若不可，廢不能以單之」。若是三年，而百姓正矣。邪民不從，然後俟之以刑，則民知罪矣。詩云：『天子是毗，俾民不迷。』是以威厲而不試，刑錯而不用。錯，七數反。今世則不然，亂其教，煩其刑，使民迷惑而陷焉，又從而制之，故刑彌煩而盜不勝也。勝，音升。夫三尺之限，夫，音扶。空車不能登者，何哉？峻故也。百仞之山，重載陟焉，何哉？陵遲故也。今世俗之陵遲久矣，雖有刑法，民能勿踰乎？詩曰：『周道如砥，砥，音紙。其直如矢。君子所履，小人所視。眷焉顧之，眷，音卷。潸焉出涕。』潸，所姦反。涕，音體。豈不哀哉！」家語、荀子〇溫之會，晉人執衛成公，歸之于周。溫，晉之河陽。成公，衛文公之子，成公鄭也。晉文公討不服，衛成公恃楚而不從，聞楚師敗於城濮，衛侯懼，出奔，使元咺奉弟叔武以受盟于踐土。或愬元咺曰：「立叔武矣。」衛侯殺其子角，咺不廢命，奉叔武以守國。晉人復衛侯，先期入。叔武將沐，聞君至，喜，捉髮走出，前驅射而殺之，元咺出奔晉。會於溫，討不服。衛侯與元咺訟，不勝，故晉侯執之，歸之于京師。在魯僖公二十八年。晉侯請殺之，王曰：「不可！夫政自上下者也，夫，音扶，下同。〇當從王出也。上作政，而下行之不逆，故上下無怨。言君臣不相怨。今叔父作政而不行，無乃不可乎？不行，謂不順也。言晉侯不行德政，而聽元咺之愬，欲殺衛侯也。夫君臣無獄，獄，訟也。無是非曲直之義也。今元咺雖直，而不可聽也。君臣皆獄，父子將獄，是無上下也。而叔父聽之，一逆矣。又爲臣殺其君，其安庸刑？咺，況遠反。爲，于僞反。〇庸，用也。刑，法也。布刑而不庸，再逆矣。一合諸侯，而有再逆政，余懼其無後。無後，無以復合諸侯也。不然，余何私於衛侯？」晉人乃歸衛侯。在魯僖三十年也。晉侯使醫衍酖衛侯不死，魯僖爲請於王及晉侯，皆納玉十瑴，於是歸之也。○周語○仲弓問古之刑教與今之刑教，孔子曰：「古之刑省，今之刑繁。其爲教，古有禮然後有刑，是以刑省；今無禮以教而齊之以刑，刑是以繁。書曰：『伯夷降典，折民惟刑』，折，之設反，下同。○書呂刑之文。言堯命伯夷下禮典以教民，而斷折以法。謂下禮以教之，然後維以刑折之也〔四〕。夫無禮則民無恥，而正之以刑，故民苟免。」夫，音扶。○孔子適衛，衛將軍文子問曰：文子，衛卿，名彌牟。「吾聞魯公父氏父，音甫。○公父氏，魯大夫季氏。不能聽獄，信乎？」孔子答曰：「不知其不能也。夫公父氏之聽獄，有罪者懼，無罪者恥。」夫，音扶。文子曰：「有罪者懼，是聽之察、刑之當也。當，丁浪反。無罪者恥，何乎？」孔子曰：「齊之以禮，則民恥矣；刑以止刑，則民懼矣。」文子曰：「今齊之以刑，刑猶弗勝，勝，音升。何禮之齊？」孔子曰：「以禮齊民，譬之於御則轡也；轡，音秘，下同。以刑齊民，譬之於御則鞭也。執轡於此而動於彼，御之良也。無轡而用策，則馬失道矣。」捨轡而用策，則馬失道。去禮而任刑，則民忘生。文子曰：「以御言之，左手執轡，右手運策，不亦速乎？若徒轡無策，馬何懼哉？」孔子曰：「吾聞古之善御者，『執轡如組，兩驂如舞』，非策之助也。組，音祖。驂，七南反。○鄭風大叔于田篇，言驂服和諧中節。如組者，如織組之爲。是以先王盛於禮而薄於刑，故民從命。今也廢禮而尚刑，故民彌暴。」文子曰：「吴越之俗無禮而亦治，何也？」孔子曰：「夫吴越之俗，男女無別，同川而浴，民輕相犯，故其刑重而不勝，由無禮也。夫，音扶。別，彼列反。勝，音升，並下同。中國之教，爲外内以別男女，異器服以殊等類，故其民篤而法，其刑輕而勝，由有禮也。」○孔子曰：「民之所以生者，衣食也。上不教民，民匱其生，飢寒切於身而不爲非者，寡矣。故古之於盜，惡之而不殺也。惡，烏路反。今不先其教而一殺之，是以罰行而善不反，刑張而罪不省。夫赤子知慕其父母，由審故也。夫，音扶。況爲政，興其賢者而廢其不賢，以化民乎？知審此二者，則上盜先息。」上盜，猶大盜。書曰「茲殷罰有倫」，周書康誥之文。言此殷家刑罰有倫理者，亦當兼用之。子張問曰：「何謂也？」孔子曰：「不失其理之謂也。今諸侯不同德，每君異法，折獄無倫，以意爲限，是故知法之難也。」子張曰：「古之知法者與今之知法者異乎？」孔子曰：「古之知法者能遠，遠，謂能止其源，以禮教先之也。今之知法者不失有罪。不失有罪，其於怨寡矣。既不先禮，復不以情，惟法爲得。能遠則於獄，其防深矣。寡怨近乎濫，濫，盧瞰反。防深治乎本。書曰：『維敬五刑，以成三德。』言敬刑所以爲德矣。」周書呂刑之文。言教以惟敬五刑，所以成剛、柔、正直之三德。○書曰「非從惟從」，周書呂刑云：「察辭于差，非從惟從。」言察囚辭當差錯，不可從其僞辭，必審從所本之意。孔子曰：「君子之於人也，有不語也，無不聽也。有不語則已，語則無不聽，在審其真僞焉。況聽訟乎？必盡其辭矣。夫聽訟者，或從其情，或從其辭，夫，音扶。辭不可從，必斷以情。斷，丁亂反。書曰：『人有小罪，非眚，乃惟終，自作不典，式爾，有厥罪小，乃不可不殺。乃有大罪，非終，乃惟眚災，適爾，既道極厥辜，時乃不可殺。』」眚，所景反。○周書康誥之文。眚，過也。災，害也。典，常也。式，用也。適，從也。既，盡也。言人有小罪，非過誤〔五〕，乃惟終，自作不常，用犯汝，厥罪雖小，乃不可不殺也。乃有大罪，非終，乃惟過誤，雖有其害，從汝盡聽訟之道，以極其罪，是亦不可殺，必以罰宥論焉。○曾子問聽獄之術，孔子曰：「其大法有三焉，治必以寬，寬之之術歸於察，夫寬則民慢，慢則姦僞生焉，故明之以察。察之之術歸於義。夫察甚則或過乎暴，故以義爲質。是故聽而不寬是亂也，夫聽太亟則失於詳，故事之是否亂焉。寬而不察是慢也，察而不中義是私也，中，丁仲反。○私，謂刑失其正，若私曲然。私則民怨。故善聽者雖不越辭，辭不越情，情不越義，夫善聽者，得辭則審之以情，得情則斷之以義。書曰：「上下比罰，無僭亂辭。」比，毗志反。○周書呂刑之文。言上下比方其罪，無聽僭亂之辭以自疑。○書曰「哀敬折獄」，周書呂刑之文。言當哀人之所犯而敬斷其獄。仲弓問曰：「何謂也？」孔子曰：「古之聽訟者察貧窮，哀孤獨，及鰥寡老弱不肖而無告者，雖得其情，必哀矜之。死者不可生，斷者不可屬。鰥，古頑反。屬，之欲反。○屬，續也。若老而刑之〔六〕，謂之悖；弱而刑之，謂之克；不赦過，謂之逆；悖，必内反。○皋陶云：「宥過無大，刑故無小。」是則過雖大可宥焉。此云不赦過爲逆，是逆於道矣。率過以小罪，謂之枳。枳，音紙，一作疻。○枳，猶傷也。夫過則宜宥，若率以爲小罪，亦傷乎義焉，況爲之大罪耶？故宥過赦小罪，老弱不受刑，先王之道也。書曰：『大辟疑赦。』辟，婢亦反。○周書呂刑之文。言大辟死刑疑則亦赦。又曰：『與其殺不辜，寧失不經。』」大禹謨之文。言寧失不常之罪，不枉不辜之人。書曰「若保赤子」，周書康誥之文。言愛民若安嬰孩赤子然，不使失其欲。子張問曰：「聽訟可以若此乎？」孔子曰：「可哉！古之聽訟者惡其意，不惡其人，惡，烏路反，下同。○非喜怒其人，但疾其意之有險害。求所以生之，不得其所以生，乃刑之。君必與衆共焉，愛民而重棄之也。是所謂「刑人于市，與衆棄之」也。今之聽訟者，不惡其意而惡其人，求所以殺，是反古之道也。」蓋以喜怒愛惡而爲之刑，非反古而何？○孟氏之臣叛，武伯之家臣。武伯問孔子曰：「如之何？」答曰：「臣人而叛，天下所不容也。其狀自反，子姑待之。」姑，且也。三旬，果自歸孟氏。武伯將執之，訪於夫子。夫子曰：「無也。子之於臣，禮意不至，是以去子。夫禮不交則意不通，意不通則疑所以生，疑生則去矣。今其自反，罪以反除，又何執焉？此所謂「過而能改，善莫大焉」。故李廣殺降兵，世稱其非也。子脩禮以待之，則臣去子將安往？」武伯乃止。並孔叢子。○楚聲子曰：「善爲國者，賞不僭而刑不濫。賞僭，則懼及淫人；刑濫，則懼及善人。若不幸而過，寧僭無濫。與其失善，寧其利淫。無善人，則國從之。詩曰：『人之云亡，邦國殄瘁。』無善人之謂也。濫，力暫反。殄，徒典反。瘁，在醉反。○詩大雅。殄，盡也。瘁，病也。故夏書曰：『與其殺不辜，寧失不經。』懼失善也。不經，不用常法。商頌有之曰：『不僭不濫，不敢怠遑。』命于下國，封建厥福。』詩商頌。言殷湯賞不僭差，刑不溢濫，不敢怠解自寬暇，故能爲下國所命爲天子。此湯所以獲天福也。古之治民者，勸賞而畏刑，樂行賞而憚用刑。恤民不倦。賞以春夏，刑以秋冬。順天時。是以將賞，爲之加膳，加膳則飫賜，爲，于僞反，下同。飫，於據反。○飫，饜也。酒食賜下，無不饜足，所謂加膳也。此以知其勸賞也。將刑爲之不舉，不舉則徹樂，不舉盛饌。此以知其畏刑也。夙興夜寐，朝夕臨政，此以知其恤民也。三者，禮之大節也。左襄二十六年○鄭人鑄刑書，鑄刑書於鼎，以爲國之常法。叔向使詒子産書曰：詒，以之反。○詒，遺也。「始吾有虞於子，虞，度也，言準度子産以爲己法。今則已矣。已，止也。昔先王議事以制，不爲刑辟，懼民之有爭心也。猶不可禁禦，是故閑之以義，爭，音諍，下並同。辟，婢亦反，下同。○閑，防也。糾之以政，糾，舉也。行之以禮，守之以信，奉之以仁；奉，養也。制爲禄位，以勸其從；勸從教。嚴斷刑罰，以威其淫。斷，丁亂反，下同。○淫，放也。懼其未也，故誨之以忠，聳之以行，聳，息勇反。行，下孟反。○聳，懼也。教之以務，時所急。使之以和，臨之以敬，涖之以彊，施之於事爲涖。斷之以剛；義斷恩。猶求聖哲之上、明察之官、上，公、王也。官，卿、大夫也。忠信之長、慈惠之師，民於是乎可任使也，而不生禍亂。民知有辟，則不忌於上。長，丁丈反。○權移於法，故民不畏上。並有爭心，以徵於書，而徼幸以成之，徼，古堯反。○因危文以生爭，緣徼幸以成其巧僞。弗可爲矣。爲，治也。夏有亂政而作禹刑，商有亂政而作湯刑，周有亂政而作九刑。三辟之興，皆叔世也。今吾子相鄭國，作封洫，立謗政，制參辟，鑄刑書，將以靖民，不亦難乎？詩曰：『儀式刑文王之德，日靖四方。』又曰：『儀刑文王，萬邦作孚。』如是，何辟之有？民知爭端矣，將棄禮而徵於書，相，息亮反。洫，況域反。參，七南反。○以刑書爲徵。錐刀之末，將盡爭之。錐，音隹。爭，如字。○錐刀末，喻小事。亂獄滋豐，賄賂並行。終子之世，鄭其敗乎？肸聞之：『國將亡，必多制。』賄，呼罪反。肸，黑乙反。○數改法。其此之謂乎！」復書曰：「若吾子之言，僑不才，不能及子孫，吾以救世也。既不承命，敢忘大惠」。僑，音喬。○左昭六年○子産有疾，謂子大叔曰：「我死，子必爲政。唯有德者能以寬服民，其次莫如猛。夫火烈，民望而畏之，故鮮死焉。水懦弱，民狎而翫之，大，音泰。夫，音扶。鮮，息淺反。懦，乃亂反。翫，音玩。○狎，輕也。則多死焉，故寬難。」疾數月而卒。大叔爲政，不忍猛而寬。鄭國多盜，取人於萑苻之澤。大叔悔之，曰：「吾早從夫子，不及此。」興徒兵以攻萑苻之盜，盡殺之，盜少止。仲尼曰：「善哉！政寬則民慢，慢則糾之以猛。萑，音丸。苻，音蒲。糾，居黝反，下同。○糾，猶攝也。猛則民殘，殘則施之以寬。寬以濟猛，猛以濟寬，政是以和。詩曰『民亦勞止，汔可小康。惠此中國，以綏四方』，施之以寬也。『毋從詭隨，以謹無良。式遏寇虐，慘不畏明』，糾之以猛也。『柔遠能邇，以定我王』，平之以和也。又曰『不競不絿，不剛不柔，布政優優，百禄是遒』，和之至也。」及子産卒，仲尼聞之，出涕曰：「古之

遺愛也！」汔，許乙反。從，子用反。詭，九委反。過，於葛反。慘，七感反。絿，音求。遒，在由反。○左昭二十年

校勘記

〔一〕以鞭爲治官事之刑　「事」字原漫漶，丁本、傅本同。朝鮮本、吕本、賀本「事」作「府」。按：張、丁二本所存殘筆與「事」字相近，而與「府」字不類，今據尚書原文補。

〔二〕憂欲得中　賀本此句下有「○以上尚書虞書」六字。

〔三〕雖有五刑之用　丁本、傅本、朝鮮本、吕本同，與四部叢刊景印明翻刻宋本、清玉海堂景宋本孔子家語合。賀本「之」作「不」，與明隆慶長洲刊本及宋楊簡先聖大訓所引孔子家語合。按文意，似以作「不」爲是。

〔四〕然後維以刑折之也　丁本、傅本、朝鮮本、吕本同，賀本「維」作「繼」。按文意，作「繼」近是。

〔五〕非過誤　「非」字原脱，據賀本補。

〔六〕若老而刑之　「老」，原作「先」，據賀本改。

儀禮經傳通解續卷第一

喪服一　　喪禮一

鄭目録曰：天子以下，死而相喪，衣服、年月、親疏、隆殺之禮。不忍言死而言喪，喪者，棄亡之辭。若全存居於彼焉，已亡之耳。○疏曰：按喪服之制在成服之後，則宜在士喪始死之下。今在士喪之上者，以其總包尊卑上下，不專據士，是以在此。按禮運云：「昔者先王未有宮室」，食「鳥獸之肉」，「衣其羽皮〔一〕。」此伏羲之時也。又云：「後聖有作」，「治其絲麻，以爲布帛，養生送死，以事鬼神。」此黄帝之時也。易繫辭云古者「喪期無數」，在黄帝九事章中，是黄帝以前心喪終身不變也。虞書云：「百姓如喪考妣，三載四海遏密八音。」則是唐、虞之日心喪三年，亦未有服制也。郊特牲云：「大古冠布，齊則緇之。」鄭云：三代改制，「以白布冠質，以爲喪冠。」則唐、虞已上吉凶同服，唯有白布衣、白布冠而已。又喪服記鄭氏注云：「大古冠布衣布」，「後世聖人易之，因以爲喪服。」則謂夏禹以下三王之世，用唐、虞白布冠、白布衣爲喪服矣。死者既喪，生人制服服之者〔二〕，貌以表心，服以表貌。斬衰貌若苴，齊衰貌若枲，大功貌若止，小功、緦麻，容貌可也。哀有淺深，故貌有此不同，而布亦有精粗也。又按：喪服上下十有一章，從斬至緦麻升數有異者。斬有二：有正，有義。爲父以三升爲正，爲君以三升半爲義，其冠同六升。三年齊衰唯有正服四升，冠七升。繼母慈母雖是義，以配父，故與因母同，是以略爲節，有正而已。杖期齊衰有正而已，父在爲母爲妻同，正服齊衰五升，冠八升。不杖齊衰期章有正、有義二等，正則五升，冠八升，義則六升，冠九升。齊衰三月章皆義服，齊衰六升，冠九升。曾祖父母計是正服，但正服合以小功，以尊其祖，不服小功而服齊衰，非本服，故同義服也。殤大功有降有義，爲夫之昆弟之子長殤是義，餘皆降服。降服衰七升，冠十升，義服衰九升，冠十一升。大功章有降、有正、有義，姑姊妹出適之等是降，婦人爲夫之族類爲義，自餘皆正。衰冠如上釋也。繐衰唯有義服四升半，皆冠七升而已。以諸侯大夫爲天子，故同義服也。殤小功有降有義，婦人爲夫之族類是義，餘皆降服，降則衰冠同十升，義則衰冠同十二升。小功亦有降、有正、有義，如前釋。緦麻亦有降、有正、有義，皆如上陳。但衰冠同十五升，抽去半而已。自斬至緦麻皆以升數〔三〕，升數少者在前，升數多者在後。要不得以升數爲叙者，一則正、義及降升數不得同在一章。又繐衰四升半在大功之下，小功之上，鄭下注云：「在小功之上者，欲審著縷之精粗。」若然，喪服章次雖以升數多少爲前後〔四〕，要取縷之精粗爲次第也。

經十一　子夏傳

疏曰：傳者，不知是誰人所作，人皆云孔子弟子卜商字子夏所爲。按公羊傳是公羊高所爲，公羊高是子夏弟子。今按：公羊傳有「云者何」、「何以」、「曷爲」、「孰謂」之等，今此傳亦有之，必爲子夏作也。其傳内更云傳者，是子夏引他舊傳以證己義。儀禮見在十七篇，餘不爲傳，獨喪服作傳者，喪服篇總包天子已下，五服差降、精粗變除之數既繁，出入正殤交互，恐讀者不能悉解其義，是以特爲傳解。

喪服：按：此乃古禮篇目。前題喪服者，乃後世編禮者所加。既加新題，復存古目者，乃重古，不敢輕變之意，後放此。

右篇目○小宗伯：辨吉凶之五服。五服，王及公、卿、大夫、士之服〔五〕。

斬衰裳，苴絰、杖、絞帶，冠繩纓，菅屨者。衰，七回反。苴，七餘反。絰，大結反。絞，户交反，一如字。菅，古顔反。屨，九具反。○「者」者，明爲下出也。凡服，上曰衰，下曰裳。麻在首，在要，皆曰絰。絰之言實也，明孝子有忠實之心，故爲制此服焉。首絰象緇布冠之缺項，要絰象大帶，又有絞帶，象革帶。齊衰以下用布。○缺，去蘂反，讀如「有頍者弁」之頍。○疏曰：「斬衰裳」者，謂斬三升布以爲衰裳。不言裁割而言「斬」者，取痛甚之意。縣子云「三年之喪如斬，期之喪如剡」，謂哀有淺深也。斬衰先言斬，下疏衰後言齊者，以斬衰先斬布後作之，疏衰先作之後齊之也。云「苴絰，杖，絞帶」者，以一苴目此三事，謂苴麻爲首絰、要絰，又以苴竹爲杖，苴麻爲絞帶。小記云：「苴杖，竹也。」云「冠繩纓」者，以六升布爲冠，又屈一條繩爲武，垂下爲纓。冠在首，退在帶下者，以衰用布三升，冠六升。冠既加飾，又齊衰冠纓用布，則知此繩纓不用苴麻，用枲麻，故退冠在下也。菅，草也，詩云：「白華菅兮。」鄭云：「白華已漚爲菅，濡刃中用也。」已下諸章並見年月，此斬章不言三年者，以其喪之痛極，莫甚於斬，故不言。又下舉齊衰三年，則此斬衰三年可知。然經文爲次若此者，以先斬後乃爲衰裳，故斬文在衰裳之上。絰、杖、絞帶俱蒙於苴，故苴又在前。唯絰有二事，仍以首絰爲主，故絰文在上。杖者各齊其心，故在絞帶之前。冠纓雖加於首，以其不蒙於苴，故退文在下。屨乃服中之賤，最後爲宜。聖人作文倫次然。注云「『者』者明爲下出也」者，明爲下文父、諸侯爲天子等而出也〔六〕。云「凡服上曰衰下曰裳」者，兼解五服。按下記云：「衰廣四寸，長六寸，綴之於心。」然衣亦總號爲衰，非止當心而已也。士冠禮：「緇布冠，缺項，青組纓，屬於缺。」鄭云：緇布冠，冠之「無笄者，著頍，圍髮際，結項中，隅爲四綴，以固冠也。」喪服法吉服爲之，吉時有二帶，凶時有二絰，以要絰象大帶，明首絰象頍項可知。彼緇布冠無笄，故用頍項以固之，喪亦無笄，其首絰與冠繩纓別材而不相綴，亦言象之者，直取絰法象頍項而爲之也。玉藻有天子以下大帶之制，又有革帶，大帶申束衣，革帶以佩玉佩及事佩之等。今於要絰之外別有絞帶，明絞帶象革帶可知。按士喪禮云：「婦人之帶，牡麻結本。」注云：「婦人亦有首絰，但言帶者，記其異。」此齊衰婦人、斬衰婦人，亦有二苴絰與絞帶，以備喪禮。云「齊衰以下用布」者，即下齊衰章云「削杖布帶」是也。

傳曰：斬者何？不緝也。苴絰者，麻之有蕡者也。苴絰大搹，左本在下，去五分一以爲帶。齊衰之絰，斬衰之帶也，去五分一以爲帶。大功之絰，齊衰之帶也，去五分一以爲帶。小功之絰，大功之帶也，去五分一以爲帶。緦麻之絰，小功之帶也，去五分一以爲帶。苴杖，竹也。削杖，桐也。杖各齊其心，皆下本。杖者何？爵也。無爵而杖者何？

擔主也。非主而杖者何？輔病也。童子何以不杖？不能病也。婦人何以不杖？亦不能病也。緝，七入反。蕡，扶云反。搹，音革。去，起呂反。齊，如字，劉才計反。擔，市豔反。○盈手曰搹，搹，扼也。中人之扼，圍九寸，以五分一爲殺者，象五服之數也。爵，謂天子、諸侯、卿、大夫、士也。無爵，謂庶人也。擔，猶假也。無爵者假之以杖，尊其爲主也。非主，謂衆子也。○疏曰：云「苴經者，麻之有蕡者也」，按爾雅釋草云：「蕡，枲實。」孫氏注云：「蕡，麻子也。」以色言之謂之苴，以實言之謂之蕡。下言牡者，對蕡爲名；言枲者，對苴生稱也。是以云「斬衰貌若苴，齊衰貌若枲」也。若然，枲是雄麻，蕡是子麻。爾雅云「蕡，枲實」者，舉類而言，若圓曰簞，方曰笥，鄭注論語云：「簞，笥。」亦舉其類也。下傳云牡麻者，枲麻也，不連言經。此苴連言經者，欲見苴經别於苴杖，故下傳别云苴杖。後傳牡麻不連言經，此苴連言經者，彼無他物之嫌，獨有經，故不須連言經也。云「苴經大搹，左本在下」者，士喪禮文與此同言「經大搹」，先據首經而言也。雷氏以搹搤不言寸數，則各從其人大小爲搤，非鄭義。據鄭注，無問人之大小，皆以九寸圍之爲正，若中人之跡，尺二寸也。云「左本在下」者，本謂麻根。按士喪禮鄭注云：「下本在左，重服統於内而本陽也。」以其父是陽，左亦陽，言下是内，故云重服統於内，以言痛從心内發故也。此對爲母右本在上，輕服統於外而本陰也。云「去五分一以爲帶」者，以其首經圍九寸，取五寸，去一寸，得四寸。餘四寸，寸爲五分，總二十分，去四分，餘十六分。取十五分，五分爲寸，爲三寸。添前四寸爲七寸，并一分，總七寸五分寸之一也。云「齊衰之經斬衰之帶也」者，以其大小同，故疊而同之也。齊衰以下，放此推之。經帶之等，皆以五分破寸，既有成法，何假盡言。但斬衰之絰圍九寸者，首是陽，故欲取陽數極於九。自齊衰以下，自取降殺之義，無所法象也。云「苴杖，竹也。削杖，桐也」者，經唯云苴杖，不出杖體所用，故言苴杖者竹也。下章直云削杖，亦不辨木名，故云「削杖者桐也」。然爲父所以杖竹者，父者，子之天，竹圓亦象天。竹又外内有節，象子爲父亦有外内之痛。又竹能貫四時而不變，子之爲父哀痛亦經寒温而不改，故用竹也。爲母杖桐者，桐之言同，内心同之於父。外無節，象家無二尊，屈於父。爲之齊衰，經時而有變。又按變除削之使方者，取母象於地故也。此雖不言杖之粗細，按喪服小記云：「絰殺五分而去一，杖大如絰。」鄭注云：「如要絰也。」如要絰者，以杖從心已下與要絰同處。云「杖各齊其心」者，杖所以扶病，病從心起，故杖之高下以心爲斷也。云「皆下本」者，本，根也，按士喪禮「下本」注云：順其性也。云「杖者何爵也」者，有爵之人必有德，有德則能爲父母致病深，故許以其杖扶病。雖無爵，然以適子，故假取有爵之杖爲之喪主。衆子雖非爲主，子爲父母致病，是爲輔病也。童子不杖，此庶童子也。按問喪云童子「當室則免而杖矣」，謂適子也。雜記又云童子「不杖不菲」，則直有衰裳絰帶而已。婦人不杖，亦謂童子婦人。若成人婦人正杖，喪大記云：三日，子、夫人杖。五日，大夫世婦杖。諸經皆有婦人杖文，明此童子婦人。按喪服小記云：「女子子在室，爲父母，其主喪者不杖，則子一人杖。」鄭云：「女子子在室，亦童子也。無男昆弟，使同姓爲攝主不杖，則子一人杖，謂長女也。許嫁及二十而笄，笄爲成人，成人正杖也。」是其童女爲喪主則亦杖矣。雷氏以爲婦人皆不杖，小記婦人不爲主而杖者，唯著此一條，明其餘不爲主者皆不杖。此説非也。

絞帶者，繩帶也。冠繩纓，條屬，右縫，冠

六升，外畢，鍛而勿灰。衰三升。菅屨者，菅菲也，外納。屬，音燭。注同。縫，扶弄反，注同〔七〕。升，衆並如字，鄭音登。鍛，丁亂反。○屬，猶著也。通屈一條繩爲武，垂下爲纓，著之冠也。布八十縷爲升。升字當爲登，登，成也。今之禮皆以登爲升，俗誤已行久矣。雜記曰：「喪冠條屬，以別吉凶。」三年之練冠，亦條屬右縫。小功以下左縫。外畢者，冠前後屈而出，縫於武也。○疏曰：云「絞帶者繩帶也」者，以絞麻爲繩作帶，故云絞帶也。王肅以爲絞帶如要絰，馬、鄭不言，當依王義。但絰帶至虞後變麻服葛，絞帶虞後雖不言所變，按公士衆臣爲君服布帶，又齊衰已下亦布帶，則絞帶虞後變麻服布，於義可也。云「冠繩纓，條屬」者，喪用繩，爲纓屬，著也，著之冠，垂之爲纓也。云「外畢」者，前後兩畢之末而向外攝之也。云「鍛而勿灰」者，以冠爲首飾，布倍衰裳而用六升，又加以水濯，勿用灰而已。冠六升勿灰，則七升已上故灰矣，故大功章鄭注云：大功布者，其鍛之功粗沽之。則七升已上皆用灰也。云「衰三升」者，不言裳，裳與衰同，故舉衰以見裳。爲君義服衰三升半，不言者，以縷如三升半，成布三升，故直言三升，舉正以包義也。云「菅屨者，菅菲也」，周公時謂之屨，子夏時謂之菲。「外納」者，按士喪禮「屨外納」，鄭注云：「納，收餘也。」王謂正向外編之。○又曰：注云「屬猶著也」者，按禮記云：「喪冠條屬，以別吉凶。」若然，吉冠則纓、武別材，凶冠則纓、武同材，是以鄭云「通屈一條繩爲武」，謂將一條繩從額上約之，至項後交過，兩相各至耳於武綴之，各垂於頤下結之。云「著之冠」者，武纓皆上屬著冠也。云「布八十縷爲升」者，此無正文，師師相傳言之。云「今之禮皆以登爲升俗誤已行久矣」，若然，論語云「新穀既升」，升亦訓爲成。今從登不從升者，凡織紝之法皆縷縷相登上乃成繒布，登義强於升，故從登也。引雜記者，證條屬是喪冠，若吉冠則纓、武異材。云「三年之練冠亦條屬」者，欲見條屬以至大祥除衰杖，大祥除喪之際，朝服縞冠，當纓武異材，從吉法也。云「右縫小功以下左」者，按大戴禮云：「大功已上唯唯，小功已下額額。」然孝子朝夕哭在阼階之下，西面弔，賓從外入門，北面見之。大功已上哀重，其冠三辟積，鄉右爲之，從陰，陰唯唯然順。小功緦麻哀輕，其冠亦三辟積，鄉左爲之，從陽，弔賓入門，北鄉望之，額額然逆。鄉賓二者皆條屬，但從吉從凶不同也。云「外畢者，冠前後屈而出縫於武也」者，冠廣二寸，落頂前後兩頭皆在武下鄉外出，反屈之縫於武而爲之，兩頭縫畢鄉外，故云外畢。按曲禮云「厭冠不入公門」，鄭注云：「厭，猶伏也，喪冠厭伏。」是五服同名，由在武下出反屈之，故得厭伏之名。檀弓云：「古者冠縮縫，今也衡縫，故喪冠之反吉，非古也。」是吉冠則辟積無數，横縫亦兩頭皆在武上，鄉内反屈而縫之，不得厭伏之名。居倚廬，寢苫枕塊，哭晝夜無時。歠粥，朝一溢米，夕一溢米。寢不説絰帶。既虞，翦屏柱楣，寢有席，疏食，水飲，朝一哭，夕一哭而已。既練，舍外寢，始食菜果，飯素食，哭無時。倚，於綺反。廬，力居反。苫，失占反。枕，之鴆反。塊，苦對反。本又作凷，説文云：「塊，俗凷字。」歠，昌悦反。粥，之六反，劉音育。溢，如字，劉音實。鄭云：二十兩曰溢，爲米一升二十四分升之一。射慈同，王肅、劉逵、袁準、孔倫〔八〕、葛洪皆云滿手曰溢。柱，丁主反。楣，亡悲反。疏食音嗣，又如字。飯，扶晚反。食如字，又音寺。○二十兩曰溢，爲米一升二十四分升之一。楣，謂之梁。柱楣，所謂梁闇。舍外寢，於中門之外，屋下壘墼爲之。不塗墍，所謂堊室也。素，猶故也，謂復平生時食也。斬衰不書受月者，天子、諸侯、卿、大夫、士〔九〕，虞卒哭異數。○闇，烏南反。壘，劣委反，又力水反。鼙，古狄反，劉薄歷反。堲，劉其既反。○疏曰：居倚廬，孝子所居，在門外東壁，倚木爲廬。故既夕記云「居倚廬」，鄭注云：「倚木爲廬，在中門外東方，北户。」又喪大記云：「凡非適子者，自未葬，以於隱者爲廬。」注云：「不欲人屬目，蓋廬於東南角。」若然，適子則廬於其北顯處爲之，以其適子當應接弔賓，故不於隱者。按喪大記云：「婦人不居廬。」若然，此經云居倚廬，專據男子生文。云「寢苫枕塊」，既夕文與此同，彼注云：「苫，編藁。塊，堛也。」在中門外者，哀親之在外，寢苫者哀親之在草故也。云「哭晝夜無時」者，哭有三無時：始死未殯以前哭不絶聲，一無時；既殯已後，卒哭祭已前阼階之下，爲朝夕哭，在廬中思憶則哭，二無時；既練之後，無朝夕哭，唯有廬中或十日、或五日思憶則哭，三無時也。卒哭之後，未練之前，唯有朝夕哭，是一有時也。云「歠粥，朝一溢米，夕一溢米」者，孝子遭父母之喪，當爲父母致病，故喪大記云「水漿不入口」，三日之後乃始食。必三日許食者，聖人制法，不以死傷生，恐至滅性，故禮許之食，雖食，由節之，使朝夕各一溢米而已也。云「二十兩曰溢爲米一升二十四分升之一」者，依筭法，百二十斤曰石，則是一斛。若然，則十二斤爲一斗，取十斤分之，升得一斤，餘二斤，斤爲十六兩，二斤爲三十二兩。升取三十兩十升，升得三兩，添前一斤十六兩，爲十九兩，餘二兩。兩爲二十四銖，二兩爲四十八銖。取四十銖十升，升得四銖，餘八銖，一銖爲十絫〔一〇〕，十升，升得八絫，添前則是一升，得十九兩四銖八絫，於二十兩仍少十九銖二絫，則別取一升破爲十九兩四銖八絫，分十兩，兩爲二十四銖，則爲二百四十銖。又分九兩，兩爲二十四銖，則九兩者二百一十六銖〔一一〕。并四銖八絫，添前四百六十銖八絫，總爲二十四分，直取二百四十銖，餘二百二十銖八絫在，又取二百一十六銖二十四分分得九銖，添前分得十九銖〔一二〕，有四銖八絫，四銖，銖爲十絫，總爲四十絫，通八絫爲四十八絫，二十四分，分得二絫。是一升爲二十四分，分得十九銖，添前四銖爲二十三銖；將二絫，添前八絫則爲十絫，則十絫爲一銖；以此一銖添前二十三銖，則爲二十四銖，爲一兩；一兩添十九兩，總二十兩曰溢。云「寢不脱絰帶」者，按既夕文與此同，鄭注云：「哀戚不在於安。」云「既虞翦屏柱楣」者，按士虞禮：既葬反，日中而虞。鄭注士喪「三虞」。三虞之後乃改舊廬，西鄉開户，翦去户旁兩廂屏之餘草。柱楣者，前梁謂之楣，楣下兩頭竪柱施梁，乃夾户旁之屏也。云「寢有席」者，按閒傳云：「既虞卒哭，柱楣翦屏，苄翦不納。」鄭云：「苄，今之蒲苹。」即此寢有席，謂蒲席加於苫上也。云「疏食水飲」者，未虞以前，朝一溢米，夕一溢米而爲粥，今既虞之後，用粗疏米爲飯而食之，明不止朝一溢、夕一溢而已，當以足爲度。云「飲水」者，恐虞後飲漿酪等，故云飲水而已也。云「朝一哭夕一哭而已」者，此當士虞禮卒哭之後，彼云卒哭者，謂卒去廬中無時之哭，唯有朝夕於阼階下有時之哭，故云而已。云「既練舍外寢」者，謂練布爲冠，著繩，屨止舍外寢之中，不復居廬也。云「始食菜果飯素食」者，按喪大記「祥而食肉」。云「哭無時」者，謂練後堊室之中，或十日，或五日，思憶則哭。云「楣謂之梁所謂梁闇」者，所謂，書傳文〔一三〕。按喪服四制云「高宗諒闇三年」，鄭注云：「諒，古作梁，楣謂之梁。闇，讀如鶉鵪之鵪，闇謂廬也，廬有梁者，所謂柱楣也。」云「舍外寢於中門之外屋下壘墼爲之不塗塈所謂堊室也」者，今至練後不居舊廬，還於廬處爲屋。但天子五門，諸侯三門，有中門，大夫士唯有大門、內門兩門而已。無中門而云中門外者，按士喪禮及既夕外位唯在寢門外，其東壁有廬堊室，若然，則以門爲中門，據內外皆有哭位，其門在外，內位中，故爲中門，非謂在外門、內門之中爲中門也。言「屋下壘墼爲之」者，東壁之所，舊本無屋，而云屋下爲之者，謂兩下爲屋，謂之屋下，對廬偏加東壁，非兩下謂之廬也。云「不塗塈者」，謂翦屏而已，不泥塗塈飾也。云「所謂堊室」者，閒傳云：父母之喪，既虞，翦屏，期而小祥，居堊室。彼練後居堊室，即此外寢，故鄭云所謂堊室也。云「謂復平生時食也」者，此既練後復平生時食，食亦據米飯而言，以其古者名飯爲食，與公食大夫者同音也。云「斬衰不書受月者」云云，凡喪服所以表哀，哀有盛時殺時，服乃隨哀以降殺。故初服粗，至葬後、練後、大祥後，漸細加飾。是以冠爲受，斬衰裳三升，冠六升，既葬後，以其冠爲受，衰裳六升，冠七升，小祥又以其冠爲受，衰裳七升，冠八升。自餘齊衰以下受服之時，差降可知。然葬後有受服，有不受服，按下齊衰三月章及殤大功章皆云無受。正大功章即云三月，受以小功衰，即葛，九月者，今此斬衰章及齊衰章應言受月而不言，故鄭君特解之。按雜記云：「天子七月而葬，九月而卒哭；諸侯五月而葬，七月而卒哭；大夫三月而葬，五月而卒哭；士三月而葬，是月而卒哭。」是天子已下，虞、卒哭異數。尊卑皆葬訖反，日中而虞，天子九虞，諸侯七虞，大夫五虞，虞訖即受服；士三虞，待卒哭乃受服。必然者，以大夫已上卒哭在後月，虞在前月，日已多，是以虞即受服，不得至卒哭。士葬月卒哭，與虞同月，故受服待卒哭後也。今不言受月者，喪服總包天子以下，若言七月，唯據天子，若言五月〔一四〕，唯據諸侯，皆不該上下。故周公設經，没去受服之文，亦見上下俱合故也。〇三年之喪〔一五〕，二十五月而畢。詳見喪服義。○期之喪，達乎大夫；三年之喪，達乎天子。父母之喪，無貴賤一也。期之喪達乎大夫者，謂旁親所降在大功者，其正統之期，天子諸侯猶不降也。大夫所降，天子諸侯絶之不爲服，所不臣乃服之也。○疏曰：「期之喪達乎大夫」者，謂旁親降在大功者，得爲期喪通著大功之服。若天子諸侯旁期之喪〔一六〕，則不爲服也。「三年之喪達乎天子」者，謂正統在三年之喪，父母及適子并妻也。天子爲后服期以三年包之者，以后卒必待三年然後娶，所以達其子之志，故通在三年之中。是以昭十五年左傳云：穆后崩，太子壽卒，叔向曰：「王一歲而有三年之喪二焉。」是包后爲三年也。且云達乎天子，不云諸侯者，諸侯旁親尊同則不降，故喪服大功章云「諸侯爲姑姊妹嫁於國君者」是也。「父母之喪無貴賤一也」，唯父母之喪無問天子及士庶人，其服並同也。注云「謂旁親所降在大功者」，熊氏云：此對天子諸侯，故云期之喪達乎大夫，其實大夫爲大功之喪得降小功，小功之喪得降緦麻，是大功、小功皆達乎大夫。熊氏又云：天子爲正統之喪，適婦大功，適孫之婦小功，義或然，但無正文耳。云「所不臣乃服之也」者，喪服傳云：「始封之君不臣諸父昆弟，封君之子不臣諸父而臣昆弟。」但不臣者皆以本服服也。○中庸○上二條本章父爲人後者、疏衰三年章父卒爲母通用。又「父母之喪無貴賤一也」，疏衰杖期章父在爲母通用。○按：經文之後附入傳記者，其例有三：其一，有諸書重出者，但載其一。有大同小異者，削其同，載其異，有同異相雜不可削者，並存之。二，所載傳記全文已見別篇，則全文并注疏皆已詳載有於全文之下，節略重出者，即云詳見某篇，讀者當於詳見之處考之。三，所附傳記之文有本經只一事而傳記旁及數事者，雖與經文不相關，然亦須先載全文，後重出者，只節其與本文相關者，仍注云詳見某條。

父。疏曰：周公設經，上陳其服，下列其人，即此文〔一七〕。父以下是爲其人服上之服者也。先陳父者，此章恩義並設，義由恩出，故先言父也。

傳曰：爲父者何以斬衰？父至尊也。爲，于僞反。凡經傳記爲服之例，放此求之。○疏曰：「父至尊」者，天無二日，家無二尊，父是一家之尊，尊中至極，故爲之斬也。○喪父三年。詳見喪服義。○記：事親有隱而無犯〔一八〕，隱，謂不稱揚其過失也。無犯，不犯顔而諫，論語曰：「事父母幾諫。」左右就養無方，左右，謂扶持之。方猶常也。子則然，無常人。服勤至死，致喪三年。勤，勞辱之事也。致，謂戚容稱其服也。凡此以恩爲制。○疏曰：言「服勤」者，謂服持勤苦勞辱之事。致之言至也，謂哀情至極以居喪禮，猶言「五十不致毀」也。事君有犯而無隱，既諫，人有問其國政者，可以語其得失，若齊晏子爲晉叔向言之。○疏曰：齊晏子事見左傳昭三年。左右就養有方，不可侵官。○疏曰：此謂平常小事，若有危難當致死〔一九〕。服勤至死，方喪三年。方喪，資於事父。凡此以義爲制。○疏曰：方，謂比方也，謂比方父喪禮以喪君。資，取也，取事父之禮以事君〔二〇〕。事師無犯無隱，左右就養無方，服勤至死，心喪三年。心喪，戚容如父而無服也。凡此以恩義之間爲制。○疏曰：凡親有冥造之功，又有生育之惠，故懷哀戚之痛，同君哀服之限。君則徒有榮身顯親之事，而無冥造生育之功，故唯服粗衰表盡哀戚。師則既無親之冥造，又無君之榮顯，故無服。然恩愛成己有同於親，故不爲制服而戚容如喪父也。有親恩君義，故云以恩義之閒爲制。○檀弓○致喪三年，本章爲人後者、齊衰三年章父卒爲母通用。○父母之喪，無貴賤一也。詳見上斬衰條〔二一〕。○大夫爲其父、母、兄弟之未爲大夫者之喪，服如士服。士爲其父、母、兄弟之爲大夫者之喪，服如士服。大夫雖尊，不以其服服父母兄弟，嫌若踰之也。士，謂大夫庶子爲士者也，己卑又不敢服尊者之服。今大夫喪禮逸，與士異者，未得而備聞也。春秋傳曰：「齊晏桓子卒，晏嬰粗衰斬，苴絰、帶、杖，菅屨，食粥，居倚廬，寢苫、枕草。其老曰：『非大夫禮也。』曰：『唯卿爲大夫。』」此平仲之謙也，言己非大夫，故爲父服士服耳。粗衰斬者，其縷在齊、斬之閒，謂縷如三升半而三升不緝也。斬衰以三升爲正，微細則屬於粗也。然則，士與大夫爲父服異者，有粗衰斬、枕草矣。其爲母五升縷而四升，爲兄弟六升縷而五升乎。唯大夫以上，乃能備儀盡飾。士以下，則以臣服君之斬衰爲其父，以臣從君而服之齊衰爲其母與兄弟，亦以勉人爲高行也。大功以下，大夫士服同。○疏曰：大夫之父母兄弟或作士，或無官，今大夫不以大夫之服服父母兄弟，是嫌畏踰之也。云「士謂大夫庶子爲士者」，若大夫適子雖未爲士，猶服大夫之服，故知此士是庶子，以至卑不敢服尊者之服也。「今大夫喪禮逸，與士異者，未得而備聞」，引春秋傳晏嬰服喪禮證之。「粗衰斬」者，粗即齊也，言其布縷在齊、斬之閒。斬衰三升，粗衰四升，其布在三升、四升之閒，縷之粗如三升半而計縷惟三升也。縷如三升半是粗，不緝是斬，故云「斬衰以三升爲正〔二二〕，微細焉則屬於粗也」。「然則士與大夫爲父服異者」，鄭約晏嬰粗衰斬枕草之事明之也。云「其爲母五升縷而四升，爲兄弟六升縷而五升」

者，鄭既約士之父服縷約降一等，經文有母及兄弟，故此約母與兄弟之服也。喪服爲母四升，此云爲母五升縷，謂粗細似五升之縷，成布四升。喪服爲兄弟五升，此云爲兄弟六升縷，謂粗細如六升之縷，成布五升。皆謂縷細成布，升數少也。云「唯大夫以上乃能備儀盡飾」者，以兼天子諸侯能備儀服，無降殺也。云「士以下，則以臣服君之斬衰爲其父，以臣從君而服之齊衰爲其母與兄弟」者，以喪服義服皆降正服一等，今爲父母兄弟降從義服，是卑屈也。云「亦以勉人爲高行也」者，居喪之禮以服重爲申，以服輕爲屈，今大夫爲父母兄弟之未爲大夫者服士服，是勉勵其父母兄弟使爲高行作大夫。士爲其父母兄弟之爲大夫服士服，亦是勉勵士身使爲高行作大夫也。按聖證論王肅云：「喪禮自天子以下無等，故曾子云：哭泣之哀，齊斬之情[二三]，饘粥之食，自天子達。且大國之卿與天子上士俱三命[二四]，平仲之言唯卿爲大夫，謂諸侯之卿當天子之大夫，非謙辭也。春秋之時，尊者尚輕簡，喪服禮制遂壞，羣卿專政，晏子惡之，故服粗衰枕草。云『唯卿爲大夫』者，遜辭以避害也。」又孟子云：『諸侯之禮，三年之喪，齊疏之服[二五]，饘粥之食，自天子達於庶人，三代共之。』又此記云「端衰喪車皆無等」，則大夫與士異者，大夫以上，在喪斂時弁絰，士冠素委貌也。馬昭答王肅引雜記云：「大夫爲其父母兄弟之未爲大夫者之喪，服如士服。」是大夫與士喪服不同，而肅云無等，則是背經說。鄭與言禮，張融評云：士與大夫異者，皆是亂世尚輕涼，非王者之達禮。禮是鄭學，今申鄭義。云「端衰喪車無等」者，端，正也，正爲衰之制度上下無等，其服精粗，卿與大夫有異也。又曾子云：齊斬之情，據其情爲一等，無妨服有殊異耳。若王肅之意，大夫以上弁絰，士唯素冠，此亦得施於父母。此經云爲昆弟，豈亦弁經素冠之異乎？此是肅之不通也。大夫之適子服大夫之服。適，丁狄反。○仕至大夫，賢著而德成，適子得服其服，亦尊其適象賢。○疏曰：明大夫適子未仕官及爲士，皆得服大夫之服。大夫之庶子爲大夫，則爲其父母服大夫服，其位與未爲大夫者齒。雖庶子得服其服，尚德也，使齒於士，不可不宗適。○疏曰：此庶子雖爲大夫，其年長於適子，猶在適子之下，使適子爲主。若年少於適子，則固在適子之下，是不可不宗適也。○雜記○按：父母之服，自天子達於士一也，而記禮者之言乃如此，當以王肅之言爲正。○上二條，本章爲人後者、齊衰三年章父卒爲母、齊衰杖期章父在爲母通用。○大夫降其庶子，其孫不降其父。疏曰：「大夫降其庶子」，故爲其庶子不爲大夫者服大功也。而喪服條例云：「父之不服，子亦不敢服。大夫不服其妾，故妾子爲母大功也。」今嫌既降其子，亦厭其孫，故此明雖降庶子而不厭降其孫矣。庶子之子不降其父，猶爲三年也。○喪服小記○齊晏桓子卒，晏嬰粗縗斬，斬，不緝之也。縗在胸前。粗，三升布。苴絰、帶、杖，菅屨，以苴爲絰及帶。杖，竹杖也。禮記云：「苴杖，竹也」。食鬻，居倚廬，寢苫枕草。鬻，一六反，一音羊六反。謂朝一溢米，暮一溢米。倚，於綺反。苫，傷廉反，編草也。枕草，王儉云：夏枕凷，冬枕草。凷，苦對反，一音苦怪反〔二六〕。○此禮與士喪禮略同，其異唯枕草耳，然枕草亦非喪服正文。其老曰：「非大夫之禮也。」時之所行，士及大夫縗服各有不同。晏子爲大夫而行士禮，其家臣不解，故譏之。○解，音蟹。曰：「唯卿爲大夫。」晏子惡直己以斥時失禮，故孫辭略答家老。○疏曰：檀弓云：魯穆公之母卒，使人問於曾申，曾申對曰：「哭泣之哀，齊斬之情，饘粥之食，自天子達。」然則天子以下，其服父母尊卑皆同，無大夫士之異，晏子所行是正禮也。言唯卿得服大夫服，我是大夫，得服士服。又言己位卑不得從大夫之法者，是惡其直己以斥時之失禮，故孫辭略答家老也。家語：曾子問此事，孔子云：「晏平仲可謂能辟害也。」不以己是而駮人之非，孫辭以辟咎，義也夫。家語雖未必是孔子之言，要其辭合理，故王肅與杜皆爲此說。鄭玄以雜記之文，士爲父母兄弟之服不得與大夫同，皆縷細降一等，其縷數與大夫同。但雜記之文記當時之制，以當時大夫與士有異，故爲此解，非杜義也。○襄公十有七年春秋左氏傳

諸侯爲天子。疏曰：此文在父下君上者，以此天子不兼餘君，君中最尊，故特著文於上也〔二七〕。

傳曰：天子至尊也。疏曰：天子至尊，同於父也。○記：方喪，三年。詳見上父條。○君爲天子三年，夫人如外宗之爲君也。世子不爲天子服。外宗，君外親之婦也。其夫與諸侯爲兄弟服斬，妻從服期，諸侯爲天子服斬，夫人亦從服期，喪大記曰：「外宗房中南面。」○疏曰：「夫人如外宗之爲君也」者，言諸侯夫人爲天子，如諸侯外宗之婦爲君也。諸侯外宗之婦爲君期，則夫人爲天子亦期也。君，謂列國諸侯之君。「外宗君外親之婦也」者，其夫既是君之外姓，其婦即是外宗也。熊氏云：凡外宗有三：按周禮，外宗之女有爵，通卿大夫之妻，一也；雜記云：外宗爲君夫人，猶內宗。是君之姑姊妹之女、舅之女、從母之女，其夫皆爲諸侯服斬，爲夫人服期，是二也；此文外宗是諸侯外宗之婦也，若姑之子婦、從母之子婦，其夫是君之外親，爲君服斬，其婦亦名外宗，爲君服期，是三也。內宗有二者：按周禮云內女之有爵，謂其同姓之女悉是，一也；雜記云內宗者，是君之五屬之內女，

是二也。「世子不爲天子服」者，此明諸侯世子有繼世之道，所以遠嫌，不爲天子服也。○服問○司服：凡喪，爲天王斬衰。疏曰：云「凡喪」者，諸侯諸臣皆爲天王斬衰〔二八〕。

君。疏曰：臣爲之服。此君内兼有諸侯及大夫，故文在天子下。

傳曰：君至尊也。天子諸侯及卿大夫有地者，皆曰君。○疏曰：按周禮載師云：家邑「任稍地」，小縣「任縣地」，大夫「任疆地。」是天子卿大夫有地者，若魯國季孫氏有費邑，叔孫氏有郈邑，孟孫氏有郕邑，晉國三家亦皆有韓、魏、趙之邑，是諸侯之卿大夫有地者皆曰君，以其有地則有臣故也。不言公與孤者，詩云「三事大夫」，謂三公，則大夫中含之也。但士無臣，雖有地不得君稱，故僕隸等爲其喪弔服加麻，不服斬也〔二九〕。○記：方喪，三年。詳見上父條。○喪君，三年。詳見喪服義。○公之喪，諸達官之長杖。謂君所命，雖有官職，不達於君，則不服斬。○疏曰：公者，五等諸侯也。諸者，非一之辭也。達官，謂國之卿大夫士被君命者也，若遭君喪，則備服衰杖。「不達於君」，謂府史之屬也，賤不被命，不服斬衰，但服齊衰三月耳。故喪服齊衰三月章有「庶人爲國君」，即是不達者也。若其近臣閽寺之屬，雖無爵命，但嗣君服斬，則亦服斬也。故喪服斬衰章云：「公士、大夫之衆臣，爲其君布帶繩屨。」傳曰：「近臣，君服斯服矣。」鄭注云：「近臣，閽寺之屬。」若大夫之臣，雖不被命於諸侯，得爲大夫之君服斬與杖，但衆臣降其帶屨，用布帶繩屨。○檀弓○與諸侯爲兄弟者，服斬。謂卿大夫以下也，與尊者爲親，不敢以輕服服之。言諸侯者，明雖在異國，猶來爲三年也。○疏曰：熊氏以爲謂諸侯死，凡與諸侯有五屬之親者，皆服斬也。以謂諸侯體尊，不可以本親輕服服之也。經云

「與諸侯爲兄弟服斬」，恐彼此俱作諸侯爲之服斬，故云「卿大夫以下」。若俱爲諸侯，則各依本服。然卿大夫與君自應服斬，而兄弟或服本親之服，故明之。又經不云君而云諸侯，故知容在異國也。大抵曾在本國作卿大夫，今來他國未仕，或與諸侯爲兄弟，雖在他國仕爲卿大夫，皆得爲舊君服斬也。○小記○大夫之適子爲君夫人、大子，如士服。大夫不世子，不嫌也。士爲國君斬，小君期，大子君服斬，臣從服期。○疏曰：大夫適子無繼世之道，其子無嫌，得爲君與夫人及君之大子著服，如士服也。○服問○外宗爲君夫人，猶内宗也。皆謂嫁於國中者也。爲君服斬，夫人齊衰，不敢以其親服服至尊也。外宗，謂姑姊妹之女、舅之女及從母皆是也。内宗，五屬之女也。其無服而嫁於諸臣者，從爲夫之君。嫁於庶人，從爲國君。○疏曰：内宗謂君五屬内之女〔三〇〕，以經云「爲君夫人」，則君夫人者是國人所稱號，故知嫁於國中，國外當云諸侯也。云「不敢以其親服至尊也」者，按禮，族人不敢以其戚戚君，則異族者可知。凡内宗、外宗，皆據有爵者。云「其無服而嫁於諸臣者從爲夫之君」者，總謂外宗、内宗之女皆然也。云「嫁於庶人從爲國君」者，亦内、外宗之女並言之，則服齊衰三月。此等内宗、外宗，熊氏云：雖嫁在他國，皆爲本國諸侯服斬也，今依用之。若賀循、譙周之等云在己國則得爲君服斬及夫人齊衰，此若在他國，則不得也。今並存焉。此外宗與前章外宗爲君别也，故鄭注彼云「外宗是君之外親之婦」，此外宗唯據君之宗也。○雜記○不杖期章爲夫之君、齊衰三月章庶人爲國君通用。

父爲長子。長，丁丈反，後長子、長殤皆同。○不言嫡子，通上下也。亦言立嫡以長。○疏曰：

言長子通上下，則適子之號唯據大夫士，不通天子諸侯。若言大子，則亦不通上下。云「亦言立嫡以長」者，欲見適妻所生皆名適子。第一子死，則取適妻所生第二長者立之，亦名長子。若言適子，唯據第一者。若云長子，通立適以長也。

傳曰：何以三年也？正體於上，又乃將所傳重也。庶子不得爲長子三年，不繼祖也。

此言爲父後者，然後爲長子三年，重其當先祖之正體，又以其將代己爲宗廟主也。庶子者，爲父後者之弟也。言庶者，遠别之也。小記曰：「不繼祖與禰。」此但言祖不言禰，容祖禰共廟。○疏曰：以其父祖適適相承於上，已又是適承之於後，故云正體於上。云「又乃將傳重」者，爲宗廟主是有此二事，乃得爲長子三年也。注云「此言爲父後者，然後爲長子三年」不同者，周之道，有適子，無適孫，適孫猶同庶孫之例。要適子死後乃立適孫，乃得爲長子三年。是爲父後者，然後爲長子三年也。兄得爲父後者是適子，其弟則是庶子，是爲父後者之弟，不得爲長子三年。此鄭據初而言，其實繼祖父身三世，長子四世乃得三年也。云「言庶者，遠别之也」者，庶子，妾子之號，適子所生第二者是衆子，今同名庶子，遠别於長子，故與妾子同號也。祭法云：「適士二廟」，「官師一廟。」鄭注云：官師，中、下之士，祖禰共廟。則此據官師而言，不言禰直言祖，舉尊而言也。雖承重不得三年，有四種：一則，正體不得傳重，謂適子有廢疾，不堪主宗廟也；二則，傳重非正體，庶孫爲後是也；三則，體而不正，立庶子爲後是也；四則，正而不體，立適孫爲後是也。按喪服小記云「適婦不爲舅後者，則姑爲之小功」，鄭注云：「謂夫有廢疾他故，若死而無子不受重者。」婦既小功不大功，則夫死亦不三年期可知也。○

記：庶子不爲長子斬，不繼祖與禰也〔三一〕。詳見喪服義。○庶子不得爲長子三年〔三二〕，不繼祖也。同上。

爲人後者。疏曰：此出後大宗〔三三〕，其情本疏，故設文次在長子之下也。雷氏云：此文當云「爲人後者爲所後之父」。闕此五字者，以其所後之父或早卒，今所後其人不定，或後祖父，或後曾高祖，故闕之也。

傳曰：何以三年也？受重者必以尊服服之。何如而可爲之後？同宗則可爲之後。何如而可以爲人後？支子可也。爲所後者之祖父母、妻、妻之父母、昆弟、昆弟之子，若子。若子者，爲所爲後之親如親子。○疏曰：「同宗則可爲之後」者，以其大宗子當收聚族人，非同宗則不可。謂同承別子之後，一宗之内，若別宗同姓，亦不可以其收族故也。云「支子可也」者，以其他家適子當家自爲小宗，小宗當收斂，五服之内亦不可闕，則適子不得後他，故取支子，支子則第二已下庶子也。不言庶子云支子者，若言庶子、妾子之稱，言謂妾子得後人，則是適妻第二已下子，不得後人，是以變庶言支。支者，取枝條之義，不限妾子而已。適子既不得後人，則無後，亦當有立後之義也。死者祖父母，則爲後者之曾祖父母，齊衰三月也。妻，即爲後者之母也。妻之父母、妻之昆弟、妻之昆弟之子，於爲後者爲外祖父母及舅與内兄弟，皆如親子爲之著服也。若然，經直言爲人後不言爲父，傳不言死者緦麻、小功、大功及期之骨肉親者，傳舉疏以見親，言外以包内，骨肉親者，如親子可知。○爲人後者爲之子〔三四〕。詳見通禮主後條。○斬衰章父母之喪無貴賤一也、父條致喪三年、大夫爲其父母，並此條通用，當互考。

○爲殤後者，以其服服之。言「爲後」者，據承之也。殤無爲人父之道，以本親之服服之。○疏曰：「爲殤後者」，謂大宗子在殤中而死，族人爲後大宗而不得後此殤子爲子也，以其父無殤義故也。既不後殤而宗不可絶，今來爲後殤者之人，不以殤者之爲父，而依兄弟之服服此殤也。注言「據承之」者，既不與殤爲子，則不應云「爲後」，今言「爲後」，是據已承其處爲言也。云「以本親之服服之」者，依其班秩如本列也。爲人後者若子於無後之宗，既爲殤者父作子，則應服以兄弟之服。而云「以本親之服服」者，當在未後之前，不復追服，不責人以非時之恩，故推此時本親兄弟亡在未後之前者，亦宜終其本服之日月。唯爲後之後，如有母亡而猶在三年之內，則宜接其餘服，不可以吉居凶。若出三年，則不追服矣。○小記

○孔子曰：宗子爲殤而死，庶子弗爲後也。族人以其倫代之，明不序昭穆，立之廟。其祭之，就其祖而已。代之者，主其禮。○疏曰：以其未成人，庶子不得代爲之後。又曰：庶子既不爲後，宗子禮不可闕，明族人以其倫代之。倫，謂輩也，謂與宗子昭穆同者則代之。凡宗子爲殤而死，庶子既不得爲後〔三五〕，不以父服服之。鄭注喪服云：「若與宗子期親者，成人服之齊衰期〔三六〕，其長殤大功衰九月，中殤大功衰七月，下殤小功衰五月。有大功之親者，成人服之齊衰三月。卒哭，受以大功衰九月。其長殤、中殤，大功衰五月；下殤，小功衰三月。有小功之親者，成人服之齊衰三月。卒哭，受以小功衰五月。其殤與絶屬者同。有緦麻之親者，成人及殤，皆與絶屬者同。」故喪服記云：宗子孤爲殤而死者，「大功衰，小功衰，皆三月。」又云：「親則月筭如邦人。」此是族人以其倫代之者，各以其本服服之。○曾子問

妻爲夫。

傳曰：夫至尊也。疏曰：自此以下，論婦人也。婦人卑於男子，故次之。妻者，齊也，言與夫齊也。妻爲夫者，上從天子，下至庶人，皆同爲夫斬衰也。「夫至尊」者，雖是體敵齊等，夫者猶是妻之尊敬。以其在家天父，出則天夫，是其男尊女卑之義，故同之於君父也。○記：婦人不爲主而杖者，姑在爲夫杖。姑不厭婦。○小記

妾爲君。

傳曰：君至尊也。妾謂夫爲君者，不得體之，加尊之也，雖士亦然。○疏曰：妾賤於妻，故次妻後。按内則云「聘則爲妻，奔則爲妾」，鄭注云：「妾之言接，聞彼有禮，走而往焉，以得接見於君子。」是名妾之義。既名爲妾，故不得名婿爲夫，故加其尊名，名之爲君也。云「雖士亦然」者，士身不合名君，至於妾之尊夫，與臣無異也。

女子子在室爲父。女子子者，子女也，别於男子也。言在室者，關已許嫁。○疏曰：此論女子子爲父制服，又與男子不同也。關，通也。通已許嫁者，女子子十五許嫁而笄，與丈夫二十而冠同，則同成人矣。身既成人，亦得爲父服斬也。雖許嫁爲成人，及嫁，要至二十乃嫁於夫家也。布總，箭笄，髽，衰，三年。總，子孔反。笄，音雞。髽，側瓜反。○此妻妾女子子喪服之異於男子者。總，束髮。謂之總者，既束其本，又總其末。箭笄，篠也。髽，露紒也。猶男子之括髮。斬衰括髮以麻，則髽亦用麻

也。蓋以麻自項而前，交於額上，却繞紒，如著幓頭焉。小記曰：「男子冠而婦人笄，男子免而婦人髽。」凡服上曰衰，下曰裳，此但言衰不言裳，婦人不殊裳，衰如男子衰，下如深衣，深衣則衰無帶，下又無衽。○篠，素了反。紒，音計。著，丁略反。幓，七消反。冠，古亂反。○疏曰：上文不言布，不言三年，至此言之者，上以哀極，故没其布名與年月，至此須言之也。上文經至練有除者，此經三者既與男子有殊，並終三年，乃始除之。按喪服小記云婦人帶「惡笄以終喪」，彼謂婦人期服者帶與笄終喪，此斬衰帶亦練而除笄，亦終三年。若然，經之體例，皆上陳服，下陳人，此服之異在下言之者，欲見與男子同者如前，與男子異者如後。上文列服之中，冠繩纓非女子所服，此布總笄髽等亦非男子所服。布總者，只爲出紒後垂爲飾者而言，以其布總六升，與男子冠六升相對故也。禹貢云「篠簜既敷」，孔注云：「篠，竹箭。」是箭笄篠爲之也。髽有二種，按士喪禮曰：「婦人髽於室。」注云：「始死，婦人將斬衰者，去笄而纚，將齊衰者，骨笄而纚。今言髽者，亦去笄纚而紒也。齊衰以上，至笄猶髽。髽之異於括髮者，既去纚而以髮爲大紒，如今婦人露紒，其象也。」其用麻布，亦如著幓頭然，是婦人髽之制也。二種者：一是未成服之髽，即士喪禮所云者是也，將斬衰者用麻，將齊衰者用布；二者成服之後，露紒之髽，即此經注是也。云「斬衰括髮以麻則髽亦用麻」者，按喪服小記云：「斬衰括髮以麻，免而以布。」而婦人髽用麻布無文。鄭以二者同在小斂之節，故明用物與制度亦應不殊也。按士喪禮鄭注云：「衆主人免者，齊衰將袒，以免代冠。免之制未聞，舊説以爲如冠狀，廣一寸。」亦引小記括髮及漢幓頭爲説，則括髮及免與髽三者雖用麻布不同，皆如著幓頭不别。成服以後，斬衰至緦麻皆冠如著幓頭，婦人皆露紒而髽也。云「凡服，上曰衰，下曰裳。此但言衰，不言裳，婦人不殊裳」者，按周禮內司服王后六服，皆單言衣不言裳，以連衣裳，不別見裳，則此喪服亦連裳於衣，衰亦綴於衣而名衰，故直名衰也。云「深衣則衰無帶下」者，按下記云「衣帶下尺」，注云：「要也廣尺，足以掩裳上際也。」今此裳既縫著衣，故不須要以掩裳上際也。云「又無衽」者，又按下記云：「衽二尺有五寸。」注云：「衽所以掩裳際也。」彼據男子裳前三幅，後四幅，開兩邊，露裏衣，是以須衽。屬衣兩旁以掩交際之處，此既下如深衣，縫之以合前後，兩邊不開，故不須衽也。按深衣云：「續衽鉤邊。」彼吉服，深衣須有曲裾之衽，此婦人凶服，雖如深衣，亦無深衣之衽也。

傳曰：總六升，長六寸，箭笄長尺，吉笄尺二寸。長，直亮反。○總六升者，首飾象冠數。長六寸，謂出紒後所垂爲飾也。○疏曰：云「箭笄長尺，吉笄尺二寸」者，此斬之笄用箭，下記云：女子子適人爲父母，婦爲舅姑，用惡笄。鄭以爲榛木爲笄，則檀弓南宮縚之妻之姑之喪云「蓋榛以爲笄」是也。吉時，大夫士與妻用象，天子、諸侯之后夫人用玉爲笄。今於喪中，唯有此箭笄及榛二者，若言寸數，亦不過此二等。以其斬衰尺，吉笄尺二寸，檀弓南宮縚之妻爲姑榛以爲笄，亦云一尺，則大功以下不得更容差降。鄭注云：笄所以卷髮。既直同卷髮，故五服略爲一節，皆用一尺而已。是以女子子爲父母既用榛笄，卒哭之後，折吉笄之首歸於夫家，以榛笄之外無差降，故用吉笄也。云「總六升者首飾象冠數」也，上云男子冠六升，此女子子總用布當男子冠用布之處，故同六升，以同首飾故也。云「長六寸謂出紒後所垂爲飾也」者，若據其束本，入所不見，何寸數之有乎？故鄭以六寸，據垂之者。此斬衰六寸，南宮縚妻爲姑總八寸，以下雖無文，大功當與齊同八寸，緦麻小功同一尺，吉總當尺二寸，與笄同也。○喪服傳○記：女子子在室爲父母，其主喪者不杖，則子一人杖。女子子在室，亦童子也。無男昆弟，使同姓爲攝主不杖，則子一人杖，謂長女也。許嫁及二十而笄，笄爲成人，成人正杖也。○疏曰：此一節論婦人應杖之節。「姑在爲夫杖」者，鄭義唯謂出嫁婦人禮也。若成人婦人在家爲父母，雖不爲主亦杖。若在夫家，唯爲主乃杖。故爲夫與長子，雖不爲主亦杖。若餘，非爲主則不爲杖。但夫是移天之重，婦雖不爲主而杖。而云「姑在」者，舅主適婦喪則厭適子使不杖。今恐姑既爲主，則亦厭婦。明今姑雖爲主，不厭婦也。所以知鄭意然者，注下經「一人杖」云：「女子子在室亦童子也」，成人則正杖。又喪大記云：士之喪三日，「婦人皆杖。」注云：「婦人皆杖，謂主婦容妾爲君、女子子在室者也。」故喪服傳云：「婦人何以不杖？亦不能病也。」是爲鄭學者，則謂爲童子婦人不能爲父母杖也。而難鄭者云：鄭以婦人不杖唯謂童子婦人，然童女未嫁，何以得稱婦人？又喪服傳云：「童子何以不杖？不能病。」乃云：「婦人何以不杖？亦不能病。」明知婦人非童子也。故賀循等以爲婦人不杖謂出嫁之婦人，不爲主則不杖，其不爲主而杖者，唯姑在爲夫杖。鄭必以爲童子婦人乃不杖者，鄭以此下經云：「女子子在室爲父母，其主喪者不杖，則子一人杖。」既云女子子在室，是童女可知。云「主喪者不杖」，若主喪者杖，則此童女不杖。今由主喪者不杖，則此童女一人杖。鄭據此文，故知婦人謂童子之婦人也。若是成人出嫁，婦人爲主皆杖，故喪大記云：「三日，子夫人杖。」五日，「授大夫世婦杖。」喪服傳妻爲夫杖，小記云母爲長子杖，是成人婦人皆杖也。童女得稱婦人者，喪服小功章云「爲姪、庶孫丈夫婦人之長殤」，是殤之童得稱婦人。未嫁而稱婦人者，以其將有適人之端，故得稱婦人也。○小記○齊衰三年章父卒爲母、齊衰杖期章父在爲母通用。

子嫁，反在父之室，爲父三年。謂遭喪後而出者，始服齊衰期，出而虞，則受以三年之喪受，既虞而出，則小祥亦如之。既除喪而出，則已。凡女行於大夫以上，曰嫁；行於士、庶人，曰適人。○疏曰：鄭知「遭喪後被出者」，若父未死被出，是在室，與上文同。云「始服齊衰」者，以其遭父喪時未出，即不杖期麻屨章云女子子嫁爲父母是也。云「出而虞，則受以三年之喪受」者，若未虞而出，是出而乃虞，虞後受服，與在家兄弟同受斬衰。斬衰，初死，三升衰裳，六升冠，既葬，以其冠爲受，受衰六升，冠七升。此被出之女，亦受衰裳六升，總七升，與在室之女同，故云受以三年之喪受也。云「既虞而出則小祥亦如之」者，未虞以前未被出，虞後乃被出，至家又與在室女同。至小祥練祭，在室之女受衰七升，總八升，此被出之女與之同。云「既除喪而出則已」者，此謂既小祥而出者，以其嫁女爲父母期，至小祥已除矣乃被出，不復爲父更著服也。若天子之女嫁於諸侯，諸侯之女嫁於大夫，出嫁爲夫斬，仍爲父母不降。知者，以其外宗、內宗及與諸侯爲兄弟者皆斬也。然下傳云「婦人不二斬，猶曰不二天」，今若爲夫斬，又爲父斬，此乃尊君宜斬，不可以輕服服之，不得以彼決此。

記：爲父母喪，未練而出則三年，既練而出則已。未練而反則期，既練而反則遂之。疏曰：女出嫁爲父母期，若父母喪未小祥而被夫遣歸，值小祥則隨兄弟服三年之受。既已絶夫族，故其情更隆於父母也。若父母喪已小祥而女被遣，其期服已除，若反本服，須隨兄弟之節，兄弟小祥之後，無服變之節，故女遂止也。「未練而反則期」者，謂先有喪而爲夫所出，今未小祥而夫命已反，則還夫家至小祥而除，是依期服也。「既練而反則遂之」者，若還家已隨兄弟小祥服三年之受，而夫反命之，則猶遂三年乃除，隨兄弟故也。○小記○齊衰三年章父卒爲母通用。

公士、大夫之衆臣，爲其君布帶繩屨。士，卿士也。公卿大夫厭於天子諸侯，故降其衆臣布帶繩屨，貴臣得伸，不奪其正。○厭，一葉反。○疏曰：云「士，卿士也」者，以其在公之下，大夫之上，當卿之位也。典命大國立孤一人。諸侯無公，以孤爲公卿。燕禮云：「若有諸公，則先卿獻之。」鄭注云：「諸公者，大國之孤也。孤一人言諸者，容牧有三監。」是以其孤爲公。言厭於天子諸侯，故降其衆臣布帶、繩屨二事，其餘服杖冠絰則如常也。其布帶則與齊衰同，其繩屨則與大功等也。「貴臣得伸」，依上文絞帶、菅屨也。

傳曰：公卿大夫室老、士，貴臣，其餘皆衆臣也。君，謂有地者也。衆臣杖，不以即位。近臣，君服斯服矣。繩屨者，繩菲也。室老，家相也。士，邑宰也。近臣，閽寺之屬。君，嗣君也。斯，此也。近臣從君，喪服無所降也。繩菲，今時不借也。○相，息亮反。閽，音昏，守門人也。○疏曰：公卿大夫或有地，或無地，衆臣爲之皆有杖。但無地公卿大夫其君卑，衆臣皆得以杖，與嗣君同即阼階下朝夕哭位。若有地公卿大夫，其君尊，衆臣雖杖，不得與嗣君同即阼階下朝夕哭位，下君故也。云「士邑宰也」者，孤卿大夫有菜邑者，其邑既有邑宰，又有家相。若魯三卿，公山弗擾爲季氏費宰，子羔爲孟氏之郕宰之類，皆爲邑宰也。陽貨、冉有、子路之等爲季氏家宰，亦名家相。若無地卿大夫，則無邑宰，直有家宰，則孔子爲魯大夫，而原思爲之宰，是直有家相者也。云「近臣閽寺之屬」者，是與衆臣不同，無所降其服，又得與貴臣等不嫌相逼也。云「繩菲，今時不借也」者，周時人謂之屨，子夏時人謂之菲，漢時謂之不借者。此凶荼屨不得從人借，亦不得借人，皆是異時而別名也。

右斬衰三年

疏衰裳齊，牡麻絰，冠布纓，削杖，布帶，疏屨，三年者。牡，茂后反。○疏，猶粗也。○疏曰：粗衰者，按上斬衰章中爲君三升半粗衰，鄭注雜記云：微細焉，則屬於粗。則三升正服斬，不得粗名，三升半成布三升微細，則得粗稱。爲在三升斬内，以斬爲正，故没義服之粗，至此四升始見粗也。若然，爲父衰極直見深痛之斬，至於義服斬衰之等，乃見粗稱。大功、小功，更見人功之顯，緦麻極輕，又表細密之事，皆爲哀有深淺，故作文不同也。斬衰絰不言麻，此齊衰絰見麻者，彼有杖，杖亦苴，故不得言麻。此絰文孤，不兼杖，故得言麻也。斬衰冠繩纓，退在絞帶下，使不蒙苴齊，冠布纓，無此義，故進之，使與絰同處。此布纓亦如上繩纓，以一條爲武，垂下爲纓也。「削杖布帶」，並不取蒙苴之義，故在常處。斬衰杖不言竹，使蒙苴。此既不取蒙苴，亦不言桐者，欲見母比父削殺之義也。布帶者，亦象革帶，以七升布爲之，即下章帶緣各視其冠是也。齊斬不言布，此纓帶言布者，以對斬衰纓帶用繩，故此須言之也。「疏屨」者，疏取用草之義，即爾雅云「疏不熟」之「疏」〔三七〕。注云「疏猶粗」者，直釋經疏衰而已，不釋疏屨之疏。斬衰章言「菅屨」見草體者，以其重，故見草體舉其惡貌。此稍輕，故舉草之總稱。自此以下，各舉差降之宜，故不杖章言「麻屨」，齊衰三月與大功同「繩屨」，小功緦麻輕，又没其屨號。言「三年」者，以其爲母稍輕，故表其年月。若然，父在爲厭降至期，今既父卒，直升三年之衰，猶不申斬者，以天無二日，家無二尊也。是以父雖卒後，仍以餘尊所厭，直申三年，不得申斬也。傳曰：齊者何？緝也。牡麻者，枲麻也。牡麻絰，右本在上。冠者，沽功也。疏屨者，藨蒯之菲也。枲，思似反。沽，音古，後同。藨，皮表反，劉扶表反。蒯，古怪反，草也。○沽，猶粗也，冠尊加其粗。粗功，大功也。○疏曰：緝，則今人謂之爲緶也。上章傳先云：斬者何？不緝也。此章言齊對斬，故亦先言「齊者何？緝也」。云「牡麻者，枲麻也」者，此枲對上章苴，苴是惡色，則枲是好色，故間傳云：「斬衰貌若苴，齊衰貌若枲也。」云「牡麻絰，右本在上」者，上章爲父左本在下者，陽統於內，則此爲母陰統於外，故右本在上也。云「疏屨者，藨蒯之菲也」者，藨是草名。按玉藻云「屨蒯席」，則蒯亦草類。云「冠尊加其粗，粗功，大功也」者，此鄭雖據齊衰三年而言，冠尊加服皆同，是以衰裳升數恒少，冠之升數恒多。冠在首尊，既冠從首尊，故加飾而升數恒多也。斬冠六升不言功者，六升雖是齊之末，未得沽稱，故不見人功。此三年齊冠七升，初入大功之境，故言沽功，始見人功。沽，粗之義，故云粗功，見人功粗大不精者也。○齊衰之絰，斬衰之帶也，去五分一以爲帶。見斬衰章。○削杖，桐也。同上○斬衰章：三年之喪，二十五月而畢。三年之喪，達乎天子。此條通用，當互考。

父卒則爲母。尊得伸也。○疏曰：直云父卒爲母足矣，而云「則」者，欲見父卒三年之內而母卒，仍服期，要父服除而母死，乃得伸三年，故云「則」以差其義也。必知義如此者，按內則云：女子「十有五而笄，二十而嫁，有故二十三而嫁。」注云：「故，謂父母之喪。」言二十三而嫁，不止一喪而已，故鄭并云父母喪也。若前遭母喪，後遭父喪，自然爲母期爲父三年，二十三而嫁可知。若前遭父喪服未闋，即得爲母三年，則是有故二十四而嫁，不止二十三也。知者，假令女年二十，二月嫁娶之月將嫁，正月而遭父喪，并後年正月爲十三月小祥，又至後年正月大祥，女年二十二，欲以二月將嫁，又遭母喪，至後年正月十三月大祥，女是二十三而嫁，此是父服將除，遭母喪，猶不得爲伸三年，是父服未除不得爲母三年之驗一也。又服問注云：爲母既葬，衰八升。亦據父卒爲母，與父在爲母同五升齊衰裳、八升冠。既葬，以其冠爲之受衰八升，是父卒爲母未得伸三年之驗二也。閒傳云爲母既虞卒哭衰七升者，乃是父服除後乃爲母伸三年，初死衰四升，冠七升，既葬以其冠爲之受衰七升，與此經同是父服除後爲母乃伸三年之驗三也。諸解者全不得思此義，妄解則文說多塗〔三八〕，皆爲謬也。○斬衰章父母之喪無貴賤一也、父條致喪三年大夫爲其父母、爲人後者條爲所後者之妻若子、女子子在室爲父條爲父母主喪者不杖則子一人杖、女嫁反在父之室條未練而出則三年等，並此條通用，當互考。

記：穆公之母卒，穆公，魯哀公之曾孫。使人問於曾子曰：「如之何？」問居喪之禮。曾子，曾參之子，名申。對曰：「申也聞諸申之父曰：『哭泣之哀，齊斬之情，饘粥之食，自天子達。』」子喪父母，尊卑同。○檀弓○疏衰杖期章父在爲母通用。

繼母如母。疏曰：繼母本非骨肉，故次親母後。謂己母早卒，或被出之後續己母，喪之如親母，故云如母。下期章不言者，舉父没後，明父在如母可知，慈母之義亦然。

傳曰：繼母何以如母？繼母之配父與因母同，故孝子不敢殊也。因，猶親也。○疏曰：繼母配父，即是片合之義〔三九〕，故孝子不敢殊異之也。

慈母如母。疏曰：慈母非父片合，故次後也。

傳曰：慈母者何也？傳曰：妾之無子者，妾子之無母者，父命妾曰：「女以爲子。」命子曰：「女以爲母。」若是，則生養之，終其身。慈母死，則喪之三年如母，貴父之命也。女，音汝。○此主謂大夫士之妾、妾子之無母、父命爲母子者。其使養之，不命爲母子，則亦服庶母慈己者之服可也。大夫之妾子，父在爲母大功，則士之妾子，爲母期矣。父卒則皆得伸也。○疏曰：傳別舉「傳」者，是子夏引舊傳證成己義故也。云「妾之無子」者，謂舊有子今無者，失子之妾有恩慈深，則能養他子以爲己子。若未經有子恩慈淺，則不得立後而養他子。云「生養之，終其身」者，唯據終慈母之身而已，明三年之後不復如是也，以小記云慈母「不世祭」，亦見輕之義也。云「貴父之命」者，一非骨肉之屬，二非配父之尊，但唯貴父之命故也。注謂「大夫士之妾、妾子之無母、父命爲母子」，知非天子諸侯之妾與妾子者，按記云：公子爲其母，練冠，麻衣縓緣。既葬除之，父没乃大功。明天子庶子亦然，何有命爲母子爲之三年乎？云「其使養之，不命爲母子，則亦服庶母慈己之服可也」者，小功章「君子子爲庶母之慈己」者，注云：大夫及公子之適妻子備三母，有師母、慈母、保母，皆服之，是爲庶母慈己者服小功也。然大夫之適妻子不命，爲母子以慈己加服小功。若妾子爲父之妾，慈己加服小功可知。云「大夫之妾子，父在爲其母大功」者，大功章云「大夫之庶子爲其母」是也。云「士之妾子爲其母期」者，期章云「父在爲母」，不可言士之妾子爲其母。鄭知者，推究其理，大夫妾子厭降爲母大功，士無厭降，明如衆人服期也。云「父卒則皆得伸也」者，士父在已伸矣，但大夫妾子父在大功者，父卒則與士皆得伸三年也。○記：爲慈母後者，爲庶母可也，爲祖庶母可也。謂父命之爲子母者也，即庶子爲後，此皆子也，傳重而已。不先命之與適妻使爲母子也，緣爲慈母後之義，父之妾無子者，亦可命己庶子爲後。○疏曰：記者見喪服既有妾子爲慈母之例，將欲觸類言之，則妾子亦可爲庶母後也。「爲庶母後」者，謂妾經有子而子已死者，餘他妾多子，則父命他妾之子爲無子之妾立後，與爲慈母後同也，故云爲庶母後可也。「爲祖庶母可也」者，又觸類言之。此既可爲庶母後，則亦可爲祖庶母之後，故云爲祖庶母之後可也。「祖庶母」者，謂己父之妾亦經有子，子死今無也。父妾既無子，故命己之妾子與父妾爲後，故呼己父之妾爲祖庶母。既爲後，亦服之三年，如己母矣。必知妾經有子者，於無子則不得立後故也。又曰：云「即庶子爲後，此皆子也，傳重而已，不先命之與適妻使爲母子也」者，庾氏云：此明庶子爲適母後者，云即庶子爲後，謂爲適母後。此皆子者，此庶子皆適母之子，今命之爲後，但命之傳重而已。母道舊定，不須假父命之與適妻使爲母子也〔四〇〕。又曰：注不云命後己妾，唯言「後父妾」者，緣己妾既可爲慈母，妾子亦可爲庶母後易見，不言自顯，但以己子後父妾於文難明，故特言之也。○小記○子游問曰：「喪慈母如母，禮與？」如母，謂父卒三年也。子游意以爲國君亦當然，禮所云者，乃大夫以下父所使妾養妾子。孔子曰：「非禮也。古者男子外有傅，內有慈母，君命所使教子也，何服之有？言無服也，此指謂國君之子也。大夫士之子爲庶母慈己者服小功，父卒乃不服。昔者魯昭公少喪其母，有慈母良。及其死也，公弗忍也，欲喪之。有司以聞曰：『古之禮，慈母無服。據國君也。良，善也，謂之慈母，固爲其善〔四一〕。國君之妾子，於禮不服也。昭公年三十乃喪齊歸，猶無感容，是不少孤，又安能不忍於慈母？此非昭公明矣，未知何公也。今也君爲之服，是逆古之禮而亂國法也。若終行之，則有司將書之以遺後世，無乃不可乎？』公曰：『古者天子練冠以燕居。』公弗忍也，遂練冠以喪慈母，自魯昭公始也。」公之言又非也。天子練冠以燕居，蓋謂庶子王爲其母。○疏曰：鄭注喪服：大夫妾子，父在爲母大功。士之妾子，父在爲母期。則父在爲慈母亦當與己母同也。云「禮所云者，乃大夫以下父所使妾養妾子」者，按喪服傳云：「慈母者何也？妾之無子者，妾子之無母者，父命妾曰：女以爲子。命子曰：女以爲母。若是，則生養之，終其身如母，死則喪之三年。」必知大夫以下者，以天子諸侯不服庶母，故此云「君命所使，何服之有」，故知此慈母如母謂大夫以下也，若天子諸侯則絶之也。國君之子尚不服庶母，則國君身不服庶母可知也。云「大夫士之子爲庶母慈己者服小功」者，喪服小功章云「君子子爲庶母慈己者」，傳云：「君子子者，貴人之子也，爲庶母何以小功也？以慈己加也。」云「父卒乃不服」者，謂不服小功，仍服緦耳。若大夫之子庶母不慈己者，雖父在亦服緦，故鄭注喪服云「其不慈己則緦可也」，喪服注又云：「士之妻自養其子。」則不得有庶母慈己。此云大夫士者，因大夫連言士耳，其實士無庶母慈己者。皇氏云：有士誤也。熊氏云：士之適子無母，乃命妾慈己亦爲之小功。知者，以士爲庶母緦，明士子亦緦，以慈己加小功，故此連言大夫士也。凡諸侯之子適庶皆三母，故内則云：「必求其寬裕慈惠、温良恭敬〔四二〕、謹而寡言者爲子師，其次爲慈母，其次爲保母。」内則據諸侯也，其大夫及公子適妻子亦三母，喪服小功章云「君子子爲庶母慈己」者是也。言大夫及公子適妻子爲慈母小功，則大夫公子之庶子無三母也，但有慈母如母也。又曰：前經指國君之子，此經引魯昭公，故云「據國君也」，是國君與其子同也。云「謂之慈母，固爲其善」者，此云慈母良，當是性行善者。云「國君之妾子於禮不服也」者〔四三〕，以喪服公子爲其母練冠麻衣，故云「於禮不服」。親母尚不服，庶母不服可知。若父卒，得爲己母大功也。按襄公三十二年，襄公薨，左傳云昭公十九「猶有童心」，是即位時年十九也。昭公十一年，其母齊歸薨而無慼容，是年三十，非少孤也。按家語云「孝公有慈母良」，今鄭云「未知何公」者，鄭不見家語故也。或家語王肅所足，故鄭不見也。○曾子問

母爲長子。疏曰：長子卑，故在母下。母爲長子齊衰者，以子爲母服齊衰，母爲之不得過於子爲己也。若然，長子與衆子爲母，父在期，若夫在，爲長子豈亦不得過於子爲己服期乎？而母爲長子，不問夫之在否，皆三年者，子爲母有降屈之義。父母爲長子，本爲先祖之正體，無厭降之義，故不得以父在而屈也。

傳曰：何以三年也？父之所不降，母亦不敢降也。不敢降者，不敢以己尊降祖禰之正體。○疏曰：斬章云「何以三年」？答云：「正體於上，將所傳重」，不降。故於母亦云不敢降。當云：夫之不敢降，妻亦不敢降。而云父母者，各據爲子而言也。○記：母爲長子削杖。嫌服男子當杖竹也。母爲長子服，不可重於子爲己也。○小記○妾爲君之長子，與女君同。不敢以恩輕輕服君

之正統。○疏曰：女君爲長子三年，妾亦爲女君之長子三年。○小記○妾爲女君、君之長子，惡笄有首，布總。疏曰：妾爲女君之黨服，得與女君同，爲長子亦三年，但爲情輕，故與婦事舅姑齊衰同。惡笄有首，布總也。○本經記。○妾從女君而出，則不爲女君之子服。妾爲女君之黨服，得與女君同，而今俱出，女君猶爲子期。妾於義絶，無施服。○疏曰：云從而出，謂姪娣也。○小記

右齊衰三年

疏衰裳齊，牡麻絰、冠布纓、削杖、布帶、疏屨，期者。疏曰：此章「疏衰」已下與前章不殊，而還具列之者，以其此一期與前三年懸絶，恐服制亦多不同，故須重列七服也。但此章雖止一期，而禫杖具有。按下雜記云：「十一月而練，十三月而祥，十五月而禫。」注云：「此爲父在爲母。」即是此章者也〔四四〕。母之與父，恩愛本同，爲父所厭屈而至期，是以雖屈猶伸禫杖也。妻雖義合，妻乃天夫，爲夫斬衰，爲妻報以禫杖，但以夫尊妻卑，故齊斬有異也。

傳曰：問者曰：「何冠也？」曰：「齊衰大功，冠其受也。緦麻小功，冠其衰也。帶緣各視其冠。」緣，以絹反，注同。○問之者，見斬衰有二〔四五〕，其冠同。今齊衰有四章，不知其冠之異同爾。緣，如深衣之緣。今文無「冠布纓」。○疏曰：云「問者曰何冠也」者，此還子夏之問答而言。問者曰者，子夏欲起發前人，使之開悟，故假他問己答之言也〔四六〕。云「曰齊衰大功冠其受也」者，降服齊衰四升，冠七升，既葬，以其冠爲受衰七升，冠八升；正服齊衰五升，冠八升，既葬，以其冠爲受衰八升，冠九升；義服齊衰六升，冠九升，既葬，以其冠爲受，受服衰九升，冠十升；降服大功衰七升，冠十

升，既葬，以其冠爲受，受衰十升，冠十一升；正服大功衰八升，冠十升，既葬，以其冠爲受，受衰十升，冠十一升；義服大功衰九升，冠十一升，既葬，以其冠爲受，受衰十一升，冠十二升。以其初死，冠升皆與既葬衰升數同，故云冠其受也，大功亦然。云「緦麻小功，冠其衰也」者，以其降服小功衰十升，正服小功衰十一升，義服小功衰十二升，緦麻十五升，抽其半七升半，冠皆與衰升數同，故云冠其衰也。云「帶緣各視其冠」者，帶謂布帶、象革帶者，緣謂喪服之内中衣緣用布緣之，二者之布升數多少。視，猶比也，各比擬其冠也。然本問齊衰之冠，因答大功與緦麻，小功并答帶緣者，子夏欲因問博陳其義，是以假問答異常例也。云「緣如深衣之緣」者，按深衣目録云：深衣，連衣裳而純之，以采素純曰長衣，有表則謂之中衣。此既在喪服之内，則是中衣矣，而云深衣，以其中衣與深衣同是連衣裳，其制大同，故就深衣有篇目者而言之。按玉藻云：其爲「長中繼揜尺。」注云：「其爲長衣、中衣，則繼袂揜一尺，若今褎矣，深衣則緣而已。」若然，中衣與長衣袂皆手外長一尺。按檀弓云練時「鹿裘衡長袪」，注云：「袪，謂褎緣袂口也。練而爲裘，横廣之，又長之，又爲袪，則先時狹短無袪可知。」若然，此初喪之中衣緣亦狹短，不得如玉藻中衣繼袂揜一尺者也。但吉時麛裘，即凶時鹿裘，吉時中衣、深衣。目録云大夫以上用素，士中衣不用布，緣皆用采，況喪中緣用布，明中衣亦用布也。其中衣用布，雖無明文，亦當視冠。若然，直言緣視冠，不言中衣緣用采，故特言緣用布，何妨喪時中衣亦用布乎？云「今文無冠布纓」者，鄭注儀禮從經今文者，注内疊出古文，不從古文；若從經古文者，注内疊出今文，不從今文。此注既疊出今文，明不從今文，從經古文，有冠布纓爲正也。

父在爲母。

傳曰：何以期也？屈也，至尊在，不敢伸其私尊也。父必三年然後娶，達子之志也。疏曰：家無二尊，故於母屈而爲期。不直言尊而言私尊者，其父非直於子爲至尊，妻於夫亦至尊，母則於子爲尊，夫不尊之，故言私尊也。子於母屈而期，心喪猶三年，故父雖爲妻期而除〔四七〕，然必三年乃娶者，通達子之心喪之志故也。左氏傳晉叔向云王一歲「有三年之喪二」，據大子與穆后，天子爲后亦期，而云三年喪者，據達子之志而言也。○父在爲母齊衰期〔四八〕。詳見喪服義。○斬衰章父母之喪無貴賤一也，父條大夫爲其父母，爲人後者條爲所後者之妻若子，女子子在室爲父條爲父母主喪者不杖則子一人杖，齊衰三年章穆公之母卒，並此條通用，當互考。○公子爲其母，練冠麻，麻衣縓緣。爲其妻，縓冠，葛絰帶，麻衣縓緣。皆既葬除之。縓，七絹反。緣，以絹反。○公子，君之庶子也。其或爲母，謂妾子也。麻者，緦麻之絰帶也。此麻衣者，如小功布深衣，爲不制衰裳變也。詩云：「麻衣如雪。」縓，淺絳也，一染謂之縓。練冠而麻衣縓緣，三年練之受飾也。檀弓曰：「練，練衣，黄裏縓緣。」諸侯之妾子厭於父，爲母不得伸，權爲制此服，不奪其恩也。爲妻縓冠葛絰帶，妻輕。○疏曰：云「練冠麻，麻衣縓緣」者，以練布爲冠麻者，以麻爲絰帶。又云「麻衣」者，謂白布深衣。云「縓緣」者，以繒爲縓色，與深衣爲領緣。云「既葬除之」者，與緦麻所除同也。云「公子，君之庶子也」，然則君之適夫人第二已下，及公妾子皆名庶子。云「其或爲母，謂妾子也」者，以其適夫人所生第二已下，爲母自與正子同，故知爲母妾子也。云「麻者，緦麻之絰帶也」者，以經有二麻字，上麻爲首絰腰絰也。知如緦之麻者，以緦麻亦言麻也。知「此麻衣如小功布深衣」者，按士之妾子，父在爲母期，大夫之妾子，父在爲母大功，則諸侯妾子，父在小功，是其差次，故知此當小功布也。云「爲不制衰裳變也」者，以其爲深衣，不與喪服同也。詩云「麻衣如雪」者，彼麻衣十五升布，深衣與此小功布深衣異。引之者，證麻衣之名同，取升數則異也。云「縓緣，三年練之受飾也」者，檀弓云：「練衣，黄裏縓緣。」注云：練衣，「練中衣。」據重服三年變服後爲中衣之飾也。「權爲制此服不奪其恩也」者，諸侯尊，絶期已下無服，公子被厭，不合爲母服，不奪其母子之恩，故五服外權爲制此服。必服麻衣縓緣者，麻衣大祥受服，縓緣練之受飾，雖抑，猶容有三年之哀故也。「妻輕」者，以縓冠對母用練冠，以葛絰帶對母用麻，皆是輕也。傳曰：何以不在五服之中也？君之所不服，子亦不敢服也。君之所不服，謂妾與庶婦也。君之所爲服，謂夫人與適婦也。諸侯之妾，貴者視卿，賤者視大夫，皆三月而葬。○疏曰：公子以厭降，亦不敢私服母與妻。又云：「子亦不敢服」者，謂君之正統也。云「諸侯之妾視卿大夫皆三月而葬」者，大戴禮文。云「妾貴」者，諸侯一娶九女，夫人與左右媵各有姪娣，二媵與夫人之娣三人爲貴，餘五者爲賤妾。○本經記。○王子有其母死者，其傅爲之請數月之喪。公孫丑曰：「若此者何如也？」曰：「是欲終之而不可得也，雖加一日愈於已，謂夫莫之禁而弗爲者也。」詳見喪服義。

妻。

傳曰：爲妻何以期也？妻至親也。適子父在則爲妻不杖，以父爲之主也。服問曰：「君所主，夫人妻、大子、適婦。」父在，子爲妻以杖即位，謂庶子。○疏曰：妻卑於母，故次之。爲妻，年月禫杖亦與母同，故同章。以其出嫁天夫，爲夫斬〔四九〕，故夫爲之亦與父在爲母同。傳意以妻擬母，母是血屬得期，妻惟義合亦期，故發「何以」之傳也。答言「至親」者，妻既移天齊體，與己同奉宗廟爲萬世主，故云至親也。○記：爲妻，父母在不杖。尊者在，不敢盡禮於私喪也。○詳見通禮拜拱條。○世子不降妻之父母，其爲妻也，與大夫之適子同。見不杖期章大夫之適子爲妻條。○公子爲其妻，縓冠，葛絰帶，麻衣縓緣。既葬，除之。詳見本章父在爲母條〔五〇〕。

出妻之子爲母。出，猶去也。○疏曰：此謂母犯七出。去，謂去夫氏或適它族，或之本家子從而爲之服者也。七出者：無子一也，淫泆二也，不事舅姑三也，口舌四也，盜竊五也，妒忌六也，惡疾七也。天子諸侯之妻，無子不出，唯有六出。雷氏云：子無出母之義〔五一〕，故繼夫而言出妻之子也。

傳曰：出妻之子爲母期，則爲外祖父母無服。傳曰：絶族無施服，親者屬。施，以豉反。○在旁而及曰施，親者屬，母子至親，無絶道。○疏曰：再言「傳」曰，義見前章。「絶族」者，嫁來承奉宗廟，與族相連綴，今出則與族絶。以母爲族絶，即無傍及之服也。「親者屬」者，解母被出猶爲之服也。旁及曰施者，詩云施「條枚」、施「松上」，皆是旁而及之義。屬，猶續也，對父與母義合有絶道，故云母子至親無絶道。出妻之子爲父後者，則爲出母無服。傳曰：與尊者爲一體，不敢服其私親也。疏曰：舊傳釋爲父後者謂父没適子承重，不合爲出母服。此「傳曰」者，子夏傳也。事宗廟祭祀者，不欲聞見凶人，故雜記云：有死於宮中，三月不祭。況有服可得祭乎？是以不敢服其私親也。父已與母無親，子獨親之，故云私親。○記：爲父後者，爲出母無服。詳見喪服義。○孔氏之不喪出母，自子思始也。同上。

父卒，繼母嫁，從爲之服，報。爲，于僞反。○疏曰：云「父卒，繼母嫁」者，欲見此母爲父已服斬衰三年，恩意之極，故子爲之一期，得伸禫杖。但以不生己，父卒改嫁，故降於己母，雖父卒後，不伸三年，一期而已。「從爲之服」者，亦爲本是路人，暫時與父片合〔五二〕，父卒還嫁，便是路人，子仍著服，故生從爲之文也。「報」者，喪服上下并記云報者十有二，無降殺之義〔五三〕，感恩者皆稱報。若此子念繼母恩，終從而爲服，母以子恩不可降殺，即生報文，餘皆放此。

傳曰：何以期也？貴終也。嘗爲母子，貴終其恩。○按通典宋崔凱云：父卒，繼母嫁，從爲之服報。鄭玄云：嘗爲母子，貴終其恩也。王肅云：從乎繼母而寄育則爲服，不從則不服。凱以爲出妻之子爲母及父卒繼母嫁從爲之服報，皆爲庶子言耳〔五四〕，爲父後者，皆不服也。傳云：與尊者爲一體，不敢服其私親也。庾蔚之謂：王順經文，鄭附傳説，王即情易安，於傳亦無礙，繼母嫁則與宗廟絶〔五五〕，爲父後者安可以廢祖祀而服之乎？

右齊衰杖期

不杖，麻屨者。此亦齊衰，言其異於上。○疏曰：此不杖章輕於上禫杖，故次之。此章與上章雖杖與不杖不同，其正服齊衰裳皆同五升而冠八升，則不異也。

記：期之喪，達乎大夫。詳見斬衰父條。

祖父母。疏曰：喪服條例皆親而尊者在先，此先祖也。此章有降、有正、有義服之本制，若爲父期，祖合大功，爲父母加隆至三年，祖亦加隆至期也。

傳曰：何以期也？至尊也。疏曰：祖爲孫止大功，孫爲祖何以期也？祖至尊，故爲孫降至大功，似父母於子降至期也。○記：父卒，然後爲祖父後者服斬。詳見本篇爲君之祖父母條。○

祖父卒，而后爲祖母後者三年。祖父在，則其服如父在爲母也。○疏曰：適孫承重之服，謂若適孫無父而爲祖後。祖父已卒，今又遭祖母喪，則事事得伸，如父卒爲母三年也。若祖父卒時，父已先亡，亦爲祖父三年。若祖卒時父在，己雖爲祖期。今父歿祖母亡，亦爲祖母三年也。○小記

世父母、叔父母。疏曰：世叔既卑於祖，故次之。伯言世者，欲見繼世也。爲昆弟之子亦期。不言報者，以昆弟之子猶子，若言報爲疏，故不言也。

傳曰：世父叔父〔五六〕，何以期也？與尊者一體也。然則昆弟之子何以亦期也？旁尊也。不足以加尊焉，故報之也。父子，一體也。夫妻，一體也。昆弟，一體也。故父子，首足也。夫妻，牉合也。昆弟，四體也。故昆弟之義無分，然而有分者，則辟子之私也。子不私其父，則不成爲子，故有東宮，有西宮，有南宮，有北宮，異居而同財，有餘則歸之宗，不足則資之宗。世母、叔母，何以亦期也？以名服也。旁，劉薄浪反。牉，普半反。辟，音避。○宗者，世父爲小宗典宗事者也。資，取也。爲姑在室亦如之。○疏曰：云「與尊者一體」，明

與父爲一體，故加期也。然昆弟之子無此義，何以亦期？云「旁尊也不足以加尊焉故報之也」者，凡得降者，皆由己尊也，故降之。世叔非正尊，故生報也。云「父子一體」以下，傳又廣明一體之義。「父子一體」者，謂子與父骨血同爲體，因其父與祖亦爲一體，又見世叔父與祖亦爲一體也。「夫妻一體」者，亦見世叔母與世叔父亦爲一體也。「昆弟一體」者，又見世叔與父亦爲一體也。云「昆弟之義無分」者，以手足四體本在一身，不可分別，是昆弟之義不合分也。然而分者，則辟子之私也，使昆弟之子各自私朝其父，故私分也。若兄弟同在一宮，則不成爲人子之法也。按內則云：「命士以上，父子異宮；不命之士，父子同宮。」縱同宮，亦有隔别爲四方之宮也。世母、叔母是路人，以來配世、叔父，則生母名，既有母名，則當隨世、叔而服之，故云以名服也。喪服小記云：繼别爲大宗，繼禰爲小宗。今宗子在期章之內，明非大宗子，是世父爲小宗典宗事也。云「爲姑在室亦如之」者，大功章云「爲姑嫁大功」，明未嫁在此期章。若然，不見姑者，欲其見時早出之義也。

○爲人後者，爲所後者之昆弟。詳見斬衰章爲人後者條。

○記：縣子瑣曰：「吾聞之，古者不降，上下各以其親。」古，謂殷時也。上不降遠，下不降卑。○疏曰：瑣，縣子名。周禮以貴降賤，以適降庶，唯不降正耳。而殷世以上，雖貴不降賤也。上，謂旁親，族曾祖、從祖及伯叔之班。下，謂從子從孫之流。彼雖賤，不以己尊降之，猶各隨本屬之親輕重而服之，故云「上下各以其親」。庾蔚云：上下，猶尊卑也。正尊，周禮猶不降，則知所明者旁尊也。鄭恐尊名亂於正尊，故變文言遠也。滕伯文爲孟虎齊衰，其叔父也；爲孟皮齊衰，其叔父也。」伯文，殷時滕君也，爵爲伯，名文。○疏曰：滕伯文爲孟虎著齊衰之服，其虎是滕伯文之叔父也。爲孟皮著齊衰之服，其滕伯是皮之叔父也。言滕伯上爲叔父，下爲兄弟之子皆著齊衰，是「上不降遠，下不降卑」也。○檀弓

大夫之適子爲妻。適，丁狄反，本又作嫡。○疏曰：「大夫之適子爲妻」在此不杖章，則上杖章爲妻者是庶子爲妻。父没後，適子亦爲妻杖，亦在彼章也。

傳曰：何以期也？父之所不降，子亦不敢降也。何以不杖也？父在，則爲妻不杖。大夫不以尊降適婦者，重適也。凡不降者，謂如其親服服之。降有四品：君、大夫以尊降，公子、大夫之子以厭降，公之昆弟以旁尊降，爲人後者、女子子嫁者以出降。○疏曰：云「父之所不降」者，大功章有適婦，注云：適子之妻。是父不降適婦也。「子亦不敢降」者，謂不敢降至大功與庶子同也。「父在爲妻不杖」者，父爲適子之婦爲喪主，故適子不敢伸而杖也。服問云：「君所主，夫人妻、大子、適婦。」是大夫爲適婦喪主也。若然，此適子爲妻通貴賤，今不云長子通上下而云「適子」，唯據大夫者，以五十始爵，爲降服之始，嫌降適婦，其子亦降其妻，故明。舉大夫不降，天子、諸侯雖尊，不降可知。注云「降有四品」者，總解喪服上下降服之義。云「君大夫以尊降」者，天子、諸侯爲正統之親，后夫人與長子、長子之妻等不降，餘親則絶。天子、諸侯絶者，大夫降一等，即大夫爲衆子大功之等是也。云「公子大夫之子以厭降」者，此非身自尊，受父之厭屈以降無尊之妻，下記云「公子爲其母練冠麻麻衣縓緣，爲其妻縓冠葛絰帶麻衣」，父卒乃大功是也。大夫之子，即小功章云大夫之子爲從父昆弟在小功皆是也。云「公之昆弟以旁尊降」者，此亦非己尊旁及昆弟，故亦降其諸親，即小功章云公之昆弟爲從

父母昆弟是也。按大功章云「公之庶昆弟爲母妻昆弟」，傳曰：「先君餘尊之所厭，不得過大功。」若然，公之昆弟有兩義，既以旁尊，又爲餘尊厭也。云「爲人後者、女子子嫁者以出降」者，此章云「爲人後者爲其父母報」，又下文云「女子適人者，爲其父母、昆弟爲父後者」，此二者是出也。大夫之服例在正服後，今在昆弟上者，以其妻本在杖期，直以父爲主，故降入不杖章，是以進之在昆弟上也。○

記：世子不降妻之父母，其爲妻也，與大夫之適子同。世子，天子諸侯之適子也。不降妻之父母，爲妻故親之也。爲妻亦齊衰不杖者，君爲之主，子不得伸也。主言「與大夫之適子同」，據喪服之成文也。本所以見父在爲妻不杖於大夫適子者，明大夫以上雖尊，猶爲適婦爲主。○疏曰：齊衰不杖章稱大夫適子爲妻，云「本」者，主謂喪服本文也。若舉世子爲妻，嫌大夫以下有降。若舉士爲妻，其士既職卑，本無降理。大夫是尊降之首，恐其爲適婦而降，故特顯之。○小記

昆弟。昆，兄也。爲姊妹在室，亦如之。○疏曰：昆弟卑於世叔，故次之。昆，明也，以其次長，故以明爲稱。弟，弟也，以其小，故以次第爲名。云「爲姊妹在室」，亦期義，同上章姑在室也。

記：大夫爲其兄弟之未爲大夫者，士爲其兄弟之爲大夫者，如士服。詳見斬衰父條。○爲人後者，爲所後者之昆弟之子。詳見斬衰章爲人後者傳。○成人有其兄死而不爲衰者，聞子皐將爲成宰，遂爲衰。成人曰：「蠶則績而蟹有匡，范則冠而蟬有緌，兄則死而子皐爲之衰。」成，本或作郕，音承。蠶，七南反。蟹，户買反。緌，耳隹反。○嗤兄死者，言其衰之不爲其死，如蟹有匡，蟬有緌，不爲蠶之績、范之冠也。范，蜂也。蟬，蜩也。緌爲蜩喙，長在腹下。○疏曰：

成，孟氏所食采地也。子皐，孔子弟子。子皐性孝，此不服兄衰之人聞其來爲成宰，必當治之，故懼而制服也。蠶則績絲作繭。蟹背殼似匡。蜂頭上有物似冠也。緌謂蟬喙，長在口下，似冠之緌也。譬如成人兄死初不作衰，後畏於子皐，方爲制服。服是子皐爲之，非爲兄施，亦如蟹匡、蟬緌，各不關於蠶、蜂也。○檀弓

爲衆子。衆子者，長子之弟及妾子，女子在室亦如之。士謂之衆子，未能遠別也。大夫則謂之庶子，降之爲大功。天子國君不服之。內則曰：「冢子未食而見，必執其右手。適子、庶子已食而見，必循其首。」○別，彼列反。○疏曰：衆子卑於昆弟，故次之。士謂之衆子，大夫之子皆云庶子。天子國君絶旁親，故不服也。引內則者，證言庶子別於適長者也。

記：大夫降其庶子。詳見斬衰章父條。

昆弟之子。檀弓曰：喪服，兄弟之子猶子也。蓋引而進之。○疏曰：昆弟子疏於親子，故次之。世叔父爲之。此兩相爲服，不言報者，引同己子，與親子同，故不言報。

傳曰：何以期也？報之也。○喪服兄弟之子猶子也〔五七〕。詳見喪服義。○古者不降，滕伯文爲孟皮齊衰，其叔父也。詳見上世父母、叔父母條。

大夫之庶子爲適昆弟。兩言之者，適子或爲兄，或爲弟。○疏曰：此大夫之妾子，故言庶。若適妻所生第二已下，當直言昆弟，不言庶也。

傳曰：何以期也？父之所不降，子亦不敢降也。大夫雖尊，不敢降其適，重之也。適子爲庶

昆弟，庶昆弟相爲，亦如大夫爲之。○疏曰：云「父之所不降」者，即斬章父爲長子是也。注云「適子爲庶昆弟」已下，鄭廣明大夫與適子所降者，以大夫適子得行大夫禮，故父子俱降庶，庶又自相降也。

如大夫爲之，亦大功也。

適孫。疏曰：孫卑於昆弟，故次之。此謂適子死，其適孫承重者，祖爲之期。

傳曰：何以期也？不敢降其適也。有適子者無適孫，孫婦亦如之。周之道，適子死，則立適孫，是適孫將上爲祖後者也。長子在，則皆爲庶孫耳，孫婦亦如之。適婦在，亦爲庶孫之婦。凡父於將爲後者，非長子，皆期也。○疏曰：云周道者，以其殷道適子死，弟乃當先立，與此不同也。云「凡父於將爲後者非長子皆期也」者，按喪服小記云：「適婦不爲舅後者，則姑爲之小功。」注云：「謂夫有廢疾它故，死而無子，不受重者。小功，庶婦之服也。凡父母於子，舅姑於婦，將不傳重於適。及將傳重者非適，服之皆如衆子、庶婦也。」然長子爲父斬，父亦爲斬，適孫承重爲祖斬，祖爲之期，不報之斬者，父子一體，本有三年之情，故特爲祖斬，祖爲孫本非一體，但以報期，故不得斬也。

爲人後者爲其父母，報。疏曰：此謂其子後人反來爲父母在者，欲其厚於所後，薄於本親，抑之，故次在孫後也。若然，既爲本生不降斬，至禫杖章者，亦是深抑厚於大宗也。言報者，既深抑之，使同本疏往來相報之法故也。

傳曰：何以期也？不貳斬也。何以不貳斬也？持重於大宗者〔五八〕，降其小宗也。爲人後者，孰後？後大宗也。曷爲後大宗？大宗者，尊之統也。禽獸知母而不知父。野人曰：「父母何筭焉？」都邑之士，則知尊禰矣。大夫及學士，則知尊祖矣。諸侯及其大祖，天子及其始祖之所自出，尊者尊統上，卑者尊統下。大宗者，尊之統也。大宗者，收族者也，不可以絶。故族人以支子後大宗也。適子不得後大宗。後，如字，又音候。筭，素管反，劉音選。大祖，音泰。○「都邑之士，則知尊禰」，近政化也。大祖，始封之君。始祖者，感神靈而生，若稷、契也。自，由也。及始祖之所由出，謂祭天也。上，猶遠也。下，猶近也。收族者，謂别親疏，序昭穆。大傳曰：「繼之以姓而弗别，綴之以食而弗殊，雖百世昏姻不通者，周道然也。」○疏曰：問者本生父母應斬及三年，今乃不杖期，故問比例也。云「不貳斬」者，此問答雖兼母，專據父，故答以斬而言。按喪服小記云：「别子爲祖，繼别爲大宗。」謂若魯桓公適夫人文姜生太子同，後爲君，次子慶父、叔牙、季友，此三子謂之别子。别子者，皆以臣道事君，無兄弟相宗之法，與太子有别，又與後世爲始，故稱别子也。大宗有一，小宗有四。大宗一者，别子之子，適者爲諸弟來宗之，即謂之大宗。自此以下，適適相承，謂之百世不遷之宗。五服之内，親者月筭如邦人，五服之外，皆來宗之，爲之齊衰，齊衰三月章「爲宗子之母妻」是也。小宗有四者，謂大宗之後生者，謂别子之弟，小記注云：别子之世長子，兄弟宗之。第二已下，長者親弟來宗之，爲繼禰小宗。更一世長者，非直有親昆弟，又從父昆弟亦來宗之，爲繼祖小宗。更一世長者，非直有親昆弟、從父昆弟，又有從祖昆弟來宗之，爲繼曾祖小宗。更一世長者，非直有親昆弟、從父昆弟、從祖昆弟來宗之，又有從曾祖昆弟來宗之，爲繼高祖小宗也。更一世絶服，不復來事，以彼自事，五服内繼高祖已下者也。四者皆是小宗，則家家皆有兄弟相事長者之小宗。雖家家盡有小宗，仍世事繼高祖已下之小宗也。是以上傳云「有餘則歸之宗」，亦謂當家之長爲小宗者也。云「爲人後者孰後？後大宗也」者，按何休云：「小宗無後當絶。」故知後大宗也。「降其小宗」者，此則繼爲人後爲父母，父母尚降，明餘皆降也。故大功章云：「爲人後者爲其昆弟。」是降小宗之類也。「曷爲後大宗？大宗者，尊之統」，明宗子尊，統領族人，有族食、族燕齒序之事，是以須後，不可絶也。云「禽獸」已下者，因上尊宗子，遂廣申尊祖以及宗子之事也。禽獸所生，唯知隨母，不知隨父，國外野人稍遠政化，不知分別父母尊卑也。都邑之士，謂在朝并城郭之士民知義理者。大夫及學士，則謂鄉庠序及國之大學、小學之學士，雖未有官爵，以其習知四術，閑知六藝，知祖義父仁之理，故敬父遂尊祖，得與大夫之貴同也。諸侯及其大祖，天子及其始祖，皆是爵尊者，其德所及遠也。云「適子不得後大宗」者，以其自當主家事并承重祭祀之事故也。注云「大祖始封」者，不毁其廟，若魯之周公、齊之太公、衛之康叔、鄭之桓公之類也。云「始祖感神靈而生，若后稷、契也。及始祖所自出謂祭天」者，按大傳云：「王者禘其祖之所自出，以其祖配之。」是后稷感東方青帝威靈仰所生，契感北方黑帝汁光紀所生。王者建寅之月，祀所感帝於南郊，還以感生祖配，周以后稷、殷以契配之也。云「上猶遠也，下猶近」者，天子始祖、諸侯及大祖，並於親廟外祭之，是尊統遠；大夫三廟，適士二廟，中下士一廟，是卑者尊統近也。若然，此論大宗子而言天子、諸侯、大夫、士之等者，欲見大宗子統領百世而不遷，又上祭大祖而不易，亦是尊統遠。小宗子唯統五服之内，是尊統近，故傳言尊統遠近而云「大宗者，尊之統」也。又云「大宗者收族」，是大宗統遠之事也。○記：夫爲人後者，其妻爲舅姑大功。以不二隆。○疏曰：賀云：此謂子出時已昏，故此婦還服本舅姑大功。若子出時未昏，至所爲後家方昏者，不服本舅姑。以婦本是路人，來又恩義不相接，猶臣從君而服，不從而稅，又生不及祖之徒而皆不責非時之恩也。○先師朱文公親書稿本下云：今按：熊氏則云：夫爲本生父母期，故期妻降一等服，大功是從夫而服，不論識前舅姑與否。假令夫之伯叔在它國而死，其婦雖不識，豈不從夫服也？賀義非是。○小記

女子子適人者，爲其父母、昆弟之爲父後者。疏曰：女子卑於男子，故次男子後。傳曰：爲父何以期也？婦人不貳斬也。婦人不貳斬者何也？婦人有三從之義，無專用之道。故未嫁從父，既嫁從夫，夫死從子。故父者，子之天也。夫者，妻之天也。婦人不貳斬者，猶曰不貳天也。婦人不能貳尊也。爲昆弟之爲父後者何以亦期也？婦人雖在外，必有歸宗，曰小宗，故服期也。從者，從其教令。歸宗者，父雖卒，猶自歸，宗其爲父後持重者〔五九〕，不自絶於其族類也。曰小宗者，言是乃小宗也，小宗明非一也，小宗有四。丈夫婦人之爲小宗，各如其親之服。○疏曰：經兼言父母，傳特問父不問母者，家無二尊。前斬章云爲人後，不云丈夫不貳斬，至此女子子云婦人不貳斬者，則丈夫容有二斬，故有爲長子皆斬。至於女子子在家爲父，出嫁爲夫，唯一無二也。若然，按雜記云與諸侯爲兄弟者服斬，是婦人爲夫并爲君，得二斬者。然則，此婦人不貳斬，在家爲父斬，出嫁爲夫斬，此其事常，彼爲君，不可以輕服，服君非常之事，不得決此也。婦人有三從，所從即爲之斬。夫死從子，不爲子斬者，子爲母齊衰，母爲子不得過齊衰也。云

「曰小宗故服期」者，欲見大宗子百世不遷，婦人所歸，雖不歸大宗，小宗兄弟父之適長者爲之，婦人之所歸宗者，歸此小宗，遂爲之期，與大宗別也。○記：女子子適人者爲其父母，婦爲舅姑，惡笄有首以髽。卒哭，子折笄首以笄，布總。折，之設反。○言以髽，則髽有著笄者明矣。○疏曰：此二者皆期服，但婦人以飾事人，是以雖居喪内不可頓去修容，故使惡笄而有首。至卒哭，女子子哀殺歸於夫氏，故折吉笄之首而著布總也。按斬衰章「吉笄尺二寸」，斬衰以箭，笄長尺，檀弓齊衰笄亦云尺，則齊衰已下皆與斬同一尺，不可更變，故折吉笄首而已。其總斬衰六升，長六寸，鄭注：「總六升，象冠數。」則齊衰總亦象冠數。正服齊衰冠八升，則正齊衰總亦八升，是以總長八寸，笄總與斬衰長短爲差，但笄不可更變，折其首總可更變，宜從大功總十升之布總也。言以髽者則髽有著笄明矣，鄭言此者，舊有人解喪服小記云「男子免而婦人髽」，免時無笄，則髽亦無笄矣。但免、髽自相對，不得以婦人與男子有笄、無笄相對，故鄭以經云「惡笄」有首以髽，髽、笄連言，則髽有著笄明矣。傳曰：笄有首者，惡笄之有首也。惡笄者，櫛笄也。折笄首者，折吉笄之首也。吉笄者，象笄也。何以言子折笄首而不言婦？終之也。櫛，壯乙反。○櫛笄者，以櫛之木爲笄，或曰榛笄。有首者，若今時刻鏤摘頭矣。卒哭而喪之大事畢，女子子可以歸於夫家而著吉笄。折其首者，爲其大飾也。據在夫家，宜言婦。終之者，終子道於父母之恩。○榛，莊巾反。鏤，劉音陋。摘，他狄反。大，音泰，劉唐餓反。○疏曰：按玉藻云：「沐，櫛用樿櫛，髮晞用象櫛。」鄭云：「樿，白理木。」爲櫛，櫛即梳也，以白理木爲梳櫛也。彼樿木與象櫛相對，此櫛笄與象笄相對，故鄭云「櫛笄者，以櫛之木爲笄」。云「或曰榛笄」者，按檀弓云：「南宮縚之妻之姑之喪，夫子誨之髽曰：『爾毋從從爾，爾毋扈扈爾。蓋榛以爲笄，長尺而總八寸。』」彼爲姑用榛木爲笄，此亦婦人爲姑，與彼同，但此用樿木，彼用櫛木，不同耳。蓋二木俱用，故鄭兩存之也。云「吉笄者，象笄也」者，傳明吉時之笄以象骨爲之，據大夫士而言。按弁師，天子諸侯笄皆玉也。云笄「有首者，若今刻鏤摘頭矣」，鄭時摘頭之物刻鏤爲之，此笄亦在頭，而去首爲大飾，明首亦刻鏤之，故舉漢法況之也。云「卒哭而喪之大事畢，女子子可以歸于夫家」者，但以出適女子子在家婦俱著惡笄，婦不言卒哭折吉笄首，女子子即言折吉笄之首，明女子子有所爲，故獨折笄首耳。所爲者，以女子外成，既以哀殺事人，可以加容，故著吉笄，仍爲大飾，折去其首，故以歸於夫家解之。若然，喪大記云女子「既練而歸」，與此注違者，彼小祥，歸是其正法，此歸者，容有故許之歸，「可以」，權許之耳。云「終之者，終子道於父母之恩」者，子者，對父母生稱，婦對舅姑立名，出適應稱婦，故雖出適猶稱子，終初未出適之恩也。○本經記。○女君死，則妾爲女君之黨服，攝女君，則不爲先女君之黨服。妾於女君之親若其親然。○疏曰：「女君死，則妾爲女君之黨服」者，賀瑒云：「雖是徒從而抑妾，故爲女君黨服，防覬覦也。」攝女君則不爲先女君之黨服者，以攝女君差尊，故不爲先女君之黨服也。○雜記○後凡女君之黨通用。

繼父同居者。疏曰：繼父本非骨肉，故次在女子子之下。按郊特牲云：「夫死不嫁，終身不改。」詩共姜自誓不許再歸，此得有婦人將子嫁而有繼父者。彼不嫁者，自是貞女守志。而有嫁者，雖不如不嫁，而聖人許之。

傳曰：何以期也？傳曰：夫死，妻穉，子幼，子無大功之親，與之適人。而所適者，亦無大功之親，所適者以其貨財爲之築宫廟，歲時使之祀焉，妻不敢與焉。若是，則繼父之道也。同居則服齊衰期，異居則服齊衰三月。必嘗同居然後爲異居，未嘗同居則不爲異居。適人，施隻反。穉，直吏反。○妻穉，謂年未滿五十。子幼，謂年十五已下。子無大功之親，謂同財者也。爲之築宫廟於家門之外，神不歆非族。妻不敢與焉，恩雖至親，族已絶矣。夫不可二，此以恩服爾。未嘗同居，則不服之。○疏曰：子家無大功之内親，繼父家亦無大功之内親。繼父以財貨爲此子築宫廟，使此子四時祭祀不絶。三者皆具，即爲同居，子爲之期，恩深故也。三者若闕一事，則爲異居。假令前三者皆具，後或繼父有子，即是繼父有大功内親，則爲異居矣，如此則爲之齊衰三月而已。若初與母住繼父家時，或繼父有大功内親，或已有大功内親，或繼父不爲己築宫廟，三者一事闕，雖同在繼父家，亦名不同居，繼父全不服之矣。「爲之築宫廟於家門之外」者，以其中門外有己宗廟，則知此在大門外築之也。隨母嫁得有廟者，非必正廟，但是鬼神所居曰廟，若祭法云「庶人祭於寢也」。○記：繼父不同居也者，必嘗同居。皆無主後，同財而祭其祖禰爲同居，有主後者爲異居。録恩服深淺也。見同財則期，同居異財，故同居。今異居，及繼父有子亦爲異居，則服齊衰。三月未嘗同居，則不服。○疏曰：既云「皆無主後」爲同居，則有主後者爲異居，則此子有子亦爲異居也。○小記

爲夫之君。疏曰：此以從服，故次繼父下。但臣之妻皆稟命於君之夫人，不從服小君者，欲明夫

人命亦由君，故臣妻於夫人無服也。

傳曰：何以期也？從服也。疏曰：「從服」者，以夫爲君斬，故妻從之服期也。○斬衰章君條外宗爲君夫人猶内宗也，此條通用，當互考。

姑、姊妹、女子子適人無主者，姑、姊妹報。疏曰：此等親出適，已降在大功，雖矜之服期，不絶於夫氏，故次義服之下。女子子閒在上，不言報者，女子子出適大功，反爲父母，自然猶期，不須言報，故不言也。姑對姪，姊妹對兄弟，出適反，爲姪與兄弟大功，姪與兄弟爲之降至大功，今還相爲期，故須言報也。

傳曰：無主者，謂其無祭主者也。何以期也？爲其無祭主故也。無主後者，人之所哀憐，不忍降之。○疏曰：無主有二：謂喪主、祭主。傳不言喪主，喪有無後，無無主者。今無主者，謂無祭主。注云「人之所哀憐」者，謂行路之人見此無夫復無子而不嫁，猶生哀愍，況姪與兄弟及父母，故不忍降之也。不言嫁而云適人者，若言適人即謂士也。若言嫁，乃嫁於大夫，於本親又以尊降，不得言報。

爲君之父母、妻、長子、祖父母。疏曰：此亦從服，輕於夫之君及姑姊妹女子子無主，故次之。

傳曰：何以期也？從服也。父母、長子，君服斬。妻，則小君也。父卒，然後爲祖後者服斬。此爲君矣，而有父若祖之喪者，謂始封之君也。若是繼體，則其父若祖有廢疾不立。父卒者，父爲君之孫，宜嗣位而早卒，今君受國於曾祖。○疏曰：云「父母長子君服斬」者，欲見臣從君服期。

君之母當齊衰而言斬者，以母亦有三年之服，故并言之。云「妻則小君也」者，欲見臣爲小君期是常，非從服之例。云「父卒然後爲祖後者服斬」者，傳解經臣爲君之祖父母服期，若君在，則爲君祖父母從服期。云「此爲君矣，而有父若祖之喪者。謂始封之君也」者，始封之君非繼體，容有祖父不爲君而死，君爲之斬，臣亦從服期也。若是繼體，則其父若祖合立，爲廢疾不立，已當立，是受國於曾祖。若今君受國於祖，薨則羣臣爲之斬，何得從服期？故鄭以新君受國於曾祖。若然，則曾祖爲君薨，羣臣自當服斬〔六〇〕；若君之祖薨，君爲之服斬，則臣從服期也。趙商問：「已爲諸侯，父有廢疾，不任國政，不任喪事，而爲其祖服，制度之宜、年月之斷云何？」答云：「父卒爲祖後者三年斬，何疑？」趙商又問：「父卒爲祖後者三年，已聞矣。所問者，父在爲祖如何？欲言三年則父在，欲言期，復無主，斬杖之宜〔六一〕，主喪之制，未知所定？」答曰：「天子諸侯之喪，皆斬衰，無期。」彼志與此注相兼，乃具也。○周禮司服：凡喪，爲王后齊衰。王后，小君也，諸侯爲之不杖期。○疏曰：云「凡喪」者，諸侯諸臣皆爲天王斬衰，王后齊衰，故言「凡」以廣之。不杖章云：「爲君之母妻。」傳曰：「何以期也？從服也。」但諸臣亦爲王斬衰，爲后期。鄭特言諸侯者，以喪服斬衰章云〔六二〕：臣爲君，「諸侯爲天子。」及至不杖章直云「爲君之母妻」，不別見諸侯爲后之文〔六三〕，故鄭解之。本不見諸侯爲后者，以其諸侯爲后與臣爲之同，故不別見也。其卿大夫適子爲君夫人，亦與諸臣同。士之子賤無服，當從庶人禮。服問云：諸侯之「世子不爲天子服。」注云：「遠嫌也，與畿外之民同服。」服問又云：「大夫之適子爲君、夫人、太子如士服。」注云：「大夫不世子，不嫌也。士爲國君斬，小君期。太子君服斬，臣從服期。」天子卿大夫適子亦當然，故云如士服也。○記：大夫之適子爲君夫人、太子如士服。詳見斬衰章君條。○外宗爲夫人，猶内宗也。同上。○君之母非夫人，則羣臣無服，唯近臣及僕驂乘從服，唯君所服服也。妾，先君所不服也。禮：庶子爲後，爲其母緦。言「唯君所服」，伸君也。春秋之義，有以小君服之者。時若小君在，則益不可。○服問

妾爲女君。疏曰：妾事女君，使與臣事君同，故次之也。以其妻既與夫體敵〔六四〕，妾不得體夫，故名妾。妾，接也，接事適妻，故妾謂適妻爲女君也。

傳曰：何以期也？妾之事女君，與婦之事舅姑等。女君，君適妻也。女君於妾無服，報之則重，降之則嫌。○疏曰：婦之事舅姑亦期，故云「等」。但並后匹適，傾覆之階，故抑之。雖或姪娣，使如子之妻與婦事舅姑同也。諸經傳無女君服妾之文，故無服。云「報之則重，降之則嫌」者，還報以期，無尊卑降殺則大重，若降之大功、小功，則似舅姑爲適婦、庶婦之嫌，故使女君爲妾無服也。○

記：妾爲女君，惡笄有首，布總。詳見齊衰母爲長子條。

婦爲舅姑。疏曰：文在此者，既欲抑妾事女君，使如事舅姑，故婦事舅姑在下，欲使妾情先於婦，故婦文在後也。

傳曰：何以期也？從服也。疏曰：本是路人，與子判合〔六五〕，得體其子爲親，故重服爲其舅姑也。○記：婦爲舅姑，惡笄有首以髽。詳見上女子子適人者爲其父母昆弟之爲父後者條。○

婦當喪而出，則除之。當喪，當舅姑之喪也。出，除喪絶族也。○疏曰：恩情既離，故出即除服也。○小記○叔仲皮學子柳，學，户教反，教也。○叔仲皮，魯叔孫氏之族。學，教也。子柳，仲皮之子。○疏曰：叔仲，氏也。皮，是名。叔仲皮死，其妻魯人也，衣衰而繆絰，衣，音咨。繆，讀曰樛，音居虯反。○衣當爲齊，壞字也。繆，讀爲木樛垂之樛。士妻爲舅姑之服也，言雖魯鈍，其於禮勝學。○鈍，徒困反，又作頓。○疏曰：其妻，子柳之妻。喪服婦爲舅姑齊衰，無衣衰之文，但「齊」字壞滅而有「衣」在也。繆絰，謂絞麻爲絰。樛，謂兩股相交也，五服之絰皆然，唯弔服環絰不樛耳。云「士妻爲舅姑之服也」者，以子柳則非卿大夫也，其實大夫妻爲舅姑亦齊衰。叔仲衍以告，衍，以善反。○告子柳，言此非也。衍，蓋皮之弟。衍，或爲皮。○疏曰：衍是皮之弟、子柳之叔，既見當時婦人好尚輕細，告子柳曰：汝妻何以著非禮之服乎？請繐衰而環絰，繐，音歲。○繐衰，小功之縷而四升半之衰。環絰，弔服之絰。時婦人好輕細而多服此者，衍既不知禮之本，子柳亦以爲然，使其妻爲舅服之。○疏曰：知「繐衰小功之縷而四升半」者，約喪服傳文。云「環絰，弔服之絰」者，約鄭注周禮司服「弁絰者，如爵弁而素，加環絰」，又注雜記云：「環絰者，一股，所謂纏絰也。」纏而不樛。曰：「昔者吾喪姑姊妹亦如斯，末吾禁也。」喪，如字。末，莫曷反。○衍答子柳也。姑姊妹在室齊衰，與婦爲舅姑同。末，無也，言無禁我欲其言行。退，使其妻繐衰而環絰。婦以諸侯之大夫爲天子之衰、弔服之絰服其舅，非。○疏曰：退，子柳退也。妻，子柳妻也。諸侯之大夫爲天子之衰，據喪服謂繐衰也。弔服之經，謂環經也。○檀弓○夫爲人後者，其妻爲舅姑大功。詳見爲人後者爲其父母條。○有從輕而重，公子之妻爲其皇姑。詳見喪服義。○妾服見大功章大夫之妾爲君之庶子條。

夫之昆弟之子。男女皆是。○疏曰：檀弓云「兄弟之子，猶子也」，蓋引而進之，進同己子，故二母爲之，亦如己子服期也。云「男女皆是」者，據女在室與出嫁，與二母相爲服同期與大功，故子中兼男女，但以義服，情輕同婦事舅姑，故次在下也。

傳曰：何以期也？報之也。疏曰：「報之」者，二母與子本是路人，爲配二父而有母名，爲之服期，故二母報子還服期。若然，上世叔之下不言報，至此言之者，二父本是父之一體，又引同己子，不得言報，至此本疏，故言報也。○妾服見大功章大夫之妾爲君之庶子條。

公妾、大夫之妾爲其子。疏曰：二妾爲其子，應降而不降，重出此文，故次之。

傳曰：何以期也？妾不得體君，爲其子得遂也。此言二妾不得從於女君尊降其子也。女君與君一體，唯爲長子三年，其餘以尊降之，與妾子同也。○疏曰：「妾不得體君，爲其子得遂也」者，諸侯絶旁期，爲衆子無服。大夫降一等，爲衆子大功。其妻體君，皆從夫而降之，至於二妾賤，皆不得體君，君不厭，故自爲其子得伸遂而服期也。

女子子爲祖父母。疏曰：章首已言「爲祖父母」，兼男女。彼女據成人之女，此言「女子子」，謂十五許嫁者。以重出其文，故次在此也。

傳曰：何以期也？不敢降其祖也。經似在室，傳似已嫁，明雖有出道，猶不降。○疏曰：祖父母正期也，已嫁之女可降旁親。祖父母正期，故不敢降也。經直云「女子子」，無嫁文，故似在室。傳言「不敢」，則是雖嫁而不敢降祖，故似已嫁。經傳互言之，欲見在室、出嫁同不降也。

大夫之子爲世父母、叔父母、子、昆弟、昆弟之子、姑、姊妹、女子子無主者，爲大夫命婦者，唯子不報。命者，加爵服之名。自士至上公，凡九等。君命其夫，則后夫人亦命其妻矣。此所爲者，凡六命夫，六命婦。○疏曰：此言大夫之子爲此六大夫、六命婦服期不降之事。其中雖有子女重出其文，其餘並是應降而不降，故次在女子子爲祖下。但大夫尊，降旁親一等，此男女皆合降至大功，爲作大夫與己尊同，故不降，還服期。若姑姊妹女子子，若出嫁大功，適士又降至小功。今嫁大夫雖降至大功，爲無祭主，哀憐之不忍降，還服期也。注云命爵九等者，大宗伯及典命文。六命夫，謂：世父，一也；叔父，二也；子，三也；昆，四也；弟，五也；昆弟之子，六也。六命婦者：世母，一也；叔母，二也；姑，三也；姊，四也；妹，五也；女子子，六也。

傳曰：大夫者，其男子之爲大夫者也。命婦者，其婦人之爲大夫妻者也。無主者，命婦之無祭主者也。何以言唯子不報也？女子子適人者，爲其父母期，故言不報也。言其餘皆報也。何以期也？父之所不降，子亦不敢降也。大夫曷爲不降命婦也？夫尊於朝，妻貴於室矣。無主者，命婦之無祭主，謂姑姊妹女子子也。其有祭主者，如衆人。唯子不報，男女同不報爾。傳以爲主謂女子子，似失之矣。大夫曷爲不降命婦，據大夫於姑姊妹女子子，既以出降大功，其適士者，又以尊降在小功也。夫尊於朝，與己同，妻貴於室，從夫爵也。○疏曰：注云「無主者，命婦之無祭主，謂姑姊妹女子子」者，經六命婦中有世母、叔母，故鄭辨之。以其世母、叔母無主、有主皆爲之期，故知唯據此四人而言，其有祭主者，自爲大功矣。云「唯子不報，男女同不報」者，以其男女俱爲父母三年，父母唯爲長子斬，其餘降，何得言報？故知子中兼男女；傳唯女子子失之矣。按曲禮云：四十强而仕，五十艾，服官政，爲大夫。何得大夫子又爲大夫？又何得爲弟之子爲大夫者？五十命爲大夫，自是常法，大夫之子有德行茂盛者，豈待五十乃命之乎？是以殤小功，有大夫爲其昆弟之長殤。大夫既爲兄弟殤，明是幼爲大夫，舉此一隅，不得以常法相難也。

大夫爲祖父母、適孫爲士者。疏曰：祖與孫爲士卑，故次在此也。

傳曰：何以期也？大夫不敢降其祖與適也。不敢降其祖與適，則可降其旁親也。

公妾以及士妾爲其父母。疏曰：以出嫁爲其父母，亦重出其文，故次在此。云公，謂五等諸侯，皆有八妾。士謂一妻一妾。中閒猶有孤，猶有卿大夫妾，不言之者，舉其極尊卑，其中有妾爲父母可知。

傳曰：何以期也？妾不得體君，得爲其父母遂也。然則女君有以尊降其父母者與？春秋之義，「雖爲天王后，猶曰吾季姜」。是言子尊不加於父母，此傳似誤矣。禮：妾從女君而服其黨服，是嫌不自服其父母，故以明之。○疏曰：問者以公子爲君厭，爲己母不在五服，又爲己母黨無服。公妾既不得體君，君不厭，故妾爲父母得伸遂而服期也。鄭欲破傳義，故據傳云：妾不得體君，得爲其父母遂也。然則女君體君者，有以尊降其父母者與？與，猶不正執之辭也。云「春秋之義」者，桓九年傳文。云「禮妾從其女君而服其黨」者，雜記文也。鄭既以傳爲誤，故自解之。一則，以女君不可降其父母；二則，經文兼有卿大夫士，何得專據公子以決父母乎？是以傳爲誤也。

右齊衰不杖期

疏衰裳齊，牡麻絰，無受者。無受者，服是服而除，不以輕服受之。不著月數者，天子、諸侯葬異月也。小記曰：「齊衰三月，與大功同者繩屨。」○疏曰：此齊衰三月章以其義服日月又少，故在不杖章下。此及下傳大功皆不言冠帶者，以其輕，故略之。至正大功言冠見，其正猶不言帶，緦麻又直言緦麻，餘又略之。禮記云：齊衰居堊室者據期。故譙周亦云：齊衰三月，不居堊室。注云「不以輕服受之」者，凡變除皆因葬練祥乃行，此服至葬即除，無變服之理也。「天子、諸侯葬異月」者，此章以三月爲主，經中有寄公爲所寓，又有舊君兼天子諸侯，又有庶人爲國君。鄭云：「天子畿内之民服天子亦如之。」天子七月葬，諸侯五月葬，爲之齊衰者，皆三月，藏其服至葬更服之，葬後乃除。是以不得言少以包多，亦不得言多以包少也。

記：齊衰三月，與大功同者繩屨。雖尊卑異，於恩有可同也。○疏曰：齊衰爲尊，大功爲卑，然大功以上同名重服，故大功與齊衰三月可同繩屨，謂以麻繩爲屨，雖尊卑則異，於恩有可同者也。○小記

寄公爲所寓。寓，音遇。○寓，亦寄也，爲所寄之國君服。○疏曰：此章論義服，故以疏者爲首。

傳曰：寄公者何也？失地之君也。何以爲所寓服齊衰三月也？言與民同也。諸侯五月而葬，而服齊衰三月者，三月而藏其服，至葬又更服之，既葬而除之。○疏曰：失地之君者，謂若詩式微：「黎侯寓于衛。」是失地之君爲衛侯服齊衰三月，藏其服，至葬更服，葬訖乃除也。云「言與民同也」者，以客在主國，得主君之恩，故報主君與民同，則民亦服之三月，藏其服，至葬又反服之，既葬訖乃除也。

丈夫、婦人爲宗子、宗子之母、妻。婦人，女子子在室及嫁歸宗者也。宗子，繼別之後，百世不遷，所謂大宗也。○疏曰：此與大宗同宗，親如寄公爲所寓，故次在此。謂與大宗別高祖之人，皆三月也。言「丈夫婦人」者，謂同宗男子、女子皆爲大宗子，并母妻齊衰三月。按斬章女子子在室及女反在父室者、又不杖章中歸宗婦人爲當家小宗親者期，爲大宗疏者三月也。

傳曰：何以齊衰三月也？尊祖也。尊祖故敬宗。敬宗者，尊祖之義也。宗子之母在，則不爲宗子之妻服也。疏曰：祖，謂別子爲祖，百世不遷之祖。當祭之日，同宗皆來陪位及助祭，故云尊祖也。云「尊祖故敬宗」者，是百世不遷之宗，大宗者尊之統，故同宗敬之，尊祖之義也。「宗子之母在，則不爲宗子之妻服也」者，謂宗子父已卒，宗子主其祭。王制云八十齊衰之事不與，則母七十亦不與。今宗子母在未年七十，母自與祭。母死，宗人爲之服。宗子母七十已上，則宗子妻得與祭，宗人乃爲宗子妻服也。必爲宗子母、妻服者，以宗子燕食族人於堂，其母、妻亦燕食族人之婦於房，皆序以昭穆，故族人爲之服也。○記：宗子孤爲殤，大功衰、小功衰，皆三月。親則月筭如邦人。言孤，有不孤者。不孤，則族人不爲殤服服之也。不孤，謂父有廢疾，若年七十而老，子代主宗事者也。孤爲殤，長殤、中殤大功衰，下殤小功衰，皆如殤服而三月，謂與宗子絶屬者也。親，謂在五屬之内。筭，數也。月數如邦人者，與宗子有期之親者，成人，服之齊衰期。長殤，大功衰九月；中殤，大功衰七月；下殤，小功衰五月。有大功之親者，成人服之齊衰三月。卒哭，受以大功衰九月。其長殤、中殤，大功衰五月；下殤，小功衰三月。有小功之親者，成人服之齊衰三月。卒哭，受以小功衰五月。其殤與絶屬者同。有緦麻之親者，成人及殤，皆與絶屬者同。○疏曰：云「孤爲殤」者，謂無父未冠而死者。云「大功衰、小功衰」者，以其成人齊衰，故長殤、中殤皆在大功衰，下殤在小功衰也。云「皆三月」者，以其衰雖降，月本三月，法一時，不可更服，故還依本三月也。云「親則月筭如邦人」者，上三月者是絶屬者，若在五屬之内親者，月數當依本親爲限，如邦人也。云「不孤，則族人不爲殤服服之也」者，以父在，猶如周之道有適子無適孫，以其父在爲適子則不爲適孫服，同於庶孫，明此本無服，亦不爲之服殤也。「不孤，謂父有廢疾，若年七十而老，子代主宗事者」與「宗子有期之親者成人，服之齊衰期」者，謂宗子親昆弟、姑姊妹在室之等皆是也。自大功親已下，盡小功親以上，成人月數雖依本皆服齊衰者，以其絶屬者猶齊衰三月，明親者無問大功、小功、緦麻，皆齊衰者也。既皆齊衰，故三月既葬，受服乃始受以大功、小功衰也。至於小功親已下殤與絶屬者同者，以其成人小功五月，殤即入三月，是以與絶屬者同大功衰、小功衰皆三月，故與絶屬者同也。云「有緦麻之親者，成人及殤，皆與絶屬者同」者，以其絶屬者爲宗子齊衰三月，緦麻親亦三月，是以成人及殤死皆與絶屬者同

也。○本經記

爲舊君、君之母、妻。疏曰：舊君，舊蒙恩深以對於父，今雖退歸田野，不忘舊德，故次在宗子之下也。但爲舊君有二：一則致仕，二則待放未去。此則致仕者也。

傳曰：爲舊君者，孰謂也？仕焉而已者也。何以服齊衰三月也？言與民同也。君之母妻，則小君也。仕焉而已者，謂老若有廢疾而致仕者也。爲小君服者，恩深於民。○疏曰：此經上下臣爲舊君有二，故發問。云「仕焉而已」者，傳意以下爲舊君是待放之臣，以此爲致仕之臣也。云「何以服齊衰三月」者，怪其舊服斬衰，今服三月也。「言與民同也」者，以本義合，今義已斷，故抑之，使與民同也。下文庶人爲國君無小君，是恩淺，此爲小君，是恩深於民也。

庶人爲國君。不言民而言庶人，庶人或有在官者。天子畿内之民服天子亦如之。○疏曰：云「庶人在官」者，謂府史胥徒，經言庶人兼在官者而言之。云「天子畿内之民亦如之」者，以其畿外上公五百里、侯四百里已下，其民皆服君三月，則畿内千里專屬天子，亦如諸侯之境内也。○斬衰君條外宗爲君夫人猶内宗也，此條通用，當互考。

大夫在外，其妻、長子爲舊國君。在外，待放已去者。○疏曰：此大夫在外，不言爲本君服與不服者。按雜記云：「違諸侯之大夫，不反服。違大夫之諸侯，不反服。」以其尊卑不敵。若所仕敵，乃反服舊君服。則此大夫已去他國，不言服者，以其君尊卑不敵，不反服者也，是以直言其妻長子爲舊國君。

傳曰：何以服齊衰三月也？妻，言與民同也；長子，言未去也。妻雖從夫而出，古者大夫不外娶，婦人歸宗，往來猶民也。春秋傳曰：「大夫越境逆女，非禮。」君臣有合離之義，長子去，可以無服。○疏曰：妻本從夫服君，今夫已絶，妻不合服而服之；長子本爲君斬者，亦大夫之子得行大夫禮，從父而服之。今父已絶於君，亦當不服矣，而皆服衰三月，故發問也。「君臣有合離之義」，謂諫諍而從，是有義則合三諫，不從是無義，則離子既隨父，故去可以無服矣。○記：違諸侯，之大夫，不反服；違大夫，之諸侯，不反服。其君尊卑異也。違，猶去也，去諸侯，仕諸侯，去大夫，仕大夫，乃得爲舊君服。○疏曰：「去諸侯」，謂不便其君及辟仇也。之，往也。己若本是諸侯臣，如去往仕大夫，此是自尊適卑。若舊君死，則此臣不反服，謂今仕卑君，不可反服於前之尊君也。「違大夫，之諸侯，不反服」者，此謂本是大夫臣，今去仕諸侯，此是自卑適尊。若猶服卑君，則爲新君之恥也，故亦不反服舊君也。○雜記○仕而未有禄者，違而君薨，弗爲服也。以其恩輕也。違，去也。○疏曰：違，去也，謂三諫不從，以禮去者。若已有禄恩重者，雖放出仕他國，而所仕者敵，則猶反服。今此未得禄之臣唯在朝時乃服，若放出他邦而故君薨，所仕雖敵亦不反服也，以其本無禄恩輕故也。○檀弓○孔子曰：「管仲遇盜，取二人焉。上以爲公臣，曰：『其所與遊，辟也，可人也。』」言此人可也，但居惡人之中，使之犯法。管仲死，桓公使爲之服。宦於大夫者之爲之服也，自管仲始也，有君命焉爾也。」言記失禮所由也，善桓公不忘賢者之舉。宦，猶仕也。此仕於大夫，更升於公，與違大夫之諸侯同爾，禮不反服。○雜記繼父不同居者。嘗同居，今不同。○疏曰：此則期章云「必嘗同居，然後爲異居」者也。但章皆有傳，惟庶人爲國君及此經文不傳者，以其庶人已於寄公上下舊君，繼父已於期章釋訖，是以皆不言也。

記：異居則服齊衰三月。必嘗同居然後爲異居，未嘗同居則不爲異居。詳見不杖期章繼父同居條。○有主後者爲異居。同上。

曾祖父母。疏曰：曾、高本合小功，加至齊衰，故次繼父之下。此經直云曾祖，不言高祖，按下緦麻章鄭注云「族祖父者，亦高祖之孫」，則高祖有服明矣。是以此注亦兼曾、高而説也。不言者，見其同服故也。

傳曰：何以齊衰三月也？小功者，兄弟之服也，不敢以兄弟之服服至尊也。正言小功者，服之數盡於五，則高祖宜緦麻，曾祖宜小功也。據祖期，則曾祖宜大功，高祖宜小功也。高祖、曾祖皆有小功之差，則曾孫、玄孫爲之服同也。重其衰麻，尊尊也。減其日月，恩殺也。○疏曰：「服之數盡於五」者，自斬至緦也。云「則高祖宜緦麻，曾祖宜小功」也，據爲父期而言，故三年。問云：「至親以期斷」，「然則何以三年也」？曰：「加隆焉爾也。」是本爲父期，則爲祖宜大功，曾祖宜小功，高祖宜緦麻；爲父加隆三年，則爲祖宜期，曾祖宜大功，高祖宜小功。云「高祖、曾祖皆有小功之差」，此鄭總釋傳云「小功者，兄弟之服」，其中含有高、曾二祖而言之也。又云「則曾孫、玄孫爲之服同也」者，曾祖中既兼有高祖，是以云曾孫、玄孫各爲之齊衰三月也。既不以兄弟之服服至尊，故云重其衰麻，謂義服六升衰，九升冠，尊此尊者也。減五月爲三月者，恩殺故也。○爲所後者之祖父母，若子。

詳見斬衰章爲人後者條。

大夫爲宗子。疏曰：大夫尊，降旁親皆一等，尊祖故敬宗，是以大夫雖尊，不降宗子。宗子既不降，母、妻不降可知。

傳曰：何以服齊衰三月也？大夫不敢降其宗也。

舊君。大夫待放未去者。○疏曰：舊君以重出，故次在此也。

傳曰：大夫爲舊君，何以服齊衰三月也？大夫去君，歸其宗廟〔六六〕，故服齊衰三月也。言與民同也。何大夫之謂乎？言其以道去君而猶未絶也。以道去君，爲三諫不從，待放於郊。未絶者，言爵禄尚有列於朝，出入有詔於國，妻、子自若民也。○疏曰：三諫不從，在境待放，得環則還，得玦則去。如此者，謂之以道去君；有罪放逐，爲非道去君。「大夫去君，歸其宗廟」，猶爲舊君服。若君不使掃其宗廟，是得玦而去，則不服矣。「妻子自若民也」者，此鄭還約上大夫在外，其妻、長子爲舊國君也。不言士者，此主爲待放未絶，大夫有此法，士雖有三諫不從，出國之時，按曲禮：踰竟，素服，乘髦馬，不蚤鬋，不御婦人，三月而後，即向他國。無待放之法，是出國即不服舊君矣，是以此舊君唯有大夫也。不言公卿及孤者，詩云：「三事大夫。」則三公亦號大夫矣。

曾祖父母爲士者，如衆人。

傳曰：何以齊衰三月也？大夫不敢降其祖也。疏曰：經不言大夫，傳爲大夫解之者，以其言曾祖爲士者，故知對大夫爲之服。

女子子嫁者、未嫁者，爲曾祖父母。疏曰：此亦重出，故次在男子曾孫下也。但未嫁者同於前爲曾祖父母，今并言者，女子子有嫁逆降之理，故因已嫁，并言未嫁。

傳曰：嫁者，其嫁於大夫者也。未嫁者，其成人而未嫁者也。何以服齊衰三月？不敢降其祖也。言嫁於大夫者〔六七〕，明雖尊猶不降也。成人謂年二十已笄醴者也。此著不降，明有所降。○疏曰：「雖尊猶不降」，則適士者不降可知也。云「成人謂年二十已笄醴者」，二十已笄，以醴禮之。若十五許嫁，亦笄爲成人，但鄭據二十笄者而言之。按上章「爲祖父母」又「女子子爲祖父母」傳不言，不敢降，至此乃言者，謂曾祖輕尚不降，況祖父母重者不降可知，是舉輕以見重也。云「此著不降明有所降」者，按大功章女子子嫁者、未嫁者爲世叔父母，如此類是有所降也。○妾爲女君之黨服，見不杖期章女子子適人者爲其父母條。

右齊衰三月

大功布衰裳，牡麻絰，無受者。大功布者，其鍛治之功粗沽之。○疏曰：章次此者，以其本服齊衰斬，爲殤死降在大功，故在正大功之上、義齊衰之下也。不云月數者，下文有纓絰、無纓絰言七月、九月，彼已見月，故於此略之。云「無受者」，不以輕服受之。云「大功布者，其鍛治之功粗沽之」者，斬衰皆不言布與功，以其哀痛極，未可言布體與大功〔六八〕，至此輕，可以見之。斬衰章傳云冠六升，不加灰，則此七升言鍛治，可以加灰矣，但粗沽而已。言大功者用功粗大，故沽疏，其言小者，對大功是用功細小。子、女子子之長殤、中殤。殤者，男女未冠笄而死，可殤者。女子子許嫁，不爲殤也。○疏曰：

「子、女子子」在章首者，以其父母於子哀痛情深，故在前。兄弟之子亦同此而不別言者，兄弟之子猶子，故不言。且中殤或從上，或從下，是則殤有三等，制服唯有二等者，欲使大功下殤有服故也。蓋若三等，則大功下殤無服矣，聖人之意然也。

傳曰：何以大功也？未成人也。何以無受也？喪成人者其文縟，喪未成人者其文不縟，故殤之絰不樛垂，蓋未成人也。年十九至十六爲長殤，十五至十二爲中殤，十一至八歲爲下殤。不滿八歲以下爲無服之殤。無服之殤，以日易月。以日易月之殤，殤而無服，故子生三月則父名之，死則哭之。未名，則不哭也。縟，音辱。樛，居虯反。○縟，猶數也。其文數者，謂變除之節也。不樛垂者，不絞其帶之垂者。雜記曰：「大功以上散帶。」以日易月，謂生一月者哭之一日也。殤而無服者，哭之而已。爲昆弟之子、女子子亦如之。凡言子者，可以兼男女。又云女子子者，殊之以子，關適庶也。○數，音朔。散，悉但反。○疏曰：成人皆期，以其未成人，故降至大功。其成人至葬後皆以輕服受之，今喪，未成人即無受。三等殤皆以四年爲差〔六九〕，取法四時穀物變易故也。又以八歲以上爲有服，七歲以下爲無服者，按家語本命云：「男子八月生齒」，八歲齓齒。故八歲以上爲有服之殤也。傳必以三月造名始哭之者，以其三月一時，天氣變，有所識眄，人所加憐，故據名爲限也。云「未名則不哭也」者，不以日易月而哭，初死亦當有哭而已。注云「變除之節」者，成人之喪，既卒哭，以輕服受之，男子除於首，婦人除於帶是也。今於殤則無此變除之節數，月滿則除之。又云「不樛垂者不絞帶之垂」，凡喪至小斂皆服，未成服之麻，麻絰、麻帶，大功以上散帶之垂，至成服乃絞之，小功已下初而絞之。今殤大功，亦於小斂服麻散垂，至成服後亦散不絞，與成人異也。「以日易月」謂生一月者哭之一日也，若至七歲，歲有十二月，則八十四日哭。此則惟據父母於子，不關餘親。「凡言子，可以兼男女」者，謂若期章云「子」、又云「昆弟之子」，是子中兼男女也。云「女子子者，殊之以子，關適庶」，關，通也，爲子中通有長適。若成人爲之斬衰，今殤死與衆子同者，以殤不成人，如穀物未熟，故同殤大功也。別言子者，見斯義也。王肅、馬融以爲日易月者，以哭之日，易服之月，殤之期親，則以旬有三日哭，緦麻之親則以三日爲制。若然，哭緦麻三月，喪與七歲同。又此傳承父母子之下而哭緦麻孩子，疏失之甚也。○此章子夏傳文，通言爲殤之義，不專爲子、女子子而言也。今以其舊文在此，不敢輒易。凡傳記言殤者，悉附於其下。○記：丈夫冠而不爲殤，婦人笄而不爲殤。言成人也。婦人許嫁而笄，未許嫁與丈夫同。○小記○伯姬卒。此未適人，何以卒？許嫁矣。婦人許嫁，字而笄之，死則以成人之喪治之。僖公九年春秋公羊傳○又文十六年子叔姬卒傳同。○許嫁笄而字之，死則以成人之喪治之。許嫁於諸侯，尊同，則服大功九月。吉笄以象爲之，刻鏤其首以爲飾，成人著之。○穀梁傳○戰于郎，郎，魯近邑也。哀十一年「齊國書帥師伐我」是也。公叔禺人遇負杖入保者息，禺，音遇，又音務。○遇，見也，見走辟齊師將入保，罷倦，加其杖項上，兩手掖之休息者。保，縣邑小城。禺人，昭公之子，春秋傳曰「公叔務人」。○疏曰：按左氏傳云務人，即公爲也，故云昭公子。此作禺人者，禺、務聲相近，聲轉字異也。曰：「使之雖病也，謂時繇役。任之雖重也，謂時賦稅。君子不能爲謀也，士弗能死也，不可。君子，謂卿大夫也。魯政既惡，復無謀臣，士又不能死難，禺人恥之。我則既言矣。」欲敵齊師，踐其言。與其鄰重汪踦往，皆死焉。重，依注音童。汪，烏黄反。踦，魚綺反。○奔敵死齊寇。鄰，鄰里也。重皆當爲童，童，未冠者之稱。姓汪，名踦，春秋傳曰「童汪踦」。魯人欲勿殤重汪踦，見其死君事，有士行，欲以成人之喪治之。言魯人者，死君事，國爲葬斂。問於仲尼，仲尼曰：「能執干戈以衛社稷，雖欲勿殤也，不亦可乎？」善之。○疏曰：言其可不爲殤也。○檀弓

叔父之長殤、中殤，

姑姊妹之長殤、中殤，

昆弟之長殤、中殤，

夫之昆弟之子、女子子之長殤、中殤，妾服見大功章大夫之妾爲君之庶子條。

適孫之長殤、中殤，

大夫之庶子爲適昆弟之長殤、中殤，

公爲適子之長殤、中殤。○大夫爲適子之長殤、中殤。公，君也。諸侯大夫不降適殤者，重適也。天子亦如之。○疏曰：自「叔父」至「大夫庶子爲適昆弟之長殤、中殤」，皆是成人齊衰期，長殤、中殤，殤降一等在大功，故於此總見之，又皆尊卑爲前後次第作文也。云公爲適子、大夫爲適子，皆是正統，成人斬衰。今爲殤死不得著代，故入大功。特言適子者，天子諸侯於庶子則絶而無服，大夫於庶子

降一等，故於此不言，唯言適子也。若然，二適在下者，亦爲重出其文故也。注云「公君也」者，直言公，恐是公士之公及三公與孤皆號公，故訓爲君，見是五等之君。言「天子亦如之」者，以其天子與諸侯同絶宗故也。其長殤皆九月，纓絰。其中殤七月，不纓絰。絰有纓者，爲其重也。自大功以上絰有纓，以一條繩爲之。小功已下，絰無纓也。○疏曰：絰之有纓，所以固絰，猶冠之有纓以固冠，亦結於頤下也。五服之正，無七月之服，唯此大功中殤有之，故禮記云「九月七月之喪，三時」是也。云「絰有纓者爲其重也」者，以經云九月纓絰，七月不纓絰，故知絰有纓爲其情重故也。「自大功已上絰有纓」，此鄭廣解五服有纓、無纓之事，但諸文唯有冠纓，不見絰有纓之文。鄭檢此經長殤有纓法，則知成人大功已上絰有纓明矣。鄭知「一條繩爲之」者，見斬衰冠繩纓通屈一條，繩爲武，垂下爲纓。故知此絰之纓亦通屈一條屬之絰，垂下爲纓可知。「小功已下絰無纓也」者，亦以此經中殤七月絰無纓，明小功五月已下絰無纓可知。

右殤大功九月七月

大功布衰裳，牡麻絰纓、布帶，三月，受以小功衰，即葛，九月者。受，猶承也。凡天子諸侯卿大夫既虞，士卒哭而受服。正言三月者，天子諸侯無大功，主於大夫士也。此雖有君爲姑姊妹女子子嫁於國君者，非内喪也。○疏曰：此成人大功章輕於前殤章，既略，於此具言。云天子七月而葬，諸侯五月而葬，虞而受服。絰正言三月者，以其天子諸侯絶旁期，無此大功喪，大夫士三月而葬，大夫除死月數亦得爲三月也。云「非内喪也」者，彼國自以五月葬後服，此諸侯爲之，自以三月受服，同於大夫士，故云「主於大夫士也」。

傳曰：大功布九升，小功布十一升。此受之下也，以發傳者，明受盡於此也。又受麻絰以葛絰。閒傳曰：「大功之葛，與小功之麻同。」○疏曰：云「大功布九升，小功布十一升」者，此章有降、有正、有義。降則衰七升，冠十升；正則衰八升，冠亦十升；義則衰九升，冠十一升。十升者，降小功；十一升者，正小功。傳以受服不言降大功與正大功，直言義大功之受者，鄭云此受之下也，據受之下發傳者，明受盡於此。義服大功，以其小功至葬，唯有變麻服葛，因故衰無受服之法，故傳據義大功而言也。引閒傳者，證經大功既葬，其麻絰受以小功葛者，以其大功既葬，變麻爲葛，五分去一，大小與小功初死同，即閒傳云大功之葛、小功之麻同一也。○司服：卿大夫之服，自玄冕而下，如孤之服。其凶服，加以大功、小功。士之服，自皮弁而下，如大夫之服，其凶服亦如之。喪服，天子、諸侯齊斬而已，卿大夫加以大功、小功，士亦如之，又加緦焉。○疏曰：大夫之凶服加以大功、小功者，天子、諸侯自旁期以下皆絶而不爲服。大夫加以大功、小功，謂本服大功、小功者其降一等。小功降仍有服緦者，其本服之緦則降而無服。云士之「凶服亦如之」者，亦如大夫有大功、小功，但士無降服，則亦有緦服，故鄭增之也。云「喪服，天子、諸侯齊斬而已」者，欲見大夫言大功、小功，天子諸侯不言之意也。天子、諸侯絶旁期，此云齊者，據爲后夫人而言。若然，天子於適子承重亦期。周之道，有適子無適孫，若無適子，自然立適孫，若無適孫，立適曾孫，亦期。及至適玄孫，皆然也。既爲適孫有服，而適子之婦大功。若於適孫已下之婦承重者，皆小功矣。今特言齊者，舉后夫人重者而言。

云「卿大夫加以大功、小功」者，是據正服大功、小功，若緦則降而無服，故不言。士不降服，明知更加緦也。○周禮○有問：司服卿大夫加以大功、小功，自卿大夫而上皆無，此何也？朱文公先生曰：此中庸所謂「期之喪，達乎大夫」是也，乃古人貴貴之義，然亦是周公制禮以後方如此。檀弓又云：「古者不降，上下各以其親。」

姑、姊妹、女子子適人者。疏曰：此等並是本期，出降大功，故次在此。

傳曰：何以大功也？出也。出必降之者，蓋有受我而厚之者。○疏曰：檀弓云：「姑姊妹之薄也，蓋有受我而厚之者也。」夫自爲之禫杖期〔七〇〕，故於此薄，爲之大功。○記：姑、姊妹之薄也，蓋有受我而厚之者也。詳見喪服義。

從父昆弟。世父、叔父之子也，其姊妹在室亦如之。○疏曰：昆弟親爲之期，此從父昆弟降一等，故次姑姊妹之下，謂之從父昆弟。世叔父與祖爲一體，又與己父爲一體，緣親以致服，故云從也。

爲人後者爲其昆弟。疏曰：在此者，以其小宗之後，大宗欲使厚於大宗之親，故抑之在從父昆弟之下。

傳曰：何以大功也？爲人後者，降其昆弟也。疏曰：按下記云「爲人後者於昆弟降一等」，故大功也。若然，於本宗餘親皆降一等。○記：爲人後者，於兄弟降一等，報。言報者，嫌其爲宗子不降。○疏曰：謂支子爲大宗，後反來爲族親兄弟之類〔七一〕。云「言報者嫌其爲宗子不降」者，以

其出降本親，又宗子尊重，恐本親有不敢降服之嫌，故云「報」以明之。言報，是兩相爲服者也。○本經記

庶孫。男女皆是。下殤小功章曰：「爲姪庶孫，丈夫婦人」同。○疏曰：卑於昆弟，故次之。庶孫從父而服祖期，故祖從子而服其孫大功降一等。云「男女皆是」者，女孫在室，與男孫同。

適婦。適婦，適子之妻。○疏曰：疏於孫，故次之。其婦從夫而服其舅姑期，其舅姑從子而服其婦大功，降一等者也。

傳曰：何以大功也？不降其適也。婦言適者，從夫名。○疏曰：父母爲適長三年，今爲適婦不降一等服期者，長子本爲正體於上，故加至三年。婦直是適子之妻，無正體之義，故直加於庶婦一等大功而已。○記：適婦不爲舅後者，則姑爲之小功。謂夫有廢疾，若他故，若死而無子不受重者小功，庶婦之服也。凡父母於子，舅姑於婦，將不傳重於適，及將所傳重者非適，服之皆如庶子、庶婦也。○疏曰：「及將所傳重非適」者，爲無適子，以庶子傳重及養他子爲後者也。○小記

女子子適人者爲衆昆弟。父在則同，父没，乃爲父後者服期也。○疏曰：前云姑姊妹女子子出適在章首者，情重，故至此女子子反爲衆昆弟在此者，抑之，欲使厚於夫氏，故次在此也。爲本親降一等，是其常。云父没乃爲父後者服期也者，不杖章所云是也。○妾服見不杖期章女子子適人者爲其父母條。

姪丈夫、婦人，報。爲姪男女服同。○疏曰：姪卑於昆弟，故次之。不言男子、女子而言丈夫、

婦人者，姑與姪，在室、出嫁同，以姪女言婦人，見嫁出。因此謂姪男爲丈夫，以見長大之稱，是以鄭還以男女解之。

傳曰：姪者何也？謂吾姑者，吾謂之姪。疏曰：「謂吾姑者，吾謂之姪」者，姪之名唯對姑生稱。若對世叔，唯得言昆弟之子，不得姪名也。○妾服見不杖期章女子子適人者爲其父母條。

夫之祖父母、世父母、叔父母。疏曰：以其義服，故次在此。記云爲夫之兄弟降一等，此皆夫之期，故妻爲之大功也。

傳曰：何以大功也？從服也。夫之昆弟何以無服也？其夫屬乎父道者，妻皆母道也。其夫屬乎子道者，妻皆婦道也。謂弟之妻婦者，是嫂亦可謂之母乎？故名者，人治之大者也，可無慎乎！嫂，本又作嫂，同素早反。治，直吏反。○道，猶行也。言婦人棄姓，無常秩，嫁於父行，則爲母行，嫁於子行，則爲婦行。謂弟之妻爲婦者，卑遠之，故謂之婦。嫂者，尊嚴之稱，是嫂亦可謂之母乎？嫂，猶叟也。叟，老人稱也。是爲序男女之别爾。若己以母婦之服服兄弟之妻，兄弟之妻以舅子之服服己，則是亂昭穆之序也。治，猶理也。父母兄弟夫婦之理，人倫之大者，可不慎乎？大傳曰：「同姓從宗合族屬，異姓主名治際會，名著而男女有别。」○疏曰：「從服」者，從夫而服，故大功也。「夫之昆弟何以無服」已下，總論兄弟之妻不爲夫之兄弟服，夫之兄弟不爲兄弟妻服之事也。若以弟妻爲婦，即以兄妻爲母，而以母服服兄妻，又以婦服服弟妻，又使妻以舅服服夫之兄，又使兄妻以子服服己夫之弟，則兄弟反爲父子，亂昭穆之次序，故聖人深塞亂源，使兄弟之妻本無母婦之名，不相爲服也。引大傳云「同姓從宗合族屬」者，謂大宗子同是正姓姬、姜之類。屬，聚也，合聚族人於宗子之家，在堂上行食燕之禮〔七二〕，即「繫之以姓而弗別，綴之以食而弗殊」是也。又云「異姓主名治際會」者，主名謂母與婦之名。治，正也；際，接也。以母婦正接之會聚，則宗子之妻食燕族人之婦於房是也。云「名著男女有別」者，謂母婦之名明著，則男女各有分別而無淫亂也。遠，扶萬反。傻，素口反。○先師朱文公親書稿本下云：今按：傳意本謂弟妻不得爲婦，兄妻不得爲母，故反言以詰之曰：若謂弟妻爲婦，則是兄妻亦可謂之母矣，而可乎？言其不可爾。非謂卑遠弟妻而正謂之婦也。注疏皆誤，故今論於此而頗刊定其疏云〔七三〕。○妾服見大功章大夫之妾爲君之庶子條。

大夫爲世父母、叔父母、子、昆弟、昆弟之子爲士者。子，謂庶子。○疏曰：大夫爲此八者本期，今以爲士，故降至大功，亦爲重出此文，故次在此也。云「子謂庶子」者，長子在斬章，故謂庶子也。

傳曰：何以大功也？尊不同也。尊同，則得服其親服。尊同，謂亦爲大夫者。親服，期。

○記：大夫降其庶子。詳見斬衰父條。○大夫、公之昆弟、大夫之子，於兄弟降一等。兄弟，猶言族親也。凡不見者，以此求之。○疏曰：此三人所以降者，大夫以尊降，昆弟以旁尊降，大夫之子以厭降，是以總云「降一等」。上經當已言訖，今又言之者，以雖言之，恐猶不盡，記人總結之，是以鄭云「凡不見者以此求之」。云「兄弟猶言族親也」者，以下云「小功」以下爲兄弟，恐此兄弟亦據小功已下得降，故云猶族親也。則此兄弟及爲人後者，爲兄弟皆非專據小功已下，猶族親所容廣也。○本經記。○君之所爲兄弟服，室老降一等。公士大夫之君。○疏曰：天子諸侯絶，今言爲兄弟服，明是公士大夫之君。於旁親降一等者，室老家相降一等，不言士，士邑宰遠臣不從服。若然，室老似正君近臣〔七四〕，故從君所服也。○同上。

公之庶昆弟、大夫之庶子，爲母、妻、昆弟。公之庶昆弟，則父卒也。大夫之庶子，則父在也。其或爲母，謂妾子也。○疏曰：此並受厭降，卑於自降，故次在自降人之下。云公子，是父在。今繼兄而言昆弟〔七五〕，故知父卒也。若公子父在爲母妻，在五服之外，今父卒，故服大功也。云「大夫之庶子則父在也」者，以其繼父而言。又大夫卒，子爲母妻得伸其本服，今但大功，故知父在也。云「其或爲母謂妾子也」者，以其爲妻、昆弟，其禮並同。又於適妻，君大夫自不降，其子皆得伸，今在大功，明妾子自爲己母也。

傳曰：何以大功也？先君餘尊之所厭，不得過大功也。大夫之庶子，則從乎大夫而降也。父之所不降，子亦不敢降也。言從乎大夫而降，則於父卒如國人也〔七六〕。昆弟，庶昆弟也。舊讀昆弟在下，其於厭降之義，宜蒙此傳也，是以上而同之。父所不降，謂適也。○疏曰：公之庶昆弟，以其公在爲母妻厭〔七七〕，在五服外，公卒猶爲餘尊之所厭，不得過大功。其大夫之子據父在有厭，從於大夫降一等。大夫若卒，則得伸無餘尊之厭也。

皆爲其從父昆弟之爲大夫者。皆者，言其互相爲服，尊同則不相降。其爲士者，降在小功，適子爲之，亦如之。○疏曰：此文承上文「公之庶昆弟大夫之庶子」之下，則是上二人也，以其二人爲父所厭降親，今此從父昆弟爲大夫，故此二人不降而服大功，依本服也。鄭云「互相爲服」者，以彼此相爲同，是從父昆弟相爲著服，故云皆，是互見之義故也。云「其爲士者降在小功」者，降一等故也。云「適子爲之亦如之」者，雖適不降，同等故也。○相爲，于僞反。○爲夫之昆弟之婦人子適人者。婦人子者，女子子也。不言女子子者，因出，見恩疏。○疏曰：此亦重出，故次從父昆弟下。此謂世、叔母爲之服，在家期，出嫁大功。女在家室之名，是親也；婦者，事人之稱，是見疏也。○妾服見大功章大夫之妾爲君之庶子條。大夫之妾爲君之庶子。下傳曰「何以大功也？妾爲君之黨服，得與女君同」，指爲此也。妾爲君之長子亦三年，自爲其子期，異於女君也。士之妾，爲君之衆子亦期。○疏曰：妾爲君之庶子，輕於爲夫之昆弟之女，故次之。引下傳者，彼傳爲此經而作也。在下者，鄭彼云文爛在下爾故也。云「妾爲君之長子亦三年」者，妾從女君服，得與女君同。又云「自爲其子期，異於女君也」者，以其女君從夫降，其庶子大功，夫不厭妾，故自服其子期也。云「士妾爲君之衆子亦期」，謂亦得與女君同也。○

女子子嫁者、未嫁者，爲世父母、叔父母、姑、姊妹。舊讀合「大夫之妾爲君之庶子、女子子嫁者、未嫁者」，言大夫之妾爲此三人之服也。○疏曰：此是女子子逆降旁親，又是重出，故次之於此。知逆降者，此經云嫁者爲世父已下出降大功，自是常法。更言未嫁者，亦爲世父已下，非未嫁逆降如何。云「舊讀『合大夫之妾爲君之庶子、女子子嫁者、未嫁者』，言大夫之妾爲此三人之服也」者，此馬融之輩舊讀如此，鄭以此爲非，故此下注破之也。

傳曰：嫁者，其嫁於大夫者也。未嫁者，成人而未嫁者也。何以大功也？妾爲君之黨服，得與女君同。下言「爲世父母、叔父母、姑、姊妹」者，謂妾自服其私親也。此不辭，即實爲妾遂自服其私親，當言「其」以見之。齊衰三月章曰「女子子嫁者、未嫁者爲曾祖父母」，經與此同，足以見之矣。傳所云「何以大功也？妾爲君之黨服，得與女君同」文爛在下爾。女子子成人者，有出道，降旁親及將出者，明當及時也。○疏曰：云「何以大功也？妾爲君之黨服，得與女君同〔七八〕」，此傳當在上「大夫之妾爲君之庶子」下，爛脱誤在此。但「下言」二字及「者謂妾自服其私親也」九字，總十一字，既非子夏自著，又非舊讀者自安，必是鄭君置之。鄭君欲分别舊讀者如此意趣，然後以注破之。云「此不辭」者，謂此分别文句，不是解義言辭也。云「即實爲妾遂自服其私親，當言其以見之」者〔七九〕，此鄭欲就舊章讀破之。按不杖期章云「女子子適人者爲其父母昆弟之爲父後者」，又云「公妾以及士妾爲其父母自爲其親」，皆言「其」以明之。今此不言「其」，明非妾爲私親也。又引齊衰三月章曰「女子子嫁者、未嫁者爲曾祖父母，經與此同，足以見之矣」，彼二人爲曾祖，是正尊，雖出嫁亦不降，此則爲旁親，雖未嫁亦逆降，聖人作文是同，足以明之。明是二人爲此七人，不得以嫁者、未嫁者上同君之庶子。下文「爲世父」以下，爲妾自服私親也。云「傳所云何以大功也，妾爲君之黨服得與女君同，文爛在下爾」者，此傳爲君之庶子而發，應在「女子子」之上、「君之庶子」之下，以簡札韋編爛斷，後人錯置於下，是以舊讀遂誤也。云「女子子成人者有出道」，謂女子十五已後，許嫁笄爲成人，有出嫁之道。是以雖未出，即逆降世父已下旁親也。云「及將出者，明當及時也」者，謂女子子年十九，後年二月，冠子娶妻之月，其女當嫁，今年遭此世父已下之喪，若依本服期者，過後年二月，不得及時，逆降在大功，大功之末，可以嫁子，則於二月得及時而嫁也。○先師朱文公親書稿本云：

傳先解嫁者、未嫁者，而後通以上文「君之庶子」，并以妾與女君同釋之，乃云下言「爲世父母」以下，而以自服私親釋之，文勢似不誤也。又批云：此一條舊讀正得傳意，但於經例不合，鄭注與經例合，但所改傳文似亦牽强，又未見妾爲己之私親本當服期者合著何服。疏言十一字是鄭所置，今詳此十一字中，包「爲世」至「姊妹」十字，若無上下文，即無所屬，未詳其説，可更考之。又有問大夫之妾章者〔八〇〕，先生云：此段自鄭注時已疑傳文之誤，今考女子適人者爲父母及昆弟之爲父後者，已見於齊衰期章，爲衆兄弟又見於此大功章。唯伯叔父母姑姊妹之服無文，而獨見於此，則當從鄭注之説無疑矣。○此條内妾爲君之黨服得與女君同，夫黨服通用。○記：妾從女君而出，則不爲女君之子服。詳見母爲長子章。

大夫、大夫之妻、大夫之子、公之昆弟，爲姑、姊妹、女子子嫁於大夫者。○君爲姑、姊妹、女子子嫁於國君者。疏曰：此等姑姊已下，應降而不降，又兼重出其文，故次在此也。此大夫、大夫妻、大夫之子、公之昆弟四等人尊卑同，皆降旁親姑姊已下一等，大功，又以出降，當小功。但嫁於大夫，尊同，無尊降，有出降，故皆大功也。但大夫妻爲命婦，若夫之姑、姊妹在室及嫁，皆小功。若不爲大夫妻，又降在緦麻，假令彼姑、姊妹亦爲命婦，惟小功耳。今得在大功科中者〔八一〕，此謂命婦爲本親，姑、姊妹、己之女子子因大夫、大夫之子爲姑、姊妹女子子，寄文於夫與子姑姊妹之中，不煩別見也。云「君爲姑、姊妹女子子嫁於國君」者，國君絶期已下，今爲尊同，故亦不降，依嫁服大功。

傳曰：何以大功也？尊同也。尊同則得服其親服。諸侯之子稱公子，公子不得禰先君。公子之子稱公孫，公孫不得祖諸侯。此自卑别於尊者也。若公子之子孫有封爲國君者，則世世祖是人也，不祖公子，此自尊别於卑者也。是故始封之君，不臣諸父昆弟；封君之子，不臣諸父而臣昆弟；封君之孫，盡臣諸父昆弟。故君之所爲服，子亦不敢不服也；君之所不服，子亦不敢服也。不得禰、不得祖者，不得立其廟而祭之也。卿大夫已下，祭其祖禰，則世世祖是人，不得祖公子者，後世爲君者，祖此受封之君，不得祀别子也。公子若在高祖以下，則如其親服，後世遷之，乃毁其廟爾。因國君以尊降其親，故終説此義云。○疏曰：諸侯之子稱公子者，諸侯之子適適相承，而旁支庶已下並爲諸侯所絶，不得稱諸侯子，變名公子。適既立廟，支庶子孫不立廟，是自卑别於尊者也。公子之子孫，或爲天子臣，出封爲五等諸侯，後世將此始封之君，世世祖是人，不復祀别子，是自尊别於卑也。「始封之君，不臣諸父昆弟」者，以其初升爲君，諸父是祖之一體，又是父之一體，其昆弟既是父之一體，又是己之一體，故不臣此二者，仍爲之著服也。云「封君之子，不臣諸父而臣昆弟」者，以其諸父尊，故未得臣仍爲之服，昆弟卑，故臣之不爲之服。「封君之孫盡臣諸父昆弟」者，繼世至孫漸爲貴重，故盡臣之。云「君之所爲服」者，謂君之所不臣者，君爲之服者，子亦服之，故云「子亦不敢不服」也。云「君之所不服，子亦不敢服也」者，此謂君所臣之者，君不爲之服，子亦不敢服之，以其子從父升降故也。注云「不得立其廟而祭之也」者，以其廟已在適子爲君者立之，旁支庶不得並立廟故也。云「卿大夫已下祭其祖禰」者，欲見公子、公孫若立爲卿大夫，得立三廟，若作上士，得立二廟，若作中士，得立一廟，並得祭其祖禰。既不祖禰先君，當立别子以下，以其公子、公孫並是别子。若魯桓公生世子名同者〔八二〕，後爲君，慶父、叔牙、季友等謂之公子。公子並爲别子，不得禰先君桓公之廟。慶父等雖爲卿大夫，未有廟，至子孫已後，乃得立别子爲太祖，不毁廟。已下二廟，祖禰之外，次第則遷之也。云「公子若在高祖以下則如其親服」者，此解始封君得立五廟，太祖與高祖以下也。今始封君，後世乃不毁其廟，爲太祖。此始封君未有太祖廟，唯有高祖已下四廟，故公子若在高祖以下，則得在四廟數中。始封君死，其子立，即以父爲禰廟，前高祖者爲高祖之父，當遷之。又至四世之後，始封君爲高祖父，當遷之時轉爲太祖，通四廟爲五廟，定制也，故云「後世遷之，乃毁其廟」也。〇先師朱文公親書稿本：今按：疏義有未明者，竊詳始封之君所以不臣諸父昆弟者，以始封君之父未嘗臣之，故始封之君不敢臣也。封君之子所以不臣諸父而臣昆弟者，以封君之子所謂諸父者，即始封君謂之昆弟，而未嘗臣之者也，故封君之子亦不敢臣之。封君之子所謂昆弟者，即始封君之子，始封君嘗臣之者也，故今爲封君之子者亦臣之。封君之孫，所謂諸父昆弟者，即封君之子所臣之昆弟及其子也，故封君之孫亦臣之。故下文繼之以君之所不服，子亦不敢服也，君之所爲服，子亦不敢不服也。

右大功正服九月

繐衰裳，牡麻絰，既葬除之者。繐，音歲。〇疏曰：此繐衰是諸侯之臣。在大功下、小功上者，以其天子七月葬，既葬除，故在大功九月下、小功五月上。又縷雖如小功升數，又少，故在小功上也。此不言帶屨者，以其傳云「小功之繐也」，則帶屨亦同小功可知。

傳曰：緦衰者何？以小功之緦也。治其縷如小功，而成布四升半。細其縷者，以恩輕也。升數少者，以服至尊也。凡布細而疏者謂之緦，今南陽有鄧緦。○疏云：以諸侯大夫是諸侯臣，於天子爲陪臣，是恩輕。諸侯爲天子服至尊，義服斬，縷如三升半，陪臣降君，改服至尊，加一升，四升半也。鄧緦者，漢時南陽郡鄧氏造布有名緦也。

諸侯之大夫爲天子。疏曰：此經直云大夫，則大夫中有孤卿，以其小聘使下大夫，大聘或使孤，或使卿也。故大行人云：「諸侯之孤以皮帛繼子男。」故知大夫中兼孤卿。

傳曰：何以緦衰也？諸侯之大夫，以時接見乎天子。見，賢遍反。○接，猶會也。諸侯之大夫，以時會見於天子而服之，則其士庶民不服可知。○疏曰：周禮宗伯云：「時聘曰問，殷頫曰視。」鄭注云：「時聘者亦無常期，天子有事」，乃遣大夫來聘。又注云：「殷頫，謂一服朝之歲，以朝者少，諸侯乃使卿以大禮衆聘焉。」此並是以時會見天子，天子待之以禮，饗食燕賜，加恩既深，故諸侯大夫報而服之也。云「士庶民不服」者，上文云「庶民爲國君」，注云：「天子畿内之民服天子。」即知畿外之民不服可知。大夫不接見天子者，無服，明士不接見亦無服可知。其士與卿大夫聘時作介者，雖亦得禮，介本副使，不得天子接見，亦不服可知。

右緦衰既葬除之

小功布衰裳，澡麻帶絰，五月者。澡，音早。○澡者，治去莩垢，不絶其本也。小記曰：「下殤小功，帶澡麻，不絶其本，屈而反以報之。」○去，起呂反。莩，音敷。○疏曰：此殤小功章在此者，本齊衰大功之親，爲殤降在小功，故在成人小功之上。言小功者，用功細小精密者也。上章皆帶在經下，今此帶在經上者，以大功已上，經帶有本；小功已下，斷本。此殤小功中有下殤小功，帶不絶本，與大功同，故進帶於經上，倒文以見重也。且上文多直見一經包二，此别言帶者，亦欲見帶不絶本，與經不同也。又殤大功直言無受不言月數，此直言月，不言無受者，欲互見爲義。又下章言「即葛」，此不言即葛，亦是兼見無受之義也。又不言布帶與冠，文略也。不言屨者，當與下章同吉屨無絇也〔八三〕。「澡者，治去莩垢」，謂以枲麻治之，使之滑淨。引小記者〔八四〕，欲見下殤小功中有本，是齊衰之喪，故特言下殤。若大功下殤，則入緦麻。云「屈而反以報之」者，謂先以一股麻不絶本者爲一條，展之爲繩，報，合也，以一頭屈而反，向上合之，乃絞垂。必屈而反以合者，見其重故也。引之者，證此帶亦不絶本，屈而反以報之也。若然，此章亦有大功長殤在小功者，未知帶得與斬衰下殤小功同不絶本不？按服問云「小功無變也」，又云「麻之有本者，變三年之葛」。彼云小功無變，據成人小功無變，三年之葛有本得變之，則知大功殤長、中在小功者，輕帶無本也。以此而言，經注專據齊衰斬下殤小功重者而言，其中無有大功之殤在小功帶麻絶本者，似若斬衰章兼有義服，傳直言衰三升、冠六升，不言義服衰三升半者也。若然，姑姊妹出適降在小功者，以其成人帶與大功之殤同，亦無本也。○大功無受章丈夫冠而不爲殤，婦人笄而不爲殤，此條通用，當互考。

叔父之下殤，

適孫之下殤，

昆弟之下殤，

大夫庶子爲適昆弟之下殤，

爲姑、姊妹、女子子之下殤。疏曰：自「叔父」已下至「女子子之下殤」八人，皆是成人期。長殤、中殤大功，已在上殤大功章。此下殤小功，故在此章也。仍以尊者在前，卑者居後。

爲人後者爲其昆弟，從父昆弟之長殤。疏曰：此二者以本服大功，今長殤、中殤小功，故在此章。從父昆弟情本輕，故在出降昆弟後也。

傳曰：問者曰：中殤何以不見也？大功之殤，中從上；小功之殤，中從下。問者，據從父昆弟之下殤在緦麻也。大功、小功，皆謂服其成人也。大功之殤中從上，則齊衰之殤亦中從上也。此主謂丈夫之爲殤者服也。凡不見者，以此求之也。○疏曰：鄭云「問者據從父昆弟之下殤在緦麻也」者，以其緦麻章見從父昆弟之下殤，此章見從父昆弟之長殤，唯中殤不見也。云「大功、小功皆謂服其成人也」者，以其緦麻章傳云：齊衰之殤中從上，大功之殤中從下。據此二傳言之，禮無殤在齊衰，則齊衰之殤與大功之殤據成人，明此大功與小功之殤據服其成人可知也。云「大功之殤中從上，則齊衰之殤亦中從上也」者，大功重者中從上，齊衰重於大功，明從上可知也。又云「此主謂丈夫之爲殤者服也」者，鄭以此云「大功之殤中從上，小功之殤中從下」，緦麻章云「齊衰之殤中從上，大功之殤中從下」，兩文相反，故鄭以彼謂婦人爲夫之族類，此謂丈夫爲殤者服也。鄭必知義然者，以其傳發在從父昆弟丈夫下，下文發傳在婦人爲夫之親下也。「凡不見者，以此求之也」者，略舉以明義，故云「不見者以此求之也」。

爲夫之叔父之長殤。不見中殤者，中從下也。○疏曰：夫之叔父義服，故次在此。成人大功，故長殤降一等在小功。云「不見中殤者，中從下也」者，下傳云「大功之殤中從下」，主謂此婦人爲夫之黨類，故知中從下在緦麻也。○妾服見大功章大夫之妾爲君之庶子條〔八五〕。

昆弟之子、女子子、夫之昆弟之子、女子子之下殤。疏曰：此皆成人爲之齊衰期，長、中殤在大功，故下殤在此小功也。○妾服見大功章大夫之妾爲君之庶子條。

爲姪庶孫丈夫、婦人之長殤。疏曰：謂姑爲姪成人大功，長殤在此，不言中殤，中從上。庶孫者，祖爲之大功，長殤、中殤亦在此。皆不言男子、女子，而言丈夫、婦人，是見恩疏之義也。

大夫、公之昆弟、大夫之子，爲其昆弟、庶子、姑、姊妹、女子子之長殤。大夫爲昆弟之長殤小功，謂爲士者若不仕者也，以此知爲大夫無殤服也。公之昆弟不言庶者，此庶服無所見也。大夫之子不言庶者，關適子亦服此殤也。云公之昆弟爲庶子之長殤，則知公之昆弟猶大夫。○疏曰：謂此三人爲此六種人。成人以尊降至大功，故長殤在小功，中殤亦從上。此一經亦尊卑爲次序也。注云「大夫爲昆弟之長殤小功，謂爲士者若不仕者也」者，凡爲昆弟長殤在大功，今小功，明大夫爲昆弟降一等，若昆弟亦爲大夫同等，則不降，今言降在小功，明是爲士若不仕者也。云「以此知爲大夫無殤服也」者，已爲大夫則冠矣，丈夫冠而不爲殤也〔八六〕。大夫二十而冠，而有兄姊殤者，已與兄姊同十九，而兄姊於年終死，已至明年初二十，因喪而冠，是已冠成人而有兄姊殤也。且五十乃爵命，今未二十已得爲大夫者，五十乃爵命，自是禮之常法，或有大夫之盛德，未必至五十爲大夫者也。曲禮云四十「强而仕」，則四十然後爲士。今云殤死者爲士，若不仕則爲士而殤死，亦是未二十得爲士者。若士冠禮鄭目録云：士之子任士職，居士位，二十而冠。故鄭引管子書四民之業，士亦世焉，是也。云「公之昆弟不言庶」者，經云公之昆弟多兼言庶〔八七〕，此特不云庶者，若爲母則兼云庶，以其適母適庶之子皆同服，妾子爲母則厭不申。今此經不爲母服，爲昆弟已下，故不言庶也。云「大夫之子不言庶者，關適子亦服此殤也」者，關，通也，通適子亦服此服也。

大夫之妾爲庶子之長殤。君之庶子。○疏曰：妾爲君之庶子，成人在大功章。今長殤降一等，故在此。云「君之庶子」者，若適長，則成人隨女君三年長殤在大功也。

右殤小功五月〔八八〕

小功布衰裳，牡麻絰，即葛，五月者。即，就也。小功輕，三月變麻，因故衰以就葛絰帶，而五月也。閒傳曰：「小功之葛〔八九〕，與緦之麻同。」舊説小功以下，吉屨無絇也。○疏曰：此是小功成人章，輕於小功殤，故次之。此章有三等：正、降、義。其衰裳之制、澡、絰等與前同，故略也。云「即葛五月者」，以此成人文縟，故變麻從葛。但以日月爲足，故不變衰也。不列冠屨，承上大功文略，小功又輕，故亦不言也。言日月者，成人文縟，故具言也〔九〇〕。引閒傳，欲見小功有變麻服葛法，既葬，大小同，故變同之也。按周禮屨人職，絇者，屨鼻頭有飾，爲行戒。吉時有行戒，故有絇；喪中無行戒，故無絇。

司服：卿、大夫凶服，加以大功、小功。詳見大功章〔九一〕。

從祖祖父母、從祖父母，報。祖父之昆弟之親。○疏曰：此亦從尊向卑。從祖祖父母，是曾祖之子、祖之兄弟。從祖父母者，是從祖祖父之子、父之從父昆弟之親，故鄭并言祖父之昆弟之親。云「報」者，恩輕，欲見兩相爲服，故云報也。從祖昆弟。父之從父昆弟之子。○疏曰：此是從祖父之子，故鄭云「父之從父昆弟之子」也。己之再從兄弟，以上三者爲三小功也。

記：兄弟皆在他邦，加一等。不及知父母，與兄弟居，加一等。皆在他邦，謂行仕出遊，若辟仇。不及知父母，父母早卒。○疏曰：云「在他邦加一等」者，二人共在他國，一死一不死，相愍不得辭於親眷〔九二〕，故加一等也。云「不及知父母與兄弟居加一等」者，謂各有父母，或父母有早卒者，與兄弟共居，而死亦當愍其孤幼相育，特加一等。云「不及知父母，父母早卒」者，或遺腹子，或幼小未有識，而父母早死者也。○本經記。○傳曰：何如則可謂之兄弟？傳曰：小功以下爲兄弟。於此發兄弟傳者，嫌大功已上又加也。大功已上，若皆在他國，則親自親矣。若不及知父母，則固同財矣。○疏曰：發問者，上經及記已有兄弟，皆是降等，唯此兄弟加一等，故怪而致問。引舊傳者，以有成文，故引之。云「小功以下爲兄弟」者，以其加一等故也。云「於此發兄弟傳者，嫌大功已上」，親則親矣，又加之，故於小功發傳也。「大功以上，若皆在他國，則親自親矣」，不可復加者也。云「若不及知父母，則固同財矣」者，據經不及知父母，與兄弟居，既親重，則財食是同，雖無父母，恩自隆重，不可復加也。○同上。

從父姊妹。父之昆弟之女。○疏曰：此謂從父姊妹在家大功，出適小功。不言出適，與在室姊妹既逆降，宗族亦逆降報之，故不辨在室及出嫁也。

孫適人者。孫者，子之子。女孫在室，亦大功也。○疏曰：以女孫在室與男孫同大功，故出適小功也。

爲人後者，爲其姊妹適人者。不言姑者，舉其親者，而恩輕者降可知。○疏曰：姑尊而不親，姊妹親而不尊，故不言姑而舉姊妹也。

爲外祖父母。

傳曰：何以小功也？以尊加也。疏曰：外親之服不過緦，今乃小功，故發問。云「以尊加」者，以祖是尊名，故加至小功。○爲所後者妻之父母，若子。詳見斬衰章爲人後者條。○記：庶子爲後者，爲其外祖父母、從母舅，無服。不爲後，如邦人。疏云：以其與尊者爲一體，既不得服所出母，是以母黨皆不服之。○本經記。○爲母之君母，母卒則不服。母之君母，外祖適母。徒從也，所從亡則已。○疏曰：此論不責恩所不及之事。君母，謂母之適母也。此親於子爲輕，故徒從也。己母若在，母爲之服，己則服之。己母若亡，則已不服母之君母矣。○小記○傳曰：母出，則爲繼母之黨服。母死，則爲其母之黨服。爲其母之黨服，則不爲繼母之黨服。雖外親亦無二統。○疏曰：此明繼母之黨亦是舊傳之辭，事異於上，故異稱傳曰也。○服問○此條，本章從母、緦章舅舅之子通用。○出妻之子爲外祖父母無服。詳見齊衰杖期章出妻之子爲母條〔九三〕。

○爲慈母之父母無服。恩不相及。○疏曰：慈母者，父雖命爲母子而非骨肉，故慈母之子不爲慈母之父母有服者，爲恩所不及也。○小記

從母，丈夫婦人，報。從母，母之姊妹。○疏曰：母之姊妹與母一體，從於己母而有此名，故曰從母。「丈夫婦人」者，異姓無出入降，是皆成人長大爲號也。母之姊妹之男女，與從母兩相爲服，故曰報。

傳曰：何以小功也？以名加也。外親之服皆緦也。外親異姓，正服不過緦。丈夫婦人，姊妹之子，男女同。○疏曰：「以名加」者，以其母名，故加至小功。外親以本非骨肉，情疏，故聖人制禮無過緦也。○外祖父母條母出則爲繼母之黨服，此條通用，當考。庶子爲後者，爲其從母，無服。不爲後，如邦人。詳見外祖父母條。

夫之姑姊妹，娣姒婦，報。夫之姑姊妹，不殊在室及嫁者，因恩輕，略從降。○疏曰：「夫之姑姊妹」，夫爲之期，妻降一等，出嫁小功，因恩疏略從降，故在室及嫁同小功。若此釋，恐謂未嘗報，然文不爲娣姒設，以其娣姒婦兩見，更相爲服自明，何言報也？既「報」字不爲娣姒，其報於娣姒上者，以其於夫之兄弟使之遠別，故無名，使不相爲服。要娣姒婦相爲服，亦因夫而有，故「娣姒婦」下云「報」，使娣姒上蒙「夫」字以冠之也。○妾服見大功章大夫之妾爲君之庶子條。

傳曰：娣姒婦者，弟長也。何以小功也？以爲相與居室中，則生小功之親焉。娣姒婦者，兄弟之妻相名也。長婦謂穉婦爲娣婦，娣婦謂長婦爲姒婦。○疏曰：長，是其年長。假令弟妻年大稱之曰姒，兄妻年小稱之曰娣。是以左氏傳穆姜是宣公夫人大婦也，聲伯之母是宣公弟叔肸之妻

小婦也。聲伯之母不聘，穆姜云：吾不以妾爲姒。是據二婦年大小爲娣姒，不據夫年爲小大也。

大夫、大夫之子、公之昆弟，爲從父昆弟、庶孫、姑、姊妹、女子子適士者。從父昆弟及庶孫，亦謂爲士者。○疏曰：從父昆弟、庶孫本大功，此三等以尊降入小功。姑、姊妹女子子本期，此三等出降入大功。若適士又降一等，入小功也。此等以重出其文，姑、姊妹又以再降，故在此。

記：大夫公之昆弟、大夫之子，於兄弟降一等。詳見大功章大夫爲昆弟爲士者條。

大夫之妾爲庶子適人者。君之庶子，女子子也。庶女子子在室大功，其嫁於大夫亦大功。○疏曰：此云「適人」者，謂士，是以本在室大功，出降，故小功。鄭云「嫁於大夫亦大功」者，直有出降，無尊降故也。

庶婦。夫將不受重者。○疏曰：經云於支庶舅姑爲其婦小功。鄭云「夫將不受重」，則若喪服小記注云：「世子有廢疾不可立，而庶子立。」其舅姑皆爲其婦小功，則亦兼此婦也。

記：適婦不爲舅後者，姑爲之小功。詳見大功章適婦條。

君母之父母從母。君母，父之適妻也。從母，君母之姊妹。○疏曰：此亦謂妾子爲適妻之父母及君母姊妹，如適妻子爲之同也。

傳曰：何以小功也？君母在，則不敢不從服。君母不在，則不服。不敢不服者，恩實輕也。凡庶子爲君母，如適子。○疏曰：云「不敢不從服」者，言畏敬也。云「君母不在」者，或出或死。云「如適子」者，則如適妻之子。君母在，既爲君母父母，其己母之父母或亦兼服之。若馬氏義，君母不在，乃可申矣。〇記：爲君母後者，君母卒，則不爲君母之黨服。徒從也，所從亡則已。〇疏曰：「爲君母後者」，謂無適立庶爲後也。妾子於君母之黨悉徒從，若君母卒，則不服君母之黨。今既君母没，爲後者嫌同於適服君母之黨，故特明之。〇小記

君子子爲庶母慈己者。君子子者，大夫及公子之適妻子。〇疏曰：禮之通例，云君子與貴人皆據大夫已上。公子尊卑比大夫，故鄭據而言。又國君之子爲慈母無服，士又不得稱君子(九四)，亦復自養子，無三母具，故知此二人而已。必知適妻子者，妾子賤，亦不合有三母故也。

傳曰：君子子者，貴人之子也，爲庶母何以小功也？以慈己加也。云「君子子」者，則父在也。父没，則不服之矣。以慈己加，則君子子亦以士禮爲庶母緦也。内則曰：「異爲孺子，室於宫中。擇於諸母與可者，必求其寬裕慈惠、温良恭敬、慎而寡言者，使爲子師。其次爲慈母，其次爲保母，皆居子室，他人無事不往。」又曰：「大夫之子有食母。」庶母慈己者，此之謂也。其不慈己，則緦可矣。不言師保，慈母居中，服之可知也。國君世子生，卜士之妻，大夫之妾，使食子，三年而出，見於公宫則劬，非慈母也。士之妻自養其子。〇疏曰：云「父在」者，以其言子繼於父，故云父在。且大夫公子不繼世，身死則無餘尊之厭，如凡人則無三母慈己之義，故知父在也。云「父没則不服」者，以其無餘尊，雖不服小功，仍服庶母緦麻，如士禮。「内則」已下，鄭彼注云「爲君養子之禮」，今此鄭所引，證大夫公子養子之法，以其大夫公子適妻子亦得立三母故也。又云「大夫之子有食母」者，彼注云：「選於傅御之中，喪服所謂乳母也。」按下章云「乳母」注云：「謂養子者有他故，賤者代之慈己」者。若然，大夫三

母之内，慈母有他故，使賤者代慈母養子，謂之乳母。死則服之三月，與慈母服異。引之者，證三母中又有此母也。君與士皆無此事，鄭所引内則，惟據大夫與公子養子法，更見國君養子之禮。但國君子之三母具如前説，三母之外，别有食子者，然皆無服也。知國君子於三母無服者，按曾子問孔子曰：「古者男子外有傅，内有慈母，君命所使教子也，何服之有？」以此而言，則知天子諸侯之子於三母皆無服也。

右小功正服五月

緦麻，三月者。緦麻，布衰裳而麻絰帶也。不言衰絰，略輕服，省文。○疏曰：此章五服之内輕之極者，故以緦如絲者爲衰裳，又以澡治莩垢之麻爲絰帶，故曰緦麻也。「三月」者，凡喪服變除皆法天道，故此服之輕者法三月一時，天氣變，可以除之也。云「緦麻布衰裳」者，緦則絲也，古之緦、絲字通用。上殤小功章云「澡麻絰帶」，況緦服輕，明亦澡麻可知。上章又言絰帶，故成人小功與此緦麻有絰帶可知也。

傳曰：緦者，十五升抽其半，有事其縷，無事其布，曰緦。謂之緦者，治其縷，細如絲也。或曰：有絲，朝服用布。何衰用絲乎？抽，猶去也。雜記曰：「緦冠繰纓。」○朝，直遥反，後放此。○疏曰：云「緦者十五升抽其半」者，以八十縷爲升，十五升千二百縷，抽其半六百縷，縷麤細如朝服數，則半之可謂緦而疏，服最輕故也。云「有事其縷，無事其布，曰緦」者，按下記云「大夫弔於命婦，錫衰」，傳曰：「錫者，十五升抽其半，無事其縷，有事其布，曰錫。」鄭注云：「謂之錫者，治其布，使之滑易也。」不錫者，「不治其縷，哀在内也。緦者不治其布，哀在外。」若然，則二衰皆同升數，但錫衰重，故治布不治縷，哀在内故也。此緦麻衰治縷不治布，哀在外故也。云「謂之緦者，治其縷細如絲也」者，以其麤細與朝服十五升同，故細如絲也。云「或曰」以下，此鄭以義破，或解朝服謂諸侯緇布衣、及天子朝服皮弁服、白布衣皆用布，至於喪衰何得反絲乎？故不可也。引雜記「緦冠繰纓」者，以其斬衰纓，纓重於冠，齊衰已下纓，纓與冠等。上傳曰：齊衰大功，冠其受也。緦麻小功，冠其衰也。則此云緦冠者，冠與衰同用緦布。但繰纓者，以灰繰治布爲纓，與冠别，以其冠與衰皆不治布纓，則繰治以其輕，故特異於上也。○記：童子，唯當室緦。童子，未冠之稱也。當室者，爲父後，承家事者，爲家主，與族人爲禮。於有親者，雖恩不至，不可以無服也。○疏曰：「當室」者，周禮謂之「門子」。與宗室往來，故爲族人有緦服。十九已下，非當室，則無緦服也。「有親者」，則族内四緦麻以來皆是也。以童子未能敦行孝弟，故云「恩不至」。又爲與族人爲禮而爲服，故服之也。不在緦章者，若在緦章則兼外，此則但爲與族人爲禮，不及外親，故不在緦章而在此記也。傳曰：不當室，則無緦服也。疏曰：此傳恐當室與不當室者同，故明之。○本經記。○童子無緦服，聽事不麻〔九五〕。爲幼少不備禮也。雖不服緦，猶免，深衣無麻，往給事也。○疏曰：「無緦服」者，童子唯當室與族人爲禮，故遂服今服之緦耳。若不當室，則情不能至緦，故不服也，然猶著免，深衣無絰，以往給事使役也。按問喪及鄭注之意，皆以童子不當室則無免，而此注云「猶免」者，崔氏、熊氏並云：不當室而免者，謂未成服而來也。問喪云「不當室不免」者，謂成服之後也。注但不著緦服耳，猶同初著深衣也。知免者，以問喪云：免者，不冠者之服〔九六〕。故知未服童子雖不當室，初著免也。○玉藻○童子不緦，唯當室緦。緦者其免也，當室則免而杖矣。詳見喪服義。

族曾祖父母、族祖父母、族父母、族昆弟。族曾祖父者，曾祖昆弟之親也。族祖父者，亦高祖之孫，則高祖有服明矣。○疏曰：此即禮記內云「四世而緦，服之窮也」，名爲四，緦麻者也。云「族曾祖父母」者，己之曾祖親兄弟也。云「族祖父母」者，己之祖父從父昆弟也。云「族父母」者，己之父從祖昆弟也。云「族昆弟」者，己之三從兄弟。皆名爲族，族，屬也，骨肉相連屬，以其親盡，恐相疏，故以族言之耳。此四緦麻與己同出高祖，上至高祖爲四世，旁亦四世。旁四世既有服，於高祖有服明矣。鄭言此者，齊衰三月章直見曾祖父母，不言高祖，以爲無服故也。從下鄉上推之，高祖有服可知。

庶孫之婦。疏曰：以適子之婦大功，庶子之婦小功；適孫之婦小功，庶孫之婦緦，是其差也。

庶孫之中殤。庶孫者，成人大功，其殤，中從上。此當爲下殤，言中殤者，字之誤爾。又諸言中者，皆連上下也。○疏曰：注云「庶孫者成人大功其殤中從上」者，則長、中殤皆入小功章中，故云「此當爲下殤」。「又諸言中者皆連上下也」者，謂大功之殤中從上，小功緦麻之殤中從下，無單言中殤者，此經單言「中殤」，故知誤，宜爲「下」也。

從祖姑、姊妹適人者，報。疏曰：此本服小功，是以降一等在緦麻。

從祖父、從祖昆弟之長殤。不見中殤，中從下。○疏曰：此本服小功，以長殤降一等在緦麻。云「不見中殤中從下」者，以其小功之殤中從下故也。其云從祖父長殤，謂叔父者也。

外孫。女子子之子。○疏曰：以女出外適而生，故云外孫。

從父昆弟、姪之下殤。疏曰：從父昆弟成人大功，長、中殤在小功，故下殤在此章也。姪者，爲姑之出降大功，長、中殤小功，故下殤在此也。

夫之叔父之中殤、下殤。言中殤者，中從下。○疏曰：夫之叔父成人大功，長殤在小功，故中、下殤在此。以下傳言之，婦人爲夫之族類大功之殤中從下，故鄭據而言之也。○妾服見大功章大夫之妾爲君之庶子條〔九七〕。

從母之長殤，報。疏曰：從母者，母之姊妹成人小功，故長殤在此，中、下之殤則無服。按小功章已見從母報服，此殤又云報者，以前章見兩，俱成人以小功相報，此章見從母與姊妹子俱在殤死，相爲報也〔九八〕。

庶子爲父後者爲其母。疏曰：此爲無冢適，惟有妾子，父死，庶子承後，爲其母緦也。

傳曰：何以緦也？傳曰：與尊者爲一體，不敢服其私親也。然則何以服緦也？有死於宮中者，則爲之三月不舉祭，因是以服緦也。君卒，庶子爲母大功。大夫卒，庶子爲母三年。士雖在，庶子爲母皆如衆人。○疏曰：云「一體」者，父子一體也。云「私親也」者，妾母不得體君，不得爲正親，既云不敢服其私親，而又服緦何也？云有死「宮中」者，縱是臣僕，亦三月不舉祭，故庶子因是爲母服緦也。有死即廢祭者，不欲聞凶人故也。注云「君卒，庶子爲母大功」者，大功章云「公之庶昆弟爲其母」是也。以其先君在，公子爲母在五服外，記所云是也。先君卒，則是今君，庶昆弟爲其母大功，先君餘尊之所厭，不得過大功。云「大夫卒，庶子爲母三年」者，以其父在大功，父卒無餘尊所厭，故伸三年。「士雖在，庶子爲母皆如衆人」者，士卑無厭故也。鄭并言大夫士之庶子者，欲見不承後者如此服，若承後則皆緦，故并言之也。若天子諸侯庶子承後，爲其母所服云何？按曾子問云：「古者天子練冠以燕居。」鄭云：謂庶子王爲其母無服。按服問云：「君之母非夫人，則羣臣無服。惟近臣及僕驂乘從服，惟君所服服也。」注云：「妾，先君所不服也。」禮：庶子爲後，爲其母緦。言惟君所服，申君也。春秋之義，有以小君服之者，時若小君在，則益不可。」據曾子問所云，據小君在則練冠五服外，服問所云，據小君没後，其庶子爲得申，故鄭云申君，是以引春秋之義，母以子貴。若然，天子諸侯禮同，與大夫士禮有異也。○不杖期章爲君之父母妻長子祖父母條君之母非夫人羣臣無服，此條通用，當互考。

士爲庶母。疏曰：傳云「大夫已上爲庶母無服」，則爲庶母是士可知。而經云士者，大夫已上不服庶母，庶人又無庶母服者，惟士而已，故言士也。

傳曰：何以緦也？以名服也。大夫以上，爲庶母無服。疏曰：「以名服也」者，以有母名。云大夫以上無服者，以其降故也〔九九〕。

貴臣、貴妾。此謂公士大夫之君也。殊其臣妾貴賤而爲之服。貴臣，室老、士也。貴妾，姪娣也。天子諸侯降其臣妾，無服。士卑無臣，則士妾又賤，不足殊，有子則爲之緦，無子則已。○疏曰：謂「公士大夫爲之服」，爲此服者，是公卿大夫之君得「殊其臣妾貴賤而爲之服」也。注云「貴臣室老士也」者，上斬章鄭注云：「室老，家相也。士，邑宰也。」云「貴妾，姪娣也」者，按曲禮云大夫「不名家相長妾」，士昏禮云「雖無娣，媵先」，是士姪娣不具，卿大夫有姪娣爲長妾可知，故曰「貴妾，姪娣也」。云「天子、諸侯降其臣妾無服」者，以其絶期已下故也。云「有子則爲之緦，無子則已」者，小記文。

傳曰：何以緦也？以其貴也。疏曰：以非南面，故簡，貴者服之也。○記：悼公之母死，母，哀公之妾。哀公爲之齊衰。有若曰：「爲妾齊衰，禮與？」譏而問之，妾之貴者爲之緦耳。○疏曰：天子諸侯絶旁期，於妾無服，惟大夫貴妾緦。公曰：「吾得已乎哉！魯人以妻我。」言國人皆名之爲我妻，重服嬖妾，文過非也〔一〇〇〕。○檀弓

乳母。謂養子者有他故，賤者代之慈己。○疏曰：按內則云「大夫之子有食母」，彼注亦引此云「喪服所謂乳母」，以天子諸侯其子有三母具，皆不爲之服，士又自養其子。若然，自外皆無此法，惟有大夫之子有此食母爲乳母，其子爲之緦也。云「爲養子者，有他故」者，謂三母之內，慈母有疾病或死，則使此賤者代之養子，故云乳母也。

傳曰：何以緦也？以名服也。疏曰：「以名服」者，有母名，即爲之緦服也。

從祖昆弟之子。族父母爲之服。○疏曰：云「從祖昆弟之子」者，據己於彼爲再從兄弟之子。云「族父母爲之服」者，據彼來呼己爲族父母，爲之服緦也。

曾孫。孫之子。○疏曰：據曾祖，爲之緦。不言玄孫者，此亦如齊衰三月章直見曾祖〔一〇一〕，不言高祖，以其曾、高同，曾、玄孫同，故二章皆略，不言高祖玄孫也。

父之姑。歸孫爲祖父之姊妹。○疏曰：按爾雅云：「女子謂昆弟之子爲姪。」「謂姪之子爲歸孫。」是以鄭據而言焉。

從母昆弟。

傳曰：何以緦也？以名服也。疏曰：「以名服」者，因從母有母名而服其子也。○爲外祖父母條母出則爲繼母之黨服，此條通用，當互考。

甥。姊妹之子。

傳曰：甥者何也？謂吾舅者，吾謂之甥。何以緦也？報之也。疏曰：「報之」者，甥既服舅以緦，舅亦爲甥以緦也。

婿。女子子之夫也。

傳曰：何以緦？報之也。疏曰：「報之」者，婿既從妻而服妻之父母，妻之父母遂報之也。

妻之父母。

傳曰：何以緦？從服也。從於妻而服之。○疏曰：舅、甥本親不相報，故上條不即言舅而後乃言之。此婿本疏，恐不是從服，故下即言妻之父母也。○有從重而輕爲妻之父母。詳見喪服義。○記：世子不降妻之父母。詳見齊衰杖期章妻條。○有從有服而無服，公子爲其妻之父母。詳見喪服義。

姑之子。外兄弟也。

傳曰：何以緦？報之也。疏曰：云「外兄弟」者，姑是内人，以出外而生，故曰外兄弟。姑、舅之子，兩相爲服，故云報之也。

舅。母之昆弟。

傳曰：何以緦？從服也。從於母而服之。○疏曰：不言報者，既是母之懷抱之親，不得言報也。○爲外祖父母條内母出則爲繼母之黨服，此條通用，當考。○爲所後者之妻之昆弟，若子。詳見斬衰章爲人後者條。○庶子爲後者〔一〇二〕。爲其舅，無服。不爲後，如邦人。詳見外祖父母條。

舅之子。内兄弟也。

傳曰：何以緦？從服也。疏曰：云「内兄弟」者，對姑之子云舅之子，本在内不出，故得内名也。「從服」者，亦是從於母而服之。不言報者，爲舅既言從服，其子相施，亦不得言報也。○爲外祖父母條母出則爲繼母之黨服，此條通用，當考。○爲所後者妻之昆弟之子，若子。詳見斬衰爲人後條〔一〇三〕。

夫之姑，姊妹之長殤。疏曰：夫之姑，姊妹成人，婦爲之小功；長殤，降一等，故緦麻也。○妾服見大功章大夫之妾爲君之庶子條。

夫之諸祖父母，報。諸祖父者，夫之所爲小功，從祖祖父母，外祖父母。或曰曾祖父母。曾祖於曾孫之婦無服，而云報乎？曾祖父母正服小功，妻從服緦。○疏曰：夫之所爲小功者，妻降一等，故緦麻。以其本疏，兩相爲服，則生報名。或人解諸祖之中兼有夫之曾祖父母，鄭以凡言報者，兩相爲服，曾祖爲曾孫之婦無服，何得云報乎？故破其説。又言若今本不爲曾祖齊衰三月，而依差降服小功，其妻降一等，得有緦麻，今既齊衰三月，明爲曾孫妻無服。○妾服見大功章大夫之妾爲君之庶子條。

君母之昆弟。

傳曰：何以緦？從服也。從於君母而服緦也。君母在，則不敢不從服。君母卒，則不服也。○疏曰：徒從所從亡則已也〔一〇四〕。○小功章君母之父母從母條君母卒，不爲君母之黨服〔一〇五〕，此條通用，當考。

從父昆弟之子之長殤，

昆弟之孫之長殤，

爲夫之從父昆弟之妻。疏曰：從父昆弟之子之長殤，昆弟之孫之長殤，此二人本皆小功，故長殤在緦麻，中殤從下殤，無服。夫之從父昆弟之妻，同堂娣姒降於親娣姒，故緦麻也。○妾服見大功章大夫之妾爲君之庶子條。

傳曰：何以緦也？以爲相與同室，則生緦之親焉。長殤、中殤降一等，下殤降二等。齊衰之殤中從上，大功之殤中從下。同室者，不如居室之親也。齊衰、大功，皆明其成人也。大功之殤中從下，則小功之殤亦中從下也。此主謂妻爲夫之親服也。凡不見者，以此求之。○疏曰：發問者，以本路人，夫又不服之，今相爲服，故問之。以大功有同室同財之義，故云「相與同室生緦之親」焉。云「長殤，中殤降一等」以下，乃是婦人爲夫之族著殤服法，雖文承上男子爲殤之下，要爲下婦人而發也。若然，云「長殤，中殤降一等」者，據下齊衰中殤從上，在大功也。「下殤降二等」者，亦是齊衰下殤在小功者也。言「同室」者，直是舍同，未必安坐。言「居」者，非直舍同，又是安坐，以上小功章親娣姒婦言居室，而此云同室，輕重不等也。「齊衰大功皆服其成人也」者，以其無殤在齊衰之服，明據成人。齊衰既是成人，明大功亦是成人可知也。云「大功之殤中從下，則小功之殤亦中從下」者，則舉上以明下。上殤大功注云「大功之殤中從上」，則齊衰之殤亦中從上。彼注舉下以明上，皆是省文之義。上文據大功、小功，不據齊衰，以其重，故據男子爲殤服而言。此不言小功，上取齊衰對大功以其輕，故知婦人義服爲夫之親而發也。「凡不見」者，婦人爲夫之親，從夫服降一等，而經傳不見者也。

右緦麻三月

校勘記

〔一〕衣其羽皮　「皮」，原作「毛」，據四庫本改。

〔二〕生人制服服之者　「生」，原作「主」，據賀本改。

〔三〕自斬至緦麻皆以升數　「自」，原作「上」，據賀本改。
〔四〕喪服章次雖以升數多少爲前後　「少」，原作「小」，據四庫本、賀本改。
〔五〕士之服　句下，賀本有「○周禮春官」四字。
〔六〕明爲下文父諸侯爲天子等而出也　「文」，原作「句」，據賀本改。
〔七〕縫扶弄反注同　六字原作「六升」，據賀本改。
〔八〕孔倫　「倫」，原作「衍」，據賀本改。
〔九〕天子諸侯卿大夫士　「士」，原作「既」，據賀本改。
〔一〇〕一銖爲十絫　「絫」，原作「參」，據四庫本、賀本改。以下徑改。
〔一一〕則九兩者二百一十六銖　「二」，原作「三」，據賀本改。
〔一二〕添前分得十九銖　句上原有「銖」字，據四庫本、賀本删。
〔一三〕書傳文　「文」，原作「云」，據吕本、四庫本、賀本改。
〔一四〕唯據天子若言五月　此八字原無，據賀本補。
〔一五〕三年之喪　句上，賀本有「記」字。
〔一六〕若天子諸侯旁期之喪　「喪」，原作「説」，據賀本改。
〔一七〕即此文　「此」字原缺，據四庫本、賀本補。
〔一八〕記事親有隱而無犯　「記」，賀本在上句「喪父三年」之前。

〔一九〕若有危難當致死　「若」，原作「君」，「死」字原脱，俱據賀本改補。

〔二〇〕取事父之禮以事君　「事」，原作「喪」，據賀本改。

〔二一〕詳見上斬衰條　「條」，原作「章」，據賀本改。

〔二二〕故云斬衰以三升爲正　「正」，原作「主」，據賀本改。

〔二三〕齊斬之情　「斬」，原作「衰」，據四庫本、賀本改。

〔二四〕且大國之卿與天子上士俱三命　「士」，原作「卿」，據賀本改。

〔二五〕齊疏之服　「疏」，原作「衰」，據賀本改。

〔二六〕一音苦怪反　「怪」字原缺，據賀本補。

〔二七〕故特著文於上也　「上」，原作「中」，據四庫本、賀本改。

〔二八〕諸侯諸臣皆爲天王斬衰　句下，賀本有「〇周禮春官」四字。

〔二九〕不服斬也　「斬」，原作「加」，據賀本改。

〔三〇〕内宗謂君五屬内之女　「之女」二字原脱，據四庫本補。

〔三一〕不繼祖與禰也　「也」上，賀本有「故」字。

〔三二〕庶子不得爲長子三年　「得」字原脱，據賀本改。

〔三三〕此出後大宗　「出後」，原作「後出」，據賀本改。

〔三四〕爲人後者爲之子　句上，賀本有「記」字。

〔三五〕庶子既不得爲後　此句原脱，據賀本補。
〔三六〕成人服之齊衰期　此句原脱，據賀本補。
〔三七〕即爾雅云疏不熟之疏　下「疏」字，原作「貌」，據四庫本、賀本改。
〔三八〕妄解則文説多塗　「説」下，賀本有「義」字。
〔三九〕即是片合之義　「片」字，四庫本、賀本俱作「胖」。下「慈母非父片合」同。
〔四〇〕不須假父命之與適妻使爲母子也　「須假」，原作「假須」，據四庫本改。
〔四一〕固爲其善　「爲其」，原作「謂之」，據賀本改。
〔四二〕温良恭敬　「温良」二字原脱，據吕本、賀本補。
〔四三〕云國君之妾子於禮不服也者　「妾」，原作「庶」，據賀本改。
〔四四〕即是此章者也　「即是此」三字原脱，據賀本補。
〔四五〕見斬衰有二　「二」，吕本、四庫本作「三」。
〔四六〕故假他問己答之言也　「己答」，原作「答己」，據賀本改。
〔四七〕故父雖爲妻期而除　「雖」，原作「唯」，據四庫本、賀本改。
〔四八〕父在爲母齊衰期　句上，賀本有「記」字。
〔四九〕爲夫斬　「夫」，原作「大」，據吕本、四庫本、賀本改。
〔五〇〕詳見本章父在爲母條　「父」字原脱，據吕本、四庫本、賀本補。

〔五一〕子無出母之義　「子」字原脱，據四庫本、賀本補。

〔五二〕暫時與父片合　「片」，四庫本、賀本作「牉」。

〔五三〕無降殺之義　「義」，四庫本作「差」。

〔五四〕皆爲庶子言耳　「言」字原脱，據賀本補。

〔五五〕亦無礙繼母嫁則與宗廟絶　「母」字原脱，據四庫本、賀本補。

〔五六〕世父叔父　上「父」字原脱，據四庫本、賀本補。

〔五七〕喪服兄弟之子猶子也　句上，賀本有「記」字。

〔五八〕持重於大宗者　「於」字原脱，據四庫本、賀本補。

〔五九〕宗其爲父後持重者　「持」字原缺，據賀本補。

〔六〇〕羣臣自當服斬　「斬」，原作「新」，據吕本、四庫本、賀本改。

〔六一〕斬杖之宜　「斬」，原作「群」，據吕本、四庫本、賀本改。

〔六二〕以喪服斬衰章云　「以」字原缺，據賀本補。

〔六三〕不別見諸侯爲后之文　「諸侯」二字原脱，據賀本補。

〔六四〕以其妻既與夫體敵　「妻」，原作「事」，據賀本改。

〔六五〕與子判合　「判」，賀本作「牉」。

〔六六〕歸其宗廟　「歸」原作「埽」，據吕本、四庫本、賀本改。注文「君歸其宗廟」同。

〔六七〕言嫁於大夫者　句上原有「注曰」二字，據賀本删。

〔六八〕未可言布體與大功　「大」，原作「人」，據吕本、四庫本改。

〔六九〕三等殤皆以四年爲差　「三」，原作「二」，據吕本、四庫本、賀本改。

〔七〇〕夫自爲之禫杖期　「禫」，原作「覃」，據明遞修本、四庫本、朝鮮本改。

〔七一〕後反來爲族親兄弟之類　「反」，原作「又」，據賀本改。

〔七二〕在堂上行食燕之禮　「上」，原作「下」，據吕本、四庫本、賀本改。

〔七三〕故今論於此而頗刊定其疏云　「故」，原缺，據賀本補。

〔七四〕室老似正君近臣　「正」，四庫本作「止」。

〔七五〕今繼兄而言昆弟　四庫本無「昆」字。

〔七六〕則於父卒如國人也　「如」，原作「知」，據吕本、四庫本、賀本改。

〔七七〕以其公在爲母妻厭　「公」，原作「父」，據賀本改。

〔七八〕得與女君同　「女」上，原有「女」字，據四庫本、賀本删。

〔七九〕當言其以見之者　「見」，原作「明」，據賀本改。

〔八〇〕又有問大夫之妾章者　「者」，原作「〇」，據賀本改。

〔八一〕今得在大功科中者　「功」，原作「夫」，據賀本改。

〔八二〕若魯桓公生世子名同者　「若」字原缺，據四庫本、賀本補。

〔八三〕當與下章同吉屨無絇也　「吉」，原作「言」，據四庫本、賀本改。

〔八四〕使之滑淨引小記者　「使之滑淨引小」六字原脱，據賀本補。

〔八五〕妾服見大功章大夫之妾爲君之庶子條　「章」字原脱，據賀本補。

〔八六〕丈夫冠而不爲殤也　「丈」，原作「大」，據賀本改。

〔八七〕經云公之昆弟多兼言庶　「公」，原作「父」，據賀本改。

〔八八〕右殤小功五月　「殤小功」，原作「小功殤」，據賀本改。

〔八九〕小功之葛　「葛」，原作「蔓」，據吕本、四庫本、賀本改。

〔九〇〕故具言也　「具」，原作「其」，據四庫本、賀本改。

〔九一〕詳見大功章　句上，賀本有「周禮〇」二字。

〔九二〕相愍不得辭於親眷　「愍」，原作「慗」，據四庫本、賀本改。下同。

〔九三〕詳見齊衰杖期章出妻之子爲母條　「條」，原作「期」，據吕本、四庫本、賀本改。

〔九四〕士又不得稱君子　「又」，原作「文」，據吕本、四庫本、賀本改。

〔九五〕聽事不麻　「不」，原作「如」，據吕本、賀本改。

〔九六〕不冠者之服　「服」，原作「稱」，據賀本改。

〔九七〕妾服見大功章大夫之妾爲君之庶子條　「條」，原作「孫」，據吕本、四庫本、賀本改。

〔九八〕相爲報也　「相」，原作「期」，據四庫本、賀本改。

〔九九〕以其降故也　「降」，原作「隆」，據賀本改。

〔一〇〇〕文過非也　「文」，原作「之」，據四庫本、賀本改。

〔一〇一〕此亦如齊衰三月章直見曾祖　「祖」，原作「孫」，據呂本、四庫本、賀本改。

〔一〇二〕庶子爲後者　句上，賀本有「記」字。

〔一〇三〕詳見斬衰爲人後條　「衰」下，賀本有「章」字。

〔一〇四〕徒從所從亡則已也　「所」，原作「故」，據賀本改。

〔一〇五〕小功章君母之父母從母條君母卒不爲君母之黨服　「小功章君」下，原有「君」字，據賀本删。

儀禮經傳通解續卷第二

喪禮二之上

士喪禮上二[一]

鄭目録云：士喪其父母，自始死至於既殯之禮。喪於五禮屬凶。○疏曰：自，從也。既，已也。謂從始死已殯之後，未葬之前，皆録之於此上篇。案周禮大宗伯掌五禮：吉、凶、軍、賓、嘉。此於五禮屬凶。若然，天子諸侯之下皆有士，此當諸侯之士。知者，下云「君若有賜」，不言王。又喪大記云：「君沐粱，大夫沐稷，士沐粱。」鄭云：「士喪禮沐稻，此云士沐粱，蓋天子之士也。」又大斂陳衣與喪大記不同，鄭亦云：彼天子之士，此諸侯之士。以此言之，此篇諸侯之士可知。但公侯伯之士一命，子男之士不命，一命與不命皆分爲三等，各有上、中、下。及行喪禮，其節同，但銘旌有異，故下云：「爲銘，各以其物，亡則以緇，長半幅。」物，謂公侯之士一命已上，生時得建旌旗。亡，謂子男之士，生時無旌旗之物者。唯此爲異。

經十二

士喪禮

右篇目○周禮黨正：凡其黨之喪紀，教其禮事，掌其戒禁。○記：恤由之喪，哀公使孺悲之孔子學士喪禮，士喪禮於是乎書。時人轉而僭上，士之喪禮已廢矣。孔子以教孺悲，國人乃復書而存之。○雜記

死于適室，幠用斂衾。適，丁狄反。幠，火吳反。斂，力豔反，後皆同。○適室，正寢之室也。疾者齊，故于正寢焉。疾時處北墉下〔二〕，死而遷之當牖下〔三〕，有牀衽。幠，覆也。斂衾，大斂所并用之衾。衾，被也。小斂之衾當陳，喪大記曰：「始死，遷尸于牀，幠用斂衾，去死衣。」○疏曰：云「適室正寢之室也」者，若對天子諸侯謂之路寢，卿大夫士謂之適室，亦謂之適寢。總而言之，皆謂之正寢。是以莊三十二年秋八月「公薨于路寢」〔四〕，公羊、穀梁傳云：路寢，「正寢也。」言正寢者，對燕寢與側室非正。案喪大記云：「君、夫人卒於路寢，大夫、世婦卒於適寢。內子未命，則死於下室，遷尸于寢。士之妻皆死于寢。」鄭注云：「言死者，必歸於正處也。」以此言之，妻皆與夫同處。若然，天子崩亦於路寢。是以顧命成王崩，延康王於翼室，翼室則路寢也。非正寢，則失其所。云「疾者齊故于正寢焉」，以其齊須在適寢，正情性也。云「幠覆也斂衾大斂所并用之衾」者，案喪大記，君、大夫、士皆小斂一衾，大斂二衾。今始死，小斂之衾當陳，故不用小斂衾，以其大斂未至，且用大斂一衾以覆尸。及至大斂之時，兩衾俱用，一衾承薦於下，一衾以覆尸，故云大斂所并用之衾。引喪大記者，欲見加斂衾以覆尸，以去死衣，鄭

彼注云：「去死衣，病時所加新衣及復衣也，去之以俟沐浴。」是也。○今案：復而後行死事，則幠用斂衾當在復章之後。然復楔齒、綴足、設飾帷堂並作，則亦初無先後之別。今依經文及凡傳記言始死之事，雖在復後者，皆列於此章之下。

右始死案：始死之前，有有疾、疾病等事，經文不具，今以記附見于下。○記：士處適寢，寢東首于北墉下。首，手又反。墉，音庸。○將有疾，乃寢於適室。今文「處」爲「居」，「于」爲「於」。○疏曰：凡記者，皆是經不具，記之使充經，文理備足也。適寢，與適室一也。若不疾則在燕寢，將有疾乃寢卧于適室，故變室爲寢也。云「東首」者，鄉生氣之所。云「墉下」者，墉謂之墻，喪大記謂之北墉下，此在北墉下，亦取十一月一陽生於北，生氣之始故也。有疾，疾者齊，齊，側皆反，本又作「齋」。○正情性也。適寢者，不齊不居其室。○疏曰：既有疾，當齊戒正情性故也。云「適寢者不齊不居其室」者，案鄉黨孔子齊居必遷坐，祭義云：「致齊於內，散齊於外。」皆在適寢，但散齊得鄉外，故云於外耳。養者皆齊。養，于亮反。○疏曰：男女養疾，皆齊戒正情性也。徹琴瑟，去樂。○去，起吕反。○疏曰：君子無大故，琴瑟不離其側。今以父母有疾，憂不在于樂，故去之。案喪大記云：疾病，「君大夫徹縣，士去琴瑟。」注云：「凡樂器，天子宫縣，諸侯軒縣，大夫判縣，士特縣。」去琴瑟者，不命之士。亦謂子男之士，不命者也。○案：去樂，以病者齊，故去之，非爲子去也，疏文可疑。疾病，外内皆埽，埽，素到反。○爲有賓客來問也。疾甚曰病。徹褻衣，加新衣。故衣垢汙，爲來人穢惡之。○疏曰：此文承疾病者及養病者，則徹褻衣據死者而言，則生者亦去故衣，服新衣矣。徹褻衣，謂故玄端已有垢汙。加新衣者，謂更加新朝服。朝服言新，則褻衣是故。玄端言褻，朝服是絜，不褻矣。各舉一邊而言，明皆有兼也。必知褻衣是玄端，新衣是朝服者，案司服，士之齊服服玄端，則疾者與養疾者皆齊，明服玄端。檀弓云：「始死，羔裘玄冠者，易之而已。」羔裘玄冠，則朝服，故知臨死所著新衣則朝服也，故鄭云「終於正」也。御者四人皆坐持體，爲不能自轉側。御者，今時侍從之人。○疏曰：案喪大記云：「體一人。」注云：「爲其不能自伸屈也。」若然，四體各一人，亦爲不能自轉側。詩云「輾轉反側」，據身；云「不能自屈伸」，據手足。二文相兼乃具。云「御」者，士雖無臣，亦有侍御僕從近人終於其手也。男女改服，爲賓客來問病，亦朝服，庶人深衣。屬纊以俟絶氣。屬，音燭。纊，音曠。○爲其氣微難節也。纊，新絮。○疏曰：案喪大記注云：「纊，今之新綿，易動摇，置口鼻之上，以爲候。」亦二注相兼乃具。禹貢豫州貢「纖纊」，明纊新綿也。男子不絶於婦人之手，婦人不絶於男子之手。備褻。○疏曰：案喪大記注云：「君子重終，爲其相褻。」疾時使御者持體，并死于其手。若婦人，則内御者持體，還死于其手。僖三十三年冬，公薨于小寢，左氏傳曰：「即安也。」服注云：「小寢，夫人寢也。禮：男子不絶于婦人之手。」今僖公薨于小寢，譏其近女室也。乃行禱于五祀。盡孝子之情。五祀，博言之。士二祀：曰門，曰行。○疏曰：云「盡孝子之情」者，死期已至，必不可求生，但盡孝子之情，故乃行禱五祀，望祐助病者，使之不死也。云「五祀博言之士二祀曰門曰行」者，祭法文。諸侯五祀，今禱五祀，是廣博言之，望助之者衆。○本經記。○疾病廢牀，御者持體，體一人。詳見喪大記。○案喪大記全文與本經記大同小異，今不重出，檢其異者録于此〔五〕。○士疾，君一問之。詳見喪大記。○乃卒，卒，終也。○疏曰：曲禮與爾雅皆云：「大夫曰卒，士曰不禄。」今士不言不禄而云卒，美言之，使與大夫同稱也。主人啼，兄弟哭。哀有甚有否，於是始去冠而笄纚，服深衣。檀弓曰：「始死，羔裘玄冠者，易之。」○疏曰：云「哀有甚有否」者，啼即泣也，檀弓：高柴「泣血三年」，注云：「言泣無聲，如血出。」則啼是哀之甚，發聲則氣竭而息之聲不委曲，若往而不反，對齊衰以下直哭無啼，是其否也。禮記問喪云：「親始死，雞斯徒跣，扱上衽。」注云：「雞斯，當爲笄纚。上衽，深衣之裳前。」是其親始死，笄纚服深衣也。引檀弓者，證服深衣，易去朝服之事也。○本經記。○婦人哭踊。凡哭尸于室者，主人二手承衾而哭。詳見喪大記。○親始死，雞斯徒跣，扱上衽，交手哭。詳見喪禮義。○始死，充充如有窮。詳見喪通禮哀戚條。○始死，皇皇如有求而弗得。同上○始死，三日不怠。同上○三日而食〔六〕。詳見喪禮義。○水漿不入於口者三日。同上○士之妻皆死于寢。詳見喪大記。○衾，死而後制。詳見本篇陳小斂衣條。○孔子蚤作，作，起。負手曳杖，消摇於門，本又作「逍遥」〔七〕。○欲人之怪己。歌曰：「泰山其頹乎！泰山，衆山所仰。梁木其壞乎！梁木，衆木所放。○放，方兩反。哲人其萎乎！」哲人，亦衆人所仰放也。以上二句喻之。萎，病也。詩云：「無木不萎。」既歌而入，當户而坐。蚤坐，急見人也。子貢聞之，曰：「泰山其頹，則吾將安仰？梁木其壞，哲人其萎，則吾將安放？夫子殆將病也！」覺孔子歌意。殆，幾也。遂趨而入，夫子曰：

「賜，爾來何遲也？坐則望之。夏后氏殯於東階之上，則猶在阼也。殷人殯於兩楹之間，則與賓主夾之也。周人殯於西階之上，則猶賓之也。阼，才故反。楹，音盈。○以三王之禮占己夢。而丘也殷人也。予疇昔之夜，夢坐奠於兩楹之間。是夢坐兩楹之間而見饋食也，言奠者以爲凶象。疇，發聲也。昔，猶前也。夫明王不興而天下其孰能宗予？予殆將死也。」孰，誰也。宗，尊也。兩楹之間南面鄉，明人君聽治正坐之處。今無明王，誰能尊我以爲人君乎？是我殷家奠殯之象，以此自知將死。蓋寢疾七日而沒。明聖人知命。○疏曰：杖以扶身，恒在前而用，今乃反手却後以曳其杖，示不復杖也。又夫子禮度自守，貌恒矜莊，今乃消摇放蕩以自寬縱，皆是特異尋常，陵旦如此，故云「欲人之怪己」。杖曳於後，示不復用；消摇寬縱，示不能以禮自持：並將死之意狀。又曰：衆木，榱桷之屬，依放横梁乃存，立放則依也。泰山、梁木，並指他物。哲人其萎，指夫子之身。以二物比夫子，故云「以上二句喻之」。君子常不自當户，已歌而入，即當户而坐，故云蚤坐。坐不在隱處，是急欲見人。夏后氏殯於東階，則猶在阼。周人殯於西階，則猶賓之。夏與周並言「猶」者，以其既死無所知識，孝子不忍，以生禮待之，猶尚阼階以爲主，猶尚西階以爲賓客，故言「猶」也。「殷人殯於兩楹之間」，不云「猶」者，禮：賓主敵者授受於兩楹之間，又是南面聽朝之處。蓋以夫子夢在兩楹而見饋食，知是凶象，無聽朝之事，不得云「則猶尊之」，以有賓主二事，故云「與」也。鄭注考工記宗廟路寢制如明堂，周之明堂「東西九筵，南北七筵，五室」，每室二筵，堂上窄狹得容殯者，以路寢廣大，故得容之。其上圓下方，五室之屬，如明堂耳。○檀弓○案：孰能宗予，但言無人尊己之道。注言尊爲「人君」，既失之。曳杖消摇，鄭注又以爲欲人怪己，孔疏亦以爲寬縱自放，皆非。所以言聖人曳杖消摇，蓋其既病之餘，閑適之際，德容如是，猶所謂「逞顔色申申夭夭」之類，初非寬縱之謂。若謂將死而不以禮自持，則是不以正而斃，非所以示訓也。○曾子有疾，召門弟子曰：「啓予足！啓予手！詩云：『戰戰兢兢，如臨深淵，如履薄冰。』而今而後，吾知免夫！小子！」夫，音扶。○集注曰：啓，開也。曾子平日以爲身體受於父母，不敢毁傷，故於此使弟子開其衾而視之。詩，小旻之篇。戰戰，恐懼。兢兢，戒謹。臨淵，恐墜。履冰，恐陷也。曾子以其所保之全示門人，而言其所以保之之難如此。至於將死，而後知其得免於毁傷也。小子，門人也。語畢而又呼之，以致反復丁寧之意，其警之也深矣。○論語○曾子有疾，孟敬子問之。集注曰：孟敬子，魯大夫仲孫氏，名捷。問之者，問其疾也。曾子言曰：「鳥之將死，其鳴也哀。人之將死，其言也善。言，自言也。鳥畏死，故鳴哀。人窮反本，故言善。此曾子之謙辭，欲敬子知其所言之善而識之也。君子所貴乎道者三：動容貌，斯遠暴慢矣；正顔色，斯近信矣；出辭氣，斯遠鄙倍矣。籩豆之事，則有司存。」遠、近，並去聲。○貴，猶重也。容貌，舉一身而言。暴，粗厲也。慢，放肆也。信，實也。正顔色而近信，則非色莊也。辭，言語。氣，聲氣也。鄙，凡陋也。倍，與背同，謂背理也。籩，竹豆。豆，木豆。言道雖無所不在，然君子所重者，在此三事而已。是皆修身之要，爲政之本，學者所當操存省察，而不可有造次顛沛之違者也。若夫籩豆之事，器數之末，道之全體固無不該，然其分則有司之守，而非君子之所重矣。○同上○曾子疾病，疾困曰病。曾元抑首，曾華抱足。元、華，曾子之子〔八〕。曾子曰：「人之生也，百歲之中，有疾病焉，有老幼焉，故君子思其不可復者而先施焉。親戚既殁，雖欲孝，誰爲孝？年既耆艾，雖欲弟，誰爲弟？故孝有不及，弟有不時，其此之謂與？」大戴記○曾子寢疾，病，病，謂疾困。○疏曰：此一節論曾子臨死守禮不變之事。樂正子春坐於牀下〔九〕，子春，曾子弟子。曾元、曾申坐於足，元、申，曾參之子。童子隅坐而執燭。隅坐，不與成人並。童子曰：「華而睆，大夫之簀與？」睆，華板反，明貌。孫炎云：「睆，漆也。」○華，畫也。簀，謂牀第也。説者以睆爲刮節目，字或爲「刮」。○疏曰：凡繪畫，五色必有光華也。爾雅云：「簀謂之第。」睆者，謂刮削木之節目，使其睆睆然也。○第，側吏反。子春曰：「止。」以病困不可動。曾子聞之，瞿然曰：「呼！」呼，虛憊之聲。曰：「華而睆，大夫之簀與？」曾子曰：「然，斯季孫之賜也，我未之能易也。元，起易簀。」未之能易，以病故也。○疏曰：病時氣力虛弱，故時復一時未能改易，聞童子之言而驚駭。曾元曰：「夫子之病革矣，不可以變。幸而至於旦，請敬易之。」革，紀力反，徐又音極，急也。○言夫子者，曾子親殁之後，齊嘗聘以爲卿而不爲也。革，急也。變，動也。幸，覬也。曾子曰：「爾之愛我也不如彼。彼，童子也。君子之愛人也以德，成己之德。細人之愛人也以姑息。息，猶安也，言苟容取安也。吾何求哉？吾得正而斃焉，斯已矣。」斃，仆也。○疏曰：言君子愛人，必以善事成己之德。細小人之愛人也，不顧道理且相寧息耳。吾今更何求焉，唯求正道，易換其簀，而即仆焉斯已矣。舉扶而易之，反席未安而歿。言病雖困，猶勤於禮。○檀弓，下同。○子張病，召申祥而語之曰：「君子曰終，小人曰死。申祥，子張子，欲使執喪成己志也。死之言澌也。事卒爲終，消盡爲澌。太史公傳曰：子張姓顓孫。今曰申祥，周、秦之聲二者相近，未聞孰是。吾今日其庶幾乎？」疏曰：若君子之死謂之爲終，言但身終，功名尚在。若小人之死但謂之爲死，無功名可録，但形骸澌盡也。庶，幸也。幾，冀也。言吾若平生爲惡，不可幸冀爲君子之人。吾即平生以善自修，今日將死，其幸冀爲君子乎？汝但執喪成禮，以助我意，則功名得存，但身終而已。○今案：子張所云君子、小人曰終、曰死之别，蓋言人生斯世，當盡人道。君子之人，人道既盡，則其死也爲能終其事，故以終稱之；若小人，則無可盡之道，只是形氣消盡，故稱之曰死。終以道言，死以形言。子張言「庶幾」者，蓋以生平持身，惟恐有不盡之道。今至將没，幸其得以盡道而終，故以爲言，亦猶曾子知免之意。觀其將死喜幸之言，足以見其生平恐懼之意，正學者所當用力也。今注家以爲「欲使執喪成己志」，疏家又以爲但身終功名尚存。幾，本訓近，又訓爲冀，皆不可曉。學術不明，其弊至此，不可不辨。○衛太子蒯聵迫孔悝，季子曰：「食焉，不辟其難。」入曰：「太子焉用孔悝？雖殺之，必或繼之。」太子下石乞、盂黶敵子路，以戈擊之，斷纓。子路曰：「君子死，冠不免。」結纓而死。哀公十五年左氏春秋傳

復者一人，以爵弁服，簪裳于衣，左何之，扱領于帶。簪，側林反，劉左南反。何，户我反，又

音河。扱，初洽反，劉初輒反。○復者，有司招魂復魄也。天子則夏采、祭僕之屬，諸侯則小臣爲之。爵弁服〔一〇〕，純衣纁裳也，禮以冠名服。簪，連也。○純，側其反。纁，許云反。○疏曰：言「復者一人」者，諸侯之士一命與不命並皆一人。案雜記云「復西上」者，鄭注云：「北面而西上，陽長左也。」復者多少，各如其命之數。若上公九命，則依命數九人之類。云「復者有司」者，案喪大記復者小臣，士家不得同僚爲之，則有司府史之等也。不言所著衣服者，案喪大記小臣「朝服」，下記亦云「復者朝服」，則尊卑皆朝服可知。必著朝服者，朝服平生所服以事君之衣也。朝服而復，冀精神識之而來反衣，以其事死如事生，故復者皆朝服也。云「招魂復魄也」者，出入之氣謂之魂，耳目聰明謂之魄，死者魂神去離於魄，今欲招取魂來復歸于魄，故云「招魂復魄」也。云「爵弁服純衣纁裳也」者，案士冠禮云：「陳服于房中西墉下，東領北上，爵弁服、纁裳、純衣。」是也。士用爵弁者，案雜記云：「士弁而祭於公，冠而祭於己。」是士服爵弁助祭於君，玄冠自祭於家廟。士復用助祭之服，則諸侯已下皆用助祭之服可知，故雜記云：「復，諸侯以褒衣、冕服、爵弁服。」冕服者有六，除大裘有衮冕、鷩冕、毳冕、絺冕、玄冕，上公衮冕而下，侯伯鷩冕而下，子男毳冕而下，孤自絺冕而下，卿大夫玄冕亦皆加爵弁，士爵弁而已。王后以下，案雜記云：「復，夫人稅衣揄狄，闕狄、鞠衣、展衣、褖衣。」王后及上公夫人、二王後及魯之夫人，皆用褘衣下至褖衣；侯伯夫人與王之三夫人，同揄翟以下至褖衣；子男夫人與三公夫人，自闕狄以下至褖衣；孤之妻與九嬪，鞠衣、展衣、褖衣；卿大夫妻與王之世婦，展衣、褖衣；士妻與女御褖衣而已。云「禮以冠名服」者，案士冠禮，皮弁、爵弁並列於階下，執之而空，陳服於房。云皮弁服、爵弁服，是以冠名服。鄭言此者，欲見復時唯用緇衣纁裳，不用爵弁，而經言爵弁服，是禮以冠名服也。云「簪連也」者，若凡常時衣服、衣裳各別，今此招魂，取其便，故連裳於衣。升自前東榮、中屋，北面招以衣，曰：「臯某復！」三，降衣于前。中，如字，劉丁仲反。○北面招，求諸幽之義也。臯，長聲也。某，死者之名也。復，反也。降衣，下之也。喪大記曰：「凡復，男子稱名，婦人稱字。」○疏曰：案喪大記：「復有林麓，則虞人設階；無林麓，則狄人設階。」鄭云：「階，所乘以升屋者。」階，梯也，箕簾之類。復聲必三者，禮成於三。死者必歸幽暗之方，故北面招之。男子稱名，婦人稱字，案喪服小記云：「男子稱名，婦人書姓與伯仲。」是也。受用篚，升自阼階，以衣尸。篚，方鬼反，本或作「篋」，苦協反。衣，於既反，注及衣尸同。○受者，受之於庭也。復者，其一人招，則受衣亦一人也。人君則司服受之，衣尸者覆之，若得魂反之。○疏曰：降衣簷前，受而升自阼階，明知受之於堂下〔一一〕，在庭可知。云「復者其一人招則受衣亦一人也」者，以其服惟一領，明知各一人也。自再命以上，受者亦各依命數。云「人君則司服受之」者，案喪大記云：「北面三號，捲衣投于前，司服受之。」以其大夫士無司服之官，明據君也。云「衣尸者覆之若得魂反之」。喪大記又云：「復衣不以衣尸，不以斂。」謂此復衣浴而去之，不用襲斂。此云覆之，直取魂魄反而已。復者降自後西榮。不由前降，不以虛反也。降因徹西北扉，若云此室凶不可居然也，自是行死事。○扉，扶味反，本或作「屝」，音非。○疏曰：凡復者，緣孝子之心，望得魂氣復反，復而不蘇，則是虛反。今降自後，是不欲虛反也。案喪大記：將沐，「甸人爲垼于西墻下，陶人出重鬲，管人受沐，乃煮之。」甸人取所徹廟之西北扉，薪而爨之。諸文不見徹扉薪之文，故知復者降時徹西北扉也。西北名爲扉者，案特牲尸謖之後，改饌於西北隅以爲陽厭，而云「扉用筵」，鄭云：「扉，隱。」故以西北隅爲扉也。自是行死事者，下文楔齒綴足之等是也。

右復○記：復者朝服，左執領，右執要，招而左。朝，直遥反。要，一遥反。○衣朝服，服未可以變。○衣，於既反。○疏曰：云「招而左」者，以左手執領，還以左手以領招之。招魂所以求生，左陽，陽主生，故用左。復者，士之有司，著朝服，左執領，謂爵弁服。云「衣朝服服未可以變」者，謂始死未可以變之服凶服，以其復所以求生故也。○本經記。○士以爵弁，士妻以稅衣，皆升自東榮，中屋履危，北面三號，捲衣投于前，司服受之，降自西北榮。復衣不以衣尸，不以斂。婦人復，不以袡。凡復，男子稱名，婦人稱字。唯哭先復，復而後行死事。詳見喪大記。○復與書銘，自天子達於士，其辭一也。男子稱名，婦人書姓與伯仲，如不知姓則書氏。同上○邾婁復之以矢，蓋自戰於升陘始也。邾，音誅。婁，力俱反，或如字。陘，音形。○戰於升陘，魯僖二十二年秋也。時師雖勝，死傷亦甚，無衣可以招魂。○疏曰：必用矢者，時邾人志在勝敵，矢是心之所好，用所好招魂，冀其復反。然招魂唯據死者，而鄭兼云「傷」者，以其因兵而死，身首斷絶不生者，應無復法。若身首不殊，因傷致死，復有可生之理者，則用矢招魂。○檀弓○復，楔齒、綴足、飯、設飾、帷堂並作。楔，悉節反。飯，煩晚反。○設飾，謂遷尸又加新衣。○疏曰：招魂之後，用角柶柱亡人之齒令開，使含時不閉。復用燕几綴亡人之足令直，使著屨時不辟戾也。飯者，飯含也。設飾者，謂襲斂遷尸之時，又加新衣也。帷堂者，謂小斂時。並作者，作，起爲也。自「復」以下，諸事並起以帷堂，故云並作。○同上〔一二〕

楔齒用角柶，楔，息結反。○爲將含，恐其口閉急也。○含，户暗反，本亦作「唅」。○疏曰：此角柶其形與扱醴角柶制别，故屈之如軛，中央入口，兩末向上，取事便也，以其兩末向上，出入易故也。綴足用燕几。綴，丁劣反，劉張歲反。○綴，猶拘也。爲將屨，恐其辟戾也。今文「綴」爲「對」。○辟，音壁，下力計反。○疏曰：案喪大記：「小臣楔齒用角柶，綴足用燕几，君、大夫、士一也。」又案周禮天官玉府：「大喪共含玉，復衣裳，角枕，角柶。」則自天子已下至於士，其禮同。言「燕几」者，燕，安也，當在燕寢之内，常憑之以安體也。

右楔齒綴足案：復與楔齒綴足之間有遷尸一節，經文不具，今以記附見于下。○記：設牀第，當牖，衽，下莞上簟，設枕，第，側几反。衽，而甚反，又而鴆反。○病卒之間廢牀，至是設之，事相變。衽，卧席。古文「第」爲「茨」。○疏曰：喪大記云：「疾病」，「寢東首於北墉下，廢牀」。是其始死，亦因在地無牀，復而不蘇，乃設牀於南牖下，有枕席。是病卒之間廢牀，於是設之，是生死事相變也。衽卧席者，曲禮云：「請席何鄉？請衽何趾？」鄭云：「坐問鄉，卧問趾，因於陰陽。」是衽爲卧席，昏禮注云：「衽，卧席也。」遷尸。徙於牖下也，於是幠用斂衾。○本經記。○始死，遷尸于牀，幠用，斂衾，去死衣，小臣楔齒用角柶，綴足用燕几，君、大夫、士一也。詳見喪大記。○楔貌如軛，上兩末。軛，於革反。○事便也。今文「軛」作「厄」。○疏曰：如軛，謂如馬鞅，軛馬領亦上兩末，令以屈處入口，取出時易，故云「事便也」。綴足用燕几，校在南，御者坐持之。校，劉胡飽反，一音苦交反。○校，脛也。尸南首，几脛在南以拘足，則不得辟戾矣。古文「校」爲「枝」。○辟，必亦反。○疏曰：古者几兩頭各施兩足，今則夾以竪用之，尸南首，足鄉北，故以几脚鄉南以夾足，恐几欹側，故使生存侍御者一人坐持夾之，使足不辟戾，可以著屨也。○本經記○掘中霤而浴，毀竈以綴足，及葬，毀宗躐行，出于大門，殷道也，學者行之。霤，力救反。○明不復有事於此。周人浴不掘中霤，葬不毀宗躐行。毀宗，毀廟門之西而出，行神之位在廟門之外。云學於孔子者行之，倣殷禮。○疏曰：此每一條義兼二事。中霤，室中也。死而掘室中之地作坎。一則言此室於死者無用，二則以牀架坎上，尸於牀上浴，令浴汁入坎也。毀竈以綴足者，一則死而毀竈，示死無復有飲食之事；二則恐死人冷强，足辟戾不可著屨，故用毀竈之甓連綴死人足〔一三〕，令可著屨也。又曰：云「周人浴不掘中霤」者〔一四〕，用盤承浴汁也，是以喪大記「浴水用盆，沃水用枓」，沐用瓦盤也。然周家亦不毀竈綴足，而鄭注不云者，以周綴足用燕几，其文可見，故此不言耳。「及葬毀宗躐行出于大門」者，亦義兼二事。毀宗，毀廟也，殷人殯於廟，至葬柩出，毀廟門西邊墻而出于大門。所以然者，一則明此廟於死者無事，故毀之也；二則行神之位在廟門西邊，當所毀宗之外。若生時出行，則爲壇幣告行神，告竟，車躐行壇上而出，使道中安穩如在壇。今鸞毀宗處出，仍得躐此行壇如生時之出也，故云毀宗躐行出于大門也。殷道也者，道，禮也。上三句皆是殷禮也。又曰：云「周人葬不毀宗躐行」者，周殯於正寢，至葬而朝廟，從正門出，不毀宗也。云「毀宗毀廟門之西而出」者，廟門西邊墻也。云「行神之位在廟門之外」者，以其毀宗，故云躐行，故知行神在廟門之外，當毀處之外也。○檀弓

奠脯醢醴酒，升自阼階，奠于尸東。鬼神無象，設奠以馮依之。○疏曰：案檀弓曾子云：「始死之奠，其餘閣也與？」鄭注云：「不容改新也。」則此奠是閣之餘食爲之。案下小斂一豆一籩，大斂兩豆兩籩，此始死，俱言亦無過一豆一籩而已。此醴酒，雖俱言亦科用其一，不並用，以其小斂酒醴具有，此則未具，是其差。帷堂。事小訖也。○疏曰：云「事小訖也」者，以其未襲斂必帷之者，鬼神尚幽闇故也。

右始死奠帷堂○記：即牀而奠，當腢，用吉器，若醴若酒，無巾柶。腢，五口反，劉五侯反。○腢，肩頭也。用吉器，器未變也。或卒無醴，用新酒。○卒，七忽反。○疏曰：即，就也，謂就尸牀而設之。尸南首則在牀東，當尸肩頭也。云「用吉器器未變也」者，謂未忍異於生，故未變。至小斂奠則變毼豆之等，爲變矣。云「或卒無醴用新酒」者，以其始死，卒未有醴，則用新酒；若有醴則用之，不更用酒，以其始死不備故也。若小斂以後，則酒、醴具設，甒二醴酒是也。○本經記○曾子曰：「始死之奠，其餘閣也與？」不容改新。閣，庋藏食物。○庋，九毀反，又居僞反。○疏曰：始死之奠者，鬼神所依於飲食，故必有祭酹。但始死未容改異，故以生時庋閣上所餘醢脯以爲奠也。閣，架橙之屬。人老及病，飲食不離寢，故近置室裏閣上。若死仍用閣之餘奠者，不容改新也。○檀弓

乃赴于君。主人西階東，南面命赴者，拜送。赴，告也。臣，君之股肱耳目，死當有恩。○疏曰：「君之股肱耳目死當有恩」，是以下有弔及贈襚之事也。案檀弓云「父兄命赴者」，鄭注云：「謂大夫以上也，士主人親命之。」是尊卑禮異也。有賓，則拜之。賓，僚友羣士也。其位猶朝夕哭矣。○疏曰：此謂因命赴者，有賓則拜之，若不因命赴者，則不出。是以下云「唯君命出」，鄭云「始喪之日，哀戚甚，在室，故不出」是也。同官爲僚，同志爲友，羣士即僚友也。以其始死唯赴君，此僚友先知疾重，未赴即來，明是僚友之士，非大夫及疏遠者。若有大夫，則經辨之而稱大夫，是以下文因君襚即云「有大夫則特拜之」是也。云「其位猶朝夕哭矣」者，謂賓弔位猶如賓朝夕哭位，其主人之位則異於朝夕，而在西階東南面拜之，拜訖西階下東面，下經所云「拜大夫之位」是也。

右命赴拜賓○記：赴曰：「君之臣某死。」赴母、妻、長子，則曰：「君之臣某之某死。」長，丁丈反。○赴，走告也。今文「赴」作「訃」。○疏曰：云「母妻長子則曰君之臣某之某死」者，上「某」是士名，下「某」是母妻長子。假令長子，則云「長子某甲」。母妻則婦人不以名行，直云母與妻也。云「赴走告也」者，言赴，取急疾之意，故云「赴，走告也」。云「今文赴作訃」者，雜記作「訃」者，義取以言語相通，亦一塗也。○本經記○士赴於同國大夫，曰：「某死。」訃於士，亦曰：「某死。」訃於他國之君，曰：「君之外臣某死。」訃於大夫，曰：「吾子之外私某死。」訃於士，亦曰：「吾子之外私某死。」詳見喪大記。○五廟之孫，祖廟未毁，雖爲庶人，死必赴，練祥則告。赴告於君也。實四廟孫而言五廟者，容顯考爲始封子也。○疏曰：此論族人雖或至賤，吉凶必須相告。經云「祖廟未毀」，謂同高祖。若高祖以下，唯有四廟，今云五廟，故注云「容顯考爲始封子」，是高祖爲四世也，其五世祖是始封之君。自五世以下，其廟不毀，故爲五廟也。○文王世子

入，坐于牀東，衆主人在其後，西面。婦人俠牀，東面。俠，古洽反。○衆主人，庶昆弟也。婦人，謂妻妾子姓也，亦適妻在前。○疏曰：此論主人以下哭位。云「入坐」者，謂上文主人拜賓訖，入坐于牀東。其衆主人直言在其後，不言坐，則立可知。婦人雖不言坐，案喪大記，婦人皆坐，無立法。言「俠牀」者，男子牀東，婦人牀西，以近而言也。案喪大記：「士之喪，主人父兄子姓皆坐。」此除主人之外不坐者，此據命士，彼據不命之士。案喪大記：「大夫之喪」，「有命夫命婦則坐，無則皆立」。是大夫之喪尊者坐，卑者立，是知非主人皆立，據命士。大記云尊卑皆坐，據不命之士。云「婦人謂妻妾子姓」者，下云「親者在室」，其中有姑姊，故此注直言妻妾子姓也。適妻在前者，亦主人在衆主人前也。○適，丁狄反。親者在室。謂大功以上，父兄姑姊妹子姓在此者。○疏曰：大功以上，有同財之義，相親昵之理。下有衆婦人户外，據小功以下疏者〔一五〕。云「父兄姑姊妹子姓在此者」：父謂諸父，兄謂諸兄、從父昆弟，姑謂主人之姑姊妹、從父姊妹，子姓謂主人之孫，於死者爲曾孫、玄孫，曾孫爲曾祖、高祖齊衰三月，當在大功親之内〔一六〕，故云「子姓在此者」。衆婦人户外北面，衆兄弟堂下北面。衆婦人、衆兄弟，小功以下。○疏曰：案喪服記云「兄弟皆在他邦，加一等」，傳曰「小功以下爲兄弟」，是以知婦人在户外，是小功以下可知。若然，同是小功以下，而男子在堂下者，以其婦人有事自堂及房〔一七〕，不合在下，故男子在堂下，婦人户外堂上耳。

右室中位○記：室中唯主人、主婦坐，兄弟有命夫命婦在焉亦坐。別尊卑也。○別，彼列反。○疏曰：云「兄弟有命夫命婦在焉亦坐」者，若無命夫命婦，則皆立可知。此士喪禮，故鄭云「別尊卑也」，尊謂命夫命婦。案大記：君之喪，主人主婦坐，以外皆立；若大夫喪，主人主婦、命夫命婦皆坐，以外皆立也；士之喪，主人父兄、主婦姑姊妹皆坐。鄭云：士賤，同宗尊卑皆坐。此命夫命婦之外立而不坐者，此謂有命夫命婦來，兄弟爲士者則立。若無命夫命婦，則同宗皆坐也。○本經記○案：疏文前後牴牾，未詳。○既正尸，主人父兄子姓皆坐于東方，主婦姑姊妹子姓皆坐于西方。詳見喪大記。○案：士禮坐位有室中、户外、堂下之分，今喪大記但云東、西，蓋亦舉其大略，當以經文爲正。

君使人弔，徹帷，主人迎于寢門外，見賓不哭，先入門右，北面。使人，士也。禮：使人必以其爵。使者至，使人入將命，乃出迎之。寢門，内門也。徹帷，㡘之，事畢則下之。○㡘，劉羌據反，閉也。○疏曰：「禮使人必以其爵」者，君使人弔士，亦使士也。此儀禮見諸侯弔法。若天子則不以其爵，各以其官。是以周禮大僕「掌三公孤卿之弔勞」，小臣「掌士大夫之弔勞」，御僕「掌羣吏之弔勞」，又宰夫「凡邦之弔事，掌其戒令」，與幣器，是皆以官不以爵也。將命，謂傳賓主人之言擯者也。案下小斂後云：「有襚者則將命，擯者出請入告。」注云：「喪禮略於威儀，既小斂，擯者乃用辭。」此雖有擯者，未用辭，故不云擯者出請入告，直云主人出迎也。云「寢門内門也」者，以其大夫士唯有兩門，有寢門、外門。下云「主人拜送于外門外」，故知此寢門，内門也。云「徹帷㡘之」者，謂褰帷而上，非謂全徹去。知事「畢則下之」者，案下「君使人襚徹帷」，明此事畢，下之可知。弔者入，升自西階，東面。主人進中庭，弔者致命。主人不升，賤也。致命曰：君聞子之喪，使某如何不淑。○疏曰：上云「主人迎于寢門外」，此云「弔者入」，謂入寢門，以其死在適寢。云「主人不升賤也」者，對大夫之喪，其子得升堂受命。案喪大記：「大夫於君命，迎于寢門外，使者升堂致命，主人拜于下。」言「拜於下」，明受命之時得升堂。以此言之，士受君命，不得升堂，以其賤，是以大戴禮云「大夫於君命，升聽命，降拜」是也。云「致命曰」以下，鄭知有此辭者，案雜記，諸侯使人弔鄰國之君喪而云：寡君聞君之喪，寡君使某，如何不淑。彼據鄰國之君，故稱寡。此使士弔己國之士，故直云君不言寡也。主人哭，拜稽顙，成踊。稽顙，頭觸地。成踊，三者三。○者三，息暫反。○疏曰：云「成踊三者三」者，案曾子問：君薨，世子生〔一八〕，三日告殯云，「衆主人、卿、大夫、士哭踊三者三。」凡九踊也。賓出，主人拜送于外門外。

右君使人弔○記：尸在室，有君命，衆主人不出。不二主。○疏曰：經直云「主人唯君命出」，不言衆主人，故記人辨之。云「衆主人不出」，在尸東耳。○本經記○凡主人之出也，徒跣扱衽拊心，降自西階。詳見喪大記。○以下君使人襚凡主人出條並通用。

君使人襚，徹帷，主人如初，襚者左執領，右執要，入，升致命。襚，音遂，衣服曰襚。要，一遥反，後放此。○襚之言遺也，衣被曰襚。致命曰：君使某襚。○遺，唯季反。○疏曰：云「主人如初」者，如上弔時迎於寢門外以下之事也。云「襚之言遺也」者，左傳：隱元年秋七月，「天王使宰咺來歸惠公、仲子之賵。」穀梁傳曰：「乘馬曰賵，衣衾曰襚，貝玉曰含〔一九〕，錢財曰賻。」是也。云「致命曰君使某襚」者，亦約雜記文。此君襚雖在襲前〔二〇〕，主人襲與小斂俱不得用君襚，至大斂乃用之，故下文大斂之節云「君襚不倒」，注云：「至此乃用君襚，主人先自盡。」是也。主人拜如初。襚者入，衣尸，出，主人拜送如初。唯君命出，升降自西階，遂拜賓。有大夫，則特拜之，即位于西階下，東面，不踊。大夫雖不辭，入也。唯君命出，以明大夫以下時來弔襚，不出也。始喪之日，哀戚甚，在室，故不出拜賓也。大夫則特拜，別於士旅拜也。即位西階下，未忍在主人位也。不踊，但哭拜而已。不辭而主人升入，明本不爲賓出，不成禮也。○疏曰：云「主人拜如初」者，亦如上主人進中庭，哭拜稽顙成踊。云「襚者入衣尸出」者，案既夕記：「襚者委衣于牀，不坐。」衆襚者委於牀上不坐，則此襚者左執領〔二一〕，右執要，以衣尸，亦不坐。云「唯君命出」者，欲見孤卿大夫士，雖有弔襚來，皆不出，故云「唯著異」也。云「遂拜賓」者，因事曰遂，以因有君命故拜賓，若無君命則不出户〔二二〕。云「大夫雖不辭入也」者，謂主人小斂後，賓致辭云「如何不淑」，乃復位踊。今以初死，大夫雖不辭，主人升入室。云「未忍在主人位也」者，至小斂後，始就東階下，西南面主人位也。云「明本不爲賓出不成禮也」者，總解不爲之踊及雖不辭而入二事。

右君使人襚○士於大夫親弔〔二三〕，則與之哭，不逆於門外。詳見喪大記。○以下凡大夫弔並通用。○凡主人之出已見君使人弔條，當互考。

親者襚，不將命，以即陳。大功以上，有同財之義也。不將命，不使人將之致於主人也。即陳，陳在房中。○疏曰：大功以上，謂并異門齊衰，故云以上。下云「如襚以適房」，故知此「陳」陳在房中也。庶兄弟襚，使人以將命于室，主人拜于位，委衣于尸東牀上。庶兄弟，即衆兄弟也。變衆言庶，容同姓耳。將命曰：某使某襚。拜于位，室中位也。○疏曰：云「變衆言庶容同姓耳」者，以同姓絶服者有襚法，鄭必知變衆言庶即容同姓者，見喪服不杖麻屨章士言衆子，大夫言庶子，鄭云：「士謂之衆子，未能遠別也。」是庶者，疏遠之稱，故知言庶容同姓[二四]。云「將命曰某使某襚」者，某，謂庶兄弟名；使某，襚者名。但庶兄弟是小功緦麻之親，在堂下，使有司歸家取服致命於主人，若同姓，容不在始來弔襚也。云「拜于位室中位也」者，以其非君命不出，故知拜于室中位也。朋友襚，親以進，主人拜，委衣如初。退，哭不踊。親以進，親之恩也。退，下堂反賓位也。主人徒哭不踊，別於君襚也。○疏曰：上文君襚之時，主人哭拜稽顙成踊，此朋友襚，主人徒哭不踊，故云「別於君襚」。○別，彼列反。徹衣者執衣如襚，以適房。凡於襚者出，有司徹衣。○疏曰：上文君襚之時，襚者左執領，右執要，此徹衣者亦左執領，右執要，故云「如襚」也。案此徹衣之文在諸襚者之下，故云「凡於襚者出，有司徹衣」。

右親友襚[二五]

○士於大夫親弔，則與之哭，不逆於門外。詳見喪大記。○以下凡大夫弔並通用。○凡主人之出已見君使人弔條，當互考。○記：襚者委衣于牀，不坐。牀高由便。○疏曰：云「牀高由便」者，曲禮云：「授立不跪，授坐不立。」此牀高亦如授立不坐之義，故云「由便」也。

其襚于室，户西北面致命。始死時也。○疏曰：云「始死時」者，謂未小斂之前，尸在室中户西，故

北面致命。若小斂之後，奉尸夷于堂，則中庭北面致命。○本經記

爲銘，各以其物，亡則以緇，長半幅，赬末，長終幅，廣三寸。書銘于末，曰「某氏某之柩」。

銘，忙丁反。赬，丑貞反。○銘，明旌也。雜帛爲物，大夫之所建也，以死者爲不可別，故以其旗識識之，愛之斯録之矣。亡，無也。無旌，不命之士也。半幅，一尺；終幅，二尺。在棺爲柩。今文「銘」皆爲「名」，末爲旆也。○旗識識之，上音試，下音式，亦作試。○疏曰：士喪禮記公侯伯之士一命，亦記子男之士不命，故此銘旌總見之也。云「爲銘各以其物」者，案周禮司常大夫士同建雜帛爲物，今云「各以其物」而不同者，雜帛之物雖同，其旌旗之杠長短則異，故禮緯云：「天子之旗九刃，諸侯七刃，大夫五刃，士三刃。」但死以尺易刃，故下云「竹杠長三尺」，長短不同，故言各以別之，此據侯伯之士一命者也。云「銘明旌也」者，檀弓文。言「雜帛」者，爲旌旗之縿，以絳帛爲之，以白色之帛裨緣之是也。云「以死者爲不可別故以其旗識之愛之斯録之矣」，此檀弓文。鄭注檀弓云謂重與奠，此引證銘旌者，鄭君兩解之。彼兼有重與奠，是録死者之義，此銘旌是録死者之名，故兩注不同。無旌不命之士也者，謂子男之士也。云「半幅一尺，終幅二尺」者，經直云長半幅，不言廣，則亦三寸。云「赬末長終幅廣三寸」，則廣三寸總結之。但布幅二尺二寸，今云二尺者，鄭君計侯與深衣，皆除邊幅一寸，此明兩邊除二寸而言之。凡書銘之法，案喪服小記云：「復與書銘，自天子達於士，其辭一也。男子稱名，婦人書姓與伯仲。」鄭注云：「此謂殷禮也，殷質不重名，復則臣得名君。周之禮：天子崩，復曰：皋天子復；諸侯薨，復曰：皋某甫復。其餘及書銘則同。」以此而言，除天子諸侯之外，其復男子皆稱姓名，是以此云「某氏某之柩」。云

「在棺爲柩」者，曲禮文，以其銘旌表柩不表屍，故據柩而言。竹杠長三尺，置于宇西階上。杠，音江。○杠，銘橦也。宇，梠也。○橦，杖江反。○疏曰：此始造銘訖，且置於宇下西階上，待爲重訖，以此銘置於重。又下文卒塗始置於肂，若然，此時未用，權置於此也。云「宇梠也」者，案爾雅釋宫云：「檐謂之樀。」郭云：「屋梠。」謂當檐下，故特牲記云「饎爨在西壁」，鄭注云：「西壁，堂之西墻下。舊説云：南北直屋梠，稷在南。」是也。

右爲銘○復與書銘[二六]，自天子達於士，其辭一也。詳見本篇復章。

甸人掘坎于階間，少西。爲垼于西墻下，東鄉。甸，大練反。掘，其勿反，又其月反。垼，音役。鄉，許亮反。○甸人，有司主田野者。垼，塊竈。西墻，中庭之西。今文鄉爲面。○疏曰：案既夕記云：「掘坎南順，廣尺，輪二尺，深三尺，南其壤。」下文沐浴餘潘及巾柶等棄埋之於此坎也。云「甸人有司主田野」者，案周禮甸師是掌田野，士雖無此官，亦有掌田野之人，謂之甸人。云「垼塊竈」者，案既夕記云：「垼用塊。」是以塊爲竈名，爲垼用之，以煮沐浴者之潘水。知在「中庭之西」者，經直云「于西墻下」，不繼階宇，明近南，中庭之西也。新盆、槃、瓶、廢敦、重鬲皆濯，造于西階下。敦，劉音對，又都愛反。重，直容反。鬲，音歷。濯，丈角反。造，七報反。○新此瓦器五種者，重死事。盆以盛水，槃承渜濯，瓶以汲水也。廢敦，敦無足者，所以盛米也。重鬲，鬲將縣於重者也。濯，滌溉也。造，至也，猶饌也。以造言之，喪事遽。○渜，奴亂反。縣，音玄。○疏曰：盆，祝淅米時所用。槃，置於尸牀下，盛餘潘水，名爲渜濯。知以此槃盛者，下文云「士有冰用夷槃」，彼是寒尸之槃，故知此承渜濯。云「瓶」者，管人汲用此瓶也。知「廢敦敦無足」者〔二七〕，下文徹朔奠云「敦啓會面足」，注云「面足執之」，是其有足直名敦。凡物無足稱廢，是以士虞禮云「主人洗廢爵」，注云「爵無足」是也。云「重鬲，鬲將縣重者也」，下文鬻餘飯乃縣於重，此時先用煮潘沐，故云「將縣重者也」。以其事未至，故言將也。云「以造言之喪事遽」者，以其不言饌造，是造次，故以造言之，喪事遽也。陳襲事于房中，西領，南上，不綪。綪，注作「綪」，側庚反。○襲事，謂衣服也。綪，讀爲綪；綪，屈也。襲事少，上陳而下不屈。江沔之間謂縈收繩索爲綪。古文「綪」皆爲「精」。○疏曰：自此至「繼陳不用」，論陳襲所用之事。云「襲事謂衣服」者，此先陳之，至下文「商祝襲」時乃用之。但用者三稱而已，其中庶襚之等，雖不用，亦陳之，以多爲貴。案下小斂大斂，先陳先用，後陳後用，次第而陳。此襲事以其初死，先成先陳，後成後陳，喪事遽，備之而已，故不依次也。云「襲事少上陳而下不屈」者，所陳之法，房中之東西領南上，以衣裳少，從南至北則盡，不須綪屈。知戶東陳之者，取之便故也。江沔之間以「縈收繩索爲綪」，引之證取綪是屈義也。明衣裳，用布。所以親身爲圭絜也。○疏曰：下記云「明衣裳，用幕布」，則此布用帷幕之布。下浴訖先設明衣，故知親身也。云「爲圭絜也」者，以其言明，明者，絜之義。鬠笄用桑，長四寸，纋中。鬠，劉音膾，又戶膾反。纋，音憂，一音何侯反。○桑之爲言喪也。用爲笄，取其名也。長四寸，不冠故也。纋，笄之中央以安髮。○疏曰：以髻爲鬠，義取以髮會聚之意，爲喪所用，故用桑，是以云「取其名也」。云「長四寸不冠故也」者，凡笄有二種：一是安髮之笄，男子婦人俱有，即此笄是也；一是爲冠笄，皮弁笄、爵弁笄，唯男子有而婦人無也。此二笄皆長，不唯四寸而已。今此笄四寸者，僅取入髻而已〔二八〕。以其男子不冠，冠則笄長矣。下記云「其母之喪，髻無笄」，注云：無笄，猶丈夫之不冠也。以此言之，生時男子冠，婦人笄。今死，婦人不笄，則知男子亦不冠也。家語云：「孔子之喪，襲而冠者。」家語，王肅之增改，不可依用也。云「纋，笄之中央以安髮」者，兩頭闊，中央狹，則於髮安，故云「以安髮」也。布巾，環幅，不鑿。環幅，廣袤等也。不鑿者，士之子親含，反其巾而已。大夫以上，賓爲之含，當口鑿之，嫌有惡。○古文「環」作「還」。廣袤，古曠反，下音茂。爲，于僞反，下同。惡，烏路反。○疏曰：此爲飯含而設，所以覆死者面。云「廣袤等也」者，布幅二尺二寸，鄭計布廣狹，例除邊幅二寸，以二尺爲率，則此廣袤等亦二尺也。云「不鑿」者，士之子親含。雜記云：「鑿巾以飯，公羊賈爲之也。」鄭云：「記士失禮所由始也。」士親飯含，「必發其巾」。大夫以上，賓爲飯焉，則有鑿巾」。以其大夫以上有臣，臣爲賓，賓含嫌有惡，故鑿之也。掩，練帛廣終幅，長五尺，析其末。掩，劉音奄。析，西歷反。○掩，裹首也。析其末，爲將結於頤下，又還結於項中。○裹，音果。○疏曰：掩，若今人幞頭，但死者以後二脚於頤下結之，與生人爲異也。瑱，用白纊。瑱，他見反。纊，音曠，劉古曠反。○瑱，充耳。纊，新綿。○疏曰：充耳，充即塞也，生時人君用玉，臣用象。又著詩云「充耳以黄」之等，注云「所以懸瑱」，則生時以黄、以素，以玉、象等爲之，示不聽讒。今死者直用纊塞耳而已，異於生也。禹貢豫州貢絲纊，故知纊新綿，對緼是舊絮也。幎目，用緇，方尺二寸，䞓裏，著，組繫。幎，依注音縈，於營反，劉宛名反，又武遍反，又音緜。繫，户計反。○幎目，用覆面者也。幎，讀若詩云「葛藟縈」之縈。䞓，赤也。著，充之以絮也。組繫，爲可結也。古文「幎」爲「涓」。○疏曰：云「組繫爲可結」者，以四角有繫於後結之，故有組繫也。

握手，用玄纁裏，長尺二寸，廣五寸，牢中旁寸，著，組繫。握，於角反，劉烏豆反。牢，音樓。○牢，讀爲樓，樓謂削約握之中央，以安手也。今文「樓」爲「緌」，「旁」爲「方」。○疏曰：名此衣爲握，以其在手，故言握手，不謂以手握之。云「牢讀爲樓樓謂削約握之中央以安手也」者，經云「廣五寸牢中旁寸」者，則中央廣三寸，廣三寸中央又容四指而已。四指，指一寸，則四寸，四寸之外，更有八寸，皆廣五寸也。讀從樓者，義取樓斂挾少之意。云「削約」者，謂削之使約少也。決，用正王棘，若檡棘，組繫，纊極二。檡，音澤。○決，猶闓也，挾弓以横執弦，詩云：「決拾既佽。」正，善也。王棘與檡棘，善理堅刃者，皆可以爲決。極，猶放弦也。以沓指放弦，令不挈指也。生者以朱韋爲之，而三；死用纊，又二，明不用也。古文「王」爲「玉」〔二九〕，今文「檡」爲「澤」，世俗謂王棘矺鼠。○挈，苦結反，劉本作「契」，苦計反。矺，劉音託。○疏曰：云「挾弓以横執弦」者，方持弓矢曰挾，未射時已然，至射時還依此法以闓弦。引詩者，證決是闓弦之物。云「王棘與檡棘」者，科用其一〔三〇〕，皆得不兼用。云「以沓指放弦令不挈也」者，謂以此二者與決爲藉，令弦不決挈傷指耳。云「生者以朱韋爲之而三」者，大射所云「朱極三」者是也。彼但爲君設文，引證此士禮，則尊卑生時俱三，皆用朱韋，死者尊卑同二，用纊也。冒，緇質，長與手齊，䞓殺，掩足。冒，亡報反。齊，如字，又才計反。殺，所界反，劉色例反。○冒，韜尸者，制如直囊，上曰質，下曰殺。質，正也。其用之，先以殺韜足而上，後以質韜首而下，齊手。上玄下纁，象天地也。喪大記曰：「君錦冒黼殺，綴旁七。大夫玄冒黼殺，綴旁五。士緇冒䞓殺〔三一〕，綴旁三。凡冒，質長與手齊，殺三尺。」○而上，士掌反。○疏曰：云「制如直囊」者，下經云「設冒櫜之」。云「上曰質下曰殺質正也」者，案此經以冒爲總目，下別云質與殺，自相對，則知上曰質，質正者，以其在上，故以正爲名。喪大記君與大夫士皆以冒對殺，不云質。則冒既總名，亦得對殺，爲在上之稱。皆「綴旁」者，以其冒無帶，又無鈕，一定不動，故知旁綴。質與殺相接之處，使相連，尊卑降殺而已。云「其用之先以殺韜足而上後以質韜首而下齊手」者，凡人著服，先下後上，又質長與手齊，殺長三尺，人有短者質下覆殺，故後韜質也。爵弁服，純衣。純，莊其反。○謂生時爵弁所衣之服也。純衣者，纁裳。古者以冠名服，死者不冠。○所衣，於既反。○疏曰：云「謂生時爵弁之服也」者，即士之常服以助祭者也。死者不冠，而經云爵弁、皮弁，此直取以冠名服，不用其冠。皮弁服，皮弁，所衣之服也，其服白布衣素裳也。○疏曰：知「其服白布衣素裳」者，士冠禮注：「衣與冠同色，裳與屨同色。」以皮弁白而白屨，故士冠禮云「素積白屨」是也。雜記云：「朝服十五升。」則皮弁，天子朝服與諸侯朝服同十五升布也。褖衣，褖，他亂反。○黑衣裳，赤緣謂之褖〔三二〕。褖之言緣也，所以表袍者也。喪大記曰：衣必有裳，袍必有表。不禪，謂之一稱。古文「褖」爲「緣」。○禪，音丹。稱，尺證反。○疏曰：知此褖衣是「黑衣裳」者，以其士冠禮陳三服：玄端、皮弁、爵弁。有玄端無褖衣，此士喪襲亦陳三服，與彼同。此無玄端有褖衣，故知此褖衣則玄端者也。玄端有三等裳，此喪禮質，略同玄裳而已。但此玄端連衣裳與婦人褖衣同，故變名褖衣也。連衣裳者，以其用之以表袍，袍連衣裳故也。是以雜記云：「子羔之襲也，繭衣裳與稅衣，纁袡」，「曾子曰：『不襲婦服。』」彼曾子譏用纁袡，不譏其稅衣，是稅衣以表袍，故連衣裳而名褖衣。雜記云繭衣，大記云袍，不同者，玉藻云「纊爲繭，縕爲袍」，鄭云「衣有著之異名也」，其實連衣裳一也。云「赤緣謂之褖」

者，爾雅文。彼釋婦人嫁時褖衣，此褖衣雖不赤緣，褖衣之名同，故引爲證也。○褖，字或作「稅」。緇帶，黑繒之帶。○疏曰：上雖陳三服，同用一帶者，按玉藻云：「士練帶」，緇辟。是黑繒之帶，據裨者而言也。但生時著服不重，各設帶，此襲時三服共一帶，爲異也。韎韐，韎，音妹，又武拜反，劉又武八反。韐，古答反，又古洽反。○一命緼韍。○緼，音溫，劉烏本反。韍，音弗。○疏曰：韎者，據色而言。以韎草染之，取其赤韐者合韋而爲之，故名韎韐也。云「一命緼韍」者，玉藻文。但祭服謂之韍，他服謂之韠，士一命名爲韎韐，亦名緼韍，不得直名韍也。但士冠禮玄端爵韠、皮弁素韠、爵弁服韎韐，今亦三服共設韎韐者，以其重服亦如帶矣。竹笏。笏，所以書思對命者。玉藻曰：「笏，天子以璆玉，諸侯以象，大夫以魚須文竹，士以竹，本象可也。」又曰：「笏度二尺有六寸，其中博三寸，其殺六分而去一。」又曰：「天子搢珽，方正於天下也。諸侯荼，前詘後直，讓於天子也。大夫前詘後詘，無所不讓。」今文「笏」作「忽」。○疏曰：云「笏所以書思對命」者，亦玉藻文。引玉藻者，證天子以下，笏之所用物不同，及長短廣狹有異。言公侯不言伯子男，亦與公侯同。按彼鄭注云：「謂之珽，珽之言挺然無所屈也。或謂之大圭，長三尺。」荼，讀爲「舒遲」之「舒」，舒懦者所畏在前也。詘，謂圜殺其首，不爲椎頭。諸侯唯天子詘焉，是以謂笏爲荼。大夫奉君命出入者也，上有天子，下有己君，又殺其下而圜。前後皆詘，故云無所不讓。彼雖不言士，士與大夫同。夏葛屨，冬白屨，皆繶緇絇純，組綦繫于踵。繶，於力反。純，諸允反，劉之閏反。綦，音其，一音其記反。踵，諸勇反。○冬皮屨變言白者，明夏時用葛亦白也。此皮弁之屨。士冠禮曰：「素積白屨，以魁柎之，緇絇繶純，純博寸。」綦，屨係也，所以拘止屨也。綦，讀如「馬絆綦」之「綦」。○栫，方于反。○疏曰：夏言葛，冬當用皮。冬言白，明夏亦用白。又士冠禮云爵弁纁屨、素積白屨、玄端黑屨，以三服各自用屨，屨從裳色，其色自明。今死者重用其服，屨唯一，故須見色。若然，三服相參〔三三〕，帶用玄端，屨用皮弁，韎韐用爵弁，各用其一，以當三服而已。云「此皮弁之屨」者，以其色白，即所引士冠禮「素積白屨」是也。引「緇絇繶純」者，欲解士冠禮繶絇純同用緇。此經繶雖在緇上，明亦用緇可知。繶謂條在牙底相接之縫中，絇在屨鼻，純謂緣口，皆以條爲之。但舄則對方爲繢次，屨則比方爲繡次，爲異耳。云「綦屨係也」者，經云「繫于踵」，則綦當屬于跟後〔三四〕，以兩端向前，與絇相連于脚跗踵足之上合結之，名爲「繫于踵」也。云「讀如馬絆綦之綦」者，此無正文，蓋俗讀馬有絆名爲綦，拘止馬使不得浪去，此屨綦亦拘止屨，使不縱誕也。庶襚繼陳，不用。庶，衆也。不用，不用襲也。多陳之爲榮，少納之爲貴。○疏曰：直云「庶襚」，即上經親者襚、庶兄弟襚、朋友襚皆是。繼陳，謂繼襲衣之下陳之，不用襲。至小斂則陳而用之，唯君襚至大斂乃用也。云「多陳之爲榮」者，庶襚皆陳之是也。少納之爲貴者，襲時唯用三稱是也。貝三，實于笲。笲，音煩。○貝，水物，古者以爲貨，江水出焉。笲，竹器名。○疏曰：自此盡「夷槃可也」，論陳飯含沐浴器物之事。此云「貝三」，下云「稻米」，則士飯含用米貝。喪大記云：「君沐粱，大夫沐稷，士沐粱。」鄭云：「士喪禮沐稻，此云士沐粱，蓋天子之士也。」但士飯用稻米，不言兼有珠玉，大夫以上，飯時兼用珠玉也。雜記云：「天子飯九貝，諸侯七，大夫五，士三。」鄭注云：「此蓋夏時禮也。」典瑞云「大喪，共飯玉、含玉」，雜記云「含者執璧」，彼據諸侯而用璧，唯大夫含無文。哀十一年左氏傳云：「公會吳子伐齊。」「陳子行命其徒具含玉〔三五〕」，示必死者。

春秋時非正法，若趙簡子云「不設屬椑」之類。文五年「王使榮叔歸含且賵」，何休云：「天子以珠，諸侯以玉，大夫以璧，士以貝，春秋之制也。」「貝水物」者，案書傳云：紂囚文王，散宜生等於江、淮之間，取大貝如車渠以獻于紂，遂放文王。是貝水物，出江水也。漢書食貨志云「五貝爲朋」，又云有大貝、牡貝之等以爲貨用，是「古者以爲貨」也。「笲竹器名」者，婚禮婦見舅姑，執笲以盛棗栗，此雖盛貝不盛棗栗，並竹器也。稻米一豆，實於筐。筐，丘方反。○豆四升。沐巾一，浴巾二，皆用綌，於笲。綌，去逆反。○巾，所以拭汙垢。浴巾二者，上體下體異也。綌，麤葛。○疏曰：士禮上下同用綌，案玉藻云：「浴用二巾，上絺下綌。」彼據大夫已上，上用細，下用麤也。櫛於簞，櫛，莊乙反。簞，音丹，笥也。○簞，葦笥。○疏曰：案曲禮云：「凡以弓劍苞苴簞笥問人者。」注云：「圓曰簞，方曰笥。」則是簞、笥別。此注「簞，葦笥」者，舉其類。案論語云：顔回「一簞食。」注云：「簞，笥也。」亦是舉其類。浴衣於篋。浴衣，已浴所衣之衣，以布爲之，其制如今通裁。○裁，在代反，又音才。○疏曰：下經云「浴用巾，挋用浴衣」，是既浴所著之衣以晞身，即布單衣，以其無殺，故漢時名爲通裁。皆饌于西序下，南上。皆者，皆具以下。東西墻謂之序，中以南謂之堂。○疏曰：謂從序半以北陳之。云「東西墻謂之序」者，爾雅釋宮文。云「中以南謂之堂」者，謂於序中半以南乃得堂稱，以其堂上行事非專一所。若近户，即言户東、户西；若近房，即言房外之東、房外之西；若近楹，即言東楹、西楹；若近序，即言東序下、西序下；若近階，即言東階、西階；若自半以南無所繼屬者，即以堂言之，即下文「淅米于堂」是也。其實户外、房外皆是堂，故論語云：「由也升堂矣，未入於室。」是室外皆名堂也。

右陳沐浴襲飯含之具○記：掘坎，南順，廣尺，輪二尺，深三尺，南其壤。掘，其勿反，又其月反。○南順，統於堂。輪，從也。今文「掘」爲「坅」也。○疏曰：經直云「甸人掘坎于階間」，不辨大小，故記人明之。垼用塊。塊，塇也。古文「垼」爲「役」。明衣裳，用幕布，袂屬幅，長下膝。幕布，帷幕之布，升數未聞也。屬幅，不削幅也。長下膝，又有裳，於蔽下體，深也。○疏曰：云「幕布帷幕之布」者，周禮幕人云：「掌帷幕幄帟綬。」鄭云：「帷幕皆以布爲之」，「幄帟皆以繒爲之。」升數未聞者，以其不云疏布，直云幕布，故云「未聞」也。云「屬幅不削幅」者，布幅二尺二寸，凡用布皆削去邊幅旁一寸，爲二寸計之。則此不削幅，謂繚使相著，還以袂二尺二寸。云「長下膝」者，謂此衣長至膝下。凡爲衣，以其有裳，故不至膝下，此又有裳而言膝下，故云「於蔽下體深也」。有前後裳，不辟，長及轂，辟，必亦反，劉又薄歷反。轂，苦角反，又户角反。○不辟，質也。轂，足跗也。凡他服，短無見膚，長無被土。○疏曰：云「不辟質也」者，以其凡男子裳不連衣者，皆前三幅，後四幅，辟積其要間，示文。今此亦前三後四，不辟積者，以其一服不動，不假上狹下寬也。他服，謂深衣。深衣云：「短無見膚，長無被土。」此裳及轂至足跗，亦是不被土，故引爲證也。縓綼緆，縓，七絹反，范倉亂反。綼，毗支反，劉音卑。緆，他計反，劉羊豉反。○一染謂之縓，今紅也。飾裳，在幅曰綼，在下曰緆。○疏曰：云「一染謂之縓」者，爾雅文。謂一入赤汁染之，即漢時紅，故舉以爲況也。云「飾裳在幅曰綼」者，案深衣云純袂、純邊，注云：「純，謂緣之也。」緣邊，衣裳之側，廣各寸半，則表裏共三寸矣。此在幅，亦衣裳之側，緣法如彼也。緇純。純，諸允反，劉之閏反。○七入爲緇，緇，黑色也。飾衣曰純，謂領與袂衣以緇，裳以縓，象天地也。○本經記○掘中霤而浴，殷道也。詳見楔齒綴足條。○士緇冒赬殺，綴旁三。凡冒，質長與手齊，殺三尺。詳見喪大記。○冒死而後制。詳見陳小斂衣條。○袍必有表，不襌。衣必有裳，謂之一稱。詳見喪大記。○率帶，士二采。同上○士飯三貝。同上○士併瓦盤，無冰。設牀襢笫，有枕。含一牀，襲一牀，遷尸于堂又一牀，皆有枕席。君、大夫、士一也。同上

管人汲，不說繘，屈之。管，如字，劉又音官。說，土活反，劉舒悦反〔三六〕。繘，均必反，劉俱必反。○管人，有司主館舍者。不說繘，將以就祝濯米。屈，縈也。○疏曰：此論沐浴及寒尸之事。云「不說繘屈之」者，以其喪事遽，則知吉尚安舒，汲宜說之矣。士既無臣，所行事者是府史，故知管人是有司也。聘禮記云：「管人爲客，三日具沐，五日具浴。」此爲死者，故亦使之汲水也。云「不說繘」者，以下經云「祝淅米」，明管人將以就堂授祝濯米可知。祝淅米于堂，南面，用盆。淅，西歷反。○祝，夏祝也。淅，沃也。○疏曰：下記云「夏祝淅米，差盛之」是也。管人盡階不升堂，受潘，煮于垼，用重鬲。潘，芳元反。重，直龍反。○盡階，三等之上。喪大記曰：「管人受沐，乃煮之。甸人取所徹廟之西北厞薪，用爨之。」○疏曰：用重鬲者，以其先煮潘，後煮米爲鬻，懸於重，故煮潘用重鬲也。祝盛米于敦，奠于貝北。盛，音成。○復於筐處也。○處，昌慮反。○疏曰：敦，即上「廢敦」也。云「復於筐處」者，向未淅實于筐。今淅訖盛于敦所置之處，還于筐，所以擬飯之所用也。士有冰，用夷槃可也。

謂夏月而君加賜冰也。夷槃，承尸之槃。喪大記曰：「君設大槃，造冰焉；大夫設夷槃，造冰焉；士併瓦槃，無冰。設牀襢笫，有枕。」○造，七到反。襢，之善反。笫，壯矣反。○疏曰：喪大記云士無冰用水，此云有冰，明據士得賜者也。云「夷槃承尸之槃」者，案喪大記注：「禮，自仲春之後，尸既襲，既小斂，先内冰槃中，乃設牀於其上，不施席而遷尸焉，秋涼而止。」是也。笫爲簀，謂無席如浴時牀也，特欲通冰之寒氣。若然，凌人云「大喪共夷槃冰」，則天子有夷槃。鄭注凌人云：「漢禮器制度：大槃廣八尺，長丈二，深二尺，漆赤中。」諸侯稱大槃，辟天子，其大夫言夷槃，此士喪又用夷槃，卑不嫌，但小耳，故鄭云夷盤小焉。外御受沐入，外御，小臣侍從者。沐，管人所煮潘也。○疏曰：外御，對内御爲名，故下記云：「其母之喪，則内御者浴。」則此外御是士之侍御僕從者。主人皆出，户外北面。象平生沐浴倮裎〔三七〕，子孫不在旁，主人出而襢笫。○倮，力果反。裎，直貞反。○疏曰：襢，袒也，袒簀去席，盝水便是也。乃沐，櫛，挋用巾；挋，之慎反，劉居吝反。○挋，晞也，清也。古文「挋」皆作「振」。○疏曰：挋，謂拭也，而云「晞也、清也」者，以其櫛訖，又以巾拭髮乾，又使清淨無潘糷。拭訖仍未作紒。下文待蚤揃訖，乃鬠用組，是其次也。浴，用巾，挋用浴衣。用巾，用拭之也。喪大記曰：「御者二人浴，浴水用盆，沃水用枓。」○枓，音主。○疏曰：枓，酌水器，受五升，方有柄。今用大鉋〔三八〕，不方，用挹盆中水以沃尸。又案喪大記：「浴水用盆〔三九〕，沃水用枓。」「沐用瓦盤。」明沐浴俱有盤及枓也。渜濯棄于坎，沐浴餘潘水、巾、櫛、浴衣，亦并棄之。古文「渜」作「緣」，荆沔之間語。○疏曰：潘水既經温煮，名之爲渜，已將沐浴謂之爲濯。已沐浴訖，餘潘水棄于坎。知巾、櫛、浴衣亦棄之者，以其已經尸用，恐人褻之。若棄杖者棄于隱者，故知亦棄于坎云。蚤、揃，如他日。蚤，依注音爪，下「鬠蚤」同。揃，子前反。○蚤，讀爲爪，斷爪揃鬚也。人君則小臣爲之。他日，平生時。○疏曰：鄭讀蚤從爪者，此蚤乃是詩云「其蚤，獻羔祭韭」，古「早」字。鄭讀從手爪之爪，喪大記云「小臣爪足」，注云：「爪足，斷足爪。」是也。鬠，用組，乃笄，設明衣裳。用組，組束髮也。古文「鬠」皆爲「括」。○疏曰：鬠紒乃可，設明衣以蔽體，是其次也。

右沐浴○記：夏祝淅米，差盛之。淅，西歷反。差，七何反，又初佳反，劉藏何反。盛，音成。○差，擇之。○疏曰：經直云「祝淅米于堂，南面」，「用盆」，不言夏與盛之，故記人言之。御者四人抗衾而浴，襢笫。抗，古浪反，劉音剛。襢，之善反。○抗衾，爲其倮裎，蔽之也。襢，袒也。袒簀，去席，盝水便。○盝，音禄。其母之喪，則内御者浴，鬠無笄。鬠，古外反。○内御，女御也。無笄，猶丈夫之不冠也。○疏曰：云「内御女御」者，以婦人稱内，故以女御爲内御。婦人不死男子之手，故知「内御，女御」也。設明衣，婦人則設中帶。中帶，若今之褌襂。○褌，音昆。襂，音衫。○疏曰：經直云「設明衣」，不辨男子與婦人，故此記人云設明衣者男子，其婦人則設中帶。鄭云「中帶若今褌襂」者，鄭舉目驗而言。雖名中帶，亦號明衣，取其圭潔也。○本經記○管人汲，不説繘屈之，盡階不升堂，授御者。御者入浴，小臣四人抗衾，御者二人浴。浴水用盆，沃水用枓，浴用絺巾，挋用浴衣，如他日。小臣爪足，浴餘水棄于坎。其母之喪，則内御者抗衾而浴。管人汲，授御者，御者差沐于堂上。君沐粱，大夫沐稷，士沐粱。甸人爲垼于西墻下，陶人出重鬲。管人受沐乃煮之，甸人取所徹廟之西北扉薪，用爨之。管人授御者沐，乃沐。沐用瓦盤，挋用巾，如他日。小臣爪手翦須，濡濯棄于坎。詳見喪大記。○曾子之喪，浴於爨室。爨，七亂反。○見曾元之辭易簀，矯之以謙儉也。禮：死浴於適室〔四〇〕。○疏曰：案上易簀之後，反席未安而没，焉得有浴爨室遺語者？曾子達禮之人，應須浴於正寢，今乃浴於爨室，明知意有所爲，故云「矯之」也。士喪禮：死於適室，「甸人掘坎于階間，爲垼于西墻下」，新盆槃瓶「造于西階下」，乃浴於適室也。於爨室爲謙，無甸人掘坎爲垼之事是儉也。○檀弓

主人入，即位。已設明衣，可以入也。○疏曰：自此盡「反位」，論布襲衣裳并飯含之事。商祝襲祭服，褖衣次。商祝，祝習商禮者。商人教之以敬，於接神宜。襲，布衣牀上。祭服，爵弁服、皮弁服，皆從君助祭之服。大蜡有皮弁素服而祭，送終之禮也。襲衣於牀，牀次含牀之東，衽如初也。喪大記曰：「含一牀，襲一牀，遷尸於堂，又一牀。」○疏曰：云「商祝，祝習商禮者」，雖同是周祝，仰習夏禮則曰夏祝，仰習商禮則曰商祝也。表記曰：「殷人尊神，率民以事神」，「尊而不親」。故知殷人教以敬，是以使襲於接神宜。此篇及既夕以夏人教忠，從小斂奠、大斂奠、及朔半薦新祖奠、大遣奠，皆是夏祝爲之，其間雖不言祝名，亦夏祝可知。其徹之者，皆不言祝名，則周祝徹之也。殷人教以敬，但是接神皆商祝爲之。其間行事若祝取銘之類，不言祝名者，亦周祝可知。唯既夕開殯時，以周祝徹饌，而堂下二事不可並使周祝〔四一〕，故夏祝取銘置于重。案周禮有大祝、小祝、喪祝、詛祝、甸祝，此篇及既夕言夏祝、商

祝，皆當喪祝者也。云「襲布衣牀上」者，喪大記云襲一牀，此雖布衣未襲，待飯含訖，乃襲爵弁從君助祭宗廟之服，雜記云「士弁而祭於公」是也；皮弁，從君聽朔之服，玉藻云「皮弁以聽朔於大廟」是也。引郊特牲「大蜡」之禮者，證皮弁之服有二種：一者，皮弁時，白布衣，積素爲裳，是天子朝服，亦是諸侯及臣聽朔之服；二者，皮弁時，衣裳皆素葛帶，榛杖，大蜡時送終之禮凶服也。此士之襲及士冠所用聽朔者，不用此大蜡素服。知「襲衣於牀牀次含牀之東」者，以其死于北牖下，遷尸于南牖下，沐浴而飯含。引大記云「含一牀，襲一牀，遷尸于堂，又一牀」者，喪事所以即遠，故知襲牀次含牀之東。云「袵如初也」者，袵如初含時也。主人出，南面，左袒，扱諸面之右。盥于盆上，洗貝，執以入。宰洗柶，建于米，執以從。扱，初洽反，劉初輒反。從，劉才用反。○俱入户，西鄉也。今文宰不言執。○疏曰：面，前也。謂袒左袖，扱於右掖之下，帶之内，取便也。云「洗貝執以入」者，洗訖還於笲内執以入。云「宰洗柶建于米」者，亦於廢敦之内建之。鄭知「俱入户西鄉」者，以下經始云主人與宰牀西東面，故知此時西鄉也。商祝執巾從入，當牖北面，徹枕設巾，徹楔受貝，奠于尸西。當牖北面，值尸南也。設巾覆面，爲飯之遺落米也。如商祝之事位，則尸南首明矣。○爲飯，上如僞反，下扶晚反。首，手又反。○疏曰：云「受貝」者，就尸東主人邊受取笲貝，從尸南過，奠尸西牀上，以待主人親含也。鄭云「當牖北面值尸南」者，既夕記：「設牀第，當牖袵，下莞上簟。」遷尸於上，是尸當牖。今言「當牖北面」，故知值尸南可知。「設巾」者，爲飯時恐有遺落米在面上，故覆之也。舊有解云：「遷尸於南牖時，北首。」若北首則祝當在北頭而南鄉，以其爲徹枕設巾，要須在尸首便也。今商祝事位以北面，則尸南首明矣。若然，未葬已前不異於生，皆南首。檀弓云「葬于北方北首」者，從鬼神尚幽闇鬼道事之故也。唯有喪朝廟時北首，順死者之孝心，故北首也。主人由足西，牀上坐，東面。不敢從首前也。祝受貝米奠之，口實不由足也。○疏曰：前文祝入當牖北面，是由尸首，故受主人貝奠之，并受米奠于尸西，以其口實不可由足，恐褻之故也。祝又受米，奠于貝北。宰從立于牀西，在右。米在貝北，便扱者也。宰立牀西，在主人之右，當佐飯事。○疏曰：祝先奠貝于尸西，祝又受米，從首西過，奠于貝南便矣。今不於貝南奠之，而奠于貝北，故云便主人之扱也。云「宰立牀西在主人之右當佐飯事」者，此不敢取「詔辭自右」之義，直以米在主人之右，故宰亦在右，故云「當佐飯事」也。主人左扱米，實于右，三實一貝，左、中亦如之。又實米，唯盈。于右，尸口之右。唯盈，取滿而已。○疏曰：云「于右尸口之右」者，尸南首，云右，謂口東邊也。左、右及中各三扱米，更云「實米唯盈」，則九扱恐不滿，是以重云「唯盈」也。主人襲，反位。襲，復衣也，位在尸東。○疏曰：鄉袒則露形，今云襲是復著衣，故云復衣。知「位在尸東」者，以其鄉者在尸西，今還尸東西面位也。商祝掩，瑱，設幎目，乃屨，綦結于跗，連絇。跗，方于反。絇，其于反。○掩者，先結頤下。既瑱，幎目，乃還結項也。跗，足上也。絇，屨飾，如刀衣鼻，在屨頭上，以餘組連之，止足坼也。○坼，丑格反。○疏曰：自此盡「于坎」，論襲尸之事。經先言掩，後言瑱與幎目，鄭知後「結項」者，以其掩有四脚，後二脚先結頤下，無所妨，故先結之。若即以前二脚向後結于項，則掩於耳及面兩邊，瑱與幎目無所施，故先結頤下，待設瑱塞耳并施幎目，乃結項後也。跗足上，謂足背也。云「絇屨飾如刀衣鼻在屨頭上」者，以漢時刀衣鼻況絇在屨頭上，以其皆有孔，得穿繫于中而過者也。若無絇，則謂之鞮屨，見周禮鞮鞻氏。注云「以餘組連之」者，以綦屨繫既結，有餘組穿連兩屨之絇，使兩足不相離，故云「止足坼也」。**乃襲三稱，**稱，尺證反，杜預云：「衣禪複具曰稱。」○遷尸於襲上而衣之。凡衣死者，左衽，不紐，襲不言設牀，又不言遷尸於襲上，以其俱當牖，無大異。○衣，於既反。○疏曰：上文已布衣於含東牀上而未襲，今已飯含訖，乃遷尸，即以衣著於尸，故云「遷尸於襲上而衣之」也。喪大記云：大斂小斂，「祭服不倒，皆左衽，結絞不紐。」注云：「左衽，衽鄉左，反生時也。」大斂小斂布衣訖，皆言遷尸于斂上，以其小斂于户内，大斂于阼階，其處有異故也。此襲牀與含牀並在南牖下，小别而已，無大異，故不言設牀與遷尸也。此士襲三稱，案雜記注云：「士襲三稱，子羔襲五稱，今公襲九稱，則尊卑襲數不同矣。諸侯七稱，天子十二稱與？」以無正文，故云「與」以疑之。○紐，女九反。**明衣不在筭。**筭，數也。不在數，明衣禪衣不成稱也。○數，所主反。○疏曰：喪大記云：「袍必有表，不禪，衣必有裳，謂之一稱。」其褖衣雖禪與袍爲表，故云稱。明衣禪而無裏，不成稱，故不數也。**設韐帶，搢笏。**韐帶，韎韐緇帶。不言韎緇者，省文，亦欲見韐自有帶，韐帶用革。搢，插也，插於帶之右旁。古文「韐」爲「合」也。○見，賢遍反。○疏曰：案上陳服之時，有韎韐、有緇帶，故云「韎韐緇帶」也。云「不言韎緇者省文亦欲見韐自有帶」者，韎韐用革帶也，以其生時緇帶以束衣，革帶以佩韍玉之等。生時有二帶，死亦備此二帶，是以雜記云：「朱緑帶，申加大帶於上。」注云：「朱緑帶者，襲衣之帶，飾之，雜以朱緑，異於生也。」此帶亦以素爲之，申，重也，重於革帶也。革帶以佩韍，必言重加大帶者，明雖有變，必備此二帶。是也。案玉藻云：「雜帶，君朱緑，大夫玄華，士緇辟。」又案雜記云：「率帶，諸侯大夫皆五采，士二采。」注云：「此謂襲尸之大帶也。」以此而言，生時，君大夫二色，今死則加以五采，士生時一色，死更加二色，是異於生。若然，又雜記「朱緑帶」，注云：「襲衣之帶，飾之，雜以朱緑。」此帶是束衣之帶，非大帶，諸侯禮，則士大夫亦宜有之。此不言，文不具也。但人君衣帶用朱緑，與大帶同，此則大夫士飾與大帶同也。云「搢插也插於帶之右旁」者，以右手取之便故也。設決，麗于掔，自飯持之。設握〔四二〕，乃連掔。掔，烏亂反。○麗，施也。掔，手後節中也。飯，大擘指本也。決，以韋爲之藉〔四三〕，有彄，彄内端爲紐，外端有横帶，設之，以紐擐大擘本也。因沓其彄，以横帶貫紐結於掔之表也。設握者，以綦繫鉤中指，由手表與決帶之餘連結之。此謂右手也。古文「麗」亦爲「連」，「掔」作「捥」。○爲，于僞反。彄，苦侯反。擐，音患。捥，烏亂反。○疏曰：云「決以韋爲之藉有彄彄内端爲紐外端有横帶」者，以下當大擘本鄉掌爲内端，屬紐；子鄉手表爲外端，屬横帶也。鄭云「設之以紐擐大擘本」者，以鄭言之，大指短，其著之先以紐擐大擘本，然後因沓其彄於指，乃以横帶繞手，一二貫紐〔四四〕，反向手表結之。鄭雖云「結于掔之表」，且内於帶間末即結此横帶，即上組繫是也。云「設握」者，案上云握手長尺二寸，裹手一端〔四五〕，繞於手表，必重，宜於上掩者屬一繫於下角，乃以繫繞手一匝，當手表中指向上，鉤中指，又反而上繞，取繫鄉下，與決之帶餘連結之。云「此謂右手也」者，以其右手有決，今言與決同結，明是右手也。下記所云「設握」者，此謂左手，鄭云「手無決者」也。設冒，櫜之，幠用衾。櫜，古刀反，劉古道反。○櫜，韜盛物者，取事名焉。衾者，始死時斂衾。今文「櫜」爲「橐」。○橐，音託。○疏曰：櫜是韜盛之名，今以冒櫜盛尸，故名爲櫜，是取盛物之事名焉。篇首始死云「幠用斂衾」，注云：大斂之衾〔四六〕。今雖襲訖，仍用大斂衾，以其襲時無衾，小斂之衾陳之，與前未襲同。巾柶鬠蚤，埋于坎。鬠，音舜，劉又音句，亂髮也。○坎至此築之也。將襲辟奠，既則反之。○辟，婢亦反，又音避。○疏曰：上文直云「渜濯棄于坎」，必至此乃築之者，以其斂事遽，無暇即埋，又慮更有須埋者，故至此覆尸訖乃埋之。云「將襲辟奠既則反之」者，始死設于尸東，方襲事，必當辟之，襲訖反之於尸東，以其不可空，無所依故也。案下記云「小斂，辟奠不出室」，則此辟襲奠亦不出室，仍不言處。大斂時辟小斂奠于序西南，則此宜室西南隅，至大斂辟，小斂奠，則言于序西南，有文可知也。此奠襲後，因名襲奠，故下鄭注云「將小斂則辟襲奠」。

右襲飯含案：既襲後有爲燎一節，經文不具，今以記附見于下。○記：飯於牖下。詳見士喪禮下祖條〔四七〕。○卒洗，貝反于笲，實貝，柱右齻左齻。笲，音煩。柱，丁主反。齻，丁千反。○象齒堅。○疏曰：經直云「實貝於尸左右及中」，不言遠近，故記人辨之。云「右齻左齻」，謂牙兩畔最長者，象生時齒堅也。夏祝徹餘飯，徹去鬻。○疏曰：經不言夏祝徹，故記人言之。瑱塞耳。瑱，佗殿反。○塞，充室。○疏曰：瑱用白纊，用掩之，不云塞耳，恐同生人縣于耳旁，故記人言之也。○本經記○設握，裏親膚，繫鉤中指，結于掔。握，如字，劉烏豆反。中，如字，劉丁仲反。掔，烏亂反。○掔，掌後節中也。手無決者，以握繫一端繞掔，還從上自貫，反與其一端結之。○疏曰：手無決者，以其經已云「設握麗于掔」，與決連結，據右手有決者，不言左手無決者，故記之。云「以握繫一端繞掔還從上自貫反與其一端結之」者，案上文握手用玄纁，裏長尺二寸，今裏親膚，據從手內置之，長尺二寸，中掩之手，纔相對也。兩端各有繫，先以一端繞擘一匝，還從上自貫，又以一端鄉上鉤中指，反與繞擘者結於掌後節中。甸人築坅坎，築，實土其中，堅之。穿坎之名，一曰坅。○疏曰：甸人掘，還使甸人築之也。隸人涅厠。涅，乃結反，塞也。○隸人，罪人也，今之徒役作者也。涅，塞也，爲人復往褻之，又亦鬼神不用。○復，扶又反。○疏曰：案周禮司隸職云「其奴，男子入於罪隸」者，則中國罪人對夷隸、蠻隸、貉隸之等，是征四夷所得也，故鄭舉漢法，今之徒役作者也。云「爲人復往褻之又亦鬼神不用」者，古者非直不共偪浴，亦不共厠，故得云死者不用也。○同上○鬊爪，士埋之。鬊，音舜。○鬊，亂髮也。○疏曰：此明死者之亂髮及手足之爪，君大夫則實於棺角之中，士賤，亦有物盛髮爪而埋之。○詳見喪大記。○司士賁告於子游曰：「請襲於牀。」子游曰：「諾。」縣子聞之曰：「汰哉叔氏，專以禮許人。」賁，音奔，人名。汰，本又作「大」，音泰，自矜大。○叔氏，子游別字。○疏曰：喪大記始死廢牀，至遷尸及襲，皆在於牀。當時失禮，襲在於地，故司士賁告子游。子游曰諾者，子游知襲在牀爲是，故諾之。「縣子聞之曰汰哉」，汰，自矜大也，言凡有來諮禮事者，當據禮以答之，今子游專輒許諾，如似禮出於己，故縣子譏之曰「汰哉」。當言禮也，言「諾」非禮也。○檀弓○鑿巾以飯，公羊賈爲之也。記士失禮所由始也。士親飯必發其巾，大夫以上賓爲飯焉，則有鑿巾。○疏曰：大夫以上貴，故使賓爲其親含。恐尸爲賓所憎穢，故設巾覆尸面而當口鑿穿之，令含得入口也。公羊賈是士，自含其親而用鑿巾，則是自憎穢其親，故爲失禮也。○雜記○

既襲，宵爲燎于中庭。宵，夜。○疏曰：士之喪，死日而襲，經不云中庭設燎，故記明之也。○本經記○士堂上一燭，下一燭。詳見喪大記。

重木，刊鑿之。甸人置重于中庭，參分庭一，在南。重，直容反。○木也，縣物焉曰重。刊，斲治，鑿之爲縣簪孔也。士重木長三尺。○疏曰：以其木有物縣於下，相重累，故得重名。下云「繫用軡」，用軡內此孔中。云「簪」者，若冠之笄，謂之簪，使冠連屬於紒，此簪亦相連屬於木之名也。云「士重木長三尺」者，鄭言士重木長三尺，則大夫以上各有等，當約銘旌之杠，士三尺，大夫五尺，諸侯七尺，天子九尺。據豎之者，橫者宜半之。鄭不言大夫以上，無正文故也。夏祝鬻餘飯，用二鬲于西墻下。鬻，本又作「粥」，之六反。飯，扶晚反。○夏祝，祝習夏禮者也。夏人教以忠，其於養宜。鬻餘飯，以飯尸餘米爲鬻也。重，主道也。士二鬲，則大夫四，諸侯六，天子八，與簋同差。○養，羊亮反。○疏曰：西墻下有竈，即上文甸人爲垼是也。云「夏人教以忠其於養宜」者，案禮記表記云夏道「近人而忠」，故此飲食使夏祝忠者養宜也。前商祝奠米飯米，夏祝徹之，今乃鬻之而盛於鬲，是以下記云「夏祝徹餘飯」，注云「徹，去鬻」是也。云「重主道也」者，始死未作主，以重主其神，虞祭之後，以木主替重處，故重是木主之道也。云「士二鬲則大夫四諸侯六天子八與簋同差」者，亦無正文，以其同盛黍稷，故知同差也。案：特牲用二敦，少牢用四敦，同姓之大夫士用簋，故皆以簋言之。明堂位云「周之八簋」，詩云「陳饋八簋」，皆天子禮。自上降殺以兩，可知也。冪用疏布，久之。繫用軡，縣于重。冪用葦席，北面，左衽。帶用軡，賀之，結于後。冪，本作「鼏」，亡狄反。軡，劉舉琴反，下同，説文其闇反。○久，讀爲炙，謂以蓋塞鬲口也。靲，竹䈽也。以席覆重，辟屈而反，兩端交於後。左衽，西端在上。賀，加也。今文「幂」皆作「密」。○䈽，音蔑。辟，音壁。○疏曰：久，讀爲炙；炙，塞義，謂用麤布蓋鬲口爲塞也。云「靲竹䈽也」者，顧命云「敷重篾席」，即此靲、䈽一也，謂竹之青，可以爲繫者。云「以席覆重辟屈而反兩端交於後左衽西端在上」者，據人北面，以席先於重北面南掩之於後〔四八〕，以東端爲下向西，西端爲上向東，是爲辟屈而反兩端，交於後，爲左衽、右衽，然後以䈽加束之，結於後也。祝取銘置于重。祝，習周禮者也。○疏曰：以銘未用〔四九〕，待殯訖乃置於肂，今且置於重。必且置於重者，重與主皆是録神之物故也。

右設重置銘○記：重主道。詳見喪禮義。

厥明，陳衣于房，南領，西上，綪。絞，横三縮一，廣終幅，析其末。絞，户交反。○綪，屈也。絞，所以收束衣服爲堅急者也，以布爲之。縮，從也。横者三幅，從者一幅。析其末者，令可結也。喪大記曰：「絞，一幅爲三。」○從，子容反。○疏曰：云「厥明」者，對昨日始死之日爲厥明。此陳衣將陳并取以斂，皆用篋，是以喪大記云：「凡陳衣者實之篋，取衣者亦以篋〔五〇〕，升降者自西階。」是也。云「絞所以收束衣服爲堅急」者，喪大記云：小斂之絞也，廣終幅，析其末，以爲堅之强也；大斂之絞，一幅三析，用之以爲堅之急也。記云：「凡絞紟用布，倫如朝服。」注云：「倫，比也。」此絞直言縱横幅數，不言長短者，人有短長不定，取足而已。引喪大記，證絞爲三析之事。緇衾，赬裏，無紞。赬，丑貞反，赤也。紞，丁敢反。○紞，被識也。斂衣或倒，被無别於前後可也〔五一〕。凡衾制同，皆五幅也。○識，申志反〔五二〕。○疏曰：云「斂衣或倒」者，案下文云「祭服不倒」，則餘服有倒者，皆有領可記也。云「被無別於前後可也」者，被本無首尾，生時有紞爲記識前後，恐於後互換，死者一定，不須別其前後可也。云「凡衾制同皆五幅也」者，此無正文，喪大記云：「紟五幅，無紞。」衾是紟之類，故知亦五幅。祭服次，爵弁服、皮弁服〔五三〕。○疏曰：凡陳斂衣，先陳絞紟於上，次陳祭服於下，故云「祭服次」。至大斂陳衣，亦先陳絞紟衾，次陳君襚祭服。所以然者，以絞紟爲裹束衣，故皆絞紟爲先。但小斂美者在內，大斂美者在外，故小斂先布散衣，後布祭服，大斂則先布祭服，後布散衣，是小斂美者在內，大斂美者在外也。襲時美者在外，是三者相變也。散衣次，散，息但反。○褖衣以下，袍繭之屬。○疏曰：袍繭有著之異名，同入散衣之屬也。凡十有九稱。祭服與散衣。○疏曰：士之服唯有爵弁、皮弁、褖衣而已。云「十九稱」，當重之使允十九。必十九者，法天地之終數也。天地之初數，天一，地二；終數天九，地十。人在天地之間而終，故取終數爲斂衣稱數，尊卑共爲一節也。陳衣繼之，庶襚。○疏曰：襲時陳衣訖，乃云庶襚，繼陳不用。此亦陳衣訖，乃云「陳衣繼之」，明亦是庶襚。不必盡用。盡，津忍反。○取稱而已，不務多。○疏曰：襲時言庶襚，繼陳則全不用。此「陳衣繼之」下云「不必盡用」，則兼用之，不必盡而已。以其小斂用衣多，主人自盡不足，故容用之也。云「取稱而已不務多」者，衣服雖多，不得過十九耳。○饌于東堂下，脯、醢、醴、酒，冪奠用功布，實于簞，在饌東。饌，劉牀轉反，一音士眷反，後同。○功布，鍛濯灰治之布也。凡在東西堂下者，南齊坫。古文「奠」爲「尊」。○坫，丁念反。○疏曰：案喪服殤大功章云：「大功布衰裳。」注云：「大功布者，其鍛治之功麤沽之。」則此云功布者，大功之布，故云

「鍛濯灰治之」也。云「凡在東西堂下者南齊坫」者，既夕記云：「設棜于東堂下，南順，齊于坫，饌于其上。兩甒，醴、酒。」若然，則凡設物於東西堂下者，皆南與坫齊。北陳之堂隅有坫，以土爲之，或謂堂隅爲坫也。設盆盥于饌東，有巾。爲奠設盥也。喪事略，故無洗也。○疏曰：爲設奠人設盥洗及巾，喪事略，故無洗，直以盆爲盥器也。下云「夏祝及執事盥，執醴先酒」，即是於此盥也。苴絰，大鬲，下本在左，要絰小焉。散帶垂，長三尺；牡麻絰，右本在上，亦散帶垂，皆饌于東方。苴，七如反。鬲，音革，又作「搹」，同。絰，大結反。○苴絰，斬衰之絰也。苴麻者，其貌苴，以爲絰。服重者尚麤惡，絰之言實也。鬲，扼也。中人之手，扼圍九寸。絰帶之差，自此出焉。下本在左，重服統於内而本陽也。要絰小焉，五分去一。牡麻絰者，齊衰以下之絰也。牡麻絰者其貌易，服輕者宜差好也。右本在上，輕服本於陰而統於外。散帶之垂者，男子之道，文多變也。饌于東方東坫之南，苴絰爲上。○宜差，初賣反。○疏曰：此陳絰帶者，以其小斂訖，當服未成服之麻故也。云「亦散帶垂」者，不言尺寸，亦與苴絰同垂三尺。喪服斬衰章云：「斬衰裳，苴絰，杖。」「苴麻者其貌苴」，間傳云：「斬衰貌若苴。」彼據人之形貌若苴麻，明麻之形貌亦苴可知。故此指麻之貌苴者以爲絰。「服重者尚麤惡」，對齊衰已下。服輕不尚麤惡，故間傳云：「齊衰貌若枲，大功貌若止。」是不尚麤惡也。檀弓云：「絰也者，實也。」明孝子有忠實之心，與服相稱，不虛服此服也。云「鬲搤也中人之手搤圍九寸」，鬲是搤物之稱，故據中人一搤而言大者，據大拇指與大巨指搤之，故言大鬲。云「下本在左重服統於内而本陽也」者，謂斬衰統於内，以解本在下而本陽，以解在左對齊衰之絰，右本在上輕服，本於陰而統外，案雜記云「親喪外除」，鄭云：

日月已竟而哀未忘。「兄弟之喪内除」，注云：「日月未竟而哀已殺。」此言統内、統外者，亦據哀在内、外而言；本陽、本陰者，亦據父者子之天爲陽、母者子之地爲陰而言也。云「要經小焉五分去一」者，首經圍九寸，五分之，五寸正去一寸得四寸，餘四寸，每寸爲五分，四寸爲二十分，去四分得十六分，取十五分爲三寸餘一分在，總得七寸五分寸之一。云齊衰之經，斬衰之帶也，以其俱七寸五分寸之一。又去五分一以爲帶，七寸取五寸，去一寸得四寸，彼二寸，一寸爲二十五分，二寸爲五十分，一分爲五分，添前爲五十五分，總去十一分，餘有四十四分二十五分爲一寸，添前四寸爲五寸，仍有十九分在，是齊衰之帶總有五寸二十五分寸之十九。彼又云大功之經，齊衰之帶，以其俱五寸二十五分寸之十九〔五四〕，又去五分一以爲帶，五寸去一寸，得四寸，餘二十五分寸之十九者，一分爲五分，十分爲五十分，又九分者爲四十五分，添前五十，總爲九十五分，去一者五十去十，四十五去九，總得七十六，據整寸破之而言，此四寸百二十五分寸之七十六以爲小功之經。大功之帶以下，仍有小功之帶，但小功之帶以小功之經又五分去一，下至緦麻之帶皆以五倍破寸計之可知。云「牡麻經者齊衰以下之經也」者，案喪服齊衰、大功皆言牡麻經，小功又言澡麻，傳云：「牡麻者，枲麻也。」對苴經，則此雄麻色好者，是以鄭云「服輕者宜差好也」。云「散帶之垂者男子之道文多變也」者，此小斂經有散麻帶垂之，至三日成服絞之，對婦人陰質初而絞之，與小功以下男子同。知「饌于東方東坫之南苴經爲上」者，以其對下牀第夷衾之等在西坫南，故此亦在東坫南也。若然，經直言東方〔五五〕，知不在東堂下東方者，以其小斂陳饌皆在東堂下。若此亦在東堂下，當言陳于饌東饌北，何須言東方乎？明此非東堂下也。知苴經爲上者，以其經先言苴經，明依此爲首南陳之也。婦人之帶，牡麻結本，在房。婦人亦有苴絰，但言帶者，記其異。此齊衰婦人，斬衰婦人亦苴絰也。○疏曰：知「婦人亦有苴絰」者，喪服首云「苴絰杖」，下經男子、婦人俱陳，則婦人亦有苴絰。禮記服問之等每云婦人麻絰之事，故知婦人亦有絰。今此經不言婦人苴絰者，記其異，謂男子帶有散麻，婦人則結本，是其異者。且男子小功緦麻，小斂有帶則絞之，亦結本，婦人帶結本可以兼之矣。云「此齊衰婦人」者，以其牡麻宜言齊衰，以下至緦麻皆同牡麻也。云「斬衰婦人亦苴絰也」者，此亦據帶而言，以其帶亦名絰，則喪服云「苴絰杖」，鄭云：「麻在首，在要皆曰絰。」彼絰既兼男女，則婦人有苴麻爲帶絰可知。絰不言者，以義可知，故省文也。此帶牡麻兼男子小功以下，陳之則別處，以其男子陳之于坫南，此經云在房，明知異處也。牀笫，夷衾，饌于西坫南。笫，簀也。夷衾，覆尸之衾。喪大記曰：「自小斂以往用夷衾，夷衾質殺之，裁猶冒也。」○殺，色界反。○疏曰：小斂訖，奉尸夷於堂，幠用夷衾，故陳之於西坫南。案曲禮云：「在牀曰尸，在棺曰柩。」此夷衾，小斂以往用之覆尸柩，今直言覆尸者，鄭據此小斂未入棺而言。云「喪大記曰自小斂以往用夷衾」，則此夷衾本爲覆尸覆柩，不用入棺矣，是以將葬啓殯覆棺亦用之矣。云「夷衾質殺之裁猶冒也」者，案上文云：「冒，緇質，長與手齊，赬殺，掩足。」注云：「上曰質，下曰殺。」夷衾亦如此，上以緇，下以赬，連之乃用也。此色與形制大同，而連與不連則異也。西方盥，如東方。爲舉者設盥也。如東方者，亦用盆布巾，饌於西堂下。○疏曰：云爲將舉尸者，則下經「士盥二人」是也。東方盥在東堂下，則知此「西方」亦在西堂下可知。陳一鼎于寢門外，當東塾少南，西面。其實特豚，四鬄，去蹄，兩胉、脊、肺。設扃鼏，鼏西末，素俎在鼎西，西順，覆匕東柄。鬄，託歷反。蹄，大皮反。胉，音博，劉音百，又音魄，脅也。扃，古螢反。○鬄，解也。四解之，殊肩髀而已，喪事略。去蹄，去其甲，爲不絜清也。胉，脅也。素俎，喪尚質。既饌，將小斂，則辟襲奠。今文「鬄」爲「剔」，「胉」爲「迫」，古文「鼏」爲「密」。○髀，步啓反，又必爾反，下文同。辟，婢亦反。○疏曰：此亦爲小斂奠陳之。鼏用茅爲編。言「西末」，則茅在東方。凡牲體之法有二，一者四解而已。此經直云「四鬄」，即云去蹄，明知殊肩髀爲四段。案士冠禮云：「若殺，則特豚，載合升。」注云：「合左右胖。」此下文大斂亦云豚合升，則吉凶之禮豚皆合升。而鄭云「喪事略」者，但喪中之奠，雖用成牲，亦四解，故云喪事略。若禘郊大祭，雖吉祭，亦先有豚解，後爲體解，是以禮運云：「腥其俎，孰其殽。」鄭云：「腥其俎，謂豚解而腥之。孰其殽，謂體解而爓之。」國語亦云：「禘郊之事則有全脀，王公立飫則有房俎，親戚燕飲則有殽脀者。」若然，禘郊雖先有全脀，後有體解，此經云四鬄并兩胉、脅與脊，總爲七體，若豚解皆然也。云「既饌將小斂則辟襲奠」者，即始死之奠襲，後改爲襲奠，以恐妨斂事，故知辟襲奠，前襲時已辟之，今將小斂亦辟之，亦當於室之西南隅。如將大斂，辟小斂奠於序西南也。凡奠在室外經宿者，皆辟之於序西南，小斂奠與祖奠是也。

右陳小斂衣經帶奠○記：小斂於户内，大斂於阼。士以葦席。詳見喪大記。○厥明，滅燎陳衣。記節。○疏曰：云「記節」者，爲小斂陳衣，當襲之明旦滅燎之時。正經不云，故記人亦明之也。凡絞紟用布，倫如朝服。凡，凡小斂大斂也。倫，比也。今文無「紟」，古文「倫」爲「輪」。○疏曰：言「凡」，非一之言。以其唯小斂至大斂有絞，大斂又有紟，故知「凡」中有大小斂也。

言類如朝服者，雜記云「朝服十五升」是也。○本經記○小斂：布絞，縮者一，橫者三。士緇衾一，衣十有九稱。士陳衣于房中，皆西領北上，絞紟不在列。小斂之衣，祭服不倒。君無襚，大夫士畢主人之祭服，親戚之衣受之，不以即陳。君、大夫、士皆用複衣複衾。詳見喪大記。○袍必有表，不禪；衣必有裳，謂之一稱。凡陳衣者實之篋，取衣者亦以篋，升降自西階。凡陳衣不詘，非列采不入，絺、綌、紵不入。詳見喪大記。○絞、紟、衾，冒，死而後制。絞、紟、衾、冒，一日、二日而可爲者。○王制○大斂條通用。○設棜于東堂下，南順，齊于坫，饌于其上。兩甒，醴、酒。酒在南，篚在東，南順，實角觶四，木柶二，素勺二。豆在甒北，二以並，籩亦如之。棜，於庶反。齊，如字，劉才計反。坫，丁念反。勺，上灼反。○棜，今之轝也。角觶四，木柶二，素勺二，爲夕進醴酒，兼饌之也。勺二，醴、酒各一也。豆籩二以併，則是大斂饌也。記於此者，明其他與小斂同陳。古文「角觶」爲「角柶」。○疏曰：「角觶四木柶二爲夕進醴酒兼饌之也」者，以其大小斂之奠皆有醴酒。醴一觶，又用一柶，酒用一觶，計醴酒但用二觶一柶矣。而觶有四、柶有二者，朝夕酒醴及器別設，不同器，朝夕二奠，各饌其器也。小斂一豆一籩，大斂乃有二豆二籩，故知二謂大斂饌也。大斂饌不在小斂節內陳之，而此陳之者，以其陳此籩豆之外，皆與小斂同，故就小斂節內陳之，省文也。凡籩豆，實具設，皆巾之。籩豆偶而爲具，具則於饌巾之。巾之，加飾也，明小斂一豆一籩不巾。○疏曰：東堂實之，於奠設之，二處皆巾，故云「皆巾之」。云「籩豆偶而爲具具則於饌巾之巾之加飾也」者，此鄭解大斂奠二豆二籩實與奠二處皆巾加飾，明小斂奠一豆一籩，堂東饌時不巾，不加飾。若然，小斂奠設于牀東，巾之，爲在堂經久設塵埃加，故雖一豆一籩亦巾之，檀弓云：「喪不剥奠也與？祭肉也與？」觶，俟時而酌，柶覆加之，面枋，及錯建之。枋，彼命反。錯，七故反。○時，朝夕也。檀弓曰：「朝奠日出，夕奠逮日。」○疏曰：言此者，記人恐饌時已酌於觶，故記云「俟時而酌」也。引檀弓者，謂時是朝夕之時。必朝奠待日出，夕奠須日未没者，欲得父母之神隨陽而來故也。○本經記○大斂條通用。○喪服先散帶。詳見喪禮義。○枇以桑〔五六〕，長三尺，或曰五尺。枇，音匕，本亦作「朼」〔五七〕，音同。長，直亮反，下同。○枇，所以載牲體者。此謂喪祭也，吉祭枇用棘。○疏曰：枇者，所以載牲體，從鑊以枇升入於鼎，從鼎以枇載之於俎。以其用桑，故知喪祭也。云「吉祭枇用棘」者，特牲記云「枇用棘心」是也。畢用桑，長三尺，刊其柄與末。畢，所以助主人載者。刊，猶削也。○疏曰：主人舉肉之時，則以畢助主人舉肉〔五八〕。○雜用桑者，亦喪祭故也。刊其柄與末，謂畢末頭亦刊削之。畢既如此，枇亦當然，若吉時亦用棘。記○大斂及凡喪祭陳鼎者通用。奠以素器。詳見喪禮義，後凡奠通用。

士盥，二人以並，東面，立于西階下。立，俟舉尸也。今文「並」爲「併」。○疏曰：舉尸，謂小斂從襲牀遷尸於户内服上〔五九〕，即下文「士舉遷尸反位」是也。布席于户内，下莞上簟。有司布斂席也。商祝布絞衾，散衣，祭服。祭服不倒，美者在中。斂者趨方，或傎倒衣裳，祭服尊，不倒之也。

美，善也。善衣後布，於斂則在中也。既後布祭服，而又言善者在中，明每服非一稱也。○偵，本又作「顛」。倒，丁老反。○疏曰：襲時衣裳少，不倒，小斂十九稱，衣裳多，取其要方，除祭服之外，或倒或否。云「祭服尊不倒」者，士之助祭服則爵弁服、皮弁服，并家祭服玄端，亦不倒也。云「善衣後布於斂則在中也」者〔六〇〕，以其斂衣半在尸下，半在尸上，今於先布者在下，則後布者在中可知也。「祭服」文在散衣之下，即是後布祭服，祭服則是善者，復云善者在中，則祭服之中更有善者可知。故云每服非一稱，以其總十九稱之中，善者非一稱也。士舉遷尸，反位。遷尸於服上。設牀笫于兩楹之間，衽如初，有枕。衽，寢臥之席也，亦下莞上簟。○疏曰：曲禮云：「請席何鄉？請衽何趾？」鄭云：「坐問鄉，臥問趾，因於陰陽。」是衽爲臥席。云「亦下莞上簟」者，詩斯干宣王寢席而言「下莞上簟」，是尋常寢席，無問貴賤，皆下莞上簟。卒斂，徹帷。尸已飾。主人西面馮尸，踊無筭，主婦東面馮，亦如之。馮，音憑，後皆同。○馮，服膺之。主人髺髮，袒，衆主人免于房。髺，音括，劉音活。免，音問，後放此。○始死，將斬衰者雞斯，將齊衰者素冠。今至小斂變，又將初喪服也。髺髮者，去笄纚而紒。衆主人免者，齊衰將袒，以免代冠。冠，服之尤尊，不以袒也。免之制未聞。舊説以爲如冠狀，廣一寸。喪服小記曰：「斬衰髺髮以麻」，「免而以布」。此用麻布爲之，狀如今之著幓頭矣。自項中而前交於額上，却繞紒也。于房于室，釋髺髮宜於隱者。今文「免」皆作「絻」，古文「髺」作「括」。○雞斯，所買反，劉霜綺反，下作「纚」，同。紒，音計。著，丁略反。幓，七消反。絻，音問。○疏曰：知「始死，將斬衰者雞斯」者，案禮記問喪云：「親始死，雞斯徒跣。」鄭注云：「雞斯，當爲笄纚。」以成服乃斬衰，是始死未斬衰，故云「始死將斬衰者雞斯」也。云「將齊衰者素冠」者，喪服小記云「男子冠而婦人笄」，冠、笄相對。問喪親始死，男子云笄纚，明齊衰男子素冠可知。「今至小斂變」者，謂服麻之節，故云變也。云「又將初喪服也，髻髮者，去笄纚而紒」者，此即喪服小記云：「斬衰髻髮以麻，爲母髻髮以麻，免而以布〔六一〕。」是母雖齊衰，初亦髻髮，與斬衰同，故云「去笄纚而紒」，紒上著髻髮也。云「衆主人免者，齊衰將袒，以免代冠」者，此亦小斂節，與斬衰髻髮同時，此皆據男子。若婦人斬衰，婦人以麻爲髽；齊衰，婦人以布爲髽。髽與髻髮，皆以麻布自項而向前交於額上，却繞紒如著幓頭焉。免亦然，但以布廣一寸爲異也。云「于房于室，釋髻髮宜於隱」者，并下文婦人髽于室，兼言之也。**婦人髽于室。**髽，側瓜反。○始死，婦人將斬衰者，去笄而纚，將齊衰者，骨笄而纚。今言「髽」者，亦去笄纚而紒也。齊衰以上，至笄猶髽。髽之異於髻髮者，既去纚而以髮爲大紒，如今婦人露紒，其象也。檀弓曰：「南宮縚之妻之姑之喪，夫子誨之髽〔六二〕，曰：『爾毋縱縱爾，爾毋扈扈爾。』」其用麻布，亦如著幓頭然。○縚，他刀反。毋，音無。縱，范音總，劉又在紅反。扈扈，並音户。○疏曰：知「婦人將斬衰者，去笄而纚」者，喪服小記云「男子冠而婦人笄」，冠、笄相對。將斬衰，男子既去冠而著笄纚，則婦人將斬衰亦去笄而纚可知。又知「將齊衰者，骨笄而纚」者，上引男子齊衰始死素冠，則知婦人將齊衰，骨笄而纚也。云「今言髽者，亦去笄纚而紒也」者，謂今至小斂節，亦如上將斬衰。男子去笄纚而髻髮，則此將斬衰，婦人亦去笄纚而麻髽，齊衰，婦人去骨笄與纚而布髽矣。鄭不云斬衰婦人去纚，而云去笄纚者，專據齊衰婦人而言，文略故也。鄭所以云而紒，紒即髽也，故喪服注亦云：髽，露紒也。云「齊衰以上，至笄猶髽」者，謂從小斂著未成服之髽至成服之笄，猶髽不改，至大斂殯後乃著成服之髽代之也。云「髽之異於髺髮者，既去纚而以髮爲大紒，如今婦人露紒其象也」者，古者男子、婦人吉時皆有笄纚，有喪至小斂，則男子去笄纚著髺髮，婦人去纚而著髽。髽形先以髮爲大紒。紒上，斬衰，婦人以麻；齊衰，婦人以布。其著之如男子髺髮與免，故鄭依檀弓「縱縱」、「扈扈」之後，乃云「其用麻布，亦如著幓頭然」。既髺髮與髽皆如著幓頭而異爲名者，以男子陽，外物爲名而謂之髺髮；婦人陰，内物爲稱而謂之髽也。但經云「婦人髽于室」者，男子髺髮與免在東房，若相對，婦人宜髽於西房。大夫士無西房，故於室内户西，皆於隱處爲之也。

右小斂髽髺髮。○記：夏后氏尚黑，以建寅之月爲正，物生尚黑。大事斂用昏。斂，力驗反，下皆同。○昏時亦黑，此大事謂喪事也。殷人尚白，以建丑之月爲正，物牙色白。大事斂用日中。日中時亦白。周人尚赤，以建子之月爲正，而物萌色赤。○疏曰：案上商尚白之下注云：「物牙色白。」此「萌色赤」不同者，萌是牙之微細，故建子云萌，建丑云牙。若散而言之，萌即牙也。故書傳略説云：「周以至動，殷以萌，夏以牙。」此皆據一種之草大汎而言，故建子始動，建寅乃出。至如薺麥，以秋而生，月令仲冬荔挺生，不在此例也。大事斂用日出。日出時亦赤。○檀弓○大斂條通用。○小斂於户内。詳見喪禮義。○小斂，辟奠不出室。辟，婢亦反，劉芳益反，注「辟襲奠」同。○未忍神遠之也。辟襲奠以辟斂，既斂，則不出於室，設於序西南，畢事而去。○遠，于萬反。辟斂，音避。○疏曰：始死，猶生事之，不忍即爲鬼神事之，故奠不出室。云「辟襲奠以辟斂」者，辟襲奠只爲辟斂也。若將大斂，則辟小斂，奠於序西南，亦不出於室。云「事畢而去」者，斂事畢，奉尸夷于堂乃去，而設小斂奠于尸東。○本經記○小斂而徹帷。詳見喪禮義。○無踊節。其哀未可節也。○疏曰：自死至此爲節，賓主拾踊有三者三，而云「無踊節」者，除三者三之外，其間踊皆無節，即上文「踊無筭」是也。云「其哀未可節也」，亦謂三者三之外，無踊節而言。既馮尸，主人袒，髺髮，絞帶。衆主人布帶。髺，音括。○衆主人，齊衰以下。○疏曰：小斂于户内訖，主人袒，髺髮，散帶垂。經不云絞帶及齊衰以下布帶事，故記者言之。案喪服，苴絰之外又有絞帶，鄭注云：「要絰象大帶，又有絞帶象革帶。」齊衰以下用布。齊衰無等，皆是布帶也。知衆主人非衆子，其衆子皆斬衰絞帶，故知衆主人齊衰以下至緦麻，首皆免也。○本經記○小斂，主人即位于户内，主婦東向，乃斂。卒斂，主人馮之踊，主婦亦如之。主人袒，脱髦，括髮以麻；婦人髽，帶麻于房中。凡斂者袒，遷尸者襲。士之喪，胥爲侍，士是斂。小斂大斂，祭服不倒，皆左衽，結絞不紐。斂者既斂必哭，士與其執事則斂，斂焉則爲之壹不食，凡斂者六人。鋪絞紟，踊；鋪衾，踊；鋪衣，踊；遷尸，踊；斂衣，踊；斂衾，踊；斂絞紟，踊。士馮父母、妻、長子、庶子，庶子有子，則父母不馮其尸。凡馮尸者，父母先，妻子後。父母於子執之，子於父母馮之。婦於舅姑奉之，舅姑於婦撫之。妻於夫拘之，夫於妻於昆弟執之。馮尸不當君所，凡馮尸興必踊。詳見喪大記。○嫂不撫叔，叔不撫嫂。遠別也。○雜記○君不撫僕妾。同上○「凡斂者袒」以下至此，大斂條通用。

士舉，男女奉尸侇于堂。幠用夷衾。男女如室位，踊無筭。侇，音夷。○侇之言尸也。夷衾，覆尸柩之衾也。堂謂楹間牀第上也。今文「侇」作「夷」。○疏曰：云「侇之言尸也」者，尸之衾曰夷衾，尸之牀曰夷牀，并此經侇尸，不作「移」字，皆作「侇」者。侇，人旁作之，故鄭注喪大記皆是依尸爲言也。云「幠用夷衾」者，初死，幠用大斂之衾，以小斂之衾當陳。今小斂後，大斂之衾當擬大斂，故用覆棺之夷衾以覆尸也。主人出于足，降自西階，衆主人東即位。婦人阼階上，西面。主人拜賓，大夫特拜，士旅之。即位，踊，襲絰于序東，復位。拜賓，鄉賓位拜之也。即位踊，東方位。襲絰于序東，東夾前。○鄉，許亮反。夾，古洽反，劉古協反。○疏曰：云「衆主人東即位」者，當從主人降自西階〔六三〕，主人就拜賓之時，衆主人遂東即位於阼階，下主人位南西面也。於時阼階上空，故婦人得向阼階上西面也。云「拜賓鄉賓位拜之也」者，經云主人「降自西階」，即云「主人拜賓」，明不鄉位而先拜賓，是主人鄉賓位拜賓可知。主人拜賓訖，即向東方阼階下，即西面位踊，踊訖襲絰也。云「襲絰于序東東夾前」者，主人即位，踊訖而去襲絰于序東，謂鄉堂東，東當序墻之東，又當東夾之前，非謂就堂上東夾前也。云「復位」者，復阼階下西面位。

右奉尸于堂拜賓襲絰○記：徹帷，男女奉尸夷于堂，降拜。士拜卿大夫於位，於士旁三拜。士妻特拜命婦，氾拜衆賓於堂上。主人即位，襲帶絰踊。母之喪，即位而免。哭尸于堂上，主人在東方，由外來者在西方，諸婦南鄉。婦人迎客、送客不下堂，下堂不哭。男子出寢門見人，不哭。其無女主，則男主拜女賓于寢門內〔六四〕。其無男主，則女主拜男賓于阼階下。子幼，則以衰抱之，人爲之拜。在竟内則俟之，在竟外則殯葬可也。喪有無後，無無主。詳見喪大記。○大夫弔，當事而至，則辭焉。辭，猶告也，擯者以主人有事告也。主人無事，則爲大夫出。○檀弓○士之喪，於大夫不當斂則出。詳見喪大記。○士妻不當斂，則爲命婦出。同上○當袒，大夫至，雖當踊，絶踊而拜之，反，改成踊，乃襲。尊大夫來至則拜之，不待事已也。更成踊者，新其事也。於士，既事成踊，襲而后拜之，不改成踊。於士，士至也。事，謂大小斂之屬。○疏曰：此明士有喪，大夫及士來弔之禮。「當袒，大夫至」者，謂士有喪當袒之時，而大夫來弔也。崔云：「謂斂竟時也。」檀弓云「大夫弔，當事而至，則辭焉」，是當大、小斂時，主人不出，故辭大夫也。此云「絶踊而拜之」，故知是斂已竟，當其袒踊時出也。乃襲，謂更成踊訖，乃襲初袒之衣也。於士來弔，則襲畢乃拜之也〔六五〕。○雜記○大夫弔之，雖緦必稽顙。小記○小斂、大斂、啓，皆辯拜。辯，音遍。○嫌當事來者終不拜，故明之也，此既事皆拜。○疏曰：禮：凡當大斂、小斂及啓攢之時，唯有君來則止事而出拜之。若他賓客至則不止事，事竟乃即堂下之位，悉徧拜，故云「皆辯拜」也。○雜記○「大夫弔」以下，大斂條通用。

乃奠，祝與執事爲之。舉者盥，右執匕，却之，左執俎，横攝之，入，阼階前西面錯，錯俎北面。錯，七故反，下及注同。○舉者盥，出門舉鼎者，右人以右手執匕，左人以左手執俎，因其便也。攝，持也。西面錯，錯鼎於此宜西面。錯俎北面，俎宜西順之。○便，婢面反。○疏曰：「右執匕，左執俎」

者，謂鄉北入內，東方爲右人，西方爲左人，故鄭云「右人以右手執匕，左人以左手執俎」，各用內手舉鼎，外手執匕俎，故云「便也」。云「錯鼎於此宜西面」者，對在門外時，北面陳鼎，鄉內爲宜也。右人左執匕，抽扃予左手，兼執之。取鼏，委于鼎北，加扃，不坐。抽扃取鼏，加扃於鼏上，皆右手。今文「扃」爲「鉉」，古文「予」爲「與」、「鼏」爲「密」。○疏曰：云「抽扃取鼏，加扃於鼏上，皆右手」者，以其經云「左執匕」，即云「抽扃予左手，兼執之」，不言用右手，故鄭明之，以其右人用左手執匕，即知抽扃已下用右手，似若左執爵，用右手祭脯祭薦，取便也。乃朼，載兩髀于兩端，兩肩亞，兩胉亞，脊肺在於中，皆覆，進柢，執而俟。朼，必李反。柢，丁計反，後同。○乃朼，以朼次出牲體，右人也。載，受而載於俎，左人也。亞，次也。凡七體皆覆，爲塵。柢，本也。進本者，未異於生也。骨有本末。古文「朼」爲「匕」〔六六〕、「髀」爲「脾」，今文「胉」爲「迫」、「柢」皆爲「胝」。○爲脾，必爾反，又毗支反。爲胝，劉音帝。○疏曰：凡七體者，前左右肩，臂、臑屬焉，後左右髀〔六七〕，豚、胳屬焉，并左右脅，通脊爲七體也。案下文大斂豚合升，言合升則髀亦升之矣。凡言合升，多言皆并髀升，非獨喪禮。若體解升者，皆髀不升，鄭云「近竅賤也」。云「皆覆爲塵」者，諸進體皆不言覆，此言覆者，由無尸而不食，故覆之也。云「進本者，未異於生也」者，公食大夫亦進本，是生人法。今以始死，故不異於生也。夏祝及執事盥，執醴先，酒、脯、醢、俎從，升自阼階，丈夫踊，甸人徹鼎巾，待于阼階下。從，劉才用反。○執事者，諸執奠事者。巾，功布也。執者不升，己不設，祝既錯醴，將受之。○疏曰：云「甸人徹鼎巾」者，以其空無事，故徹。案公食大夫云：「甸人舉鼎，順出，奠于其所。」謂當門也。云「執者不升己不設祝既錯醴將受之」者，此執者不升，唯據執巾者，故鄭云「祝既錯醴，將受之」。當以覆酒醴，故下云「祝受巾」是也。奠于尸東，執醴酒，北面西上。執醴酒者先升，尊也。立而俟，後錯，要成也。豆錯，俎錯于豆東，立于俎北，西上。醴酒錯于豆南，祝受巾巾之，由足降自西階，婦人踊。奠者由重南東，丈夫踊。巾巾，並如字，劉下居覲反。重，直龍反。○巾之，爲塵也。東，反其位。○疏曰：主人位在阼階下，婦人位在上，故奠者升，丈夫踊，奠者降，婦人踊，各以所見先後爲踊之節也。奠者降反位必「由重南東」者，以其重主道神所馮依，不知神之所爲，故由重南而過，是以主人又踊也。注云「東反其位」者，其位蓋在盆盥之東南上。賓出，主人拜送于門外。廟門外也。○疏曰：廟門者，士死于適室，以鬼神所在則曰廟，故名適寢爲廟也。乃代哭，不以官。代，更也。孝子始有親喪，悲哀憔悴，禮防其以死傷生，使之更哭，不絶聲而已。人君以官尊卑，士賤以親疏爲之。三日之後，哭無時。周禮挈壺氏：「凡喪，縣壺以代哭。」○挈，苦結反。縣，音玄。○疏曰：案喪大記云：「君喪」，縣壺，「乃官代哭。大夫，官代哭，不縣壺。士，代哭，不以官」。注云：「自以親疏哭也。」此注不言大夫，舉人君與士，其大夫有大記可參，以官可知，故不言也。云「三日之後哭無時」者，禮有三無時之哭：始死未殯，哭不絶聲，一無時；殯後葬前，朝夕入於廟，阼階下哭，又於廬中思憶則哭，是二無時；既練之後，在堊室之中，或十日，或五日一哭，是三無時。練前葬後有朝夕在阼階下哭，唯此有時，無無時之哭也。引挈壺氏者，證人君有縣壺爲漏尅分更代哭法，大夫、士則無縣壺之義也。

右小斂奠案：小斂奠當在既斂之後，經文已具。今以上文陳小斂奠、本經記注疏考之，解四，柶、勺各二，爲朝夕各進醴酒而設，則大、小斂奠之夕，又有别進醴酒一節，經文不具，學禮者所當考也〔六八〕。○小斂之奠，子游曰：「於東方。」曾子曰：「於西方。斂斯席矣。」曾子以俗説，非。又大斂奠於堂，乃有席。小斂之奠在西方，魯禮之末失也。末世失禮之爲。○疏曰：知曾子所言非者，案士喪禮小斂之奠設於尸東，今曾子言西方，非也。案士喪禮大斂之奠設於室，今云堂者，後人轉寫之誤，當云奠於室。○檀弓○士代哭，不以官。詳見喪大記。

有襚者則將命，擯者出請入告，主人待于位。喪禮略於威儀，既小斂，擯者乃用辭。出請之辭曰：孤某使某請事。○疏曰：案上文始死云有賓則拜之，君使人弔，皆不云擯者出請入告之事，至此乃云擯者出請入告，是「喪禮略於威儀，既小斂，擯者乃用辭」也。云「出請之辭曰：孤某使某請事」者，此約雜記諸侯使人弔鄰國諸侯之喪，嗣君在阼階之下，使擯者出請云：孤某使某請事。此亦宜然。擯者出告須，以賓入。須，亦待也。出告之辭曰：孤某須矣。○疏曰：云「出告之辭曰：孤某須矣」者，此約雜記辭爲證也。賓入中庭，北面致命，主人拜稽顙。賓升自西階，出于足〔六九〕，西面委衣，如於室禮。降出，主人出，拜送。朋友親襚，如初儀。西階東北面哭，踊三，降，主人不踊。朋友既委衣，又還哭於西階上，不背主人。○疏曰：云「朋友親襚，如初儀」者，謂初死時，庶兄弟襚，使人以將命于室，「朋友襚，親以進是也。云「西階東北面哭，踊三，降，主人不踊」者，案前初死「朋友襚，親以進」。「退，哭，不踊」。注云：「主人徒哭，不踊。」以爲朋友不哭，主人徒哭者，前文朋友君命俱來，君之使者不哭，朋友亦不哭，故主人退哭。此朋友特來，無君命，故哭，與彼異。襚者以褶，則必有裳。執衣如初，徹衣者亦如之。升降自西階，以東。褶，音牒，劉特獵反。○帛爲褶，無絮，雖複，與禪同。有裳乃成稱，不用表也。以東，藏以待事也。古文「褶」爲「襲」。○複，方服反。禪，音丹。○疏曰：案喪大記云：小斂，君大夫複衣複衾。大斂，君褶衣褶衾，大夫士猶小斂也。若然，則士小斂、大斂皆同用複，而襚者用褶者。褶者，所以襚主人，未必用之斂耳。云「帛爲褶，無絮，雖複，與禪同。有裳乃成稱，不用表也」者，雜記云「子羔之襲也，繭衣裳與稅衣」，乃爲一稱，以其絮褻，故須表。此雖有表裏爲褶，衣裳別，則裳又無絮〔七〇〕，非褻，故有裳乃成稱，不須表也。言「雖複，與禪同」者，褶衣與複衣相對，有著爲複，無著爲褶，散文褶亦爲複也。案喪大記有衣必有裳乃成稱，據禪衣祭服之等而言。此褶雖複與禪同，亦得裳乃成稱也。云「藏以待事也」者，以待大斂事而陳之也。

右有襚者

宵，爲燎于中庭。燎，力召反，或力弔反。○宵，夜也。燎，火燋。○燋，劉哉約反，又祖堯反，又一音哉益反，一本作「燭」。○疏曰：案少儀云：主人「執燭抱燋」，注云：「未爇曰燋。」古者以荆燋爲燭，故云「燎，大燋」也。或解庭燎與手執爲燭別，故郊特牲云：「庭燎之百，由齊桓公始也。」注云：「僭天子也。庭燎之差，公蓋五十，侯、伯、子、男皆三十。」大夫、士無文。大燭，或云以布纏葦，以蠟灌之，謂之庭燎，則此云庭燎亦如之。云「大」者，對手執者爲大也。

右設燎○士〔七一〕，堂上一燭，下一燭。詳見喪大記。

厥明，滅燎，陳衣于房，南領西上，綪。絞，紟，衾二。君襚，祭服，散衣，庶襚，凡三十稱。紟不在筭，不必盡用。紟，其鴆反，劉居鴆反，下皆同。盡，所忍反。○紟，單被也。衾二者，始死斂衾，今又復制也。小斂衣數，自天子達，大斂則異矣。喪大記曰：「大斂，布絞，縮者三，横者五〔七二〕。」○復，扶又反。○疏曰：云「君襚祭服散衣」者，士祭服有助祭爵弁服，自家祭玄端服〔七三〕，散衣非祭服、朝服之等。云「庶襚」者，謂朋友兄弟之等來襚者也。云「紟不在筭」者，案喪大記：「紟五幅，無紞。」鄭云：今之單被也。以其不成稱，故不在數内。云「不必盡用」者，案周禮守祧職云：「其遺衣服藏焉。」鄭云：「遺衣服，大斂之餘也。」即此「不盡用」者也。云「衾二者，始死斂衾，今又復制」者，此大斂之衾二，始死，幠用斂衾，以小斂之衾當陳之，故用大斂衾。小斂已後，用夷衾覆尸，故知更制一衾，乃得二也。案喪大記，君大夫小斂已下，同云十九稱，則天子亦十九稱。「大斂則異」，案此云士喪大斂三十稱，喪大記：士三十稱，大夫五十稱，君百稱。不依命數，是亦喪數略，則上、下之大夫及五等諸侯各同一節，則天子宜百二十稱。此鄭雖不言襲之衣數，案雜記注云：士襲三稱，大夫五稱，公九稱，「諸侯七稱，天子十二稱與？」以其無文，推約爲義，故云「與」以疑之。東方之饌，兩瓦甒，其實醴、酒。角觶，木柶。毼豆兩，其實葵菹芋，蠃醢。兩籩無縢，布巾，其實栗，不擇，脯四脡。甒，亡甫反。毼，苦瞎反，劉苦割反。蠃，力禾反。縢，大登反。脡，大頂反。○此饌但言東方，則亦在東堂下也。毼，白也。齊人或名全菹爲芋。縢，緣也，詩云：「竹柲緄縢。」布巾，籩巾也，籩豆具而有巾，盛之也。特牲饋食禮有籩巾。今文「蠃」爲「蝸」，古文「縢」爲「甸」。○緣，倪面反。緄，古本反，劉古魂反。○疏曰：

案上小斂之饌云「于東堂下」，此直言「東方」，則亦東堂下。云「齊人或名全菹爲芋」者，案鄭於周禮醢人注云：「細切爲齏，全物若䐑爲菹。」凡菹者，全物不得芋名。此云「齊人名全菹爲芋」者，菹法，舊短四寸者全之，若長於四寸者，亦切之。則葵長者，自然切之乃爲菹。但喪中之菹葵，雖長而不切，取齊人全菹爲芋之解也。引詩者，欲見縢爲緣義。云「籩豆具而有巾盛之也」者，小斂一豆一籩，籩豆不具故無巾。若然，籩有巾，豆無巾者，以豆盛菹醢濕物，不嫌無巾，故不言，其實有巾矣。案此注引特牲記「籩巾」，鄭彼注云：籩有巾者，果實之物多皮核，優尊者。此言盛之，不同引之者，以其彼爲尸，尸食，故云優尊者，此爲神，神不食，故云盛之。引之，直取證有巾覆之同。奠席在饌北，斂席在其東，大斂奠而有席，彌神之。○疏曰：云「彌神之」者，以其小斂奠無巾，大斂奠有巾，已是神之。今於大斂奠又有席，是彌神之也。掘肂見衽。掘，其物反，又其月反。肂，以二反，劉音四。見，賢遍反。衽，而甚反。○肂，埋棺之坎者也，掘之於西階上。衽，小要也。喪大記曰：「君殯用輴，欑至于上，畢塗屋。大夫殯以幬，欑置于西序，塗不暨于棺。士殯見衽，塗上帷之。」又曰：「君蓋用漆，三衽三束。大夫蓋用漆，二衽二束。士蓋不用漆，二衽二束。」○要，一遥反。輴，敕倫反。欑，在官反。暨，其器反。○疏曰：肂，訓陳，謂陳尸於坎，鄭即以肂爲埋棺之坎也。知「於西階上」者，檀弓：「孔子云：『夏后氏殯於東階，殷人殯於兩楹之間，周人殯於西階之上。』」故知士亦殯于西階之上。此殯時雖不言南首，南首可知。鄭注上文云「如商祝之事位，則尸南首」，檀弓又云「葬於北方北首」，則未葬已前，不忍異於生，皆南首，唯朝廟時北首，故既夕云：「正柩于兩楹間，用夷牀。」注云：「是時柩北首。」必北首者，朝事當不背父母，以首鄉之故也。

引喪大記者，見君殯，四面及上盡塗之如屋然。大夫不得如人君四面欑之，但逼西序，以木幬覆棺欑置於西序。欑中狹小，裁取容棺，但塗木不及棺而已。士殯見衽塗上者，即此經掘肂而見其小，要於上塗之而已。云「帷之」者，鬼神尚幽闇，君、大夫、士皆同也。云「又曰君蓋用漆三衽三束」者，古者棺不釘，彼鄭注云：「用漆者，塗合牝牡之中也。衽，小要也。」棺蓋每一縫三道，小要每道爲一條皮束之，故云君蓋用漆三衽三束。大夫士降于君，故二衽二束，大夫有漆，士無漆也。引之者，證經肂與衽之義也。○詳見喪大記。棺入，主人不哭，升棺用軸，蓋在下。軸，大六反。○軸，輁軸也。輁狀如牀，軸其輪，輓而行。○輁，九勇反。輓，音晚，本又作「挽」。○疏曰：案既夕云：「遷于祖，用軸。」注云：「軸，輁軸也。軸狀如轉轔，刻兩頭爲軹。輁狀如長牀，穿桯，前後著金而關軸焉。大夫諸侯以上有四周，謂之輴。天子畫之以龍。」是也。熬黍稷各二筐，有魚腊，饌于西坫南。熬，五刀反。○熬所以惑蚍蜉，令不至棺旁也。爲舉者設盆盥於西。○蚍，音毗。蜉，音浮。○疏曰：喪大記：「熬，君四種八筐，大夫三種六筐，士二種四筐，加魚腊焉。」注云：「熬者，煎穀也。將塗設於棺旁，所以惑蚍蜉，使不至棺也。」引此士喪禮曰：「熬，黍稷各二筐。」又曰：「設熬，旁一筐。大夫三種，加以粱；君四種，加以稻。四筐則首足皆一〔七四〕，其餘設於左右。」若然，則此士二筐，首足各一筐，其餘設於左右可知也。云「爲舉者設盆盥於西」者，以小斂既云設盆盥饌于東方，明大斂用西方之盆盥矣。以其先陳盥，後陳鼎，故於鼎上言之也。陳三鼎于門外，北上。豚合升，魚鱄鮒九，腊左胖，髀不升，其他皆如初。鱄，中轉反，劉市專反。鮒，音附。胖，音判。○合升，合左右體升於鼎。其他皆如初，謂豚體及匕俎之陳，如小斂時，合升四鬄，亦相互耳。○疏曰：云如初「如小斂時」者，謂豚七體之等，一依前小斂時也。云「合升四鬄亦相互耳」者，小斂云四鬄四解爲七體，亦左右體合升，今升左右體，亦四解可知也〔七五〕，故云相互也。

右陳大斂衣奠及殯具○記：生與來日，死與往日。與，或爲予。○與，猶數也。生數來日，謂成服杖以死明日數也〔七六〕。死數往日，謂殯斂以死日數也。此士禮貶於大夫者，大夫以上皆以來日數。士喪禮曰死日而襲，厥明而小斂，又厥明大斂而殯，則死三日。而更言三日成服杖，似異日矣。喪大記曰：「士之喪，二日而殯。三日之朝，主人杖。」二者相推，其然明矣。○曲禮○大斂於阼，士以葦席。詳見喪大記。○大斂：布絞，縮者三，横者五；布紟，二衾。君、大夫、士一也。士陳衣于序東，三十稱，西領，南上。絞紟如朝服，絞一幅爲三，不辟，紟五幅，無紞。大斂，君、大夫、士祭服無筭。君褶衣褶衾，大夫、士猶小斂也。同上○士棺六寸，裏棺不緑，蓋不用漆，二衽、二束。詳見喪大記。○后木曰：「喪，吾聞諸縣子曰：『夫喪不可不深長思也，后木，魯孝公子惠伯鞏之後。買棺外内易。』我死則亦然。」易，以豉反。○此孝子之事，非所託。○疏曰：孝子既深思長慮，故買棺之時，當令精好，斲削外内，使之平易。后木既述縣子之言以語其子，又云在後我身若死則亦當然，此是孝子所爲之事，非是父母豫所屬託，譏后木也。○檀弓○有虞氏瓦棺，始不用薪也，有虞氏上陶。○疏曰：案易下繫辭云：「古之葬者，厚衣之以薪，葬之中野，不封不樹，喪期無數。」後世易之以棺槨，蓋取諸「大過」。今虞氏既造瓦棺，故云「始不用薪」。夏后氏堲周，堲，子栗反，又音稷。○火熟曰堲，燒土冶以周於棺也，或謂之土周，由是也。弟子職曰：「右手折堲。」○疏曰：弟子職云：折燭之炎燼，名之曰堲。故知堲是火熟者。云「燒土冶以周於棺也」者，謂鑿土爲陶冶之形，大小得容棺也。云「或謂之土周由是也」者，曾子問云：「下殤土周葬於園。」義由是也。管子書有弟子職篇：「左手秉燭，右手正堲。」鄭云「折堲」者，即是正除之義。殷人棺槨，棺，音官。○槨，大也，以木爲之，言槨大於棺也。殷人上槨。○疏曰：槨聲與寬廓相近，故云「大於棺」也。周人墻置翣。墻，在良反〔七七〕。翣，所甲反。○墻〔七八〕，柳衣也。凡此言後王之制文。○疏曰：案喪大記注云：「在旁曰帷，在上曰荒。」帷荒之內，木材爲柳，其實帷荒及木材等總名曰柳。周人以殷人之棺槨葬長殤，以夏后氏之堲周葬中殤、下殤，以有虞氏之瓦棺葬無服之殤。長，丁丈反。殤，式羊反。○略未成人。○疏曰：有虞氏唯有瓦棺，夏后氏瓦棺之外加堲周，殷則梓棺替瓦棺，又有木爲槨替堲周，周人棺槨，又更於槨傍置柳，置翣扇，是後王之制以漸加文也。○同上○孔子初仕爲中都宰，中都，魯邑。制爲養生送死之節，爲四寸之棺，五寸之槨，因丘陵爲墳，不封，不聚土以起墳。不樹，不樹松柏。行之一年，而西方之諸侯則焉。魯國在東方，故西方諸侯皆法則。○家語○案始死奠條奠用吉器〔七九〕，陳小斂衣條袍必有表，陳衣取衣，絞衾，死而後制，設桜，酒醴，籩豆，枇畢用桑，奠用素器〔八〇〕，凡五條，並陳大斂衣奠所通用，當互考。

燭俟于饌東。燭，燋也。饌，東方之饌。有燭者，堂雖明，室猶闇。火在地曰燎，執之曰燭。○疏曰：云「堂雖明，室猶闇」者，前小斂陳衣于房無燭者，近户得明，故無燭。此大斂奠於室之奥，故有燭以待之。云「在地曰燎」者，謂若郊特牲云「庭燎之百」、又詩云「庭燎之光」。如此之類，皆在地曰燎。此云「執之曰燭」，及少儀云「主人執燭抱燋」，此之類皆是人之手執燭也。祝徹盥于門外，入，升自阼階，丈夫踊。祝徹，祝與有司當徹小斂之奠者。小斂設盥于饌東，有巾，大斂設盥于門外，彌有威儀。○疏曰：此直云「祝徹盥于門外」者，不知何時設此。案上小斂陳饌訖即言設盥，則陳大斂饌訖亦設盥于門外也。祝徹巾，授執事者以待。授執巾者於尸東，使先待於阼階下，爲大斂奠又將巾之，祝還徹醴也。○疏曰：此巾前爲小斂奠巾之，今祝徹巾，還爲大斂奠巾之。前小斂奠升自阼階，設于尸東，祝受巾於阼階下而升，今大斂奠亦升自阼階，設于奥，亦宜受巾於阼階下而升，故知祝授巾於執巾者，使先待於阼階下也。又知祝還徹醴者，下文徹饌先取醴故也。徹饌，先取醴酒，北面。北面立，相待俱降。其餘取先設者，出于足，降自西階。婦人踊。設于序西南，當西榮，如設于堂。爲求神於庭。孝子不忍使其親須臾無所馮依也。堂，謂尸東也。凡奠設于序西南者，畢事而去之。○疏曰：堂謂尸東也者，謂如尸東堂上陳設之次第。凡奠，謂小斂奠、大斂奠、遷祖奠、祖奠〔八一〕。但將設後奠，則徹先奠於西序南，待後奠事畢則去之，故小斂奠設之於此不巾，以不久設故也。醴酒位如初。執事豆北，南面東上。如初者，如其醴酒北面西上也。執醴尊，不爲便事變位。○疏曰：前設小斂奠于尸東時，醴酒先升，北面西上，執豆俎者立於俎北西上。至此執豆俎者豆北東上，爲便事，事訖向東爲便，故東上變位，以執醴者尊仍西上，是不得爲便事變位也。乃適饌，東方之新饌。○疏曰：以其將設大斂，新饌於室，故知是新饌也。帷堂。徹事畢。

右徹小斂奠帷堂

婦人尸西東面，主人及親者升自西階，出于足，西面袒。袒，大斂變也。不言髽免髻髮，小斂以來自若矣。○疏曰：知袒爲「大斂變」者，前將小斂袒，今言袒即行大斂事，故知爲大斂變也。小斂袒，男有髻髮免，婦人有髽，今大斂袒，不言者，自小斂以來有此，至成服乃改。若，如也，自如常有，故不言之也。士盥位如初。亦既盥並立西階下。○疏曰：言「亦」者，亦如小斂時，士盥二人並立于西階下，以待遷尸也。布席如初。亦下莞上簟，鋪於阼階上，於楹間爲少南。○鋪，普吴反，又音孚。○疏曰：言「阼階上」，故知「於楹間爲少南」，近阼階也。商祝布絞紟衾衣，美者在外，君襚不倒。至此乃用君襚，主人先自盡。○疏曰：始死，君使人襚，小斂不陳，不以斂，至大斂乃用，主人先自盡也。有大夫則告。後來者則告以方斂，非斂時則當降拜之。○疏曰：案檀弓：「大夫弔，當事而至，則辭焉。」注云：「辭，猶告也，擯者以主人有事告也。主人無事，則爲大夫出。」喪大記云：「士之喪，於大夫不當斂則出。」注：「父母始死，悲哀，非所尊不出也。」上文有君命則出，迎于門外，是始死，唯君命出。若小斂後，則爲大夫出，故雜記云：「當袒，大夫至，雖當踊，絶踊而拜之。反，改成踊。」若士來，即成踊，乃拜之也。士舉遷尸，復位。主人踊無筭，卒斂，徹帷。主人馮如初，主婦亦如之。疏曰：士舉遷尸，謂從户外夷牀上遷尸於斂上。

右大斂○記：大斂于阼。未忍便離主人位也。主人奉尸斂于棺〔八二〕，則西階上賓之。○疏曰：經大斂時直云「布席如初」，不言其處，故記云「大斂于阼」。阼是主人位，故鄭云「未忍便離主人位也」。喪事所以即遠，斂訖，即奉尸斂于棺，則西階上賓客之，故檀弓云「周人殯于西階」，「則猶賓之」，是也。○本經記○士之喪，將大斂，君不在，其餘禮猶大夫也。詳見喪大記。○大夫升自西階，階東北面東上。視斂。○疏曰：知「視斂」者，以其文承大斂下，故知大夫升爲視斂也。既馮尸，大夫逆降，復位。中庭西面位。○疏曰：知大夫位在中庭西面者，上篇朝夕哭云主人入堂下，直東序西面。卿大夫在其南，卿大夫與主人同西面向殯。故知大夫位在中庭西面也。○本經記○案：小斂條，夏后氏尚黑一條及凡斂者袒至君不撫僕妾、又奉尸夷于堂條大夫弔當事而至則辭，亦大斂通用者，當互考。

主人奉尸斂于棺，踊如初，乃蓋。棺在肂中，斂尸焉，所謂殯也。檀弓曰：「殯於客位。」○疏曰：云「奉尸斂于棺」，謂從阼階斂上遷尸鄉西階，斂於棺中，乃加蓋於棺上也〔八三〕。云「棺在肂中斂尸焉」者，欲見先以棺入肂中，乃奉尸入棺中，以尸入棺名斂，亦名殯也。主人降，拜大夫之後至者，北面視肂。北面於西階東。○疏曰：小斂後，主人阼階下，今殯後，拜大夫後至者，殯訖不忍即阼階，因拜大夫，即於西階東，北面視肂而哭也。衆主人復位，婦人東復位。阼階上下之位。○疏曰：衆主人與婦人於賓無事，故殯後即鄉東阼階上、下之位也。設熬，旁一筐，乃塗，踊無筭。以木覆棺上而塗之，爲火備。卒塗，祝取銘置于肂，主人復位，踊，襲。爲銘設柎，樹之肂東。○爲，于僞反。柎，方于反。○疏曰：始死，則作銘訖，置于重。今殯訖，取置于肂上〔八四〕，銘所以表柩故也。云「肂東」者，以不使當肂於東可也。

右殯○記：死三日而殯。詳見卒哭祔練祥禫記〔八五〕。○士庶人三日而殯，三月而葬。王制○士殯見衽，塗上帷之。熬二種四筐，加魚腊焉。詳見喪大記。○君於士有賜帟。帟，音亦。○注：帟，幕之小者，所以承塵，賜之則張於殯上。大夫以上，幕人職供焉。○疏曰：賜，惠賜也。帟者，幕之小者也。大夫以上，喪則幕人職供之也。士唯有君恩賜之，乃得有帟也。○檀弓○既殯，主人說髦。說，吐活反，劉詩悅反。髦，音毛。○既殯，置銘于肂，復位時也。今文「說」皆作「稅」。兒生三月鬋髮爲鬌，男角女羈。否則男左女右，長大猶爲飾存之，謂之髦，所以順父母幼小之心。至此尸柩不見，喪無飾，可以去之。髦之形象未聞。○鬌，丁果反，又徒禍反。○疏曰：凡「說髦」，尊卑同皆三日。知者，喪大記云：「小斂，主人即位于户内」，「乃斂。卒斂，主人馮之」。「主人袒，說髦，髺髮以麻。」注云：「士既殯說髦。」此云小斂，蓋諸侯禮也。士之既殯，諸侯之小斂，於死者俱三日也，是尊卑同三日也。必三日說髦者，案禮記問喪云：「三日而不生，亦不生矣。」以髦是子事父母之飾，父母既不生，故去之。云「兒生三月鬋髮爲鬌男角女羈否則男左女右」者，内則文〔八六〕。彼注云：「夾囟曰角，午達曰羈。」引之者，證髦象幼時鬌之義，故云：「長大猶爲飾存之，謂之髦，所以順父母幼小之心。」是以舜年五十不失孺子之心者也。云「髦之形象未聞」者，案詩云：「髧彼兩髦。」鄭

云：「髦者，髮至眉，子事父母之飾。」以其云髧，髧者垂之貌，又云兩髦，故以髮至眉解之，其狀猶未聞。○本經記

乃奠，燭升自阼階。祝執巾，席從，設于奥，東面。從，才用反。奥，一報反。○執燭者先升堂照室，自是不復奠於尸。祝執巾，與執席者從入，爲安神位。室中西南隅謂之奥。執燭南面，巾委於席右。○疏曰：云「執燭者先升堂照室」者，以其設席于奥，當先照之爲明也。云「自是不復奠於尸」者，自始死已來，襲奠、小斂奠皆在尸旁，今大斂奠不在西階上就柩所，故於室内設之〔八七〕。自此已下，朝夕奠、朔月薦新奠皆不於尸所。知「執燭南面」者，以其燭先入室，南面照之便故也。云「巾委於席右」者，以巾爲神，故知委於席右也。祝反降，及執事執饌。東方之饌。士盥，舉鼎入，西面北上，如初。載，魚左首，進鬐，三列，腊進柢。鬐，巨之反。○如初，如小斂舉鼎、執匕俎扃鼏、朼載之儀。魚左首，設而在南。鬐，脊也。左首進鬐，亦未異於生也。凡未異於生者，不致死也。古文「首」爲「手」，「鬐」爲「耆」。○疏曰：云「左首進鬐，亦未異於生也」者，案公食右首進鬐，此云左首，則與生異，而云「亦未異於生」者，下文注「載者統於執，設者統於席」，彼公食言右首，據席而言，此左首，據載者統於執，若設於席前，則亦右首也。云「不致死也」者，檀弓云：「之死而致死之，不仁而不可爲也。」今進魚不異於生，則亦是之死不致死之，故引爲證也。祝執醴如初，酒豆籩俎從，升自阼階，丈夫踊，甸人徹鼎。如初，祝先升。○疏曰：以其小斂，祝執醴，醴在先，此云「如初」，故知祝先升也。奠由楹内入于室，醴酒北面。亦如初。○疏曰：以其小斂之醴酒先升，北面西上，此經亦言「北面」，明與小斂同，故云

「亦如初」。經不言如初，文略也。設豆，右菹，菹南栗，栗東脯，豚當豆，魚次，腊特于俎北。醴酒在籩南，巾如初。右菹，菹在醢南也。此左右異於魚者，載者統於執，設者統於席。醴當栗南，酒當脯南。○疏曰：云「設豆右菹」者，凡設醢，自然在左，是以鄭云「右菹菹在醢南」也。云「此左右異於魚者載者統於執設者統於席」者，鄭以上文魚言左首，據載者統於執，故云左首，及設，則右首。此言設豆右菹，據設者統於席，前若執來即左菹也。云「醴當栗南酒當脯南」者，以其陳饌要成，尊者後設，故先設栗脯於北，乃於南設醴酒，酒在東，故醴在栗南，酒在脯南也。既錯者出，立于户西，西上。祝後，闔户。先由楹西，降自西階。婦人踊。奠者由重南東，丈夫踊。闔，户臘反。○爲神馮依之也。○爲，于僞反。○疏曰：鄭解丈夫見奠者至重即踊者，重主道，爲神馮依之，故丈夫取以爲踊節也。賓出，婦人踊。主人拜送于門外。入，及兄弟北面哭殯。兄弟出，主人拜送于門外。小功已下，至此可以歸，異門大功亦存焉。○疏曰：云「北面哭殯」者，案喪大記云：「大夫士哭殯則杖，哭柩則輯杖。」注云：「哭殯謂既塗也，哭柩謂啓後也。」此哭不言杖者，文略也。云「小功以下至此可以歸」者，案喪服記云「小功以下爲兄弟」，則此兄弟可以兼男女也。云「異門大功亦存焉」者，大功容有同門，有同財，以異門疏，至此亦可以歸，故云「亦存焉」，謂存在家之法也。既殯雖歸，至朝夕朔奠之日，近者亦入哭限也。若至葬時，皆就柩所，故既夕反哭云：「兄弟出，主人拜送。」注云「兄弟，小功以下也。異門大功，亦可以歸」是也。衆主人出門，哭止，皆西面于東方，闔門。

右大斂奠○記：巾奠，執燭者滅燭出，降自阼階，由主人之北，東。巾奠而室事已。○

疏曰：上篇大斂奠時直云「乃奠，燭升自阼階」，無執燭降由主人之北，故記人言之，云「由主人之北東」也。云「巾奠而室事已」者，既巾訖，是室事已，故執燭者出也。○本經記○曾子問曰：「大功之喪，可以與於饋奠之事乎？」饋奠，在殯時也。孔子曰：「豈大功耳？自斬衰以下皆可，禮也。」曾子曰：「不以輕服而重相爲乎？」怪以重服而爲人執事。孔子曰：「非此之謂也。非謂爲人，謂於其所爲服也。○疏曰：孔子所論，據所服者言之。曾子又不解孔子之旨〔八八〕，謂言爲他人，故更問云：若爲他人，不以輕己喪服，而重他人相爲饋奠乎？孔子乃答云：我之所言據所爲服者饋奠，非此爲他人之謂也。天子、諸侯之喪，斬衰者奠；爲君服者皆斬衰，唯主人不奠〔八九〕。大夫，齊衰者奠；服斬衰者不奠，辟正君也。齊衰者，其兄弟。○疏曰：大夫之喪，子服斬衰者不親奠。此服斬衰，謂大夫家臣雖服斬衰，不得饋奠，辟天子諸侯之正君也。云「齊衰者其兄弟」者，以大夫之喪，子及屬臣皆服斬衰，今服齊衰，唯兄弟耳。士則朋友奠，不足則取大功以下者，不足則反之。服齊衰者不奠，辟大夫也。言不足者，謂殷奠時。○疏曰：殷奠，謂月朔之奠，以其有牲牢黍稷用人多也。殷，盛也，以月朔之奠盛於常奠，非月半之殷奠也，以士月半不殷奠故也。以次差之，天子斬衰者奠，大夫用齊衰。士則應先取大功。今先取朋友者，以天子諸侯皆使臣爲奠，大夫辟正君，故遣兄弟奠。士則位卑，不嫌敵君，故遣僚屬奠，僚屬則朋友也。案士虞禮：「祝免，澡葛經帶。」鄭云：「治葛以爲首經及帶，接神宜變也。」然則，士之屬官爲其長弔服加麻矣。祝則僚屬也，加麻則朋友也〔九〇〕。○曾子問○朔月奠等條通用。

主人揖，就次。次，謂斬衰倚廬、齊衰堊室也。大功有帷帳，小功緦麻有牀第可也[九一]。○堊，音於各反。○疏曰：凡言「次」者，廬、堊室以下總名，是賓客所在，亦名次也，故引禮記間傳爲證。案間傳云：「父母之喪，居倚廬，寢苫枕塊[九二]，不説絰帶。齊衰，居堊室，芐翦不納。大功，寢有席。小功緦麻，牀可也。」齊衰既居堊室，故大功已下有帷帳也。

右喪次○**記：居倚廬，**倚木爲廬，在中門外東方，北户[九三]。○疏曰：初死居倚廬，倚廬中門外。東方者，以中門内殯宫之哭位在阼階下，西面鄉殯[九四]，明廬在中門外，亦東方鄉殯。北户者，以倚東壁爲廬，一頭至地，明北户鄉陰。至既虞之後，柱楣翦屏，乃西鄉開之。**寢苫，枕塊，**苫，失占反。枕，之鴆反。○苫，編藁。塊，堛也[九五]。○疏曰[九六]：孝子寢卧之時，寢於苫，以塊枕頭。必寢苫者，哀親之在草；枕塊者，哀親之在土。云「苫編藁」者，案爾雅：「白蓋謂之苫。」郭云：「白，茅苫也。」與此不同者，彼取潔白之義，此不取潔白，故鄭因時人用藁爲苫而言編藁。「塊堛也」者，亦爾雅文。**不説絰帶，**哀戚不在於安。○疏曰：云「不説絰帶」者，冠衰自然不説，以其絰帶在冠衰之上，故舉絰帶而言也。**哭晝夜無時，**哀至則哭，非必朝夕。○疏曰：此謂殯後在廬中，除朝夕入哭，於廬中思憶則哭，無時節，故鄭云「哀至則哭」。**非喪事不言。**不忘所以爲親。○疏曰：喪服四制云：「不言而事行者，扶而起；言而后事行者，杖而起。庶人面垢而已。」天子諸侯有臣，不言而喪事得行者，喪事亦不言。大夫士是臣，降於君，言而事行。若然，此士禮亦言而事行，故於喪，非喪事不言也。孝經云：「言不文。」亦據大夫士也。曲禮云：「居喪未葬，讀喪禮；既葬，讀祭禮；喪復常，讀樂章。」喪事而言，亦兼此也。歠粥，朝一溢米，夕一溢米，不食菜果。歠，昌悅反。粥，之六反，劉音育。溢，音逸，劉音寔。○不在於飽與滋味。粥，糜也。二十兩曰溢，爲米一升二十四分升之一。實在木曰果，在地曰蓏。○疏曰：云「不在於飽」者，案周禮廩人中歲人食「三鬴」，注云：「六斗四升曰鬴。」三鬴，爲米一斛九斗二升〔九七〕。三十日之食，則日食米六升四，合今日食米二溢二升有餘〔九八〕，是不在於飽。食貨志臣瓚以爲在地曰蓏，在樹曰果。此云在木曰果，在地曰蓏，用臣瓚之義。在木曰果，棗栗之屬。在地曰蓏，瓜瓠之屬。○本經記○案：喪次居處之節，亦非一事，今姑存本經記於此，凡它記所見者，別見喪通禮篇居處章。○喪服傳斬衰條與此大同小異，今各從其處。

君若有賜焉，則視斂。既布衣，君至。賜，恩惠也。斂，大斂。君視大斂，皮弁服，襲裘。主人成服之後往，則錫衰。○疏曰：案雜記云：「公視大斂，公升，商祝鋪席乃斂。」注引喪大記曰：「大夫之喪，將大斂，既鋪絞紟衾，君至。」此君升乃鋪席，則君至爲之改始新之。此經上下不言改新者，文不具也。喪大記云：君「於士，既殯而往，爲之賜，大斂焉」。云「君視大斂皮弁服襲裘」者，案喪服小記云：「諸侯弔，必皮弁錫衰。」言諸侯不言君者，以其彼是弔異國之臣法，緣弔異國之臣服皮弁，則君弔士，未成服之前，可服皮弁。襲裘之文，出檀弓，子游弔，小斂後，「襲裘帶絰而入」。此小斂後，亦宜然也。云「成服之後往則錫衰」者，亦約服問君弔卿大夫之法。文王世子注：同姓之士緦衰，異姓之士疑衰。不同者，彼謂凡平之士，此士於君有師友之恩，特賜與大夫同也。主人出迎于外門外，見馬首，不哭，還入門右，北面，及衆主人袒。不哭，厭於君，不敢伸其私恩。巫止于廟門外，祝代之，小臣二人執戈先，二人後。小臣，掌正君之法儀者。周禮男巫：「王弔則與祝前。」喪祝：「王弔則與巫前。」檀弓曰：「君臨臣喪，以巫祝桃茢執戈以惡之，所以異於生也。」皆天子之禮。諸侯臨臣之喪，則使祝代巫，執茢居前，下天子也。小臣，君行則在前後，君升則俠阼階北面。凡宮有鬼神曰廟。○茢，音列，又音例。○疏曰：云「小臣君行則在前後」者，非直爲弔喪，則凡平行，皆有以其與君爲儀衛者。云「君升則俠阼階」，案顧命云「二人雀弁」夾階，是其類也。云「凡宮有鬼神曰廟」者，以經云廟謂適寢爲廟。君釋采，入門，主人辟。采，七代反。○釋采者，祝爲君禮門神也。必禮門神者，明君無故不來也。禮運曰：「諸侯非問疾弔喪，而入諸臣之家，是謂君臣爲謔。」君升自阼階，西鄉，祝負墉南面，主人中庭。祝南面房中，東鄉君。墻謂之墉。主人中庭，進益北。○疏曰：祝必「負墉南面」鄉君者，案喪大記云君「視祝而踊」，祝相君之禮，故須鄉君也。云「主人中庭，進益北」者，前主人先入門右中庭之南，今云中庭，明益北至庭也。君哭，主人哭，拜稽顙，成踊，出。出，不敢必君之卒斂事。君命反行事，主人復位。大斂事。君升主人，主人西楹東，北面。命主人使之升。升公卿大夫，繼主人東上，乃斂。公，大國之孤，四命也。春秋傳曰：「吾公在壑谷。」○壑，火各反。○疏曰：案典命云「公之孤四命」，故云「大國之孤，四命也」。引春秋者，襄三十年左氏傳文。鄭爲伯爵，不合立孤，但良霄，鄭之公族大夫貴重之極，以比大國之孤，故臣子尊其君，亦號爲公。引之者，證經公是公之孤也，以其天子有三孤，副貳三公，大國無公唯有孤，亦號爲公，是以燕禮亦謂之爲公也。卒，公卿大夫逆降復位，主人降出。逆降者，後升者先降，位如朝夕哭弔之位。○疏曰：卒者，謂卒斂也。云「主人降出」者，亦是不敢久留，君先出。君反主人，主人中庭，君坐撫，當心。主人拜稽顙，成踊，出。撫，手案之。凡馮尸興必踊。今文無「成」。○疏曰：云「凡馮尸興必踊」者，喪大記文。此經直云「君坐撫，當心」，主人直踊，又不言馮尸，而鄭云凡馮尸興必踊者，欲見撫即馮之類，興亦踊，故得與主人拾踊也。是以喪大記「馮尸不當君所」，又云「凡馮尸，興必踊」，是馮爲總名。君反之，復初位。衆主人辟于東壁，南面。辟，婢亦反。○以君將降也。南面則當坫之東。○疏曰：「君反之，復初位」，初位即中庭位，以其文承中庭位故也。云「以君將降」者，下文「君降西鄉，命主人馮尸」，則君降當在阼階下，西面命之，故衆主人辟君東壁南面，南面則西頭爲首者，當堂角之坫，故云「當坫之東」也。君降，西鄉，命主人馮尸。主人升自西階，由足，西面馮尸，不當君所，踊。主婦東面馮，亦如之。君必降者，欲孝子盡其情。奉尸斂于棺，乃蓋。主人降出，君反之，入門左，視塗。殯在西階上〔九九〕，入門左，由便趨疾，不敢久留君。○便，婢面反。君升即位，衆主人復位。卒塗，主人出。君命之反奠，入門右。亦復中庭位。○疏曰：經云「入門右」，注「復中庭位」，謂在門右南北，當中庭也。乃奠，升自西階。以君在阼。○疏曰：以其凡奠皆升自阼階，是爲君在阼，故辟之而升西階也。君要節而踊，主人從踊。節，謂執奠始升階，及既奠由重南東時也。○疏曰：云「節，謂執奠始升階，及既奠由重南東時也」者，案上云大斂奠升時丈夫踊，降時婦人踊，由重南而東，丈夫踊，此注不云降時踊者，以經直有君與主人丈夫踊節，故不言降時踊節也。卒奠，主人出，哭者止。以君將出，不敢讙囂聒尊者也。○讙，火官反，又許元反。囂，許驕反，劉五高反。聒，古活反。君出門，廟中哭。主人不哭，辟，君式之。辟，婢亦反。○辟，逡遁辟位也。古者立乘，式，謂小俛以禮主人也。曲禮曰：「立視五巂，式視馬尾。」○逡，七旬反。遁，音旬。辟，音避。乘，繩證反。俛，音免。○疏曰：君入臣家，至廟門乃下車，則貳車本不入大門。下云「貳車畢乘，主人哭拜送」者，明出大門矣。云「辟逡遁辟位也」者，案曲禮云：「君出就車」，「左右攘辟。」則此云「辟」，亦是主人攘辟，故云「逡遁辟位也」。云「古者立乘」者，以其坐乘則不得式而小俛，故云古者立乘也。知式是「禮主人」者，曲禮云：「式宗廟。」曾子問：「尸弁冕而出，卿大夫士皆下之，尸必式。」是凡式，皆是禮前物爲式。引曲禮者，欲見式小俛。若小俛爲式，則低頭視馬尾，故連引曲禮云「式視馬尾」也。貳車畢乘，主人哭拜送。貳車，副車也，其數各視其命之等。君出，使異姓之士乘之在後。君弔，蓋乘象路，曲禮曰：「乘君之乘車，不敢曠左，左必式。」○疏曰：案周禮大行人云：上公貳車九乘，侯伯貳車七乘，子男貳車五乘。故知視命數也。云「君出使異姓之士乘之在後」者，禮坊記云：「君不與同姓同車，與異姓同車。」彼謂與君同在一車，爲御與車右者也。此經云「貳車畢乘」，明亦使異姓之士乘之在後可知。云「君弔蓋乘象路」者，案周禮巾車職：王有五路，玉、金、象、革、木；諸侯則同姓金路已下，異姓象路已下，四衛革路已下，蕃國唯有木路。若然，唯王與同姓、異姓得弔乘象路。今云「蓋乘象路」者，以諸侯言之，唯據上公與侯伯於王有親者得用象路，弔臨其臣以巾車。又云象路以朝，釋曰王以朝及燕出入，雖不言弔臨，然弔臨亦是出入之事，故云「蓋」以疑之。若四衛、諸侯、侯伯已下與王無親者，亦各乘己所賜之車，革路、木路之等。今鄭於貳車之下言所乘車者，以其言貳車，其飾皆與正車同，故於貳車以下言君之所乘車也。引曲禮「乘君之乘車」，則貳車是也，以其與君爲副貳，即是君之乘車也。彼注云「君存惡空其位」，則此乘車亦居左。云「左必式」者，不敢立視嶲常爲式耳。襲，入即位，衆主人襲，拜大夫之後至者，成踊。後至，布衣而後來者。○疏曰：知「布衣而後來者」，若未布衣時來，即入前卿大夫從君之内，今承上君大夫之下，别言拜大夫之後至者，明布衣後來，不得與前卿大夫同時從君入者，故鄭以布衣之後解之。賓出，主人拜送。自賓出以下，如君不在之儀。○疏曰：上經君在之時，卿大夫士從君者不得與主人爲禮。君出後，有賓來即乃得别與主人爲禮，故云「自賓出以下，如君不在之儀」也。

右君視斂○記：君於士，既殯而往，爲之賜大斂焉。詳見喪大記。○君視斂，若不待奠，加蓋而出；不視斂，則加蓋而至，卒事。爲有他故及辟忌也。○疏曰：君於士〔一〇〇〕，既殯而往，有恩，則與大斂，既布衣，君至，奠訖乃出，不辨不得終視斂之事，故記人明之。云「君視斂，若不待奠，加蓋而出」者，一爲君有急事他故，是以不得待奠。云「不視斂則加蓋而至卒事」者，亦是君有辟忌，不用見尸柩，是以加蓋乃來。云「卒事」者，待大斂訖乃出。○本經記○大夫士，若君不戒而往，不具殷奠，君退必奠。詳見喪大記。

三日，成服，杖。既殯之明日，全三日，始歠粥矣。曲禮曰：「生與來日。」○歠，昌悦反。粥，之六反，劉音育。○疏曰：云「既殯之明日」者，上厥明滅燎者，是三日之朝行大斂之事，今別言「三日成服」，則除上三日，更加一日，是四日矣。而言三日者，謂除死日數之爲三日也。云「全三日始歠粥矣」者，謂成服日乃食粥。除此日已前，是未全三日，不食，至四日乃食也。按喪大記云三日不食，謂通死日，不數成服日，故云三日不食。孝經「三日而食」者，是除死日數，故云三日而食也。

右成服○記：生與來日。詳見上陳大斂條。○三日，絞垂，成服日，絞要經之散垂者。○散，悉但反。○疏曰：以經小斂日要經，大功以上散帶垂，不言成服之時絞之，故記人言之。云「成服日」者，士禮「生與來日」則除死三日，則經云「三日成服」，此云「三日絞垂」之日也。小功緦麻，初而絞之，不待三日也。冠六升，外縪，纓條屬，厭。縪，音必，劉又扶結反。屬，音燭。厭，一涉反。○縪，謂縫著於武也。外之者，外其餘也。纓條屬者，通屈一條繩爲武，垂下爲纓，屬之冠。厭，伏也。○著，直略反。○疏曰：云「冠六升」者，據斬衰者而言，齊衰以下，冠衰各有差降。云「縪謂縫著於武」者，古者冠，吉凶皆冠，武別材，武謂冠卷，以冠前後皆縫著於武。若吉冠，則從武上鄉内縫之，縪餘在内，謂之内縪。若凶冠，從武下鄉外縫之，謂之外縪，故云「外之者，外其餘也」。云「纓條屬者通屈一條繩爲武垂下爲纓屬之冠」者，吉冠則纓武別材，凶冠則纓武同材。以一繩從前額上以兩頭鄉項後交通至耳，各綴之於武，使鄉下纓結之。云「屬之冠」者，先爲纓武訖，乃後以冠屬著武，故云屬也。云「厭伏也」者，以其冠在武下過，鄉上反縫著冠，冠在武下，故云厭也。五服之冠皆厭，但此文上下據斬衰而言也。衰三升。衣與裳也。○疏曰：經直云衰，鄭兼言裳者，以其衰、裳升數同，故經舉衰而通裳。但首對身，首爲尊，故冠六升，衰三升。衰、裳同三升也，是以吉時朝服十五升，至於麻冕，鄭亦爲三十升布，與服一倍而解之。屨外納。納，收餘也。○疏曰：菅屨也，云「外納」者，謂收餘末鄉外爲之，取醜惡不事飾故也。杖下本，竹、桐一也。順其性也。○疏曰：案喪服記爲父斬衰以苴杖竹，爲母齊衰以削杖桐，桐、竹皆下本，本謂根本。鄭云「順其性」者，謂下其根本，順木之性。但爲父杖竹者，義取父者子之天，竹性自然，圓象天，父子自然至孝。爲母杖桐者，義取桐者同也，同之於父，言至孝同之於父〔一〇一〕。

拜君命及衆賓，不拜棺中之賜。禮：尊者加惠，明日必往拜謝之。棺中之賜，不施己也。○疏曰：云「禮：尊者加惠，明日必往拜謝之」者，案既夕記云「主人乘惡車」，注云「拜君命」是也。

右拜君命及賓○記：主人乘惡車，拜君命，拜衆賓，及有故行所乘也。雜記曰：「端衰，喪車，皆無等。」然則，此惡車，王喪之木車也。古文「惡」作「堊」。○疏曰：引雜記者，證喪事上下同，以其貴賤雖異，於親一也。「此惡車，王喪之木車」者，案巾車云王之喪車五乘〔一〇二〕，發首云「木車，蒲蔽」，是王始喪所乘木車無飾，與此惡車同，故引之，見尊卑同也。白狗幦，幦，亡狄反，覆笭也。○未成豪，狗。幦，覆笭也。以狗皮爲之，取其臑也。白於喪飾宜。古文「幦」爲「冪」。○笭，力丁反，劉音領，本或作「軨」。臑，乃管反。○疏曰：案玉藻云士「齊車鹿幦」，此喪車無飾，故用白狗幦以覆笭。云「未成豪，狗」者，爾雅釋畜文也。蒲蔽，蔽，藩。○疏曰：藩，謂車兩邊禦風，爲藩蔽以蒲草，亦無飾也。御以蒲菆，菆，側留反，劉作侯反。○不在於驅馳。蒲菆，牡蒲莖也。古文「菆」作「騶」。○

疏曰：士乘惡車之時，御車用蒲蔽以策馬，喪中示不在於驅馳〔一〇三〕。云「蒲蔽牡蒲莖」者，案宣十二年，知莊子「每射，抽矢，菆，納諸厨武子之房」，服注云：「菆，好箭。」以此而言，蒲非直得策馬，亦爲矢幹也。犬服，笭間兵服，以犬皮爲之，取堅也，亦白。今文「犬」爲「大」。○疏曰：凡兵器建之於車上笭間，喪家乘車亦有兵器自衛，以白犬皮爲服，故云「以犬皮爲之，取其堅固也」。云「亦白」者，幦用白狗皮，明此亦用白犬皮也。木錧，錧，音管。○取少聲。今文「錧」爲「鎋」。○鎋，户瞎反。○疏曰：其車鎋常用金，喪用木，是取少聲也。約綏，約轡，約，繩。綏，所以引升車。○疏曰：案哀十一年左傳云：「人尋約，吴髮短。」杜注云：「約，繩也。」故知此約亦謂繩也。平常吉時綏轡用索爲之，今喪中，取其無飾，故皆用繩爲之也。木鑣，鑣，彼苗反。○亦取少聲。古文「鑣」爲「苞」。○疏曰：平常用馬鑣，以金爲之，今用木，故知亦取少聲也。馬不齊髦，齊，如字，又子淺反。○齊，翦也。今文「髦」爲「毛」。主人之惡車如王之木車，則齊衰以下其乘素車、繅車、駹車、漆車與？○繅，音早。駹，步江反。與，音余。○疏曰：此注解文不於末者，亦以釋不齊髦訖，别記釋車義故也。云「齊衰以下其乘素車繅車駹車漆車與」，案巾車王之喪車五乘：木車，始死所乘；素車，卒哭所乘；繅車，既練所乘；駹車，大祥所乘；漆車，既禫所乘。此士之喪車亦當五乘：主人乘惡車；齊衰乘素車，與卒哭同；大功乘繅車，與既練同；小功乘駹車，與大祥同；緦麻乘漆車，與既禫同。主人至卒哭已後哀殺，故齊衰以下，節級約與主人同，故鄭爲此義也。若然，士尋常乘棧車，不革輓而漆之，今既禫，亦與王以下同乘漆車者，禮窮則同也。主婦之車亦如之，疏布裧，裧，尺占反。○裧者，車裳幃，於蓋弓垂之。○疏曰：「疏布裧」在「亦如之」之下，見不與男子同。云「裧者車裳幃」者，案衛詩云：「漸車幃裳。」注云：「幃裳，童容。」又案巾車，古之翟車有容蓋，容則童容也。若然，則裧與幃裳及容一也，故注者互相曉也。云「於蓋弓垂之」者，案巾車云「皆有容蓋」，容蓋相將，其蓋有弓，明於蓋弓垂之也。

貳車，白狗攝服，貳，副也。攝，猶緣也。狗皮緣服，差飾。○緣，悅絹反。差，初責反。○疏曰：依正禮，大夫以上有貳車，士卑無貳車，但以在喪，可有副貳之車。非常法，則有兵服，服又加白狗皮緣之，謂之攝服。云「狗皮緣服，差飾」者，對主人服無緣，此則有緣，是差也。其他皆如乘車。如所乘惡車。○疏曰：云「其他」者，唯白狗攝服爲異，其他謂「惡車，白狗幦」以下，「齊髦」以上，皆同主人惡車也。○本經記○端衰、喪車，皆無等。詳見喪服變除通記喪車條。

朝夕哭，不辟子、卯。既殯之後，朝夕及哀至乃哭，不代哭也。子、卯，桀、紂亡日。凶事不辟，吉事闕焉。○疏曰：殯後，阼階下朝夕哭，廬中思憶則哭。云「不代哭也」者，未殯以前，大夫以上以官代哭，士以親疏代哭，不絶聲。云「子、卯，桀、紂亡日」，詩云：「韋顧既伐，昆吾夏桀。」左傳云：乙卯，「昆吾稔之日」。昆吾與夏桀同時誅，則桀以乙卯亡。案尚書牧誓序云「時甲子昧爽」，武王伐紂之日，是紂以甲子日死，王者以爲忌日。云「凶事不辟」者，即此經是也。云「吉事闕焉」者，檀弓云「子卯不樂」，是吉事闕也。婦人即位于堂，南上，哭。丈夫即位于門外，西面北上。外兄弟在其南，南上。賓繼之，北上。門東北面西上，門西北面東上，西方東面北上。主人即位，辟門。辟，婢亦反。○外兄弟，異姓有服者也。辟，開也。凡廟門有事則開，無事則閉。○疏曰：喪大記云「祥而外無哭者」，則此外位皆有哭。今直云婦人哭，則丈夫亦哭矣，但文不備也，案下注云「兄弟，齊衰大功者，主人哭則哭。小功緦麻，亦即位乃哭」是也。云「外兄弟異姓有服」者，謂若舅之子、姑姊妹從母之子等，皆是有服者也。云「凡廟門有事則開，無事則閉」者，有事，謂朝夕哭及設奠之時，無此事等則閉之，鬼神尚幽闇故也。婦人拊心不哭。拊，芳甫反。○方有事，止讙囂。○疏曰：云「方有事」者，謂下經徹大斂奠、設朝奠之事也。主人拜賓，旁三，右還入門，哭，婦人踊。先西面拜，乃南面拜、東面拜也。○疏曰：知先西面、後東面者，以經云「旁三，右還入門」，故知先西面，後乃東，遂北面。入門以一面，故云旁。主人堂下，直東序西面。兄弟皆即位，如外位。卿大夫在主人之南，諸公門東少進，他國之異爵者門西少進，敵則先拜他國之賓。凡異爵者，拜諸其位。直，音值，下「直西」同。○賓皆即此位乃哭，盡哀止。主人乃右還拜之，如外位矣。兄弟，齊衰大功者，主人哭則哭。小功緦麻，亦即位乃哭。上言賓，此言卿大夫，明其亦賓爾。少進，前於列。異爵，卿大夫也。他國卿大夫亦前於列，尊之，拜諸其位，就其位特拜。○疏曰：既云「如外位」，又案外位，主人之南有外兄弟，其南乃有賓。此內位。主人之南即有卿大夫，不言兄弟者，以外兄弟雖在主人之南，以少退，故卿大夫繼主人而言也。云「諸公門東少進」者，謂門東有士，故云少進，少進於士。此所陳位不言士之屬吏者，案大夫家臣位在門右，則士之屬吏亦在門右，又在賓之後也。云「賓皆即此位乃哭，盡哀止。主人乃右還拜之」者，亦右還如外位也。云「兄弟齊衰大功者，主人哭則哭」者，以其大功已上親無門外內位，但主人哭則亦哭矣。小功緦麻疏，故入即進前於士之列也。云「異爵，卿大夫也」者，以主人是士，明異爵是卿大夫也。云「他國卿大夫亦前於列」者，以經云「他國之異爵者門西少進」，亦當前於士之位也。云「拜諸其位，就其位特拜」者，以其異爵則亦卿大夫，故知特拜，一一拜諸其位也。

右朝夕哭○記：朝夕哭不帷。帷，位悲反。○緣孝子心，欲見殯肂也。既出則施其㡛，鬼神尚幽闇也。○疏曰：孝子欲見殯，故當朝夕進入廟門内哭泣之時，除去殯宫帷也，哭竟則帷之。注既出則施其㡛者，案士喪禮：「君使人弔，徹帷。」鄭云：「徹帷，㡛之，事畢則下之。」㡛是褰舉之名，初哭則褰舉，事畢則施下之。○雜記○帷殯，非古也，自敬姜之哭穆伯始也。穆伯，魯大夫。敬姜，穆伯妻也。禮：朝夕哭不帷。○疏曰：朝夕哭不帷，以孝子思念其親，故朝夕哭時乃褰徹其帷也。今敬姜之哭，穆伯以辟嫌之，故遂朝夕哭，不復徹帷，故下文云「穆伯之喪，敬姜晝哭」，與此同也。○檀弓

徹者盥于門外，燭先入，升自阼階，丈夫踊。徹者，徹大斂之宿奠。祝取醴，北面，取酒立于其東，取豆、籩、俎，南面西上。祝先出，酒、豆、籩、俎序從，降自西階，婦人踊。序，次也。○疏曰：「序，次」者，次第入，使相當。此經所言先後，則祝執醴在先，次酒，次豆籩，次俎，爲次第也。設于序西南，直西榮。醴酒北面西上，豆西面錯，立于豆北，南面。籩俎既錯，立于執豆之西，東上。酒錯，復位。醴錯于西，遂先〔一〇四〕，由主人之北適饌。遂先者，明祝不復位也。適饌，適新饌，將復奠。○疏曰：云「遂先者，明祝不復位也」者，以其云「遂先」，先即祝不得復位，遂適東相新饌也。

右徹大斂奠

乃奠，醴、酒、脯、醢升，丈夫踊。入，如初設，不巾。入，入於室也。如初設者，豆先，次籩，次酒，次醴也。不巾，無菹無栗也。菹栗具則有俎，有俎乃巾之。○疏曰：云「入，入於室也」者，以其設奠在室中故也。云「如初設者，豆先，次籩，次酒，次醴也」者，以其大斂有俎，籩豆又多，今言如初設，直豆籩酒醴見用者，先後次第耳。云「不巾，無菹無栗也」者，以大斂奠皆有菹栗則巾之，是以檀弓云：「喪不剥奠也與？祭肉也與？」其大斂皆有俎，俎有祭肉，故巾之也。若然，朝廟之奠亦是宿奠，無菹栗有巾者，爲在堂而久設塵埃故也。錯者出，立于户西，西上。滅燭出，祝闔户，先降自西階，婦人踊。奠者由重南東，丈夫踊。賓出，婦人踊，主人拜送。哭止乃奠，奠則禮畢矣。今文無「拜」。○疏曰：云「祝闔户先降」者，以其出户時，祝闔户在後，故須云祝先降也。云「哭止乃奠」者，謂朝夕哭止，拜賓乃奠，奠則禮畢矣，是以檀弓云「朝奠日出」是也。衆主人出，婦人踊。出門，哭止，皆復位。闔門，主人卒拜送賓，揖衆主人，乃就次。

右朝夕奠○記：朝奠日出，夕奠逮日。逮，音代，或大計反。○陰陽之交〔一〇五〕，庶幾遇之。○檀弓

朔月，奠用特豚、魚、腊，陳三鼎如初，東方之饌亦如之。朔月，月朔日也。自大夫以上，月半有奠。如初者，謂大斂時。○疏曰：知「大夫以上，月半又奠」者，下經云「月半不殷奠」，士不者，大夫

已上則有之。謂若下文云「不述命」，大夫已上則有之。又若特牲云士「不諏日」，大夫已上則諏。諸士言不者，大夫已上則皆有之，故知大夫已上又有月半奠也。云「如初者，謂大斂時」者，以其上陳大斂事，此言如初，故知如大斂時也。無籩，有黍稷，用瓦敦，有蓋，當籩位。黍稷併於甒北也。於是始有黍稷。死者之於朔月月半，猶平常之朝夕。大祥之後，則四時祭焉。○併，補郢反，又必性反。○疏曰：始死以來，奠不言黍稷，至此乃言之，故於是云「始有黍稷」也。云「死者之於朔月月半，猶平常之朝夕」者，謂猶生時朝夕之常食也。案既夕記云：「燕養饋羞，湯沐之饌，如他日。」注云：「燕養，平常所用供養也。饋，朝夕食也。羞，四時之珍異。」若然，彼謂下室中不異於生時，殯宮中則無黍稷，今至朔月月半乃有之。若朔月月半殯宮中有黍稷，下室則無，故既夕記云：「朔月若薦新，則不饋于下室。」注云：「以其殷奠有黍稷也。下室，如今之内堂。」是也，是以云「猶平常朝夕」決之也。云「大祥之後，則四時祭焉」者，士虞禮禫月「吉祭，猶未配」，是大祥之後得四時祭，若虞祭之後卒哭之等。雖不四時，亦有黍稷，是其常也。主人拜賓，如朝夕哭，卒徹。徹，宿奠也。舉鼎入升，皆如初奠之儀。卒朼，釋匕于鼎。俎行，朼者逆出。甸人徹鼎，其序，醴、酒、菹、醢、黍稷、俎。俎行者，俎後執，執俎者行，鼎可以出。其序，升入之次。○疏曰：云「俎行者，俎後執，執俎者行鼎可以出」者，案下文設時，豆錯，俎錯，黍稷後設，則俎宜在黍稷前。今在黍稷後，而言俎行者，欲見俎雖在黍稷前設，以執之在後，欲與鼎匕出爲節，故云俎行，即匕鼎出也。云「其序，升入之次」者，謂如經醴已下次第也。其設于室，豆錯，俎錯，腊特，黍稷當籩位。敦啓會，卻諸其南，醴酒位如初。會，古外反。○當籩位，俎南黍，黍東稷。會，蓋也。今文無「敦」。○疏曰：知「當籩位，俎南黍，黍東稷」者，依特牲所設爲之也。祝與執豆者巾，乃出。共爲之也。主人要節而踊，皆如朝夕哭之儀。月半不殷奠，殷，盛也。士月半不復如朔盛奠，下尊者。○疏曰：云「下尊」者，以下大夫以上有月半奠故也。有薦新，如朔奠。薦五穀若時果物新出者。○疏曰：案月令仲春，「開冰，先薦寢廟」，季春云「薦鮪于寢廟」，孟夏云「以彘嘗麥」，「羞以含桃，先薦寢廟」，皆是薦新如朔奠者。牲牢籩豆，一如上朔奠也。徹朔奠，先取醴酒，其餘取先設者。敦啓會，面足，序出如入。會，古外反。○啓會，徹時不復蓋也。面足執之，令足間鄉前也。敦有足，則敦之形如今酒敦。○疏曰：以前設時即不蓋〔一〇六〕，至徹亦不蓋，今經云「敦啓會」，嫌先蓋，至徹重啓之，故云「不復蓋」也。其設于外，如於室。外，序西南。

右朔月奠薦新○朔月〔一〇七〕，童子執帚，却之，左手奉之，童子，隸子弟，若內豎寺人之屬。執用左手，却之，示未用。○疏曰：案曲禮掃地者箕箒俱執，此直執帚，不執箕者，下文掃室聚諸突，故不用箕也。左傳云：「士有隸子弟。」注云：「士卑，自其子弟爲僕隸。」禄不足以及宗，是其有隸子弟也。云「示未用」者，用之則用右手也。從徹者而入。童子不專禮事。○疏曰：注引玉藻：無事則立，主人之南，北面。皆不專以禮事，故「從徹者而入」也。比奠，舉席，埽室，聚諸突，布席如初。卒奠，埽者執帚，垂末內鬣，從執燭者而東。比，必二反，注同。突，一弔反，又音杳，見爾雅。鬣，音獵，又以接反。○比，猶先也。室東南隅謂之突。○先，悉見反。○疏曰：案上文童子從徹者入，及此經則從執燭者出者〔一〇八〕，以其入則燭在先，徹者在後；出則徹者在先，執燭者在後。童子常在成人之後，故出入所從不同也。云「室中東南隅謂之窔」者，爾雅釋宮文。○本經記○燕養，饋、羞、湯沐之饌，如他日。燕養，平常所用供養也。饋，朝夕食也。羞，四時之珍異。湯沐，所以洗去汙垢。內則曰：「三日具沐，五日具浴。」孝子不忍一日廢其事親之禮。於下室日設之，如生存也。進徹之時如其頃。○供，九用反。洗，悉禮反，劉本作「淬，七對反」。○疏曰：云「燕養」者，謂在燕寢之中，平生時所有共養之事，則「饋羞湯沐之饌」是也。如他日者，今死，不忍異於生平之日也。云「饋朝夕食也」者，鄭注鄉黨云：「不時，非朝夕日中時。」一日之中三時食。今注云「朝夕」不言日中者，或鄭略言，亦有日中也，或以死後略去日中，直有朝夕食也。知「羞四時之珍異」者，聘禮有「禽羞俶獻」，聘義云「時賜」，鄭云：時賜，四時珍異。故知此羞亦四時珍異也。引內則者，證經進湯沐亦依內則之日數。知「下室日設之」者，下經云朔月「不饋食於下室」，明非朔月在下室設之也，以其燕養在燕寢中設之可知。云「進徹之時如其頃」者，一如其平生子進食於父母，故雖死象生時，若一食之頃也。朔月，若薦新，則不饋于下室。以其殷奠有黍稷也。下室，如今之內堂。正寢聽朝事。○朝，直遥反。○疏曰：大小斂奠、朝夕奠等皆無黍稷，故上篇朔月有黍稷，鄭注云：「於是始有黍稷。」唯有下室若生有黍稷，今此殷奠自有黍稷，故不復饋食於下室也。若然，大夫已上又有月半奠有黍稷，亦不饋食於下室可知。云「下室如今之內堂」者，下室既爲燕寢，故鄭舉漢法內堂況之。云「正寢聽朝事」者，天子、諸侯，路寢以聽政，燕寢以燕息〔一〇九〕。案玉藻云：「朝玄端，夕深衣。」鄭注云：

「謂大夫士也。」則聽私朝，亦在正寢也。○本經記○有薦新，如朔奠。重新物爲之殷奠。○疏曰：朔禮視大斂，士則特豚三鼎，今若有新物及五穀始熟，薦於亡者，則其禮牲物如朔之奠也。大夫以上則朔望大奠，若士但朔而不望。○檀弓○陳小斂條杫畢用桑奠以素器、大斂奠條曾子問大功與饋奠以下，當互考。

筮宅，冢人營之，宅，葬居也。冢人，有司掌墓地兆域者。營，猶度也。詩云：「經之營之。」○度，大角反。掘四隅，外其壤；掘中，南其壤。爲葬將北首故也。○疏曰：云「爲葬將北首」者，解「掘中南其壤」，爲葬時北首，故壤在足處。案檀弓云：「葬於北方北首，三代之達禮也。」既朝哭，主人皆往，兆南北面免絰。免，如字，又音勉。○兆，域也，新營之處。免絰者，求吉不敢純凶。○處，昌慮反。○疏曰：案雜記云：「大夫卜宅與葬日，有司麻衣、布衰、布帶，因喪屨，緇布冠不蕤，占者皮弁。」下又云：「如筮，則史練冠長衣以筮，占者朝服。」彼有司與占者之服不純吉，亦不純凶，此乃主人之服，不純吉，免絰，亦不純凶也。命筮者在主人之右，命尊者宜由右出也。少儀曰：「贊幣自左，詔辭自右。」○少，詩召反。○疏曰：云「命尊者宜由右出也」者，對贊幣卑者在左，故引少儀爲證也。筮者東面，抽上韇，兼執之，南面受命。韇，音獨〔一一〇〕，函也。○韇，藏筴之器也。兼與筴執之。今文無「兼」。○疏曰：云「抽上韇」者，則下韇未抽，待用筮時乃并抽也。命曰：「哀子某，爲其父某甫筮宅。度茲幽宅兆基，無有後艱？」爲，于僞反。○某甫，某字也。若言山甫、孔甫矣。宅，居也。度，謀也。

茲，此也。基，始也。言爲其父筮葬居，今謀此以爲幽冥居兆域之始，得無後將有艱難乎〔一二〕？艱難，謂有非常若崩壞也。孝經曰：「卜其宅兆而安厝之。」古文無「兆」，「基」作「期」。○疏曰：上大夫以上，卜而不筮，故雜記云：「大夫卜宅與葬日。」下文云：「如筮，則史練冠。」鄭注云：「謂下大夫若士也。」則卜者謂上大夫。上大夫卜，則天子、諸侯亦卜可知。但此注兆爲域，彼注兆爲吉兆，不同者，周禮大卜掌三兆，有玉兆、瓦兆、原兆。孝經注亦云：「兆，塋域。」此文主人皆往兆南，北面，兆爲塋域之處。筮人許諾，不述命，右還，北面，指中封而筮。卦者在左。還，劉户串反，一音旋。○述，循也。既受命而申言之曰述。不述者，士禮略。凡筮，因會合筮爲述命。中封，中央壤也。卦者，識爻卦畫地者。古文「述」皆作「術」。○畫，音獲。○疏曰：述命者，案少牢是大夫筮禮，彼上文云「主人曰：孝孫某，來日丁亥」以下，是爲命筮，下文云「遂述命曰：假爾泰筮有常。」是也。不述者，士禮略。卒筮，執卦以示命筮者受視，反之，東面旅占，卒，進告于命筮者與主人：「占之曰從。」卒筮，卦者寫卦示主人，乃受而執之。旅，衆也。反與其屬共占之，謂掌連山、歸藏、周易者。從，猶吉也。○疏曰：經云「卒筮執卦以示命筮」者，不言主人，注云「寫卦示主人」，不言命筮者，其實皆示。經直云「命筮者」，以命筮人於卦吉凶審，故據而言之，是以下復告命筮，與主人二人并告，明與前不異也。主人經哭，不踊。若不從，筮擇如初儀。更擇地而筮之。歸，殯前北面哭，不踊。易位而哭，明非常。○疏曰：朝夕哭，當在阼階下，西面，今筮宅來歸北面哭者，是易位，非常故也。

右筮宅○記：筮宅，冢人物土。物，猶相也。相其地可葬者乃營之。○相，息亮反。○疏曰：正經筮宅不物土，故記人言之。云「相其地可葬者乃營之」者〔一一二〕，凡葬皆先相，乃筮之，筮吉乃掘坎。今直云營之，不言筮宅者，營之中兼筮，故經云「筮宅，冢人物土」，是使冢人物土，乃筮者也。○本經記○如筮，則史練冠長衣以筮，占者朝服。朝，直遥反。○筮者，筮宅也，謂下大夫若士也。筮史，筮人也。長衣，深衣之純以素也。長衣練冠，純凶服也。朝服，純吉服也。大夫、士日朝服以朝也。○疏曰：如筮者，謂下大夫及士不合用卜，故知用筮也。卜時緇布冠，麻衣布衰，雜以吉凶之服，如筮則練冠長衣。筮輕，故用純凶服也。占者朝服者，卜重，故占者皮弁。筮輕，故占者朝服。「筮者，筮宅也，謂下大夫及士也」者，以士喪禮云「筮宅卜日」，故知此筮謂筮宅也。云「長衣，深衣之純以素也」者，長衣、深衣其制同，此經長衣是深衣之純以素者。凶禮，深衣純以素，上經麻衣深衣亦純以布，此經長衣純以素，故云「長衣，深衣之純以素者」也。云「長衣練冠，純凶服也」者，以長衣則布衣純之以素也，故聘禮云「主人長衣練冠以受」，鄭注彼云「長衣，素純布衣」是也。練冠是小祥以後，以練爲冠，都無吉象，故云純凶服。云「大夫、士日朝服以朝也」者，謂緇衣素裳諸侯之朝服，每日視朝之服。案士喪禮云：「族長涖卜，及宗人吉服。」鄭注云：吉服，「玄端也」。此占者朝服者，彼謂士之卜禮，故占者著玄端，此據筮禮，故占者朝服。案士虞禮注云：「士之屬吏爲其長卜，弔服加麻。」此「史練冠長衣」者，此經文公子大夫其臣爲大夫以布帶繩屨，故史練冠長衣。若士之卜史，當從弔服，不得練冠長衣也。○雜記○祔葬者不筮宅。宅，葬地也。前人葬，既筮之。○小記○大司徒〔一一三〕：以本俗六安萬民，二曰族墳墓。族，猶類也。同宗者，生相近，死相迫〔一一四〕。○墓

地不請〔一一五〕。受於公，民不得私也。請，求也。○疏曰：冢墓之地，公家所給族葬有常，不得輒請求餘處。○王制

既井椁，主人西面拜工，左還椁，反位，哭，不踊，婦人哭于堂。還，劉户串反。○既，已也。匠人爲椁，刊治其材，以井構於殯門外也。反位，拜位也。既哭之，則往施之竁中矣。主人還椁，亦以既朝哭矣。○竁，昌絹反。○疏曰：檀弓云：「既殯旬，而布材與明器。」注云：「木工宜乾腊。」則此云井椁及明器之材布之已久，豈今始獻材也。但至此時將用，故主人親看視，既哭之則往施之竁中也。匠人主木工之事，以匠人爲椁刊治其材有功，故主人拜之也。下文獻材於殯門外，則此亦在殯門外。

右井椁○記：既殯旬，而布材與明器。木工宜乾腊且豫成〔一一六〕。材，椁材也。○疏曰：既殯旬，謂殯後十日。班布告下覓椁材〔一一七〕及送葬明器之材。或云：布其木宜乾腊，故豫須暴之也。○檀弓○士雜木椁。棺椁之間，容甒，不虞筐。詳見喪大記。○有子問於曾子曰：「問喪於夫子乎？」問喪，或作「聞」。喪，悉浪反，下皆同。○有子，孔子弟子有若也。夫子卒後，問此庶有異聞也。喪，謂仕失位也。魯昭公孫於齊曰：「喪人其何稱。」曰：「聞之矣：喪欲速貧，死欲速朽。」有子曰：「是非君子之言也。」貧、朽，非人所欲。曾子曰：「參也聞諸夫子也。」有子又曰：「是非君子之言也。」曾子曰：「參也與子游聞之。」有子曰：「然。然則夫子有爲言之也。」曾子以斯言告於子游，子游曰：「甚哉！有子之言似夫子也。昔者夫子居

於宋，見桓司馬自爲石椁，三年而不成，桓司馬，宋向戌之孫，爲魋。夫子曰：『若是其靡也，靡，侈也。死不如速朽之愈也。』死之欲速朽，爲桓司馬言之也。南宮敬叔反，必載寶而朝，敬叔，魯孟僖子之子仲孫閱。蓋嘗失位去魯，得反，載其寶來朝於君。夫子曰：『若是其貨也，喪不如速貧之愈也。』喪之欲速貧，爲敬叔言之也。」曾子以子游之言告於有子，有子曰：「然。吾固曰非夫子之言也。」曾子曰：「子何以知之？」有子曰：「夫子制於中都，四寸之棺，五寸之椁，以斯知不欲速朽也。中都，魯邑也，孔子嘗爲之宰，爲民作制。孔子由中都宰爲司空，由司空爲司寇。昔者夫子失魯司寇，將之荆，將應聘於楚。蓋先之以子夏，又申之以冉有，以斯知不欲速貧也。」言汲汲仕於禄。○疏曰：案孔子世家，失司寇在定十四年，之楚在哀公六年，其間年月甚遠。且失司寇之後，嚮宋不嚮楚，而云「失魯司寇，將之荆」者，謂失魯司寇之後，將往之荆，則哀公六年之荆亦是失司寇之後，非謂失司寇之年即之荆也。○檀弓○顏淵死，顏路請子之車以爲之椁。子曰：「才不才，亦各言其子也。鯉也死，有棺而無椁。吾不徒行以爲之椁。以吾從大夫之後，不可徒行也。」集注曰：胡氏曰：「孔子遇舊館人之喪，曾脱驂以賻之矣。今乃不許顏路之請，何耶？葬可以無椁，驂可以脱而復求，大夫不可以徒行，命車不可以與人而鬻諸市也。且爲所識窮乏者得我，而勉强以副其意，豈誠心與直道哉？」○先進〔一一八〕

獻材于殯門外，西面北上，綪。主人徧視之，如哭椁。獻素獻成，亦如之。徧，音遍。○

材，明器之材。視之，亦拜工左還。形法定爲素，飾治畢爲成。○疏曰：明器之材先獻之，驗其堪否也。云「形法定爲素飾治畢爲成」，以其言素是未加飾之名，明是形法定，言成是就之名，明知飾治畢。此明器須好，故有獻法。上椁材既多，故不須獻，直還觀之而已。

右獻明器○既殯旬[一一九]，而布材與明器。詳見井椁條。○竹不成用，瓦不成味，木不成斲；琴瑟張而不平，竽笙備而不和；有鐘磬而無簨簴。詳見喪禮義。○夏后氏用明器，殷人用祭器，周人兼用之。同上

卜日，既朝哭，皆復外位。卜人先奠龜于西塾上，南首，有席。楚焞置于燋，在龜東。焞，存悶反，劉吐敦反，又徒敦反，又子悶反，又音純。燋，劉哉約反，又祖堯反，一作哉益反。○楚，荆也。荆焞，所以鑽灼龜者。燋，炬也，所以燃火者也。周禮「菙氏掌共燋挈，以待卜事。凡卜[一二〇]，以明火爇燋，遂灼其焌契，以授卜師，遂以役之。」○鑽，子官反，一本作「灼炬也」，音巨。菙，時髓反。掌共，音恭。挈，本又作「契」，苦計反，劉苦結反。爇，人悅反。焌，劉音俊，又存悶反，又子悶反。○疏曰：荆，本是草名，以其與荆楚之荆名同，故或言楚也。古法，鑽龜用荆，謂之荆焞也。燋炬也者，謂存火者爲炬，亦用荆爲之，故云「所以燃火者也」。周禮「菙氏掌共燋挈，以待卜事。凡卜，以明火爇燋，遂灼其焌契，以授卜師。」杜子春注云：「明火，以陽燧取火於日。」將此明火以燒爇燋使然，又將此焌契以柱於燋火，吹之使熾，以授卜師，用作龜也。焌，讀爲「戈鐏」之「鐏」者，取其鋭頭爲之灼龜也。族長涖卜，及宗人，吉服立于門西，東面南上。占者三人，在其南，北上。卜人及執燋席者在塾西。

長，丁丈反。涖，音利，又音類。○族長，有司掌族人親疏者也。涖，臨也。吉服，服玄端也。占者三人，掌玉兆、瓦兆、原兆者也。在塾西者，南面東上。○疏曰：言族長，故知掌族人親疏也。宗人直云吉服，不言服名，則祭服爲吉服，士之祭服，玄端而已。宗人，掌禮之官，著玄端，則筮史亦服練冠長衣，雜記所云「是求吉，故筮者不純凶」也。云「占者三人掌玉兆瓦兆原兆」者，案周禮太卜掌三兆之法，注云〔一二一〕：「兆者，灼龜發於火，其形可占者，其象似玉瓦原之璺罅，是用名之焉。上古以來作其法，可用者有三。原，原田也。杜子春云：玉兆，帝顓頊之兆。瓦兆，帝堯之兆。原兆，有周之兆。」此三兆者，當代之別名。及占之，又有體色墨坼之等，故占人云：「君占體，大夫占色，史占墨，卜人占坼。」注云：「體，兆象。色，兆氣。墨，兆廣。坼，兆璺也。體有吉凶，色有善惡，墨有大小，坼有微明。尊者視兆象而已，卑者以次詳其餘也。周公卜武王，占之曰：體，王其無害〔一二二〕。凡卜體吉、色善、墨大、坼明，則逢吉。」是其不專據此三兆也。云「在塾西，南面東上」者，以其取堂南行事，明不得背之北面，故知南面，取近爲尊，故知東上也。闔東扉，主婦立于其內。扉，門扉也。席于闑西閾外，闑，魚列反。閾，音域，劉呼逼反。○爲卜者也。古文「闑」作「槷」〔一二三〕，「閾」作「蹙」。宗人告事具。主人北面，免絰，左擁之。涖卜即位于門東，西面。涖卜，族長也。更西面，當代主人命卜。○疏曰：「涖卜，族長也」，故鄉西面。族長非直視高，兼行命龜之事也，故云「當代主人命卜」也。卜人抱龜燋，先奠龜，西首，燋在北。既奠燋，又執龜以待之。○疏曰：云「卜人抱龜燋」者，謂從塾上抱，鄉閾外待也。先奠龜于席上，乃復奠燋在龜北。云「既奠燋又執龜以待之」者，先奠龜乃奠燋，既奠燋，又取龜執之以待。待者，下經授與宗人，宗人受之是也。宗人受卜人龜，示高。以龜腹甲高起所當灼處，示涖卜也。○疏曰：凡卜法，案禮記云「禎祥見乎龜之四體」，鄭注云：「春占後左，夏占前左，秋占前右，冬占後右。」今云腹甲高者，謂就龜之四體腹下之甲高起之處鑽之，以示涖卜也。涖卜受視，反之。宗人還，少退，受命。受涖卜命。授龜宜近，受命宜卻也。命曰：「哀子某，來日卜葬其父某甫〔一二四〕，考降，無有近悔。」近，附近之近。○考，登也。降，下也。言卜此日葬，魂神上下，得無近於咎悔者乎？○疏曰：云「某甫」者，亦上孔甫之類，且字也。云「魂神上下」者，總指一切神，無所偏指也。云「咎悔」者，亦謂冢墓有所崩壞也。許諾，不述命，還即席，西面坐，命龜，興，授卜人龜，負東扉。宗人不述命，亦士禮略。凡卜，述命命龜異，龜重，威儀多也。負東扉，俟龜之兆也。○疏曰：云「宗人不述命亦士禮略」者，以少牢述命，此云不述命，故云士禮略。云「凡卜，述命命龜異，龜重，威儀多也」者，言「凡」非一，則大夫以上皆有述命，述命與命龜異，故知此不述而有即席西面命龜。若大夫已上有述命者，自然與西面命龜異可知。言「凡卜，述命命龜異，龜重，威儀多」，對筮時述命、命筮，同筮輕，威儀少〔一二五〕。云「俟龜之兆也」者，下文「告于主婦，主婦哭」是也。卜人坐，作龜，興。作，猶灼也。周禮卜人：「凡卜事，示高，揚火以作龜，致其墨。」興，起也。○疏曰：周禮卜師「凡卜」，「揚火以作龜，致其墨」者。此據小事，故不使大卜視高作龜。宗人受龜，示涖卜，涖卜受視。反之，宗人退，東面，乃旅占。卒，不釋龜，告于涖卜與主人：「占曰：『某日從。』」不釋龜，復執之也。古文「曰」爲「日」。授卜人龜，告于主婦，主婦哭。不執龜者，下主人也。告于衆賓。衆賓，僚友不來者也。○疏曰：上云「既朝哭，皆復外位」，外位中有異爵卿大夫等，故就位告之。既言使人告，明不在此，故鄭云「不來者也」。卜人徹龜，宗人告事畢，主人絰，入哭，如筮宅。賓出，拜送。若不從，卜擇如初儀。

右卜葬日○記：大夫、士、庶人，三月而葬。王制○死，三日而殯，三月而葬。詳見卒哭祔練祥禫記。○士三月而葬。同上○凡卜筮日：旬之外曰遠某日，旬之内曰近某日。喪事先遠日，吉事先近日。喪事，葬與練祥也。吉事，祭祀冠娶之屬也。○疏曰：喪事，葬與練祥，是奪哀之義也。非孝子之所欲，但制不獲已，故卜先從遠日而起，示不宜急，微伸孝心也。宣八年左傳曰：「禮：卜葬，先遠日，辟不懷也。」杜云：「懷，思也。」辟不思親也。此尊卑俱然。○曲禮○祝稱卜葬虞，子孫曰「哀」，夫曰「乃」，兄弟曰「某卜葬其兄」，弟曰「伯子某」。祝，之六反，徐之又反。稱，昌升反，徐尸證反。○疏曰：謂卜葬擇日，而卜人祝龜所稱主人之辭也。而云「葬虞」者，虞用葬日，故并言葬虞也。子孫曰哀者，若子卜葬父，則祝辭稱云「哀子某卜葬其父某甫」。若孫卜葬祖，則祝辭稱云「哀孫某卜葬其祖某甫」。若夫卜葬其妻，則祝辭云「乃某卜葬其妻某氏」。乃者，言之助也，妻卑，故假助句以明夫之尊也。其弟爲兄，則祝辭云「某卜葬兄伯子某」。若兄爲弟，則云「某卜葬其弟某」。兄弟稱名，則子孫與夫皆稱名，故鄭注於子孫通稱名可知也。○雜記○卜日吉，告從于主婦。主婦哭，婦人皆哭。主婦升堂，哭者皆止。事畢。○疏曰：正經直云「闔東扉」，「主婦哭」，不云主婦升堂哭者，皆止之事，故記明之。云卜日吉，告從于主婦，主婦哭時，堂上婦人皆哭，主婦升堂，堂上婦人皆止不哭。○本經記

校勘記

〔一〕士喪禮上二　「二」，原脱，據賀本補。

〔二〕疾時處北墉下　「北」，原作「此」，據吕本、四庫本、賀本改。

〔三〕死而遷之當牖下　「牖」，原作「墉」，據賀本及儀禮注疏改。

〔四〕是以莊三十二年秋八月公薨于路寢　「二」，原作「一」，據朝鮮本、賀本及儀禮注疏改。

〔五〕檢其異者録于此　「録」，原本漫漶，朝鮮本作「見」，四庫本作「載」，據賀本改。又「檢」，朝鮮本作「掇」，四庫本作「節」。

〔六〕三日而食　「三」，原作「二」，據朝鮮本、吕本、四庫本改。

〔七〕本又作逍遥　「本」，原作「古」，據四庫本改。

〔八〕元華曾子之子　「曾子」，原脱，據大戴禮記補。

〔九〕樂正子春坐於牀下　「牀」，原作「堂」，據吕本、四庫本、賀本改。

〔一〇〕爵弁服　「服」，原作「復」，據呂本、四庫本、賀本改。

〔一一〕明知受之於堂下　「知」，原作墨釘，據朝鮮本、四庫本及儀禮注疏改。

〔一二〕同上　句原作「檀弓」，據賀本改。

〔一三〕故用毀竈之甓連綴死人足　「連」，原作「運」，據四庫本、賀本及禮記正義改。

〔一四〕云周人浴不掘中霤者　「掘」，原脱，據四庫本、賀本及禮記正義補。

〔一五〕據小功以下疏者　「者」，原作「曰」，據朝鮮本、賀本及儀禮注疏改。

〔一六〕當在大功親之内　「當」，原作「常」，據四庫本、賀本及儀禮注疏改。

〔一七〕以其婦人有事自堂及房　「自」，原作「當」，據賀本及儀禮注疏改。

〔一八〕世子生　「生」，原作「主」，據朝鮮本、呂本、四庫本改。

〔一九〕貝玉曰含　「玉」，原作「王」，據朝鮮本、呂本、四庫本改。

〔二〇〕此君襚雖在襲前　「此」，原作「比」，據朝鮮本、呂本、四庫本改。

〔二一〕則此襚者左執領　「此」，原作「北」，據朝鮮本、四庫本、賀本改。

〔二二〕若無君命則不出户　「若」，原作「君」，據朝鮮本、呂本、四庫本、賀本改。

〔二三〕士於大夫親弔　句上，賀本有「記」字。

〔二四〕故知言庶容同姓　「容」，原脱，據賀本及儀禮注疏補。

〔二五〕右親友襚　「親」上，原衍「君使人襚」四字，據賀本删。

〔二六〕復與書銘　句上，賀本有「記」字。
〔二七〕知廢敦敦無足者　「知」，原作「故」，據四庫本、賀本及儀禮注疏改。
〔二八〕僅取入髻而已　「入」，原作「人」，據吕本、四庫本、賀本改。
〔二九〕古文王爲玉　「玉」，原作「三」，據賀本及儀禮注疏改。
〔三〇〕科用其一　「科」，原作「秖」，據賀本及儀禮注疏改。
〔三一〕士緇冒經殺　「士」，原作「七」，據吕本、四庫本、賀本改。
〔三二〕赤緣謂之襐　「緣」，原作「襐之」，據下文及儀禮注疏改。
〔三三〕三服相參　「服」，原作「復」，據吕本、四庫本、賀本改。
〔三四〕則綦當屬于跟後　「屬」，原作墨釘，據朝鮮本、吕本、四庫本補。
〔三五〕陳子行命其徒具含玉　「具」，原作「其」，據吕本、四庫本及儀禮注疏改。
〔三六〕劉舒悦反　「舒悦」，原漫漶，朝鮮本作「而悦」，四庫本作「他括」，據賀本及儀禮注疏改。
〔三七〕象平生沐浴倮裎　「裎」，原作「程」，據朝鮮本、四庫本、賀本及儀禮注疏改。
〔三八〕今用大匏　「大」，原作「木」，據四庫本、賀本及儀禮注疏改。
〔三九〕浴水用盆　「水」，原脱，據賀本及儀禮注疏補。
〔四〇〕死浴於適室　「浴」，原脱，據四庫本、賀本及禮記正義補。
〔四一〕而堂下二事不可並使周祝　「祝」，原作「記」，據吕本、四庫本、賀本改。

〔四二〕設握　「握」，原作「幄」，四庫本、賀本及儀禮注疏改。

〔四三〕以葦爲之藉　「之」，原脱，據賀本、下文及禮記正義補。

〔四四〕一二貫紐　「貫」，原作「貪」，據吕本、四庫本、賀本改。

〔四五〕裹手一端　「裹」，原作「裹」，據四庫本、賀本及儀禮注疏改。

〔四六〕大斂之衾　「大」，原作「夫」，據吕本、四庫本、賀本改。

〔四七〕詳見士喪禮下祖條　「下祖條」，賀本作「義」。

〔四八〕以席先於重北面南掩之於後　「面」，原作「向」，據吕本、四庫本及儀禮注疏改。

〔四九〕以銘未用　「銘未用」，原作「重木」，據四庫本及儀禮注疏改。

〔五〇〕取衣者亦以篋　「者」，原作「孝」，據朝鮮本、吕本、四庫本改。

〔五一〕被無别於前後可也　「可」，原脱，據賀本、下文及儀禮注疏補。

〔五二〕識甲志反　「甲」，原作「申」，據賀本及儀禮注疏改。

〔五三〕爵弁服皮弁服　「弁服皮」，原作「千服反」，據朝鮮本、吕本、四庫本、賀本改。

〔五四〕以其俱五寸二十五分寸之十九　下「寸」字，原脱，據朝鮮本、賀本以儀禮注疏補。

〔五五〕經直言東方　「經」，原作「經」，據賀本及儀禮注疏改。

〔五六〕枇以桑　「枇」，原作「批」，據賀本及禮記正義改。下「枇」同。

〔五七〕本亦作朼　「朼」，原作「枇」，據賀本及禮記正義改。

〔五八〕則以畢助主人舉肉　「則」，原作「剥」，據朝鮮本、四庫本、賀本改。
〔五九〕謂小斂從襲牀遷尸於户内服上　「上」，原作「士」，據朝鮮本、吕本、四庫本改。
〔六〇〕云善衣後布於斂則在中也者　「後」，原作「役」，據朝鮮本、四庫本、賀本改。
〔六一〕免而以布　「布」，原作「在」，據吕本、四庫本、賀本改。
〔六二〕夫子誨之髽　「夫」，原作「天」，據朝鮮本、吕本、四庫本、賀本改。
〔六三〕當從主人降自西階　「從」，原脱，據賀本及儀禮注疏補。
〔六四〕則男主拜女賓于寢門内　「内」，原作「外」，據賀本及禮記正義改。
〔六五〕則襲畢乃拜之也　「乃」，原作「則」，據四庫本、賀本及禮記正義改。
〔六六〕古文柶爲匕　「文」，原作「者」，據吕本、四庫本及儀禮注疏改。
〔六七〕前左右肩臂臑屬焉後左右髀　「臂」，原脱，據賀本及儀禮注疏補；又「後」下原衍「有」字，據賀本及儀禮注疏删。
〔六八〕學禮者所當考也　「學禮者所」，原漫漶，四庫本作「讀者於此」，據朝鮮本改。
〔六九〕出于足　「足」，原作「兄」，據朝鮮本、吕本、四庫本、賀本改。
〔七〇〕則裳又無絜　「又」，原作「文」，據朝鮮本、四庫本及儀禮注疏改。
〔七一〕士　「士」上，賀本有「記」字。
〔七二〕横者五　「五」，原作「三」，據賀本及禮記喪大記改。

〔七三〕自家祭玄端服　「家祭」，原作「絲」，據朝鮮本、賀本及儀禮注疏改。

〔七四〕四筐則首足皆一　「首」，原作「手」，據四庫本、賀本及儀禮注疏改。

〔七五〕亦四解可知也　「四」，原脱，據吕本、四庫本、賀本改。

〔七六〕謂成服杖以死明日數也　「以」，原作「也」，據吕本、四庫本及禮記正義改。

〔七七〕墻在良反　「良」，原作「長」，據賀本及禮記正義改。

〔七八〕墻　「墻」，原作「翣」，據賀本及禮記正義改。

〔七九〕始死奠條奠用吉器　「用吉」，原作「以索」，據賀本改。

〔八〇〕奠用素器　「用」，賀本作「以」。

〔八一〕謂小斂奠大斂奠遷祖奠祖奠　下「祖」，原作「相」，據朝鮮本、吕本、四庫本改。

〔八二〕主人奉尸斂于棺　「于」，原作「不」，據朝鮮本、吕本、四庫本改。

〔八三〕乃加蓋於棺上也　「加」，原作「知」，據賀本及儀禮注疏改。

〔八四〕取置于肂上　「肂」，原作「建」，據朝鮮本、吕本、四庫本改。

〔八五〕詳見卒哭祔練祥禫記　「祥禫」，原作墨釘，據朝鮮本、四庫本補。

〔八六〕内則文　「文」，原作「云」，據四庫本、賀本及儀禮注疏改。

〔八七〕故於室内設之　「室」，原作「堂」，據朝鮮本、賀本及儀禮注疏改。

〔八八〕曾子又不解孔子之旨　「不」，原作墨釘，據朝鮮本、四庫本及禮記正義補。

〔八九〕唯主人不奠　「主」，原作「上」，據朝鮮本、四庫本及禮記正義改。
〔九〇〕加麻則朋友也　「加」，原作「及」，據朝鮮本、賀本及禮記正義改。
〔九一〕小功緦麻有牀笫可也　「笫」，原作墨釘，據朝鮮本、吕本、四庫本補。
〔九二〕寢苫枕塊　「塊」，原作墨釘，據朝鮮本、吕本、四庫本補。
〔九三〕北户　「户」，原作墨釘，據朝鮮本、吕本、四庫本補。
〔九四〕西面鄉殯　「面」，原作「南」，據四庫本、賀本及儀禮注疏改。
〔九五〕塊塩也　「塩」，原作墨釘，據朝鮮本、吕本、四庫本補。
〔九六〕疏曰　「疏曰」，原脱，據賀本及儀禮注疏補。
〔九七〕爲米一斛九斗二升　「二」，原作「三」，據賀本及儀禮注疏改。
〔九八〕合今日食米二溢二升有餘　上「二」，原作「一」，據賀本及儀禮注疏改。
〔九九〕肂在西階上　「肂」，原作「建」，據吕本、四庫本及儀禮注疏改。
〔一〇〇〕君於士　「士」，原作「事」，據吕本、四庫本及儀禮注疏改。
〔一〇一〕言至孝同之於父　句下，賀本有「〇本經記」三字。
〔一〇二〕案巾車云王之喪車五乘　「巾」，原作「中」，據吕本、四庫本及儀禮注疏改。
〔一〇三〕喪中示不在於驅馳　「中示」，原作墨釘，據朝鮮本、吕本、四庫本補。
〔一〇四〕遂先　「先」，原作墨釘，據朝鮮本、吕本、四庫本補。

〔一〇五〕陰陽之交　句上，原有「注」字，據賀本删。

〔一〇六〕以前設時即不蓋　「時」，原作「前」，據賀本及儀禮注疏改。

〔一〇七〕朔月　句上，賀本有「記」字。

〔一〇八〕及此經則從執燭者出者　「執」，原脱，據賀本及儀禮注疏補。

〔一〇九〕燕寢以燕息　「寢」，原作「寂」，據朝鮮本、吕本、四庫本、賀本改。

〔一一〇〕韇音獨　「獨」，原作「燭」，據吕本、四庫本、賀本改。

〔一一一〕得無後將有艱難乎　「艱難」，原誤倒，據賀本及儀禮注疏乙正。

〔一一二〕云相其地可葬者乃營之者　自「乃營之者」至「乃筮者也」五十一字，原缺，據朝鮮本、四庫本、賀本補。又，「〇本經記」三字，據四庫本、賀本補。

〔一一三〕大司徒　句上，賀本有「周禮」二字。

〔一一四〕死相迫　句下，賀本有「〇地官」三字。

〔一一五〕墓地不請　「地」，原作「田」，據賀本及禮記正義改。

〔一一六〕木工宜乾腊且豫成　句上，原有「注」字，據賀本删。

〔一一七〕班布告下覓椁材　「布告」，原誤倒，據賀本及禮記正義乙正。

〔一一八〕先進　「先進」，賀本作「論語」。

〔一一九〕既殯句　句上，賀本有「記」字。

〔一二〇〕凡卜　「卜」，原脱，據呂本、四庫本及儀禮注疏補。

〔一二一〕注云　「注」，原脱，據賀本及儀禮注疏補。

〔一二二〕王其無害　「王」，原作「玉」，據朝鮮本、呂本、四庫本、賀本改。

〔一二三〕古文闑作槷　「槷」，原作「縶」，據賀本及儀禮注疏改。

〔一二四〕來日卜葬其父某甫　「其」，原作「某」，據呂本、四庫本、賀本改。

〔一二五〕威儀少　「威」，原作「成」，據朝鮮本、呂本、四庫本改。

儀禮經傳通解續卷第三

喪禮二之下

士喪禮下三

鄭目録云：既夕禮，士喪禮之下篇也。既，已也。謂先葬二日〔一〕，已夕哭時〔二〕，與葬間一日。凡朝廟日，請啓期，必容焉。此諸侯之下士一廟，其上士二廟，則既夕哭先葬前三日。別録名士喪禮下篇。○疏曰：鄭目録云士喪禮下篇者，依別録而言。以其記下士之始死，乃記葬時而總記之，故名士喪禮下篇也。鄭云「先葬二日」與「葬間一日」者，經云「既夕哭，請啓期，告于賓」，明旦夙興開殯，即遷于祖一日，又厥明即葬，故知是葬前二日與葬間一日也。云「必容」者〔三〕，請啓期在葬前二日，中間容朝廟一日，故云「必容焉」。鄭又云「此諸侯下士一廟，其上士二廟，則既夕哭先葬前三日」者，以其一廟則一日朝，二廟則二日朝，故葬前三日，中間容二日，故三日。若然，大夫三廟者，葬前四日；諸侯五廟者，葬前六日；天子七廟者，葬前八日，差次可知。○今按：此篇名既夕禮，鄭目録云別録名士喪禮下篇，周禮注所引亦皆稱士喪禮下，故今復士喪禮下，以從舊名。

經〔四〕

既夕哭，既，已也，謂出門哭止，復外位時。○疏曰：此經論既夕哭。將請啓殯之時〔五〕，主人於夕哭訖，出寢門復外位。鄭知「復外位時」者，見上篇卜日云：「既朝哭，皆復外位。」朝、夕之哭，其禮並同，此不於既朝哭而待既夕哭者〔六〕，謂明日之朝始啓殯，又不可隔夕哭，故於既夕請也。但復外位之時，必有弔賓來，亦在外位，故請期因告賓也。請啓期，告于賓。請，舊七井反。○將葬，當遷柩于祖，有司於是乃請啓肂之期於主人以告賓，賓宜知其時也。今文「啓」爲「開」。○肂，以二反，劉音四。

右請啓期

夙興，設盥于祖廟門外。祖，王父也。下士祖禰共廟。○疏曰：夙興者，謂夕哭請期訖，明旦早起，豫設盆盥於祖廟門外，擬舉鼎之人盥手。案：小斂設盆盥在東堂下，大斂設于門外，雖不言東方，約小斂盥在東堂下，則大斂盥亦門外東方。此下陳鼎如大斂奠，則此設盥亦在門外東方，如大斂也。云「祖王父也」者〔七〕，祭法云：「曰考廟，曰王考廟。」此云王父之言出於彼。云「下士祖禰共廟」者，祭法云：「適士二廟」，「官師一廟」。鄭注云：「官師，中士、下士。」此經所朝，專據一廟者而言，故曰「設盥于祖廟」，下記則據二廟言之。陳鼎皆如殯，東方之饌亦如之。皆，皆三鼎也。如殯，如大斂既殯之奠。○疏曰：案上文殯後大斂之陳三鼎，有豚、魚、腊，在廟門外西面北上，此陳鼎亦如之。彼大斂時云「東方之饌，兩瓦甒，其實醴、酒。角觶、木柶。毼豆兩，其實葵菹芋，蠃醢。兩籩無縢，布巾，其實栗不擇，脯四脡」，故今云東方之饌亦如之。「如大斂既殯之奠」者，以其大斂於阼階，即移于棺而殯之，殯訖，乃于室中設大斂之奠，故云如大斂既殯之奠也。侇牀饌于階間。侇，音夷，本亦作「夷」。饌，劉士轉反。○侇之言尸也。朝正柩，用此牀。○朝，直遥反。○疏曰：遷尸於堂，亦言夷尸盤衾，皆依尸而言，故云侇之言尸。侇牀，謂柩至祖廟兩楹之間，尸北首之時，乃用此牀，故名夷牀也。

右陳朝祖奠具○記：夷牀，輁軸，饌于西階東。明階間者，位近西也。夷牀饌於祖廟，輁軸饌於殯宫，其二廟者，於禰亦饌輁軸焉。古文「輁」或作「拱」。○疏曰：其夷牀在祖廟，輁軸在殯宫，以其西階東是同，故併言之。正經直云階間，恐正當兩階之間，故記人明之。是以鄭云「明階間者，位近西」，以其柩當殯奠位之處，故夷牀在西，還當牖，輁軸以候載柩，故近西，皆在西階東。云「其二廟者，於禰亦饌輁軸焉」者，以其先朝禰，故至禰廟一移柩升堂，明旦乃移柩于輁軸上，載以朝祖廟。朝祖廟時下柩訖，明日用蜃車，輁軸不復更用，不饌之，故云「二廟者，於禰亦饌輁軸焉」。其二廟，則饌于禰廟，如小斂奠，乃啓。祖尊禰卑也。士事祖禰，上士異廟，下士共廟。○疏曰：此論上士二廟，先朝禰，奠設及位次之事。云「其二廟則饌于禰廟」者，以先朝禰，後朝祖，故先於禰廟饌，至朝設之故也。云「如小斂奠」者，則亦門外特豚一鼎，東上，兩甒，醴、酒，一豆、一籩之等也。云「祖尊禰卑也」者，欲見上文朝祖時如大斂奠，此朝禰如小斂奠，多少不同之意也。○本經記○陳小斂奠條朼畢用桑、大斂奠條大功與饋奠，當互考。

燭俟于殯門外。早闇，以爲明也，燭用蒸。○蒸，之承反，薪也。○疏曰：炤徹與啓殯，於此預備之。云「燭用蒸」者，案周禮甸師氏云：「以薪蒸役外内饔。」注云：「大曰薪，小曰蒸。」又案：少儀云：主者「執燭抱燋」。鄭云：「未爇曰燋。」即蒸，故云「燭用蒸」也。丈夫髽，散帶垂，即位如初。髽，側瓜反。散，悉但反。○爲將啓變也。此互文以相見耳。髽，婦人之變。喪服小記曰：「男子免而婦人髽，男子冠而婦人笄。」如初，朝夕哭門外位。○免，音問。冠，古亂反。○疏曰：云「爲將啓變也」者，凡男子免與括髮散帶垂，婦人髽皆當小斂之節。今於啓殯時亦見尸柩，故變同小斂之時，故云爲將啓變也。此互文以相見者，髽既是婦人之變，則免是男子之變。今丈夫見其人不見免，則丈夫當免矣；婦人見其髽不見人，則婦人當髽矣，故云「互文以相見」耳。引喪服小記者，證見未成服已前，男子免而婦人髽，既成服已後，男子冠，婦人笄。若然，小斂之時，斬衰，男子括髮，齊衰以下，男子免。此不言男子括髮者，欲見啓殯之後，雖斬衰亦免而無括髮。知者，喪服小記云：「君弔，雖不當免時也，主人必免，不散麻。雖異國之君免也，親者皆免。」注云：「不散麻者，自若絞垂。爲人君變，貶於大斂之前、既啓之後也。」注直言不散麻，貶於既啓之後，則主人著免不貶矣。以此言之，啓後主人著免可知。若然，後至卒哭其服同矣，以其反哭之時，更無變服之文也。云「婦人髽」及「婦人笄」者，若未成服之時，婦人髽無笄，故空云「髽」，成服之後，婦人髽即有笄，故喪服斬衰婦人云「箭笄」。檀弓云：「南宮縚之妻之姑之喪，夫子誨之髽。」蓋榛以爲笄，是成服有笄明矣。云「散帶垂」者，小斂節大功已上男子皆然，若小功已下，及婦人無問輕重，皆初而絞之。經直云「即位如初」，知如「門外位」者，以下經始云「主人拜賓，入即位，袒」，明知此未入門，在門外，如朝夕哭位也。婦人不哭，主人拜賓，入即位，袒。袒，音但。○此不蒙如初者，以男子入門不哭也。不哭者，將有事止讙囂也。○讙，火官反。囂，許驕反，劉五高反。○

疏曰：云「此不蒙如初」者，案上篇朝夕哭云：「主人即位，辟門。」「婦人拊心不哭。主人拜賓，旁三，右還入門，哭，婦人踊。」此主人入門不哭，婦人不哭不踊，故不得蒙如初也。云「將有事」者，謂將有啓殯之事也。商祝免，袒，執功布入，升自西階，盡階不升堂，聲三，啓三，命哭。三，息暫反，又如字，下放此。○功布，灰治之布也，執之，以接神爲有所拂仿也。聲三，三有聲，存神也。啓三，三言啓，告神也。舊說以爲聲噫興也。今文「免」作「絻」。○拂，芳味反。仿，芳丈反。噫，於其反，又於喜反。絻，音問。○疏曰：云「功布，灰治之布也」者，亦謂七升以下之布也。拂仿，猶言拂拭。下經云「商祝拂柩用功布」，是拂拭去塵也。此始告神而用功布拂仿者，謂拂仿去凶邪之氣也。云「三有聲，存神也」者，案曾子問亦云「祝聲三」，鄭云「警神也」，即此存神也。云「舊說以爲聲噫興」者，鄭注曾子問云「聲，噫歆」，亦是舊說也。燭入，照徹與啓肂者。○疏曰：一燭於室中，照徹奠；一燭於堂，照開殯肂也。祝降，與夏祝交于階下，取銘置于重，夏，户雅反。祝，之六反，後皆放此。重，直龍反，後放此。○祝降者，祝徹宿奠降也。與夏祝交，事相接也。夏祝取銘置于重，爲啓肂遷之。吉事交相左，凶事交相右。今文「銘」皆作「名」。○疏曰：此祝不言商、夏，則周祝也。燭既入室時，周祝從而入室，徹宿奠降。降時，夏祝自下升取銘，降置於重，爲妨啓殯故也。宿奠，謂昨暮所設夕奠，經宿，故謂之宿奠也。此宿奠擬朝廟所用，即下云「重先奠從」者是也。此奠所徹所置之處雖不言，案上篇大斂遷、小斂奠于序西南，此亦序西南可也。云「吉事交相左」者，則鄉射、大射皆云降與射者交於階下相左是也。云「凶事交相右」者，凶事反於吉，周祝降階時當近東，夏祝升階當近西，是交相右也。踊無筭。主人也。○下文云「商祝拂柩」，則踊無筭，當知開棺柩之時，以其踊爲哀號之已甚，故知主人也。商祝拂柩用功布，幠用夷衾。幠，火吾反。○拂，去塵也。幠，覆之，爲其形露。○去，起吕反。○疏曰：開柩已出時，是棺南首，夷衾本擬覆柩，故斂時不用。今得覆棺，於後朝廟及入壙雖不言用夷衾，又無徹文，以覆棺言之，當隨柩入壙矣。

右啓○記：啓之昕，外内不哭。昕，音欣。○將有事，爲其讙囂。既啓，命哭。古文「啓」爲「開」。○疏曰：將啓殯，唯言婦人不哭，不云男子，故記以明之。云内外男女不哭，止讙囂故也。○本經記○啓辯拜。詳見小斂條。

遷于祖，用軸。遷，徙也。徙於祖，朝祖廟也。檀弓曰：「殷朝而殯於祖，周朝而遂葬。」蓋象平生時，將出必辭尊者。軸，輁軸也。軸狀如轉轔，刻兩頭爲軹，輁狀如長牀，穿桯前後，著金而關軸焉。大夫諸侯以上，有四周，謂之輴，天子畫之以龍。○轔，音鄰。軹，音紙。著，丁略反。輴，勅倫反。○疏曰：謂朝廟之時，從殯宫遷移于祖廟，朝時用輁軸載之。「檀弓曰：殷朝而殯於祖」者，殷人將殯之時，先朝廟訖乃殯，至葬時不復朝也；云「周朝而遂葬」者，周人殯于路寢，至葬時乃朝，朝訖而遂葬，將葬朝祖。「蓋象平生將出必辭尊」者[八]，曲禮云「出必告，反必面」是也。云「軸狀如轉轔」者，此以漢法況之。漢時名轉軸爲轉轔，轔，輪也。云「刻兩頭爲軹」者，以軸頭爲軹，刻軸使兩頭細，穿入輁之兩髀，前後二者皆然。云「輁狀如長牀，穿桯前後，著金而關軸焉」者[九]，此輁既云長如牀，則有先後兩畔之木，狀如牀髀，厚大爲之，兩畔爲孔，著金釧於中，前後兩畔皆然，然後關軸於其中。言「桯」者，以其厚大可以容輈，故名此木爲桯也。云「大夫諸侯以上有四周謂之輴」者，大夫殯葬雖不用輴，士朝廟用輁軸，則大夫朝廟當用輴，諸侯、天子殯葬朝廟皆用輴。但天子畫轅爲龍，謂之龍輴，檀弓諸侯云「輴」，天子云「菆塗龍輴」是也。此輴皆有四周爲輴，故名爲輴也。重先，奠從，燭從，柩從，燭從，主人從。從，才用反，後以意求之。○行之序也。主人從者，丈夫由右，婦人由左，以服之親疏爲先後，各從其昭穆，男賓在前，女賓在後。○疏曰：此論發殯宫，鄉祖廟之次第。柩之前後皆有燭者，以其柩車爲隔恐闇，故各有燭以照道。若至廟，燭在前者，升照正柩[一〇]；在後者，在階下照升柩，故下記云「燭先入者，升堂，東楹之南，西面；後入者西階東，北面，在下」是也。經直云「主人從」者，以主人爲首者而言，故鄭總舉男子、婦人并五服而言。知男子由右「婦人由左」者，以内則云：「道路，男子由右，女子由左[一一]。」鄭云：「地道尊右。」彼謂吉時，此雖凶禮，亦依之也。云「親疏爲先後，各從其昭穆」者，假令昭親則在先，昭疏則在後，就同昭穆之中，又以年之大小爲先後，男從主人後，女從主婦後。云「男賓在前，女賓在後」者，謂無服者亦各從五服男子、婦人之後爲序也。升自西階，柩也。猶用子道，不由阼也。○疏曰：曲禮云：爲人子者，「升降不由阼階」。今以柩朝祖，故用子道，不由阼也。奠俟于下，東面北上。俟正柩也。○疏曰：既升階，當正之於夷牀之上，北首，既正乃設奠。主人從升，婦人升，東面，衆人東即位。東方之位。○疏曰：主人、主婦從柩而升，舉主婦東面，則主人西面可知，故下文云「主人西面」也。云「衆人東即位」者，唯主人、主婦升，自衆主人以下，從柩至西階下，遂鄉東階下，即西面位。正柩于兩楹間，用夷牀。兩楹間，象鄉户牖也。是時柩北首。○鄉，許亮反。○疏曰：云「兩楹間，象鄉户牖也」者，以其户牖之間，賓客之位，亦是人君受臣子朝事之處，父母神之所在，故於兩楹之間北面鄉之。若言鄉户牖，則在兩楹間而近西矣〔一二〕。故下記云：「夷牀，輁軸，饌于西階東。」饌夷牀，俟正柩，而言西階東，則正柩于楹間近西可知矣。云「是時柩北首」者，既言朝祖不可以足鄉之，又自上以來，設奠皆升自阼階，今此下文設奠、升降皆自西階下，鄭注云：「奠升不由阼階，柩北首，辟其足。」以此而言，此時柩北首明矣。主人柩東西面，置重如初。如殯宮時也。○疏曰：主人、主婦從柩升，即當西面，東面鄉柩。主婦上文即言東面，至此乃言主人西面者，以其主婦東面位不改，故從柩升，因言東面。男子在柩東西面，既改西面位，故待正柩訖乃西面也。其重依上文序從之時重先，不先置者，以待正柩訖乃置之。云「如初」者，亦如上篇三分庭一在南，二在北而置之，故鄭云「如殯宮時」也。席升設于柩西，奠設如初，巾之，升降自西階。巾，如字，劉居覲反。○席設于柩之西，直柩之西，當西階也。從奠設如初，東面也。不統於柩，神不西面也。不設柩東，東非神位也。巾之者，爲禦當風塵。○疏曰：此論設宿奠直柩之西。知「當西階」者，以其柩當户牖之南席北鋪之，自然當西階之上。云「從奠設如初，東面也」者，謂如殯宮朝夕奠設于室中者，從柩而來，此還是彼朝夕奠脯醢醴酒，據神東面設之於席前也。云「不統於柩神不西面也」者，謂不近柩設奠，若近柩，則統於柩，爲神不西面，故不近東，統于柩。知「神不西面」者，特牲、少牢皆設席于奧東面，則天子、諸侯亦不西面可知。云「不設柩東，東非神位也」者，此亦據神位在奧，不在東而言也。若然，小斂奠設于尸東者，以其始死，未忍異於生。大斂以後，奠皆設于室中，亦不統於柩。此奠不設于室者，室中神所在，非奠死者之處故也。云「巾之者，爲禦當風塵」者，案禮記檀弓云：「喪不剥奠也與？祭肉也與？」據小斂、大斂之等也。有牲肉不倮露，故巾之。以此宿奠脯醢醴酒，無祭肉巾之者，以朝夕奠在室，不巾，此雖無祭肉，爲在堂風塵，故巾之，異於朝夕在室者也。主人踊無筭，降拜賓，即位，踊，襲。主婦及親者由足西面。設奠時，婦人皆室户西南面，奠畢，乃得東也〔一三〕。親者西面，堂上迫〔一四〕，疏者可以居房中。○疏曰：「降拜賓，即位，踊，襲」者，賓，謂在殯宫看主人開殯朝祖之賓〔一五〕，主人從殯宫中降拜賓，入即位，袒，至此乃襲。襲者先踊，踊訖，乃襲經于序東。云「設奠時，婦人皆室户西南面，奠畢乃得東也」者〔一六〕，案下記云：將載柩，「祝及執事舉奠，户西南面，東上」。則知此設之時，婦人辟之，亦户西南面，待設奠訖，乃由柩足鄉柩東西面。不即鄉柩東西面者，以主人在柩東，待設奠訖，主人降拜賓，婦人乃得東也。若然，云「親者西面」，則大功以上，相隨同西面也〔一七〕。又云「堂上迫疏者，可以居房中」者，以其言親者西面，明疏者小功以下，不得堂上西面，爲堂上迫狹，自然在房中西面矣。薦車，直東榮，北輈。輈，竹求反。○薦，進也。進車者，象生時將行陳駕也，今時謂之魂車。輈，轅也。車當東榮，東陳西上於中庭。○疏曰：薦車者，以明旦將行，故豫陳車。案曲禮云：「君車將駕〔一八〕，則僕執策立於馬前。已駕，僕展軨。」是生時將行陳駕。今死者將葬，亦陳車象之也。云「今時謂之魂車」者，鄭舉漢法況之，以其神靈在焉，故謂之魂車也。云「輈，轅也」者，周禮考工記有輈人爲輈，輈亦謂之轅，故云「輈，轅也」。云「車當東榮，東陳西上於中庭」者，此車既非載柩之車，即下記云薦乘車、道車、稿車，以次言之，則先陳乘車，次陳道車，次陳稿車。知「東陳西上」者，下云「陳明器于乘車之西」，明器繼乘車而西，明乘車在上東，有道車、稿車，故知三者西上也。乘車既當東榮，則三者不當中庭，而云中庭者，據南北之中庭，不據東西爲中庭也。何者？以下經云薦馬，入門，三分庭一在南，馬右還出。薦馬者當車南，在庭近南，明車近北當中庭矣。質明，滅燭。質，正也。○疏曰：自啓殯至此時，在殯宫，在道及祖廟，皆有二燭爲明，以尚早故也。今至正明，故滅燭也。徹者升自阼階，降自西階。徹者，辟新奠，不設序西南，已再設爲褻。乃奠如初，升降自西階。爲遷祖奠也。奠升不由阼階，柩北首，辟其足。○疏曰：云「爲遷祖奠也」者，謂遷柩朝祖之奠也。云「如初」者，亦於柩西當階之上，東面席前，其饌則異，以其上三鼎及東方之饌皆大斂之奠是也。云「奠升不由阼階，柩北首，辟其足」者，以前大斂、小斂及朝夕奠皆升自阼階，降自西階，今此遷祖奠升不由阼階，故云辟足，以其來往不可由首，又飲食之事不可褻之由足，故升自西階也。若然，徹時所以由足者，奠畢去之由足，無嫌也。主人要節而踊。節，升降。○疏曰：云「節，升降」者，奠升時，主人踊，降時，婦人踊。由重南，主人踊，此不言婦人，文不具也。薦馬，纓三就，入門，北面，交轡，圉人夾牽之。駕車之馬，每車二疋。纓，今馬鞅也。就，成也。諸侯之臣，飾纓以三色而三成。此三色者，蓋絛絲也，其著之如罽然。天子之臣，如其命數，王之革路絛纓。圉人，養馬者。在左右曰夾。既奠乃薦馬者，爲其踐汙廟中也。凡入門，參分庭一在南。○疏曰：薦馬并薦纓者，纓爲馬設，故與馬同時薦之。案下記云「薦乘車」，又云「纓轡貝勒縣于衡」，此薦馬得有纓者，以薦車時縣於衡，至此薦馬時，又取而用之，故兩見之也。云「駕車之馬」者，即上文薦車之馬也。云「每車二疋」者，下經云公賵兩馬，注云：「兩馬，士制也。」故知此車有三乘，馬則六匹矣。云「纓今馬鞅也者」，古者謂之纓，漢時謂之鞅，故舉漢法爲況也。云「諸侯之臣，飾纓以三色而三成」者，以此下士薦馬纓三就，不依命數，則大夫亦同三色。案巾車，上公纓九就，侯、伯纓七就，子、男纓五就，諸侯之臣不得與子、男同五就，故知與士同三就。此三色，則如聘禮記三色：朱、白、蒼也。蓋條絲也者，謂以絲爲條，無正文，故云「蓋」以疑之。云「其著之如罽然」者，鄭注巾車云：「玉路之樊及纓，皆以五采罽飾之，十二就。」其下金路九就、象路七就，注皆云「五色罽飾之」。此則三采絲爲條飾之，但著之則同，故云其著之如罽然也。云「天子之臣如其命數」者，案典命云：三公八命，其卿六命，大夫四命，出封皆加一等。命數雖卑於諸侯，以王人雖微，猶序諸侯之上，故得與同依命數就。依命數，其色則無過五采罽，以其金路以下，諸侯其飾與王同，諸侯之臣既同三色，明天子、大夫已上亦五采罽，與諸侯同也。云「王之革路條纓」者，王革路，不用罽，而用條絲爲纓，與此纓三色者同，故引爲證也。云「圉人養馬」者，周禮校人職云「乘馬一師四圉」，是圉人養馬，故使之薦也。云「在左右曰夾」者，以車三乘，馬則六匹，每馬二人交轡牽之故也。云「既奠乃薦」者，車馬相將之物，前薦車在奠上，今此薦馬在奠後者，欲其既薦即出，恐踐汙廟中，故後薦之也。云「凡入門參分庭一在南」者，庭分爲三分：一分在北，則繼堂而言；一分在南，則繼門而言。此既繼門，故云三分庭一在南。又不言門左、門右，則當門之北矣。御者執策立于馬後，哭成踊，右還出。主人於是乃哭踊者，薦車之禮，成於薦馬。○疏曰：車得馬而成，故前薦車時主人不哭踊，至薦馬乃哭，是薦車之禮成於薦馬故也。主人哭踊訖，馬則右還〔一九〕，而出右者，亦取便故也。賓出，主人送于門外。

右朝祖薦車設奠薦馬案：本經記有朝禰一節，禮畢乃適祖，今經文但言朝祖，注云：上士祖禰異廟，下士祖禰共廟。專言祖者，共廟則舉祖以包禰；兼言禰者，異廟則先禰而後祖。經言下士，記言上士，文有詳略，蓋互見耳，今以記文附見于下。○記：朝于禰廟，重止于門外之西，東面。柩入，升自西階，正柩于兩楹間，奠止于西階之下，東面北上。主人升，柩東西面，衆主人東即位。婦人從升，東面。奠升，設于柩西。升降自西階，主人要節而踊。重不入者，主於朝祖而行，若過之矣。門西東面，待之便也。○疏曰：此是上士二廟〔二〇〕，先朝禰之事。雖言正柩于兩楹間，奠位在户牖之間，則此於兩楹間稍近西，乃得當奠位，亦如輁軸饌于階間而近西然也。云「衆主人東即位」者，柩未升之時，在西階下，東面北上，柩升，主人從衆主人已下，乃即阼階下西面位。云「婦人從升」，不云「主婦」者，以其婦人皆升，故總言之。云「主人要節而踊」者，奠升，主人踊降時，婦人踊也。云「門西東面待之便也」者，以其祖廟在東，柩入禰廟，明旦出門東鄉朝祖時，其重於柩車，先東鄉祖廟便也。若先在門東西面〔二一〕，及柩入乃迴鄉東，則不便，故云東面待之便也。燭先入者，升堂，東楹之南，西面。後入者西階東，北面，在下。照正柩者。先，先柩者。後，後柩者。適祖時，燭亦然。互記於此。○先先柩，上如字，下西見反。後後柩，上如字，下户豆反。○疏曰：此燭本是殯宫中照開殯者，在道時，一在柩前，一在柩後，今又一升堂，一在堂下，故鄭云「先，先柩者。後，後柩者。適祖時，燭亦然。互記於此」者。上適祖時，直有朝廟在道柩前後之燭，至廟直云「質明滅燭」，不見燭之升堂不升堂。此文見至廟燭升與不升，不見在道燭，故云「適祖時，燭亦然」。互記於此，以其皆有在道及至廟燭升與不升之事也。主人降，即位，徹，乃奠，升自西階，主人踊如初。

如其降拜賓，至於要節而踊，不薦車，不從此行。○疏曰：云「如其降拜賓，至於要節而踊」者，案上經云朝祖時，既正柩，設從奠訖，主人降拜賓，至於要節而踊，故此記所云如之也。云「不薦車不從此行」者，案上祖禰共廟者，朝廟日即薦車，此二廟，明日於祖廟薦車馬，以其從祖廟行，故薦。今此禰廟不從此行，故不薦也。祝及執事舉奠。巾席從而降，柩從，序從如初，適祖。此謂朝禰明日舉奠適祖之序也。此祝執醴先，酒脯醢俎從之。巾席爲後，既正柩，席升設，設奠如初。祝受巾，巾之。凡喪，自卒至殯，自啓至葬，主人之禮其變同，則此日數應同矣。序從主人以下。今文無「從」。○疏曰：此謂朝禰明日者，以其下文朝祖之時「序從如初」，中有燭，若同日，則朝祖之時已自明矣，何須更有燭也？以此言之，則此朝祖與朝禰别日可知，故鄭云「舉奠適祖之序也」。云「此祝執醴先，酒脯醢俎從之」者，此禰奠與小斂奠同，小斂奠時云：「夏祝及執事盥，執醴先，酒脯醢俎從之〔二二〕。」云「巾席爲後，既正柩，席升設，設奠如初。祝受巾，巾之」者，上正經朝祖時，正柩于兩楹間，訖，席升設於柩西，奠設如初，巾之。然經直云「巾之」，無祝受巾，知祝受巾巾之者，以上篇設小斂奠訖，祝受巾，巾之，此與小斂奠同，明設奠訖祝受巾，巾之可知。云「凡喪，自卒至殯，自啓至葬，主人之禮其變同」者，主人常在喪位不出，唯君命乃出迎及送，其變同，則此日數亦同。以此篇啓日朝禰，又明日朝祖，又明日乃葬與始死日襲，明日小斂，又明日大斂，而殯亦同日，主人、主婦變服亦同，以其小斂主人散帶，主婦髽，自啓至葬，主人、主婦亦同於未殯也。云「序從」者，案上注云「主人與男子居右，婦人居左，以服與昭穆爲位」是也。○既正柩，賓出，遂匠納車于階間。遂匠，遂人、匠人也。遂人主引徒役，匠人主載柩窆，職相左右也。車，載柩車，周禮謂之「蜃車」，雜記謂之「團」，或作「輇」，或作「摶」，聲讀皆相附耳，未聞孰正。其車之轝，狀如牀，中央有輴，前後出，設前後輅，轝上有四周，下則前後有軸，以輇爲輪。許叔重説，有輻曰輪，無輻曰輇。○蜃，市軫反。之團，作輇、作摶，並音市專反，又市轉反。劉團及輇，市專反；摶，大官反。○疏曰：正經不云納柩車時節，故記人明之。既朝正柩於兩楹之間，當此之時，遂匠納柩車於階間。周禮有遂人、匠人，天子之官，士雖無臣，亦有遂人、匠人主其葬事。案周禮遂人職云：「大喪，帥六遂之役而致之，掌其政令。及葬，帥而屬六綍。及窆，陳役。」又鄉師職云：「及葬，執翿以與匠師御匶而治役。」又此遂人與匠人同納車于階間，即匠人主載窆，與遂人職相左右也。云「車載柩車」者，以其此云納車于階間，正爲載柩，若乘車、道車之等，則當東榮，不在階間，故知此是柩車也。云「周禮謂之蜃車」者，案遂師職云：「大喪，使帥其屬以幄帟先」，「及蜃車之役」。注云：「蜃車，柩路。」「四輪迫地而行，有似於蜃，因取名焉。」是也。云「其車之轝，狀如牀，中央有輴，前後出」者，觀鄭此注，其轝與輴同，亦一輴爲之。云「設前後輅」者，正經唯云前輅，言前以對後，明知亦有後輅。云「轝上有四周」者，此亦與輴車同。云「下則前後有軸，以輇爲輪」者，此則與輴異，以其輴無輪，直有轉轔，此有輇輪。引「許叔重説」者，案許氏説文云「有輪無輻曰輇」，證此輇無輻也。

薦乘車，鹿淺幦，干、笮，革靾，載旜，載皮弁服，纓轡、貝勒，縣于衡。乘，繩證反，後皆同。靾，息列反。旜，之然反。縣，音玄，下注同。○士乘棧車。鹿淺，鹿夏毛也。幦，覆笭。玉藻曰：「士齊車，鹿幦豹犆。」干，盾也。笮，矢箙也。靾，韁也。旜，旌旗之屬。通帛爲旜，孤卿之所建，亦攝焉。皮弁服者，視朔之服。貝勒，貝飾勒。有干無兵，有箙無弓矢，明不用。古文「鞞」爲「殺」，「旜」爲「膳」。〇夏毛，户嫁反。齊，側皆反。犆，音直。韁，居良反，劉本作「繮」，音獲。〇疏曰：此并下車三乘，謂葬之魂車。云「士乘棧車」者，巾車之文。云「髻覆笭」，謂車前式豎者，笭子以鹿夏皮淺毛者爲髻，以覆式，是以詩韓奕云「鞹鞃淺幭」，傳云：「鞹，革也。鞃，軾中也。淺，虎皮淺毛也〔一二三〕。幭，覆軾也。」引玉藻者，彼注云：「犆謂緣也。」士之齊車與朝車同，引之欲證此鹿髻亦以豹皮爲緣飾。云「旜旌旗之屬云云」者，案司常云：「孤卿建旜，大夫士建物。」此士而用旜，故云「亦攝焉」。云「皮弁服」者，案玉藻云：諸侯「皮弁以聽朔於太廟」。鄉黨孔子云：「素衣麑裘。」亦是視朔之服。君臣同服，是以此士亦載皮弁視朔之服也。云「貝勒，貝飾勒」者，貝，水物，故以貝飾勒。云「有干無兵，有箙無弓矢，明不用」者，以其干與戈戟兵器及箙與弓矢皆相須乃用，今有干無兵，有箙無弓矢，明死者不用，故闕之也。道車載朝服。道車，朝夕及燕出入之車。朝服，日視朝之服也，玄衣素裳。〇疏曰：士乘棧車，更無別車，而上云乘車，下云稾車，此云道車，雖有一車，所用各異，故有乘車、道車、稾車之名。知「道車朝夕」者，案玉藻云：「朝玄端，夕深衣。」鄭注云：「謂大夫士私朝之服。」春秋左氏傳云：「朝而不夕。」據朝君於是有朝無夕。云朝夕者，士家朝朝暮夕，當家私朝之車。又云「及燕出入」者，謂士家游燕出入之車。案周禮夏官有道右、道僕，皆據象路而言道。又案司常云：「道車載旞〔一二四〕。」鄭注云：「王以朝夕燕出入。」與此道車同，則士乘棧車，與王乘象路同名道。云「朝服日視朝之服」者，案鄉黨云「緇衣羔裘」，是孔子所服；鄭注云「諸侯視朝之服」，是君臣同服。

故玉藻云：諸侯「朝服以日視朝。」士之道車而用朝君之服，不用私朝玄端服者，乘車既載孤卿之旜，故道車亦載朝君之服，攝盛也。云「玄衣素裳」者，士冠禮云：「主人玄冠朝服，緇帶，素韠。」注云：「不云衣，衣象冠色。」不云裳，裳象韠色可知，故云「玄衣素裳」也。槀車，載蓑笠。槀，古老反，劉公到反。蓑，素禾反。○槀，猶散也。散車，以田以鄙之車。蓑笠，備雨服。今文「槀」爲「潦」。凡道車槀車之纓轡及勒，亦縣于衡也。○散，悉但反。○疏曰：「槀，猶散也」者，案司常云「斿車載旌」，注云：「斿車，木路也，王以田以鄙。」謂王行小小田獵，巡行縣鄙。此散車與彼斿車同，是斿散所乘，亦謂從王以田以鄙也。若正田獵，自用冠弁服，乘棧車也。云「蓑笠備雨服」者，案無羊詩云：「爾牧來思，何蓑何笠。」彼注云：「蓑所以備雨，笠所以御暑。」然都人士詩注「笠所以禦雨」，喪事不辟暑，是以并云備雨之服。云「今文『槀』爲『潦』」者，案周禮輪人「爲蓋」，鄭云：「禮所謂潦車，謂蓋車與？」若然，彼注此文則爲潦車者，義亦通矣。凡「道車、槀車之纓轡，及勒亦縣於衡」者，以車三乘皆當有馬，有馬則有此三者〔二五〕，但記人舉上以明下，乘車云「纓、轡、貝勒，縣於衡」，即此三者亦縣於衡可知。○本經記〔二六〕○祥車曠左。空神位也。祥車，葬之乘車。○疏曰：祥，猶吉也。吉車爲平生時所乘也。死葬時因爲魂車曠空也，車上貴左，故僕在右，空左以擬神也。知葬之乘車者，以其大、小二祥，主人所乘之車無空左之法。○曲禮○士葬用國車，一綍無碑，比出宮，御棺用功布〔二七〕。詳見喪大記。○士喪有與天子同者三：其終夜燎，及乘人，專道而行。燎，力召反，又力弔反。乘，繩證反。○乘人，謂使人執引也。專道，人辟之。○疏曰：言士喪與天子三事同也：其終夜燎，一也；及乘人，二也；專道而行，三也。終夜燎，謂柩遷之夜須光明，故竟夜燎也。乘人，謂人引車不用馬也。既夕禮云「屬引」，鄭引：「古者人引柩。」專道行，謂喪在路，不辟人也。三事爲重，故云與天子同也。○雜記

有司請祖期，亦因在外位請之，當以告賓。每事畢輒出，將行而飲酒曰祖。祖，始也。○疏曰：此賓即上來弔主人啓殯者，朝廟事畢而出，主人送之。云「亦因在外位請之」者，上既夕哭訖，因外位請啓期，故云「亦」也。每事畢輒出者，篇首云「請啓期」，此云「請祖期」，下文「請葬期」，皆因出在外位請之，故云「每事」也。云「將行而飲酒曰祖，祖，始也」者，案詩：「韓侯出祖，出宿于屠。顯父餞之，清酒百壺。」是將行飲酒曰祖，此死者將行，亦曰祖也。曰：「日側。」側，昳也，謂將過中之時。○疏曰：有司請主人祖期，主人荅之曰「日側」者，昃是傍側，轉爲昃者，取差跌之義，故從昃也。云「過中之時」者，則尚書無逸云文王「至於日中昃」，昃即側也。

右請祖期

主人入袒，乃載，踊無筭。卒束，襲。袒，爲載變也，舉柩卻下而載之。束，束棺於柩車。賓出，遂匠納車于階間，謂此車。○疏曰：將載，主人先袒乃載，故云「爲載變也」。卻，猶却也。鄉柩在堂，北首，今卻下以足鄉前，下堂載於車，故謂之卻也。云「束，束棺於柩車」者，喪大記云：「君蓋用漆，三衽三束。」檀弓云：「棺束，縮二横三。」彼是棺束，此經先云「載」，下乃云「卒束」，則束非棺束，是載柩訖，乃以物束棺，使與柩車相持不動也。降奠，當前束。下遷祖之奠也。當前束，猶當尸腢也。亦在

柩車西，東有前後也。○疏曰：卒束乃云「降奠」，則未束以前，其奠使人執之，待束訖乃降奠之，當束也。云「當前束，猶當尸腢也」者，下記云「即牀而奠當腢」，彼在尸東，此在柩車西，當前束，亦當腢也。經既言前束，則有後束可知，故云「有前後也」。

右載○記：將載，祝及執事舉奠，户西南面，東上。卒束前而降，奠席于柩西。將於柩西當前束設之。○疏曰：經載柩時，不云去奠設席之事，故記人明之。要須設席乃設奠，故云「將於柩西當前束設之」，正經云「降奠，當前束」是也。○本經記○君若載而后弔之，則主人東面而拜，門右北面而踊，出待，反而后奠。主人拜踊於賓位，不敢迫君也。君即位車東，出待，不必君留也。君反之，使奠。○疏曰：謂君來弔臣之葬，臣喪朝廟，柩已下堂，載在柩車，而君弔之。君既弔位於車東，故主人在車西，東面而拜。門右北面而踊者，門謂祖廟門也，右，西邊也。若門外來則右在東，若門内出右在西，此據車出家，故右在西。孝子拜君竟，近門内西邊北面而哭踊，爲禮也。孝子哭踊畢而先出門待君者，君入臨弔事竟便應去，不敢必君之久留。反而后奠者，反，謂君未去，使人命孝子反還喪所而后奠者。凡君來，必設奠告柩知之也。或云：此謂在廟載柩車時也。奠，謂設祖奠也。

○雜記

商祝飾柩，一池，紐前䞓後緇，齊三采，無貝。紐，女九反。䞓，丑貞反。齊，如字，劉才計反，注同。○飾柩，爲設牆柳也。巾奠乃牆，謂此也。牆有布帷，柳有布荒。池者，象宮室之承霤，以竹爲之，狀如小車笭，衣以青布。一池縣於柳前。士不揄絞。紐，所以聯帷荒，前赤後黑〔一八〕，因以爲飾。左右面各有前後，齊居柳之中央，若今小車蓋上蕤矣。以三采繒爲之，上朱，中白，下蒼。著以絮，元士以上有貝。〇霤，力又反。笭，力丁反。衣以，於既反。縣，音玄。揄，音遥。絞，户交反。蕤，汝誰反。〇

疏曰：云「飾柩，爲設墻柳也」者，即加帷荒是也。云「巾奠乃墻」，下記文鄭引之者，經直云「飾柩」，不言設墻時節，故記人辨之，以巾覆奠乃墻，謂此飾柩者也。云「墻有布帷，柳有布荒」，案喪大記云：飾棺；君龍帷，黼荒；大夫畫帷，畫荒；士布帷，布荒。鄭注云：「布帷、布荒者，白布也，君、大夫加文章焉。」此注墻、柳別。案喪大記注又云：「在旁曰帷，在上曰荒，皆所以衣柳也。」則帷荒總名爲柳者，對而言之，則帷爲墻，象宫室有墻壁，荒爲柳，以其荒有黼黻，及齊三采諸色所聚，故得柳名。總而言之，皆得爲墻。檀弓云「周人墻置翣」，皆墻中兼有柳。縫人「衣翣柳之材」，柳中兼墻矣。「池者，象宫室之承霤，以竹爲之」者，生人宫室，以木爲承霤，仰之以承霤水。死者無水可承，故用竹而覆之，直取象平生有而已。云「狀如小車笭，衣以青布」者，此鄭依漢禮而言。云「一池縣於柳前」者，案喪大記：君三池，大夫二池，士一池。君三池，三面而有〔二九〕；大夫二池，縣於兩相；士一池，縣於柳前面而已。云「士不揄絞」者，爾雅釋鳥云：「江、淮而南，青質，五采皆備成章曰鷂。」絞者，倉黄之色，人君於倉黄色繒上，又畫鷂雉之形，縣于池下，大夫則闕之，故云大夫則不揄絞。揄絞，一名振容，故喪大記云：大夫「不振容」。振容者，車行振動以爲容儀，但大夫不振容，池下仍有銅魚縣之。士不但不揄絞，又無銅魚，故喪大記大夫有「魚躍拂池」，士則無，鄭注云：「士則去魚。」云「左右面各有前後」者，柩車左右以有帷，分兩相各爲前後，故云「前輕後緇」。云「齊居柳之中央」者，雖無正文，以其言齊若人之齊，亦居身之中央也。云「若今

小車蓋上蕤矣」者，漢時小車，蓋上有蕤，在蓋之中央，故舉以爲説。云「以三采繒爲之」，案聘禮記云：三采：朱、白、蒼。彼據繅藉用三采，先朱，次白，下蒼。此爲齊用三采，亦當然，故取以爲義也。云「著以絮」者，既云齊，當人所覩見，故知以絮著之使高。知「元士以上有貝」者，案喪大記云君齊五采五貝，大夫齊三采三貝，士齊二采一貝。鄭注云：「齊象車蓋蕤，縫合雜采爲之，形如瓜分然，綴貝絡其上及旁。」是彼士爲天子元士，元士已上皆有貝也。此諸侯之士，故云無貝也。設披。披，彼義反，劉方寄反，下同。○披輅柳棺上，貫結於戴，人居旁牽之，以備傾虧。喪大記曰：「士戴前纁後緇，二披用纁。」今文「披」皆爲「藩」。○疏曰：喪大記注云：「戴之言值也，所以連繫棺束與柳材，使相值，因而結前後披也。」此注云：「披輅柳棺上，貫結於戴。」以此而言，則戴兩頭皆結于柳材，又以披在棺上輅過，然後貫穿戴之，連繫棺束者，乃結于戴，餘披出之於外，使人持之。一畔有二，爲前後披，故下記云「執披者旁四人」，注云「前後左右各二人」是也。人君則三披，各三人持之，備傾虧也。引喪大記者，證披連戴而施之也。云「二披用纁」者，與戴所用異，大夫與人君則戴與披用物同，故喪大記云：「君纁戴六，纁披六。」「大夫戴前纁後玄，披亦如之。」是其用物同也。屬引。屬，音燭，注同，著也。引，音胤，又如字，注「引，所以引」同，後「屬引」皆放此。○屬，猶著也。引，所以引柩車，在軸輴曰紼。古者人引柩，春秋傳曰：坐引而哭之三。○著，直略反。○疏曰：引，謂紼繩屬著於柩車。云「在軸輴曰紼」者，士朝廟時用軸，大夫已上用輴，故并言之。言紼見繩體，言引見用力，故鄭注周禮亦云：「在車曰紼，行道曰引。」云「古者人引柩」者，雜記乘人專道而行，又云諸侯五百，大夫三百，皆是引人也。言古者人引，對漢以來不使人引也。引春秋者，案定公九年左氏傳云：「齊侯伐晉夷儀，敝無存死之，齊侯與之犀軒而先歸之，「坐引者，以師哭之，親推之三。」注云：「坐而飲食之。」此鄭注略引之。云「坐引」者，亦謂飲食而哭之，亦以師哭之。三者，亦謂公親推之三也。引之者，證古者人引也。

右飾柩○記：巾奠，乃墻。墻，飾柩也。○疏曰：正經直云「降奠，當前束，商祝飾棺」，不云巾奠，故記人辨之。巾奠訖，商祝乃飾棺墻，即帷荒與棺爲飾，故變飾棺云墻也。○本經記○池視重霤。重，直容反。○如堂之有承霤也。承霤，以木爲之，用行水，亦宫之飾也。柳，宫象也，以竹爲池，衣以青布，縣銅魚焉。今宫中有承霤，云以銅爲之。○疏曰：池者，柳車之池也。重霤者，屋承霤也，以木爲之，承於屋霤，入此木中而霤於地，故謂此木爲重霤。天子四注，四面爲重霤。諸侯四注，重霤則差降，去後餘三〔三〇〕。大夫唯餘前後二，士則唯一在前。生時既屋有重霤以行水，死時柳車亦象宫室，而於車覆鼈甲之下，墻帷之上，織竹爲之，形如籠，衣以青布，以承鼈甲，名之爲池，以象重霤方面之數，各視生時重霤。○檀弓○飾棺，士布帷布荒、一池、揄絞、纁紐二、緇紐二、齊三采、一貝、畫翣二，皆戴綏。士戴，前纁後緇，二披用纁。詳見喪大記。○周人墻置翣。詳見上篇陳殯具條。○子張之喪，公明儀爲志焉。志，亦謂章識。褚幕丹質，以丹布幕爲褚，葬覆棺，不墻不翣。蟻結于四隅，畫褚之四角，其文如蟻行往來相交錯。蟻，蚍蜉也。殷之蟻結，似今蛇文畫〔三一〕。殷士也。學於孔子，倣殷禮。○疏曰：此一節論孔子弟子送葬車飾〔三二〕，學孔子，行殷禮之事。子張之喪，公明儀是其弟子，亦如公西赤爲章識焉。褚幕丹質者，褚謂覆棺之物〔三三〕，若大夫以上，其形似幄，士則無褚。今公明儀尊敬其師，故特爲褚，不得爲幄，但以幕形，故云「褚幕」，以丹質之布而爲之也。蟻結者，蟻，蚍蜉也，又於褚之四角畫蚍蜉之形，交結往來，故云「蟻結于四隅」。所以不墻不翣者，用殷禮也。畫蟻者，殷禮士葬之飾也，棺蓋亦或取蚍蜉。夫子聖人，雖行殷禮，弟子尊之，故葬兼三代大夫之禮。今公明儀雖尊其師，祇用殷法，不墻不翣，唯特加褚幕而已。○檀弓

陳明器於乘車之西，乘，繩證反，注及下注「乘車」同。○明器，藏器也。檀弓曰：「其曰明器，神明之也。」言神明者，異於生器。「竹不成用，瓦不成味，木不成斲，琴瑟張而不平，竽笙備而不和，有鐘磬而無筍簴。」陳器於乘車之西，則重北也。○味，武葛反，劉音妹。○疏曰：云「明器，藏器也」者，自筲以下皆是藏器，故下云「器西南上，綪。」又「茵」注云：「陳器次而北。」則自苞筲以下，總曰藏器，以其俱入壙也。引檀弓者，案彼注：「成，猶善也。竹不可善用，謂籩無縢。味，當作沬；沬，靧也。」又云：「琴瑟張而不平，竽笙備而不和。」注云：「無宫商之調。」又云：「有鐘磬而無簨簴。」注云：「不縣之也。橫曰簨，植曰簴。」云「陳器乘車之西則重北」者，無正文。上薦車云「直東榮」，繼廟屋而言。上注云「中庭」不得云近北，明車近不在重。今東陳於乘車之西，明重北可知。**折，橫覆之。**折，之設反，後皆同。○折，猶庪也。方鑿連木爲之。蓋如牀，而縮者三，橫者五，無簀。窆事畢，加之壙上，以承抗席。橫陳之者，爲苞筲以下綪於其北便也。覆之，見善面也。○庪，九委反。窆，彼驗反。綪，側耕反。見，賢遍反。○疏曰：「折，橫覆之」者，鄭云「蓋如牀」，則加於壙上時，南北長，東西短。今經云「橫」，明知其長者東西

陳之。言覆之見善面，則折加於壙時，擬鄉上看之爲面，故善者鄉下。今陳之取鄉下看之，故反覆善面鄉上也。云「折，猶庪也」者，以其窆畢加之於壙上，所以承抗席，若庪藏物然，故云「折，猶庪也」。云「方鑿連木爲之，蓋如牀，而縮者三，横者五，無簀」者，此無正文。以經云「横覆之」，明有縱對之。既爲縱横，即知有長短廣狹，以承抗席，故爲如牀解之。又知縮者三、横者五，亦約茵與抗木，但於壙口承抗席，宜大於茵與抗木，故知縮三横五也。知無簀者，以其縮三横五以當簀處，故無簀也。云「横陳之者，爲苞筲以下緈于其北便」者，折横則東西廣，是以苞筲陳之於北便也。抗木，横三縮二。抗，禦也，所以禦止土者。其横與縮，各足掩壙。○疏曰〔三四〕：云「所以禦止土」者，以其在抗席之上，故知以禦土也。「其横與縮各足掩壙」者，以其壙口大小雖無文，但明器之等皆由羨道入，諸侯以上又有輴車，亦由羨道入，壙口唯以下棺，則壙口大小容棺而已。今抗木，亦足掩壙口也。加抗席三。抗，古良反，劉音剛，後皆同。○席所以禦塵。○疏曰：既陳抗木於折北，又加此抗席三領於抗木之上。知抗木不在折上者，以抗木直言横三縮二，不言加，明别陳於折北抗木之下。而此云加〔三五〕，加於抗木之上可知。抗席之下而云加茵，明又加於抗席之上。此三者，以後陳者先用，故先陳抗木於下，次陳抗席，而後陳茵，先用取後陳於上者便故也〔三六〕。是以下文及葬時，茵先入壙，窆事訖〔三七〕，加折壙上，則先用抗席，後用抗木，是其次也。若然，折於抗席前用，而不加於抗席之上者，以長大，故别陳於南，用之仍在茵後。其茵用之在明器前，入而陳之於明器上者，以其同葬具，故與抗木同陳於上也。但抗席、茵相重陳者，以其入壙時相當，又皆是縱横重累之物，故重加陳之也。抗木在上，故云「禦土」。抗席在下，隔抗木，慮有塵鄉下，故云「禦塵」。加茵，用疏布，緇翦，有幅，亦縮二横三。茵，音因。○茵，所以藉棺者。翦，淺也。幅，緣之。亦者，亦抗木也。及其用之，木三在上，茵二在下，象天三合地二，人藏其中焉。今文「翦」作「淺」。○疏曰：云「加茵」者，謂以茵加於抗席之上，此說陳器之時。云「用疏布」者，謂用大功疏麤之布。云「緇翦」者，緇則七入黑汁爲緇，翦，淺也，謂染爲淺緇之色。言有幅者，案下記云：「茵著用荼，實綏澤焉。」用一幅布爲之，縫合兩邊幅爲袋，不去邊幅，用之以盛著也。云「茵所以藉棺」者，下葬時，茵先入屬引乃窆，則茵以與棺爲藉，故先入，在棺之下也。鄭云「幅緣之」者，蓋縫合既訖，乃更以物緣此兩邊幅縫合之處，使之牢固不拆壞〔三八〕，因爲飾也。云「亦者，亦抗木也」者，抗木云縮二横三，此亦縮二横三，故知「亦者，亦抗木也」。云「及其用之，木三在上，茵二在下」者，上抗木先云横三，後云縮二，此茵先云縮二，後云横三，並據此陳列之時。鄭據入壙而言，故云：其用之也，「木三在上，茵二在下」。各舉一邊而言，其實皆有二、三。云「象天三合地二」者，渾天言之，則地之上下外内周匝皆有天，木與茵皆有天三合地二，人尸柩藏其中。器西南上，綪。綪，側耕反。○器，目言之也。陳明器，以西行南端爲上。綪，屈也，不容，則屈而反之。○疏曰：云「器目言之也」者，器與下爲目，即下文「苞」以下是也。茵，茵在抗木上，陳器次而北也。○疏曰：茵非明器而言之者，陳器從此茵鄉北爲次第，故言之。苞二，所以裹奠羊豕之肉。○疏曰：下文既遣奠而云「苞牲，取下體」，故知苞二所以裹奠羊豕之肉也。筲三：黍、稷、麥。筲，畚種類也。其容蓋與簋同一觳也。○畚，音本。觳，音斛，又户角反。○疏曰：案下記云「菅筲三」，則筲以菅草爲之。筲三，各盛一種：黍、稷、麥也。云「筲，畚種類也」者，舊說云畚器所以盛種，此筲與畚盛種同類也。云「其容蓋與簋同觳也」者，案考工記旊人：「爲簋，實一觳。」又云：「豆實三而成觳。」案昭三年晏子云：「四升曰豆。」豆實三而成觳，則觳受斗二升，筲與簋同盛黍稷，知亦受一觳斗二升。無正文，故云「蓋」以疑之也。甕三：醯、醢、屑，冪用疏布。甕，烏弄反。冪，亡狄反，本又作「鼏」〔三九〕。○甕，瓦器，其容亦蓋一觳。屑，薑桂之屑也。内則曰：「屑桂與薑。」冪，覆也。今文「冪」皆作「密」。○疏曰：云「甕，瓦器」者，以甕與甒等字作缶瓦，故知是瓦器。云「其容亦蓋一觳」者，聘禮「致饔餼」云：甕，斗二升。則此甕約同之，故云「蓋」以疑之也。知屑是薑桂者，以内則「屑桂與薑」同云屑，故引内則爲證也。甒二：醴、酒，冪用功布。甒，亡甫反。及注「廡」音同。○甒，亦瓦器也。古文「甒」皆作「廡」。○疏曰：繼甕三而陳之，言亦瓦器。皆木桁，久之。桁，户庚反，又户郎反。久，依注音灸。○桁，所以庪苞筲甕甒也。久，當爲「灸」；灸，謂以蓋塞其口。每器異桁。○疏曰：自苞筲以下，皆塞之置於木桁也。既皆久塞，而甕甒獨云「冪」者，以其苞筲之等燥物，宜苞塞之而無冪，甕甒濕物，非直久塞其口，又加冪覆之。云「久，當爲灸」，此亦如上設重鬲，冪用疏布，久之讀從灸也。云「每器異桁」者，以其言皆木桁，故知每器別桁也。用器：弓矢、耒耜、兩敦、兩杅、槃匜。匜實于槃中，南流。敦，音對，劉又都愛反。杅，音于，本又作「竽」，音同。匜，音移，劉音徒可反。○此皆常用之器也。杅，盛湯漿。槃匜，盥器也。流，匜口也。今文「杅」爲「桙」。○盛，音成。○疏曰：謂常用之器：弓、矢，兵器；耒、耜，農器；敦、杅，食器；槃、匜，洗浴之器。皆象生時而藏之也。無祭器，士禮略也。大夫以上，兼用鬼器、人器也。○疏曰：檀弓云：「宋襄公葬其夫人，醯醢百甕，曾子曰：『既曰明器矣，而又實之。』」注云：「言名之爲明器，而與祭器皆實之，是亂鬼器與人器。」以此而言，則明器，鬼器也；祭器，人器也。士禮略，無祭器，有明器而實之。大夫以上，尊者備，故兩有。若兩有，則實祭器，不實明器。宋襄公既兩有而并實之，故曾子非之。有燕樂器可也。與賓客燕飲用樂之器也。○疏曰：言「可」者，許其得用，故云「可也」。云「與賓客燕飲用樂之器也」者，則升歌有琴瑟，庭中有特縣。縣，磬也。役器：甲、胄、干、笮。笮，側白反，矢箙也。○此皆師役之器。甲，鎧。胄，兜鍪。干，楯。笮，矢箙。○鎧，苦代反。兜，丁侯反。鍪，音矛。楯，常允反，又音允。○疏曰：此役器中有干、笮，無弓、矢，示不用，故不具。上用器是常用之器，故具陳之也。云「甲，鎧。胄，兜鍪」者，古者用皮，故名甲、胄，後代用金，故名鎧、兜鍪，隨世爲名故也。但上下役用之器，皆麤沽爲之，故下記云：「弓矢之新，沽功。」注云：「設之宜新，沽示不用。」弓矢云沽，餘雖不言，皆沽可知也。但笮是送死之具，下記云「薦乘車，鹿淺幦，干、笮、革靾」者，是魂車所載象生者，與此別也。燕器：杖、笠、翣。笠，音立。翣，所甲反，扇也。○燕居安體之器也。笠，竹篣蓋也。翣，扇。○疏曰：杖者所以扶身，笠者所以禦暑，翣者所以招涼，而在燕居用之，故云「燕居安體之器也」。云「笠，竹篣蓋也」者，篣，竹青之皮，以竹青皮爲之。

右陳器○記：抗木刊，剝削之。古文「刊」爲「竿」。○疏曰：刊，削也，而云「剝」者，木無皮者直削之，有皮者剝乃削之，故兼言剝。茵著，用茶，實綏澤焉。茶，大奴反。○茶，茅秀也。綏，廉薑也。澤，澤蘭也。皆取其香，且御濕。○御，魚呂反，劉本作「衙」，音御。○疏曰：茵者，非直用茅秀，兼實綏澤，取其香。知「且御濕」者，以其在棺下須御濕之物，故與茶皆所以御濕。葦苞長三尺，一編。用便易也。○疏曰：言「便易」者，葦草即長，截取三尺一道編之，用便易故也。菅筲三，其實皆瀹。菅，古顔反。筲，所交反。瀹，餘若反。○米麥皆湛之湯，未知神之所享，不用食道，所以爲敬。○湛，子廉反，又子蔭反。○疏曰：經直云「筲三：黍、稷、麥」，不辨苞之所用及黍稷生熟，故記人明之。是以云筲用菅草，黍、稷皆淹而漬之。以其鬼神幽暗，生者不見，故淹而不熟，以其不知神之所饗故也。云「不用食道，所以爲敬」者，案檀弓云「飯用米貝」，「不以食道」，食道褻則不敬。弓矢之新，沽功。沽，音古，注同。○設之宜新，沽示不用。今文「沽」作「古」。○疏曰：自此盡篇末，論死者用器弓矢麤惡之事，以其正經直云「用器弓矢」，不辨弓矢善惡及弓矢之名，故記人明之。「設之宜新」者，爲死者宜用新物。云「沽示不用」者，沽謂麤爲之。有弭飾焉，弭，面爾反。○弓無縁者謂之弭，弭以骨角爲飾。○縁，以絹反。○疏曰：案爾雅云：「弓有縁謂之弓，無縁謂之弭。」孫氏云：「縁，繫約而漆之，無縁不以繫約，骨飾兩頭。」是此弭也。詩云：「象弭魚服。」是用象骨。弓隈既用骨，明兩頭亦得用，故鄭總云「骨角爲飾」。亦可張也。亦使可張。○疏曰：此死者之弓，雖不射而沽，略亦使可張，故曰「亦」也。有柲，柲，弓檠，弛則縛之於弓裏，備損傷，以竹爲之。詩云：「竹柲緄縢。」古文「柲」作「柴」。○弓檠，音景。弛，式氏反。緄，古本反。縢，大登反。○疏曰：冬官弓人：造弓之時，弓成，納之檠中，以定往來體。此弓檠，謂凡平弛弓之時，以竹狀如弓，縛之於弓裏。亦名之爲柲者，以若馬柲。然馬柲所以制馬，弓柲所以制弓，使不頓傷，故謂之柲。引詩云「竹柲緄縢」者，緄，繩也，縢，約也，謂以竹爲柲，以繩約之。此經之柲，雖麤略，用亦如此。設依、撻焉。撻，他達反。○依，纏絃也。揵，弣側矢道也。皆以韋爲之。今文「揵」爲「銛」。○疏曰：言「依」者，謂以韋依纏其弦，即今時弓𢐀是也。云「揵，弣側矢道」者，所以揵矢令出，謂生時以骨爲之弣側，今死者用韋。依與揵皆以韋爲之，異於生者也。有韣。韣，音獨。○韣，弓衣也，以緇布爲之。○疏曰：月令云「帶以弓韣」，故知「韣，弓衣也」。鄭知用「緇布爲之」者，此無正文，鄭驗當時弓衣用緇布而言也。𥎦矢一乘，骨鏃，短衛。𥎦，音侯，又音候。鏃，子木反，一音七木反。○𥎦，猶候也，候物而射之矢也。四矢曰乘。骨鏃短衛，亦示不用也。生時𥎦矢金鏃。凡爲矢，五分笴長而羽其一。○射，食亦反。笴，古老反。○疏曰：言「候物而射之」者，案司弓矢鄭注云「可以伺候射敵之近者及禽獸」，鄭君兩注，語異義同。云「骨鏃短衛，亦示不用也」者，案上文「沽功」鄭云「示不用」，故此亦云。云「生時𥎦矢金鏃」者，此亦爾雅釋器文，案彼云「金鏃翦羽謂之𥎦」是也。此言短羽，即翦羽也。云「凡爲矢，五分笴長而羽其一」者，案周禮矢人，上陳五矢，下乃云「五分其長而羽其一」，故云「凡」以廣之也。案鄭彼注云：矢笴長三尺，五分羽一則六寸也。謂之羽者，指體而言；謂之衛者，以其無羽則不平，正羽所以防衛其矢，故名羽爲衛。志矢一乘，軒輖中，亦短衛。輖，音周，字林云：「重也，一曰䡅也。」又音弔。○志，猶擬也，習射之矢。書云：「若射之有志。」輖，摯也，無鏃短衛，亦示不用。生時志矢骨鏃。凡爲矢，前重後輕也。○摯，音至，又作贄，音同，又字林：「竹二反。」○疏曰：云「志，猶擬也」者，凡射，志有所準擬，故云「志，猶擬也」。云「習射之矢」者，案司弓矢鄭注云：「恒矢之屬軒輖中，所謂志。」以此言之，則此恒矢也在八矢之下。知是習射矢者，以其矢中特輕，於習射宜也。案六弓，唐弓、大弓亦授習射者，則此矢配唐、大也。引尚書盤庚者，證志爲准擬之事。輖摯者，鄭讀輖從摯，以其車傍周，非是軒摯之摯，故讀從執下至。云「無鏃短衛，亦示不用」者，知此矢無鏃者，上經翭矢言骨鏃，此經不云鏃，故知無鏃，示不用也。若然，翭矢生時用金鏃，死用骨鏃，志矢生時用骨鏃，死則令去之。云「生時志矢骨鏃」者，亦爾雅釋器文。案彼云「骨鏃不翦羽謂之志」，此志矢是也。云「凡爲矢，前重後輕也」者，案司弓矢鄭注云：凡矢之制：「枉矢之屬，五分，二在前，三在後；殺矢之屬，三分，一在前，二在後；矰矢之屬，七分，三在前，四在後；恒矢之屬，軒輖中。」若然，前重後輕者，據殺矢、翭矢、枉矢、絜矢、矰矢、茀矢而言。引之者，證此志是恒矢、庳矢，無前重後輕之義。但周禮有八矢，唯用此二矢者，以其八矢之内，翭矢居前最重，恒矢居後最輕，既不盡用，故取其首尾者也。○本經記

徹奠，巾席俟于西方，主人要節而踊。巾席俟於西方，祖奠將用焉。要節者，來象升，丈夫踊；去象降，婦人踊。徹者由明器北，西面。既徹，由重南東。不設於序西南者，非宿奠也。宿奠必設者，爲神馮依之久也。○疏曰：徹遷祖奠者，爲將還遷車，更設祖奠。云「巾席俟於西方，祖奠將用焉」者，以下經云「祖還車」，還車訖，布席設祖奠，則布此巾席也，故巾席俟祖奠在西方也。云「節者，來象升，丈夫踊；去象降，婦人踊」者，案上篇徹小斂、大斂奠時，皆升自阼階，丈夫踊，降自西階，婦人踊。今奠在庭，無升降之事，直有來往，故云「來象升，丈夫踊；去象降，婦人踊」。但此經直云「主人要節」，知有婦人亦踊者，以下經徹祖奠時云：「徹者入，丈夫踊，設于西北，婦人踊。」注云：「猶阼階升時也〔四〇〕，徹設於柩車西北，亦猶序西南。」是男子、婦人並有踊文，則知此要節踊内亦兼婦人也。云「徹者由明器

北，西面〔四一〕。既徹，由重南東」者，凡奠於堂室者，皆升自阼階〔四二〕，降自西階。奠於庭者，亦由重北〔四三〕，東方來陳，由重北而西，徹訖〔四四〕，由重南而東〔四五〕，象升自阼階，降自西階也。但設奠於柩車西而東面，則徹奠由奠東而西面徹之也。云「不設于序西南者，非宿奠也」者，以其大斂、小斂奠及夕奠乃皆經宿，故皆設之於序西南，爲神馮依，此遷祖奠，旦始設之，今日側徹之，未經宿即徹，故不設于序西南也。袒。爲將祖變。○疏曰：下經「商祝御柩，乃祖」，是將祖，故此主人袒，袒即變也。商祝御柩，亦執功布居前，爲還柩車爲節。○還，劉音患。○疏曰：商祝御柩者，謂居柩車之前卻行詔傾虧，使執披人知其節度。云「亦執功布」者，下經商祝執功布以御柩執披，故此亦如之而執功布。乃祖，還柩鄉外，爲行始。○疏曰：商祝既執功布爲御，乃還柩車，使轅鄉外也。祖者，始也，爲行始去載處而已也。踊，襲，少南，當前束。主人也。柩還則當前束南。○疏曰：前袒爲祖變，今既祖訖，故踊而襲。云「主人也」者，前袒是主人，則此襲亦主人也。經云「少南」，鄭云「則當前束南」者，以其車未還之時，當前束近北，今還車亦當前束少南。婦人降，即位于階間。爲柩將去有時也。位東上。○疏曰：婦人降者，以柩還鄉外階間空，故婦人從堂上降在階間。云「爲柩將去有時」者，即明旦遣而行之是時也，今此爲行始也。云「位東上」者，以堂上時婦人在阼階西面，統於堂下男子。今柩車南還，男子亦在車東，故婦人降亦東上，統于男子也。婦人不嚮車西者，以車西有祖奠，故辟之在車後。祖，還車不還器。祖有行漸，車亦宜鄉外也。器之陳，自已南上。○疏曰：祖還車者，爲載時向北，今爲行始，故須還鄉南，故鄭云：「祖有行漸，車亦宜鄉外也。」不還器者，鄭云「器之陳自已南上」，南上者，即上文「茵」下注云

「茵在抗木上，陳器次而北」是也。祝取銘置于茵，重不藏，故於此移銘加於茵上。○疏曰：初死，爲銘置於重，啓殯，祝取銘置于重，祖廟又置于重。今將行置于茵者，重不藏，擬埋于廟門左，茵是入壙之物，銘亦入壙之物，故於此移銘加於茵上也。士無㢘旌，唯有乘車所建攝盛之旜，并此銘旌而已。大夫以上有㢘旌，通此二旌，則皆備三旌也。二人還重，左還。重與車馬還相反，由便也。○疏曰：云「重與車馬還相反，由便也」者，以車馬至中庭之東，以右還鄉門爲便，重在門內面鄉北，人在其南，以左還鄉門爲便，是以二者雖相反，各由其便。布席，乃奠如初，主人要節而踊。車已祖，可以爲之奠也，是之謂祖奠。○疏曰：云「主人要節而踊」者，祖奠既與遷祖奠同車西，又皆從車而來，則此要節而踊，一與遷祖奠同。云「車已祖，可以爲之奠也」者，奠本爲柩設，其柩未安，不得設奠，今車已還，名之曰祖，尸柩已定，可以爲奠也。薦馬如初，柩動車還，宜新之也。○疏曰：上已薦馬，今又薦馬者，以柩車動而鄉南爲行始，宜新之，故「薦馬如初」也。賓出，主人送。

右祖奠薦馬○記：祖於庭。詳見喪禮義。○祖，還車不易位。還，音患。○爲鄉外耳，未行。○疏曰：案正經，乃祖還，乘車、道車、稾車不辨還之遠近，故記人明之，雖還車不易本位，爲鄉外耳。上經未還車，車在階間，婦人在堂上，還車去階間，婦人降堂下。若然，則是還車易位而云「不易位」者，以三分其庭爲三位，車雖去階間，猶不離三分其庭一在北之位，據大判而言，不易位也。執披者旁四人。前後左右各二人。○疏曰：「前後左右各二人」者，謂前之左右、後之左右，則一旁四人，兩旁則八人，上經鄭注云：「備傾虧也。」〇本經記〇祝饌祖奠于主人之南，當前輅，北上，巾之。言饌於主人之南，當前輅，則既祖祝乃饌。〇疏曰：正經直云「祖還車」及「還重」訖，「乃奠如初」，不云饌處，故記人明之。既祖祝乃饌者，以其未祖以前柩車鄉北，輅在主人之北，今云「饌于主人之南」，明知既祖還，乃鄉饌之。〇同上

有司請葬期，亦因在外位時。〇疏曰：上啓期、祖期事畢在外位，故此亦因事畢，出在外位時，請葬期也。入，復位。主人也。自死至於殯，自啓至於葬，主人及兄弟恒在内位。〇疏曰：自死至於殯，在内位，據殯宫中；自啓至於葬，在内位，據在祖廟中。處雖不同，在内不異，故總言之。云「在内位」者，始死未小斂已前，位在尸東，小斂後，位在阼階下。若自啓之後，在廟位，亦在阼階下也[四六]。

右請葬期

公賵，玄纁束，馬兩。賵，芳鳳反，車馬曰賵。〇公，國君也。賵，所以助主人送葬也。兩馬，士制也。春秋傳曰：宋景曹卒，魯季康子使冉求賵之以馬，曰：「其可以稱旌繁乎？」〇疏曰：此論國君賵法之事。云「公，國君也」者，公及大夫皆有臣，臣皆尊其君，呼之曰公，故左氏傳伯有之臣曰：「吾公在壑谷。」今此云公，則國君，非大夫君也，以下云「主人釋杖，迎于廟門外」，與喪大記如此迎送者，皆據國君也。云「賵所以助主人送葬也」者，車馬曰賵，施於生及送死者，下注云「賵奠於死生兩施」是也。云「兩馬，士制也」者，謂士在家常乘之法，若出使及征伐，則乘駟馬。其大夫以上，則常乘駟馬。引春秋者，證公有賵馬助人之事。擯者出請入告，主人釋杖迎于廟門外，不哭，先入門右，北面，及衆

主人袒。尊君命也。衆主人自若西面。○疏曰：云「尊君命也」者，謂釋杖迎入，故下文賓賵擯者，出告須，注云「不迎」，則此經皆是尊君命。衆主人亦袒，亦是尊君命。云「衆主人自若西面」者，以其主人一人迎賓入門，門東而右，其餘衆主人不迎賓，明自若常位，柩東西面可知也。馬入設，設於庭，在重南。○疏曰：以馬是庭實，故云「設于庭」。知「在重南」者，以庭實法，皆三分庭一在南設之，又重北陳，明器不得設馬，故知在重南也。賓奉幣，由馬西當前輅，北面致命。輅，音路。○賓，使者。幣，玄纁也。輅，轅縛，所以屬引。由馬西〔四七〕，則亦當前輅之西，於是北面致命，得鄉柩與奠。柩車在階間少前，三分庭之北。輅有前後。○疏曰：案此使者即士也，士喪禮「君使人弔」，注：「使人，士也。禮：使人各以其爵。」故知是士也。云「輅，轅縛，所以屬引」者，謂以木縛於柩車轅上以屬引，於上而挽之，故名轅縛也。云「由馬西則亦當前輅之西」者，以經直云「當前輅」，不云東西及前後，鄭以義言之。以其馬在重南，當門，柩車在階間少南，亦當門，賓由馬西北行，當前輅致命，明當輅西可知。賓當輅西，經云「北面致命」，明當奠柩之南，北面，是得鄉柩與奠也。下記云「遂匠納車于階間」，是柩車在階間也。云「少前」者，上經「祖還車」訖云：「少南，當前束，婦人降，即位于階間。」明柩車少南是少前也。云「三分庭之北」者，以其中庭陳明器，不得在中庭，故知在三分庭之北。謂三分庭在北分之北，此解賓致命之處。主人哭，拜稽顙，成踊。賓奠幣于棧左服，出。奠，如字，劉音定。棧，士板反，劉才產反，注「輚」同。○棧，謂柩車也。凡士車制無漆飾，左服，象授人授其右也。服，車箱。今文「棧」作「輚」。○疏曰：主人以賓致命訖，遂哭拜也。云「成踊」者，三者三，凡九踊。云「棧，謂柩車也。凡士車制無漆飾」者，此棧車即柩車也〔四八〕，以其賓由輅西而致命。云「奠幣於棧」者，明此棧車、柩車即蜃車，四輪迫地無漆飾，故言「棧」也。云「左服象授人授其右也」者，案聘禮宰授使者圭時云「同面」，使者在左，宰由右而授其右也，此車南鄉，以東爲左，尸在車上〔四九〕，以東爲右，故授左服〔五〇〕，容授尸之右也〔五一〕。宰由主人之北，舉幣以東。柩東，主人位，以東藏之。○疏曰：云「柩東主人位」者，解經「由主人之北」，以幣在車東，主人在車東，故宰由主人位北爲鄉左服上取幣，以東藏之於内也。但此時主人仍在門東北面，此位雖無主人，既有定位，故宰由位北而取幣，不得履主人之位，故由主人之北也。士受馬以出，此士謂胥徒之長也。有勇力者受馬〔五二〕。聘禮曰：「皮馬相間可也。」○疏曰：受幣者宜尊，受馬者宜卑，故知受馬是胥徒之長〔五三〕，以其受馬，故知有勇力者也。若然，昏禮記云「士受皮」，注云士謂中士、下士，不爲胥徒者，彼主人親受贄，明受皮非胥徒，是正士也。引聘禮者，欲見此用皮亦可也。主人送于外門外，拜，襲，入復位，杖。疏曰：主人既送賓，還入廟門，車東復位，杖也。

右公賵

賓賵者將命，賓，卿、大夫、士也。○疏曰：「賓，卿、大夫、士也」者，以其上云君，下有兄弟，則此賓是國中三卿、五大夫、二十七士可知。言「將命」者，身不來，遣使者將命告主人。擯者出請入告，出告須。不迎，告曰孤某須。○疏曰：案雜記：諸侯使卿弔鄰國諸侯，主人使擯者告賓云「孤某須矣」。故引之爲義。馬入設，賓奉幣，擯者先入，賓從，致命如初。初，公使者。主人拜于位，不踊。

柩車東位也。既啓之後，與在室同。○疏曰：云「既啓之後，與在室同」者，案上篇始死時云「庶兄弟襚，使人以將命于室，主人拜于位」，此主人亦拜于位，俱是不爲賓出，故云與在室同。至于有君命，亦出迎也。賓奠幣如初，舉幣受馬如初。擯者出請。賓出在外，請之爲其復有事。若無事，賓報事畢，送去也。○疏曰：云「賓出在外，請之爲其復有事」者，以其賓既行賵訖，出更請之，爲其復有事。若奠，賓致可以奠也。○疏曰：謂賓不辭此釋所致之物，或可堪爲奠於祭祀者也。入告，出，以賓入，將命如初。士受羊如受馬，又請。士，亦謂胥徒之長。又，復也。○疏曰：以其受羊與馬，同是畜類，故知亦胥徒之類。若賻，賻，音附。○賻之言補也，助也。貨財曰賻。入告，主人出門左，西面，賓東面將命。主人出者，賻主施於主人。○疏曰：鄭知「施於主人」者，以經下云「知生者賻」，是施於主人也。按春秋文五年春，「王使榮叔歸含且賵」，傳譏一人兼二事。此賓所以兼事者，彼譏一人獨行，不與介各行，故譏。若雜記云上客弔，即其介各行含襚賵，則不譏，則卿、大夫、士禮一人行數事可也。主人拜，賓坐委之，宰由主人之北，東面舉之，反位。坐委之，明主人哀戚，志不在受人物。反位，反主人之後位。○疏曰：鄭知「反主人之後位」者，以主人在門東西面，而云「宰由主人之北」，鄉賓奠幣之處舉幣，明宰位在主人之後，故得由主人之北西行，是以宰位在主人之後也。若無器，則捂受之。捂，五故反。○謂對相授，不委地。○疏曰：以堂上授有並受法，以其在門外，若有器盛之，則坐委於地。若無器，則對面相授受，故云「捂受之」。捂，即逆也，對面相逢受也。又請，賓告事畢，拜送，入。贈者將命，贈，送。擯者出請，納賓如初，如其入告，出告須。○疏曰：謂如上賓賵時，擯者出請入告，出告須也。賓奠幣如初。亦於棧左服。若就器，則坐奠于陳。陳，如字，劉直吝反，下同。○就，猶善也。贈無常，唯玩好所有。陳，明器之陳。○疏曰：知「贈無常」者，案下記云「凡贈幣無常」，注云「賓之贈也。玩好曰贈，在所有」。言玩好者，謂生時玩好之具，與死者相知，皆可以贈死者，故此經云「若就器，則坐奠于陳」者，就器，則是玩好之器也。云「陳明器之陳」者，以其廟中所陳者唯明器，即陳于車之西以外，或言薦，或言設，無言陳者，故指明器而言也。凡將禮，必請而后拜送。雖知事畢猶請，君子不必人意。兄弟，賵奠可也，兄弟，有服親者，可且賵且奠，許其厚也。賵奠於死生兩施。○疏曰：知「兄弟有服親」者，喪服傳云：凡「小功以下爲兄弟」。既言兄弟，明有服親者也。知非大功以上者，以大功以上有同財之義，無致賵奠之法。云「可且賵且奠許其厚也」者，所知許其賵，不許其奠，兄弟許其貳賵兼奠，上經亦賓而有賵、有奠、有賻三者，彼亦不使並行，三禮之中有任行其一，故總見之。云「賵奠於死生兩施」者，以下經云：「知死者贈，知生者賻。」注云：「各主於所知。」此賵奠不偏言所主，明於生死兩施也。所知則賵而不奠。所知，通問相知也，降於兄弟。奠，施於死者爲多，故不奠。○疏曰：通問相知者，明是朋友通問相知。言「降於兄弟」，許賵不許奠也。云「奠，施於死者爲多，故不奠」者，但賵與奠皆生死兩施，其奠雖兩施，奠爲死者而行，故知施於死者爲多，所知爲疏，不許行之也。知死者贈，知生者賻。各主於所知。○疏曰：贈是玩好，施於死者，故知死者行之。賻是補主人不足，施於生者，故知生者行之，是各施於所知也。書賵於方，若九，若七，若五。方，板也。書賵奠賻贈之人名與其物於板，每板若九行，若七行，若五行。○行，並戶郎反。○疏曰：以賓客所致，有賻，有賵，有贈，有奠，直云「書賵」者，舉首而言，但所送有多少，故行數不同。書遣於策，遣，棄戰反，注及下「讀遣」并注同。○策，簡也。遣，猶送也。謂所當藏物茵以下。○疏曰：編連爲策，不編爲簡，故春秋左氏傳云：南史氏執簡以往。上書賵云方，此言「書遣於策」，不同者，聘禮記云：「百名以上書於策，不及百名書於方。」以賓客贈物名字少，故書於方，則盡遣送死者。明器之等并贈死者玩好之物名字多，故書之於策。策書明器之物，應在上文，而於此言之者，遣中并有贈物，故在賓客贈賻與賵之後特書也。乃代哭如初。棺柩有時將去，不忍絶聲也。初，謂既小斂時。○疏曰：案喪大記大夫以上，官代哭，士無官，以親疏代哭。云「初謂小斂時」者，案喪大記，小斂之後乃代哭，初死主人哭不絶聲，士二日小斂，小斂，主人懈怠，容更代而哭也。宵，爲燎于門內之右。燎，力召反。○爲哭者爲明。○疏曰：燎大燭必於門內之右門東者，奠於柩車西，鬼神尚幽闇，不須明，柩車東有主人，階間有婦人，故於門右照之，爲明而哭也。

右親賓賵奠賻贈○記：凡贈幣無常。賓之贈也。玩好曰贈，在所有。○疏曰：正經云「公賵用玄纁束」，是贈有常矣。上又云賓贈「奠幣如初」，直云奠幣如初，不云物色與多少，故記人明之。以其賓客非一，故云「凡贈幣無常」。○本經記○案：他記賻賵事得失不同，並詳見弔禮贈喪條。○孟獻子之喪，司徒旅歸四布，夫子曰：「可也。」檀弓○詳見喪通禮財用條。○子碩欲以賻布之餘具祭器，子柳曰：「不可，君子不家於喪，請班諸兄弟之貧者。」同上

厥明，陳鼎五于門外，如初。鼎五，羊、豕、魚、腊、鮮獸各一鼎也。士禮，特牲三鼎，盛葬奠加一

等，用少牢也。如初，如大斂奠時。○疏曰：此謂葬日之明，陳大遣奠於廟門外之事。知五鼎是「羊、豕、魚、腊、鮮獸各一鼎」者，下經云羊左胖，豕亦如之，魚、腊、鮮獸皆如初，與少牢禮同是也。士特牲饋食禮陳三鼎，今大遣奠與大夫常祭用少牢，同是盛此葬奠，故加一等，用少牢也。云「如初」，如大斂在廟門外及東方之饌也。雖如大斂，鼎數仍不同，以大斂三鼎，此則五鼎。然大、小斂時無黍稷，朔月則有黍稷，此葬奠又無黍稷者，以其始死至殯，自啓至葬，其禮同，故無黍稷亦同也。凡牢鼎數或多或少不同，若用特豚者，或一鼎，或三鼎。若士冠禮醮子及婚禮盥饋、并士小斂之奠與朝禰之奠，皆一鼎也。三鼎者，婚禮同牢，士喪大斂、朔月遷祖及祖奠，皆三鼎，而以魚腊配之是也。其用少牢者，或三鼎，或五鼎。三鼎者，則有司徹云陳三鼎「如初」，以其繹祭殺之於正祭，故用少牢而鼎三也。五鼎者，少牢五鼎，大夫之常事，此葬奠，士攝之奠，用少牢，亦五鼎。聘禮致飧，衆介皆少牢，亦五鼎。玉藻諸侯朔月少牢，亦五鼎。其用太牢，或七，或九，或十，或十二。其云七鼎、九鼎者，公食大夫下大夫太牢鼎七〔五四〕、上大夫鼎九是也。鼎十與十二者，聘禮致飧於賓，飪一牢，鼎九，羞鼎三，是十二也。又云上介飪一牢，鼎七，羞鼎三，是其十。若然，案郊特牲云「鼎俎奇而籩豆偶」，以象陰陽。鼎有十與十二者，以其正鼎與陪鼎各別，數則爲奇數也。其實：羊左胖，胖，音判。○反吉祭也。言左胖者，體不殊骨也。○疏曰：云「反吉祭也」者，以其特牲、少牢吉祭皆升右胖，此用左胖，故既言左胖，則左邊共爲一段，故云「體不殊骨」。雖然下云「髀不升」，則除髀以下，膞、胳仍升之，則與上肩、脅、脊別升，則左胖仍爲三段矣。而云「體不殊骨」，據脊、脅以上，膞、胳已下，共爲一，亦得爲體不殊骨也。髀不升，髀，步禮反，又方爾反。○周貴肩賤髀。古文「髀」作「脾」。○疏曰：云「髀不升」者，則膊已上去之，取膊胳已下。云「周貴肩賤髀」者，案祭統云：「殷人貴髀，周人貴肩。」故云「髀不升」。腸五，胃五，亦盛之也。○疏曰：亦盛之者，以其不用特牲，而用少牢，是盛葬奠。案少牢用腸三、胃三，今加至五，亦是盛此奠也。離肺。離，搉。○搉，苦圭反。○疏曰：此非直升腸胃，又升離肺者。案少儀云：「牛羊之肺，離而不提心。」注云：「提，猶絶也。搉離之，不絶中央少者，使易絶以祭耳。」此爲食而舉，亦名舉肺也。豕亦如之，豚解，無腸胃。如之，如羊左胖，髀不升，離肺也。豚解，解之如解豚，亦前肩、後肫、脊、脅而已。無腸胃者，君子不食溷腴。○肫，劉音純，又之春反。溷，音患，又户困反。腴，音臾。○疏曰：鄭云「如羊左胖」，謂豕與羊同者。左胖雖同，仍與羊異，以其羊則體不殊骨，上下共爲二段，此豕之左胖則爲四段矣〔五五〕，故別云「豚解」。豚解總有七段，今取左胖，仍爲四段矣。云「前肩、後肫、脊、脅而已」者，鄭欲爲四段，與羊異也。云「君子不食溷腴」者，禮記少儀文，彼鄭注云〔五六〕：「謂犬豕之屬，食米穀者也。腴，有似於人穢。」引之者，證不取腸胃之義也。魚、腊、鮮獸，皆如初。鮮，新殺者。士腊用兔。加鮮獸而無膚者，豕既豚解，略之。○疏曰：云「士腊用兔」者，謂此腊是其乾者。云「鮮新殺」者，二者皆用兔。必知士腊皆用兔者，雖無正文，案少牢禮大夫腊用麋。鄭云：「大夫用麋，士用兔與？」以無正文，故云「與」以疑之。此亦云「士腊用兔」，但士腊宜小，故宜用兔也。云「加鮮獸而無膚」者〔五七〕，以葬奠用少牢，攝盛則當有膚，與少牢同以豕，既豚解四段，喪事略，則無膚者亦略之，而加鮮獸也。東方之饌，四豆：脾析、蜱醢、葵菹、蠃醢；脾，劉音毗，注同，一音婢支反。析，思狄反。蜱，皮佳反。蠃，力禾反。○脾，讀爲「雞脾肶」之「脾」。脾析，百葉也。蜱，蜯也。今文「蠃」爲「蝸」。○肶，尺之反。蜯，步講反。蝸，力禾反，又古華反。○疏曰：陳鼎既訖，又陳東方之饌于主人之南，前輅之東。其豆有四：脾析一，蜱醢二，葵菹三，蠃醢四。案周禮鄭注醢人云：「細切爲齏，全物若牒爲菹。」又云：「齏菹之稱，菜肉通。」又經不云菹者，類皆是齏，則此經云「脾析」者即齏也。云「脾，讀爲雞脾肶之脾」者，此脾雖與脾腎之脾同，正爲百葉名爲脾析，故讀音從「雞脾肶」之「脾」。時俗有此語，故讀從之也。案醢人注云：「脾析，牛百葉也。」此不云牛者，彼天子禮有牛，此用少牢無牛，當是羊百葉，故不云牛也。云「蜱，蜯也」者，即蛤也。知蜱即蛤者，以周禮醢人云「蠯醢」，注云：「蠯，蛤也。」此注云：「蜱，蜯也。」以蜱、蠯是一物，故知蜱、蜯即蠯、蛤也。四籩：棗、糗、栗、脯。糗，去九反。○糗，以豆糗粉餌。○餌，而志反。○疏曰：籩人云：「羞籩之實，糗餌、粉餈。」鄭云「此二物皆粉，稻米、黍米所爲也。合蒸曰餌，餅之曰餈。糗者，擣粉熬大豆爲餌餈之粘著，以粉之耳。餌言糗，餈言粉，互相足」者，此本一物。餌言糗，謂熬之亦粉之。餈言粉，擣之亦糗之。不言互文而云互相足者，凡言互文者，是二物各舉一邊而省文，故云互文。此糗與粉唯一物分爲二文，皆語不足，故云「互相足」也。又案籩人羞有二籩，糗餌及粉餈。此經直言糗，則舉糗以見餌，而無餈，故鄭云「糗以豆糗粉餌」也。醴、酒。此東方之饌與祖奠同在主人之南，當前輅，北上，巾之。○疏曰：案下記云：「祝饌祖奠于主人之南，當前輅，北上，巾之。」即是還柩鄉外，乃饌之于主人之南。自還柩車，至此柩車未動，則此葬奠，東方之饌亦饌于主人之南，當與前同處，故注云「與祖奠同在主人之南」。但祖奠與大斂同二豆二籩，此葬奠四豆四籩，籩豆雖不同而同處耳。云「北上」者，蓋兩甒在北，次南饌四豆，豆南饌四籩也。陳器，明器也，夜斂藏之。○疏曰：朝祖之日已陳明器，此復陳之者，由朝祖至夜斂藏之，至此厥明更陳之也。滅燎，執燭俠輅，北面。照徹與葬奠也。○疏曰：昨日朝祖日至夕，云「宵爲燎于門内之右」，至此滅燎。既滅，二人執燭俠輅，北面，一人在輅東，一人在輅西。輅西者，炤徹祖奠，輅東者，炤葬奠之饌，故注云「炤徹與葬奠也」。賓入者，拜之。明自啓至此，主人無出禮。○疏曰：此時有弔葬之賓，主人皆不出迎，但在位拜之。所以不出迎者，既啓之後，既覩尸柩，不可離位以迎賓，唯有君命乃出。

右陳遣奠明器○記：凡糗不煎。以膏煎之則褻，非敬。○疏曰：正經葬奠直云「四籩：棗、糗、栗、脯」，不云糗之煎不，故記人明之。凡糗，直空糗而已，不用脂膏煎和之，是以鄭云「以膏煎之則褻，非敬」，故云「不煎」。此篇唯葬奠有糗，而云「凡」者，記人通記大夫以上。○本經記○陳小斂奠條柶畢用桑、大斂奠條大功與饋奠以下，當互考。

徹者入，丈夫踊，設于西北，婦人踊。猶阼階升時也，亦既盥乃入。入由重東，而主人踊，猶其升也。自重北西面而徹，設於柩車西北，亦猶序西南〔五八〕。○疏曰：將設葬奠，先徹祖奠，故云「徹者入」。入，謂祝與執事徹祖奠，亦既盥乃入，由重東而主人踊。至徹訖，設柩車西北，則婦人踊也。云「猶阼階升」者，謂徹小斂奠者門外盥訖入，升自阼階，丈夫踊，今徹者亦門外盥訖，入由重東，主人踊，故云「猶其升」也。云「自重北西面而徹，設於柩車西北，亦猶序西南」者，此徹祖奠設于柩車西北，亦猶小斂、大斂、朔月奠設于序西南也。徹者東，由柩車北，東適葬奠之饌。○疏曰：以其徹訖當設葬奠，故徹者由柩車北東適葬奠之饌，取而設于柩車西也。知「由柩車北」而東者，以其徹者設于柩車西北而云「徹者東」，若柩車南不得云徹者東，故知在柩車北東行也。鼎入，舉入陳之也。陳之蓋於重東北，西面北上，如初。○疏曰：以其徹者既東，當設葬奠，故五鼎皆入陳也。云「陳之蓋於重東北，西面北上，如初」者，以其上篇小斂奠、大斂奠、朔月奠、遷祖奠皆在阼階下西面北上。今此但云「鼎入」，不言如初，無正文，故云「蓋」以疑之。既疑而知在重東北西面北上者，以其奠祭在室，掌設者皆陳鼎於阼階下西面，如大、小斂，故知也。乃奠，豆南上，綪，籩羸醢南，北上，綪。籩羸醢南，辟醴酒也。○辟，音避。○疏曰：云「籩羸醢南，辟醴酒也」者，如上所饌，則先饌脾析於西南，次北蜱醢，次東葵菹，次南羸醢。陳設要方，則四籩宜亦設於脾析已南綪之爲次。今不於脾析已南爲次，而發羸醢已南爲次，故知辟醴酒，醴酒當設在脾析之南可知也。俎二以成，南上，不綪，特鮮獸。成，猶併也。不綪者，魚在羊東，腊在豕東。古文「特」爲「俎」。○併，步頂反。○疏曰：知俎二以併不綪者，若綪則宜先設羊於西南，次北設豕，次東設魚，次南設腊。今於西南設羊，次北豕，以魚設于羊東，設腊于魚北，還從南爲始，是不綪也。其鮮獸在北，北無偶，故云「特」也。是以鄭云「不綪者」，魚在羊東，腊在豕東也。醴酒在籩西，北上。統於豆也。○疏曰：云「統於豆」者，豆即脾析也，以其云「北上」，上二甒醴酒繼豆言北上，故云「統於豆也」。奠者出，主人要節而踊。亦以往來爲節。奠由重北西，既奠，由重南東。○疏曰：自上以來，堂下設奠、徹奠，皆云「主人要節而踊」，注皆云「往來爲節」。此主人要節而踊，亦以往來爲節，奠來時由重北而西，既奠由重南而東，此奠饌在輅之東，言「由重北」者，亦是由車前明器之北，鄉柩車西設之，設訖，由柩車重南而東者〔五九〕，禮之常也。

右遣奠

甸人抗重，出自道，道左倚之。倚，於綺反。○還重不言甸人，抗重言之者，重既虞將埋之，言其官，使守視之。抗，舉也。出自道，出從門中央也。不由闑東西者，重不反，變於恒出入。道左，主人位。今時有死者，鑿木置食其中，樹於道側，由此。○闑，魚列反。○疏曰：論將葬重及車馬之等，以次出之事。云「還重不言甸人」者，上云二人還重，不言甸人，至此乃言甸人也。云「重既虞將埋之」者，雜記文。彼注云：「就所倚處埋之。」但天子九虞，諸侯七虞，大夫五虞，士三虞，未虞以前，以重主其神，虞所以安神。雖未作主，初虞，其神即安於寢，不假重爲神主。又士大夫無木主，明亦初虞即埋之也。云「不由闑東西者，重不反，變於恒出入」者，恒出入則闑東、闑西也。云「道左，主人位」者，檀弓云：「重主道。」注云：「始死，未作主，以重主其神。」則重主死者，故於主人之位埋之也。鄭云「今時」以下者，引漢法證重倚道左之事也。薦馬，馬出自道，車各從其馬，駕于門外，西面而俟，南上。南上，便其行也。行者乘車在前，道、稾序從。○稾，古老反。○疏曰：云「南上」者，謂於門外之時南上。云「便其行也」者，以其葬於國北，在路則南上，上者常在前，故云便其行也。云「行者乘車在前，道、稾序從」者，案下記云：乘車載旜，「道車載朝服，稾車載蓑笠」。是序從也。徹者入，踊如初。徹巾苞牲，取下體，苞者，象既饗而歸賓俎者也。取下體者，脛骨象行，又俎實之終始也。士苞三个，前脛折取臂臑，後脛折取骼，亦得俎釋三个。雜記曰：「父母而賓客之，所以爲哀。」○

脛，户定反，劉故孟反。个，古賀反。臑，乃到反。骼，劉音格，一音各。○疏曰：云「苞者象既饗而歸賓俎者」也，案雜記文而言之。云「取下體」者，以父母將行鄉壙，故取前脛、後脛下體行者以送之，故云「象行」也。云「又俎實之終始也」者，此盛葬奠用少牢，其載牲體亦當與少牢同，案少牢載俎云「肩臂臑膊骼在兩端」，又云「肩在上」，以此言之，則肩臂臑在俎上端，爲俎實之始，膊骼在俎下端，爲俎實之終。今取此兩端脛骨包以歸父母，直取脛骨爲象行，又兩端爲俎實之終始也。云「士苞三个」者，自上之差，案檀弓云：「國君七个，遣車七乘；大夫五个，遣車五乘。」注云：「人臣賜車馬者，乃得有遣車。遣車之差：大夫五，諸侯七，則天子九。諸侯不以命數，喪數略也。个，謂所苞遣奠牲體之數也。雜記曰『遣車視牢具』。」彼注云：「言車多少，各如所苞遣奠牲體之數也。然則，遣車載所苞遣奠而藏之者與？遣奠：天子太牢，包九个；諸侯亦太牢，包七个；大夫亦太牢，包五个；士少牢，包三个。大夫以上，乃有遣車〔六〇〕。」以此而言，士無遣車，則所包者不載于車，直持之而已。士有一包，而云包三个，鄭又云个謂所包遣奠，則士一包之中有三个牲體，故云「前脛折取臂臑，後脛折取骼」者。若然，大夫云遣車五乘，包五个，則一包之中有五个，五五二十五，一太牢而爲二十五體，則亦取下體，前脛取臂臑，後脛取骼，三牲有九體，又就九體折分爲二十五个，五包，包各五个。諸侯亦太牢而包七个，天子亦一太牢，又加以馬牲，牲別有三體，則十二體，就十二體中細分爲八十一个，九包，包各九个。大夫以上，皆不得全體，謂若少儀云太牢，則以「牛左肩、臂臑、折九个」之類〔六一〕，亦爲不全體也。云「亦得俎釋三个」者，羊俎，上注云「體不殊骨也」，其髀又不升，則骼別爲一段在俎。今前脛折取臂臑，其肩仍著胖爲一段，後脛折取骼，仍有肫一節在俎，則羊俎仍有兩段在俎。豕則左胖，豚解爲四段在俎，今前脛折取臂臑，後脛折取骼，仍有四段在俎。若然，羊俎有二段，豕俎有四段，相通則二俎，俎有三段在，故得爲俎釋三个。案特牲「俎釋三个」，注云：「爲改饌於西北隅遺之。」則此奠雖不改爲饌，西北隅留之，亦爲分禱五祀也。引雜記者，案彼云：曾子謂或人曰：「吾子不見大饗乎？夫大饗既饗，卷三牲之俎，歸于賓館，父母而賓客之，所以爲哀也。」注云：「言父母家之主，今賓客之，是孝子哀親之去也。」證此包牲歸父母，亦是賓客父母之事也。不以魚腊。非正牲也。○疏曰：云「非正牲也」者，正牲謂上三牲，故不以魚腊。行器：目葬行明器在道之次。○疏曰：包牲訖，明器當行鄉壙，故云「行器」。云「目葬行明器」者，即下云「茵苞」已下是也，故云「目葬行」也。茵、苞、器，序從，如其陳之先後。○疏曰：此直云「序從」者，序從即上文「器西南上茵苞」已下是也。故此亦言茵苞，以其爲首故也。車從。次器。○疏曰：上陳明器訖，次列車以從明器，故云「次器」也。徹者出，踊如初。於是廟中，當行者唯柩車。○疏曰：徹者，謂包牲訖，當徹去，所釋者出廟門，分禱五祀者。徹者出時，主人踊。於是廟中當行者，唯有柩車在廟未出，故云「於是廟中，當行者唯柩車」也。

右重出車馬奠器從○記：載粻，有子曰：「非禮也，粻，涉良反。○粻，米糧也。喪奠脯醢而已。」醢，音海。○言死者不食糧也，遣奠本無黍稷。○疏曰：遣車載粻，有子譏其爲失也。然藏器筲三，有黍稷麥，但遣奠之饌無黍稷，故遣車之奠不合載粻。又云：死者不食糧，故遣奠不用黍稷，而牲體是脯醢之義也。○雜記主人之史請讀賵，執筭從。柩東，當前束，西面。不命毋哭，哭者相止也，唯主人、主婦哭。燭在右，南面。毋，音無。○史北面請，既而與執筭西面於主人之前讀書釋筭。燭在右，南面，炤書便也。古文「筭」皆爲「筴」。○疏曰：鄭知「史北面請」者，以其主人於車東北面，所請者，請於主人，明史北面問之。又知在「主人之前讀之」，對面當柩，故知在主人之前，西鄉柩也。請訖乃西面，請時及入時，書在前，筭在後，則史西面之時，筭在史南西面。今燭在史北，近史炤書爲便。若在左，則隔筭，不便也。讀書。釋筭則坐。必釋筭者，榮其多。○疏曰：讀書者立讀之，敬也。釋筭者坐，爲釋之便也。云「必釋筭者，榮其多」者，以其所賵之物言之，亦得今必釋筭，顯其數者，榮其多也。卒，命哭，滅燭，書與筭執之以逆出。卒，已也。○疏曰：言逆出，則入時長在前，出時長在後。燭言滅，不言出者，以其燭已滅，不得言燭出，其人亦出可知。公史自西方東面，命毋哭，主人、主婦皆不哭，讀遣卒，命哭，滅燭，出。公史，君之典禮書者。遣者，入壙之物。君使史來讀之，成其得禮之正以終也。燭俠輅。○疏曰：以其言公史，故知君史。案周禮，大史、小史皆掌禮，則諸侯史亦掌典禮可知。云「成其得禮之正以終」者，以其死葬之以禮，是死者得禮之終事，故以君史讀而成之也。知「燭俠輅」者，上陳設葬奠云「執燭夾輅，北面」可知也。

右讀賵○記：讀賵，曾子曰：「非古也，是再告也。」賵，芳用反〔六二〕。○曾子言非禮。祖而讀賵，賓致命，將行，主人之史又讀賵，所以存録之。○檀弓商祝執功布以御柩，執披。居柩車之前，若道有低仰傾虧，則以布爲抑揚左右之節，使引者、執披者知之。士執披八人。今文無「以」。○仰，五郎反。○疏曰：執功布者，謂執大功之布麤者也。云「以御柩執披」者，葬時乘人，故有柩車前引柩者及在傍執披者，皆御治之，故云「御柩執披」也。云「柩車之前，若道有低仰傾虧，則以布爲抑揚左右之節」者，道有低則抑下其布，使知下坂；道有仰則揚舉其布，使知上坂；東轍下則下其布向東西邊，執披者持之；西轍下則下其布向西東邊，執披者持之。鄭云「使引者、執披者知之」者，執披者知其左右，引者知其上下也。知「士執披八人」者，案下記云：「執披者，旁四人。」注云：「前後左右各二人。」是士執披者八人也。主人袒，乃行，踊無筭。袒，爲行變也。乃行，謂柩車行也。凡從柩者，先後左右如遷于祖之序〔六三〕。○疏曰：云「乃行，謂柩車行」者，經云「乃行」，文承「主人袒」下，嫌主人行，故云乃行，謂柩車行。以行處據柩爲主〔六四〕，柩車行，主人行可知，故舉柩車行也。上遷于祖時，注云：「主人從者，丈夫由右，婦人由左。」以服之親疏爲先後，各從其昭穆，男賓在前，女賓在後。此從柩向壙之序，一如遷于祖之序，故如之也。出宮，踊，襲。哀次。○疏曰：云「哀次」者，以經云出宮踊襲，以出宮大門外，有賓客次舍之處，父母生時接賓之所〔六五〕，故主人至此感而哀此次，是以有踊，踊訖即襲，襲訖而行也。故檀弓云：「哀次亦如之。」注云：「次，他日賓客所受大門外舍也，孝子至此而哀。」是也。

右柩行○記：士喪有與天子同者：乘人，專道而行。詳見朝祖條。○及葬，毀宗躐行，出于大門，殷道也，學者行之〔六六〕。詳見上篇始死毀竈綴足條。○孔子在衛，有送葬者，而夫子觀之，曰：「善哉爲喪乎，足以爲法矣！小子識之。」子貢曰：「夫子何善爾也？」曰：「其往也如慕，其反也如疑。」識，式志反，又音式，下及注同。○慕，謂小兒隨父母啼呼。疑者，哀親之在彼〔六七〕。○疏曰：言慕如小兒啼呼者，謂父母在前，嬰兒在後，恐不及之，故在後啼呼而隨之。今親喪在前，孝子在後，恐不逮及〔六八〕，如嬰兒之慕。疑者，謂凡人意有所疑在彷徨不進。今孝子哀親在外，不知神之來否，如不欲還然，故如疑。問喪云：「其反也如疑。」鄭注云：「疑者，不知神之來否。」與此相兼乃足。子貢曰：「豈若速反而虞乎？」速，疾也。子曰：「小子識之，我未之能行也。」哀戚本也，祭祀末也。○檀弓○曾子曰：「葬引至于堩，日有食之，則有變乎？且不乎？」且，如字，徐子餘反。堩，古鄧反。○堩，道也。變，謂異禮。○疏曰：曾子以葬引至塗，值日有食之，則有變常禮而停住乎，且不變常禮而遂行乎，不審其事而問孔子也。孔子曰：「昔者吾從老聃助葬於巷黨〔六九〕，及堩，日有食之，老聃曰：『丘，止柩就道右，止哭以聽變。』既明反，而后行，曰：『禮也。』從，才用反，又如字。「既明反」絶句。○巷黨，黨名也。就道右者，行相左也。變，日食也。反，復也。○疏曰：老聃稱曰：禮也。「就道右者，行相左也」者，就道右者以道東爲右也。案儀禮云：「吉事交相左，凶事交相右。」此既柩行而交左者，以其遭日食之變，止哭停柩而不行凶禮，故從吉禮行相左。此據北出停柩在道東，北嚮對南嚮，行人爲交相左〔七〇〕。反葬而丘問之曰：『夫柩，不可以反者也。日有食之，不知其已之遲數，則豈如行哉？』

已，止也。數，讀爲速。○疏曰：不知其日食休已之遲速，設若遲晚，遂至於夜，則豈如行哉？言當疾行以至於墓，赴其吉辰也。老聃曰：『諸侯朝天子，見日而行，逮日而舍奠。大夫使，見日而行，逮日而舍。朝，直遥反。使，色吏反，下「君使」、「所使」同。○舍奠，每將舍，奠行主。夫柩不蚤出，不莫宿。蚤，音早。莫，音暮。○侵晨夜則近姦寇。見星而行者，唯罪人與奔父母之喪者乎？日有食之，安知其不見星也？爲無日而慝作，豫止也。○慝，他得反，惡也。且君子行禮，不以人之親痁患。』痁，始占反，病也。○痁，病也，以人之父母行禮而恐懼其有患害不爲也。○疏曰：言不可使人之親病於危亡之患也。言若日食而務速葬以赴吉辰，即慮有患害，而遂停柩，待明反而行，禮也。吾聞諸老聃云。」曾子問

至于邦門，公使宰夫贈玄纁束。邦門，城門也。贈，送也。○疏曰：云「邦門」者，案檀弓云：「葬于北方北首，三代之達禮也。」此邦門者，國城北門也。贈用玄纁束帛者，即是至壙窆訖，主人贈死者，用玄纁束帛也。以其君物所重，故用之送終也。主人去杖，不哭，由左聽命，賓由右致命。去，起吕反。○柩車前輅之左右也。當時止柩車。○疏曰：此謂宰夫將致命，主人乃去杖，不哭〔七一〕，由柩車前輅之左右。鄭必知據「前輅左右」者〔七二〕，以柩車在廟時，賓在柩車右，主人在柩車左〔七三〕，故知亦當前輅左右也。云「當時止柩車」者，下記云：「唯君命，止柩于堩，其餘則否。」注云：「不敢留神也。」此宰夫致命時，柩車止也。主人哭，拜稽顙。賓升，實幣于蓋，降，主人拜送，復位，杖乃行。升柩

車之前，實其幣於棺蓋之柳中，若親受之然。復位，反柩車後。○疏曰：賓既致公贈命訖，主人乃哭拜稽顙，賓乃升車，實幣于棺之蓋中，載以之壙。上文在廟所贈之幣，皆奠于左服，此實于蓋中者，彼贈幣，生死兩施，故奠左服，此贈專爲死者，故實于蓋中，若親授之然。云「復位，反柩車後」者，上在廟，位在柩車東，此行道〔七四〕，故在柩車後也。

右公使人贈○記：唯君命止柩于堩，其餘則否。堩，古鄧反。○不敢留神也。堩，道也。曾子問曰：葬既引，「至於堩」。○疏曰：正經直云柩「至邦門，君使宰夫贈」，不云止柩之事，故記人明之。引曾子問者，彼爲日食，此爲君命，雖不同，止柩是同，故引之證止柩之事。○本經記

至于壙，陳器于道東西，北上。統於壙。○疏曰：統於壙者，對廟中南上，此則北上，故云「統於壙」也。茵先入，當藉柩也。元士則葬用輁軸，加茵焉。○疏曰：云「當藉柩也」者，解茵先入之意。以其茵入，乃後屬引下棺於其上，以須藉柩，故茵先入。云「元士則葬用輁軸，加茵焉」者，元士謂天子之士，葬時先以輁軸由羡道入，乃加茵於其上，乃下棺於中。知元士「葬用輁軸」者，檀弓云：「天子龍輴而椁幬，諸侯輴而設幬。」以此言之，天子、諸侯殯葬皆用輴，朝廟用輴，可知大夫雖殯葬不用輴，朝廟亦用輴，故上注云「大夫、諸侯以上，有四周謂之輴」是也。士殯葬不用輁軸，朝廟得用之，上文遷于祖，用軸是也。諸侯之大夫有三命、再命、一命，殯葬不得用輴。天子之元士亦三命、再命、一命，葬得用輁軸者，春秋之義，王人雖微，猶在諸侯之上，明天子之士尊，謂之爲元，元者，善之長，故得用輁軸。屬引。於是說載除飾，更屬引於緘耳。古文「屬」爲「燭」。○說，土活反〔七五〕。緘，古咸反，劉古陷反。○疏曰：

柩車止壙，解説去載與披及引之等。除飾者，解去帷荒池紐之等。更屬引於緘耳者，案喪大記云：「君窆以衡，大夫、士以咸」。鄭注云：「衡，平也。人君之喪，又以木横貫緘耳，居旁持而平之。」今齊人謂棺束爲緘。以此而言，則棺束：君三衽三束，大夫士二衽二束。束有前後，於束末皆爲緘耳，以紼貫結之而下棺，人君又於横木之上以屬紼也。主人袒，衆主人西面北上，婦人東面，皆不哭。俠羡道爲位。○疏曰：主人袒者，爲下棺變。婦人不言北上，亦如男子北上可知。不哭者，爲下棺宜静。云「俠羡道爲位」者，羡道謂入壙道，上無負土爲羡道。天子曰隧，塗上有負土爲隧。僖二十五年：晉文公「請隧，弗許」。是也。

右至壙○記：車至道左，北面立，東上。道左，墓道東，先至者在東。○疏曰：正經直云「陳器于道東西，北上」〔七六〕，統于壙。以其入壙故也。不云三等之車面位之事，故記人明之。以其不入壙，故東上，不統於壙也。云「道左墓道東」者，據墓南面爲正，故知道左是墓道東也，當是陳器之南。云「先至者在東」者，以乘車、道車、稾車三者次第爲先後，先至謂乘車也。必知此車是乘車之等者，以其下有柩車，故知此是三等者也。○柩至于壙，斂服載之。斂，收斂之斂，注同。○柩車至壙，祝説載除飾，乃斂乘車、道車、稾車之服載之，不空之以歸。送形而往，迎精而反，亦禮之宜。○説，土活反，劉詩説反。○疏曰：正經直云「柩至于壙，屬引，乃窆」，不云柩車斂服載之，故記人明之。○云「柩車至壙，祝説載除飾，乃斂乘、道、稾車服載之，不空之以歸」者，此解説載，謂下棺於地，除飾，謂除去荒帷，柩車既空〔七七〕，乃斂，乘車皮弁服、道車朝服、稾車蓑笠三者之服，載之於柩車，示不空之以歸者也。云「送形而往，迎精而反」者，禮記問喪文。引之，證此不空歸之義。云「亦禮之宜」者，形往則送之，主人隨柩路是也。精反則迎之，主人隨精而反，是亦禮之宜然也。○本經記○衛司徒敬子之喪，孔子相。及墓，男子西面，婦人東面，殷道也。詳見喪禮義。○國昭子之母死，問於子張曰：「葬及墓，男子、婦人安位？」國昭子，齊大夫。子張曰：「司徒敬子之喪，夫子相，男子西鄉，婦人東鄉。」相，息亮反。鄉，許亮反。○夾羨道爲位。夫子，孔子也。曰：「噫，毋！」噫，本文作「意」，同于其反〔七八〕。○噫，不寤之聲。毋，禁止之辭。曰：「我喪也斯沾，斯，音賜。沾，依注音覘，敕廉反。○斯，盡也。沾，讀曰覘，覘，視也。國昭子自謂齊之大家，有事人盡視之，欲人觀之法其所爲。爾專之，賓爲賓焉，主爲主焉。」專，猶同也。時子張相。婦人從男子，皆西鄉。非也。○疏曰：「噫，毋」者，止子張也。子張既相，以男子西鄉，婦人東鄉，而昭子不悟禮意，乃曰：噫！毋得如此男子西鄉，婦人東鄉。既止子張，又自言我居喪也，既是齊之大家，人盡來覘視於我，當須更爲別禮，豈得以依舊禮？專，猶同也，爾當同此。婦人與男子一處，若婦女之賓爲賓位焉，與男子之賓同處，婦女之主爲主位焉，與男子之主同處。於是昭子家婦人從男子皆西鄉，同在主位，賓之男子及賓之婦人皆東鄉。言非也。○檀弓

乃窆，主人哭，踊無筭。窆，下棺也。今文「窆」爲「封」。○疏曰：主人哭踊不言處，還於壙東西面也。云「窆下棺」者，春秋謂之塴，皆是下棺之名也。襲，贈用制幣玄纁束，拜稽顙，踊如初。丈

八尺曰制。二制合之。束，十制五合。○疏曰：云「丈八尺曰制」者，朝貢禮及巡狩禮皆有此文，以丈八尺爲制。昏禮幣用二丈，取成數。凡禮幣皆用制者，取以儉爲節。聘禮云：「釋幣，制玄纁束。」注云：「凡物，十曰束。玄纁之率，玄居三，纁居二。」此注云「二制合之。束，十制五合」者，則每一端丈八尺，二端爲一匹，五匹合爲十制也。卒，袒，拜賓，主婦亦拜賓，即位，拾踊三，襲。拾，其業反，劉其輒反，後放此。○主婦拜賓，拜女賓也。即位，反位也。○疏曰：卒，謂贈卒，更袒拜賓。云「反位」者，各反羨道東西位，其男賓在衆主人之南，女賓在衆婦之南。賓出，則拜送。相問之賓也。凡弔賓有五，去皆拜之，此舉中焉。○疏曰：案雜記云：「相趨也，出宮而退。相揖也，哀次而退。相問也，既封而退。相見也，反哭而退。朋友，虞祔而退。」注云：「此弔者，恩薄厚、去遲速之節也。相趨，謂相聞姓名，來會喪事也。相揖，嘗會於他也。相問，嘗相惠遺也。相見，嘗執摯相見也。」以此而言，此經既葬而退，是相見問遺之賓，舉中以見上下五者，去即皆拜送可知。藏器於旁，加見。見，賢遍反。○器，用器、役器也。見，棺飾也。更謂之見者，加此則棺柩不復見矣。先言藏器，乃云加見者，器在見內也。內之者，明君子之於事終不自逸也。檀弓曰：「周人墻置翣。」○疏曰：用器，即上弓矢、耒耜之等。役器，即上甲冑、干笮之屬。此器中亦有樂器，不言者，省文。知有「用器、役器」者，以下別云「苞筲」之等，則所藏者是此器也〔七九〕。云「見棺飾也」者，飾則帷荒，以其與棺爲飾，此柩入壙，還以帷荒加於柩。更謂之見者，加此則唯見此帷荒，故名帷荒爲見，是棺柩不復見也。「內之者，明君子之於事終不自逸也」者，以用器、役器近身陳之〔八〇〕，是不自逸也。引檀弓者，見帷荒在柩外，周人名爲墻，若墻屋然，其外又置翣爲飾也。藏苞筲於旁，於旁者，在見外也。不言甕甒，饌相次可知。四者兩兩而居。喪大記曰：「棺槨之間，君容柷，大夫容壺，士容甒。」○柷，尺六反。○疏曰：云「於旁者在見外也」者，以其加見，乃云「藏苞筲」，故知見外也。云「不言甕甒饌相次可知」者，以其陳器之法，後陳者先用〔八一〕，先用甕甒，後用苞筲。苞筲藏，明甕甒先藏可知。云「四者兩兩而居」者，謂苞筲居一旁，甕甒居一旁，故云兩兩而居也。引喪大記者，欲見椁內、棺外所容寬狹，得容器物之意也。加折，卻之，加抗席，覆之，加抗木。宜次也〔八二〕。○疏曰：云「宜次也」者，宜謂折上陳之，美面鄉上，今用即美面鄉下，抗席又覆之，又折宜承席，席宜承木，皆是其宜也。次者，木則先陳後用，席則後陳先用，是其次者。實土三，主人拜鄉人。謝其勤勞。○疏曰：案雜記云：「鄉人，五十者從反哭，四十者待盈坎。」注云：「非鄉人，則少長皆反。」以此而言，於時主人未反哭，鄉人並在，故今至實土三徧，主人拜謝之，謝其勤勞。勤勞者，謂在道助執紼，在壙助下棺及實土也〔八三〕。即位，踊，襲，如初。哀親之在斯。○疏曰：謂既拜鄉人，乃於美道東即位，踊無筭，如初也。云「哀親之在斯」者，以親之在斯，故哀號甚，踊無筭。

右窆○記：父爲大夫，子爲士，葬以大夫，祭以士。父爲士，子爲大夫，葬以士，祭以大夫。朱子章句曰〔八四〕：周公制爲禮法，以及天下，使葬用死者之爵，祭用生者之祿。○中庸○並有喪葬，先輕而後重。詳見喪變禮並有喪條。○周禮大司徒：施教灋于邦國都鄙，四閭爲族，使之相葬。疏曰：百家立一上士，爲族師。百家之內有葬者，使之相助益，故云相葬。○族師：五家爲比，十家爲聯。五人爲伍，十人爲聯。四閭爲族，八閭爲聯。使之相保，以相葬埋。○記：喪三月而葬。凡附於棺者，必誠必信。詳見喪禮義。○既封，主人贈而祝宿虞尸。詳見士虞禮。○魯人之贈也，三玄二纁[八五]，廣尺，長終幅。廣，古曠反。長，直亮反。幅，方服反。○言失之也。士喪禮下篇曰：「贈用制幣玄纁束。」○疏曰：記魯失也。贈，謂以物送亡人於椁中也。既夕禮曰：「贈用制幣玄纁束。」今魯人雖三玄二纁，而用廣尺長終幅，不復丈八尺，則失禮也。○雜記○醴者，稻醴也。甕甒筲衡實見間，而后折入。甕，於貢反。甒，音武。筲，所交反。衡，依注作「桁」，户剛反，徐户庚反。折，之設反。○此謂葬時藏物也。衡，當爲「桁」，所以庪甕甒之屬，聲之誤也。實見間，藏於見外椁内也。折，承席也。○疏曰：言此醴是爲稻米所爲。甕者，盛醯、醢。甒者，盛醴、酒。筲者，盛黍、稷。衡者，以大木爲桁，置於地，所以庪舉於甕甒之屬。實見間，見謂棺外之飾，言實此甕甒筲等於見外椁内二者之間，故云「實見間」。「而后折入」者，折謂椁上承席，實物椁内既畢，然後以此承席加於椁上。又案既夕禮：「乃窆」，「藏器於旁，加見」。注云：「器，用器、役器也。見，棺飾也。」先言「藏器」，乃云「加見」者，器在見内也。既夕禮又云：「藏苞筲於旁。」注云：「於旁者，在見外也。」則見内是用器、役器，見外是明器也。此是士禮，略實明器耳。大夫以上，則兼有人器、明器也。人器實，明器虛。○同上○庶人縣封，葬不爲雨止，不封不樹。爲，于僞反。○縣封，當爲「縣窆」。縣窆者，至卑，不得引紼下棺，雖雨猶葬，以其禮儀少。封，謂聚土爲墳，不封之，不樹之，無飾也。周禮曰：「以爵等爲丘封之度與其樹數。」則士以上乃皆封樹。○疏曰：庶人之喪賤，無碑繂。窆，謂下棺。縣繩下棺，故云縣窆。威儀既少，日又促遽，將葬之時，不爲雨而止。庶人既卑，不須顯異，不積土爲封，不標墓以樹。云「不得引紼下棺」者，士雖無碑，猶有二紼。今庶人無紼，唯以繩縣棺。「雖雨猶葬，以其禮儀少」者，案異義：「公羊説『雨不克葬』，謂天子、諸侯也。卿、大夫臣賤，不能以雨止。」廢疾云「雖庶人葬，爲雨止」，公羊説「卿、大夫臣賤，不能以雨止」，此等之説，則在廟未發之時。庶人及卿、大夫亦得爲雨止。若其已發在路，及葬，則不爲雨止。其人君在廟及在路，及葬，皆爲雨止。云「封謂聚土爲墳」者〔八六〕，以對上封爲窆，故明之。「周禮曰：以爵等爲丘封之度」〔八七〕，是周禮冢人文。云周以士爲爵，故云「則士以上乃皆封樹」，是庶人不封樹。彼注云：「王公曰丘，諸臣曰封〔八八〕。」又引漢律曰：「列侯墳高四丈，關内侯以下至庶人各有差。」又禮記云：「孔子合葬於防」，「崇四尺」〔八九〕。鄭云「蓋周之士制」。其樹數則無文。案白虎通云「天子松，諸侯柏，大夫栗，士槐」云。○王制○孔子爲中都宰，制爲養生送死之節，因丘陵爲墳，不封不樹。詳見陳殯具條。○易墓，非古也。易，以豉反，注同。○易，謂芟治草木。不易者，丘陵也。○疏曰：墓，謂冢旁之地。易，謂芟治草木，不使荒穢。不易者，使有草木如丘陵然。言易墓非古也，則古者殷以前墓而不墳，是不治易也。○檀弓○墳墓不培。喪服四制○詳見喪服義。○國子高曰：「葬也者，藏也，欲人之弗得見也。是故衣足以飾身，棺周於衣，槨周於棺，土周於槨，反壤樹之哉。」詳見喪禮義。○舜葬於蒼梧之野，舜征有苗而死，因留葬焉。書説舜曰：「陟方乃死。」蒼梧，於周南越之地，今爲郡。蓋三妃未之從也。古者不合葬。季武子曰：「周公蓋附。」附，謂合葬，合葬自周公以來。○疏曰：舜南巡守，因征有苗而死，以古代不合葬，且天下爲家，故遂葬於蒼梧之野，蓋三妃未之從也。從，猶就也。古不合葬，故舜之三妃不就蒼梧與舜合葬也。云「蓋」者，録記之人傳云舜時如此，未知審悉，故云「蓋」。記者既論古不合葬，與周不同，引季武子之言，云周公以來，蓋始附葬〔九〇〕。附，即合也。

○檀弓○孔子曰：衛人之祔也，離之。祔，音附。○祔，謂合葬也。離之，有以閒其椁中。魯人之祔也，合之。善夫！」合，音閤。夫，音扶。○善夫，善魯人也。祔葬當合也。○疏曰：魯、衛兄弟，應同周法，故並之也。祔，謂合葬也。離之，謂以一物隔二棺之間於椁中，猶生時男女須隔居處也。「魯人之祔也，合之。善夫」者，魯人則合並兩棺置椁中，無別物隔之，穀則異室，死則同穴，故善魯之祔也。○同上〔九一〕。

○孔子少孤，不知其墓，殯於五父之衢。父，音甫，下同。衢，求于反。○殯於家，則知之者無由怪己。欲發問端。五父，衢名，蓋郰曼父之鄰也〔九二〕。人之見之者，皆以爲葬也。見柩行於路。其慎也，蓋殯也。慎，依注作「引」，羊刃反。○慎，當作「引」，禮家讀然，聲之誤也。殯引，飾棺以輤〔九三〕；葬引，飾棺以柳翣。孔子是時以殯引，不以葬引，時人見者，謂不知禮。問於郰曼父之母，然後得合葬於防。曼，音萬。○曼父之母與孔子之母徵在爲鄰，相善。○疏曰：孔子母既死，遂問曼父之母，始知父墓所在，而後得以父母尸柩合葬於防。不知其墓者，謂不委曲適知柩之所在，不是全不知墓之去處。其或出辭入告，總望本處而拜。今將欲合葬，須正知處所，故云「不知其墓」。今古不知墓處，於事大有，而講者諠諠，競爲異説，恐非經記之旨。案家語云：「梁紇生子，三歲而後卒。」是孔子少孤。云「殯引，飾棺以輤」者，案雜記云：諸侯行而死於道，「其輤有裧，緇布裳帷」。輤爲赤色。大夫以下雖無輤，取諸侯輤同名，故飾棺以輤。○同上○孔子既得合葬於防，言既得者，少孤不知其墓。曰：「吾聞之，古也墓而不墳。墓，謂兆域，今之封塋也。土之高者曰墳。今丘也東西南北之人，不可以弗識也。」識，式志反。於是封之，崇四尺。東西南北，言居無常也。聚土曰封。封之，周禮也。周禮曰：「以爵等爲丘封之度。」崇，高也。高四尺，蓋周之士制。○疏曰：天子之墓一丈，諸侯八尺，其次降差以兩。引周禮冢人，云「高四尺，蓋周之士制」者，其父梁紇雖爲大夫，周禮公、侯、伯之大夫，再命與天子中士同。云「周之士制」者，謂天子之士也。孔子先反，當修虞事。門人後，雨甚至，後，待封也。孔子問焉曰：「爾來何遲也？」曰：「防墓崩。」言所以遲者，修之而來。孔子不應。以其非禮。三，三，息暫反。○三言之，以孔子不聞。孔子泫然流涕曰：「吾聞之，古不脩墓。」泫，胡犬反。涕，音體。○脩，猶治也。○疏曰：防地之墓新始積土，遇甚雨而崩，孔子自傷脩墓違古，致令今崩，弟子重脩，故流涕也。○同上○孔子之喪，有自燕來觀者，舍於子夏氏，子夏曰：「聖人之葬人與？人之葬聖人也。子何觀焉？燕，烏田反。○與，及也。○疏曰：燕國人聞葬聖人，恐有異禮，故從燕來魯觀之，舍於子夏氏。舍，住也，燕人來住子夏家也。子夏曰：「聖人之葬人與？人之葬聖人也。子何觀焉？」與，及也。子夏謂燕人云：若聖人葬人及人葬聖人，皆用一禮，而子遠來，何所觀乎？王肅云：「聖人葬人與，屬上句以言。若聖人葬人與，則人庶有異聞，得來觀者。若人之葬聖人，與凡人何異，而子何觀之？」又述昔聞夫子見四封之異者，是許燕人學之，故備陳其教以赴遠觀之意。昔者夫子言之曰：『吾見封之若堂者矣，封築土爲壟堂形，四方而高。見若坊者矣，坊形旁殺平上而長。見若覆夏屋者矣，覆，謂茨瓦也。夏屋，今之門廡也，其形旁廣而卑。見若斧者矣。斧形旁殺刃上而長。從若斧者焉。』孔子以爲刃上難登狹，又易爲功。馬鬣封之謂也。鬣，力輒反。○俗間名。今一日而三斬板，而已封，板，蓋廣二尺，長六尺，斬板，謂斷其縮也。三斷上之旁殺，蓋高四尺，其廣袤未聞也。詩云：「縮板以載。」尚行夫子之志乎哉！」尚，庶幾也。○疏曰：此歷述孔子之言者，欲以此語與燕人爲法。封，謂墳之也，若如堂基四方而高。「見若坊者矣」，坊，堤也，堤坊水，上平而兩旁殺，其南北長也。「見若覆夏屋者矣」，殷人以來，始屋四阿，夏家之屋，唯兩下而已，無四阿，如漢之門廡。又見封如斧之形，其刃嚮上，長而高也。既言四墳之異，夫子之意從若斧者焉，以爲刃上難登，狹又易爲功力。子夏既道若斧形，恐燕人不識，故舉俗稱馬鬣封之謂也以語燕人。馬騣鬣之上其肉薄，封形似之。「今一日而三斬板」，子夏前述明夫子語，又更述其今葬，孔子既是從斧之墳。「今一日」者，謂今作孔子墳，正用一日之功，儉約不假多時。於一日之中而三斬板者，謂作墳法也。築墳之法，所安板側於兩邊，而用繩約板令立，後復内土於板之上，中央築之，令土與板平，則斬所約版繩斷，而更置於見築土上，又載土其中。三遍如此，其墳乃成而止〔九四〕，已其封也，故鄭注：「板，蓋廣二尺，長六尺。」板廣二尺，疊側三板，應高六尺，而云四尺者，但形旁袤漸斂，上狹下舒，如斧刃之形，使三板取高四尺，以合周制也。「尚行夫子之志乎哉」者，尚，庶幾也，言今一日三斬板，是庶幾慕行於孔子平生所志也，以示燕人。孫毓難云：孔子墓，魯城北門外西，墳四方，前高後下，形似臥斧，高八九尺。今無馬鬣封之形，不止于三板〔九五〕，記似誤者〔九六〕。孫毓云據當時所見，其墳或後人增益，不與元葬墳同，無足怪也。○同上○季武子成寢，武子，魯公子季友之曾孫季孫宿。杜氏之葬在西階之下，請合葬焉，許之。入宮而不敢哭，武子曰：「合葬，非古也，自周公以來，未之有改也。○疏曰：先儒皆以杜氏喪從外來就武字，徐音闍，後「合葬」同。○自見夷人冢墓，以爲宅，欲文過。○疏曰：先儒皆以杜氏喪從外來就武子之寢，與孔子合葬於防同。又案晏子春秋景公成路寢之臺，逢於阿盆成逆後喪，並得附葬景公寢中〔九八〕，與此同也。吾許其大而不許其細，何居？」命之哭。居，音姬，下同。○記此，善其不奪人之恩。○疏曰：聽之將喪而入葬，是許其大。而不許其細，哭是細也。何居，居，語辭。既許其大，不許其細，是何道理，故云「何居」。○同上○曾子問曰：「下殤土周，葬于園，遂輿機而往〔九九〕，塗邇故也。土周，堲周也〔一〇〇〕。周人以夏后氏之堲周葬下殤於園中，以其去成人遠，不就墓也。機，輿尸之牀也，以繩絙其中央，又以繩從兩旁鉤之。禮，以機舉尸，輿之以就園而斂葬焉，塗近故耳。輿機，或作「餘機」。今墓遠，則其葬也如之何？」今人斂下殤於宮中而葬於墓，與成人同，墓塗乃遠，其葬當輿其棺乎？載之也？問禮之變也。孔子曰：「吾聞諸老聃曰：『昔者史佚有子下殤也，墓遠，蓋欲葬墓如長殤，從成人也。長殤有送葬車者，則棺載之矣。史佚，成王時賢史也，賢猶有所不知。召公謂之曰：「何以不棺斂於宮中？」欲其斂於宮中如成人也。斂於宮中，則葬當載之。史佚曰：「吾敢乎哉？」畏知禮也。召公言於周公，爲史佚問。周公曰：「豈，不可？」言是豈，於禮不可，不許也。史佚行之。』失指以爲許也，遂用召公之言。下殤用棺衣棺，自史佚始也。」棺，謂斂於棺。○疏曰：曾子既見時所行與古禮異，故舉事而問也。下殤，謂八歲至十一也〔一〇一〕。下殤去成人遠，不可葬於成人之墓，故用土周而葬於園中也。遂輿機而往者，輿，猶抗也；機者，以木爲之，狀如牀，無脚及輁簀也。先用一繩直於中央，繫著兩頭之榪，又別取一繩係一邊材，横鉤中央直繩，報還鉤材，往還取一帀〔一〇二〕，兩邊悉然，而後以尸置於繩上，抗舉以往園中。臨斂時，當堲周之上，先縮除直繩，則兩邊交鉤之繩悉各離解，而尸從機中央零落入於堲周中，故曰輿機而往也。若成人墓遠，則以棺衣棺於宮中。此下殤葬於園，是路去家甚近，故先用機舉尸往園中，而後棺斂〔一〇三〕，故曰塗邇故也。案檀弓云：周人「以夏后氏之堲周葬中殤、下殤」。故知土周是堲周也。檀弓云中殤、下殤，此注直云「以夏后氏之堲周葬下殤於園中」者，以經云「下殤土周葬於園」，故指下殤爲言。檀弓所云，據士及庶人也。若諸侯，長、中殤適者車三乘，下殤車一乘。既有遣車，即不得堲周、輿機而葬也。諸侯庶長殤、中殤車一乘，則宗子亦不用堲周、輿機而葬，其下殤則輿機。其大夫之適長殤、中殤遣車一乘，亦不輿機，下殤無遣則輿機也。然則，王之適庶長、中、下殤皆有遣車，亦不輿機。士及庶人適庶皆無遣車，則中、下殤並皆輿機。故熊氏云：若無遣車，中從下殤。其長殤既無遣車，年又長大，不可與下殤同。蓋棺斂於宮中，載棺而往之墓，從成人也。曾子見時世禮變，皆棺斂下殤於宮中而葬之於墓，與成人同。路今既遠，不復用輿機，於尸爲當用人抗輿棺而往墓，爲當用車載棺而往墓邪？問其葬儀，故云「如之何」。「昔者史佚有子而死下殤也墓遠」，此舉失禮之人。史佚，周初良史，有子下殤而死墓遠者，史佚欲不葬於園，而載尸往墓，及棺而葬之。其墓稍遠，猶豫未定，召公故勸之，令棺斂於宮中，如成人也。「史佚曰吾豈敢乎哉」者，恐違禮者所譏，故召公爲諮問於周公，周公答曰「豈」。豈者，怪拒之辭。又云「不可」，不可是不可之辭。史佚不達其指，故行棺於宮中之禮也。此云自史佚爲始，明昔非唯於宮中不棺，亦不衣也。○曾子問○

延陵季子適齊，於其反也，其長子死，葬於嬴、博之間。其坎深不至於泉，其斂以時服，既葬而封，廣輪揜坎，其高可隱也。詳見喪禮義。

乃反哭，入，升自西階，東面。衆主人堂下，東面北上。西階東面，反諸其所作也。反哭者，於其祖廟，不於阼階西面〔一〇四〕。西方，神位。○疏曰：此「反哭」者，拜鄉人訖〔一〇五〕，反還家哭，于廟入升，自西階東面哭。檀弓云：「反哭升堂，反諸其所作也。」注云：「親所行禮之處。」是也。云「反哭者，於其祖廟」者，謂下士祖禰共廟，故下經賓出，主人送于門外，遂適于殯宮。適士二廟者，自殯宮先朝禰，後朝祖，今反哭，則先於祖，後于禰，遂適殯宮也。案春秋僖八年經書「用致夫人」，左氏云：凡夫人，「不殯於廟」者。春秋之世多行殷法，不與禮合也。云「不於阼階西面。西方，神位」者，以特牲、少牢主人行事升降皆由阼階，今不於阼階，故決之以西方神位。知者，特牲、少牢皆布席于奥，殯又在西階，是西方神位，主人非行事，直哭而已，故就神位。婦人入，丈夫踊，升自阼階。辟主人也。○疏曰：反哭之禮，主人、男子等先入，主婦、婦人等後入，故婦人入，丈夫在位者皆踊。婦人不升西階者，由主人在西階，故鄭云「辟主人」。主婦入于室，踊，出即位，及丈夫拾踊三。入于室，反諸其所養也。出即位，堂上西面也。拾，更也。○更，音庚。○疏曰：案檀弓云：「主婦入于室，反諸其所養也。」鄭注云：親所饋食之處哭也。但主人既在西階，親所行禮之處，以婦人無外事，故於饋食之處哭也。云「出即位，堂上西面也」者，自小斂奉尸俠於堂已後，主婦等位皆在阼階上西面，是以知出即位者，阼階上西面也。云「拾，更也」者，凡成踊而拾，皆主人踊，主婦踊，賓乃踊，故云「更也」。賓弔者升自西階，曰：「如之何？」主人拜稽顙。賓弔者，衆賓之長也。反而亡焉，失之矣，於是爲甚，故弔之。弔者北面，主人拜於位，不北面拜賓東者，以其亦主人位也。今文無「曰」。○疏曰：弔賓皆在堂下，今升堂釋辭，故知賓中爲首者，賓之長也。云「反而亡焉，失之矣，於是爲甚」者，亦檀弓文。引之，證周人反哭而弔哀之甚也。云「弔者北面」者，以經云「賓弔者升自西階」〔一〇六〕，即云曰「如之何」，不見弔者改面之文，明升堂北面可知。云「主人拜于位」者，拜于西階上東面位，以其上經主人升自西階東面，故知仍東面位也。云「不北面拜賓東者以其亦主人位也」者。鄉飲酒、鄉射主人酬賓，皆於賓東主人位，特牲、少牢助祭之賓，主人皆拜送于西階東面，故於東面不移，以其亦主人位故也。賓降出，主人送于門外，拜稽顙。遂適殯宮，皆如啓位，拾踊三。啓位，婦人入升堂，丈夫即中庭之位。○疏曰：案士喪禮朝夕哭位，云婦人即位於堂，南上，主人堂下，直東序西面。啓殯時云主人位如初，又云主人入即位。則此如啓位，婦人亦即位于堂東西面，主人即位于堂下，直東序西面。直東序西面，即中庭位也。兄弟出，主人拜送。

兄弟，小功以下也。異門大功，亦可以歸。○疏曰：知「兄弟小功以下也」者，此兄弟等始死之時，皆來臨喪，殯訖，各歸其家朝夕哭，則就殯所，至葬開殯而來喪所，至此反哭，亦各歸其家，至虞卒哭祭還來預焉，故喪服小記云：「緦小功，虞，卒哭，則皆免。」是也。云「異門大功亦可以歸」者，大功以上有同財之義，爲異門則恩輕，故可歸也。衆主人出門，哭止，闔門，主人揖，衆主人乃就次。次，倚廬也。○疏曰：云「衆主人出門」者，則主人拜送兄弟，因在門外。云「闔門」者，鬼神尚幽闇。云「次，倚廬也」者，以未虞以前，仍依於初東壁下，倚木爲廬，齊衰居堊室，大功張幃。喪服傳云：「既虞」，「柱楣翦屏」。此直云倚廬，據主人斬衰者而言。猶朝夕哭，不奠。是日也，以虞易奠。○疏曰：自啓殯以來常奠，今反哭，至殯宮猶朝夕哭，如前，不奠耳。檀弓云：「葬日虞，弗忍一日離也。是日也，以虞易奠。」故不奠也。

右反哭○記：卒窆而歸，不驅。孝子往如慕，反如疑，爲親之在彼。○疏曰：此文解上斂服載之下棺訖〔一〇七〕，實土三，孝子從蜃車而歸，不驅馳而疾者，疑父母之神不歸。孝子往如慕者，如嬰兒隨母而啼慕。反如疑者，孝子不見其親。疑精魂在彼不歸，言此者，解經不驅之事。○本經記○既封而歸，殷道也。詳見喪禮義。○無柩者不帷。謂既葬也，棺柩已去，鬼神在室，堂無事焉，遂去帷。○疏曰：無柩，謂葬後也，神主祔廟還在室，則在堂無事，故不復用帷也。○雜記○反哭升堂，主婦入于室。詳見喪禮義。○升自客階，受弔於賓位〔一〇八〕。同上○其反也如疑。詳見柩行條。

校勘記

〔一〕謂先葬二日　「二」，原作「一」，據朝鮮本、四庫本、賀本改。

〔二〕已夕哭時　「哭」，原作「之」，據賀本及儀禮注疏改。

〔三〕云必容者　「云」，原作「去」，據朝鮮本、四庫本改。

〔四〕經　字下，賀本有「十三」二字。

〔五〕將請啓殯之時　「將請」，原誤倒，據賀本及儀禮注疏改。

〔六〕此不於既朝哭而待既夕哭者　「此」，原作「北」，據朝鮮本、吕本、四庫本、賀本改。

〔七〕云祖王父也者　「者」，原作「智」，據朝鮮本、吕本、四庫本、賀本改。

〔八〕蓋象平生將出必辭尊者　「生」，原作「上」，據朝鮮本、吕本、四庫本改。

〔九〕云輁狀如長牀穿桯前後著金而關軸焉者　「軸」，原作「輪」，據賀本、上文及儀禮注疏改。

〔一〇〕升照正柩　「正」，原作「王」，據朝鮮本、吕本、四庫本、賀本改。

〔一一〕女子由左　「子」，原作「人」，據賀本及儀禮注疏改。

〔一二〕則在兩楹間而近西矣　「間」，原作「門」，據朝鮮本、四庫本及儀禮注疏改。

〔一三〕乃得東也　「也」，原作「面」，據吕本、四庫本改。

〔一四〕堂上迫　「迫」，原作墨釘，據朝鮮本、吕本、四庫本補。

〔一五〕謂在殯宫看主人開殯朝祖之賓　「謂」，原作「位」，據朝鮮本、吕本、四庫本改。

〔一六〕云設奠時婦人皆室户西南面奠畢乃得東也者　「乃」，原作「力」，據朝鮮本、吕本、四庫本改；又「也」，原作「面」，據吕本、四庫本、賀本改。

〔一七〕相隨同西面也　「同」，原作「向」，據賀本及儀禮注疏改。

〔一八〕君車將駕　「君」，原作「若」，據賀本及儀禮注疏改。

〔一九〕馬則右還　「右」，原作「又」，據吕本、四庫本、賀本改。

〔二〇〕此是上士二廟　「二」，原作「三」，據朝鮮本、吕本、四庫本、賀本改。

〔二一〕若先在門東西面　「門」，原脱，據賀本及儀禮注疏補。

〔二二〕執醴先酒脯醢俎從之　「先酒」，原誤倒，據四庫本、上文及儀禮疏疏改。

〔二三〕虎皮淺毛也　「毛」，原作「色」，據賀本及儀禮注疏、毛詩正義改。

〔二四〕道車載旜　「旜」，原作「襚」，據賀本及儀禮注疏改。

〔二五〕有馬則有此三者　「三」，原作「二」，據吕本、四庫本、賀本改。

〔二六〕本經記　句上，賀本有「並」字。

〔二七〕御棺用功布　「御棺」，原脱，據吕本、賀本及禮記正義補。

〔二八〕前赤後黑　「黑」，原作「墨」，據賀本及儀禮注疏改。

〔二九〕三面而有　句據賀本及儀禮注疏。原本「有」下二字漫漶，吕本爲墨釘，四庫本作「六戴」。

〔三〇〕去後餘三　「三」，原作「二」，據朝鮮本、四庫本、賀本改。

〔三一〕似今蛇文畫　「蛇」，原作「地」，據朝鮮本、吕本、四庫本、賀本改。

〔三二〕此一節論孔子弟子送葬車飾　「此」，原作「狀」，據朝鮮本、四庫本及禮記正義改。

〔三三〕褚爲覆棺之物　「褚」，原作「楮」，據、吕本、四庫本及禮記正義改。下「無褚」、「爲褚」同。

〔三四〕疏曰　「疏」，原脱，據四庫本、賀本補。

〔三五〕而此云加　「此」，原脱，據四庫本、賀本及儀禮注疏補。

〔三六〕先用取後陳於上者便故也　「故」，原作墨釘，據朝鮮本、吕本、四庫本補。

〔三七〕窆事訖　「訖」，原作墨釘，據朝鮮本、吕本、四庫本補。

〔三八〕使之牢固不拆壞　「拆」，朝鮮本、吕本及閩本儀禮注疏同，四庫本、賀本及毛本儀禮注疏作「折」。

〔三九〕本又作鼏　「鼏」，原作「冪」，賀本作「冪」，據儀禮注疏改。

〔四〇〕猶阼階升時也　「阼階」，原作墨釘及「附」，據朝鮮本、吕本、四庫本、賀本改。

〔四一〕西面　「面」，原作「西」，據朝鮮本、吕本、四庫本改。

〔四二〕皆升自阼階　「階」，原作「皆」，據朝鮮本、吕本、四庫本改。

〔四三〕亦有重北　「北」，原作「此」，據朝鮮本、吕本、四庫本改。

〔四四〕徹訖　「訖」，原作「乾」，據朝鮮本、吕本、四庫本改。

〔四五〕由重南而東　「東」，原作「象」，據朝鮮本、吕本、四庫本改。
〔四六〕亦在阼階下也　「在」，原作「直」，據朝鮮本、吕本、四庫本改。
〔四七〕由馬西　「由」，原作「中」，據朝鮮本、吕本、四庫本改。
〔四八〕此棧車即柩車也　「此」，原作「也」，據朝鮮本、吕本、四庫本改。
〔四九〕尸在車上　「尸」，原作「主」，據吕本、四庫本、賀本改。
〔五〇〕故授左服　「授」，原作「也」，據賀本及儀禮注疏改。
〔五一〕容授尸之右也　「容」，原作「客」，據賀本及儀禮注疏改。
〔五二〕有勇力者受馬　「有」，原作「言」，據四庫本及儀禮注疏改。
〔五三〕故知受馬是胥徒之長　「受」，原作「也」，據四庫本、賀本及儀禮注疏改。
〔五四〕公食大夫下大夫太牢鼎七　「太」，原脱，據賀本及儀禮注疏補。
〔五五〕此冢之左胖則爲四段矣　「此」，原作「比」，據朝鮮本、吕本、四庫本改。
〔五六〕彼鄭注云　「云」，原作「文」，據四庫本及儀禮注疏改。
〔五七〕云加鮮獸而無膚者　「無」，原作「用」，據吕本、四庫本、賀本改。
〔五八〕亦猶序西南　「猶」，原作「曰」，朝鮮本作「由」，據下文及儀禮注疏改。
〔五九〕由柩車重南而東者　「東」，原作「來」，據四庫本、賀本改。
〔六〇〕乃有遣車　「車」，原作「奠」，據吕本、四庫本、賀本改。下文「士無遣車」同。

〔六一〕則以牛左肩臂臑折九个之類　「左」，原作「右」，據四庫本、賀本及儀禮注疏改。

〔六二〕賵芳用反　「鳳」，原作「取」，據朝鮮本改。賀本作「鳳」，亦可。

〔六三〕先後左右如遷于祖之序　「于祖」，原作「子祖」，據吕本、四庫本、賀本改。

〔六四〕以行處據柩爲主　「以」，原作「人」，據朝鮮本、四庫本、賀本改。

〔六五〕父母生時接賓之所　「賓」，原作「擯」，據吕本、四庫本及儀禮注疏改。

〔六六〕學者行之　「學者」，原作「孔子」，據賀本及禮記正義改。

〔六七〕哀親之在彼　句下，賀本及禮記正義有「如不欲還然」。

〔六八〕恐不逮及　「及」，原作「反」，據四庫本及禮記正義改。

〔六九〕昔者吾從老聃助葬於巷黨　「於」，原脱，據賀本及禮記正義補。

〔七〇〕行人爲交相左　「左」，原作「右」，據朝鮮本、四庫本、賀本改。

〔七一〕不哭　「哭」，原作墨釘，據朝鮮本、吕本、四庫本補。

〔七二〕鄭必知據前輅左右者　「左」，原作墨釘，據朝鮮本、吕本、四庫本補。

〔七三〕主人在柩車左　「人」，原作墨釘，據朝鮮本、吕本、四庫本補。

〔七四〕此行道　「此」，原作「北」，據朝鮮本、四庫本及儀禮注疏改。

〔七五〕説土活反　「土」，朝鮮本及儀禮注疏同，吕本、四庫本作「吐」。

〔七六〕正經直云陳器于道東西北上　「西」，原脱，據四庫本、賀本及儀禮注疏補。

〔七七〕柩車既空 「空」，原作「窆」，據四庫本、賀本及儀禮注疏改。
〔七八〕同于其反 「同」，原作「司」，據朝鮮本、四庫本、賀本改。
〔七九〕則所藏者是此器也 「所」，原作「此」，據賀本及儀禮注疏改。
〔八〇〕以用器役器近身陳之 「陳」，原作「陣」，據朝鮮本、吕本、四庫本、賀本改。
〔八一〕後陳者先用 「用」，原作「困」，據朝鮮本、吕本、四庫本、賀本改。
〔八二〕宜次也 「次」，原作「賜」，據朝鮮本、吕本、四庫本改。
〔八三〕在壙助下棺及實土也 「土」，原作「之」，據朝鮮本、吕本、四庫本、賀本改。
〔八四〕朱子章句曰 「子」，原作「氏」，據賀本改。
〔八五〕三玄二纁 「二」，原作「三」，據賀本、下文及禮記正義改。
〔八六〕云封謂聚土爲墳者 「墳」，原作「之」，據四庫本、上文及禮記正義改。
〔八七〕周禮曰以爵等爲丘封之度 「曰」，原作「田」，據朝鮮本、吕本、四庫本、賀本改。
〔八八〕諸臣曰封 「曰」，原作「目」，據朝鮮本、四庫本及禮記正義改。
〔八九〕崇四尺 「尺」，原作「天」，據朝鮮本、吕本、四庫本、賀本改。
〔九〇〕蓋始附葬 「附」，原作「祔」，據朝鮮本、賀本及禮記正義改。
〔九一〕同上 句原脱，據賀本補。
〔九二〕蓋郰曼父之鄰也 「郰」，原作「聊」，據賀本及禮記正義改。下「郰曼父」同。

〔九三〕飾棺以輤　「輤」，原作「靖」，據朝鮮本、吕本、四庫本改。
〔九四〕其壙乃成而止　「止」，原作「上」，據朝鮮本、吕本、四庫本改。
〔九五〕不止于三板　「止」，原作「上」，據四庫本及禮記正義改。
〔九六〕記似誤者　「似誤」，原作墨釘，據朝鮮本、吕本、四庫本改。
〔九七〕徐才浪反　「才」，原作「不」，據賀本及禮記正義改。
〔九八〕並得附葬景公寢中　「並」，原作墨釘，據朝鮮本、吕本、四庫本補。
〔九九〕遂輿機而往　「遂」，原脱，據賀本及禮記正義補。
〔一〇〇〕士周　「士」，原作「上」，據吕本、四庫本及禮記正義改。
〔一〇一〕謂八歲至十一也　「八」，原作「入」，據朝鮮本、吕本、四庫本改。
〔一〇二〕往還取一帀　「帀」，原作「巾」，據賀本及禮記正義改。
〔一〇三〕而後棺斂　「後」，原作「復」，據朝鮮本、四庫本及禮記正義改。
〔一〇四〕不於阼階西面　「阼」，原作「階」，據朝鮮本、吕本、四庫本改。
〔一〇五〕拜鄉人訖　「訖」，原作「者」，據吕本、四庫本及儀禮注疏改。
〔一〇六〕以經云賓弔者升自西階　「西」，原作「阼」，據朝鮮本、四庫本及儀禮注疏改。
〔一〇七〕此文解上斂服載之下棺訖　「文」，原作「云」，據賀本及儀禮注疏改。
〔一〇八〕受弔於賓位　「賓」，原作「客」，據賀本及禮記正義改。

儀禮經傳通解續卷第四

喪禮三

士虞禮四

鄭目録云：虞，安也。士既葬父母，迎精而反，日中而祭之於殯宫以安之。虞於五禮屬凶。○疏曰：案此經云「側亨于廟門外之右」，又記云「陳牲于廟門外」，皆云廟。目録云「祭之殯宫」者，廟則殯宫也，故鄭注士喪禮：「凡宫，有鬼神曰廟。」以其虞卒哭在寢，祔乃在廟，是以鄭注喪服小記云：「虞於寢，祔於祖廟。」是也。

經十四

士虞禮

右篇目○記：士三虞。詳見喪大記虞祭條。○始虞，用柔日。再虞，如初。三虞，卒哭。他，用剛日。詳見本篇饗神條。○既封，主人贈，而祝宿虞尸。既反哭，主人與有司視虞牲，有司以几筵舍奠於墓左。反，日中而虞。葬日虞，是日也，以虞易奠。詳見喪禮義。

○婦之喪，虞，卒哭，其夫若子主之，祔則舅主之。婦，謂凡適婦、庶婦也。虞、卒哭，祭婦，非舅事也。祔於祖廟，尊者宜主焉。○疏曰：「婦之喪，虞，卒哭，其夫若子主之」者，虞與卒哭其在於寢，故其夫或子則得主之。祔，是祔於祖廟，其事既重〔一〕，故舅主之。婦之所祔者，則舅之母也。○小記

○凡主兄弟之喪，雖疏亦虞之。喪事虞祔乃畢。○疏曰：「凡主兄弟之喪，雖疏亦虞之」者，此疏謂小功、緦麻，喪事虞祔乃畢，雖服緦、小功之疏，彼既無主，故疏緦、小功者亦爲之主虞祔之祭。案小記云：「大功者，主人之喪有三年者，則必爲之再祭。」鄭注云：「小功、緦麻，爲之練祭可也。」與此不同者，彼承大功有三年者，此則緦、小功有三年者，故至小祥也。今此言疏者亦虞，但虞者謂無服者，朋友相爲亦虞祔也。故熊氏云：主喪者於死者無服，謂袒免以外之兄弟。云「喪事虞祔乃畢」者，經云「虞」而注連言「祔」者，以「祔」與「虞」相近，故連言之。○雜記○士祭，不足則取於兄弟大功以下者。詳見喪大記虞祭條。○虞，沐浴不櫛。櫛，莊乙反。○沐浴者，將祭，自潔清。不櫛，未在於飾也。唯三年之喪不櫛，期以下櫛可也。今文曰「沐浴」。○本經記○凡喪小功以上，非虞、祔、練、祥無沐浴。言不有飾事則不沐浴。○疏曰：凡居喪之禮，自小功以上恩重哀深，自宜去飾。以沐浴是自飾，故不有此數條祭事，則不自飾。言「小功以上」，則至斬同，然各在其服限如此耳，練祥不主大功、小功也。若三年之喪〔二〕，虞祭之時，但沐浴不櫛，故士虞禮云：「沐浴不櫛。」鄭注云：「唯三年之喪不櫛，期以下櫛可也。」又士虞禮云：「明日以其班祔，沐浴櫛搔翦。」注云：「彌自飾。」此雖

士禮，明大夫以上亦然。○雜記○自天子達於庶人，喪從死者，祭從生者。詳見喪大記上篇總目條。○父爲大夫，子爲士，祭以士。父爲士，子爲大夫，祭以大夫。詳見士喪禮下窆條。○報葬者報虞，三月而后卒哭。報，讀爲「赴疾」之「赴」，謂不及期而葬也。既葬即虞，虞，安神也。卒哭之祭，待哀殺也。○疏曰：此一節論不得依常葬之禮也。赴，猶急疾也。急葬，謂貧者或因事故死而即葬，不得待三月也。急虞，謂亦葬竟而急設虞，虞是安神，故宜急也。三月而後卒哭者，雖急即虞而不即卒哭，猶待三月卒哭。所以然者，卒哭是奪於哀痛，故不忍急而待哀殺也。○喪服小記○並有喪虞，先重而後輕。詳見喪變禮並有喪條。○父母之喪偕，先葬者不虞祔，待後事，其葬服斬衰。詳見喪服變除並有喪變服條。○父母之喪，將祭而昆弟死，既殯而祭。如同宮，則雖臣妾，葬而后祭。祭，主人之升降散等，執事者亦散等，雖虞祔亦然。詳見卒哭祔練祥禫記練條。○朋友，虞祔而已。詳見喪通禮主後條。○朋友，虞祔而退。詳見弔禮會葬條〔三〕。

特豕饋食，饋，其位反。○饋，猶歸也。○疏曰：左氏傳云「卜日曰牲」，是以特牲云：牲，大夫以上稱牲，亦稱牢，故云少牢。此虞爲喪祭，又葬日虞，故略無卜牲之禮，故以豕體而言，不云牲，大夫以上亦當然。雜記云：大夫之虞也犆牲。又此下記「陳牲於廟門外」，檀弓云：「與有司視虞牲。」皆言牲者，記人之言，不依常例故也。然少牢云：「司馬刲羊，士擊豕。」不言牲者，指事而言也。云「饋猶歸」者，謂以物與神及人皆言饋〔四〕，是以此虞及特牲、少牢皆言饋。坊記云：「父母在，饋獻不及車馬。」是生死皆言饋。又云：饋者，上下通稱。陽貨饋孔子豚，鄉黨云「朋友之饋」，膳夫「王之饋，食用六穀」，其實通也。側亨于廟門外之右，東面。亨，普庚反，劉虛兩反，注同。○側亨，亨一胖也。亨於爨，用鑊，不於門東，未可以吉也。是日也，以虞易奠，祔而以吉祭易喪祭。鬼神所在則曰廟，尊言之。○胖，音判。鑊，户郭反。○疏曰：案吉禮全，左、右胖皆云亨，不云側，此云「側亨」，明亨一胖而已。必「亨一胖」者，以其虞不致爵，自獻賓以後，則無主人、主婦及賓已下之俎，故唯亨一胖也。若然，特牲亦云側殺者，彼雖亨左右胖、少牢二、特牲一，故以一牲爲側，各有所對故也。云「亨於爨用鑊」者，案少牢有羊鑊，故亨在鑊。云「不於門東，未可以吉也」者，特牲吉禮鼎、鑊皆在門東，此云「廟門外之右」，是門之西未可以吉也。云「是日也以虞易奠祔，而以吉祭易喪祭」，此檀弓文，謂立尸而虞以易奠也。云「祔而以吉祭易喪祭」者，案下記云：「三虞，卒哭。他，用剛日，亦如初，曰哀薦成事。」鄭注亦引檀弓文：「是日也，以吉祭易喪祭。」如是，則卒哭即是吉祭。而鄭此注云祔爲吉祭者，卒哭對虞爲吉祭，卒哭比祔爲喪祭，故下記卒哭祭乃餞，云：「尊兩甒于廟門外之右，少南，水尊在酒西」，「洗在尊東南，水在洗東，篚在西」。注云：「在門之左又少南。」則鼎鑊亦在門左，以此知卒哭對虞爲吉祭也。又云：「明日，以其班祔。」「用專膚爲折俎，取諸脰膉，其他如饋食。」是祔乃與特牲吉祭同，是以云祔而以吉祭易喪祭也。「鬼神所在則曰廟，尊言之」者，廟與寢別，今以既葬迎魂而反，神還在寢，故以寢爲廟。魚腊爨亞之，北上。爨，竈。○疏曰：上豕爨在門右東面，此魚腊各别鑊，言「北上」，則次在豕鼎之北。而云「爨，竈」者，周公經爲爨，至孔子時爲竈，故王孫賈問孔子曰「寧媚於竈」，是前後異名，故鄭舉後決前也。饎爨在東壁，西面。饎，尺志反。○炊黍稷曰饎。饎北上，上齊於屋宇。於虞有亨饎之爨，彌吉。○疏曰：以三鑊在西方，反吉。案特牲云：「主婦視饎爨于西堂下。」宗婦主之，在西方，今在東，亦反吉也。少牢廪爨、饔爨、牲爨同在門外東方也。周禮饎人云「掌凡祭祀共盛」，即黍稷也。云「北上，上齊于屋宇」者，此案特牲記云饎爨在西壁，鄭注云：西壁，堂之西墻下。舊説云：南北直屋，梠稷在南。彼此東西皆言壁，彼云屋梠，此云屋宇，故知此亦齊屋也。云「於虞有亨饎之爨，彌吉」者，以其小斂、大斂未有黍稷，朔月薦新之等始有黍稷，向吉，仍未有爨，至此始有亨饎之爨，故云「彌吉」。設洗于西階西南，水在洗西，篚在東。反吉也。亦當西榮，南北以堂深。○疏曰：上文設爨反吉，此亦反吉〔五〕。吉時設洗皆當東榮〔六〕，南北以堂深。今在西階西南，亦當西榮，南北以堂深可知也。尊于室中北墉下，當户。兩甒醴酒，酒在東。無禁，幂用絺布，加勺，南枋。幂，亡狄反。○酒在東，上醴也。絺布，葛屬。○疏曰：酒在東上醴也者，吉禮玄酒在酒上，今以喪祭禮無玄酒，則醴代玄酒在上，故云「上醴」也。云「絺布葛屬」者，絺綌以葛爲之，布則以麻爲之。今絺、布並言，則此麻葛雜，故有兩號，是以鄭云「葛屬」也。素几，葦席，在西序下。有几，始鬼神也。○疏曰：經几、席具有，注唯云「几」者，以其大斂奠時已有席，至此虞祭乃有几故也。然天子、諸侯始死則几筵具，周禮司几筵云「每敦一几」，是始死即几、席具也。苴刌茅，長五寸，束之，實于篚，饌于西坫上。苴，子徐反，劉子都反，下及記同。刌，七本反。○苴，猶藉也。○藉，在夜反，後皆同。○疏曰：此苴而云藉祭，故易云：「藉用白茅，無咎。」饌兩豆葅、醢于西楹之東，醢在西，一鉶亞之。醢在西，南面取之，得左取菹，右取醢，便其設之。○便，婢面反，後放此。○疏曰：此饌繼西楹言之，則以西楹爲主向東陳之。云「一鉶亞之」者，菹以東也。云「醢在西，南面取之，得左取菹，右取醢，便其設之」者，以其尸在奥東面，設者西面，設於尸前，菹在南，醢在北。今於西楹東饌之，菹在東，醢在西，是南面取之，得左取菹，右取醢，至尸前西面，又左菹右醢，故云「便」也。從獻豆兩亞之，四籩亞之，北上。豆從主人獻祝，籩從主婦獻尸祝，北上，菹與棗。不東陳，別於正。○別，彼列反。○疏曰：此從獻豆、籩，雖文承一鉶之下，而云「亞之」，下別云「北上」，是不從鉶東爲次。宜於鉶東北，以北爲上，向南陳之。若然，文承「一鉶」下而云「亞之」者，以其次在鉶以東，去楹漸遠，故云「亞」，不謂亞鉶以東也。據此陳之次，然則東北菹爲首，次南醢，醢東栗，栗北棗，棗東棗，棗南栗。此以東面取之而入北面，設之祝前，得右菹左醢，其籩亦然。先陳者先設，後陳者後設，棗在左亦得其設，故鄭云「北上，菹與棗」也。云「豆從主人獻祝」者，以其尸前正豆已設訖，以爲陰厭，不名爲從。此二豆，主人先獻，祝酒後乃薦豆，故言從。云「籩從主婦獻尸祝」者，以其四籩，二籩從主婦獻尸〔七〕，二籩從主婦獻祝，亦是從也。云「不東陳別於正」者，以二豆與鉶在尸爲獻，前爲正，此皆在獻後，爲非正，故東北別也。饌黍稷二敦于階間，西上，藉用葦席。敦，音對，劉又都愛反，後放此。○藉，猶薦也。古文「藉」爲「席」。○疏曰：謂先陳席，乃陳黍稷於上，是所陳席藉薦黍稷也。匜水錯于槃中，南流，在西階之南，簞巾在其東〔八〕。匜，音移。錯，音七故反，後同。簞，音丹。○流，匜吐水口也。陳三鼎于門外之右，北面北上，設扃鼏。門外之右，門西也。今文「扃」爲「鉉」。○鉉，玄犬反。○

疏曰：此扃雖先云設，其設扃在後。知者，案士喪禮小斂云：「右人左執匕，抽扃予左手兼執之，取鼏委于鼎北，加扃。」則扃在鼏上，故先抽扃後去鼏，則鼏先設可知。扃鼏雖在三鼎之下，總言其實，陳一鼎訖，即設之。知者，案下記云：「皆設扃鼏。」注云：「嫌既陳乃設扃鼏。」是也。匕俎在西塾之西。不饌於塾上，統於鼎也。塾有西者，是室南鄉。○鄉，許亮反。○疏曰：云「不饌於塾上，統於鼎也」者，決下文羞燔俎在内西塾上。又云「賓降，反俎于西塾」，至於主婦亞獻訖，直云「賓燔從如初」，明尸受燔訖，賓亦反俎于西塾上，是互見義也。羞燔俎在内西塾上，南順。燔，音煩。○南順，於南面取縮執之便也。肝俎在燔東。

右陳饌具○記：虞而立尸，有几筵。疏曰：有几筵者，未葬之前，殯宫雖有脯醢之奠〔九〕，不立几筵，其大斂之奠雖在殯宫，但有席而已，亦無几也。此席素席，故前云奠以素器，其下室之内有吉几筵。今葬訖既設虞祭，有素几筵，筵雖大斂之時已有〔一〇〕，至於虞祭更立筵與几相配。○檀弓○陳牲于廟門外，北首，西上，寢右。言牲，腊在其中。西上，變吉。寢右者，當升左胖也。腊用棜。檀弓曰：「既反哭，主人與有司視虞牲。」○疏曰：知腊在牲中者，士虞唯有一豕，而云「西上」，明知兼兔腊，得云「西上」也。云「西上變吉」者，案少牢二牲東上，今此西上，是變吉也。云「寢右者，當升左胖也」者，特牲腊在東，置於棜東首，牲在西，尚右，今虞禮反吉，故寢右升左胖。知「腊用棜」者，案特牲：陳鼎于門外，北面北上。棜在南，南順，實獸于其上，東首。是也。日中而行事，朝葬，日中而虞，君子舉事必用辰正也。再虞、三虞皆質明。○疏曰：云「辰正」者，謂朝夕日中也。以朝有葬事，故至日中而行虞事也〔一一〕。云「再虞、三虞皆質明」者，以朝無葬事，故皆質明而行虞事也。殺于廟門西，主人不視，豚解。主人視牲不視殺，凡爲喪事略也。豚解，解前後脛、脊、脅而已。熟乃體解，升於鼎也。今文無「廟」。○疏曰：特牲饋食禮：「夙興」，主人「立于門外東方，南面，視側殺」。然則，特牲吉祭，故主人視牲又視殺。今虞爲喪事，故主人視牲不視殺，是其略也。「解前後脛、脊、脅而已。熟乃體解，升於鼎也」者，體解，下文七體是也。羹飪，升左肩、臂、臑、肫、骼、脊、脅，離肺，膚祭三，取諸左膉上，肺祭一，實于上鼎。飪，而甚反。臑，乃報反。肫，音純，又之春反。骼，音格。膉，音益。○肉謂之羹。飪，熟也。脊脅，正脊、正脅也。喪祭略，七體耳。離肺，舉肺也。少牢饋食禮曰：「舉肺一，長終肺。祭肺三，皆刌。」膉，脰肉也。古文曰「左股上」。字從肉從殳，殳矛之殳聲。○殳矛，上音殊，下莫侯反。○疏曰：特牲云不貶正脊，不奪正也。然則，此爲喪祭，體數雖略，亦不奪正，故知「脊脅，正脊、正脅也」。又特牲：「尸俎：右肩、臂、臑、肫、骼、正脊二骨、横脊、長脅二骨、短脅。」注云：「士之正祭禮九體，貶於大夫，有併骨二，亦得十一之名，合少牢之體數，此所謂放而不致者。」然則，此所升唯七體，故云「喪祭略，七體耳」。又特牲注云：「離，猶挳也。小而長午割之，亦不提心，謂之舉肺。」是也。引少牢饋食禮者，證離肺、舉肺之異。又少牢云：「雍人倫膚九，實于一鼎〔一二〕。」注云：「倫，擇也。膚，脅革肉，擇之，取美者。」案下注「今以脰肉貶於純吉」，則此用膉，爲貶於純吉之事也。升魚，鱄鮒九，實于中鼎。鱄，市專反，又市轉反。鮒，音附。○差減之。○疏曰：特牲魚十有五，今爲喪祭，略而用九，故云「差減之」也。升腊左胖，髀不升，實于下鼎。

髀，步禮反，又方爾反。○腊亦七體，牲之類。○疏曰：上文升左肩、臂、臑、肫、骼、脊、脅是牲之七體，今升腊左胖亦然，特牲記云「腊如牲骨」是也。皆設扃鼏，陳之。嫌既陳乃設扃鼏也。今文「扃」作「鉉」，古文「鼏」作「密」。○疏曰：嫌既陳乃設扃鼏也者，經云「陳三鼎」，後言「設扃鼏」，故記人辨之，皆先扃鼏，後陳之也。○本經記○鉶芼，用苦，若薇，有滑。夏用葵，冬用荁，有柶。薇，音微。荁，音丸。○苦，苦荼也。荁，堇類也。乾則滑。夏秋用生葵，冬春用乾荁。古文「苦」爲「枯」，今文或作「芐」。○荼，音徒。堇，音謹。枯，如字，又音姑，劉本作「枯」，音先占反。○疏曰：案公食記，三牲具則牛藿、羊苦、豕薇各用其一。若一牲者，容兼用其二，是以及特牲一豕，皆云鉶芼苦薇，是科用其一也。知「荁堇類」者，內則云「堇荁枌榆」，同爲滑物，故知「荁，堇類」也。云「乾則滑」者，以其冬用，故知乾則滑于堇也。云「夏秋用生葵，冬春用乾荁」者，以其秋與夏同有生葵，春初未生者，故春得與冬同，是以經直云冬，明舉夏以兼秋，舉冬以兼春也。豆實，葵菹，菹以西，蠃醢。籩，棗烝，栗擇。蠃，力禾反。○棗烝栗擇，則菹刌也。棗烝栗擇，則豆不楬，籩有縢也。○楬，苦瞎反，又苦割反。○疏曰：案士喪禮大斂云：「毼豆兩，其實葵菹芋，蠃醢。兩籩無縢，布巾，其實栗不擇，脯四脡。」自大斂後皆云如初，則葬奠四豆，脾、析、葵、菹，亦長矣，四籩，棗、糗、栗、脯，亦不擇也。至此乃云「棗烝栗擇」，則菹亦切矣。豆籩有飾可知。○同上○陳小斂奠條枇畢用桑、大斂奠條小功與饋奠以下，當互考。○祝俎，髀、脰、脊、脅、離肺[一三]，陳于階間，敦東。不升於鼎，賤也。統於敦，明神惠也。祭以離肺，下尸。○下，戶嫁反。○疏曰：云「不升於鼎賤也」者，祝對上尸俎羹飪升於鼎爲貴者也。云「統於敦，明神惠也」者，案上文饌黍稷二敦于階閒西上，是神之黍稷，今陳祝饌于神饌之東，統于神物，明惠由神也。云「祭以離肺下尸」者，以其尸祭用刌肺，祝不用刌肺用離肺，故云「下尸」也。○本經記

主人及兄弟如葬服，賓執事者如弔服，皆即位于門外，如朝夕臨位。婦人及内兄弟服即位于堂，亦如之。臨，力蔭反，下同。○葬服者，既夕曰：「丈夫髽，散帶垂也。」賓執事者，賓客來執事也。○髽，側瓜反。散，悉但反。○疏曰：「丈夫髽，散帶垂」者，始虞與葬服同，三虞皆同，至卒哭、卒去，無時之哭，則依其喪服，乃變麻服葛也。賓客皆執事者，以其虞爲喪祭，主人未執事，故云「賓客來執事」也。案特牲，賓中「有公有司」，鄭注云：「士之屬，命於其君者也。」又曾子問：「士則朋友奠，不足則取於大功以下。」又云：「士祭不足，則取於兄弟大功以下。」鄭云：「祭謂虞卒哭時。」以此而言，則公有司、執事雖屬官，亦爲朋友也。祝免，澡葛絰帶，布席于室中，東面右几，降出，及宗人即位于門西，東面南上。免，音問，注同。澡，音早。○祝亦執事。免者，祭祀之禮，祝所親也。澡，治也，治葛以爲首絰及帶，接神宜變也。然則士之屬官爲其長，弔服加麻矣。至於既卒哭，主人變服則除。右几，於席近南也。○爲其，于僞反，下「爲神」同。長，丁丈反，下文并注同。近南，附近之近，後放此。○疏曰：喪服小記云：「緦麻，小功，虞，卒哭則免。」今祝是執事屬吏之等，皆無免法。今與緦以上同著免，嫌其太重，故云「祭祀之禮，祝所親」，而可以受服也。

右門外位布席室中。

宗人告有司具，遂請拜賓，如臨。入門哭，婦人哭。臨朝夕哭。○疏曰：朝夕哭時，門外送賓訖，入門，男子、婦人共哭也。主人即位于堂，衆主人及兄弟賓即位于西方，如反哭位。既夕曰：「乃反哭，入門，升自西階，東面。衆主人堂下，東面北上。」異於朝夕。○疏曰：此明賓將與祭，主人及兄弟等即位之事。祝入門左，北面。不與執事同位，接神尊也。○疏曰：執事，即上兄弟賓即位于西方，如反哭位。皆是執事，故曾子問喪祭不足則取兄弟，故云祝「不與執事同位，接神尊也」。宗人西階前，北面。當詔主人及賓之事。○疏曰：此宗人在堂下，是主人在堂時。若主人在室，宗人即升堂，是以下記云：「主人在室，則宗人升户外北面。」注云：「當詔主人室事。」是也。

右門内位

祝盥，升，取苴降，洗之，升，入設于几東席上，東縮，降，洗觶，升，止哭。縮，所六反。○縮，從也。古文「縮」爲「蹙」。○從，子容反，下「從」并注同。蹙，子六反。○疏曰：此論設饌於神，杖不入門之事也。案此文陰厭時，「主人倚杖入，祝從在左西面」，下記云：「尸入，祝從尸。」注云：「祝在主人前也。嫌如初時，主人倚杖入，祝從之。初時，主人之心尚若親存，宜自親之。今既接神，祝當詔侑尸也。」主人前自西入向東，在階下，未得倚杖于序，今主人在西階將入室，故倚杖於西序。主人倚杖，入，祝從在左，西面。倚，於綺反，注下同。○主人北旋，倚杖西序乃入，喪服小記曰：「虞杖不入於室。」贊薦菹醢，醢在北。主婦不薦，衰斬之服不執事也。曾子問曰：「士祭不足，則取於兄弟大功以下者。」○疏曰：案特牲：主婦盥于房中，薦兩豆。此主婦不薦，故取於兄弟大功以下者，則齊斬不執事可知。此齊斬不執事，唯爲今時。至于尸入之後亦執事。兩籩棗栗，設於會南，至於祔祭，雖陰厭亦主婦薦，主人自執事也。知者，下記云「其它如饋食」。案特牲云：「主人在右，及佐食舉牲鼎。」是也。若大夫以上尊〔一四〕，不執事，故少牢云「主人出迎鼎」，注云「道之也」，是不執事也。佐食及執事盥，出舉，長在左。舉，舉鼎也。長在左，在西方位也。凡事宗人詔之。鼎入，設于西階前，東面北上，匕俎從設。左人抽扃鼏，匕，佐食及右人載。載，載於俎。佐食載，則亦在右矣。今文「扃」爲「鉉」，古文「鼏」爲「密」。卒，枇者逆退復位。復賓位也。俎入，設于豆東，魚亞之，腊特。亞，次也。今文無「之」。贊設二敦于俎南，黍，其東稷。敦實尊黍也。○疏曰：西黍東稷以西上，故云「尊黍也」。經云「敦」，注言「簋」者，案特牲云：「佐食分簋鉶。」注云：「分簋者，分敦黍於會，爲有對也。敦，有虞氏之器也，周制士用之。變敦言簋，容同姓之士得從周制耳。」然則，此注變敦言簋者，亦謂同姓之士得用簋故也。設一鉶于豆南，鉶，菜羹也。○疏曰：此對黍是湇羹。佐食出，立于戶西。饌已也。今文無「于戶西」。○疏曰：佐食出者，以無事，不可以空立，故「出，立于戶西」。贊者徹鼎，反于門外。祝酌醴，命佐食啓會，佐食許諾，啓會，卻于敦南，復位。會，古外反，後放此。○會，合也，謂敦蓋也。復位，出立于戶西。今文「啓」爲「開」。○疏曰：特牲、少牢直言酌奠，不言酌醴者，以彼直有酒，故不言酒，是酒可知。此酒、醴兩有，今所奠者醴，故須言醴也。若然，彼單酒，此兩有者，以其同小斂、大斂、朔月、遷祖、祖奠、大遣奠等，皆酒醴並有，故此虞之喪祭亦兩有，異於吉祭也。祝奠觶于鉶南，復位。復位，復主人之左。○疏曰：云「復主人之左」者，上主人倚杖入，祝從在左，不見祝更有位，故復主人左也。

右設饌○虞杖不入於室〔一五〕，祔杖不升於堂。哀益衰，敬彌多也。虞於寢，祔於祖廟。○疏曰：此論哀殺去杖之節也。案士虞禮虞於寢，又案檀弓云：「明日祔于祖。」是祔于祖廟也。○小記○載猶進柢，魚進鬐。鬐，臣之反〔一六〕。○猶，猶士喪、既夕，言未可以吉也。柢，本也。鬐，脊也。今文「柢」爲「胝」，古文「鬐」爲「耆」。○胝，音帝。○疏曰：鬐、柢二者，皆變於吉。是以少牢云：「下利升豕，其載如羊」，「皆進下」。注云：「變於食生也。」又曰：「腊一純而俎，亦進下。」又曰：「魚用鮒，十有五而俎，縮載，右首，進腴。」注云：「亦變於食生也。」是皆與此反矣，是變於吉也。云「猶，猶士喪、既夕，言未可以吉也」者，云與吉反，則明與生人同。士喪禮小斂云「皆覆進柢」，注云：「柢，本也。進本者，未異於生也。」至大斂「載魚左首，進鬐」，「腊進柢」，鄭注云：「亦未異於生也。」又葬奠云「如初」，皆未異於生。故記人以猶之，是以鄉飲酒、鄉射記皆云「右體進腠」是也。○本經記○主人在室，則宗人升，户外，北面。當詔主人室事。○疏曰：上經唯言「宗人告有司具」及詔主人踊，皆堂下之事。今主人入室，宗人當升户外詔主人室中之事，故升堂也。佐食無事，則出户，負依南面。依，於豈反，注同。○室中尊，不空立。户牖之間謂之依。○疏曰：此爾雅文，謂户西南面

也。○同上

主人再拜稽首，祝饗，命佐食祭。饗，告神饗也。此祭，祭於苴也。饗神辭，記所謂「哀子某，哀顯相，夙興夜處不寧」下至「適爾皇祖某甫饗」是也。○相，息亮反，下文「不相」并注同。○疏曰：下云「祝祝，卒」，注云：「祝祝者，釋孝子祭辭。」又下文迎尸後尸墮祭云：「祝祝，主人拜如初。」此等三者皆有辭。此文饗神引記者，是陰厭饗神辭。下文迎尸上釋孝子辭者，經、記無文。案少牢迎尸祝孝子辭云：「孝孫某，敢用柔毛剛鬣，嘉薦普淖，用薦歲事于皇祖伯某，以某妃配某氏。尚饗。」此是釋孝子辭。此迎尸上釋孝子辭宜與彼同，但稱哀爲異。其迎尸後祝辭者，即下記饗辭云「哀子某，圭爲而哀薦之饗」。鄭注云：「饗辭，勸强尸之辭也。」凡吉祭饗尸〔一七〕，曰「孝子」。是以特牲迎尸後云「祝饗」，注云：「饗，勸强之也。」其辭取於士虞記，則宜云：「孝孫某，圭爲孝薦之饗。」是也。下二虞卒哭，記皆有辭，至彼別釋。

佐食許諾，鉤袒，取黍稷祭于苴三，取膚祭，祭如初。祝取奠觶祭，亦如之，不盡，益，反奠之。主人再拜稽首。鉤袒，如今擐衣也。苴，所以藉祭也。孝子始將納尸以事其親，爲神疑於其位，設苴以定之耳。或曰：苴，主道也。則特牲、少牢當有主象而無，何乎？○擐，音患。○疏曰：鉤袒，若漢時人擐衣以露臂，故云「如今擐衣也」。云「設苴以定之」者，案上文祝取苴，降洗，設于几東者，至此乃祭于苴，下文乃延尸。是孝子迎尸之前，用苴〔一八〕，以將納尸，以事其親，爲神疑於其位，故設苴以定之，解預設苴之意也。「或曰苴主道也」，似重爲主道然，鄭破之，云若是苴爲主道，特牲、少牢吉祭亦當有主象，亦宜設苴。今而無苴，是以苴爲藉祭，非主道也。若然，此據文有尸而言，將納尸有苴。案下記文無尸者亦有苴，又特牲、少牢吉祭無苴，案司巫「祭祀則共匰主及蒩館」，常祀亦有苴者，以天子、諸侯尊者禮備，故吉祭亦有苴，凶祭有苴可知。祝祝。卒，主人拜如初，哭出復位。祝祝，劉下之又反。○祝祝者，釋孝子祭辭。

右饗神謂陰厭。○周禮喪祝：掌喪祭祝號。喪祭，虞也。○記：始虞，用柔日。葬之日，日中，虞，欲安之。柔日陰，取其靜。○疏曰：「葬之日，日中」者，上文云「日中行事」是也。葬用丁亥，是柔日。葬始虞用日中，故云「始虞用柔日」也。曰：「哀子某，哀顯相，夙興夜處不寧。相，息亮反。○曰，辭也，祝祝之辭也。喪祭稱哀顯相，助祭者也。顯，明也。相，助也，詩云：「於穆清廟，肅雍顯相。」不寧，悲思不安。○思，息似反。敢用絜牲剛鬣，敢，昧冒之辭。豕曰剛鬣。○昧冒，上云北反，下亡報反。○疏曰：敢昧冒之辭者，凡言「敢」者，皆是以卑觸尊，不自明之意。云「豕曰剛鬣」者，下曲禮文。香合，本又作「薌」，音同。黍曰薌合。○黍也。大夫士於黍稷之號，合言普淖而已。此言香合，蓋記者誤耳。辭次黍，又不得在薦上。○疏曰：案下曲禮云：「黍曰香合，粱曰香萁〔一九〕，稷曰明粢。」是也。曲禮所云黍、稷別號者，是人君法。特牲、少牢黍稷合言普淖，此別號黍爲香合，下特號稷爲普淖，故知記誤也。依設薦法，先設菹醢，次設俎，後設黍稷，今黍在嘉薦之上，此亦記者之誤，故鄭非之也。若然，俎在後，今絜牲在黍上者，祭以牲爲主，故先言，非設時在前也。嘉薦，普淖。普淖，如孝反，劉徒較反。○嘉薦，菹醢也。普淖，黍稷也。普，大也。淖，和也。德能大和，乃有黍稷，故以爲號云。明齊，溲酒。齊，才計反，注同。溲，所求反，醙同。○明齊，新水也，言以新水溲釀此酒也。郊特牲曰：「明水涚齊，貴新也。」或曰：當爲「明視」，謂兔腊也。今文曰「明粢」，粢，稷也，皆非其次。今文「溲」爲「醙」。○疏曰：鄭以溲水邊爲之，與「縮」字義異，謂以新水清麴，乃溲釀此酒。又引郊特牲「明水涚齊，貴新也」者，彼注云：「涚，猶清也。五齊濁，泲之使清，謂之涚齊。及取明水，皆貴新也。」據彼注，明水則周禮司烜氏所取月中之水，與此明齊雖異，直取新義同，故引爲證，非謂爲一物也。云「或曰：當爲『明視』，謂兔腊也。今文曰『明粢』，粢，稷也，皆非其次」者，謂若以「明齊」當爲「明視」作兔腊解者，應在上爲次，何因退在下？今文又爲稷解者，上已云普淖兼黍稷，何用又見稷也？故知二者皆非其次也。哀薦祫事，祫，音合。○始虞謂之祫事者，主欲其祫先祖也，以與先祖合爲安。今文曰「合事」〔二〇〕。○疏曰：案公羊傳：「大祫者何？合祭也。」合先君之主於太廟，故此鄭亦以「祫」爲「合」。但三虞卒哭後，乃有祔祭始合先祖，今始虞而言「祫」者，鄭云「以與先祖合爲安」，故下文云「適爾皇祖某甫」，是始虞預言祫之意也。適爾皇祖某甫。爾，女也，女死者。告之以適皇祖，所以安之也。皇，君也。某甫，皇祖字也，若言尼甫。○女，音汝。饗！」勸强之也。再虞，皆如初，曰「哀薦虞事」。丁日葬，則己日再虞，其祝辭異者一言耳。○疏曰：己日再虞者，以其後虞用剛日，初虞、再虞皆用柔日，始葬用丁日，隔戊日，故知再虞用己日。云「一言耳」者，則一字也，謂數一虞云祫，再虞云虞，三虞云成，是也。三虞，卒哭。他用剛日，亦如初，曰「哀薦成事」。當祔於祖廟，爲神安於此。後虞改用剛日，剛日，陽也，陽取其動也。士則庚日三虞，壬日卒哭。其祝辭異者，亦一言耳。他，謂不及時而葬者，喪服小記曰：「報葬者報虞，三月而後卒哭。」然則虞卒哭之間，有祭事者，亦用剛日，其祭無名。謂之他者，假設言之。文不在卒哭上者，以其非常也，令正者自相亞也。檀弓曰：葬「日中而虞」，「弗忍一日離也，是日也，以虞易奠。卒哭曰成事。是日也，以吉祭易喪祭。明日祔於祖父」。如是，虞爲喪祭，卒哭爲吉祭。今文「他」爲「它」。○報葬，禮記音芳付反，下同。令，力呈反。離，力智反。○疏曰：鄭云「當祔於祖廟爲神安於此」者，卻解初虞、再虞稱祫、稱虞之意，今三虞改用剛日，將祔於祖，取其動義故也。云「士則庚日三虞，壬日卒哭」者，以其已日爲再虞，後改用剛日，故次取庚日爲三虞也。卒哭亦用剛日，故庚日後降辛日，取壬日爲卒哭。云「他謂不及時而葬」者，謂有故及家貧不及三月，因三日殯日，即葬於國北。引喪服小記者，彼鄭注云：「報，讀爲赴疾之赴。」謂不待三月，因殯日虞，所以安神，送形而往，迎魂而反，而須安之，故疾虞。三月而後卒哭者，鄭云卒哭待哀殺，故至三月，待尋常葬後，乃爲卒哭祭也。云「其祭無名謂之他」者，謂虞、卒哭、祔祥，皆有名，此則無名，故謂之他。「文不在卒哭上」者，此他祭在卒哭上，今退在卒哭下者，以其非常又非祭故也。引檀弓者，證卒哭辭稱成事之義。但卒哭爲吉祭者，喪中自相對。若據二十八月後吉祭而言，禫祭已前，總爲喪祭也。○本經記○喪稱哀子哀孫。詳見卒哭祔練祥禫記。

祝迎尸，一人衰絰奉篚，哭從尸。奉篚，芳勇反，下芳鬼反，本亦作「筐」。從，才用反。○尸，主也。孝子之祭，不見親之形象，心無所繫，立尸而主意焉。一人，主人兄弟。檀弓曰：「既封，主人贈而祝宿虞尸。」○封，彼驗反，劉逋鄧反。○疏曰：鄭知「一人衰絰」是「主人兄弟」者，以主人哭出復位，無從尸之理。又云「衰絰」，且非疏遠，故知是主人兄弟也。引檀弓者，證祝隨主人葬，先反宿虞尸，故得有祝迎尸之事。尸入門，丈夫踊，婦人踊。踊不同文者，有先後也。尸入，主人不降者，喪事主哀不主敬。○疏曰：主人在西序東面，衆兄弟西階下亦東面，婦人堂上當東序西面，故主人與兄弟見尸先踊，婦人後見尸，故後踊，是有先後。云「主哀不主敬」者，決特牲、少牢尸入，主人皆降立于阼階東敬尸，故此不降爲主哀。淳尸盥，宗人授巾。淳，章純反，注下同。○淳，沃也。沃尸盥者，賓執事者也。○疏曰：此直言盥，不言面位，案特牲云：「尸入門左，北面盥，宗人授巾。」上陳器時，匜水之等在西階之東，合在門左，則以器就，案特牲注云：「侍盥者執其器就之。」云沃尸盥者賓執事者也。案上文賓與衆主人皆在執事之中，既宗人授巾，明沃盥亦賓執事也。尸及階，祝延尸。延，進也，告之以升。○疏曰：案特牲注云：「延，進也，在後詔侑曰延。」又案少牢注云：「由後詔相之曰延。」然則，延者皆在後也。若然，記云：「尸謖，祝前鄉尸。」又曰：「降階，還，及門，如出户。」注云：「降階如升時。」以此言之，降在尸前。云如升者，直取與尸升同，不取後同，故禮器「詔侑無方」是也。尸升，宗人詔踊如初。言「詔踊如初」，則凡踊，宗人詔之。○疏曰：上文無宗人詔踊之事，以此宗人詔踊。云「如初」，明前踊并明下文踊皆宗人詔之，故鄭云「凡」也。尸入户，踊如初，哭止。哭止，尊尸。婦人入于房，辟執事者。○辟，音避。○疏曰：以其婦人在堂上，執事者由堂東，故辟之也。主人及祝拜妥尸，尸拜，遂坐。○妥，他果反，劉湯回反。○妥，安坐也。○疏曰：案特牲注云：「尸即至尊之坐，或時不自安，則以拜安之。」此亦然。「妥，安坐也」，爾雅文。

右迎尸○記：尸服卒者之上服。上服者，如特牲士玄端也。不以爵弁服爲上者，祭於君之服，非所以自配鬼神。士之妻則宵衣耳。○疏曰：上經直見主人服，不見尸服，故記人明之。案特牲經筮日云：主人冠玄端，至祭日「夙興，主人服如初」。是士之正祭服玄端，即是卒者生時所著之祭服，故尸還服之。云「不以爵弁服爲上者，祭於君之服，非所以自配鬼神」者，案曾子問：「孔子曰：尸弁冕而出，卿、大夫、士皆下之。」注云：「爲君尸或弁者，先祖或有爲大夫、士者。」謂彼君之先祖爲士，尸服爵弁不服玄端。若子孫爲諸侯，先祖爲士者，尸還服助祭於君之服也。云「士之妻則宵衣耳」者，以其經直云尸，不辨男女。士虞既男女別尸，故鄭并云士之妻也。案特牲正祭主婦著纚笄宵衣，明女尸亦宵衣可知。男，男尸。女，女尸。必使異姓，不使賤者。異姓，婦也。賤者，謂庶孫之妾也。尸配尊者，必使適也。○適，丁狄反。○疏曰：虞卒哭之祭，男女別尸，故別言之也。云「異姓婦也」者，以男無異姓之禮故也。經云「必使異姓」者，據與婦爲尸者也。不使同姓，孫與婦爲尸，孫婦還與夫之祖姑爲尸，故不得使同姓女爲尸也。云「賤者，庶孫之妾也。尸配尊者必使適也」者，男尸先使適孫，無適孫乃使庶孫，女尸先使適孫妻，無適孫妻使適孫妾。又無妾，乃使庶孫妻，即不得使庶孫妾，以庶孫之妾是賤之極者。若然，庶孫妻亦容用之。而鄭云「必使適也」者，據經不使賤，有適孫妻則先用適而言，其實容用庶孫妻法也。必知容用庶孫者，以曾子問孔子曰：「祭成喪者必有尸，尸必以孫，孫幼使人抱之，無孫則取於同姓可也。」彼不言適，是容無適而用庶。此經男女別尸，據虞祭而言〔二一〕。至卒哭已後，自禫已前，喪中之祭，皆男女別尸。知者，案司几筵云「每敦一几」，鄭注云：

「雖合葬，及同時在殯皆異几，體實不同。祭於廟同几，精氣合。」少牢吉祭云「某妃配」，是男女共尸。篇末云：「是月也，吉祭，猶未配。」注云：「是月，是禫月也。當四時之祭月則祭，猶未以某妃配某氏，哀未忘也。」則引少牢吉祭妃配之事爲證，明禫月不當四時祭月，則不云某妃配，配則共尸可知。尸入，祝從尸。祝在主人前也。嫌如初時，主人倚杖入，祝從之。初時，主人之心尚若親存，宜自親之。今既接神，祝當詔侑尸也。○疏曰：上經陰厭時，主人先祝入户，至此迎尸祝在主人前，先後有異，故記人明之也。云「今既接神祝當詔侑尸也」者，尸神象，是以云既接神，祝當詔侑尸，即上祝命佐食邇敦舉黍稷、及祝酌授尸、及祝出告利成、祝入尸謖之等是也。尸坐，不説屨。説，他活反，劉詩脱反。○侍神，不敢燕惰也。今文「説」爲「税」。○疏曰：案鄉飲酒、燕禮之等，凡坐降説屨乃升堂，今不説屨者，爲侍神，不敢燕惰故也。淳尸盥，執槃西面，執匜東面，執巾在其北，東面。宗人授巾，南面。槃以盛棄水，爲淺汙人也。執巾不授，巾卑也。○淺，音箭，一音贊。○疏曰：上經直云「淳尸盥，宗人授巾」，不云執槃與執匜、執巾及宗人授巾等面位，故記人明之。○本經記

○祭成喪者必有尸：尸必以孫，孫幼則使人抱之；無孫則取於同姓可也。人以有子孫爲成人，子不殤父，義由此也。○疏曰：以祭成人之喪者，必須有尸，以成人之喪威儀具備，必須有尸以象神之威儀也。尸必以孫，若其孫幼，則使人抱之。若無孫，則取同姓昭穆孫行適者可也。以其成人威儀既備，有爲人父之道，不可無尸。○曾子問

從者錯篚于尸左席上，立于其北。北，席北也。○疏曰：此虞禮篚象特牲肵俎，置于席北，明

此筐亦在席北，以擬盛尸之饌也。尸取奠，左執之。取菹擩于醢，祭于豆間。祝命佐食墮祭，擩，人悅反，劉氏玄反，又而誰反。墮，許恚反，又相恚反。○下祭曰墮，墮之猶言墮下也。周禮曰「既祭則藏其墮」，謂此也。今文「墮」爲「綏」。特牲、少牢或爲羞，失古正矣。齊、魯之間謂祭爲墮。○疏曰：云「尸取奠左執之」者，以右手將墮故也。云「下祭曰墮」者，以其凡祭，皆手舉之向下祭之，故云「下祭曰墮」。云「墮之猶言墮下」者，案左傳云子路「將墮三都」，以三都大高，故墮下之。取墮爲下祭之義，故讀從之。引周禮守祧職云「既祭」，「藏其墮」，證守祧同之耳。云「今文『墮』爲『綏』」，又云「特牲、少牢或爲羞」〔一二〕，此二字皆非墮下之義，是鄭從墮，未從綏與羞之意也。案特牲云：「祝命挼祭。」注云：「挼祭，祭神食也。」士虞禮古文曰：「祝命佐食墮祭。」周禮曰：「既祭，則藏其墮。」「墮」與「挼」同耳。今文改「挼」皆爲「綏」，古文此皆爲擩祭也。又少牢尸將酢主人時，「上佐食以綏祭」。鄭注云：「綏，讀爲墮。」此三處經中，墮皆不同者，此五字或爲墮，或爲挼，或爲羞，或爲綏，或爲擩。此五者，鄭既以挼、綏及羞三者已從墮，復云古文作「擩」，以其特牲及此士虞皆有擩祭，故亦兼擩解。佐食取黍稷肺祭授尸。尸祭之，祭奠，祝祝，主人拜如初，尸嘗醴，奠之。如初，亦祝祝卒，乃再拜稽首。○疏曰：亦如上文迎尸前，「祝祝卒，乃再拜稽首」也。佐食舉肺脊授尸。尸受，振祭，嚌之，左手執之。嚌，才計反。○右手將有事也。尸食之時，亦奠肺脊於豆。○疏曰：案特牲：「祝命邇敦，佐食邇黍稷于席上」，「舉肺脊以授尸，尸受，振祭，嚌之。」彼舉肺脊在邇敦後，此舉肺脊在邇敦前者，彼吉祭，吉凶相變故也。云「右手將有事也」者，爲下文祭鉶、嘗鉶是也。云「尸食之時亦奠肺脊於豆」者，解經無奠文。知不執以食卒者，案下文云：「尸卒食，佐食受肺脊，實于篚。」在尸手當云受肺脊。又知在豆者，特牲云：「尸實舉于菹豆。」是也。案特牲：尸「乃食，食舉」。注云：「舉言食者，明凡解體皆連肉。」少牢云：「食舉。」注云：「舉，牢肺正脊也。先飯啗之，以爲道也。」此喪祭不言食舉，亦食舉可知，是以特牲注云：「肺，氣之主也。」脊，正體之貴者，先食啗之，所以道食通氣也。案下文注云：「尸不受魚腊，以喪不備味。」則亦不食庶羞矣。祝命佐食邇敦，佐食舉黍，錯于席上。邇，近也。尸祭鉶，嘗鉶。右手也。少牢曰：「以柶祭羊鉶，遂以祭豕鉶，嘗羊鉶。」○疏曰：上文「佐食舉肺脊授尸。尸受，振祭，嚌之，左手執之」，鄭云「右手將有事」，指此嘗鉶用右手也。引少牢者，證此經嘗祭之時，亦用柶。案記云：「鉶芼用苦，若薇有滑。夏用葵，冬用荁〔一二三〕，有柶。」是用柶祭之義。泰羹湆自門入，設于鉶南，胾四豆，設于左。湆，去及反。胾，側吏反。○博異味也。湆，肉汁也〔一二四〕。胾，切肉也。○疏曰：云「設于鉶南」者〔一二五〕，以泰羹湆未設，故繼鉶而言之。其實觶北留空處，以待泰羹。云「胾四豆設于左」者，案特牲：「四豆設於左，南上。」云左者，正豆之左。又少牢云〔一二六〕：「上佐食羞胾兩瓦豆，有醢」，「設于薦豆之北。」注云：「設于薦豆之北，以其加也。」言北，亦是左也。云「博異味」者，以其有湆有胾故也。尸飯，播餘于篚。飯，扶晚反，注及下并下注「九飯」同。○不反餘也。古者飯用手，吉時播餘于會。古文「播」爲「半」。○疏曰：古者飯用手者，案曲禮云：「毋摶飯。」又云：「毋放飯」，「飯黍毋以箸。」故知古者飯用手。言此者，證播飯去手爲放飯，「吉時播餘於會」者可知。三飯，佐食舉幹，尸受，振祭，嚌之，實于篚。飯間啗肉，安食氣。○啗，大敢反。○疏曰：以其胳脅骨體連肉，又在三飯之間，故云「飯間啗肉，安食氣」。又三飯，舉胳，祭如初。佐食舉魚腊，實于篚。胳，音格，一音各。〇尸不受魚腊，以喪不備味。〇疏曰：「佐食舉魚腊」，不云尸受嚌之，明尸不受魚腊可知。云「以喪不備味」者，案特牲三舉魚腊，尸皆振祭嚌之，此佐食舉魚腊，實於篚，尸不嚌，故云「喪不備味」。又三飯，舉肩，祭如初。後舉肩者，貴要成也。〇疏曰：祭統云：「周人貴肩。」故云貴者要成也。要成者，據後食即飽也。舉魚腊俎，俎釋三个。个，古賀反。〇釋，猶遺也。遺之者，君子不盡人之歡，不竭人之忠。个，猶枚也。今俗或名枚曰個，音相近。此腊亦七體，如其牲也。〇個，古賀反。〇疏曰：此經直舉魚腊俎盛於篚，俎釋三个，不言盛牲體者，案下記云「羹飪，升左肩、臂、臑、肫、胳、脊、脅」七體，此上經佐食初舉脊，次舉幹，又舉胳，終舉肩，總舉四體。唯有臂、臑、肫三者，佐食即當俎釋三个，故直舉魚腊而已。「君子不盡人之歡，不竭人之忠」，此曲禮文，案彼注「歡謂飲食，忠謂衣服」。於此引之，併據飲食者。彼注對文，此注散文，則歡與忠通，故總證牲體也。又案特牲「釋三个」注云：「謂改饌於西北隅遺之。」與此注不同者，此注亦有改饌之義，又兼有此不盡歡忠之禮。云「此腊亦七體如其牲也」者，案記牲有七體，此腊亦不過於牲體，故云「如其牲」。言此以對彼，案彼特牲吉祭十一體，是以特牲記云「腊如牲骨」，乃十一體，與此不同，吉禮異故也。尸卒食，佐食受肺脊，實于篚，反黍，如初設。九飯而已，士禮也。篚，猶吉祭之有肵俎。〇肵，音祈，後同。〇疏曰：案上設黍稷在俎南，西黍東稷，次上文佐食舉黍錯于席上。此尸卒食，故反黍於本處，如初設。云「九飯而已士禮也」者，少牢十一飯，諸侯十三飯，天子十五飯，故九飯，士禮也。云「篚猶吉祭之有肵俎」者，案特牲、少牢尸舉牲體振祭嚌之，皆加於肵俎，此尸舉牲體振祭嚌之，皆實於篚，故「云篚猶吉祭之有肵俎」。

右獻尸○記：饗辭曰：「哀子某，圭爲而哀薦之，饗。」饗辭，勸强尸之辭也。圭，潔也。詩曰：「吉圭爲饎。」凡吉祭饗尸，曰孝子。○疏曰：「饗辭，勸强尸之辭也」者，案特牲禮：迎尸入室，「尸即席坐，主人拜妥尸，尸答拜，執奠，祝饗」。鄭云：「勸强之也。其辭引此士虞記，則宜云：孝孫某圭爲孝薦之饗。」當此時爲之。「凡吉祭饗尸，曰孝子」者，此一辭説三虞卒哭勸尸辭，若祔及練祥、吉祭，其辭亦用此，但改哀爲孝耳，故鄭云「凡」以該之也。○本經記

主人洗廢爵，酌酒酳尸，尸拜受爵，主人北面答拜。尸祭酒，嘗之。酳，以刃反，劉侯吝反。○爵無足曰廢爵。酳，安食也。主人北面以酳酢，變吉也。凡異者皆變吉。古文「酳」作「酌」。○疏曰：自此盡「升堂復位」，論主人初獻尸并獻祝及獻佐食之事。云「爵無足曰廢爵」者，案下文「主婦洗足爵」，鄭云：「爵有足，輕者飾也。」則主人喪重，爵無足可知。凡諸言「廢」者，皆是無足廢敦之類是也。云「主人北面以酳酢變吉也」者，案特牲、少牢尸拜受，主人西面拜送，與北面相反，故云「變吉」也。特牲直有主人拜送，雖不見主人面位，約與少牢同，皆西面也。云「凡異者皆變吉」者：案特牲云「主人拜送」，此云主人答拜；特牲云尸卒角，祝受尸角曰送爵，此不云送爵；特牲嚌肝訖加於菹豆，此嚌肝訖加於俎。皆是異於吉時，故云「凡異者皆變吉」。

賓長以肝從，實于俎，縮，右鹽。長，丁丈反，下「賓長」皆同。○縮，從也。從，實肝炙於俎也。喪祭進柢。右鹽於俎近北，便尸取之也。縮執俎，言右鹽，則肝鹽併也。○炙，支夜反。柢，丁計反，後同。併，步頂反。○疏曰：喪祭進柢者，案下記云「載猶進

柢」，柢，本也，謂肝之本，頭進之向尸。云「右鹽於俎近北，便尸取之也」者，縮執俎一頭向尸，據執俎之人左畔有肝，右畔有鹽，西面向尸。尸東面，以右手取肝於俎右畔，擩鹽於左畔。是以鹽於俎之近北，便尸取之。云「縮執俎，言右鹽，則肝鹽併也」者，謂俎既縮執則狹肝，鹽不容相遠，是執俎人右畔有鹽，左畔有肝，故云併也。加于俎，從其牲體也。以喪不志於味。○疏曰：復位者，謂賓長也。尸既振肝訖，復西取肝，右手也。尸左執爵，右取肝，擩鹽，振祭，嚌之，加于俎。賓降，反俎于西塾，復位。階前衆兄弟之南，東面位。云「喪不志於味」者，特牲、少牢尸嚌肝訖，加菹豆以近身，此虞禮尸嚌肝訖，不加于菹豆，而遠加於俎，以同牲體者，以喪志不在於味，故遠身加俎也。若然，特牲、少牢祝不敢與尸同加于菹豆，嚌肝訖加於俎，與此尸同者，祝無不在味之嫌，禮窮則同故也。尸卒爵，祝受，不相爵。主人拜，尸答拜。不相爵，喪祭於禮略。相爵者，特牲曰：「送爵，皇尸卒爵。」

右主人酳尸

祝酌授尸，尸以醋主人，主人拜受爵，尸答拜。醋，才各反，本亦作「酢」。○醋，報。主人坐祭，卒爵，拜，尸答拜。

右尸醋主人

筵祝，南面。祝接神，尊也。筵用萑席。○疏曰：上文尸用葦席，其祝席，經記雖不言，以尸用在喪，故不用萑。今祝宜與平常同，故用萑也。云「祝接神，尊也」者，解得先獻之事。主人獻祝，祝拜，坐受爵，主人答拜。獻祝，因反西面位。○疏曰：以少牢云：主人受酢時，「主人拜受爵，尸答拜，主人西面奠爵。」特牲云：「主人拜受角，尸拜送，主人退。」雖不言西面，彼注云：「退者，進受爵反位。」則西面也。是吉祭時，主人西面，故上注云：「北面以酳酢變吉也。」今至酳酢及獻祝訖，明因反西面位可知也。薦菹醢，設俎。祝左執爵，祭薦，奠爵，興取肺，坐祭，嚌之，興，加于俎。祭酒，嘗之。肝從，祝取肝，擩鹽，振祭，嚌之，加于俎。卒爵，拜，主人答拜。祝坐授主人。今文無「擩鹽」。○疏曰：此直言「薦菹醢設俎」者，不見薦徹之人。案下文云「祝薦席徹入于房」，注云：「徹薦席者，執事者。」則此設者亦執事可知。

右主人獻祝

主人酌獻佐食，佐食北面拜，坐受爵，主人答拜。佐食祭酒，卒爵，拜。主人答拜，受爵出，實于篚，升堂，復位。篚在庭，不復入，事已也。亦因取杖，乃東面立。○疏曰：云「篚在庭」者，此雖無文，約同薦車設遷奠之等也。云「不復入，事已也。亦因取杖，乃東面立」者，上文哭時，主人升堂，西序東面，又上文云「主人倚杖入」，今升堂復位，不復入室，以其事已，因得取杖復東面位也。

右主人獻佐食

主婦洗足爵于房中，酌，亞獻尸，如主人儀。爵有足，輕者飾也。昏禮曰：「內洗在北堂，直室東隅。」○直，音值。○疏曰：如主人儀者，即上主人酳尸，尸拜受爵，主人北面答拜之等。今主婦亞獻亦然，故云如主人儀也。云「爵有足輕者飾也」者，主婦，主人之婦，爲舅姑齊衰，是輕於主人，故爵有足爲飾也。引昏禮者，證經洗爵于房中，不言設洗處，宜與昏禮同也。自反兩籩，棗栗設于會南，棗在西。尚棗，棗美。○案特牲〔二七〕：「宗婦執兩籩，主婦受，設于敦南。」此主婦自反兩籩，不使宗婦者，以喪尚緦，緦反吉故然。上主人獻，使贊薦菹醢，注云：「齊斬之服不執事者。」彼爲主人獻，故不使主婦薦。此亞獻，己所有事〔二八〕，故自薦可知。尸祭籩，祭酒，如初。賓以燔從，如初。尸祭燔，卒爵，如初。

右主婦亞獻尸

酌獻祝，籩燔從，獻佐食，皆如初。以虚爵入于房。初，主人儀。○疏曰：此「尸祭籩」已下至「籩燔從獻佐食」，皆與主人獻尸，賓長以肝從，至佐食祭酒，卒爵，拜，主人答拜，受爵出，實于篚，並如主人儀，故皆云「如初」也。

右主婦獻祝及佐食

賓長洗繶爵，三獻，燔從，如初儀。繶，於力反。○繶爵，口足之間有篆，又彌飾。○篆，大轉反。○疏曰：「繶爵，口足之間有篆，又彌飾」者，案屨人，繶是屨之牙底之間縫中之飾〔二九〕，則此爵云繶者，亦是爵口足之間有飾可知。云「又彌飾」，以其主婦有足有飾，今口足之間又加飾也。婦人復位。復堂上西面位，事已，尸將出，當哭踊。○疏曰：自此盡「拜稽顙」，論祭訖送尸及改饌爲陽厭之事。云

「復堂上西面位」者，上云：主人「即位於門外，如朝夕臨位。婦人及内兄弟服，即位於堂，亦如之」。以下更不見別有婦人位，明復位者還此位可知。又案士喪禮，凡臨位，婦人即位于堂南上，即西面位也。云「尸將出當哭踊」者，以哭送，此喪祭故踊，特牲吉祭不哭踊，故亦無復位之事也。

右賓長三獻

祝出户，西面告利成，主人哭。西面告，告主人也。利，猶養也。成，畢也。言養禮畢也。不言養禮畢，於尸間嫌。○養，予亮反，下同。○疏曰：云「西面告，告主人也」者〔三〇〕，以其處主人東面，故祝西面對而告之。云「不言養禮畢，於尸間嫌」者，若言養禮畢，即於尸中間有嫌諷去之。或本「間」作「閑」音，以養尸事畢而尸空閑，嫌諷去之。皆哭。丈夫婦人於主人哭，斯哭矣。○疏曰：言上云主人哭，則主人之外，緦麻以上在位者皆哭，故鄭總「丈夫婦人於主人哭斯哭矣」。

右祝告利成

祝入，尸謖。謖，所六反，起也。○祝入而無事，尸則知起矣。不告尸者，無遣尊者之道也。古文「謖」或爲「休」。○疏曰：雖不告尸無事，尸亦知無事，禮畢而起矣。不告尸以禮畢者，尸尊，若告之，則如發遣尊者，故云「不告尸者，無遣尊者之道」也。從者奉篚，哭，如初。初，哭從尸。祝前尸，出户，踊如初，降堂，踊如初，出門，亦如之。前，道也。如初者，出如入，降如升，三者之節悲哀同。○道，音導，下前道、道尸、爲道同。○疏曰：案上文：尸入門，丈夫踊，婦人踊。尸及階，祝延尸。尸升，宗人詔踊如初。尸入户，踊如初。故此鄭云：「出如入，降如升，三者之節悲哀同。」是以如之得有三者也。

右尸謖降○記：尸謖，祝前，鄉尸。鄉，許亮反，下注同。○前，道也。祝道尸，必先鄉之，爲之節。○疏曰：此記尸謖之時，祝前尸之儀也。云「必先鄉之，爲之節」者，言必先面向尸者，爲之節度也。還，出户，又鄉尸。還，過主人，又鄉尸。還，降階，又鄉尸。過主人則西階上，不言及階，明主人見尸，有踧踖之敬。○踧，子六反。踖，子亦反。○疏曰：以其經出户、降階、及門，皆指物而言，主人既在西階上，不言西階而言主人者，欲見主人見尸有踧踖之敬，故没去階名而云主人也。降階，還，及門，如出户。及，至也。言還至門，明其閒無節也。降階如升時，將出門如出户時，皆還向尸也。每將還，必有辟退之容。凡前尸之禮儀在此。○辟，音避。○疏曰：經自階已前皆不言及，從階到門言及者，以其自階到門，其中道遠，故特言及以殊之。是以鄭云「言還至門，明其閒無節」，謂無還鄉尸之節也。云「降階如升時，將出門如出户時，皆還鄉尸也」，經直云「及門如出户」，雖不言降階如升時，以將出門如出户，明降階如升時，故鄭約出門以明降階也。云「皆還鄉尸」者，欲見經「還」者皆還鄉尸也，謂鄉尸乃前道也。云「每將還，必有辟退之容」者，辟退，即逡巡謙讓之容也。云「凡前尸之禮儀在此」者，以儀禮一部所云前尸之禮儀，在此經爲具悉者。○本經記

祝反，入徹，設于西北隅，如其設也。几在南，厞用席。厞，扶未反，劉音非，隱也。○改設饌者，不知鬼神之節，改設之。庶幾歆饗，所以爲厭飫也。几在南，變古文〔三一〕，明東面。不南面，漸也。厞，隱也，于厞隱之處，從其幽暗。○厭，一豔反。飫，於庶反。○疏曰：祝反入，謂送尸出門而反入徹神前之饌，改設于西北隅也。云「如其設也」者，謂設于西北隅，次第一如奥中東面設。云「几在南，變古

文」者，上文陰厭時，設几席于室中東面右几，今文「几在南」，明其同。必變文者，案少牢大夫禮陽厭時南面，亦几在右，此言右几，嫌與大夫同南面而右几，故變文云「几在南」，與前在奧同，故云「明東面」也。又以特牲云：「祝筵几于室中，東面。」至於改饌云：「佐食徹尸薦俎敦，設于西北隅，几在南。」是與此同也。云「不南面，漸也」者，以特牲東面右几，今虞爲喪祭，示向吉有漸，故設几與吉祭同。「厞，隱也。于厞隱之處，從其幽闇」者，謂以席爲障，使之隱，故云厞隱從其幽闇也。祝薦席，徹入于房，祝自執其俎出，徹薦席者，執事者。祝薦席，則初自房來。○疏曰：祝之薦席，設與徹不言其人，知使執事者，以其主人之事，不言官者皆爲之故也。上文神席在西序下，此祝經記俱不言，今知自房來者，見公食大夫記云「筵出自房」，昏禮與士冠席皆亦在於房，故此祝席亦自房來，今還于房可知也。贊闔牖戶。鬼神尚居幽闇，或者遠人乎？贊，佐食者。○疏曰：云「或者遠人乎」者，禮記郊特牲文。此鄭玄之義，非直取鬼神居幽闇，或取遠人之意故也。云「贊佐食者」，自上以來，行事唯有祝與佐食，以其云「祝自執其俎出」，故知闔牖戶者是佐食也。

右陽厭○記：尸出，祝反，入門左，北面復位，疏曰：謂祝既送尸出，反入門復位。上文祝入門左北面位〔三二〕，故云「復位」也。然後宗人詔降。疏曰〔三三〕：謂祝復位，宗人乃詔主人降，以其無事故也。○本經記

主人降，賓出。宗人詔主人，降，賓則出廟門。主人出門，哭止，皆復位。門外未入位。○疏曰：知是門外位者，以經云「出門」，乃更云「皆復位」，明「門外未入位」可知。宗人告事畢，賓出，主

人送，拜稽顙。送拜者，明于大門外也。賓執事者皆去，即徹室中之饌者，兄弟也。○疏曰：上文云「復位」，是殯門外，未出大門；此云「送拜」，是出大門送拜可知。賓即執事而云「賓出」，則室中無執事之人，唯有兄弟，故徹室中之饌者兄弟可知也。

右事畢案經言立尸之禮，記有無尸之文，經載其常，記述其變，今附見於下。○記：無尸，則禮及薦饌皆如初。無尸，謂無孫列可使者也。殤亦是也。禮，謂衣服即位升降。○疏曰：自此盡「詔降如初」，論喪祭無尸之事。云「無尸，謂無孫列可使」者，禮記云：無孫則取同姓之適。則大夫、士祭先取孫，無孫取同姓之適，是有孫列可使無同姓之適，是無孫列可使者也。云「殤亦是也」者，禮記曾子問云「祭成喪者必有尸」，明殤死無尸可知。曾子問又云：宗子直有陰厭，庶殤直有陽厭。是無尸也。云「禮謂衣服即位升降」者，雖無尸，主人亦如葬所服，即位于西序及升降，與有尸相似。既饗，祭于苴，祝祝，卒。記異者之節。○疏曰：云「既饗」者，正謂祝釋饗神辭告之，使令祔之安之，釋饗訖，佐食取黍稷祭于苴。云「記異」者，謂記無尸者異於有尸何者。有尸，祝釋孝子辭，釋辭訖，爲祝祝卒，别有迎尸已後之事。今無尸者，祝祝卒，饗神訖，無迎尸已後之事，故下文云「不綏祭」之等，是記異者之節也。不綏祭，無泰羹涪胾，從獻。不綏，言獻，記終始也。事尸之禮，始於綏祭，終於從獻。綏，當爲「隋」。○疏曰：此四事皆爲尸，是以上文有尸者云迎尸而入，祝命佐食綏祭。又泰羹涪自門入，設于鉶南，胾四豆，設于左。又尸食之後，主人獻，賓長以肝從，主婦亞獻，賓長以燔從，賓長獻亦如之。無尸闕此四事，自羹以下三事皆蒙「無」字解之。云「不綏，言獻，記終始也」者，以見經無尸，具陳四事。凡祭禮，以獻爲終，舉終以見始，亦得爲義。今不但言獻，記其終始，具言四事者，欲明始於綏祭，終於從獻，故鄭即云「事尸之禮，始于綏祭，終於從獻」，故具言之。「綏，當爲墮」者，周禮守祧職云：「既祭」，「藏其墮」。墮字爲正，取減爲義。主人哭，出復位。於祝祝卒。○疏曰：謂祝祝卒，無尸可迎，既無上四事，主人遂即哭出，復户外東面位也。祝闔牖户，降，復位于門西。門西北面位。○疏曰：鄭此及下注皆云「復位者，門西北面位」者，據上文「尸出，祝反，入門左，北面復位」也。男女拾踊三，拾，其業反，注下同。○拾，更也。三更踊。○更，音庚。○疏曰：凡言「更踊」者，主人踊，主婦踊，賓乃踊。三者三，爲拾也。如食間。隱之，如尸一食，九飯之頃也。○疏曰：隱之者，謂闔牖户也。九飯之頃，時節也。祝升，止哭，聲三，啓户。聲者，噫歆也。將啓户，驚覺神也。今文「啓」爲「開」。○疏曰：云「聲者，噫歆也」者，若曲禮云「將上堂，聲必揚」，故云「將啓户，驚覺神也」。主人入，親之。○疏曰：親之者，啓牖鄉是親之事，主人無事而入者，是主人親至，神所恭敬之事也。祝從，啓牖鄉，如初。鄉，許亮反。○牖先闔後啓，扇在内也。鄉，牖一名也。如初者，主人入，祝從在左。○疏曰：云「鄉，牖一名也」者，詩云「塞向墐户」，注云：「鄉北出牖也。」與此注不同者，語異義同。北牖名鄉，鄉亦是牖，故云「牖一名也」。主人哭，出復位。堂上位也。○疏曰：案下文「宗人詔降如初」，注云：「詔主人降之」，乃降堂。明此復位者，復堂上東面位也。卒徹，祝佐食降，復位。祝復門西北面位，佐食復西方位，不復設西北隅者，重閉牖户，褻也。○

重，直用反。○疏曰：鄭知祝與佐食位如此者，見上經云「主人即位于堂，衆主人及兄弟賓即位于西方」，佐食即賓也，故知佐食言復位，復西方可知。知祝復位「復門西北面位」者，上經「祝入門左，北面」，注：「不與執事同位，接神尊也。」明此祝復位復門西北面位可知。云「重閉牖户，褻也」者，上經有尸者有陰厭，有陽厭，無闔牖户之事，今無尸者陰厭時闔牖户，今更設饌於西北隅，復更闔牖户爲褻瀆，故不爲也。宗人詔降如初。初，贊闔牖户。宗人詔主人降之。○疏曰：降，謂禮畢降堂也。上經云：「贊闔牖户，主人降，賓出。」注云：「宗人詔主人降。」彼謂降堂，故知此云如初，亦如上經詔降也。○本經記○重，既虞而埋之。重，直龍反。埋，亡皆反。○就所倚處埋之。○疏曰：案既夕禮：初喪朝禰廟，「重止于門外之西」，不入。重不入者，謂將饗祖廟若過之然，故不入。明日自禰廟隨至祖廟庭，厥明將出之時「重出自道，道左倚之」。鄭注云：「道左〔三四〕，主人位。」此注就所倚之處埋之，謂於祖廟門外之東也。○雜記

校勘記

〔一〕其事既重　「事」，原作「重」，據四庫本及禮記正義改。

〔二〕三年之喪　〔三〕，原作「二」，據朝鮮本、吕本、四庫本改。

〔三〕詳見弔禮會葬條　「條」，原脱，據朝鮮本、賀本補。

〔四〕謂以物與神及人皆言饋　「神」，原脱，據四庫本及儀禮注疏補。
〔五〕此亦反吉　「吉」，原作「古」，據吕本、四庫本及儀禮注疏改。
〔六〕吉時設洗皆當東榮　「當」，原作「堂」，據賀本及儀禮注疏改。
〔七〕二籩從主婦獻尸　句原脱，據賀本及儀禮注疏補。
〔八〕簞巾在其東　「巾」，原作「布」，據朝鮮本、賀本及儀禮注疏改。
〔九〕殯宫雖有脯醢之奠　「脯」，原作「酺」，據賀本及禮記正義改。
〔一〇〕筵雖大斂之時已有　「斂」，原作「練」，據朝鮮本、賀本及禮記正義改。
〔一一〕故至日中而行虞事也　「至」，原作「雲」，據朝鮮本、賀本及儀禮注疏改。
〔一二〕雍人倫膚九實于一鼎　「九實」，原脱，據賀本及儀禮注疏補。
〔一三〕髀脰脊脅離肺　「脰」，原作「短」，據四庫本及儀禮注疏改。
〔一四〕若大夫以上尊　「上」，原作「下」，據四庫本、賀本及儀禮注疏改。
〔一五〕虞杖不入於室　句上，賀本有「記」字。
〔一六〕臣之反　「臣」，賀本作「渠」，聲同。
〔一七〕凡吉祭饗尸　「凡」，原作「几」，據朝鮮本、吕本、四庫本改。
〔一八〕用苴　「苴」，原作「莫」，據朝鮮本、吕本、四庫本改。
〔一九〕粱曰香萁　「萁」，原作「箕」，據賀本及儀禮注疏改。

〔二〇〕今文曰合事　「合」，原作「古」，據賀本改。
〔二一〕據虞祭而言　「虞」，原脱，據賀本及儀禮注疏補。
〔二二〕又云特牲少牢或爲羞　「又」，原作「之」，據吕本、四庫本及儀禮注疏改。
〔二三〕冬用荁　「荁」，原作「苴」，據賀本及儀禮注疏改。
〔二四〕湇肉汁也　「肉」，原作「四」，據朝鮮本、四庫本及儀禮注疏改。
〔二五〕云設于鉶南者　「鉶」，原作墨釘，據朝鮮本、吕本、四庫本補。
〔二六〕又少牢云　「又」，原作「人」，據朝鮮本、吕本、四庫本、賀本改。
〔二七〕案特牲　句上，四庫本有「疏曰」二字。
〔二八〕己所有事　「所有」，原誤倒，據賀本及儀禮注疏乙正。
〔二九〕繶是屨之牙底之間縫中之飾　「牙底之間」，原作「身」，據賀本及儀禮注疏改。
〔三〇〕云西面告告主人也者　「西」下，原衍「南」字，據四庫本、賀本及儀禮注疏删。
〔三一〕變古文　「古」，賀本作「右」。下「變古文」同。
〔三二〕上文祝入門左北面位　「左」，原作「在」，據四庫本、賀本及儀禮注疏改。
〔三三〕疏曰　「疏曰」，原脱，據賀本及儀禮注疏補。
〔三四〕道左　「道」，原作「適」，據賀本及禮記正義改。

儀禮經傳通解續卷第五

喪禮四之上

喪大記上五

補案：喪大記本小戴篇目，孔氏疏案鄭目録云：記人君以下始死至殯葬之事。今儀禮正經喪、既夕、虞三篇所載惟士禮，國之大喪以及諸侯大夫之禮皆缺。禮經既缺，而身處綦貴者尤諱言凶事，故雖崩薨大變，臣子至痛而沿襲鄙陋，反民庶之不若。今以小戴篇名及本篇所述，附以周禮、禮記諸書載天子、諸侯、大夫之禮補爲此篇，列士之禮正經之後，其先後次第之大略，並依士喪禮。士喪禮有天子、諸侯、大夫所通用者，不復重出，讀禮者所當互考也。

大宗伯：以喪禮哀死亡。哀，謂親者服焉，疏者含襚。朝覲會同則爲上相，大喪亦如之。相，詔王禮也。出接賓曰擯，入詔禮曰相。相者五人，卿爲上擯。大喪，王、后及世子也。○疏曰：「出接賓曰擯，入詔禮曰相」，通而言之，出入皆稱擯。云「相者五人卿爲上擯」，據此大宗伯是卿，故指此上擯而言也。云「大喪王后及世子也」者，以其與王爲上相，明是王后及世子，亦得見大喪所相或嗣王〔一〕，則大喪中兼王喪也。○小宗伯：掌五禮之禁令與其用等。凡國之大禮，佐大宗伯。凡小禮，掌事，如大宗伯之儀。○肆師之職：凡卿大夫之喪，相其禮。凡國之大事，治其禮儀，以佐宗伯。凡國之小事，治其禮儀而掌其事，如宗伯之禮。○職喪：掌諸侯之喪及卿、大夫、士凡有爵者之喪，以國之喪禮涖其禁令，序其事。國之喪禮，喪服、士喪、既夕、士虞今存者，其餘則亡。事，謂小斂、大斂葬也。○疏曰：云「國之喪禮喪服士喪既夕士虞今存」者，此據儀禮之内見在者而言。云「其餘則亡」者，但儀禮本事義三千條，其時有天子、諸侯、卿、大夫、士喪與既夕及虞卒哭與祔小祥、大祥禮皆有，遭暴秦而亡，漢興，惟得十七篇，高堂生所傳，即今儀禮是也。云「事謂小斂大斂葬也」者，舉大事而言，其間仍有襲事，亦掌之〔二〕。○自天子達於庶人，喪從死者，祭從生者。從死者，謂衣衾棺槨。從生者，謂奠祭之牲器。○王制〔三〕

右總目

疾病，外内皆埽。埽，悉報反。○爲賓客將來問病也。疾困曰病。君大夫徹縣，士去琴瑟。縣，音玄，注同。去，起呂反，注同。○聲音動人，病者欲静也。凡樂器，天子宫縣，諸侯軒縣，大夫判縣，士特縣。去琴瑟者，不命之士。○疏曰：宫縣，四面象宫室〔四〕。軒縣，去其一面。判縣，又去其一面。特縣，又去其一面，縣於東方或階間。鄭云：「諸侯之大夫半天子之大夫，西縣鐘，東縣磬。士亦半天子之士，縣磬而已。」注云「不命之士」，謂子男之士。寢東首於北牖下。首，手又反。牖，依注音酉。○爲君來視之時也，病者恒居北牖下，或爲墉下。○疏曰：論語鄉黨云：「疾，君視之，東首，加朝服。」此云東首，故知是君來視之時也。以東方生長，故東首鄉生氣。士喪下篇云「東首于北牖下」，是恒在北牖下。若君不視之時，則不恒東首，隨病者所宜，此熊氏所説。今謂病者雖恒在北牖下，若君來視之時，則暫時移向南牖下，東首，令君得南面視之。廢牀，徹褻衣，加新衣，體一人。牀，士良反，本或作「床」字。褻，息列反。○人始生在地，廢去牀，庶其生氣反。徹褻衣，則所加者新朝服矣，互言之也。加朝服者，明其終於正也。體，手足也，四人持之，爲其不能自屈伸也。男女改服。爲賓客來問病，亦朝服也，庶人深衣。屬纊以俟絶氣。屬，音燭。纊，音曠，新綿也，一音古曠反。○纊，今之新綿，易動摇，置口鼻之上以爲候。男子不死於婦人之手，婦人不死於男子之手。君子重終爲其相褻。○喪大記○扶君，卜人師扶右，射人師扶左。謂君疾時也。卜，當爲「僕」，聲之誤也。僕人、射人，皆平時贊正君服位者。君薨以是舉。不忍變也。周禮射人：「大喪，與僕人遷尸。」○疏曰：知「卜」當爲「僕」者，以卜人無正君之事。案周禮大僕職「掌正王之服位」，射人職「掌國之三公孤卿大夫之位」，及王舉動，悉隨王，故知也。○檀弓○下遷尸、奉尸夷於堂、大小斂、殯條通用。○君於大夫疾，三問之；士疾，一問之。詳見殯後受弔條。○卿大夫疾，君問之無筭，士一問之。三問者，謂君自行。此云「無筭」，謂遣使也。○雜記○君、夫人卒於路寢，大夫、世婦卒於適寢。内子未命，則死於下室，遷尸于寢。士之妻皆死于寢。言死者，必皆於正處也。寢、室通耳，其尊者所不燕焉。君謂之路寢，大夫謂之適寢，士或謂之適室。此變命婦言世婦者，明尊卑同也。世婦以君下寢之上爲適寢。內子，卿之妻也。下室，其燕處也。○疏曰：貴賤死寢不同也。君，謂諸侯也。諸侯三寢，一正者曰路寢，餘二曰小寢，卒歸於正，故在路寢也。夫人亦有三寢，一正二小，亦卒正者也。「大夫世婦卒於適寢」，適寢猶今聽事處也，其制異諸侯也。大夫死適寢，其妻亦死適寢也。大夫妻曰命婦而云世婦，世婦是諸侯之次婦，今既明諸侯世婦尊與命婦敵，故互言見義。今命婦死於正寢，則世婦死女君次寢之上也。「內子未命則死於下室，遷尸于寢」者，內子，卿妻也，若未爲夫人所命，則初死在下室，至小斂後遷尸，乃復還其正寢。「士妻皆死于寢」者，亦各死其正室也。夫妻俱然，故云「皆」也。「寢室通耳」者，案士喪禮云「死于適室」，此云「卒於適寢」，是寢、室通也。云「其尊者所不燕焉」者，謂尊嚴之處不就而燕息焉。云「世婦以君下寢之上爲適寢」者，皇氏云：君謂女君，而世婦以夫人下寢之上爲適寢。熊氏云：諸侯夫人、大夫妻及士之妻卒，皆於夫之正寢。夫人卒於君之正寢，世婦卒於君之下寢之上。與皇氏異。雖卒夫寢，皆婦人供視之，是亦婦人不死男子之手也。案服虔注左傳義與皇氏同，夫人之卒在於夫人路寢，比君路寢爲小寢，故僖八年夫人不薨于寢，則不殯於廟。服虔注云：「寢，謂小寢也。」皇氏、熊氏其説各異，未知孰是，故兩存焉。知死正寢者，案春秋成公薨於路寢道也，僖公薨于小寢，譏即安，謂就夫人寢也。隱公薨不書地，失其所，文公薨于臺下，襄公薨于楚宮，定公薨于高寢，皆非禮也。案莊三十二年公羊傳何休注云：「天子諸侯皆有三寢：一曰高寢，二曰路寢，三曰小寢。」案周禮：掌王之六寢之脩。何休云：「天子三寢，與周禮違，不可用。」○喪大記○始卒，主人啼，兄弟哭，婦人哭踊。凡哭尸于室者，主人二手承衾而哭。承衾者，哀慕若欲攀援。○同上

右始死案：喪大記正以備天子以下喪禮。大喪之禮莫重於嗣君即位，今附見於記文之下。○

二十有八載，帝乃殂落。殂落，死也。堯年十六即位，七十載求禪，試舜三載〔五〕，自正月上日至崩二十八載，堯凡壽一百一十七歲。百姓如喪考妣，考妣，父母。言百官感德思慕。三載，四海遏密八音。遏，絶。密，靜也。八音，金、石、絲、竹、匏、土、革、木。四夷絶音三年〔六〕，則華夏可知，言盛德恩化所及者遠。○舜典○惟四月哉生魄，王不懌。懌，音亦。○成王崩年之四月始生魄，月十六日，王有疾，故不悦懌。甲子，王乃洮頮水，相被冕服，憑玉几。洮，他刀反，徐音逃。頮，音悔。○王發大命臨羣臣，必齋戒沐浴，今疾病，故但洮盥頮面。扶相者被以冠冕，加朝服，憑玉几以出命。乃同，召太保奭、芮伯、彤伯、畢公、衛侯、毛公，奭，音釋。芮，如鋭反。彤，徒冬反。○同召六卿下至御治事。太保、畢、毛稱公，則三公矣。此先後次第：冢宰第一，召公領之；司徒第二，芮伯爲之；宗伯第三，彤伯爲之；司馬第四，畢公領之；司寇第五，衛侯爲之；司空第六，毛公領之。召、芮、彤、畢、衛、毛，皆國名，入爲天子公卿。師氏、虎臣、百尹、御事。師氏，大夫官。虎臣，虎賁氏。百尹〔七〕，百官之長及諸御治事者。○疏曰：周禮：師氏，中大夫，掌以美詔王，居虎門之左，司王朝得失之事，帥其屬守王之門。重其所掌，故與虎臣並於百尹之上，特言之。尹，訓正也，故百尹爲

百官之長。諸御治事，謂諸掌事者，蓋大夫皆被召也。王曰：「嗚呼！疾大漸，惟幾，幾，音機，徐音饑。○自歎其疾大進，篤惟危殆。病日臻。既彌留，恐不獲誓言嗣，茲予審訓命汝。病日至，言困甚已久，留言無瘳，恐不得結信出言，嗣續我志，以此，故我詳審教命汝。昔君文王、武王宣重光，奠麗陳教，則肄。重，直龍反。○言昔先君文、武布其重光累聖之德，定天命，施陳教，則勤勞。肄不違，用克達殷，集大命。文、武定命陳教，雖勞而不違道，故能通殷爲周，成其大命。在後之侗敬迓天威，嗣守文、武大訓，無敢昏逾。侗，音同，又敕動反，馬本作「詷」，云：共也。○在文、武後之侗稚，成王自斥，敬迎天之威命，言奉順繼守文、武大教，無敢昏亂逾越，言戰慄畏懼。○斥，昌亦反。今天降疾，殆弗興弗悟，爾尚明時朕言，今天下疾我身甚危殆，不起不悟，言必死，汝當庶幾明是我言，勿忽略。用敬保元子釗弘濟于艱難。釗，姜遼反，又音昭，徐之肴反。○用奉我言，敬安太子釗。釗，康王名。大渡於艱難，勤德政。柔遠能邇，安勸小大庶邦。言當和遠又能和近，安小大衆國，勸使爲善。思夫人自亂于威儀，爾無以釗冒貢于非幾。」冒，亡報反，一音墨；又作「勖」。貢，如字，又作「贛」，音敕用反。○羣臣皆宜思夫人，夫人自治正於威儀，有威可畏，有儀可象，然後足以率人。汝無以釗冒進于非危之事。○疏曰：汝羣臣等思夫人，夫人衆國各自治正於威儀，有威有儀，然後可以率人，無威無儀，則民不從命，戒使謹威儀也。汝無以釗冒進於非事危事，欲令戒其不爲惡也。茲既受命，還，此羣臣已受顧命，各還本位。出綴衣于庭。出，如字，徐尺遂反。綴，丁衛反。○綴衣，幄帳。羣臣既退徹出幄帳於庭，王寢於北牖下，東首，反初生。○疏曰：綴衣者，連綴衣物出之於庭，則是從内而出。下云「狄設黼扆綴衣」，則綴衣是黼扆之類。黼扆是王坐立之處，王發顧命在此黼扆幄帳之坐，命訖，乃復反於寢處。以王病重，不復能臨此坐，故徹出幄帳於庭，將欲爲死備也。越翼日乙丑，王崩。太保命仲桓、南宫毛，冢宰攝政，故命二臣。桓、毛，名。俾爰齊侯吕伋，以二干戈、虎賁百人〔八〕，逆子釗于南門之外，伋，居及反，齊侯名，太公子。○臣子皆侍左右，將正太子之尊，故出於路寢門外。使桓、毛二臣各執干戈，於齊侯吕伋索虎賁百人，更新逆門外，所以殊之。伋爲天子虎賁氏。延入翼室，恤宅宗。明室，路寢，延之使居憂爲天下宗主。○疏曰：天子初崩，太子必在其側，於時臣子皆侍左右，將正太子之尊，故使太子出於路寢門外，更迎入，所以殊之也。經言「二干戈」，文在齊侯吕伋下，似就齊侯取干戈。傳言「使桓、毛二臣各執干戈於齊侯吕伋索虎賁」，則是執干戈就齊侯，傳以反於經者，於時新遭大禍，内外嚴戒，桓、毛二人必是武臣宿衛，先執干戈，太保就命，使之執干戈以往，傳達其意，故移「干戈」之文於「齊侯」之上〔九〕。傳言是實也。經言於齊侯吕伋下，言「以二干戈、虎賁百人」者，指説迎太子之時，有此備衛耳，非言二人干戈亦是齊侯授也。周禮：「虎賁氏，下大夫，其屬有虎士八百人。」知伋爲天子虎賁氏，故就伋取虎賁也。又曰：釋言云：「翼，明也。」喪大記云：「君夫人卒於路寢。」以諸侯薨於路寢，知天子亦崩於路寢。今延太子入室，必延喪所，知翼室是明室，謂路寢也，延之使居憂爲天下喪主也〔一〇〕。○顧命○案：嗣君即位之禮，以傳記考之，其别有四：有正嗣子之位，始死是也；有正繼體之位，殯後是也；有正改元之位，踰年是也；有正踐阼之位，三年之喪畢是也。今成王初崩，迎子釗入翼室，恤宅宗，正嗣子之位也。其餘並見殯章，而記其大略於此。○魯隱公十有一年冬十有一月壬辰，公薨。公薨不地，故也。不地，不書路寢之比。隱之，不忍地也。隱，猶痛也。○春秋穀梁傳○莊公三十二年八月癸亥，公薨于路寢。路寢，正寢也。寢疾居正寢，正也。男子不絶于婦人之手，以齊終也。齊，絜也。○同上。又成十八年公薨于路寢傳同。○僖公三十有三年，公薨于小寢。公如齊，反，薨于小寢，即安也。小寢，夫人寢也。譏公就所安，不終于路寢。○左氏傳○小寢，非正也。非路寢也。○穀梁傳○文公十有八年，春王二月丁丑〔一一〕，公薨于臺下。臺下，非正也。同上○襄公三十有一年，公薨于楚宮。楚宮，非正也。楚宮，別宮名，非路寢。○同上○定公十有五年，公薨于高寢。高寢，宮名。不於路寢，失其所也〔一二〕。高寢，非正也。同上

唯哭先復，復而後行死事。氣絶則哭，哭而復，復而不蘇，可以爲死事。○疏曰：氣絶而孝子即哭，哭訖乃復，故云「唯哭先復」也。復而猶望生，若復而不生，故得行於死事，謂正尸於牀及浴襲之屬也。○喪大記○夏采：掌大喪，以冕服復于大祖，以乘車建綏復于四郊。乘，繩證反。綏，而誰反，依字作「緌」，誤作「綏」耳。○求之王平生常所有事之處。乘車玉路於大廟，以冕服不出宮也。四郊以緌出國門，此行道也。夏采，天子之官，故以冕服復于大祖，以乘車建緌復于四郊，天子之禮也。大

祖，始祖廟也。故書「緌」爲「䙡」，杜子春云：「當爲緌，䙡非也。」玄謂：明堂位曰：「凡四代之服器，魯兼用之。」「有虞氏之旂，夏后氏之緌。」彼注云：「綏，當爲緌。」則旌旂有是緌也。緌，以旄牛尾爲之，綴於橦上，所謂注旄於干首者。王祀四郊，乘玉路，建太常，今以復去其旒，異之於生，亦因先王有徒緌者。士冠禮及玉藻冠緌之字，故書亦多作「綏」者，今禮家定作「蕤」。○䙡，音維，徐音遂。○疏曰：復者各依命數，天子則十二人，各服朝服而復於太祖之廟，當升自東霤，北面履危西上，云「皐天子復」，如是者三，乃卷衣投於前，有司以篋受之，升自阼階，入衣於尸。復而不蘇，乃行死事也，故云「復於大祖」也。云「以乘車建緌復於四郊」者，以冕服不出宮，旌旗之緌又是行道之物，故乘玉路之乘車，建緌而復於四郊也。必於大祖四郊者，欲死者復蘇，故於平生有事之處皆復也。天子七廟，此經直云「大祖」，大祖則后稷廟也，餘六廟。案祭僕云：「大喪，復于小廟。」注云：「小廟，高祖以下。」是親廟四也。隸僕職云：「大喪，復於小寢、大寢。」注云：「小寢，高祖以下廟之寢也。始祖曰大寢。」唯二祧無復文者，案祭法：親廟四，與大祖皆月祭〔一三〕，二祧享嘗乃止。無月祭則不復也。「乘車玉路」者，案巾車云「玉路以祀」〔一四〕，祭天於郊用玉路，明於四郊復乘玉路可知。云「四郊」者，小宗伯云：「兆五帝於四郊。」平生在四郊郊事神之處，故復之也。引明堂位「有虞氏之旂夏后氏之緌」者，旗旂有緌，謂糸邊著妥，非，故云當作「緌」，爲糸邊著委〔一五〕。云「緌以旄牛尾爲之綴於橦上所謂注旄於干首」者，爾雅云「注旄於干首」是也。生時九旗有緌有旒，今死去旒，是異於生也。徒，空也，有虞氏空緌，未有在下旗旐，故云徒緌也。「今禮家定作蕤」者，謂今說禮之家定作蕤賓之蕤者。蕤賓在午月一陰爻生，陰氣委蕤於下，故旌旗之緌亦定作蘱也〔一六〕。○祭僕：大喪，復于小廟。小廟，高祖以下也。始祖曰大廟，春秋僖八年「秋七月，禘于大廟」。○疏曰：王生時所用之處皆復。○隸僕：大喪，復于小寢、大寢。小寢，高祖以下廟之寢也。始祖曰大寢。高祖以下廟稱小，始祖廟稱大，故寢亦隨廟爲稱也〔一七〕。○君復於小寢、大寢、小祖、大祖、庫門、四郊。尊者求之備也，亦他日所嘗有事。○疏曰：此一節論人君禮備，復處又多，自小寢以下，明招魂處所也。君，王侯也。於小寢者，前曰廟，後曰寢，爾雅云：「室有東西廂曰廟，無東西廂有室曰寢。」此小寢者，所謂高祖以下寢也，王侯同。大寢，謂天子始祖、諸侯大祖也。小祖，高祖以下廟也，王侯同。大祖，天子始祖、諸侯大祖廟也。兩言於廟，求神備也。周禮夏采「以冕服復於太祖廟」是也。其小廟則祭僕復之，其小寢、大寢則隸僕復之，四郊則夏采復之，故夏采云：「乘車建綏復於四郊。」此天子之事也。其諸侯復則小臣，故喪大記云：「小臣復。」案周禮內小臣「上士四人」。案雜記云：「復西上。」注：「各如其命數。」上公九命，侯伯七命，則小臣不足，明更有餘官。又復人雖依命數，復處既多，則復人不足，當於此復了更轉向他處。○檀弓○復，有林麓則虞人設階，無林麓則狄人設階。麓，音鹿。○復，招魂復魄也。階，所以乘升屋者。虞人，主林麓之官也。狄人，樂吏之賤者。階，梯也，簨簴之類。○疏曰：封內若有林麓，則所主林麓虞人設階梯而升屋。無林麓者，謂官職卑小，不合有林麓，無虞人可使。狄人，是家之樂吏之賤者，掌設簨簴。簨簴，階梯之類，故狄人設階也。○喪大記○小臣復，復者朝服。君以卷，夫人以屈狄，大夫以玄赬，世婦以襢衣，士以爵弁，士妻以稅衣，皆升自東榮，中屋履危，北面三號，捲衣投于前，司服受之，降自西北榮。赬，勑貞反。禮，知彥反。稅，他亂反。榮，如字，劉音營。號，户高反。捲，俱免反，徐紀阮反。○小臣，君之近臣也。朝服，所以事君之衣也。用朝服而復之者，敬也。復用死者之祭服，以其求於神也。君以卷，謂上公也。夫人以屈狄，互言耳。上公以衮，則夫人用褘衣。侯伯以鷩，其夫人用揄狄。子男以毳，其夫人乃用屈狄矣。赬，赤也。玄衣赤裳，所謂卿大夫自玄冕而下之服也，其世婦亦以禮衣。榮，屋翼。升東榮者，謂卿大夫士也，天子諸侯言東霤。危，棟上也〔一八〕。號，若云「臯某復」也。司服以篋待衣於堂前。○疏曰：「小臣復，復者朝服」者，此明諸侯小臣、君之近臣與君爲招魂復魄〔一九〕，既是君之親近，冀君魂神來依之，則大夫士以下皆用近臣也。所復之人，皆著朝服奉事君之魂神，故朝服。君以卷者，謂上公以衮冕而下。夫人以屈狄者，謂子男之夫人自屈狄而下。大夫以玄赬者，玄，纁也，言大夫招魂用玄冕、玄衣、纁裳，故云玄赬也。世婦以禮衣者，世婦，大夫妻也，其上服唯禮衣，故用招魂也。言世婦者，亦見君之世婦服與大夫妻同也。士以爵弁者，士亦用助祭上服以招魂。六冕則以衣名冠，爵弁則以冠名衣。今言爵弁者，但用其衣，不用其弁也。士妻以稅衣者，稅衣，六衣之下也，士妻得服之，故死用以招魂也。皆升自東榮者，榮，屋翼也，天子諸侯四注爲屋，而大夫以下不得四注，但南北二注而爲直頭，頭即屋翼也。復者，升東翼而上也。中屋者，當屋東西之中央。履危者，踐履屋棟上高危之處而復也。北面三號者，復者北面，求陰之義也，鬼神所嚮也。三號，號呼之聲三徧也。必三者：一號於上，冀神在天而來也；一號於下，冀神在地而來也；一號於中，冀神在天地之間而來也。號輒云「臯某復」矣，鄭注士喪禮云：「臯，長聲也。」「捲衣投于前司服受之」者，三招既竟，捲斂所復之衣，從屋前投與司服之官，司服以篋待衣於堂前也。前，謂陽生之道，復是求生，故衣從生處來也。降自西北榮者，復者投衣畢而回往西北榮而下也。初復是求生，故升東榮。而上求既不得，不忍虛從所求不得之道還，故就陰幽而下也。不正西而西北者，因取西北扉爲便也。必徹西北扉者，亦用陰殺之所也，故鄭注士喪禮云：「不由前降，不以虛反也。」降因徹西北扉，若云此室凶不可居然也。注云「君以卷謂上公也夫人以屈狄互言耳」者，男子舉上公，婦人舉子男之妻，男子舉上以見下，婦人舉下以見上，是互言也。云「升東榮者謂卿大夫士也」者，以鄉飲酒、鄉射是大夫士之禮。云設洗當東榮，此云東榮，故知是卿大夫士禮。今之兩下屋，云「天子諸侯言東霤」者，霤，謂東西兩頭爲屋簷霤下。案燕禮云：設洗當東霤，人君殿屋四注。○燕禮是諸侯禮，明天子亦然。○同上○復西上。北面而西上，陽長左也。復者多少，各如其命之數。○疏曰：凡招魂皆北面，而招以西頭爲上。「北面而西上陽長左也」者，以招魂冀生氣之來，生氣爲陽。又北面言之，南方是陽，左在西方，故言「陽長左」。云「復者多少如其命之數」者，案士喪禮：「復者一人，以爵弁服。」言諸侯之士一命而用一人，明復者各依命數。其復處不同，故檀弓云：「君復於小寢、大寢」、「庫門、四郊」。而云「復西上」者，但有兩人以上一處復者，則西上也。○雜記○玉府：大喪，共復衣裳。疏曰：復，招魂復魄〔二〇〕。司服所掌，是尋常衣服。玉府所掌，皆王之美物。復衣裳用死者上服，故玉府共之〔二一〕。○司服：大喪，共其復衣服，皆掌其陳序。疏曰：大喪，王喪也。復衣服，謂始死招魂復魄之服。案雜記云復者升屋，其人皆依命數，天子則十二人，諸侯九人、七人、五人，大夫士亦依命數。人執一領，天子衮冕以下，上公亦皆用助祭之服也〔二二〕。○復：諸侯以褒衣、冕服、爵弁服；復，招魂復魄也。冕服者，上公五，侯伯四，子男三。褒衣，亦始命爲諸侯及朝覲見加賜之衣也。褒，猶進也。○疏曰：復諸侯以褒衣者，謂復時以始命褒賜之衣。冕服爵弁服者，諸侯既用褒衣，又以冕服爵弁服而復也。鄭注「冕服」者，上公自衮冕而下，故爲五侯；伯自鷩冕而下，故爲四；子男自毳冕而下，故爲三也。凡服各依其命數，則上公五冕之外，更加爵弁服以下皮弁、冠弁之等而滿九。侯伯冕服之外，亦加爵弁以下而滿七。子男冕服之外，加爵弁、皮弁而滿五。其褒衣，君所特褒賜，則宜在命數之外也。故王制云：「三公一命衮，若有加則賜。」是褒衣，故不入命數也。此褒衣，或是冕之最上者。○雜記○夫人稅衣揄狄，狄稅素紗；言其招魂用稅衣，上至揄狄也。狄稅素紗，言皆以白紗縠爲裏。○疏曰：此明婦人復衣也，婦人衣有六也。夫人稅衣揄狄者，諸侯夫人復用稅衣，上至揄狄，謂諸侯伯夫人也。狄稅素紗者，言從揄狄以下至於稅衣，皆用素紗白縠爲裏。內子以鞠衣、褒衣、素紗。下大夫以襢衣，其餘如士。內子，卿之適妻也，春秋傳曰：晉趙姬請逆叔隗於狄，趙衰以爲內子，而己下之。是也。下大夫，謂下大夫之妻。襢，周禮作「展」。王后之服六，唯上公夫人亦有褘衣。侯伯夫人自揄狄而下，子男夫人自闕狄而下，卿妻自鞠衣而下，大夫妻自展衣而下，士妻稅衣而已。素紗，若今紗縠之帛也。六服皆袍制，不襌，以素紗裏之，如今袿袍襈重繒矣。褒衣者，始爲命婦見加賜之衣也。其餘如士之妻，則亦用稅衣。○疏曰：此卿大夫以下之妻所復之衣。內子，謂卿妻。「復以鞠衣、褒衣」者，始命爲內子，尚所褒賜之衣，復時亦用此衣，故云「鞠衣、褒衣」。褒衣則鞠衣也，但上命時褒賜，故曰褒衣矣。素紗者，言此鞠衣、褒衣，亦以素紗爲裏。下大夫以襢衣者，是下大夫之妻所復襢衣也，對卿妻爲下，故復用襢衣，周禮作「展」。「六服皆袍制，不禪，以素紗裏之」，袍制謂通衣裳有表有裏似袍也，故云「皆袍制」。不禪，漢時有袿袍，其袍下之襈以裏繒爲之，古之服皆以素紗爲裏，似此袿袍襈之裏繒，故注云「如今之袿袍襈重繒也」。其餘如士者，謂鞠衣襢衣之外，其餘褖衣如士之妻。士妻既用褖衣而復，則内子、下大夫妻等亦用褖衣也。云「褒衣」者，謂内子初嫁始爲卿妻，加賜之以衣以褒崇之，故云「褒衣」也。○雜記○今案：周禮：「内司服掌王后之六服，褘衣、揄狄、闕狄、鞠衣、展衣、褖衣、素紗。」注云：「屈者，音與闕相似，襢與展相似。」「狄，當爲翟，翟，雉名。伊雒而南，素質五色皆備成章曰翬；江淮而南，青質五色皆備成章曰揺。王后之服，刻繒爲之形而采畫之綴於衣，以爲文章。褘衣畫翬者，揄狄畫揺者，闕狄刻而不畫。此三者皆祭服。從王祭先王則服褘衣，祭先公則服揄翟，祭羣小祀則服闕翟。」展，「字當爲襢」。褖衣，「雜記曰『夫人服稅衣』，喪大記曰『士妻以褖衣』，言褖者甚衆，字或作稅」。「褘、揄、狄、展，聲相近。褖，字之誤也。」○婦人復，不以袡。袡，而廉反。○袡，婦人嫁時上服，而非事鬼神之衣，故不用招魂也。絳襈衣下曰袡。○喪大記○復衣不以衣尸，不以斂。衣尸之衣，於既反。斂，力驗反。○不以衣尸，謂不以襲也。復者，庶其生也。若其以衣襲斂，是用生施死，於義相反。士喪禮云：以衣衣尸，浴而去之。○疏曰：復是求生，若用復衣而襲斂，是用生施於死，於義爲反，故不得將衣襲尸及斂也。○同上○復與書銘，自天子達於士，其辭一也。男子稱名，婦人書姓與伯仲。如不知姓，則書氏。疏曰：書銘，謂書亡人名字於旌旗也。天子書銘於太常，諸侯以下書於旌旗，達於士。其辭一也者，謂士與天子同也。男子稱名者，此並殷禮。周世則上文，臣不名君，天子復曰「皐天子復矣」，諸侯復曰「皐某復矣」。婦人書姓與伯仲者，與，及也。復則婦人稱字，此云「書姓及伯仲」，是書銘也。姓，謂如魯姬、齊姜，而伯仲隨其次也。此亦殷禮也，周之文未必有伯仲，當云「夫人」也。如不知姓則書氏者，如孟孫三家之屬。○小記○凡復：男子稱名，婦人稱字。疏曰：自殷以上貴賤復同呼名〔一三〕，周則天子稱天子，諸侯稱「某甫」且字矣，大夫士稱名，而婦人並稱字。○喪大記○天子崩，復曰「天子復矣」。始死時呼魄辭也。不呼名，臣不名君也。○疏曰：復，招魂復魄也。精氣爲魂，身形爲魄，人若命至終，必是精氣離形。而臣子罔極之至，猶望應生，故招呼死者之魂，令還復身中，故曰復也。普天率土，王者一人而已，故呼「天子復」，而王者必知呼己而返也。以例而言之，則王后死亦呼「王后復」也。○曲禮○諸侯，復曰「某甫復矣」。疏曰：言「某甫」，諸侯稱字是也。○同上

右復

司士：作士掌事。事，謂奠斂之屬。○疏曰：始死則有奠〔一四〕。○案：司士所掌不但始死奠，凡喪事皆掌之，已列其職於戒臣民條內，始死奠他無所載，故復見於此。若其他所掌，則不復重出。

右始死奠

鼓人：大喪，則詔大僕鼓。始崩及窆時也〔一五〕。○大僕：大喪，始崩，戒鼓傳達于四方。戒鼓，擊鼓以警衆也。故書「戒」爲「駭」。○疏曰：王喪始崩，擊鼓以警戒衆人，使傳達于四方，以鼓聲相傳聞而達之也〔一六〕。○小宰：以官府之六聯合邦治，三曰喪荒之聯事。太宰贊贈玉含玉，司

徒率六卿之衆庶屬其六引，宗伯爲上相，司馬平士大夫，司寇前王，此所謂官聯〔二七〕。○大宗伯：朝覲會同則爲上相，大喪亦如之。詳見總目。○大司寇：凡朝覲會同前王，大喪亦如之。大喪所前，或嗣王。○疏曰：言「或」者，大喪或是先后及王世子，皆是大喪〔二八〕。○師氏：喪紀，王舉則從。舉，猶行也。故書「舉」爲「與」，杜子春云：當爲「與」，謂王與喪紀之事。○疏曰：王舉者，舉，行也，此數事王行之時，師氏則從。以王所在，皆須詔王以美道故也〔二九〕。○世婦：凡王后有拜事於婦人，則詔相。玄謂：拜，拜謝之也。喪大記曰：「夫人亦拜寄公夫人於堂上。」○疏曰：上言大喪，下言后之拜事，則所拜者爲大喪而拜，故引喪大記爲證。但喪大記所云者是諸侯之喪，主人拜寄公於門西，夫人亦拜寄公夫人於堂上，其寄公與主人體敵故也。明知天子之喪，世子亦拜二王後於堂中，后亦拜二王後夫人於堂上可知。是以僖公二十四年左氏傳云：宋公過鄭，鄭伯問禮於皇武子，武子對曰：「宋於周爲客，天子有事膰焉，有喪拜焉。」謂王喪二王後來奔，嗣王拜之，明二王後夫人來弔，后有拜法。若然，二王後夫人得有赴王喪者，或夫人家在畿内來歸寧，值王喪則弔赴也〔三〇〕。○大司馬：大喪，平士大夫。平者，正其職與其位。○疏曰：必使司馬平之者，司馬之屬有司士，主羣吏，今王喪不使司士，故司馬平之。○司士：大喪，作士掌事。事，謂奠斂之屬。○疏曰：始死則有奠，及至小斂、大斂、朔月、月半、薦新、祖奠、大遣等，皆是未葬已前，無尸，不忍異於生，皆稱奠〔三一〕。○宰夫：大喪、小喪，掌小官之戒令，帥執事而治之。大喪，王、后、世子。小喪，夫人以下。小官，士也，其大官則冢宰掌其戒令，治謂共辦。○小宰：以法掌賓客之戒具，喪亦如之。戒官有事所當共。法，謂有舊法施行〔三二〕。○雞人：大祭祀，夜嘑旦以叫百官。嘑，火吴反，本又作「呼」。叫，古弔反。○夜，夜漏未盡，雞鳴時也，呼旦以警起百官，使夙興。喪紀亦如之〔三三〕。○宰夫：三公六卿之喪，與職喪帥官有司而治之。凡諸大夫之喪，使其旅帥有司而治之。旅，冢宰下士。○疏曰：三公六卿喪尊，故宰夫與春官職喪，帥其於喪家有事官有司而治之，謂共辦之。大夫之喪卑，宰夫不自爲，使在己之下，其旅三十有二人，帥有事於喪家之有司而治之。治之，亦謂共辦之也〔三四〕。○職喪：掌諸侯之喪及卿大夫士凡有爵者之喪，以國之喪禮涖其禁令，序其事。詳見總目。○虎賁氏：國有大故，則守王門，大喪亦如之。非常之難，要在門。○疏曰：大故，謂兵災。大喪，謂王喪。非常之難須警備，故云「要在門」。○旅賁氏：掌執戈盾，夾王車而趨。喪紀，則衰葛執戈盾。衰，七雷反。盾，常準反，又音允。○葛，葛絰，武士尚輕。○疏曰：臣爲王，貴賤皆斬衰。斬衰麻絰，至葬乃服葛。今王始死即服葛，故云「武士尚輕」〔三五〕。○大司徒：若國有大故，則致萬民於王門，令無節者不行於天下。大故，謂王崩及寇兵〔三六〕。○司險：國有故，則藩塞阻路而止行者，以其屬守之，唯有節者達之。有故，喪災及兵也。閉塞要害之道，備姦寇也。○疏曰：喪謂王喪〔三七〕。○天子崩，巷市七日。諸侯薨，巷市三日。疏曰：若居天子諸侯之喪，必巷市者，以庶人憂慼無復求覓財利，要有急須之物，不得不求，故於邑里之内而爲巷市。○檀弓

右戒臣民

射人：大喪，與僕人遷尸。僕人，大僕也，僕人與射人俱掌王之朝位也。王崩，小斂、大斂，遷尸于室堂，朝之象也。檀弓曰：「扶君，卜人師扶右，射人師扶左，君薨以是舉。」○疏曰：知「僕人大僕也」者，見大僕掌內朝，射人掌正朝，掌事是同。周禮又更無僕人職，故知是大僕，是以鄭云「僕人與射人俱掌王之朝位也」。云「王崩小斂大斂遷尸於室堂」者，始死於北墉下，遷尸於南牖下。又云小斂於戶內，是遷尸於室。小斂訖遷尸於戶外，又遷尸大斂於阼階，大斂訖又遷尸於西階以入棺，是遷尸于堂也。云「朝之象也」者，君所在，臣朝之，故云朝之象也〔三八〕。○始死條有卜人右射人左，此條通用，當互考。

○玉府：大喪，共角枕、角柶。角枕，以枕尸。角柶，角匕也，以楔齒。士喪曰：「楔齒用角柶。」令可飯含。○疏曰：案既夕禮：「楔，貌如軛，上兩末〔三九〕。」狀如枇杷，拔屈中央楔齒〔四〇〕。○始死，遷尸于牀，幠用斂衾，去死衣。小臣楔齒用角柶，綴足用燕几，君、大夫、士一也。幠，荒胡反。去，起呂反。○牀，謂所設牀第當牖者也〔四一〕。○疏曰：遷尸于牀者，尸初在地，冀生氣復，而既不生，故更遷尸于牀而離初死處，以近南當牖也，即所謂「既正尸」也。幠用斂衾者，幠，覆也。斂衾者，將擬大斂之時。衾，被也，既遷尸在牀，而用斂衾覆之也。去死衣者，既覆之，故除去死時所加新衣及復衣，爲尸將浴故也〔四二〕。小臣楔齒用角柶者，楔，柱也。柶，以角爲之，長六寸，兩頭曲屈。爲將含，恐口閉急，故使小臣以柶柱張尸齒令開也。綴足用燕几者，爲尸應著屨，恐足辟戾，亦使小臣用燕几綴拘之令直也。又云：初廢牀時，牀在北壁當戶，至復魄還之在牀而當牖南首。所以死後必當牖南首者，以平生寢卧之處，故昏禮同牢在奥，曲禮云：「爲人子者，居不主奥。」是尊者常居之處。若晝日常居則當户，故玉藻云：「君子之居恒當户。」○喪大記〔四三〕○幕人：武博反。大喪，共帷幕帟綬。詳見陳殯具條。○委人：喪紀，共其木材。木材，給張事。○地官○此以上兩條，陳殯具條通用。

右遷尸楔齒綴足帷堂

父兄命赴者。謂大夫以上也。士，主人親命之。○疏曰：父兄命赴者，亦復後之事。赴，謂死者生時於他人有恩識者今死，則其家宜使人往相赴告也。士喪禮則孝子自命赴者，若大夫以上則父兄命之。雖代命之，猶稱孝子名也。○檀弓○天子崩，告喪曰「天王登假」。告，赴也。登，上也。假，已也。上已者，若僊去云耳。○曲禮○凡訃於其君，曰「君之臣某死」。訃，音赴。○訃，或皆作「赴」。赴，至也。臣死，其子使人至君所告之。○疏曰：此明遭喪訃告於君及敵者，并赴於鄰國，稱謂之差。父母妻長子，曰「君之臣某之某死」。長，丁丈反。○疏曰：上「某」是生者臣名，下「某」是臣之親屬死者，云君之臣姓某甲之父死也。君訃於他國之君，曰「寡君不禄，敢告於執事」。夫人，曰「寡小君不禄」。大子之喪，曰「寡君之適子某死」。大，音泰。適，丁歷反。○君夫人不稱薨，告他國君，謙也。○疏曰：「寡君不禄敢告於執事」者，以謙，故稱寡君。若云寡德之君雖復壽考，仍以短折言之，故云不禄。不敢指斥鄰國君身，故云「敢告於執事」也。「夫人曰寡小君不禄大子之喪曰寡君之適子某死」者，皆當云「告於執事」，不言者，略之故也。大夫訃於同國適者，曰「某不禄」。訃於士，亦曰「某不禄」。訃於他國之君，曰「君之外臣寡大夫某死」。訃於適者，曰「吾子之外私寡大夫某不禄，使某實」。訃於士，亦曰「吾子之外私寡大夫某不禄，使某實」。適，依注音敵，下同。實，依注音至，下同。○適，讀爲「匹敵」之「敵」，謂爵同者也。實，當爲「至」，此讀周秦之人聲之誤也。○疏曰：「訃於他國之君曰君之外臣寡大夫某死」，言外臣者，大夫不屬他國，故云「外臣」。自謙退無德，故云「寡大夫某」。尊敬他君，不敢申辭，故曰「某死」。訃於適者，謂大夫死，訃於他國大夫相敵體者，謂訃告大夫。以是別國私有恩好，故曰「外私」。以赴大夫其辭得申，故云「某不禄」。以身赴告，故云「使某實」。士訃於同國大夫，曰「某死」。訃於士，亦曰「某死」。訃於他國之君，曰「君之外臣某死」。訃於大夫，曰「吾子之外私某死」。訃於士，亦曰「吾子之外私某死」。疏曰：士賤，訃大夫及士皆云「某死」。若訃他國之君及大夫士等，皆云「某死」。但於他君稱外臣，於大夫士言外私耳。○雜記

右命赴○君氏卒，隱不敢從正君之禮，故亦不敢備禮於其母。聲子也。不赴于諸侯，不反哭于寢，不祔于姑，故不曰薨。不稱夫人，故不言葬。夫人喪禮有三：薨則赴於同盟之國，一也；既葬，日中自墓反，虞於正寢，所謂反哭於寢，二也；卒哭而祔于祖姑，三也。若此，則書曰：「夫人某氏薨，葬我小君某氏。」此備禮之文也。今聲子三禮皆闕。○隱三年春秋左氏傳○滕侯卒，不

書名，未同盟也。凡諸侯同盟，於是稱名，故薨則赴以名，告終稱嗣也，盟以名告神，故薨亦以名告同盟。告亡者之終，稱嗣位之主。以繼好息民，謂之禮經。隱公七年春秋左氏傳○葬蔡宣公。卒何以名而葬不名，卒從正，卒當赴告天子君前臣名，故從君臣之正義言也。而葬從主人。葬者有常月可知，不赴告天子，故從臣子辭稱。卒何以日而葬不日，卒赴，赴天子也。緣天子閔傷，欲其知之。而葬不告。不告天子也。○隱公八年春秋公羊傳

唯天子之喪，有別姓而哭。使諸侯同姓、異姓、庶姓相從而爲位，別於朝覲爵同同位。○疏曰：此言「朝覲爵同同位」，然覲禮：諸侯「受舍於朝，同姓西面」，「異姓東面」。與此不同者，覲禮先公而後侯(四四)，先侯而後伯，是亦爵同同位，但同姓之中先爵尊耳。○檀弓○肆師：大喪，令外內命婦序哭。序使相次秩。○疏曰：案下注，六卿以出及朝廷卿大夫妻皆爲外命婦，其內命婦即下經內命女是也，謂三夫人已下至女御也。哭法，以服之輕重爲先後。若然，則內命婦爲王斬衰居前，諸臣之妻從服齊衰者居後也。○內宗：大喪序哭者。內宗，凡內女之有爵者，序次外內宗及命婦哭王(四五)。○九嬪：若有賓客，則從后。大喪，帥叙哭者亦如之。亦從后。帥，猶道也。后哭，衆之次叙者乃哭。○疏曰：外內命婦哭時，皆依尊卑命數，在后後爲前後列哭之，故須帥導使有次序也(四六)。○唯天子之喪，別姓而哭，肆師序哭，內宗序哭，九嬪帥叙哭，皆朝夕哭條所通用。○司士：凡士之有守者，令哭無去守。疏曰：此文承大喪之下。令哭無去守，則大夫士有使役守，當雖同爲天子斬衰，不可廢

事空官，故令哭不得去守也〔四七〕。○既正尸，子坐于東方，卿、大夫、父、兄、子姓立于東方，有司、庶士哭于堂下，北面。夫人坐于西方，内命婦、姑姊妹、子姓立于西方，外命婦率外宗哭于堂上，北面。正尸者，謂遷尸牖下南首也。子姓，謂衆子孫也。姓之言生也。其男子立於主人後，女子立於夫人後。世婦爲内命婦，卿大夫之妻爲外命婦。外宗，姑姊妹之女〔四八〕。○疏曰：人君初喪哭位，「子坐于東方」者，子謂世子，世子尊，故坐于東方，謂室内尸東〔四九〕，故士喪禮云主人「入坐于牀東」是也。「卿大夫父兄子姓立于東方」者，子姓，謂衆子孫所生也，准士禮〔五〇〕，父兄子姓大功以上正立於室内東方。今此經總云「卿大夫父兄子姓立于東方」，以士禮言之，當在室内，但諸侯以上位尊，不可不正定世子之位，故顧命康王之「入翼室，恤宅宗」，不宜與卿大夫父兄子姓俱在室内也。卿大夫等或當在户外之東方，遥繼主人之後。「有司庶士哭于堂下，北面」者，以其卑，故在堂下北面，則諸父兄子姓等，雖小功以下，皆在堂上西面也。夫人坐于西方者，亦近尸，故士喪禮云：「婦人俠牀，東面。」士禮略，但言俠牀，人君則當以帷鄣之也。「内命婦、姑姊妹、子姓立于西方」者，内命婦，則子婦也。姑姊妹，謂君姑姊妹也。子姓，君女孫。皆立于西方也。「外命婦率外宗哭于堂上，北面」者，外命婦，謂卿大夫妻。外宗，謂姑姊妹之女。外命婦、外宗等疏於内命婦，故在户外。婦人無堂下之位，故皆堂上北面。又鄭注云「世婦爲内命婦卿大夫之妻爲外命婦」者，前文云「大夫世婦」，則世婦與大夫妻相敵，此經内命婦與外命婦相當，故知内命婦是世婦也。案喪服傳云「命婦者，大夫之妻」，故云外命婦卿大夫妻。又周禮命及於士，則其妻亦爲命婦，鄭注内宰云：「士妻亦爲命婦。」士妻與女御相對，俱褖衣，則君之女御，内命婦中兼之也。云「外宗姑姊妹之女」者，但姑姊妹必嫁於外族，其女是異姓所生，故稱外宗。案周禮外宗，「外女之有爵者」，若其有爵則爲外命婦。此別云外宗，容無爵者女之女，亦是異姓所生，而不云者，則上文所謂子姓也。周禮有内宗，「内女之有爵者」，此不言者，則前文「姑姊妹」是也。但姑姊妹已嫁國中，則爲命婦，別云姑姊妹，容在室女未嫁及嫁於他國、或雖嫁國中從本親之位，故別云「姑姊妹」也。不云舅之女及從母之女者，外宗中兼之，略可知也。

大夫之喪，主人坐于東方，主婦坐于西方，其有命夫命婦則坐，無則皆立。命夫命婦來哭者，同宗父、兄、子姓，姑姊妹、子姓也。凡此哭者，尊者坐，卑者立。○疏曰〔五一〕：哭位之中，有命夫命婦，雖有卑於死者，以其位尊，故坐哭。若其無命夫命婦，雖尊於死者，亦皆立哭。鄭注知「命夫命婦來哭者，同宗父、兄、子姓，姑姊妹、子姓也」者，案左氏傳：「士踰月，外姻至。」今大夫初喪正尸，無容即有異姓，故知是同宗之親來哭者。知非異姓卿大夫來弔者，以其與主人等並列哭位，故知是爲喪來哭者。若有弔者，當立哭不得坐也〔五二〕。此大夫之喪，不顯父、兄、子姓及姑、姊妹哭位者〔五三〕，約上文君喪及下文士喪略可知也。云「凡此哭者尊者坐卑者立」，皇氏云：凡，謂君與大夫。其哭者，若爵位尊者則坐，故上文君喪子及夫人坐、大夫之喪主人主婦、命夫命婦皆坐是也，君之喪卿大夫皆立、大夫之喪非命夫命婦者皆立是也。此云尊、卑，非謂對死者爲尊卑也，若其今所行之禮與古異也。成服之後，尊於死者則坐，卑於死者則立也。

士之喪，主人、父、兄、子姓皆坐于東方，主婦、姑姊妹、子姓皆坐于西方。士賤，同宗尊卑皆坐。○疏曰：君與大夫位尊，故坐者殊其貴賤。士既位下，故坐者等其尊卑，無所異也。○喪大記

右哭位

小宰：受其含襚幣玉之事。王喪諸侯諸臣，有致含襚幣玉之事〔五四〕。

右受含襚幣玉

司常：大喪共銘旌。銘旌，王則大常也。士喪禮曰：「爲銘，各以其物。」○疏曰：士喪禮：「爲銘，各以其物，亡則以緇。長半幅，赬末，長終幅，廣三寸，書名於末。」此蓋其制也。案禮緯云：「天子之旌高九刃，諸侯七刃，大夫五刃，士三刃。」案士喪禮「竹杠長三尺」，則死者以尺易刃，天子九尺，諸侯七尺，大夫五尺，士三尺，其旌身亦以尺易刃也〔五五〕。○書銘，自天子達於士，其辭一也。詳見復條。

右爲銘

鬯人：大喪之大渳設斗，共其釁鬯。斗，音主。○斗，所以沃尸也。釁尸以鬯酒，使之香美者。鄭司農云：釁，讀爲徽。○疏曰：鄭云「釁尸以鬯酒使之香美」者，案肆師云「大喪」，「築鬻」，則此鬯酒中兼有鬱金香草，故得香美也。司農云「釁讀爲徽」者，以鬯釁尸，故以徽爲莊飾義也。○鬱人：大喪之渳，共其肆器。肆器，陳尸之器。喪大記曰：「君設大盤造冰焉，大夫設夷盤造冰焉，士併瓦盤，無冰。」設牀襢笫，有枕。此之謂肆器，天子亦用夷盤。○肆師：大喪，大渳以鬯，則築鬻〔五六〕，鬻，音煮。○築香草，煮以爲鬯，以浴尸。香草，鬱也。○疏曰：上小宗伯大喪以鬯渳，則肆師與之築鬱金香草和鬯酒以浴尸，使之香也〔五七〕。○典絲：喪紀，共其絲纊組文之物。纊，音曠，劉古曠反。

○以給線縷著旴口綦握之屬。青與赤謂之文。○著，直略反，下同，徐豬略反。旴，香于反。綦，音其，又音忌。握，烏學反，劉烏豆反。○疏曰：此鄭並據士喪禮而言。云「以給線縷」者，謂所裁縫，皆用線縷釋經絲也。云「著旴口綦握之屬」者，釋經纊組。案士喪禮握手，「玄纁裏」，「著組繫」，案喪大記「屬纊以俟絶氣」，内則云「屨著綦」，鄭云：「綦，屨繫。」是用纊組之事也。云「青與赤謂之文」，繢人職文，繡之屬亦用絲，故連言也。○内司服：后之喪，共其衣服，凡内具之物。内具，紛帨線纊鞶袠之屬。○疏曰：后喪所共衣服者，正謂襲時十二稱、小斂十九稱、大斂百二十稱及内具之物也。案内則婦事舅姑有紛、帨、線、纊、鞶袠，故死者入壙亦兼有數物，又有刀、礪、小觿之物，故云「之屬」以總之也〔五八〕。○以上兩條，下陳小斂、大斂衣皆通用。○公襲卷衣一，玄端一，朝服一，素積一，纁裳一，爵弁二，玄冕一，褎衣一，朱緑帶，申加大帶於上。卷，音衮。○朱緑帶者，襲衣之帶，飾之雜以朱緑，異於生也，此帶亦以素爲之。申，重也，重於革帶也。革帶以佩韍，必言重加大帶者，明雖有變，必備此二帶也。士襲三稱，子羔襲五稱，今公襲九稱，是尊卑襲數不同矣。諸侯七稱，天子十二稱與？○疏曰：公襲以卷衣，上服最在内者，公身貴，故以上服親身欲尊顯加賜，故褎衣最外而細服居中也。子羔賤，故卑服親身也。玄端一者，賀云：燕居之服，玄端朱裳也。朝服一者，緇衣素裳，公日視朝之服也。素積一者，皮弁之服，公視朔之服也。纁裳一者，賀云：冕服之裳也，亦可鷩毳，任取中間一服也。爵弁二者，玄衣、纁裳二通也。此是始命之服，示之重本，故二通也。招魂，君亦用爵弁服也。玄冕之下，又取一也。褎衣一者，所加賜之衣，最上華，君賜也。自卷衣至此，合爵弁二通合九稱。注云「朱緑帶者襲衣之帶飾之雜以朱緑異於生也」者，此帶既非革帶，又非大帶，祇是衣之小帶。衣之小帶以素爲之，而朱緑飾之，亦異於生時也。「申重也重於革帶也」者，謂於革帶之上重加此大帶。知非對小朱緑帶爲重者，以朱緑小帶散在於衣，非是總束其身。若總束其身，唯有革帶、大帶，故知對革帶爲重者。必見革帶與大帶者，明雖有變，必備此二帶。天子諸侯以下襲之數，士喪禮「襲三稱」，子羔襲五稱，此文公襲九稱，是尊卑襲數不同，唯天子諸侯無文，故約之云「諸侯七稱天子十二稱與」。與者，疑辭也。○雜記○君錦冒黼殺，綴旁七。大夫玄冒黼殺，綴旁五。士緇冒赬殺，綴旁三。凡冒，質長與手齊，殺三尺。冒，莫報反。赬，敕貞反。殺，色戒反，徐所例反。○疏曰：冒，謂襲後小斂前所用以韜尸也。冒有質、殺者，作兩囊，每輒橫縫合一頭，又縫連一邊，餘一邊不縫，兩囊皆然也。上者曰質，下者曰殺。君質用錦，殺用黼。鄭注士喪禮云：「冒，韜尸者〔五九〕，制如直囊，上曰質，下曰殺。質，正也。其用之，先以殺韜足而上，後以質韜首而下。」綴旁七者，不縫之邊，上下安七帶，綴以結之，故云綴旁七也。「大夫玄冒黼殺綴旁五士緇冒赬殺綴旁三」者，尊卑之差也。鄭注士喪禮云：「上玄下纁，象天地也。」以此推之，士赬殺，則君大夫畫殺爲斧文也。「凡冒質長與手齊」者，凡，謂貴賤冒通名也。言冒之質從頭韜來至下，長短與手相齊也。殺三尺者，殺從足韜上長三尺。○喪大記○袍必有表，不禪。衣必有裳，謂之一稱。袍，步毛反。禪，音單。○袍，褻衣，必有以表之乃成稱也。雜記曰：「子羔之襲，繭衣裳與税衣纁袡爲一。」是也。論語曰：「當暑，袗絺綌必表而出之。」亦爲其褻也。○疏曰：「袍必有表，不禪」者，袍是褻衣，必須在上，有衣以表之，不使禪露乃成稱也。注引雜記者，證子羔之襲有袍，繭衣上加税衣爲表乃成稱。引論語者，證衣上加表，死則冬夏並用，袍上並加衣。熊氏云：褻衣所用，尊卑不同。士襲而用褻衣，故士喪禮：陳襲事，「爵弁服」，「皮弁服，褖衣。」注云：褖，「所以表袍者」，是襲有袍。士喪禮小斂云「祭服次，散衣次」，注云「褖衣以下，袍繭之屬」，是小斂有袍。士喪禮大斂散衣是亦有袍，若大夫襲亦有袍，案雜記云：「子羔之襲，繭衣裳。」是也。斂則必用正服，不用褻衣，故檀弓云：「季康子之母死，陳褻衣。」注云：「將以斂。」「敬姜曰：『將有四方之賓來，褻衣何爲陳於斯？』命徹之。」若公，則襲及大小斂皆不用褻衣。○同上○率帶，諸侯、大夫皆五采，士二采。率，音律。○此謂襲尸之大帶。率，繂也，繂之不加箴功，大夫以上更飾以五采，士以朱綠。襲事成，於帶變之，所以異於生。○疏曰：此謂尸襲竟而著此帶也。率，謂攝帛邊而熨殺之，不加箴功，異於生也。以五采飾之，亦異於生也。大夫與諸侯同，而士二采，並異於生，而尊者可同也。然此士，天子之士也，諸侯之士則緇帶，故士喪禮緇帶。云「此謂襲尸之大帶」者，以吉時大帶唯有朱綠玄華，無五采。小斂、大斂衣數既多〔六〇〕，有絞不可加帶，故知襲尸之大帶也。以其稱率與大帶同，故知是大帶也。云「襲事成於帶變之所以異於生」者，鄭以襲衣與生同，唯帶與生異，凡襲事著衣必加帶乃成，故云「襲事成於帶變之異於生」也。○雜記○復衣不以衣尸。詳見復條。○凌人：凌，力證反，字從水，或力升反。大喪，共夷槃冰。漢禮器制度：「大槃廣八尺，長丈二尺，深三尺，漆赤中。」凡度長短曰長，直亮反。度淺深曰深，尸鴆反。度廣狹曰廣，光曠反。度高下曰高，古倒反。相承用此音，或皆依字讀。○疏曰：叔孫通前漢時作漢禮器制度，多得古之周制，故鄭君依而用之。周謂之夷槃，漢謂之大槃〔六一〕。○君設大盤，造冰焉。大夫設夷盤，造冰焉。士併瓦盤，無冰。設牀襢第，有枕。襢，之善反。○造，猶內也。襢第，袒簀也，謂無席如浴時牀也。禮：自仲春之後，尸既襲，既小斂，先內冰盤中，乃設牀於其上，不施席而遷尸焉，秋涼而止。士不用冰，以瓦爲盤，併以盛水耳。漢禮：大盤廣八尺，長丈二，深三尺，赤中。夷盤小焉。周禮天子夷盤，士喪禮君賜冰亦用夷盤〔六二〕，然則其制宜同之。○疏曰：造冰者，謂造內其冰於盤中也。大夫設夷盤者，夷盤小於大盤，亦內冰焉。士併瓦盤無冰者，瓦盤既小，故併盤，士卑故無冰。設牀襢第者，置冰於下，設牀於上，去席襢露第簀，有枕。謂無席如浴時牀者，浴時無席，爲漏水也；設冰無席，爲通寒氣也。云「禮自仲春之後尸既襲既小斂先內冰盤中」者，若人君仲春則用冰，若命夫命婦則火出之後而用冰，故昭四年左傳云：「獻羔而啓之，公始用之。」謂仲春也。又云：「火出而畢賦。」周禮凌人「夏頒冰」，是卿大夫以下，三月以後而得用冰也。既襲，謂大夫也。既小斂，謂士也。皆是死之明日。若天子諸侯，亦在襲斂之前也。云「周禮天子夷盤」者，案周禮凌人云「大喪，共夷盤冰」是也。但天子之夷盤即此之大盤也，依尸而言則曰夷盤。此云夷盤者，據大夫所用，對君大盤爲小。云「其制之宜同之」者，以天子夷盤，此大夫云夷槃，士喪禮又云夷盤〔六三〕，三者俱有夷名，是其制宜同，但大小稍異。○喪大記〔六四〕

○典瑞：大喪，共飯玉、含玉。飯，扶晚反。含，户暗反。○飯玉，碎玉以雜米也。含玉，柱左右齻及在口中者。雜記曰「含者執璧將命」，則是璧形而小耳。○疏曰：鄭知「飯玉碎以雜米」者，以其與米同內於口耳，故知碎之與米同。知「含玉柱左右齻及在口中」者，案士喪禮云：「主人左扱米，實于右，三實一貝〔六五〕，左、中亦如之。」「雜記曰『含者執璧將命』，則是璧形而小耳」者，彼是諸侯薨，鄰國遣大夫來弔，并行含襚賵之禮，諸侯用璧。天子雖用玉，其形無文，故取諸侯法以況之。天子亦爲璧形而小，以其入口，故知小也。案玉府已云「大喪共含玉」，此又言之者，蓋玉府主作之，此官主其成事而共之〔六六〕。

○玉府：大喪，共含玉。疏曰：玉者，含玉，璧形而小，以爲口實〔六七〕。○舍人：喪紀，共飯米。飯所以實口，不忍虛也。君用粱，大夫用稷，士用粱，皆四升，實者唯盈。○疏曰：「君用粱，大夫用稷，士用粱」者，此喪大記文。彼據沐時所用，今引證飯者，但飯米沐米與重鬲所盛用米皆同〔六八〕。喪大記注又云：「差率而上，天子沐黍與？」則天子飯用黍也〔六九〕。○天子飯九貝，諸侯七，大夫五，士三。飯，扶晚反。○此蓋夏時禮也，周禮天子飯含用玉。○疏曰：以非周制，故疑夏禮，故云「蓋」也。典瑞云：「大喪，共飯玉、含玉。」是周禮天子飯含用玉。案禮戴説：天子飯以珠，含以玉；諸侯飯以珠，含以璧〔七〇〕，大夫士飯以珠，含以貝。此等皆非周禮，並夏、商之法。左傳成十七年子叔聲伯夢食瓊瑰，哀十一年齊陳子行命其徒具含玉，此等皆是大夫而珠玉爲含者，以珠玉是所含之物，故言之，非謂當時實含用珠玉也。○雜記○含一牀，襲一牀，遷尸于堂又一牀，皆有枕席，君、大夫、士一也。疏曰：「含一牀，襲一牀，遷尸于堂又一牀」者，言此三節各自有牀。「皆有枕席」，唯含一時暫徹枕，使面平，故士喪禮商祝「徹枕設巾」是也。含襲及堂皆有席，故鄭注士喪禮：商祝「襲衣於牀，牀次含牀之東，衽如初」。又注士禮「設牀第于兩楹之閒，衽如初，有枕」云：「衽，寢臥之席，亦下莞上簟。」是也。「君大夫士一也」者，貴賤同然也。○喪大記

右陳沐浴襲飯含之具○申豐曰：「古者日在北陸而藏冰，西陸朝覿而出之。其出之

也，朝之禄位，賓、食、喪、祭，於是乎用之。昭四年春秋左氏傳

小宗伯：王崩大肆，以秬鬯渳。渳，亡婢反，杜音泯，李士辨反。○鄭司農云：大肆，大浴也。杜子春讀渳爲泯，以秬鬯浴尸。玄謂：大肆，始陳尸伸之。○疏曰：肆，訓爲陳爲伸故也。以秬鬯浴尸，使之香也，大祝職云〔七一〕：「大喪始崩，以肆鬯渳尸。」小祝又云：「大喪，贊渳。」彼二官已掌之，此言之者，察其不如儀也。○春官○大祝：大喪，以肆鬯渳尸。肆鬯，所爲陳尸設鬯也〔七二〕。○春官○小祝：大喪贊渳。故書「渳」爲「濔」，杜子春云：當爲「渳」。渳，謂浴尸。○春官○女御：大喪掌沐浴。王及后之喪。○疏曰：王及后喪沐用潘，浴用湯。禮：男子不死於婦人之手。今王喪亦使女御浴者，案士喪禮浴時男子抗衾，則不使婦人。今王喪，婦人或亦供給湯物，亦得謂之掌也。○天官○

管人汲，不說繘，屈之，盡階，不升堂，授御者〔七三〕。御者入浴，小臣四人抗衾。御者二人浴，浴水用盆，沃水用枓，浴用絺巾，挋用浴衣，如它日。小臣爪足，浴餘水棄于坎。其母之喪，則内御者抗衾而浴。管，如字，掌管籥之人，又古亂反，掌館舍之人〔七四〕。汲，音急。說，吐活反。繘，均必反。抗，苦浪反。盆，蒲奔反。沃，烏谷反。枓，音主，又音斗。絺，敕其反，一本作「綌」，去逆反。挋，音震。它，音他。○抗衾者，蔽上重形也。挋，拭也。爪足，斷足爪也。○疏曰：鄭注士喪禮：「管人，有司主館舍者。」汲，謂汲水。繘，汲水瓶索也。遽促於事，故不說去井索〔七五〕，但縈屈執之於手中。「盡階不升堂」者，以水從西階而升，盡階不上堂。知西階者，以士喪禮云「爲垼于西牆下」，故知從

西階而升也。浴水用盆者，用盆盛浴水也。沃水用枓，酌盆水沃尸。熊氏云：用盤於牀下承浴水。浴用絺巾者〔七六〕，絺是細葛，除垢爲易，故用之也。大夫上絺下綌，士上下同用綌，詳見士喪禮注。挋用浴衣者，挋，拭也，用生時浴衣拭尸肉令燥也。賀氏云：「以布作之。」生時有此也。如它日者，謂如平生尋常之日也。小臣爪足者，尸浴竟而小臣翦尸足之爪也。浴盆餘汁棄之於坎中，坎者是甸人所掘於階間取土爲竈之坎。「其母之喪則内御者抗衾而浴」者，内外宜別，故用内御擧衾也。内御，婦人，亦管人汲，事事如前，唯浴用人不同耳。管人汲，授御者，御者差沐于堂上。君沐粱，大夫沐稷，士沐粱。甸人爲垼于西牆下，陶人出重鬲，管人受沐乃煮之。甸人取所徹廟之西北厞薪，用爨之。管人授御者沐，乃沐。沐用瓦盤，挋用巾，如它日。小臣爪手翦須。濡濯棄于坎。差，七何反。沐，音木。甸，田遍反。垼，音役。陶，音桃。重，直龍反。鬲，音歷。煮，諸許反。厞，扶味反。爨，七逭反。○差，淅也，淅飯米，取其潘以爲沐也。浴沃用枓，沐於盤中，文相變也。士喪禮沐稻，此云「士沐粱」，蓋天子之士也。以差率而上之，天子沐黍與？○疏曰：差，謂淅米取其潘汁也。「君沐粱大夫沐稷」，皆謂用其米，取其汁而沐也。將沐之時，甸人之官爲垼于西墻下，土垼墼竈，甸人具此爲垼竈以煮沐汁。陶人，作瓦器之官。重鬲者，謂縣重之罌也。是瓦瓶受三升，以沐米爲粥實於瓶，以疏布冪口，繫以篾縣之，覆以葦席〔七七〕。管人受沐乃煮之者，淅於堂上，管人亦升盡等不上堂，而就御者受淅汁，下往西墻於垼竈鬲中煮之也。爨，然也。甸人爲竈，竟取復魄人所徹正寢西北厞，以然竈煮沐汁也，謂正寢爲廟神之也。然舊云：厞是屋簷也，謂抽取屋西北簷也。熊氏云：厞，謂西北隅厞隱之處，徹取屋外當扉隱處薪。義亦通也。取此薪而用者，示主人已死，此堂無復用，故取之也。「管人授御者沐」者，煮汁孰，而管人又取以升階，授堂上御者，御者受汁，入爲尸沐也。士喪禮云「沐巾一」，又云「挋用巾」，注云：「挋，晞也，清也。」如它日者，事事亦如平生也。小臣沐竟而翦手爪，又治須，象平生也。濡濯棄于坎者，皇氏云：濡謂煩撋其髮，濯謂不淨之汁也，言所濡濯汁棄于坎中。鄭注士喪禮云：「巾櫛浴衣，亦并棄之」於坎。案既夕禮云：「掘坎南順，廣尺，輪二尺，深三尺，南其壤。」此沐汁棄於坎，則浴汁亦然。差是差摩，故云淅，詩云：「釋之叟叟。」是釋淅米也。沐與浴俱有枓，俱有盤，浴云用枓，沐云用盤，是文相變也。士喪禮云：「士沐稻。」是諸侯之士。今此云「士沐粱」，故云「蓋天子之士也」。云「以差率而上之天子沐黍與」者，案公食大夫禮黍稷爲正饌，稻粱爲加，是稻粱卑於黍稷。就稻粱之内，粱貴而稻賤，稻是人所常種，粱是穀中之美，故曲禮云「歲凶」，「大夫不食粱」。故諸侯之士用稻，天子之士用粱。黍稷相對，稷雖爲重，其味短，故大夫用之。黍則味美而貴，故特牲、少牢「爾黍于席」，以其味美故也。詩頌云：「其饟伊黍〔七八〕。」鄭注：「豐年之時，雖賤者猶食黍。」是黍貴也，故天子用之。無正文，故疑而云「與」也。○喪大記

右沐浴

大祝：大喪相飯。疏曰：云「相飯」者，浴訖即飯含，故言相飯也。不言相含者，大宰云：「大喪，贊贈玉含玉。」此故不言。○春官○大宰：大喪，贊含玉。助王爲之也。○疏曰：云「助王爲之也」者，謂助嗣王也。○天官

右飯含襲飯含後有襲設冒一節，今以其事附見于下。○鑿巾以飯，公羊賈爲之也。詳見士喪禮襲飯含條。○子羔之襲也，繭衣裳與税衣纁袡爲一，素端一，皮弁一，爵弁一，玄冕一，曾子曰：「不襲婦服。」繭衣裳者，若今大襺也。纊爲繭，緼爲袍，表之以税衣，乃爲一稱爾。税衣，若玄端而連衣裳者也。大夫而以纁爲之緣，非也，唯婦人纁袡。禮以冠名服，此襲其服，非襲其冠，曾子譏「襲婦服」而已。玄冕，又大夫服，未聞子羔曷爲襲之。玄冕，或爲玄冠，或爲玄端。○疏曰：此明大夫死者襲衣稱數也。玄端多種，今衣裳連是玄端，玄端，玄裳也。與税衣者，税謂黑衣也，若玄端而連衣裳也。繭衣裳者，纊爲繭，謂衣裳相連而綿纊著之也。纁袡爲一者，纁，絳也，袡，裳下緣襈也，以絳爲緣，故云「税衣纁袡」也。繭衣既褻，故以税衣表之，合爲一稱，故云「繭衣裳與税衣纁袡爲一」也。素端一者，此第二稱也。以服既不褻，並無復別衣表之也。盧云：布上素下，皮弁服。賀瑒云：「以素爲衣裳也。」皮弁一者，第三稱也。十五升白布爲衣，積素爲裳也。爵弁一者，第四稱也，玄衣纁裳也。玄冕一者，第五稱也，大夫之上服也。「曾子曰：不襲婦服」者，曾子非之。纁袡是婦人之服而子羔襲用之，故曾子譏之，依禮不合襲婦人之服。鄭注此襲其服非襲其冠者，鄭恐經云「皮弁」「爵弁」，但云冠不云服，恐襲其冠不襲其服，故云「以冠名服，此襲其服，非襲其冠」。子羔爲大夫，無文，故注云「未聞子羔曷爲襲之」。○雜記○孔子之喪，公西赤掌殯葬焉〔七九〕，唅以疏米三貝〔八〇〕。疏，粳米也。禮記曰：「稻曰嘉蔬。」襲衣十有一稱，加朝服一，冠章甫之冠，珮象環徑五寸而綦組綬。綦，巨箕反。組，則古反。○綦，雜色組。綬，所以繫象環。○家語君之喪，未小斂，爲寄公、國賓出。大夫之喪，未小斂，爲君命出。士之喪，于大夫不當斂則出。父母始死悲哀，非所尊不出也。出者或至庭，或至門。國賓，聘大夫。不當斂，其來非斂時。○疏曰：此明君大夫士等未小斂之前，主人出迎賓之節。云「或至庭」者，謂世子迎寄公及國賓，士出迎大夫也，皆至庭，故下文云「降自西階」，又云「士於大夫親弔則與之哭，不逆於門外」是也。云「或至門」者，謂大夫於君命，故下文云「大夫於君命迎於寢門外」是也〔八一〕。以此言之，則世子於天子之命，士於君命亦皆然也。君與大夫云「未小斂」，謂未斂之前去小斂遠也。士云「不當斂」，謂去小斂近，大夫與士至小斂相偪也。士於大夫雖與小斂相偪，不當斂之時尚爲大夫出，若未小斂之前，爲大夫出可知也。案檀弓云：「大夫弔，當事而至則辭焉。」注云：「辭，猶告也，擯者以主人有事告也。主人無事，則爲大夫出。」彼亦謂小斂之事與此同。斂訖，大夫至即拜之，故雜記云：「當袒，大夫至」，「絶踊而拜之。反，改成踊。」是也。此但云斂不云襲者，未襲之前唯士爲君命出，其餘則不出，故士喪禮：未襲之前，「君使人弔」，「主人迎於寢門外，見賓不哭，先入，門右北面」。是也。君使退，主人哭拜送於外門外，於時賓，有大夫則特拜之，因送君使而拜之，非謂特出迎賓也。此云不當斂則出迎賓，雜記云：士喪「當袒，大夫至」，「絶踊而拜之」。與此違者，皇氏云：「若正當斂時則不出，若斂後而有大夫至，則絶踊而拜之。」凡主人之出也，徒跣扱衽拊心，降自西階。君拜寄公、國賓于位。大夫於君命，迎于寢門外，使者升堂致命，主人拜于下。士於大夫親弔則與之哭，不逆於門外。拜寄公、國賓於位者，於庭鄉其位而拜之。此時寄公位在門西，國賓位在門東，皆北面。小斂之後，寄公東面，國賓門西北面。

士於大夫親弔，謂大夫身來弔士也。與之哭，既拜之，即位西階東面哭。大夫特來則北面。○疏曰：主人「降自西階」者，不忍當主位。寄公，謂失地之君。國賓，謂鄰國大夫來聘者。遇主國君之喪拜於位者，於庭鄉其位而拜之。士之喪，大夫親來弔，立於西階下東面，主人則降自西階下，南面拜之，拜訖即位西階下，與大夫俱哭，不迎大夫於門外。注云「此時寄公位在門西，國賓位在門東，皆北面」者，熊氏云：「寄公有賓義，故在賓位，故知在門西。國賓雖爲君命使，或本是吉使而遭主國之喪，而行私弔之禮，故從主人之位，故知在門東。」云「小斂之後，寄公東面，國賓門西北面」者，熊氏云：「小斂之後，主人位於阼階下西面，寄公漸就賓位，東面鄉主人也。國賓亦以小斂後轉就門西賓位，但爵是卿大夫猶北面也。」士喪禮云：「他國之異爵者，門西少進。」是也。云「既拜之後，即位西階，東面哭」者，以大夫身來弔士之時，在西階之南，主人降自西階，鄉其位而拜之，拜訖，主人即位於西階下，東面哭，故士喪禮云：「賓有大夫則特拜之，即位于西階下東面，不踊。」是也。云「大夫特來則北面」者，以大夫與士若俱來皆東面，故主人即位西階在大夫之北，俱東面而哭〔八二〕。今大夫獨來，不與士相隨，故大夫北面也。必知北面者，以凡特弔皆北面，故檀弓云：「曾子北面而弔。」是特弔也。夫人爲寄公夫人出，命婦爲夫人之命出，士妻不當斂，則爲命婦出。出，拜之於堂上也。此時寄公夫人命婦位在堂上北面，小斂之後尸西東面。○疏曰：出，謂出房也，婦人不下堂，但出房拜於堂上也。婦人尊卑與夫同，故所爲出者亦同也。注云「此時寄公夫人命婦位在堂上北面」者，以前文云「君之喪，外命婦率外宗哭于堂上北面」，故知此命婦在堂上北面。知寄公夫人亦然者，以士喪禮「他國異爵者門西」北面，與己國大夫同，則知寄公夫人亦與命婦同也。云「小斂之後尸西東面」者，以小斂之後遷尸於堂，故知從婦人之位在尸西東面也。○喪大記○大夫之喪，庶子不受弔。不以賤者爲有爵者主。○疏曰：不受弔者，謂不爲主人也。適子受弔拜賓，若適子或有他故不在，則雖庶子不敢受弔，明己卑辟適也，不可以賤者爲有爵者喪主也。言大夫庶子不受弔，則士之庶子得受弔也。○檀弓○此條奉尸夷于堂之後，凡受弔皆通用。又奉尸夷于堂條有婦人迎客送客一條、殯後受弔條有君弔見尸柩而後踊，皆此條通用，當互考。

右受弔○宋成公如鄭，鄭伯將享之，問禮於皇武子，皇武子，鄭卿。對曰：「宋，先代之後也，於周爲客。天子有事，膰焉；膰，符袁反，祭肉也。○有事，祭宗廟也。膰，祭肉。尊之，故賜以祭胙。有喪，拜焉。宋弔周喪，王特拜謝之。○疏曰：禮：弔喪之法，皆主人拜其弔者，謝其勤勞，弔者不答拜，以其爲事而來，不自同於賓客。此皆據弔及主人敵禮以上，若其臣下來弔，則主人不拜。宋是先代之後，王以敵禮待之，故拜其來弔，其餘諸侯則否。○僖公二十四年春秋左氏傳○小斂後、殯後受弔通用。

小斂於户内，大斂於阼。君以簟席，大夫以蒲席，士以葦席。葦，于鬼反。○簟，細葦席也。三者下皆有莞。○疏曰：士以葦席，與君同者，士卑不嫌，故得與君同用簟也。知「下皆有莞」者，案士喪禮記云：設牀當牖，「下莞上簟」。士喪經云：「布席于户内，下莞上簟。」謂小斂席也。大斂云：「布席如初。」注云：「亦下莞上簟。」知士始死至大斂用席皆同也。士尚有莞，則知君及大夫皆有莞也。但此大夫辟君上席以蒲也，若吉禮祭祀則蒲在莞下，故司几筵〔八三〕：「諸侯祭祀席，蒲筵繢純，加莞席紛純。」與此異也。○喪大記○司服：大喪，共其斂衣服，掌其陳序。疏曰：云「大喪」，王喪，其中兼小喪也。云「斂衣服」者，小斂皆十九稱，大斂則士三十稱，大夫五十稱，諸侯皆百稱，天子蓋百二十稱。○春官○此二條、陳大斂衣條通用〔八四〕，陳襲衣條内典絲共絲纊、内司服共衣服，此條通用，當互考。○

小斂：布絞，縮者一，横者三。君錦衾，大夫縞衾，士緇衾，皆一。衣十有九稱。君陳衣于序東，大夫、士陳衣于房中，皆西領北上。絞、紟不在列。絞，户交反。縮，所六反。稱，尺證反。紟，其鴆反。○絞，既斂所用束堅之者。縮，從也。衣十有九稱，法天地之終數也。士喪禮：小斂「陳衣於房中，南領西上」。與大夫異。今此同，亦蓋天子之士也。絞、紟不在列，以其不成稱，不連數也。小斂無紟，因絞不在列見之也。或曰：縮者二〔八五〕。○疏曰：布絞者，以布爲絞。縮，從也，謂從者一幅竪置於尸下，横者三幅亦在尸下。從者在横者之上，每幅之末析爲三片，以結束爲便也。「君錦衾，大夫縞衾，士緇衾，皆一」者，謂大夫士等各用一衾，故云「皆一」，舒衾於此絞上。「衣十有九稱」者，君大夫士同用十九稱。衣布於衾上，然後舉尸於衣上，屈衣裹，又屈衾裹之，然後以絞束之。「君陳衣於序東，大夫、士陳衣於房中」者，謂將小斂陳衣也。房中者，東房也，大夫士唯有東房故也。「絞、紟不在列」者，謂不在十九稱之列，不入數也。小斂未有紟，因絞不在列而言紟耳。云「衣十有九稱，法天地之終數」者，案易繫辭云：「天一，地二，天三，地四，天五，地六，天七，地八，天九，地十。」天數終於九也，地數終於十也。人既終，故云以天地終數斂衣之也。云「亦蓋天子之士」者，以前文「士沐粱」與士喪禮不同，已云「此蓋天子之士」，此經陳衣與士喪禮衣不同，故云亦蓋天子之士也。云「以其不成稱，不連數也」者，上衣下裳相對，故爲成稱。絞、紟非衣，故云不成稱。經云「不在列」，鄭恐今不布列〔八六〕，故云「不連數」，謂不連爲十九稱之列，其實亦布陳也。云「小斂無紟」者，以大斂始云「布紟」，今此經直云「布絞」，故知無紟也。○喪大記○君無襚，大夫、士畢主人之祭服。親戚之衣，受之，不以即陳。無襚者，不陳，不以斂。○疏曰：君無襚者，國君陳衣及斂悉宜用己衣，不得陳用他人見襚送者。「大夫士畢主人之祭服」者，降於君也，大夫、士小斂則先畢盡用己正服，後乃用賓客襚者也。盧云：畢，盡也，小斂盡主人衣美者，乃用賓客襚衣之美者，欲以美之，故言祭服也。「親戚之衣受之不以即陳」者，若親屬有衣相送，受之而不以即陳列也。士喪禮鄭注云：「大功以上，有同財之義。」襚之不將命，自即陳於房中，小功以下及同姓皆將命。鄭注無襚者不陳不以斂。如皇氏之意，臣有致襚於君之禮，故少儀云：「臣致襚於君。」但君不陳不以斂。熊氏云：「君無襚大夫、士，謂小斂之時，君不合以衣襚。大夫、士雖有君襚，不陳，不以斂，故云無襚。大夫、士至大斂，則得用君襚，故士喪禮大斂時云君襚，祭服不倒。」其義俱通，故兩存焉。小斂，君、大夫、士皆用複衣、複衾。同上○凡陳衣者實之篋，取衣者亦以篋。升降自西階。篋，苦協反。○取，猶受也。凡陳衣不詘，非列采不入，絺、綌、紵不入。詘，丘勿反。紵，直呂反。○不屈，謂舒而不卷也。列采，謂正服之色也。絺、綌、紵者，當暑之褻衣也。襲尸重形，冬夏用袍，及斂則用正服。○疏曰：非列采不入者，列采謂五方正色之采，非列采謂雜色也，不入陳之也。絺綌紵不入者，絺是細葛，綌是麤葛，紵是紵布，此褻衣，故不入陳也。注謂「襲尸重形冬夏用袍」，如熊氏之意。此謂大夫以下，若公則襲，亦不用袍。○同上○陳大斂衣條通用。○復衣不以斂。詳見復條。○封人：凡喪紀，則飾其牛牲。疏曰：喪紀，有牲者除朝夕奠用脯醢以外，大小斂、朔月、月半、薦新、奠祖、奠大遣等皆有牲牢。○地官○牛人：喪事，共其奠牛。謂殷奠、遣奠也。喪所薦饋曰奠。○疏曰：喪自未葬已前，無尸飲食，直奠停置于神前，故謂之爲奠。朝夕之奠無尊卑，皆脯醢酒而已，無牲體。殷，大也。唯有小斂、大斂、朔月、月半、薦新、祖奠及遣奠時有牲體。大遣奠非直牛，亦有馬牲，故鄭注云「謂殷奠、遣奠也」。云「喪所薦饋曰奠」，以無尸故也。○地官○囿人：喪紀共其生獸死獸之物。地官○獸人：凡喪紀共其死獸生獸。天官○腊人：喪紀共其脯腊，凡乾肉之事。○𩣡人：𩣡，音魚，本又作「魚」，又音御。喪紀共其魚之鱻薨。天官○醢人：凡祭祀，共薦羞之豆實，喪紀亦如之。以上七官並陳大斂奠至祖奠遣奠條通用〔八七〕。○天官

右陳小斂衣奠

小斂，主人即位于户内，主婦東面乃斂。疏曰：主人即位于户内者，以初時尸在牖下，主人在尸東，今小斂當户内，故主人在户内稍東。○喪大記○上始死條卜人右射人左、遷尸條射人、僕人遷尸並此條通用，當互考。○小宗伯：王崩及執事涖，小斂大斂，帥異族而佐。執事，大祝之屬。涖，臨也。親斂者，蓋事官之屬爲之。異族佐斂，疏者可以相助〔八八〕。○疏曰：大祝職云「大喪贊斂」，明大祝執事，小宗伯涖之。云「親斂者，蓋事官之屬爲之」者，以其諸處更不見主斂事者，事官又主工巧之事，以無正文，故疑「事官之屬爲之」也。云「異族佐斂，疏者可以相助」者，此異族據姓而言之〔八九〕。○大

祝：大喪贊斂。冬官主斂事，大祝贊之。○春官○喪祝：凡卿大夫之喪，掌事而斂飾棺焉。疏曰：言掌事者禮有降殺，勸防以下皆掌之，兼主斂事，故總云「掌事而斂飾棺焉」。○春官○君之喪，大胥是斂，衆胥佐之。大夫之喪，大胥侍之，衆胥是斂。士之喪，胥爲侍，士是斂。胥，樂官也，不掌喪事。胥，當爲「祝」〔九〇〕，字之誤也。侍，猶臨也。大祝之職「大喪贊斂」，喪祝卿大夫之喪掌斂，士喪禮「商祝主斂」。○疏曰：「君之喪大胥是斂」者，大祝是接神者，故使之執斂事也，是猶執也。衆胥佐之者，衆祝，喪祝也，衆祝賤，故副佐於大祝也。「大夫之喪，大胥侍之」者，侍，猶臨也。君尊，故大祝親執斂。大夫卑，故大祝臨之。衆胥是斂者，衆祝，周禮喪祝卑，故親執斂也。士之喪胥爲侍者，胥亦喪祝也，士卑，故祝臨之。士是斂者，士之朋友來助斂也，士喪禮云「士舉遷尸」是也。商祝者，案士喪禮注云：「商祝，祝習商禮者。商人教之以敬，於接神宜也。」○喪大記○凡斂者袒，遷尸者襲。袒者，於事便也。○疏曰：凡斂，謂執大小斂事也。事多故袒，爲便也。遷尸者襲，謂大斂於地乃遷尸，入棺之屬事少，故襲也。○同上○士與其執事則斂，斂焉則爲之壹不食，凡斂者六人。與，音預。○斂者必使所與執事者，不欲妄人褻之。○疏曰：士與其執事則斂者，釋前「士是斂」義也。與執事，謂平生曾與亡者共執事。若不經共執事，則褻惡之，故不使斂也。斂焉則爲之壹不食者，生經有恩，今又爲之斂，爲之廢壹食也。凡斂者六人者，凡者，貴賤同也，兩邊各三人，故用六人。○同上○小斂之衣，祭服不倒。尊祭服也。斂者要方，散衣有倒。○疏曰：祭服，謂死者所得用祭服以上也。小斂十九稱，不悉著之，但用裹尸，要取其方，而衣有倒領在足間者。唯祭服尊，雖散不著，而領不倒在足也〔九一〕。○

同上〇小斂大斂，祭服不倒，皆左衽，結絞不紐。紐，女九反，舊而填反。〇左衽，衽鄉左〔九二〕，反生時也。〇疏曰：皆左衽，大斂小斂同，故云「皆」也。衽，衣襟也。生鄉右，左手解抽帶便也。死則襟鄉左，示不復解也。生時帶並爲屈紐，使易抽解。若死，則無復解義，故絞束畢結之，不爲紐也。〇同上〔九三〕。〇自小斂以往用夷衾，夷衾質殺之裁猶冒也。疏曰：往，猶後也。小斂前有冒，故不用夷衾。自小斂後衣多不可用冒，故用夷衾覆之也。士喪禮云：「幠用夷衾。」覆尸柩之衾也。裁，猶制也，言夷衾所用上齊於手，下三尺，所用繒色及長短制度如冒之質殺也，但不復爲囊及旁聯也。熊氏分「質」字屬上，「殺」字屬下爲句，其義非也。然始死幠用斂衾，是大斂之衾，自小斂以前覆尸至小斂時，君錦衾，大夫縞衾，士緇衾。用之小斂，斂訖別制夷衾以覆之。其小斂之前所用大斂之衾者，小斂以後停而不用，至將大斂及陳衣，又更制一衾主用大斂也。〇今案：士喪禮：「幠用斂衾。」疏云：「大斂之時，兩衾俱用，一衾承薦於下，一衾以覆尸。」則始死所用之衾，至大斂即以承薦，非停而不用也。〇同上〇鋪絞、紟踊，鋪衾踊，鋪衣踊，遷尸踊，斂衣踊，斂衾踊，斂絞，紟踊。目孝子踊節。〇同上〇斂者既斂必哭。疏曰：斂者，即大祝、衆祝之屬也。既斂，是斂竟也，斂竟必皆哭也。所以然者，以其與亡者或臣舊或有恩，今手爲執事，專心則增感，故哭也。〇同上〇君撫大夫，撫內命婦。大夫撫室老，撫姪娣。撫，以手案之也。內命婦，君之世婦。〇疏曰：君撫大夫者，大夫貴，故自撫之。撫內命婦者，命婦，君之世婦。撫內命婦，則不撫賤者可知也。「大夫撫室老，撫姪娣」者，大夫以室老爲貴臣，以姪娣爲貴妾，死則爲之服，故並撫之也。既撫姪娣，則賤妾不撫也。君、大夫馮父母、妻、長子，不馮庶子。士馮父母、妻、長子、庶子。庶子有子，則父母不馮其尸。凡馮尸者，父母先，妻子後。目於其親所馮也。馮，謂扶持服膺。○疏曰：「君大夫馮父母、妻、長子」者，君及大夫雖尊，而自主此四人喪，故同馮之。馮父母，撫妻子而并云「馮」，通言耳。不馮庶子者，賤，故不得也。「士馮父母、妻、長子、庶子」者，士賤，故所馮及庶子也。「庶子若有子則父母亦不馮」，前所馮之庶子是無子者也。然君大夫之庶子雖無子，亦不得馮也。「凡馮尸者父母先妻子後」者，凡，主人也。父母妻子，謂尸之父母妻子也。父母尊，故馮尸在先。妻子卑，故馮尸在後。注謂「目於其親」者，謂死者之親目於其親所馮，謂題目所馮之人。君於臣撫之，父母於子執之。子於父母馮之。婦於舅姑奉之，舅姑於婦撫之。妻於夫拘之，夫於妻、於昆弟執之。奉，芳勇反。拘，音俱，一古侯反。○此恩之深淺尊卑之儀也，馮之類必當心。○疏曰：君於臣撫之者，此以下目恩深淺尊卑馮撫之異也。君尊，但以手撫案尸心，身不服膺也。父母於子執之者，盧云：「執當心上衣也。」子於父母馮之者，謂服膺心上也。婦於舅姑奉之者，盧云：「尊，故捧當心上衣也。」舅姑於婦撫之者，亦手案尸心，與君爲臣同也。妻於夫拘之者，盧云：「拘輕於馮，重於執也。」庾云：「拘者，微引心上衣也。」賀云：「拘其衣衾領之交也。」夫於妻於昆弟執之者，爲妻及自爲兄弟但執之。盧無別釋，而賀云：「夫於妻執其心上衣，於兄弟亦執其心上衣。」馮者爲重，奉次之，拘次之，執次之。尊者則馮、奉，卑者則執、撫。執雖輕於撫而恩深，故君於臣撫，父母於子執，是兼有尊卑深淺。云「馮之類必當心」者，士喪禮：「君坐撫當心。」此下云馮尸不敢當君所，明君不撫，得當君所也。馮尸不當君所。不敢與尊者所馮同處。○疏曰：所，猶處也。假令君馮心，則餘人馮者不敢當君所，馮之處則宜少辟之。凡馮尸興必踊。悲哀之至，馮尸必坐。○疏曰：凡者，貴賤同然也。馮尸竟則起，但馮必哀殞，故起必踊泄之也。○同上○君不撫僕妾。略於賤也。○雜記○自小宗伯至此十三條，大斂條通用。○君於大夫世婦爲之賜，則小斂焉。夫人於世婦爲之賜，小斂焉。詳見殯後受弔條。○卒斂，主人馮之踊，主婦亦如之。主人袒，說髦，括髮以麻。婦人髽，帶麻於房中。馮，皮冰反。袒，天旱反。髽，側瓜反。○士既殯說髦，此云小斂，蓋諸侯禮也。士之既殯，諸侯之小斂於死者，俱三日也。婦人之髽「帶麻於房中」，則西房也，天子諸侯有左右房。○疏曰：既斂，「主人馮之踊，主婦亦如之，主人袒」者，向小斂不袒，今方有事，故袒衣也。士喪禮馮尸已竟而云「髻髮袒」，此未括髮先云袒者，或人君禮也。說髦者，髦，幼時翦髮爲之，至年長則垂著兩邊，明人子事親恒有孺子之義也。若父死說左髦，母死說右髦，二親並死則並說之，親没不髦是也。今小斂竟，喪事已成，故說之也。案鄭注士既殯說髦，今小斂而說者，人君禮也。括髮以麻者，人君小斂說髦竟，而男子括髮用麻也。士小斂後亦括髮，但未說髦耳。婦人髽亦用麻，對男子括髮也。帶麻于房中者，帶麻，麻帶也，謂婦人要絰也。士喪禮云：「婦人之帶，牡麻結本，在房。」鄭云：「婦人亦有苴絰，但言帶者，記其異。此齊衰婦人，斬衰婦人亦苴絰也。」男子帶絰于東房而婦人帶絰在西房，既與男子異處，故特記其異也。婦人重帶，故云帶而略於絰也。于房中者，謂男子說髦括髮在東房，婦人髽帶麻于西房也。云「士之既殯，諸侯之小斂於死者，俱三日也」者，謂數往日也。云「婦人之髽帶麻于房中，則西房也」者，案士禮：「主人髻髮袒，衆主人免于房。」鄭注云：「釋髻髮宜於隱者。」是主人等括髮在東房。

士喪禮又云：「婦人髽于室。」以男子在房，故婦人髽于室，大夫、士唯有東房故也。此經兼明諸侯之禮有東西房，男子既括髮於東房，故知婦人髽及帶麻於西房。云「天子諸侯有左右房」者，欲明經房中是西房也。天子路寢制如明堂，熊氏云：「左房則東南火室也，右房則西南金室也。」諸侯路寢室在於中房，在室之東西也。○喪大記〔九四〕

右小斂案小斂所用之日，以喪禮義考之，但有死三日而斂。若併死日而數，二日而小斂，三日而大斂。今言三日而斂，則恐指大斂而不及小斂。惟白虎通義云：「天子、諸侯三日小斂，大夫、士二日小斂。」此乃小斂日數，雖引以爲在禮有之，然無所考。天子諸侯殯葬月日與士不同，則斂日亦當不同，故載其詳於喪禮義而記其略於此。

徹帷，男女奉尸夷于堂，降拜。奉，芳勇反。夷，如字，本或作「侇」，同，音移。○夷之言尸也。於遷尸，主人主婦而下從而奉之，孝敬之心。降拜，拜賓也。○疏曰：徹帷者，初死恐人惡之，故有帷也。至小斂，衣尸畢有飾，故除帷也。此士禮，諸侯及大夫，賓出乃徹帷。夷，陳也。小斂竟，相者舉尸將出户往陳于堂，而孝子男女親屬並扶捧之至堂，以極孝敬之心也。降拜者，既陳於堂，則適子下堂拜賓也。君拜寄公、國賓，大夫、士拜卿、大夫於位，於士旁三拜。夫人亦拜寄公夫人於堂上，大夫内子、士妻特拜命婦，氾拜衆賓於堂上。衆賓，謂士妻也。尊者皆特拜，拜士與其妻，皆旅之。○疏曰：小斂畢，尸出堂，嗣君下堂拜賓也。拜寄公及國賓，並就於其位鄉而拜之，故鄭注士喪禮云：「拜賓，鄉賓位拜之。」是也。大夫士者，嗣君又次拜大夫、士也。大夫、士既是先君之臣，皆同有斬衰之服，而小斂訖出庭列位，故嗣君出拜之也。拜卿大夫於位者，此更申明拜卿、大夫、士之異，卿大夫則就其位鄉而拜之。於士旁三拜者，旁，猶面也，士賤不可人人拜之，故每一面亦唯三拜也。必三拜者，士有三等，故三拜之。或云：衆士都共三拜也。「夫人亦拜寄公夫人於堂上」者，婦人無下堂，位並在堂上，故夫人拜寄公妻於堂上也。大夫内子士妻者，夫人亦拜大夫士之妻也。卿妻曰内子，大夫妻曰命婦。此不云命婦者，欲見卿妻與命婦同也。特拜命婦者，此更申明拜命婦與士妻之異也。特，猶獨也，謂人人拜之尊故也。特拜命婦，則内子亦然也。氾拜衆賓者，謂不特也。衆賓、士妻賤，故氾拜之，亦旁三拜也。於堂上者，拜命婦及士妻，亦並於堂上也。此經唯舉君喪拜賓，不云大夫士喪拜賓者，文不具也。故士喪禮云：「主人拜賓，大夫特拜，士旅之。」是也。案上注，未小斂，寄公位在門西，國賓位在門東，皆北面小斂之後，寄公門西東面，國賓門西北面，大夫當在門東北面，士當在門西國賓之南東面，嗣君於阼階之下少南，鄉其位而拜之。案上注云寄公夫人命婦小斂之後，尸西東面，其嗣君夫人本位在西房，當在西房之外南面拜女賓也。若士妻，於阼階上西面拜賓也，以無西房故也。以上皆是皇氏所説。熊氏以爲大夫士拜卿大夫士者是大夫士家自遭喪，小斂後拜卿大夫於位，士旁三拜，大夫内子士妻亦謂大夫士妻家自遭喪，小斂後拜命婦及拜士妻之禮。大夫士各自遭喪并言之者，以其大夫士家喪小斂後拜賓同故也。此即君大夫士之喪，小斂後拜賓，且與上文未小斂時文類。其義踰於皇氏矣。○喪大記○今案：皇氏君拜大夫士之説非是，始死條有卜人右射人左、遷尸條有射人與大僕遷尸，並此條通用，當互考。○哭尸于堂上，主人在東方，由外來者在西方，諸婦南鄉。鄉，許亮反。○由外來者，謂奔喪者也。無奔喪者，婦人猶東面。○疏曰：此一節通明小斂後尸出在堂時法也。主人之位猶在尸東，婦人之位亦猶在尸西，如室中也。由外來者，謂新奔喪者。若於時有新奔喪從外來者，則居尸西方。所以爾者，阼階有事，故升自西階，乃就西方。又一通云：欲見異於在家者，故在西方也。若未小斂而奔者，則在東方也。故奔喪注云：「其未小斂而至，與在家同。」是也。諸婦南鄉者，諸婦，主婦以下在家者，若無奔喪者，則婦人位本在西方東鄉，今既有外新奔者，故移辟之而近北以鄉南也。婦人迎客送客不下堂，下堂不哭。男子出寢門見人不哭。婦人所有事自堂及房，男子所有事自堂及門，非其事處而哭，猶野哭也。出門見人，謂迎賓也。其無女主，則男主拜女賓于寢門內。其無男主，則女主拜男賓于阼階下。子幼則以衰抱之，人爲之拜。爲後者不在，則有爵者辭，無爵者人爲之拜。在竟內則俟之，在竟外則殯葬可也。喪有無後，無無主。拜者，皆拜賓於位也。爲後者有爵，攝主爲之辭於賓耳，不敢當尊者禮也。○疏曰：此一節明小斂之後，男主女主迎送弔賓及拜賓之位，又廣明喪主不在之義。婦人質，故迎客送客不下堂。下堂不哭者，敵者不下堂，若有君夫人弔，則主婦下堂，至庭稽顙而不哭也。「男子出寢門見人不哭」者，男子遭喪，敵者來弔不出門，若有君命，則出門亦不哭也，故士喪禮：「君使人弔，徹帷，主人迎于寢門外，見賓不哭。」是也。「其無女主，則男主拜女賓于寢門內」者，此以下明喪無主而使人攝者禮也〔九五〕。若有主，則使男主拜男賓，女主拜女賓。若無女主，則使男主拜女賓于寢門內也。若無男主者，亦使女主拜男賓于阼階下位也。鄉云女有下堂，明謂此也。男拜女賓于門內少遠階下，而猶不出門也。「子幼則以衰抱之人爲之拜」者，若有子，雖幼小則以衰抱之爲主而人代之拜賓也。爲後者不在者，謂主出行不在而家有喪。則有爵者辭，謂不在家之主有官爵，其攝主無官爵，則辭謝於賓云：「己無爵，不敢拜賓。」「無爵者，人爲之拜」者，謂不在之主無官爵，其攝主之人而爲主拜賓也。在竟内則俟之者，若主行近在國竟之内，則俟其還乃殯葬也。在竟外則殯葬可也者〔九六〕，謂主行在國外，計不可待則殯，殯後又不可待，則葬可也。「喪有無後，無無主」者，釋所以必使人攝及其衰抱幼之義。無後，則己自絶嗣，無闕於人，故可無後也。若無主，則相對賓有闕，故四鄰、里尹主之〔九七〕，是無得無主也。○喪大記○此條殯後迎賓拜賓通用。其婦人迎送不下堂一節，未小斂受弔亦通用。

右奉尸夷于堂拜賓

大祝：大喪徹奠。疏曰：此文承大喪之下，故奠爲始死之奠，小斂、大斂奠並大祝徹之〔九八〕。

右徹始死奠

主人即位，襲帶絰，踊。即位，阼階之下位也。有襲絰乃踊，尊卑相變也。○疏曰：主人拜賓後，稍近北，即阼階下位。「襲帶絰踊」者，拜賓時袒，今拜訖，襲衣加要帶首絰於序東，復位乃踊也。前經注云：「未小斂，主人即位西階下東面位。」恐此亦然，故明之。云「阼階之下」，必知然者，以士喪禮小斂後，「衆主人東即位」，又云主人「即位，踊，襲絰于序東復位」，故知此即位在阼階下也。云「有襲絰乃踊，尊卑相變也」者，案士喪禮先踊乃襲絰，此先襲絰乃踊，士爲卑，此據諸侯爲尊，故云「尊卑相變」。母之喪，即位而免。免，音問。○記異者。禮，斬衰括髮齊衰免，以至成服而冠。爲母重，初亦括髮，既小斂則免。○疏曰：爲父喪，拜賓竟而即阼階下位，又序東帶絰猶括髮。若爲母喪，至拜賓竟即位時不復括髮，以免代之，免以襲絰，至大斂乃成服也，所以異於父也〔九九〕。乃奠。小斂奠也。○疏曰：拜賓襲絰通竟後，始設小斂之奠也。弔者襲裘加武帶絰，與主人拾踊。拾，其劫反。○始死弔者，朝服裼裘如吉時也，小斂則改襲而加武與帶絰矣。武，吉冠之卷也。加武者，明不改冠亦不免也。檀弓曰：「主人既小斂，子游趨而出，襲裘帶絰而入。」○疏曰：小斂之後來弔者，揜襲裘之上裼衣。若未小斂之前來弔者，裘上有裼衣，裼衣上有朝服，開朝服露裼衣。今小斂之後弔者，以上朝服揜襲，裘上裼衣加武者，賀氏云：「武，謂吉冠之卷。主人既素冠素弁，故弔者加素弁於武。」帶絰者，帶謂要帶，絰謂首絰。緦之絰帶，以朋友之恩，故加帶與絰也。若無朋友之恩，則無帶唯絰而已。與主人拾踊者，拾，更也，謂主人先踊，婦人踊，弔者踊，三者三，是與主人更踊也。注云「加武者，明不改冠亦不免也」者，凶冠則武與冠連，不別有武免，亦無武。今云加武，明不改作凶冠，亦不作免弔，所以有免。以四代袒免，親及朋友皆在他邦，嫌有免理，故云「亦不免」。引「檀弓曰」以下者，證小斂之前裼裘，小斂之後襲裘。賀氏以爲加素弁於吉冠之武，解經文似便與鄭注不改冠其義相妨。熊氏云：「加武帶絰，謂有朋友之恩，以經加於武，連言帶耳。」熊氏以武上加絰與帶之文相妨，其義未善。兩家之説，未知孰是，故備存焉。賓出徹帷。君與大夫之禮也。士卒斂則徹帷。徹，或爲「廢」。○疏曰：士小斂竟而徹帷，此至小斂竟下階拜賓，賓出後乃除帷，是人君及大夫禮舒也。注云「士卒斂即徹帷」者，士喪禮文。○喪大記○未小斂受弔有庶子不受弔、宋成公如鄭二條，奉尸夷于堂有婦人迎送不下堂一條，又殯後受弔條有君弔見尸柩而後踊，皆此條通用，當互考。

右襲帶絰小斂奠

挈壺氏：挈，劉苦結反，一音結，又户結反。凡喪，縣壺以代哭者。皆以水火守之，分以日夜。鄭司農云：縣壺以爲漏，代更也。禮，未大斂，代哭。以水守壺者，爲沃漏也。以火守壺者，夜則視刻數也。分以日夜者，異晝夜漏也。漏之箭，晝夜共百刻，冬夏之間有長短焉，太史立成法有四十八箭〔一〇〇〕。○疏曰：「禮未大斂代哭」者，未殯已前，無問尊卑，皆哭不絕聲，大斂之後，乃更代而哭，亦使哭不絕聲。大夫以官士親疏代哭，人君尊，又以壺爲漏分更相代〔一〇一〕。○君喪，虞人出木、角，狄人出壺，雍人出鼎，司馬縣之，乃官代哭。代，更也。未殯哭不絕聲，爲其罷倦，既小斂，可以爲漏刻分時而更哭也。○疏曰：虞人，掌山澤之官，故出木與角。狄人，樂吏，主挈壺漏水之器，故出壺。雍人主亨飪，故出鼎。所以用鼎及木者〔一〇二〕，冬月恐水凍則鼎漏遲，遲更無准則，故取鼎煖水，用虞人木爨鼎煮之，故取鼎及木也。司馬，夏官卿也，其屬有挈壺氏，掌知漏事，故司馬自臨視縣漏器之時節，故挈壺氏云：「凡喪，縣壺以代哭者。」縣漏分時，使均其官屬更次相代而哭，使聲不絕也。大夫官代哭不縣壺，下君也。士代哭不以官。自以親疏哭也。○疏曰：相代而哭，使聲不絕也。○喪大記

右代哭

委人：喪紀，共其薪蒸木材。薪蒸，給炊及燎木材給張事〔一〇三〕。○司烜氏：凡邦之大

事，共墳燭庭燎。墳，大也。樹於門外曰大燭，於門內曰庭燎。○疏曰：大事，謂若大喪紀、大賓客之時也。庭燎，在大寢之庭〔一〇四〕。○君堂上二燭，下二燭。大夫堂上一燭，下二燭。士堂上一燭，下一燭。燭，所以照饌也，滅燎而設燭。○疏曰：有喪則於中庭，終夜設燎至曉，滅燎而日光未明，故須燭以照祭饌也。○喪大記

右設燎

大斂於阼。詳見陳小斂衣條。○陳小斂本條內有君以簟席并司服共斂衣服及陳襲衣條內典絲共絲纊〔一〇五〕、內司服共衣服，皆此條通用，當互考。○大斂，布絞，縮者三，橫者五，布紟，二衾。君、大夫、士一也。君陳衣于庭，百稱，北領西上。大夫陳衣于序東，五十稱，西領南上。士陳衣于序東，三十稱，西領南上。絞、紟如朝服。絞一幅爲三，不辟。紟五幅，無紞。幅，方服反。辟，補麥反，又音壁，徐扶移反。紞，丁覽反。○二衾者，或覆之，或薦之〔一〇六〕。如朝服者，謂布精麤朝服十五升。小斂之絞，廣終幅，析其末〔一〇七〕，以爲堅之强也。大斂之絞，一幅三析，用之以爲堅之急也。紞以組類爲之，綴之領側，若今被識矣。生時禪被有識，死者去之，異於生也。士喪禮「大斂亦陳衣於房中，南領西上」，與大夫異。今此士陳衣與大夫又同，亦蓋天子之士。紞，或爲點。○疏曰：「大斂布絞縮者三」者，謂取布一幅，分裂之作三片，直用之三片，即共一幅，兩頭裂，中央不通。橫者五者，又取布二幅，分裂作六片，而用五片橫之於縮下也。布紟者，皇氏云：「紟，禪被也，取置絞束之下，

擬用以舉尸也，孝經云『衣衾而舉之』是也。」今案：經云紟在絞後，紟或當在絞上，以絞束之。且君衣百稱，又通小斂與襲之衣，非單紟所能舉也。又孝經云衾不云紟，皇氏之說未善也。二衾者，小斂君大夫士各一衾。今至大斂〔一〇八〕，又各加一衾爲二衾，其衾所用與小斂同。但此衾一是始死覆尸者，故士喪禮云：「幠用斂衾。」注云：「大斂所并用之衾。」一是大斂時復制，又注士喪禮：「衾二者」，謂「始死斂衾，今又復制」。士既然，則大夫以上亦耳。「君陳衣于庭百稱北領西上」者，衣多故陳在庭爲榮顯。案鄭注雜記篇以爲：襲禮，大夫五，諸侯七，上公九，天子十二稱。則此大斂天子當百二十稱，上公九十稱，侯、伯、子、男七十稱。今云君「百稱」者，據上公舉全數而言之，餘可知也，或大斂襲五等同百稱也。北領者，謂尸在堂也。西上者，由西階取之便也。大夫士陳衣于序東「西領南上」，異於小斂北上者，小斂衣少統於尸，故北上，大斂衣多，故南上，取之便也。絞紟二者，布精麤皆如朝服十五升也。「絞一幅爲三不辟」者，辟，擘也，言小斂絞全幅，析裂其末爲三，而大斂之絞既小，不復擘裂其末〔一〇九〕。但古字假借，讀「辟」爲「擘」也。紟五幅無紞，紟，舉尸之禪被也，紞謂緣飾爲識，所以組類綴邊爲識，今無識異於生也。注謂「以爲堅之强也」者，解小斂衣少用全幅布爲絞，欲得堅束力强也。云「以爲堅之急也」者，解大斂一幅分爲三片之意。凡物細則束縛牢急，以衣多故須急也。云「紞以組類爲之」者，組之般類其制多種，故云組類。云「綴之領側，若今被識矣」者，領爲被頭，側爲被旁，識爲記識，言綴此組類於領及側，如今被之記識。○喪大記○大斂，君、大夫、士祭服無筭，君褶衣褶衾，大夫、士猶小斂也。褶，音牒。○褶，袷也，君衣尚多，去其著也。○疏曰：祭服，謂死者所得用祭服以上也。筭，數也。大斂之時，所有祭服皆用之，無限數也。注謂君多「去其著」者，經云大夫士猶小斂，則複衣複衾也。據主人之衣，故用複。若褸，亦得用袷也。故士喪禮云「褸以褶」是也。○同上○陳小斂衣條凡陳衣者實之篋以下，此條通用，當互考。

○典瑞：駔圭璋璧琮琥璜之渠眉，疏璧琮以斂尸。駔，音祖。○以斂尸者，於大斂焉加之也。駔，讀爲組，與組馬同，聲之誤也。渠眉，玉飾之溝瑑也。以組穿聯六玉溝瑑之中以斂尸，圭在左，璋在首，琥在右，璜在足，璧在背，琮在腹，蓋取象方明，神之也。疏璧琮者，通於天地。○疏曰：於大斂焉加之也者，以其六玉所與王爲飾，明在衣裳之外，故知在大斂後也。「駔讀爲組」，詩有「執轡如組」，聲之誤爲駔。云「渠眉玉飾之溝瑑也」者，此六玉兩頭皆有孔，又於兩孔之間爲溝渠，如溝之兩畔稍高爲眉瑑，故云「以組穿聯六玉溝瑑之中以斂尸」。云「圭在左」已下，皆約大宗伯云「青圭禮東方」之等，以尸南首而置此六玉焉。云「蓋取象方明，神之也」者，案覲禮：設方明，上圭下璧。無璧琮。此云「象」者，彼注上下之神非天地至貴，謂日月之神，故上下不用璧琮。此中有璧琮者，象天地。若然，此言象方明者，直取置六玉於六處，不取玉形之義。又案宗伯：璧禮天，琮禮地。今此璧在背在下，琮在腹在上，不類者，以背爲陽，腹爲陰，隨尸腹背而置之，故上琮下璧也。云「疏璧琮者，通於天地」者，天地爲陰陽之主，人之腹背象之，故云疏之通天地也〔一一〇〕。

○君即位而爲椑，歲壹漆之，藏焉。椑，蒲歷反，徐房益反。○椑，謂杝棺，親尸者。椑，堅著之言也。一漆之，若未成然。藏，謂虛之不令〔一一一〕。○疏曰：君，諸侯也。言諸侯，則王可知也。椑，杝棺也。漆之，堅强甓甓然也。人君無論少長而體尊備物，故亦即位而造爲此棺也。古者天子椑內又有水兕而諸侯無，但用杝在內以親尸也。

歲一漆之者，年年一漆，示如未成也。唯云漆杝，則知不漆杝棺外屬等。藏焉者，棺中不欲空虛，如急有待也。虛之不令也，令，善也，言若虛空便爲不善，故藏物於其中。一本爲「虛之不合」者，謂不以蓋合覆其上，既不合覆，不欲令人見，故藏焉。○檀弓○天子之棺四重，尚深邃也。諸公三重，諸侯再重，大夫一重，士不重。○疏曰：四重者，尊者尚深邃也。四重者：水牛、兕牛皮二物重，故爲一重也；又杝爲第二重也；又屬爲第三重也；又大棺爲第四重也。四重凡五物也。以次而差之，上公三重，則去水牛，餘兕、杝、屬、大棺也。侯、伯、子、男再重，又去兕，餘杝、屬、大棺。大夫一重，又去杝，餘屬、大棺也。士不重，又去屬，唯單用大棺也。天子大棺厚八寸，屬六寸，椑四寸，又二皮六寸，合二尺四寸也。上公去水牛之三寸，餘兕、杝、屬、大棺，則合二尺一寸。諸侯又去兕牛三寸，餘合一尺八寸也。列國上卿又去椑四寸，餘合一尺四寸也。大夫大棺六寸，屬四寸，合一尺。士則不重，但大棺六寸耳。故庶人四寸矣。云天子卿大夫並與列國君同，若天子之士與諸侯大夫同也。喪質，不得依吉時祭服也。若吉時祭服，則天子臣與諸侯同。春秋時多僭，趙簡子言罰乃不設屬椑，非也。水、兕革棺被之，其厚三寸，疏云：水、兕二皮並不能厚三寸，故合被之，令各厚三寸也。二皮能濕，故最在裏近尸也。杝棺一，疏曰：杝棺一者，椵也，材亦能濕，故次皮也。杝唯一種，諸侯無革，則杝親尸也。君即位爲椑是也。杝即椵木，爾雅曰：「椵，杝。」一物二名，名椵又名杝也。梓棺二，疏云：杝棺之外又有屬棺，屬棺之外又有大棺。大棺與屬棺並用梓，故云二也。四者皆周。疏云：四，四重也。周，匝也。謂四重之棺，上下四方悉周匝也。唯槨不周，下有茵，上有抗席故也。棺束，縮二衡三。衽，每束一。衡，亦當爲「橫」。

衽，今小要。衽，或作「漆」，或作「髹」。○疏曰：棺束者，古棺木無釘，故用皮束合之。縮二者，縮，縱也，縱束用二行也。衡三者，横束三行也。衽每束一者，衽，小要也，其形兩頭廣、中央小也。既不用釘棺，但先鑿棺邊及兩頭合際處作坎形，則以小要連之令固棺，並相對。每束之處，以一行之衽連之，若竪束之處，則竪著其衽以連棺蓋及底之木，使與棺頭尾之材相固，漢時呼衽爲小要也。○同上○君大棺八寸，屬六寸，椑四寸。上大夫大棺八寸，屬六寸。下大夫棺六寸，屬四寸。士棺六寸。大棺，棺之在表者也。檀弓曰：「天子之棺四重，水、兕革棺被之，其厚三寸，杝棺一，梓棺二，四者皆周。」此以内説而出也。然則，大棺及屬用梓，椑用杝。以是差之，上公革棺不被三重也，諸侯無革棺再重也，大夫無椑一重也，士無屬不重也，庶人之棺四寸。上大夫，謂列國之卿也，趙簡子云「不設屬椑」，時僭也。○疏曰：檀弓文以内説而出也者，謂近尸有水革，次外有兕革，次外有椑，次外有屬，次外有大棺。此先云大棺及屬，乃始云椑，是從外鄉内而説，故知大棺及屬當梓棺也，椑當杝棺也。哀公二年趙簡子與鄭師戰于鐵，簡子自誓云：「桐棺三寸，不設屬辟」，「下卿之罰也」。案大夫禮無椑，趙簡子所云罰始無椑，故知當時大夫常禮用椑，是時僭也。君裏棺用朱緑，用雜金鐕。大夫裏棺用玄緑，用牛骨鐕。士不緑。鐕，子南反。○鐕，所以琢著裏。○疏曰：裏棺，謂以繒貼棺裏也。朱繒貼四方，緑繒貼四角。定本經中「緑」字皆作「琢」，琢謂鐕，琢朱繒貼著於棺也。用雜金鐕者，鐕，釘也。舊説云：用金鐕，又用象牙釘，雜之以琢朱緑著棺也。隱義云：「朱緑皆繒也，雜金鐕。」尚書曰貢金三品，黄、白、青色。大夫裏棺用玄緑者，四面玄，四角緑。用牛骨鐕者，不用牙金也。士不緑者，悉用玄也。亦同大夫用牛骨鐕，不言，從可知也。○喪大記○舍人：喪紀，共熬穀。熬穀者，錯于棺旁，所以惑蚍蜉也。○疏曰：殯時設之，將熬穀以惑蚍蜉。又有魚腊香，蚍蜉欲向棺，值此惑之也〔一一二〕。○熬，君四種八筐，大夫三種六筐，士二種四筐，加魚腊焉。熬者，煎穀也。士喪禮曰：「熬黍稷各二筐。」又曰：「設熬，旁一筐。」大夫三種，加以粱。君四種，加以稻四筐，則手足皆一，其餘設於左右。○疏曰：加魚腊者，魚腊，謂乾腊。案郊特牲士腊用兔，少牢大夫腊用麇，天子諸侯無文，當用六獸之屬，亦爲惑蚍蜉。○喪大記○幕人：大喪，共帷幕帟綬。爲賓客飾也。帷以帷堂，或與幕張之於庭，帟在柩上〔一一三〕。○疏曰：始死帷堂，小斂徹之，及殯在堂亦帷之也。三公及卿大夫之喪，共其帟。唯士無帟，王有惠則賜之，檀弓曰：「君於士有賜帟。」○疏曰：掌次云：「諸侯再重，孤卿大夫不重。」此云三公，不云諸侯與孤。掌次云諸侯與孤〔一一四〕，不云三公者，三公即是諸侯，再重。此不云孤，孤與卿大夫同，不重。○掌次：凡喪，王則張帟三重，諸侯再重，孤卿大夫不重。重，直龍反。○張帟柩上承塵。○疏曰：喪言「凡」者，以其王以下至孤卿大夫兼有后及三夫人已下，故言「凡」以廣之也。后與王同三重，世子三夫人與諸侯再重，九嬪二十七世婦與孤卿大夫同不重，一而已，八十一御妻與士同無帟，有賜乃得帟也〔一一五〕。○帷堂條委人共木材，此條通用，上一條始死帷堂及柩行通用，當互考。○司几筵：凡喪事，設葦席，右素几。其柏席用萑黼純，諸侯則紛純，每敦一几。柏，鄭音椁，劉依司農音迫。○喪事，謂凡奠也。萑，如葦而細者。鄭司農云：「柏席，迫地之席，葦居其上。」或曰：柏席，載黍稷之席。玄謂：柏，椁字磨滅之餘。椁席，藏中神坐之席也。敦，讀曰燾。燾，覆也。棺在殯則椁燾，既窆則加見，皆謂覆之。周禮，雖合葬及同時在殯，皆異几，體實不同。祭於廟同几，精氣合。○藏，才浪反。○疏曰：云「喪事謂凡奠也」者，言「凡」非一之義。士喪禮始死之奠乃至小斂之奠，亦設於地，未有席，至大斂奠乃有席。殯後則有朝夕奠、朔月奠，大夫已上兼有月半奠，并有薦新奠，葬時又有遷祖奠、祖奠、大遣奠，葬乃廢奠而虞祭也，故鄭云「謂凡奠也」。云「萑如葦而細者」，詩云：「萑葦淠淠。」同類之物，但麤細爲異耳。先鄭以柏席爲迫地〔一一六〕，或爲載黍稷，其言無所依據，故後鄭不從也。「玄謂柏椁字磨滅之餘椁席藏中神坐之席也」者，謂於下帳中坐設之。云「敦讀曰燾燾覆也」者，謂若覆燾持載者也。云「棺在殯則椁燾」者，檀弓云天子「菆塗龍輴以椁」是也。云「既窆則加見」者，既夕禮下棺訖則加見，見謂道上帳帷荒，將入藏以覆棺。言「見」者，以其棺不復見，唯見帷荒，故謂之「見」也。云「皆謂覆之」者，此解經「敦」字，以其二處皆當覆，故云「敦」也。云「周禮雖合葬」者，檀弓云：古者不合葬，「周公蓋附」。附謂合葬，是周禮合葬也。云「及同時在殯」者，禮記曾子問云：「父母之喪偕。」鄭云：「同月死。」是同時在殯也。云「皆異几體實不同」者，解經「每敦一几」之義。祭於廟同几精氣合者，案禮記祭統云：「敷筵設同几。」鄭云：「同之言詷也。」祭者以其妃配亦不特几〔一一七〕，以其精氣合故也。言「祭於廟」者，謂吉祭時以其禫月吉祭猶未配，故知至二十八月乃設同几也。

凡凶事仍几。故書「仍」爲「乃」。鄭司農云：「吉事變几，變更其質，謂有飾也。乃，讀爲仍，仍，因也。因其質，謂無飾也。書顧命曰：翌日乙丑，成王崩。癸酉，牖間南鄉，西序東鄉，東序西鄉。皆仍几。」玄謂：吉事〔一一八〕，主祭宗廟，祼於室，饋食於堂，繹於祊，每事易几，神事文，示新之也〔一一九〕。凶事，謂凡奠几，朝夕相因，喪禮略。○疏曰：先鄭云「變更其質謂有飾」，又以仍几，乃是前後相因，不得爲几體，故不從也。顧命云：牖間南鄉，華玉，仍几。西序東嚮，文貝仍几〔一二〇〕。東序西嚮，彫玉仍几〔一二一〕。西夾南嚮〔一二二〕，漆仍几。孔云：「因生時几皆有飾。」而先鄭引之者〔一二三〕，先鄭意直取仍因之義也。「玄謂吉事祭宗廟祼於室」者，洛誥云「王入大室祼」是也。禮器云：「設祭于堂，爲祊于外。」此直云「饋食於堂」，謂饋獻節。據有熟，故言饋食，其實未有黍稷。又不言朝踐者，朝踐與饋獻同在堂，故略而不言也。又饋獻後更延尸入室，進黍稷尸食之事。不言者，以其還依祼於室之几，故亦略而不言也。云「凶事謂凡奠」者，即上文「凡喪事右素几」是也〔一二四〕，此文見凡奠相因不易之意〔一二五〕。案檀弓云「虞而立尸有几筵」者，據大夫士而言。案士喪禮大斂即有席，而云虞始有筵者，以其几筵相將連言，其實虞時始有几，其筵大斂即有也。天子諸侯禮大，初死几筵並有，故上云「凡喪事，設葦席，右素几」也。凡几之長短，阮諶言：几長五尺，高二尺，廣二尺。馬融以爲長三尺，舊圖以爲几兩端赤，中央黑也〔一二六〕。○此條大斂奠、朝夕奠、朔月奠以後，凡奠並通用。○陳小斂奠條內有封人飾牛牲、牛人共奠牛、囿人、獸人共獸、腊人共乾肉、𩺰人共鱻薧、醢人共薦羞豆實之等。

右陳大斂衣及殯奠之具○宋文公卒，棺有翰檜，君子謂華元、樂舉「於是乎不臣」。詳見窆條。○齊姜薨，初，穆姜使擇美檟〔一二七〕。檟，古雅反，木名〔一二八〕。○檟，梓之屬。以自爲櫬與頌琴，櫬，初覲反。○櫬，棺也。頌琴，琴名，猶言雅琴，皆欲以送終。○疏曰：櫬，親身棺也，以親近其身，故以櫬爲名焉。禮記喪大記云〔一二九〕：「君大棺八寸，屬六寸，椑四寸。」如彼記云諸侯之棺三重，親身之棺名之爲椑，椑即櫬是也。其椑用椵爲之，屬與大棺乃用梓耳。此以梓爲櫬者，名之曰櫬，其內必無棺也。擇櫝爲櫬，其櫬必用梓也。季文子取以葬。君子曰：「非禮也！禮無所逆。婦，養姑者也，虧姑以成婦，逆莫大焉。」穆姜，成公母。齊姜，成公婦。○襄公二年春秋左氏傳○定姒薨，不殯于廟，無櫬，不虞。櫬，親身棺。季孫以定姒本賤，既無器備，議其喪制，欲殯不過廟，又不反哭。○過，古禾反。匠慶謂季文子匠慶，魯大匠。曰：「子爲正卿，而小君之喪不成，謂如季孫所議，則爲夫人禮不成。不終君也。慢其母，是不終事君之道。君長，誰受其咎？」長，丁丈反。○言襄公長，將責季孫。初，季孫爲己樹六櫝於蒲圃東門之外，季文子樹櫝，欲自爲櫬。匠慶請木，爲定姒作櫬。季孫曰：「略。」不以道取爲略。匠慶用蒲圃之櫝，季孫不御。御，魚呂反，止也。○御，止也。傳言遂得成禮，故經無異文。君子曰：「志所謂『多行無禮，必自及也』，其是之謂乎？」疏曰：不以道取爲略，今律略責人是也。季孫言略，令匠慶略他木也。官非無木可用，意欲不成其喪，請木不順其意，怒慶此請，令略木爲之也。匠慶又忿季孫未必無木可用，故取季孫之櫝，其意言遣我略人，我止略女。季孫令之爲略，匠慶奉命而略，雖自被略，不得止之。季孫此議，自是無禮也。被匠慶略木，是自及也。○襄公四年春秋左氏傳○宋元公將如晉，旦，召六卿曰：「寡人不佞，不能事父兄，父兄，謂華、向。以爲二三子憂。若以羣子之靈，獲保首領以没，唯是楄柎所以藉幹者，楄，蒲田反。柎，步口反，又音附。○楄柎，棺中笭牀也。幹，骸骨也。○笭，力丁反。請無及先君。」仲幾對曰：「宋國之法，死生之度，先君有命矣。羣臣以死守之，弗敢失隊。臣之失職，常刑不赦。臣不忍其死，君命祗辱。」宋公遂行。己亥，卒于曲棘。葬宋元公，如先君禮也。昭公二十五年春秋左氏傳○凡諸侯薨于朝會，加一等；死王事，加二等。於是乎有以衮斂。詳見變禮道有喪。○季平子卒，將以君之璵璠斂，贈以珠玉。孔子初爲中都宰，聞之，曆級而救焉。曆級，遽登階，不聚足。曰：「送而以寶玉，是猶曝尸於中原也。其示民以姦利之端，而有害於死者，安用之？且孝子不順情以危親，忠臣不兆姦以陷君。」兆姦，爲姦之兆成也。乃止。家語○孔子之喪，公西赤掌殯葬焉〔一三〇〕，桐棺四寸，柏棺五寸。家語○孟子自齊葬於魯，反於齊，止於嬴。充虞請曰：前日不知虞之不肖，使虞敦匠事嚴，虞不敢請，今願竊有請也，木若以美然。」曰：「古者棺椁無度，中古棺七寸，椁稱之。自天子達於庶人，非直爲觀美也，然後盡於人心。不得，不可以爲悦；無財，不可以爲悦。得之爲有財，古之人皆用之，吾何爲獨不然？且比化者無使土親膚，於人心獨無恔乎？吾聞之也：君子不以天下儉其親。」詳見喪禮義。○魯平公將見孟子，嬖人臧倉曰：「孟子之後喪踰前喪，君無見焉！」公曰：「諾。」樂正子入見，曰：「君奚爲不見孟軻也？」曰：「或告寡人曰：孟子之後喪踰前喪，是以不往見也。」曰：「何哉，君所謂踰者？前以士，後以大夫；前以三鼎，後以五鼎與？」曰：「否，謂棺槨衣衾之美也。」曰：「非所謂踰也，貧富不同也。」同上

大祝：大喪徹奠。見始死奠條。

右徹小斂奠

君將大斂，子弁絰，即位于序端，卿大夫即位于堂廉楹西，北面東上，父兄堂下北面，夫人、命婦尸西東面，外宗房中南面。小臣鋪席，商祝鋪絞、紟、衾、衣，士盥于盤上，士舉遷尸于斂上〔一三一〕。卒斂，宰告，子馮之踊，夫人東面亦如之。子弁絰者，未成服弁，如爵弁而素。大夫之喪子，亦弁絰。○疏曰：「子弁絰，即位于序端」者〔一三二〕，序謂東序，端謂序之南頭也。「卿大夫即位于堂廉楹西」者，卿大夫，謂羣臣也，堂廉，謂堂基南畔廉稜之上，楹謂南近堂廉者。子位既在東序端，故羣臣列於基上東楹之西也。案隱義云：堂廉，即堂上近南霤爲廉也。北面東上者，在基上，俱北面東頭爲上也。子在東，尸在阼階，故在基者以東爲上也〔一三三〕。父兄堂下北面者，謂諸父諸兄不仕者，以其賤，故在堂下而鄉北以東爲上也。若士則亦在堂下。外宗房中南面者，外宗，君之姑姊妹之女及姨舅之女也。輕，故在房中而鄉南也。皇氏云：「當在西房，以東爲上也。」今謂尸在阼，大夫命婦在尸西，此外宗等當在東房。小臣鋪席者，謂下莞上簟敷於阼階上，供大斂也。士喪禮云：「布席如初。」注云：「亦下莞上簟也，鋪於阼階上，於堂南北爲少南。」商祝鋪絞紟衾衣者，商祝亦是周禮喪祝也，其鋪絞紟衾衣等致于小臣所鋪席上以待尸。士盥于盤上者，士亦喪祝之屬也。周禮：「喪祝，上士二人，中士四人，下

士八人。」是將應舉尸，故先盥手于盤上也，雜記云「士盥于盤北」是也〔一三四〕。士舉遷尸于斂上者，斂上即斂處也。卒斂者，大斂衣裝畢也。宰告者，大宰也，斂畢大宰告孝子道斂畢也。子馮之踊者，孝子待得告乃馮尸而起踊。夫人東面亦如之者，亦馮尸而踊。鄉者，夫人命婦俱東嚮於尸西，今獨云夫人馮者，命婦賤，不得馮也，馮竟乃斂於棺。注云「子弁絰者未成服」者，成服則著喪冠也，此云弁絰是未成服。此雖以大斂爲文，其小斂時，子亦弁絰。君大夫士之子皆然，故雜記云：「小斂環絰，公大夫士一也。」大夫之喪子亦弁絰者，案雜記云「大夫與殯亦弁絰」，與他殯事尚弁絰，明自爲父母弁絰可知。其士則素冠，故武叔小斂投冠，是諸侯大夫與天子士同。○喪大記○夫人東面坐，馮之興踊。雜記○案雜記自「外宗房中南面」而下至「夫人東面」，文並與大記同，但夫人東面之下有「坐馮之興踊」五字別。雜記注云：「此喪大記脱字，重著於是。」今略其同，記其異者如此。○案始死條有卜人扶右射人扶左，遷尸條有射人僕人遷尸，小斂條自小宗伯涖斂以下十三條，皆大斂通用，當互考。○大夫之喪，將大斂，既鋪絞、紟、衾、衣，君至，主人迎，先入門右，巫止于門外。君釋菜，祝先入，升堂。君即位于序端，卿大夫即位于堂廉楹西，北面東上，主人房外南面，主婦尸西東面。遷尸卒斂，宰告，主人降，北面于堂下，君撫之，主人拜稽顙。君降，升主人馮之，命主婦馮之。先入門右者，入門而右也。巫止者，君行必與巫，巫主辟凶邪也。釋菜，禮門神也。必禮門神者，禮：君非問疾弔喪不入諸臣之家也。主人房外南面，大夫之子尊，得升視斂也。○疏曰：此明大夫大斂節也。主人迎者，主人，適子也，適子聞君至而出門迎君也。門右者，門内東邊也。適子出門迎君，望見馬首不哭不拜，而先還入門右北面以待君至。士喪禮云「見馬首不哭，還入門右北面」。注云：「不哭，厭於君，不敢伸其私恩也。」巫止於門外者，君臨臣喪，巫祝桃茢以辟邪氣，以禮敬主人，故不用將巫入，故止巫於門外也。士喪禮云「巫止于廟門外，祝代之」。君釋菜者，鄭云「禮門神也」，君非問疾弔喪不入諸臣之家，故禮門神而入也。祝先入升堂者，巫止而祝代入，故先於君而入門升自阼階也，祝以其事接通鬼神者也。君即位于序端者，君隨祝後而升堂，即位於東序之端、阼階上之東，是適子臨斂處也。士喪禮云：「君升自阼階，西鄉。」主人房外南面者，主人鄉者在門右，君升則主人亦升，立君之北、東房之外，面鄉南，俱欲視斂也。遷尸者，鄉鋪絞紟衾衣而君至，今列位畢，故舉尸於鋪衣上也。宰告主人道斂畢，主人降西階堂下而鄉北立待君也。君撫之者，君臣情重，方爲分異，故斂竟而君以手撫案尸，與之别也。主人拜稽顙者，主人在堂下鄉北，見君撫尸，故拜稽顙，以禮君之恩。君降者，君撫尸畢而下堂也。升主人馮之者，君命主人升還馮尸也。主人升降皆西階也，士喪禮云：「主人中庭，君坐撫當心。」主人拜稽顙，君降西鄉，命主人馮尸，主人升自西階由足西面馮尸，不當君所。命主婦馮之者，君亦又命主婦馮尸也。注云「大夫之子尊得升視斂也」者，以士喪禮其子不得升，今大夫之子將斂之時，在房外南面，故云大夫之子尊得升視斂也。**士之喪，將大斂，君不在，其餘禮猶大夫也。**其餘，謂卿大夫及主婦之位。○疏曰：其餘禮猶大夫也者，謂鋪衣列位男女之儀事，悉如大夫也。○喪大記○**公視大斂，公升，商祝鋪席乃斂。**疏曰：臣喪大斂，君未至之前，主人雖已鋪席布絞紟衾，聞君將來至，則徹去之。君至升堂，而商祝更鋪席，待君至乃斂也。所以然者，重榮君來，爲新之也，亦示事由君也。○雜記○**君於大夫**

世婦，大斂焉；於士爲之賜，大斂焉。夫人於世婦，大斂焉；於諸妻爲之賜，大斂焉。詳見殯後受弔條。

右大斂

天子七日而殯，諸侯五日而殯，大夫三日而殯。尊者疏，卑者速。○疏曰：天子諸侯位既尊重，送終禮物其數既多，許其申遂，故日月緩也。大夫及士禮數既卑，送終之物其數簡少，又職惟促遽，義許奪情，故日月促也。必至三日者，冀其更生，三日不生，亦不生矣。○王制○始死條有卜人右射人左、射人僕人遷尸，並此條通用，當互考〔一三五〕。○君大夫鬊爪，實于緑中。士埋之。鬊，音舜。○緑，當爲「角」，聲之誤也。角中，謂棺内四隅也。鬊，亂髮也。將實爪髮棺中，必爲小囊盛之。此「緑」或爲「簍」。○疏曰：實于緑中者，緑即棺角也。其死者亂髮及手足之爪盛于小囊，實于棺角之中。士埋之者，士亦有物盛髮爪而埋之。注「緑當爲角」者，上文緑爲色以飾，棺裏非藏物之處，以緑與角聲相近，故讀「緑」爲「角」。○喪大記○君蓋用漆，三衽三束。大夫蓋用漆，二衽二束。士蓋不用漆，二衽二束。用漆者，塗合牡牝之中也。衽，小要也。○疏曰：君蓋用漆者，蓋棺上蓋用漆，謂漆其衽合縫處也。三衽三束者，衽謂燕尾合棺縫際也，束謂以皮束棺也，棺兩邊各三衽，每當衽上輒以牛皮束之，故云「三衽三束」也。「大夫蓋用漆，二衽二束」者，亦漆衽合縫處也。大夫士横衽有二，每衽有束，故云「二衽二束」也。「士蓋不用漆」，士卑故不漆也。言「二衽二束」者，與大夫同。檀弓云「棺束，縮二衡三」者，據君言也。若大夫士横惟二束，此文是也，故鄭注司士云：「結披必當棺束，於束繫紐。天子諸侯載柩三束，大夫士二束。喪大記曰：『君纁披六，大夫披四，前纁後玄，士二披，用纁。』人君禮文，欲其數多，圍數兩旁言六耳，其實旁三。」是也。皇氏不見鄭之此注，以爲此經大夫士二衽二束者，據披從束而言，其横皆爲三束，其義非也。○同上○天子之殯也，菆塗龍輴以椁，菆木以周龍輴，如椁而塗之。天子殯以輴車，畫轅爲龍。○疏曰：菆，叢也，謂用木叢棺而四面塗之。龍輴者，殯時輴車載柩而畫轅爲龍以椁者，亦題湊叢木象椁之形。加斧于椁上，畢塗屋，斧，謂之黼，白黑文也，以刺繡於縿幕加椁以覆棺，已乃屋其上盡塗之。○疏曰：斧，謂繡覆棺之衣爲斧文也。先菆四面爲椁，使上與棺齊而上猶開也，以棺衣從椁上入覆於棺，故云「加斧于椁上」也。畢塗屋者，畢，盡也，斧覆既竟，又四注爲屋，覆上而下，四面盡塗之也。天子之禮也。檀弓○君殯用輴，欑至于上，畢塗屋。大夫殯以幬，欑置于西序，塗不暨于棺。欑，猶菆也。屋，殯上覆如屋者也。幬，覆也。暨，及也。此記參差，以檀弓參之。天子之殯，居棺以龍輴，欑木題湊象椁，上四注如屋以覆之，盡塗之。諸侯輴不畫龍，欑不題湊象椁，其他亦如之。大夫之殯廢輴，置棺西墻下，就墻欑其三面塗之。不及棺者，言欑中狹小，裁取容棺。然則，天子、諸侯差寬大矣。士殯見衽，塗上帷之。士不欑，掘地下棺見小要耳。帷之，鬼神尚幽闇也。士達於天子皆然。幬，或作「錞」，或作「埻」。○喪大記○甸師：喪事，代王受眚烖。粢盛者，祭祀之主也。今國遭大喪，若云此黍稷不馨，使鬼神不逞于王。既殯，大祝作禱辭，授甸人，使以禱藉田之神。受眚烖，弭後殃。○疏曰：言「喪事」者，謂王喪既殯後，甸師氏於大祝取禱辭，禱藉田之神眚過也。代王受過，災止後殃，故爲此禱也。大祝作禱辭在既殯後者，見大祝職云授甸人禱辭在大斂後。大斂則殯，故知在既殯後。○天官○大祝：大喪，言甸人讀禱。言，猶語也。禱，六辭之屬禱也。甸人喪事代王受眚烖，大祝爲禱辭語之〔一三六〕，使以禱於藉田之神也。○疏曰：大祝掌六辭，五曰禱，故於王既殯作禱辭授甸人，使以禱焉。○春官○小祝：設熬置銘。疏曰：熬，謂熬穀。殯在堂時，設於棺旁，所以惑蚍蜉。云「置銘」者，銘謂銘旌，書死者名，既殯置於西階上，所以表柩。○春官

右殯○布幕，衛也。縿幕，魯也。詳見喪禮義。○孺子䵣之喪，䵣，吐孫反。○魯哀公之少子。哀公欲設撥，撥，可撥引輴車，所謂紼。問於有若，有若曰：「其可也。君之三臣猶設之。」猶，尚也，以臣況子也。三臣：仲孫、叔孫、季孫氏。顏柳曰：「天子龍輴而椁幬，輴，殯車也，畫轅爲龍。幬，覆也，殯以椁覆棺而塗之，所謂菆塗龍輴以椁。○疏曰：經直云「龍輴」，知「畫轅爲龍」者，以輴之形狀庳下而寬廣，無似龍形，唯轅與龍爲形相類，故知畫轅也。菆塗龍輴以椁者，輴外邊從累其木，上與椁齊，乃菆木爲題湊，爲四阿椁制而塗之。諸侯輴而設幬，輴不畫龍。○疏曰：以上云「龍輴」，此直云「輴」，故云「不畫龍」，其木亦不題湊，故鄭注喪大記云「諸侯不題湊」。爲榆沈，故設撥。以水澆榆白皮之汁有急以播地，於引輴車滑。三臣者廢輴而設撥，竊禮之不中者也，而君何學焉？」止其學，非禮也。廢，去也。紼繫於輴，三臣於禮去輴，今有紼是用輴僭禮也。殯禮：大夫菆置西序，士掘肂見衽。○疏云：喪大記：「大夫二綍二碑。」是大夫有綍，綍即紼也。又注既夕禮云大夫以上始「有四周，謂之輴」，是大夫有輴也。此云三臣於禮去輴，用輴僭禮，不

同者，大夫以柩，朝廟之時用輴綍，唯殯時用輁軸不得用輴綍，此文據殯時大記及既夕禮謂朝廟及下棺也。云「大夫菆置西序士掘肂見衽」者，是喪大記文，謂菆叢其木以郭三面，倚於西序。肂，謂穿地爲坎，深淺見其棺蓋上小要之衽，言棺上小要之衽出於平地。顔柳以有若對非其實，恐哀公從之，以其正禮而言。○檀弓○帷殯，非古也，自敬姜之哭穆伯始也。穆伯，魯大夫。敬姜，穆伯妻，文伯歜之母也。禮：「朝夕哭，不帷。」○疏曰：下文云「文伯之喪」，敬姜「晝夜哭」，又國語云敬姜自績，文伯諫之是也。「朝夕哭不帷」，是雜記文。以孝子思念其親，故朝夕哭時乃褰徹其帷也。今敬姜之哭穆伯，以辟嫌之故，遂朝夕哭，不復徹帷，故下文云「穆伯之喪，敬姜晝哭」，與此同也。案春秋文十五年公孫敖之喪，「聲已不視，帷堂而哭」。公孫敖亦是穆伯，此不云聲已之哭穆伯始者，聲已是帷堂，非帷殯也。聲已哭在堂下，怨恨穆伯不欲見其堂，故帷堂。敬姜哭於堂上，遠嫌不欲見夫之殯，故帷殯。案張逸答陳鏗云：「敬姜早寡，晝哭以避嫌，帷殯或亦避嫌，表夫之遠色也。」○同上

天子、諸侯之喪，斬衰者奠。大夫，齊衰者奠。○曾子問○詳見士喪禮大斂奠條。

右大斂奠

小宗伯：辨吉凶之五服。○司服：掌王之吉凶衣服〔一三七〕。○大僕：喪紀，正王之服位，詔法儀。詔，告也〔一三八〕。○内司服：凡祭祀、賓客，共后之衣服，及九嬪世婦。凡命婦，共其衣服。共喪衰亦如之。疏曰：外命婦喪衰，謂王服齊衰，於后無服。若九嬪已下及女御，於王服斬衰，於后服齊衰也。○天官○追師：追，丁回反，一曰雕。○追，治玉石之名。掌王后之首服，

爲九嬪及外内命婦之首服，以待祭祀、賓客。喪紀，共筓經亦如之。○天官○内宰：凡喪事，佐后使治外内命婦，正其服位。使，使其屬之上士〔一三九〕。内命婦，謂九嬪、世婦、女御。鄭司農云：「外命婦，卿大夫之妻，王命其夫，后命其婦。」玄謂：士妻亦爲命婦。○疏曰：凡有喪事，内宰皆佐后，使其屬官治内外之命婦，正其服之精麤、位之前後也。以外、内命婦卑，故内宰不自治之，故經云「使」，明使其屬之上士治之〔一四〇〕。内命婦不言三夫人者，三夫人從后不在治限，故不言也。「司農云王命其夫后命其婦」者，先鄭見禮記玉藻云「君命屈狄」，是子男夫人，彼是后命之，明王朝之臣亦王命其夫、后命其婦可知。「玄謂士妻亦爲命婦」者，夏殷之禮，爵命不及於士，周之禮上士三命，中士再命，下士一命。夫尊于朝，婦榮于室，明士妻亦爲命婦可知。若然，喪服命夫命婦皆據大夫不含士者，彼據降服不降服爲説，故惟據大夫爲命夫，其妻爲命婦，不及士也。○天官○諸子：大喪，正羣子之服位。疏曰：位，謂在殯宫外内哭位也。正其服者，公卿大夫之子爲王斬衰，與父同，故雜記大夫之子得行大夫禮〔一四一〕。○肆師：禁外内命男女之衰不中灋者，且授之杖。外命男，六卿以出也。内命男，朝廷卿大夫士也。其妻爲外命女。喪服：爲夫之君齊衰不杖。内命女，王之三夫人以下。不中法，違升數與裁制者。鄭司農云：「三日授子杖，五日授大夫杖，七日授士杖。」此舊説也。喪大記曰：「君之喪三日，子夫人杖。五日既殯，授大夫世婦杖。」無七日授士杖文。玄謂：授杖日數，王喪依諸侯與？七日授士杖，四制云。○疏曰：外内命男女爲王雖有齊斬不同，其衰皆有升數多少及裁制，故禁之使依法也。授之杖者，外内命男及内命女皆爲王斬者有杖授之，其外命女爲王齊衰無杖，故云「且」者，見不定之詞也。喪服爲夫之君，見喪服不杖齊衰章。「内命女三夫人以下」者，通九嬪、二十七世婦、八十一御妻，皆爲王斬衰而杖也。言升數者，諸臣妻爲夫之君義服衰六升，諸臣爲王義服斬衰，衰三升半，冠六升，三夫人已下爲王正服斬衰，衰三升，是其數也。言「裁制」者，喪服云「凡衰，外削幅，裳内削幅，幅三袧」以下，具有裁制也。王喪，諸臣等無授杖之日數，以諸侯之臣與王之臣同斬衰杖竹，故授杖日數亦宜同也。司農所云授杖之日，仍是四制之文也。檀弓云：「天子崩三日，祝先服。」明子與夫人亦服矣，則天子之子及后亦服矣。「五日官長服」，明天子三公已下及三夫人已下亦服矣，但服杖同時有服即杖矣。唯天子服授杖，亦當七日矣，是以王喪約同諸侯之制也。○春官○天子崩三日，祝先服，祝佐含斂先病。○疏曰：祝，大祝也。服，服杖也。是喪服之數，故呼杖爲服，祝佐含斂先病，故先杖也。然云祝服，故子亦三日而杖也。五日官長服。官長，大夫、士。○疏曰：官長，大夫士也，亦服杖也。病在祝後，故五日也。七日，國中男女服。庶人。○疏曰：國中男女，謂畿内民及庶人在官者。服，謂齊衰三月而除之，必待七日者，天子七日而殯，殯後嗣王成服，故民得成服也。三月，天下服。諸侯之大夫。○三月天下服者，謂諸侯之大夫爲王繐衰，既葬而除之也。近者亦不待三月，今據遠者爲言耳。然四條皆云服，何以知其或杖服，或衰服？案喪大記云：「君之喪三日，子夫人杖，五日既殯，授大夫世婦杖。」又喪服四制云：「三日授子杖，五日授大夫杖，七日授士杖。」案如大記及四制，則知今云三日、五日，是服杖明矣。其七日及三月者，唯服而已，無杖。四制云「七日授士杖」，此云五日士杖者，士若有地，德深則五日，若無地，德薄則七日。崔氏云：「此據朝廷之士，四制是邑宰之士也。」○檀弓○君之喪三日，子夫人杖，五日既殯，授大夫世婦杖。三日者，死之後三日也。爲君杖不同日，人君禮大，可以見親疏也。○疏曰：熊氏云：「子杖通女子子在室者，若嫁爲他國夫人，則不杖。嫁爲卿大夫之妻，與大夫同五日杖也。」君之女及内宗、外宗之屬嫁爲士妻及君之女御，皆七日杖也。○喪大記○大夫之喪，三日之朝既殯，主人主婦室老皆杖。疏曰：死後三日，既殯之後，乃杖，應杖者三日悉杖也。○同上○士之喪，二日而殯，三日之朝主人杖，婦人皆杖。士二日而殯，下大夫也。士之禮，死與往日，生與來日，此二日於死日亦得三日也。婦人皆杖者，主婦容妾爲君、女子子在室者。○疏曰：婦人是衆羣婦，故云妾及女子子〔一四二〕，以其皆杖故也。○同上○子皆杖，不以即位。子，謂凡庶子也。不以即位，與去杖同。○疏曰：皇氏云：「子謂大夫士之庶子也。不以杖即位，辟適子也。」○同上○公之喪，諸達官之長杖。謂君所命，雖有官職，不達於君，則不服斬。○疏曰：公者，五等諸侯也。諸者，非一之詞。達官，謂國之卿大夫士被君命者也。不達於君，謂府史之屬也，賤不被命，是不達於君也。不服斬衰，但齊三月耳，故喪服齊衰三月章有庶人爲國君即此是也。○檀弓

右成服

君於大夫、世婦，大斂焉；爲之賜，則小斂焉。爲之賜，謂有恩惠也。○疏曰：此經以下至「君退必奠」，明君於大夫及士并夫人於大夫、士恩賜弔臨及主人迎送之節，此論君於大夫、世婦之禮。此世婦謂内命婦，大斂爲常，爲之恩賜，則小斂而往。然則，君於大夫大斂是常，小斂是恩賜。案隱元年

「公子益師卒」，「公不與小斂，故不書日」者，熊氏云：「彼謂卿也。」卿則小斂焉爲之賜，則未襲而往。故昭十五年「有事於武宮，籥入，叔弓卒，去樂卒事」。公羊云君「聞大夫之喪，去樂卒事」而往可也，故鄭云：去樂卒事而往，未襲也。是卿未襲而往。案：柳莊非卿，衛君即弔，急弔賢也。於外命婦，既加蓋而君至。於臣之妻略也。○疏曰：外命婦恩輕，故既大斂入棺，加蓋之後而君至也，則知大夫及世婦未加蓋以前君至也。於士，既殯而往；爲之賜，大斂焉。夫人於世婦，大斂焉；爲之賜，小斂焉。於諸妻，爲之賜，大斂焉。於大夫外命婦，既殯而往。疏曰：此經明君賜及夫人於大夫、士及妻妾恩賜之差。「於諸妻爲之，賜大斂焉」，諸妻，姪娣及同姓女也，同士禮，故爲之賜大斂焉。若夫人姪娣尊同，世婦當大斂焉，爲之賜小斂焉。「於大夫外命婦，既殯而往」者，謂夫人於大夫及外命婦既殯而往，但有一禮，無恩賜差降之事。大夫士既殯而君往焉，使人戒之。主人具殷奠之禮，俟于門外，見馬首，先入門右。巫止于門外。祝代之先。君釋菜于門内。祝先升自阼階，負墉南面。君即位于阼，小臣二人執戈立于前，二人立于後。殷，猶大也。朝夕小奠，至月朔則大奠。君將來，則具大奠之禮以待之，榮君之來也。祝負墉南面，直君北，房户東也。小臣執戈先後君，君升而夾階立，大夫殯即成服，成服則君亦成服，錫衰而往弔之。○疏曰：負墉南面者，墉，壁也，祝先升自阼階，在君之北，立於房户之東，皆負壁而向南也。擯者進，當贊主人也，始立門東北面。主人拜稽顙。君稱言〔一四三〕，視祝而踊，主人踊。稱言，舉所以來之辭也。視祝而踊，祝相君之禮，當節之也。

大夫則奠可也。士則出俟于門外，命之反奠乃反奠。卒奠，主人先俟于門外，君退，主人送于門外，拜稽顙。迎不拜，拜送者拜迎，則爲君之答己。○疏曰：此明君來弔士與大夫，其禮不同。「大夫則奠可也」，君既在阼，主人在庭，踊畢則釋此殷奠于殯可也[一二四四]。言對人君可爲此奠。士卑不敢留君待奠，故先出俟君于門外，謂君將去也。君使人命反設奠，士乃反入設奠也。卒奠者，設奠畢也。奠畢，主人又先出門待君，大夫士同然。君退者，出去也，主人於門外送之而拜也。云「迎不拜拜送者拜迎則爲君之答己」者，案曲禮：凡非弔喪，非見國君，無不答拜。然則，喪法孝子拜賓，無答拜之理，今者君出，孝子雖拜，君無答理。而云「拜迎則爲君之答己」者，以尋常禮敵，孝子雖拜，賓無答理，今君來臨臣，臣既拜迎，尊卑禮隔，意恐君之答己，故不敢拜迎。案僖二十四年左傳「宋，先代之後，於周爲客，有喪拜焉」者，謂其餘諸侯來弔國喪，以其卑，王不拜之。若宋來弔，王用敵禮拜謝之，亦是主人拜賓之義也。君於大夫疾，三問之，在殯三往焉。士疾，一問之，在殯壹往焉。所以致殷勤也。君弔則復殯服。復，反也。反其未殯未成服之服，新君事也。謂臣喪既殯後，君始來弔也。復，或爲「服」。○疏曰：謂臣喪大斂與殯之時，君有故不得來。至殯後，主人已成服而君始來弔，主人則反復殯時未成服之服，反服此服新君之事。其服則苴絰免布深衣也，不散帶，故小記云：「君弔雖不當免時也，主人必免，不散麻。」注云：「爲人君變，貶於大斂之前、既啓之後也。」夫人弔於大夫士，主人出迎于門外，見馬首，先入門右。夫人入，升堂即位，主婦降自西階，拜稽顙于下。夫人視世子而踊，奠如君至之禮。夫人退，主婦送于門內，拜稽顙，主人送于大門之外，不拜。視世子而踊，世子從夫人以爲節也。世子之從夫人，位如祝從君也。○疏曰：此明夫人弔臣禮。「先入門右」，謂大門也，謂孝子迎君之妻禮亦如迎君禮也。「夫人入升堂即位」者，亦升阼階西鄉，如君也。主婦，臣妻也。既夫人來弔，故婦人爲主人。當夫人升堂即位時，而主婦從西階而下，拜稽顙於堂下，如男主也。世子，夫人之世子，隨夫人來也。夫人來弔，則世子在前道引，其禮如祝道君也。「奠如君至之禮」者，亦先戒，具殷奠〔一四五〕。夫人即位哭後，主婦拜竟而設奠事，如君弔禮者。若士，則亦主人先出而聽命反奠也。「夫人退，主婦送于門内，拜稽顙」者，門，寢門也，婦人迎送不出門，故夫人去於路寢門内而拜送之。不拜迎而拜送，義與君同也。「主人送于大門之外，不拜」者，亦如送君也。而不拜者，喪無二主，主婦已拜，故主人不拜。

大夫君，不迎于門外，入即位于堂下。主人北面，衆主人南面，婦人即位于房中。

若有君命，命夫命婦之命，四鄰賓客，其君後主人而拜。

入即位於下，不升堂而位阼階之下，西面，下正君也。衆主人南面於其北，婦人即位於房中。君雖不升堂，猶辟之也。後主人而拜者，將拜賓，使主人陪其後而君前拜。不俱拜者，主人無二也。○疏曰：不迎于門外者，貶於正君，謂大夫下臣稱大夫爲君，故曰「大夫君」也。大夫君入寢門，不得升堂，乃即阼階下位而西鄉也。主人北面者，主人，適子也，其君既即阼階下位，故適子辟之，位所以在君之南北面也。婦人之位在堂，其君既來，故婦人並位于東房中也。此言婦人即位于房中，非止大夫之君，亦總正君來禮如此也。又前君臨大斂云「主婦尸西」，不言辟者，大斂哀深，故不辟君。今既殯後哀殺，故辟也。若當此大夫君來弔時，或有其本國之君命，或有國中大夫命婦之命，或有昔經使四鄰之國卿大夫遣使來弔。若或有此諸賓在庭，則此大夫之君代主人拜命及拜諸賓也。所以爾者，喪用尊者拜賓故也。君雖代爲主，而猶不敢同於國君專代爲主，故以主人陪置君之後也。主人在君後而拜，謂君先拜，主人後拜也。云「主人無二也」者，以經云「其君後主人而拜」，是君在前，主人在後。又君拜在前，主人拜在後，是主人立與拜皆在君後，不與君同時拜。君既爲主，當推君在前，故云主人無二也。君弔，見尸柩而後踊。塗之後，雖往不踊也。○疏曰：君弔臣，唯見尸柩乃踊者，若不見尸柩則不踊。案前文既殯君往視祝而踊者，皇氏云雖殯未塗則得踊，故鄭此注云「塗之後，雖往不踊也」。是既殯未塗，得有踊也。○此一節未小斂、既小斂受弔通用。大夫士，若君不戒而往，不具殷奠，君退必奠。榮君之來。○疏曰：君不先戒，故臣不得具殷奠。君退必奠者，君來不先戒，當時雖不得殷奠，而君去後必設奠告殯，以榮君來故也。○喪大記○未小斂受弔條有庶子不受弔、宋成公如鄭，又奉尸夷于堂後迎賓、送賓，皆此條通用，當互考。

右殯後受弔

天府：凡國之玉鎮大寶器藏焉，若有大祭大喪，則出而陳之，既事藏之。玉鎮大寶器，玉瑞、玉器之美者，禘祫及大喪陳之以華國。顧命：「陳寶：赤刀、大訓、弘璧、琬琰在西序，大玉、夷玉、天球、河圖在東序，胤之舞衣、大貝、鼖鼓在西房，兑之戈、和之弓、垂之竹矢在東房。」此其行事見於經。○春官○典路：若有大祭祀，則出路，贊駕説，大喪亦如之。亦出路，當陳之。書顧命陳先王寶器〔一四六〕，又曰：「大路在賓階面，綴路在阼階面〔一四七〕，先路在左塾之前，次路在右塾之前。」○春官

右陳寶器案：即位之別有四：正嗣子之位，已見始死條下。顧命有「王麻冕黼裳」，「道揚末

命」，及康王之誥有「惟予一人釗報誥」之語，乃既殯之後，嗣君即繼體之位之禮，今附見於此。若踰年合正改元之位，三年合正踐阼之位，如春秋元年書即位，則是踰年正改元之位也。正月元日，舜格于文祖，伊尹以冕服奉嗣王歸于亳，則是三年正踐阼之位也。然崩薨之日，或在歲終，則蓋有未殯而踰年者矣。故踰年正繼體之位之禮，遂無所附。喪大記補經亦止於虞禮，則三年之禮亦無所附。今併列於此記之下，其義則見於下文春秋傳注疏與喪禮義、白虎通之説，所當通考也。乙丑，王崩。丁卯，命作册度。三日命史爲册書法度，傳顧命於康王。越七日癸酉，伯相命士須材。伯相，息亮反。○邦伯爲相，則召公於丁卯七日癸酉，召公命士致材木，須待以供喪用。○疏曰：須，待也。召公命士致材木須待以供喪用，謂椁與明器，是喪之雜用也。案士喪禮，將葬，筮宅之後始作椁及明器，此既殯即須材木者，以天子禮大，當須預營之。故禮記云：「虞人致百祀之木，可爲棺椁者斬之。」是與士禮不同。狄設黼扆綴衣。狄，下士。扆，屏風，畫爲斧文，置户牖間。復設幄帳，象平生所爲。○疏曰：經於四坐之上言黼扆綴衣，則四坐皆設之。牖間南嚮，敷重篾席黼純，華玉仍几。嚮，許亮反。篾，眠結反。純，之尹反，又之閏反，下同。○篾，桃枝竹，白黑雜繒緣之。華，彩色，華玉以飾憑几。仍，因也。因生時几，不改作。此見羣臣，覲諸侯之坐。西序東嚮，敷重底席綴純，文貝仍几。底，之履反，馬云：「青蒲也。」○東西廂謂之序。底，蒻苹。綴，雜彩。有文之貝飾几。此旦夕聽事之坐。東序西嚮，敷重豐席畫純，彫玉仍几。豐莞彩色爲畫。彫，刻鏤。此養國老，饗羣臣之坐。西夾南嚮，敷重筍席玄紛純，漆仍几。夾，工洽反，徐音頰。筍，悉允反。○西廂，夾室之前。筍，蒻竹。玄紛，黑綬。此親屬私宴之坐，故席几質飾。越玉五重，陳寶：越玉，馬云：「越地所獻玉也。」重，直容反。○於東西序坐，北列玉五重，又陳先王所寶之器物。赤刀、大訓、弘璧、琬琰，在西序；琬，紆晚反。琰，以冉反。○寶刀赤刃削。大訓，虞書典謨大璧琬琰之珪，爲二重。○削，音笑。大玉、夷玉、天球、河圖，在東序；夷玉，東夷之美玉。説文「夷玉」，即珣玗琪。天球，音求，馬云：「玉磬。」○三玉爲三重。夷，常也。球，雍州所貢。河圖，八卦，伏羲氏王天下，龍馬出河，遂則其文以畫八卦，謂之河圖，歷代傳寶之。胤之舞衣、大貝、鼖鼓，在西房；鼖，扶云反。○胤國所爲舞者之衣，皆中法。大貝，如車渠。鼖鼓，長八尺，商、周傳寶之。西房，西夾坐東。兑之戈、和之弓、垂之竹矢，在東房。兑、和，古之巧人。垂，舜共工。所爲皆中法，故亦傳寶之。東房，東廂夾室。大輅在賓階面，綴輅在阼階面，大輅，玉；綴輅，金。面，前。皆南向。先輅在左塾之前，次輅在右塾之前。塾，音孰，一音育。○先輅象，次輅木。金、玉、象，皆以飾車，木則無飾。皆在路寢門内左右塾前，北面。凡陳列皆象成王生時華國之事，所以重顧命。二人雀弁，執惠，立于畢門之内。弁，皮彦反，徐扶變反。○士衛殯與在廟同，故雀韋弁。惠，三隅矛。路寢門，一名畢門。○疏曰：士入廟助祭，乃服雀弁。於此服雀弁者，士衛王殯與在廟同，故雀韋弁也。鄭玄曰：赤黑曰雀，言如雀頭色也。雀弁，制如冕，黑色，但無藻耳。然則，雀弁所用，當與冕同。言雀韋弁者，蓋以周禮司服云：「凡兵事，韋弁服。」此人執兵，宜以韋爲之，異於祭服。四人綦弁，執戈上刃，夾兩階戺。綦，音其，馬本作「騏」，云：「青黑色。」戺，音俟，徐音士。○綦，文鹿子皮弁，亦士。堂廉曰戺，士所立處。○廉，力占反，稜也。一人冕，執劉，立于東堂；一人冕，執鉞，立于西堂；鉞，音越，説文云：「大斧也。」○冕，皆大夫也。劉，鉞屬。立於東西廂之前堂。一人冕，執戣，立于東垂；一人冕，執瞿，立于西垂；戣，音逵。瞿，其俱反，徐音懼。○戣、瞿，皆戟屬，立于東西下之階上。一人冕，執鋭，立于側階。鋭，以税反。○鋭，矛屬也，側階，北下立階上。○疏曰：堂上而言東垂、西垂，知在堂上之遠地。堂之遠地，當於序外，東廂、西廂必有階上堂，知此立於東、西堂之階上也。鄭、王皆以側階爲東下階也，然立于東垂者已在東下階上，何由此人復共並立，故傳以爲北下階上，謂堂北階，北階則惟堂北一階而已。側，猶特也。王麻冕黼裳，由賓階隮。隮，子西反，徐子詣反。○王及羣臣皆吉服，用西階升，不敢當主。卿士邦君麻冕蟻裳，入即位。蟻，魚綺反。○公卿大夫及諸侯皆同服，亦廟中之禮。蟻，裳名，色玄。太保、太史、太宗皆麻冕彤裳。執事各異裳。彤，纁也。太宗，上宗〔一四八〕，即宗伯也。太保承介圭，上宗奉同瑁，由阼階隮。瑁，莫告反。○大圭尺二寸，天子守之，故奉以奠康王所位。同，爵名。瑁，所以冒諸侯圭，以齊瑞信，方四寸，邪刻之。用阼階升，由便不嫌。太史秉書，由賓階隮，御王册命。太史持册書顧命進康王，故同階。○疏曰：此將傳顧命，布設位次，即上所作法度也。邦君即位既定，然後王始升階。但以君臣之序，先言王服，因服之下即言升階，從省文。又曰：禮，績麻三十升以爲冕。王麻冕者，蓋衮冕也。黼裳者，以裳之章色黼黻有文也。禮無蟻裳，今云「蟻」者，裳之名也。蟻者，蚍蜉蟲也。此蟲色黑，知蟻裳色玄，以色玄如蟻，故以蟻名之。禮，祭服皆玄衣纁裳，此獨云玄裳者，卿士邦君於此無事，不可全與祭同，改其裳以示變於常也。太保、太史有所主者，則純如祭服，暫從吉也。太保、太史、太宗三官者，皆執事，俱彤裳，而言各異裳者，各自異於卿士邦君也。彤，赤也。禮：祭服纁裳。纁是赤色之淺者，故以彤爲纁，言是常祭服也。玉人云：「鎮圭尺有二寸，天子守之。」鎮圭，圭之大者。介訓大也，故知是彼鎮圭，天子之所守，故奉之以奠康王所位，以明正位爲天子也。上宗奉同瑁，則下文云天子受同瑁。太保必奠於位，其奉介圭，下文不言受者，以同瑁并在其手，故不得執之。太保必奠於其位，但文不見耳。禮於奠爵無名同者，但下文祭酢皆用同奉酒，知同是酒爵之名也。玉人云：「天子執冒，四寸，以朝諸侯。」鄭注云：「名玉曰冒者，言德能覆蓋天下也。四寸者，方以尊接卑，以小爲貴。」禮：天子所以執瑁者，諸侯即位，天子賜之以命圭。圭頭邪鋭，其瑁當下邪刻之，其刻闊狹長短如圭頭。諸侯來朝，執圭以授天子，天子以冒之刻處冒彼圭頭，若大小相當，則是本所賜，其或不同，則圭是僞作，知諸侯信與不信。故天子執瑁，所以冒諸侯之圭，以齊瑞信者也。阼階者，東階也。禮：凶事設洗於西階西南，吉事設洗於東階東南。此太保上宗皆行吉事，盥洗在東，故用阼階升由便，以卑不嫌爲主人也。太史持册書顧命欲以進王，故與王同升西階。鄭玄云：御，猶嚮也。王此時立賓階上少東，太史東面於殯西南，而讀册書以命王嗣位之事。曰：「皇后憑玉几，道揚末命，命汝嗣訓，大君成王憑玉几，所道稱揚終命，所以感動康王，命汝繼嗣其道。○疏曰：以訓爲道。

臨君周邦，率循大卞，卞，皮彥反，徐扶變反。○用是道臨君周國，率羣臣循大法。燮和天下，用答揚文、武之光訓。」言用和道和天下，用對揚聖祖文、武之大教，叙成王意。王再拜，興，答曰：「眇眇予末小子，其能而亂四方以敬忌天威？」言微微我淺末小子，其能如父祖治四方，以敬忌天威德乎？謙辭，託不能。乃受同瑁。王三宿，三祭，三咤。咤，陟嫁反，亦作宅，又音妬，徐又音託，又豬夜反，説文作「託」〔一四九〕，丁故反，奠爵也，馬本作「詫」，與説文音義同。○王受瑁爲主受同，以祭禮成於三，故酌者實三爵於王。王三進爵，三祭酒，三奠爵，告已受羣臣所傳顧命。○疏曰：實三爵於王，當是實三爵而續送三祭，各用一同，非一同而三反也。上宗曰：「饗。」祭必受福，讚王曰饗，福酒。太保受同，降，受王所饗同，下堂反於篚。盥，以異同，秉璋以酢。酢，才各反。○太保以盥手洗，異同實酒，秉璋以酢祭。半圭曰璋，臣所奉王以祭，太保又祭。報祭曰酢。授宗人同，拜，王答拜。宗人，小宗伯，佐大宗伯〔一五〇〕，太宗供王，宗人供太保。拜，白已傳顧命，故授宗人同，拜，王答拜，尊所受命。○供，音恭。○疏曰：太保所以拜者，白成王言已傳顧命訖也，將欲拜，故先授宗人同，拜者自爲拜神，不拜康王。但白神言已傳顧命，王答拜者，尊所受之命，亦告神使知，故答拜也。太保受同，祭，嚌。嚌，才細反。○太保既拜而祭，既祭受福。嚌至齒，則王亦至齒。王言饗，太保言嚌，互相備。○互，音户。宅受宗人同，拜，王答拜。宅，如字，馬同，徐殆故反。○太保居其所，授宗人同，拜，白成王以事畢，王答拜，敬所白。○疏曰：宅，訓居也。太保居其所，於受福酒之處，足不移爲將拜，故授宗人同。祭祀既畢而更拜者，白成王以事畢也。既拜，白成王以傳顧命事畢，則王受顧命亦畢。王答拜，敬所白也。太保降收，太保下堂，則王下可知〔一五一〕，有司於此盡收徹。○徹，丑列反，徐直列反。諸侯出廟門俟。言諸侯，則卿士已下亦可知。殯之所處，故曰廟，皆待王後命。○書顧命○康王既尸天子，遂誥諸侯，作康王之誥。既受顧命，羣臣陳戒，遂報誥之。因事曰遂。康王之誥：王出，在應門之内。出畢門，立應門之中庭，南面。太保率西方諸侯入應門左，畢公率東方諸侯入應門右，二公爲二伯，各率其所掌諸侯，隨其方爲位，皆北面。皆布乘黄朱。乘，繩證反。○諸侯皆陳四黄馬朱鬣，以爲庭實。○鬣，力輒反。賓稱奉圭兼幣，曰：「一二臣衛敢執壤奠。」賓，諸侯也。舉奉圭兼幣之辭，言一二，見非一也。爲蕃衛，故曰臣衛。來朝而遇國喪，遂因見新王，敢執壤地所出而奠贄也。○見，賢遍反。贄，音至。皆再拜稽首。王義嗣德，答拜。諸侯拜送幣而首至地，盡禮也。康王以義繼先人明德，答其拜，受其幣。太保暨芮伯咸進，相揖，皆再拜稽首，不言諸侯，以内見外。曰：「敢敬告天子，皇天改大邦殷之命，惟周文、武誕受羑若，克恤西土。羑，羊久反，馬云：「道也。」○言文、武大受天道而順之，能憂我西土之民，本其所起。惟新陟王畢協賞罰，戡定厥功，用敷遺後人休。今王敬之哉，張皇六師，無壞我高祖寡命！」無壞，音怪。○言當張大六師之衆，無壞我高德之祖寡有之教命。○疏曰：王肅云：「美文王少有及之，故曰寡有也。」王若曰：「庶邦侯、甸、男、衛，不言羣臣，以外見內。惟予一人釗報誥。昔君文武丕平富，不務咎，言先君文、武道大，政化平美，不務咎惡。厎至齊信，用昭明于天下。厎，之履反。○致行至中信之道，用顯明於天下，言聖德洽。則亦有熊羆之士、不二心之臣，保乂王家，用端命于上帝。皇天用訓厥道，付畀四方〔一五二〕，君聖臣良，用受端直之命於上天，天用順其道，付與四方之國，王天下。乃命建侯樹屏，在我後之人。言文、武所施命令立諸侯，樹以爲藩屏，傳王業在我後之人，謂子孫。今予一二伯父尚胥暨顧，綏爾先公之臣服于先王。天子稱同姓諸侯曰伯父。言今我一二伯父庶幾相與顧念文、武之道，安汝先公之臣服於先王而法循之。雖爾身在外，乃心罔不在王室，用奉恤厥若，無遺鞠子羞。」鞠，居六反。○當各用心奉憂其所行順道，無自荒怠，遺我稚子之羞辱。羣公既皆聽命，相揖，趨出，王釋冕，反喪服。或問：康王釋喪服而被袞冕，且受黄朱圭幣之獻，諸家以爲禮之變，獨蘇氏以爲禮之失。朱先生答曰：天子諸侯之禮與士庶人不同，故孟子有「吾未之學」之語，蓋謂此類耳。如伊訓元祀十二月朔，亦是新喪，伊尹已奉嗣王祗見厥祖，固不可用凶服矣。○或問居喪朝服，朱先生曰：麻冕乃是祭服，顧命用之者，以其以後繼統事于宗廟故也。受冊用之者，以其在廟而凶服不可入故也。舊説以廟門爲殯宮之門，不知是否。若朝服，則古者人君亮陰三年，自無變服視朝之禮，第不知百官總己以聽冢宰，冢宰百官各以何服涖事耳？想不至，便用玄冠黑帶也。後世既無亮陰、總己之事，人主不免視朝聽政〔一五三〕，則豈可不酌其輕重而爲之權制乎？又況古者天子皮弁素積，以日視朝，衣冠皆白，不以爲嫌，則今在喪而白布衣冠以臨朝，恐未爲不可。但入太廟，則須吉服而小變耳。○成湯既没，太甲元年，太甲，太丁子，湯孫也。太丁未立而卒，及湯没而太甲立，稱元年。伊尹作伊訓。惟元祀十有二月乙丑，伊尹祠于先王。此湯崩踰月，太甲即位，奠殯而告。○疏曰：傳解祠先王。奠殯而告，是言祠是奠也。祠喪于殯斂，皆名爲奠，虞祔卒哭始名爲祭。知祠非宗廟者，元祀是初喪之時，未得祠廟，故知祠實是奠也。奠、祠俱是享神，故可以祠言奠。亦由於時猶質，未有節文，周時則有異，故解祠爲奠耳。又曰：太甲中篇云：「三祀十有二月，伊尹以冕服奉嗣王。」則是除喪即吉，明十二月服終。禮記稱：「三年之喪，二十五月而畢。」知此年十一月湯崩，湯崩踰月，太甲即位，奠殯而告，亦如周康王受顧命，尸於天子。春秋之世，既有奠殯即位，踰年即位，此踰月即位當奠殯即位也。此言伊尹祠于先王，是特設祀也。嗣王祇見厥祖，是始見祖也。特設祀禮而王始見祖，明是初即王位，告殯爲喪主也。奉嗣王祇見厥祖。侯甸羣后咸在，百官總己以聽冢宰。伊尹制百官，以三公攝冢宰。○春秋：文公九年，毛伯來求金。何以不稱使？當喪未君也，踰年矣。何以謂之未君？據崩在八年，踰年即位。即位矣，而未稱王也。未稱王，何以知其即位？以諸侯之踰年即位，亦知天子之踰年即位也。以天子三年然後稱王，亦知諸侯於其封内三年稱子也，踰年稱公矣。則曷爲於其封内三年稱子？緣終始之義，一年不二君；故君薨稱子某，既葬稱子。緣臣民之心，不可曠年無君；故踰年稱公。緣孝子之心，則三年不忍當也。不忍當父位〔一五四〕。○公羊傳○今案〔一五五〕：曲禮曰：「天子未除喪曰『予小子』。」注云：「謙，未敢稱『一人』。春秋傳曰：『以諸侯之踰年即位，亦知天子之踰年即位。以天子三年然後稱王，亦知諸侯於其封内三年稱子。』」疏曰：「天子踰年即位，無文。約魯十二公，諸侯三年内稱子亦無文，約天子踰年不稱使也，是天子諸侯互相明也。」「又准左傳之義，諸侯薨而嗣子即位，凡有三時：一是始喪即適子之位，二是踰年正月即一國正君臣之位，三是除喪而見於天子，天子命之嗣列爲諸侯之位。今此踰年即位，是遭喪明年爲元年正月即位。白虎通云：『父没稱子某，屈於尸柩也。既葬稱子者，即尊之漸也。踰年稱公者，緣臣民之心，不可一日無君。終始之義』，一年不二君。『故踰年即位，保臣民之心也。』」○文公元年春王正月，公即位。先君未葬而公即位，不可曠年無君。○疏曰：諸侯之禮：既葬成君。先君雖未葬，既踰年而君即位，不可曠年無君故也。釋例云：「遭喪，繼立者每新年必改元正位，百官以序，故國史書『即位』於策以表之。文公、成公，先君之喪未葬而書即位，因三正之始，明繼嗣之正，表朝儀以固百姓之心，此乃國君明分制之大禮。譬周康王麻冕黼裳以行事，事畢然後反喪服也。」杜引顧命康王之事以譬此者，彼是既殯，此是踰年，雖時不同，取其暫服吉服，事相似耳。又案釋例曰：「尚書顧命，天子在殯之遺制也。」推此亦足以準諸侯之禮矣。○定公元年夏六月，公之喪至自乾侯。戊辰，公即位。諸侯薨，五日而殯，殯則嗣子即位。癸亥，昭公喪至，五日殯於宮，定公乃即位。○疏曰：公羊、穀梁皆云：「正棺於兩楹之間，然後即位。」案：正棺兩楹之間，即禮所謂「夷于堂」者也。喪大記君薨之禮云：既小斂，「男女奉尸夷于堂。」鄭玄云：「士之既殯，諸侯之小斂，於死者俱三日。」戊辰去癸亥五日，非正棺之日，不得爲正棺即位也。雜記云：「諸侯行而死」，歸「至于廟門」，「遂入，適所殯。」鄭玄云：「適所殯，謂兩楹之閒。」自外來者，正棺於兩楹之閒，尸亦夷之，於此因殯焉。殯必於兩楹之閒者，以其死不於室，而自外來，留之於中，不忍遠也。鄭取二傳之説，言死從外來者，殯在兩楹之閒。若謂殯爲正棺，則與杜言合矣。

○左氏傳○癸亥，公之喪至自乾侯，則曷爲以戊辰之日然後即位？正棺於兩楹之閒，然後即位。公羊傳○沈子曰：正棺乎兩楹之閒，然後即位也。内之大事日即位，君之大事也。其不日何也？以年決者，不以日決也。此則其日何也？踰年即位，厲也。厲，危也〔一五六〕。公喪在外，踰年六月乃得即位，危，故曰之。於厲之中，又有義焉。先君未殯，則後君不得即位。未殯，雖有天子之命猶不敢，況臨諸臣乎？以輕喻重也。雖爲天子所召，不敢背殯而往，況君喪未殯而行即位之禮，以臨諸臣乎？○背，音佩。周人有喪，魯人有喪，周人弔，魯人不弔。周人曰：「固吾臣也，使人可也。」魯人曰：「吾君也，親之者也，使大夫則不可也。」君至尊也，去父之殯而往弔，猶不敢，況未殯而臨諸臣乎？穀梁傳〔一五七〕○月正元日，舜格于文祖。月正，正月。元日，上日也。舜服堯喪三年畢，將即政，故復至文祖廟告。文祖者，堯文德之祖廟〔一五八〕。○惟三祀十有二月朔，伊尹以冕服奉嗣王歸于亳。詳見祥禫記禫易服。

居倚廬，不塗。君爲廬宫之，大夫士襢之。宫，謂圍障之也。襢，袒也，謂不障。○疏曰：此論初遭喪，君大夫士居廬之禮。居倚廬者，謂於中門之外東墻下倚木爲廬，故云「居倚廬」。不塗者，但以草夾障〔一五九〕，不以泥塗之也。君爲廬宫之者，謂廬外以帷障之如宫墻。大夫士襢之者，襢，袒也〔一六〇〕，其廬袒露不帷障也。案既夕禮注云：「倚木爲廬，在中門外東方北户。」○喪大記○宫正：大喪，則授廬舍，辨其親疏貴賤之居。廬，倚廬也。舍，堊室也。親者貴者居倚廬，疏者賤者居堊室。雜記曰：「大夫居廬，士居堊室。」○疏曰：云「廬倚廬也」者，謂於路門之外東壁倚木爲廬。云「舍堊室也」者，舍對廬爲堊室。堊室者，兩下爲之，與廬異，故云「堊室」也。云「親者貴者居倚廬」者，親謂大功已上，貴謂大夫已上者，居倚廬。云「疏者賤者居堊室」者，疏謂小功緦麻，賤謂士，二者居堊室。知義如此者，以其經云辨其親疏貴賤，明當如此解之也。又引雜記者，彼是諸侯之臣，其大夫居廬，士居堊室。彼注「士居堊室」，亦謂邑宰也。朝廷之士亦居廬。○天官

右居廬○書曰：「高宗梁闇，三年不言。」何謂梁闇也？傳曰：高宗居凶廬，三年不言，此之謂梁闇。子張曰：「何謂也？」孔子曰：「古者君薨，王世子聽于冢宰，三年不敢服先王之服，履先王之位而聽焉。以民臣之義，則不可一日無君矣。不可一日無君，猶不可一日無天也。以孝子之隱乎，則孝子三年弗居矣。隱，痛也，字或爲「殷」。故曰：義者，彼也；隱者，此也。遠彼而近此，則孝子之道備矣。尚書大傳○案禮記作「諒闇」，鄭玄以

爲凶廬。論語作「諒陰」，孔氏曰：「諒，信也。陰，默也。」字義各不同。禮記、論語，見喪通禮言語條。

○滕定公薨，世子五月居廬，未有命戒，百官族人可謂曰知。詳見喪服義〔一六一〕。

外宗：大喪，則叙外内朝莫哭者。内，内外宗及外命婦。○疏曰：經直云「外内」，鄭云「内外宗及外命婦」，則内中以兼外宗，外中不兼内命婦也。經不云内外宗、内外命婦者，意欲見内是内宗，舉内以見外，其外中則不得舉外以見内。以其内命婦九嬪叙之也，故九嬪職云：「大喪，帥叙哭者。」注云：「后哭」，衆「乃哭」。是内命婦九嬪叙之，故鄭亦不言内命婦。○春官○世婦：大喪，比外内命婦之朝莫哭不敬者，而苛罰之。苛，譴也。○疏曰：大喪，謂王喪，殯後有朝夕哭事。外命婦，朝廷卿大夫士之妻。内命婦，九嬪已下。以尊卑爲位而哭，而有不敬者則呵責罰之。○春官○哭位條内有天子之喪别姓而哭，肆師令序哭，内宗序哭，九嬪帥叙哭，並此條通用，當互考。○朝夕哭，不帷。緣孝子心，欲見殯肂也。既出則施其扂，鬼神尚幽闇也。○雜記○士備入而后朝夕踊。備，猶盡也。國君之喪嫌主人哭，入則踊。○疏曰：此一節論君喪羣臣朝夕哭踊之事。備，盡也。國君喪，嗣國孝子雖朝夕先入即位哭，必待諸臣皆入列位畢後乃俱踊者也。士卑最後，故舉士入爲畢也。所入有前後而相待踊者，孝子哀深，故前入也。踊須相視爲節，故俟齊也。○檀弓

右朝夕哭

大祝：徹奠。見始死奠條。

右徹大斂奠

司服：大喪，共其奠衣服。奠衣服，今坐上魂衣也。○疏曰：守祧職云：「遺衣服藏焉。」鄭云：「大斂之餘也。」至祭祀之時則出而陳於坐上，則此奠衣服者也。○春官○陳小斂奠條內有封人飾牛牲等七官，又陳大斂條內有司几筵設葦席素几，皆此條所通用，此條後凡奠通用，當互考。

右朝夕奠

籩人：喪事共其薦籩羞籩。謂殷奠時。○疏曰：殷，猶大也。大奠，朔月、月半、薦新、祖奠、遣奠之類也。○案士喪禮「月半不殷奠」，注云：「士月半不復如朔月盛奠，下尊者。」疏云：「下尊者，以下大夫以上有月半奠。」故士禮月半不殷奠。而此有月半奠也。○天官○陳小斂奠條內有封人等七官，陳大斂條內有司几筵設葦席素几，朝夕奠條內有司服共奠衣服，皆此條通用，此條凡後殷奠通用，當互考〔一六二〕。○天子諸侯之喪，斬衰者奠。大夫，齊衰者奠。詳見大斂奠章。○外饔：凡小喪紀，陳其鼎俎而實之。疏曰：小喪紀，謂夫人以下之喪。陳其鼎俎，謂殷奠及虞祔之祭皆有鼎俎。○天官

右朔月月半殷奠

小宗伯：及執事眡葬獻器，遂哭之。卜葬兆甫竁，亦如之。竁，昌絹反，李依杜呂鋭反，鄭音穿。○兆，墓塋域。甫，始也。鄭讀「竁」爲「穿」，杜讀「竁」爲「毳」，謂葬穿壙也。○疏曰：亦如上獻

明器哭之，但明器材哭於殯門外，此卜葬地在壙所，則哭亦與在殯所哭之相似，故云亦如之。○春官○冢人：掌公墓之地，辨其兆域而爲之圖。先王之葬居中，以昭穆爲左右。公，君也。圖爲畫其地形及丘壟所處而藏之。先王造塋者，昭居左，穆居右，夾處東西。○疏曰：訓公爲君者，言公則諸侯之通稱，言君則上通天子。此既王之墓域，故訓爲君也。云「圖謂畫其地及丘壟所處藏之」者，謂未有死者之時，先畫其地之形勢豫圖，出其丘壟之處也。既爲之圖而藏之，後須葬者，依圖置之也。云「先王造塋者」，但王者之都有遷徙之法，若文王居豐葬於畢，即是造塋者，子孫皆就而葬之，即以文王居中，文王弟當穆，則武王爲昭居左，成王爲穆居右，康王爲昭居左，昭王爲穆居右，已下皆然。至平王東遷死葬，即又是造塋者，子孫據昭穆夾處東西。若然，兄死弟及俱爲君，則以兄弟爲昭穆，以其弟已爲臣，臣子一列則如父子，故别昭穆也。但置塋以昭穆夾處，與置廟同也。凡諸侯居左右以前，卿大夫士居後，各以其族。子孫各就其所出，王以尊卑處其前後，而亦併昭穆。○併，薄泠反。○疏曰：言「凡」者非一，以其王之子孫皆適爲天子，庶爲諸侯，先王子孫爲畿内諸侯、王朝卿大夫士，死者則居先王前後之左右。諸侯言左右，卿大夫士下云「各以其族」，互相通也。注言「子孫」者，據造塋者所生爲子已後左右，王之所生累世皆是孫。言以尊卑處其前後者，尊謂諸侯，卑謂卿大夫士。云「亦併昭穆」者，謂兄弟同倫，當昭自與昭併，當穆自與穆併，不謂昭穆併有也。凡死於兵者，不入兆域。戰敗無勇，投諸塋外以罰之。○疏曰：曲禮云：「死寇曰兵。」注云：「當饗禄其後。」即下文云「凡有功者居前」是也〔一六三〕。此是戰敗，故投之塋外罰之也。凡有功者居前。居王墓之前，處昭穆之中央。○疏曰：云

「居前」者，則不問爲諸侯與卿大夫士，但是有功則得居王墓之前，以表顯之也。此則曲禮云「死寇曰兵」，兼餘功，若司勳王功、事功、國功之等皆是也。上云「諸侯居左右已前」，即是昭居左，穆居右，今云昭穆之中央，謂正當王冢前，由其有功，故特居中顯異之也。以爵等爲丘封之度與其樹數。別尊卑也。王公曰丘，諸臣曰封〔一六四〕。漢律曰：「列侯墳高四丈，關内侯以下至庶人各有差。」○別，彼列反。○疏曰：雖云度與樹數，天子已下無差次之文。注云「別尊卑」，尊者丘高而樹多，卑者封下而樹少，故云「別尊卑」也。鄭知「王公曰丘諸臣曰封」者，此無正文。爾雅云：「土之高曰丘。」高丘曰阜，是自然之物，故屬之王公也。聚土曰封，人所造，故屬之諸臣。若然，則公中可以兼五等也。鄭引漢律者，周禮丘封高下、樹木之數無文，以漢法況之也。大喪既有日，請度甫竁，遂爲之尸。度，待洛反。○甫，始也。請量度所始竁之處地。爲尸者，成葬爲祭墓地之尸也。鄭司農云：「既有日，既有葬日也。」始竁時祭以告后土，冢人爲之尸。○疏曰：大喪，謂王喪。有日，謂葬日。天子七月而葬，葬用下旬。云「請度甫竁」者，謂冢人請於冢宰，量度始穿地之處也。言「遂爲尸」者，因事曰遂，初請量度，至葬訖祭墓，故冢人遂爲尸也。先鄭以「遂爲之尸」，據始穿時祭墓地，冢人爲之尸。後鄭據始穿無祭事，至葬訖成墓乃始祭墓，故冢人爲尸。不從先鄭者，據小宗伯「成葬而祭墓爲位」，則初穿地時無祭墓之事。然引之在下者，小宗伯雖無初祭墓之事，亦得通一義，故引之在下。及竁，以度爲丘隧。隧，羨道也，度丘與羨道廣袤所至。窆器，下棺豐碑之屬。喪大記：「凡封，用綍去碑負引。君封以衡，大夫以咸。」○去，起呂反。咸，又作「緘」，同古咸反。○疏曰：上經已甫竁，此經復云「及竁」者，此更本初欲竁之時，先量度作丘作隧道之處廣狹長短，故文重耳。鄭案僖二十五年左傳云晉文公請隧，不許。則天子有隧，諸侯已下有羨道。隧與羨異者，隧道則上有負土，謂若鄭莊公與母掘地而相見者也。羨道無負土，若然，隧與羨別。而鄭云曰羨道者，對則異，散則通，故鄭舉羨爲況也。凡諸侯及諸臣葬於墓者，授之兆。疏曰：上文惟見王及子孫之墓地，不見同姓異姓諸侯之墓地，故此經總見之。若然，此墓地舊有兆域，今新死者隨即授之耳。○同上○葬於北方北首。疏曰：言葬於國北及北首者〔一六五〕，鬼神尚幽闇，往詣幽冥故也。殯時仍南首者，孝子猶若其生，不忍以神待之。○檀弓○龜人：若有祭事，則奉龜以往，喪亦如之。疏曰：喪，謂卜葬宅及日，皆亦奉龜往卜處也。○春官○太卜：凡喪事命龜。重喪禮，次大祭祀也。士喪禮則筮宅卜日，天子卜葬兆。凡大事，太卜陳龜，貞龜，命龜，視高，其他以差降焉。○疏曰：天子卜葬日與士同，其宅亦卜之，與士異。孝經云「卜其宅兆」，亦據大夫已上。若士，則筮宅也。云「凡大事大卜陳龜貞龜命龜視高」者，據此大卜所掌皆是大事，故大卜或陳龜，或貞龜，或視高。其他以差降者，更有臨卜已下至作龜，官之尊卑以次爲之是也。○春官○大夫卜宅與葬日，有司麻衣、布衰、布帶，因喪屨，緇布冠不蕤，占者皮弁。有司，卜人也。麻衣，白布深衣而著衰焉，及布帶、緇布冠，此服非純吉，亦非純凶也。皮弁，則純吉之尤者也。占者尊於有司，卜求吉，其服彌吉，大夫士朔服皮弁。○疏曰：大夫卜宅，謂葬地。大夫尊，故得卜宅并葬日。有司，謂卜人。麻衣，謂白布深衣。布衰，謂麤衰也。皇氏云：以三升半布爲衰，長六寸，廣四寸，綴於深衣前，當胸上。後又有負版〔一六六〕長一尺六寸，廣四寸。布帶，以布爲帶。因喪屨，謂因喪之繩屨。緇布冠不蕤者，以緇布爲冠，不加緌。「此服非純吉，亦非純凶也」者，謂麻衣白布、深衣十五升是吉，布衰是凶，布帶亦凶，緇布冠是吉，不蕤亦凶，故云非純吉亦非純凶。然緇布冠古法不蕤，今特云「緇布冠不蕤」者，以後代緇布冠有蕤，此以凶事故不蕤。云「皮弁則純吉之尤者也」者，以上麻衣、緇布冠雜有吉禮，此皮弁是純吉尤甚者。云「卜求吉其服彌吉」者，解用皮弁之意。云「大夫士朔服皮弁」者，於諸侯是視朔之服，於天子是視朝之服也。**如筮，則史練冠長衣以筮，占者朝服。**朝，直遥反。○筮者，筮宅，謂下大夫若士也。筮史，筮人也。長衣，深衣之純以素也。長衣練冠，純凶服也。朝服，純吉服也，大夫士日朝服以朝也。○疏曰：如筮者，下大夫及士不合用卜，故知用筮也。卜時緇布冠、麻衣布衰，雜以吉凶之服。如筮，則練冠長衣，以筮輕，故用純凶服也。卜重，故占者皮弁，筮輕，故占者朝服。注云「長衣深衣之純以素也」者，長衣、深衣其制同，凶時深衣純以布，上經麻衣、深衣亦純以布，此經長衣則布衣純之以素也。練冠是小祥以後以練爲冠，都無吉象，故云純凶服。云「大夫士日朝服以朝也」者，謂緇衣素裳，諸侯每日視朝之服。案士喪禮云：「族長涖卜，及宗人，吉服。」鄭注云：「吉服，玄端也。」此占者朝服者，彼謂士之卜禮，故占者著玄端，此據筮禮，故占者朝服。案士虞禮注云「士之屬吏爲其長弔服加麻」，此史練冠長衣者，此經文含大夫。其臣爲大夫，以布帶繩屨，故史練冠長衣。若士之卜史，當從弔服，不得練冠長衣也〔一六七〕。○雜記○**大夫之喪，大宗人相，小宗人命龜，卜人作龜。**相，悉亮反。○卜葬及日也。相，相主人禮也〔一六八〕。命龜，告以所問事。作龜，謂揚火灼之以出兆。○疏曰：大夫，謂卿也，明卿喪用人及卜之法也。大宗，謂大宗伯也。相，佐威儀。小宗，謂小宗伯也。命龜，謂告龜，道所卜之辭也。

卜人，亦有司。作，謂用揚火灼之也。並皆有司也。皇氏云：大、小二宗皆並是其君之職來爲喪事，如司徒旅歸四布是也，故宗伯肆師云：「凡卿大夫之喪，相其禮。」鄭注知卜葬及日者，以文承上大夫卜宅與葬日之下，故知此經是上大夫之卜葬宅及日也。○雜記○龜人大卜而下凡四事，皆卜葬日條通用。

右卜宅○周公在豐，致政老歸。將没，欲葬成周。公薨，成王葬于畢。尚書序〔一六九〕○又案尚書大傳曰：周公生欲事宗廟，死欲聚葬於畢。畢者，文王之墓地，故周公死，成王不葬於周而葬之於畢。○太公封於營丘，比及五世，皆反葬於周。詳見喪禮義。○成子高寢疾，成子高，齊大夫國成伯高父也。慶遺入，請曰：「子之病革矣，如至乎大病，則如之何？」觀其意。革，急也。子高曰：「吾聞之也：生有益於人，死不害於人。吾縱生無益於人，吾可以死害於人乎哉？我死，則擇不食之地而葬我焉。」不食，謂不墾耕。○檀弓○公叔文子升於瑕丘，蘧伯玉從。二子，衛大夫。文子，獻公之孫，名拔。文子曰：「樂哉斯丘也，死則我欲葬焉。」蘧伯玉曰：「吾子樂之，則瑗請前。」刺其欲害人良田。瑗，伯玉名。○同上

虞人致百祀之木，可以爲棺槨者斬之。不至者，廢其祀，刎其人。刎，勿粉反，徐忘粉反。○虞人，掌山澤之官。百祀，畿内百縣之祀也。○疏曰：謂王殯後事也。百祀者，王畿内諸臣采地之祀。言「百」者，舉其全數也。既殯旬而布材，故虞人斬百祀之木，可以爲周棺之槨者送之也。必取祀木者，賀瑒云：君者德著幽顯若存，則人神均其慶没，則靈祇等其哀傷也。○檀弓○柏椁以端長六尺。

以端，題湊也，其方蓋一尺。○疏曰：柏椁者，謂爲椁用柏也。天子柏，諸侯松，大夫柏，士雜木也。鄭注方相職云：「天子椁柏，黄腸爲裏而表以石焉。」以端者，端猶頭也，積柏材作槨，並葺材頭也，故云「以端」。長六尺者，天子椁材每段長六尺而方一尺。注云「以端」者，以此木之端首題湊嚮内。知「其方蓋一尺」者，以庶人四寸之棺、五寸之槨，椁厚於棺一寸。案喪大記「君大棺八寸」，君謂諸侯，則天子之大棺或當九寸，其槨厚一尺，故云「其方蓋一尺」。則槨之厚也，如鄭此言。椁材並皆從下壘至上，始爲題湊。湊，嚮也，言木頭相嚮而作四阿也，如此乃得椁之厚薄，與棺相準。皇氏以爲壘槨材從下，即題湊，槨六尺，與槨全不相應。又鄭、何云其方蓋一尺，皇氏之義非也。○檀弓○君松椁，大夫柏椁，士雜木椁。椁，謂周棺者也。天子柏椁以端，長六尺。夫子制於中都，使庶人之椁五寸，五寸謂端方也。此謂尊者用大材，卑者用小材耳。自天子、諸侯、卿、大夫、士、庶人六等，其椁長自六尺而下〔一七〇〕，其方自五寸而上，未聞其差所定也。抗木之厚，蓋與椁方齊。天子五重，上公四重，諸侯三重，大夫再重，士一重。○疏曰：此明所用椁木不同。君松椁者，君，諸侯，用松爲椁材也。盧云：「以松黄腸爲椁。」庾云：「黄腸，松心也。」大夫柏椁者，以柏爲椁，不用黄腸，下天子也。士雜木椁者，士又卑，不得同君，故用雜木也。「庶人之椁五寸五寸謂端方也」者，每段厚薄廣狹五寸也。端，頭也，謂材頭之方。天子長六尺，謂尊者用大材。庶人方五寸，是卑者用小材。「未聞其差所定也」者，天子既六尺而下，未知諸侯、卿、大夫、士、庶人節級之數。庶人自五寸而上，未知士及大夫、卿與諸侯、天子差益之數，故云「未聞其差所定」。「抗木之厚蓋與椁方齊」者，以椁繞四旁，抗木在上，俱在於外，故疑厚薄齊等。云

「天子五重以下」者，據抗木之數言之，故禮器天子「五重八翣」是也。每一重縮二在下，横三在上，故既夕注云：「象天三合地二也。」棺椁之間，君容柷，大夫容壺，士容甒。柷，昌六反。○間可以藏物，因以爲節。○疏曰：君容柷者，柷如漆筩，是諸侯棺椁間所容也。若天子棺椁間則差寬大，故司几筵云柏席用萑。玄謂：「柏，椁字摩滅之餘。椁席，藏中神坐之席。」是也。諸侯棺椁間亦容席，故司几筵云「柏席」，「諸侯則紛純」，稍狹於天子，故此云容柷。大夫容壺者，壺是漏水之器，大夫所掌。甒，盛酒之器，士所用也。君裏椁虞筐，大夫不裏椁，士不虞筐。裏椁之物、虞筐之文，未聞也。○喪大記

右井椁○顧命：越七日癸酉，伯相命士須材。詳見陳寶器條下。○宋文公卒〔一七一〕，椁有四阿。君子謂華元、樂舉「於是乎不臣」。詳見窆條。○晉魏舒合諸侯之大夫于狄泉，將以城成周。魏獻子屬役於韓簡子及原壽過，而田於大陸，焚焉，還，卒於甯。范獻子去其柏椁，以其未復命而田也。范獻子代魏子爲政，去其柏椁，示貶之。○定公元年春秋左氏傳○昔者夫子居於宋，見桓司馬自爲石椁，三年而不成。夫子曰：「若是其靡也，死不如速朽之愈也。」詳見士喪禮。

小宗伯：王崩，及執事眡葬獻器，遂哭之。執事，蓋梓匠之屬。至將葬獻明器之材，又獻素獻成，皆於殯門外。王不親哭，有官代之。○疏曰：檀弓云：「既殯旬，而布材與明器。」云「執事視葬獻

器遂哭之」，謂獻明器之時，小宗伯哭。此明器哀其生死異也。將葬獻明器之材者，見士喪禮云：「獻材于殯門外，西面北上，綪。主人徧視之，如哭椁。獻素，獻成，亦如之。」注云：「形法定爲素，飾治畢爲成。」是其事也。云「王不親哭有官代之」者，決士喪禮主人親哭，以其無官，今王不親哭，以其有官。有官，即小宗伯「哭之」是也〔一七二〕。○後陳明器一條並此條通用，當互考。

右獻明器

天子崩七月而葬，諸侯五月而葬，大夫三月而葬〔一七三〕。禮器○士三月而葬，是月也卒哭。大夫三月而葬，五月而卒哭。諸侯五月而葬，七月而卒哭。尊卑恩之差也。○疏曰：大夫以上，葬與卒哭異月者，以其位尊，念親哀情於時長遠。士職卑位下，禮數未申，故三月而葬，葬罷即卒哭。○雜記○卜宅條内有龜人、大卜而下四事，並此條通用，當互考。

右卜葬日○隱公三年，葬宋繆公。葬者曷爲或日或不日？不及時而日，渴葬也。渴，喻急也，乙未葬齊孝公是也。不及時而不日，慢葬也。慢，薄不能以禮葬也，八月葬蔡宣公是也。過時而日，隱之也。隱，痛也，痛賢君不得以時葬，丁亥葬齊桓公是也。過時而不日，謂之不能葬也。解緩不能以時葬，夏四月葬衛桓公是也。當時而不日，正也。當，丁浪反，又如字，下同。○六月葬陳惠公是也。當時而日，危不得葬也。公羊傳○宣公八年，葬敬嬴。禮：卜葬，先遠日，辟不懷也。左氏傳

校勘記

〔一〕亦得見大喪所相或嗣王　「相」，原作「前」，據四庫本、賀本及周禮注疏改。

〔二〕亦掌之　句下，賀本有「〇以上並春官」五字。

〔三〕王制　句原脱，據四庫本補。

〔四〕四面象宫室　「象」，原脱，據賀本及禮記正義補。

〔五〕試舜三載　「三」，原作「二」，據四庫本及尚書正義改。

〔六〕四夷絶音三年　「三」，原作「二」，據四庫本、賀本及尚書正義改。

〔七〕百尹　「百」，原作「石」，據朝鮮本、吕本、四庫本改。

〔八〕以二干戈虎賁百人　「二」，原脱，據四庫本、賀本及尚書正義補。

〔九〕故移干戈之文於齊侯之上　「上」，原作「下」，據上文及尚書正義改。

〔一〇〕延之使居憂爲天下喪主也　「之使」，吕本、四庫本作「使之」；「喪」，賀本及作「宗」。又，句尚書正義作「延之使憂居喪主，爲天下宗主也」。

〔一一〕春王二月丁丑　「春」，原脱，據四庫本、賀本及春秋左氏傳正義補。

〔一二〕不於路寢失其所也　「寢失」、「也」三字，原爲墨釘，據朝鮮本、四庫本、賀本補。

〔一三〕與大祖皆月祭　「月」，原作「用」，據吕本、四庫本、賀本改。

〔一四〕案巾車云玉路以祀　「巾」，原作「中」，據朝鮮本、四庫本改；「路」，原作「露」，據朝鮮本、呂本、四庫本、賀本改。

〔一五〕爲糸邊著委　「委」，原作「妥」，據賀本及周禮注疏改。

〔一六〕故旌旗之綏亦定作緌也　句下，賀本有「〇天官」二字。

〔一七〕故寢亦隨廟爲稱也　句下，賀本有「〇並夏官」三字。

〔一八〕棟上也　「也」，原作「出」，據朝鮮本、賀本及禮記正義改。

〔一九〕此明諸侯小臣君之近臣與君爲招魂復魄　「魄」，原作「魂」，據朝鮮本、四庫本、賀本改。

〔二〇〕招魂復魄　「魂復魄」，原作「魄復魂」，據四庫本、賀本及周禮注疏改。

〔二一〕故玉府共之　句下，賀本有「〇天官」二字。

〔二二〕上公亦皆用助祭之服也　句下，賀本有「〇春官」二字。

〔二三〕自殷以上貴賤復同呼名　「上」，原作「下」，據賀本及禮記正義改。

〔二四〕始死則有奠　句下，賀本有「〇夏官」二字。

〔二五〕始崩及窆時也　句下，賀本有「〇地官」二字。

〔二六〕以鼓聲相傳聞而達之也　句下，賀本有「〇夏官」二字。

〔二七〕此所謂官聯　句下，賀本有「〇天官」二字。

〔二八〕皆是大喪　句下，賀本有「〇秋官」二字。

〔二九〕皆須詔王以美道故也　句下，賀本有「○地官」二字。

〔三〇〕值王喪則弔赴也　句下，賀本有「○春官」二字。

〔三一〕皆稱奠　句下，賀本作「○並夏官」三字。

〔三二〕謂有舊法施行　句下，賀本有「○並天官」三字。

〔三三〕喪紀亦如之　句下，賀本有小字注文「○春官」二字。

〔三四〕亦謂共辦之也　句下，賀本有「○天官」二字。

〔三五〕故云武士尚輕　句下，賀本有「○並夏官」三字。

〔三六〕謂王崩及寇兵　句下，賀本有「○地官」二字。

〔三七〕喪謂王喪　句下，賀本有「○夏官」二字。

〔三八〕故云朝之象也　句下，賀本有「○夏官」二字。

〔三九〕上兩末　「上」，原作「之」，據朝鮮本、賀本及周禮注疏改。

〔四〇〕拔屈中央楔齒　句下，賀本有「○天官」二字。

〔四一〕謂所設牀第當牖者也　「第」，原作「策」，據朝鮮本、賀本及禮記正義改。

〔四二〕爲尸將浴故也　「尸」，原作墨釘，據朝鮮本、四庫本及禮記正義補。

〔四三〕喪大記　「記」，原作「設」，據朝鮮本、吕本、四庫本、賀本改。

〔四四〕覲禮先公而後侯　「侯」，原作「私」，據朝鮮本、賀本及禮記正義改。

〔四五〕序次外内宗及命婦哭王　句下，賀本有「〇並春官」三字。
〔四六〕故須帥導使有次序也　句下，賀本有「〇天官」也。
〔四七〕故令哭不得去守也　句下，賀本有「〇夏官」二字。
〔四八〕姑姊妹之女　「女」，原作「子」，據賀本及禮記正義改。
〔四九〕謂室内尸東　「尸」，原作「户」，據賀本及禮記正義改。
〔五〇〕准士禮　「准」，四庫本及禮記正義作「唯」。
〔五一〕疏曰　「疏曰」，原脱，據賀本及禮記正義補。
〔五二〕當立哭不得坐也　「立」，原作「位」，據四庫本、賀本及禮記正義改。
〔五三〕不顯父兄子姓及姑姊妹哭位者　「位」，原作「立」，據四庫本、賀本及禮記正義改。
〔五四〕有致含襚幣玉之事　句下，賀本有「〇天官」二字。
〔五五〕其旌身亦以尺易刃也　句下，賀本有「〇春官」二字。
〔五六〕則築鬻　「鬻」，原作「鬻」，據四庫本、賀本及周禮注疏改。下注「鬻」同。
〔五七〕使之香也　句下，賀本有「〇並春官」三字。
〔五八〕故云之屬以總之也　句下，賀本有「〇並天官」三字。
〔五九〕冒韜尸者　「冒」，原作「謂」，據賀本及禮記正義改。
〔六〇〕小斂大斂衣數既多　「大」，原作「小」，據朝鮮本、賀本及禮記正義改。

〔六一〕漢謂之大槃　句下，賀本有「〇天官」二字。
〔六二〕士喪禮君賜冰亦用夷盤　「冰」，原作「水」，據朝鮮本、吕本、四庫本改。
〔六三〕士喪禮又云夷盤　此七字原脱，據賀本及禮記正義補。
〔六四〕喪大記　「記」下，原有「也」字，據吕本、四庫本、賀本删。
〔六五〕三實一貝　「貝」，原作「月」，據吕本、四庫本、賀本改。
〔六六〕此官主其成事而共之　句下，賀本有「〇春官」二字。
〔六七〕以爲口實　句下，賀本有「〇天官」二字。
〔六八〕但飯米沐米與重鬲所盛用米皆同　「但」，原作墨釘，據朝鮮本、四庫本及周禮注疏補。
〔六九〕則天子飯用黍也　句下，賀本有「〇地官」也。
〔七〇〕含以璧　「璧」，原作「碧」，據賀本改。
〔七一〕大祝職云　「祝職」，原作「職祝」，據賀本及周禮注疏改。
〔七二〕所爲陳尸設冟也　「設冟」，原在「爲」字上，據賀本及周禮注疏移改。
〔七三〕授御者　「御者」，原脱，據賀本及禮記正義補。
〔七四〕掌館舍之人　「館」，原作「管」，據朝鮮本、賀本及禮記正義改。下「有司主館舍者」同。
〔七五〕故不説去井索　「井」，原作「升」，據賀本及禮記正義改。
〔七六〕浴用絺巾者　「巾」，原作「布」，據賀本、上文及禮記正義改。

〔七七〕覆以葦席　「席」,原作「帶」,據四庫本、賀本及禮記正義改。
〔七八〕詩頌云其饟伊黍　「饟」,原作「饌」,據賀本及禮記正義改。
〔七九〕公西赤掌殯葬焉　「赤」,原脱,據賀本及孔子家語補。
〔八〇〕唅以疏米三貝　「三」,原作「二」,據賀本及孔子家語改。
〔八一〕故下文云大夫於君命迎於寢門外是也　「云」,原作「公」,據朝鮮本、吕本、四庫本、賀本改。
〔八二〕俱東面而哭　「東」,原作「北」,據四庫本、賀本及禮記正義改。
〔八三〕故司几筵　「司」,原作「同」,據賀本及禮記正義改。
〔八四〕此二條陳大斂衣條通用　「二」,原脱,據賀本補。
〔八五〕縮者二　「二」,原作「三」,據賀本及禮記正義改。
〔八六〕鄭恐今不布列　「布」,原作「在」,據賀本及禮記正義改。
〔八七〕以上七官並陳大斂奠至祖奠遣奠條通用　「七」,原作「八」,據賀本改。
〔八八〕疏者可以相助　「者」,原作「曰」,據朝鮮本、吕本、四庫本改。
〔八九〕此異族據姓而言之　句下,賀本有「〇春官」二字。
〔九〇〕胥當爲祝　「當」,原作「掌」,據賀本及禮記正義改。
〔九一〕而領不倒在足也　「倒」,原作「例」,據朝鮮本、吕本、四庫本改。
〔九二〕衽鄉左　「左」,原作「右」,據四庫本、賀本及禮記正義改。

〔九三〕同上　「上」，原作「主」，據朝鮮本、吕本、四庫本、賀本改。

〔九四〕喪大記　「喪大記」，原作「同上」，據賀本改。

〔九五〕此以下明喪無主而使人攝者禮也　「攝」，原作「聶」，據朝鮮本、四庫本及禮記正義改。

〔九六〕在竟外則殯葬可也者　「殯」，原作「賓」，據朝鮮本、四庫本及禮記正義改。

〔九七〕故四鄰里尹主之　「尹」，原作「拜」，據吕本、四庫本及禮記正義改。

〔九八〕小斂大斂奠並大祝徹之　句下，賀本有「○春官」二字。

〔九九〕所以異於父也　句下，原衍「○同上」三字，據賀本删。

〔一〇〇〕太史立成法有四十八箭　「太」，原作「天」，朝鮮本作「大」，據吕本、四庫本及周禮注疏改。

〔一〇一〕又以壺爲漏分更相代　句下，賀本有「○夏官」二字。

〔一〇二〕所以用鼎及木者　「木」，原作「水」，據吕本、四庫本及禮記正義改。

〔一〇三〕給炊及燎木材給張事　句下，賀本有「○地官」二字。

〔一〇四〕在大寢之庭　句下，賀本有「○秋官」二字。

〔一〇五〕陳小斂本條内有君以簟席并司服共斂衣服及陳襲衣條内典絲共絲纊　「纊」，原作「績」，據賀本改。

〔一〇六〕或薦之　「薦」，原作「爲」，據四庫本、賀本及禮記正義改。

〔一〇七〕析其末　「析」，原作「折」，據賀本及禮記正義改。

〔一〇八〕今至大斂　「至」，原作「與」，據賀本、四庫本及禮記正義改。

〔一〇九〕不復擘裂其末　「擘」，原作「璧」，據四庫本及禮記正義改。

〔一一〇〕故云疏之通天地也　句下，賀本有「〇春官」二字。

〔一一一〕謂虛之不令　「令」，原作「合」，據賀本、下文及禮記正義改。

〔一一二〕值此惑之也　句下，賀本有「〇地官」二字。

〔一一三〕帟在柩上　「帟」，原作「幕」，據四庫本、賀本及周禮注疏改。

〔一一四〕掌次云諸侯與孤　「掌」，原作「卿」，據四庫本、賀本及周禮注疏改。

〔一一五〕有賜乃得帟也　句下，賀本有「〇並天官」三字。

〔一一六〕先鄭以柏席爲迫地　「迫」，原作「進」，據朝鮮本、吕本、四庫本、賀本改。

〔一一七〕祭者以其妃配亦不特几　「特」，原作「時」，朝鮮本作「恃」，據四庫本、賀本及周禮注疏改。

〔一一八〕吉事　「吉」，原作「占」，據四庫本、賀本及周禮注疏改。

〔一一九〕示新之也　「示」，原作空格，據朝鮮本、四庫本及周禮注疏補。

〔一二〇〕文貝仍几　「貝」，原作「見」，據朝鮮本、四庫本、賀本改。

〔一二一〕彫玉仍几　「仍」，原作「盈」，據四庫本、賀本及周禮注疏改。

〔一二二〕西夾南嚮　「夾」，原作「來」，據朝鮮本、四庫本、賀本改。

〔一二三〕而先鄭引之者　「之」，原作「云」，據賀本及周禮注疏改。

〔一二四〕即上文凡喪事右素几是也　「喪」，原作「震」，據朝鮮本、四庫本、賀本改。
〔一二五〕此文見凡奠相因不易之意　「此」，原作「也」，據朝鮮本、四庫本、賀本改。
〔一二六〕中央黑也　句下，賀本有「○春官」二字。
〔一二七〕穆姜使擇美檟　「美」，原作「莢」，據四庫本、賀本及春秋左傳正義改。
〔一二八〕木名　「木名」，原脱，據賀本及春秋左傳正義補。
〔一二九〕禮記喪大記云　「喪」上，原衍「曰」字，據賀本删。
〔一三〇〕公西赤掌殯葬焉　「赤」，原脱，據賀本及孔子家語補。
〔一三一〕士舉遷尸于斂上　「遷」，原脱，據賀本及禮記正義補。
〔一三二〕子弁絰即位于序端者　「位」，原作墨釘，據朝鮮本、吕本、四庫本補。
〔一三三〕故在基者以東爲上也　「東爲」，原誤倒，據賀本及禮記正義乙正。
〔一三四〕雜記云士盥于盤北是也　「記」，原作墨釘，據朝鮮本、吕本、四庫本補。
〔一三五〕當互考　「互」，原脱，據賀本補。
〔一三六〕大祝爲禱辭語之　「辭」，原作「祠」，據四庫本、賀本及周禮注疏改。
〔一三七〕掌王之吉凶衣服　句下，賀本有「○並春官」三字。
〔一三八〕詔告也　句下，賀本有「○夏官」二字。
〔一三九〕使其屬之上士　「使」，原脱，據賀本及周禮注疏補。

〔一四〇〕明使其屬之上士治之　「明使」二字原脱，據賀本及周禮注疏補。
〔一四一〕故雜記大夫之子得行大夫禮　句下，賀本有「〇夏官」二字。
〔一四二〕故云妾及女子子　「女」，原作「玄」，據朝鮮本、吕本、四庫本改。
〔一四三〕君稱言　「君」，原作「若」，據四庫本及禮記正義改。
〔一四四〕踊畢則釋此殷奠于殯可也　「可」，原作「司」，據朝鮮本、吕本、四庫本改。
〔一四五〕具殷奠　「具」，原作「其」，據四庫本、賀本及禮記正義改。
〔一四六〕書顧命陳先王寶器　「王」，原作「生」，據朝鮮本、四庫本及周禮注疏改。
〔一四七〕綴路在阼階面　「阼階」，原誤倒，據朝鮮本、四庫本、賀本乙正。
〔一四八〕太宗上宗　「宗上」，原作「保太」，據賀本及尚書正義改。
〔一四九〕説文作詫　「詫」，原作「託」，據賀本及尚書正義改。
〔一五〇〕佐大宗伯　「大」，原作「太」，據賀本及尚書正義改。
〔一五一〕則王下可知　「則」，原作「立」，據賀本及尚書正義改。
〔一五二〕付畀四方　「畀」，原作「界」，據朝鮮本、吕本、四庫本、賀本改。
〔一五三〕人主不免視朝聽政　「政」，原作墨釘，據朝鮮本、四庫本及尚書正義補。
〔一五四〕不忍當父位　「父」，原作「公」，據賀本及春秋公羊傳注疏改。
〔一五五〕今案　「今」，原作「又」，據賀本改。
〔一五六〕厲危也　「危」，原作「名」，據四庫本、賀本及春秋穀梁傳注疏改。

〔一五七〕穀梁傳　「傳」，原作「專」，據朝鮮本、四庫本、賀本改。

〔一五八〕堯文德之祖廟　句下，賀本有「〇舜典」二字。

〔一五九〕但以草夾障　「草」，原作「章」，據朝鮮本、吕本、四庫本、賀本改。

〔一六〇〕禮祖也　「也」，原作「世」，據朝鮮本、吕本、四庫本、賀本改。

〔一六一〕詳見喪服義　「義」，原脱，據賀本補。

〔一六二〕當互考　「互」，原脱，據賀本補。

〔一六三〕即下文云凡有功者居前是也　「文」，原作「又」，據吕本、四庫本及周禮注疏改。

〔一六四〕諸臣曰封　「臣」，原作「侯」，據賀本及周禮注疏改。

〔一六五〕言葬於國北及北首者　「國北」，原誤倒，據賀本及禮記正義乙正。

〔一六六〕後又有負版　「後」，原作「云」，據賀本及禮記正義改。

〔一六七〕不得練冠長衣也　「長」，原脱，據四庫本及禮記正義補。

〔一六八〕相主人禮也　「相」，原脱，據賀本及禮記正義補。

〔一六九〕尚書序　「序」，原脱，據賀本補。

〔一七〇〕其椁長自六尺而下　「椁」，原作「棺」，據賀本及禮記正義改。

〔一七一〕宋文公卒　「文」，原作「元」，據賀本及春秋左氏傳正義改。

〔一七二〕即小宗伯哭之是也　句下，賀本有「〇春官」二字。

〔一七三〕大夫三月而葬　「三」，原作「二」，據朝鮮本、吕本、四庫本改。

儀禮經傳通解續卷第六

喪禮四之下

喪大記下六

補

世婦：掌喪紀之事，帥女宮而濯摡，爲齍盛。摡，古愛反。○摡，拭也〔一〕。爲，猶差擇。○拭，音式，清也。○疏曰：喪紀，謂大喪朝廟設祖奠及大遣奠時也。○內竪：若有喪紀之事，則爲內人蹕。內人，從世婦於廟者。內竪爲六宮蹕者，以其掌內小事。○疏曰：此謂喪朝廟爲祖奠遣奠時也，皆爲內人蹕止行人也。鄭知「內人從世婦」者，內人卑，不專行事，明此內人從世婦而濯摡及爲粢盛也〔二〕。內竪掌內小事，以其蹕止行人，既是小事，故還使內竪蹕也〔三〕。○小斂條內有封人等七官，大斂條內有司几筵設几席，朝夕奠條內有司服共奠衣服，朔月月半奠條內有籩人共薦籩羞籩、外饔實鼎俎、天子諸侯喪斬衰者奠、大夫喪齊衰者奠〔四〕，皆此條所通用，此以上兩條祖奠、遣奠通用，當互考。

右陳朝祖奠

喪祝：及辟，令啓。鄭司農云：辟，謂除菆塗椁也。令啓，謂喪祝主命役人開之也。檀弓曰：「天子之殯也，菆塗龍輴以椁〔五〕，加斧于椁上，畢塗屋。」○疏曰：「除菆塗椁」者〔六〕，天子七月而葬，七日殯，殯時以椁菆塗其棺，及至葬時，故命役人開之。小喪亦如之。小喪，王后、世子已下之喪〔七〕。

右啓

閽人：喪紀之事，設門燎，蹕宫門廟門。燎，地燭也。蹕，止行者。廟在中門之外。○疏曰：喪紀「設門燎蹕宫門廟門」者，大喪以下，朝廟及出葬之時，宫中及廟門皆設門燎，蹕止行人也。「燎地燭也」者，燭在地曰燎。謂若天子百，公五十，侯伯子男皆三十。所作之狀，蓋百根葦皆以布纏之，以蜜塗其上，若今蠟燭矣。對人手執者爲手燭，故云地燭也。又云「廟在中門之外」者，謂若小宗伯云「左宗廟」是也〔八〕。○設燎條内有委人共薪蒸、司烜氏共墳燭庭燎、君堂上二燭三條，並此條所通用，當互考〔九〕。

○士師：諸侯爲賓，則帥其屬而蹕于王宫，大喪亦如之。疏曰：大喪在宫中，謂朝廟亦在宫中爲蹕也〔一〇〕。○内豎：王后之喪遷于宫中，則前蹕。喪遷者，將葬朝于廟。○疏曰：將葬而往朝七廟，則亦使内豎在車前蹕止行人也〔一一〕。○大司寇：前王，大喪亦如之。大喪所前或嗣王。○疏曰：喪是王喪，復云前王，明是嗣王也。言「或」者，或是先后及王、世子皆是大喪。若先后及世子大喪，則王爲正也。○小司寇：前王而辟，鄭司農云：小司寇爲王道辟除姦人也，若今時執金吾，下至令尉奉引矣。后、世子之喪亦如之。疏曰：謂后、世子之喪，當朝廟之時，王出入，亦爲王而辟也〔一二〕。○閭胥：凡喪紀之數，聚衆庶。喪紀，大喪之事也。○疏曰：王家喪紀〔一三〕，閭胥爲之聚衆庶，以待驅使也。○大司徒：大喪，帥六鄉之衆庶，屬其六引，而治其政令。衆庶，所致役也。鄭司農云：六引，謂喪車索也。六鄉主六引，六遂主六紼。○疏曰：王喪至七月而葬，大司徒帥六鄉之衆庶，取一千人屬其六引，挽柩鄉壙。「而治其政令」者，大司徒則檢校挽柩之事。云「衆庶所致役也」者，但六鄉七萬五千家，唯取一千人致之，使爲挽柩之役也。司農云「六鄉主六引」，則此經是也。云「六遂主六紼」者，按遂人職云：「大喪，帥六遂之役而致之〔一四〕，掌其政令。及葬，帥而屬六紼。」在棺曰紼，見繩體行道曰引，見用力，互文以見義也。○遂人：大喪，帥六遂之役而致之。及葬，帥而屬六綍及窆，陳役。屬，音燭。綍，音弗。○致役，致於司徒給墓上事及窆也。綍，舉棺索也。葬舉棺者，謂載與説時也。用綍旁六執之者，天子其千人與？陳役者主陳列之耳，匠師帥監之，鄉師以斧涖焉。大喪之正棺、殯、啓、朝及引，六鄉役之，載及窆，六遂役之，亦即遠相終始也。○疏曰：殯及引皆六鄉役之，其墓上事及窆等六遂役之。墓上則説載下棺之等。窆，謂穿壙之等。不言在廟載事，亦六遂役之。不言者，略也。必致於司徒者，司徒雖主六鄉，亦兼掌六遂之役故也。云「綍舉棺索」者，在棺則曰綍，在道則曰引，六遂之役不在道，故據在棺而言綍也。云「陳役」者，謂下棺之時，千人執綍背碑負引，須陳列其人，故知謂陳列之也。按大司徒職云：「大喪，帥六鄉之衆庶，屬其六引。」此遂人云：「帥六遂之役」，「屬六綍。及窆，陳役。」以六鄉近使主殯及啓朝爲始，在祖廟之中，將行載棺於蜃車屬六綍，則六遂爲終也。至於在道言引〔一五〕，則還使六鄉爲始，至壙窆之下棺，則還使六遂爲終。以二處各自爲終始，故云即遠爲終始也。○小司徒：大喪，帥邦役治其政教。喪役，正棺，引窆，復土。○疏曰：言「正棺」者，謂若七月而葬，朝廟之時，正棺於廟。引，謂葬時引柩車，自廟至壙。窆，謂下棺於坎，天子六綍四碑，背碑挽引而下棺。云「復土」者，掘坎之時，掘土向外，下棺之後，反復此土以爲丘陵，故云復土也。○鄉師：大喪用役，則帥其民而至，遂治之。治，謂監督其事。○疏曰：言大喪用役，謂若喪時輓六引之等。鄉之大夫既主鄉民，役用鄉民之時，鄉師遂治之。監督，謂監當督察其事〔一六〕。○以上五條柩行通用，内遂人、小司徒二條并窆通用，當互考。○喪祝：及朝，御匶。鄭司農云：朝，謂將葬朝於祖考廟而後行，則喪祝爲御柩也。檀弓曰：「喪之朝也，順死者之孝心也。其哀離其室也，故至於祖考之廟而後行。殷朝而殯於祖，周朝而遂葬。」故春秋傳曰：「凡夫人不殯于廟，不祔于姑，則弗致也。」「晉文公卒」，「將殯于曲沃」，就宗廟。晉宗廟在曲沃，故曰「曲沃，君之宗也」。又曰：「丙午，入于曲沃。丁未，朝于武宫。」○疏曰：言「及朝」者，及猶至也，謂侵夜啓殯，昧爽朝廟，故云及朝。云「御柩」者，發殯宫輴車載至廟，其時喪祝執纛居前以御正柩也。案趙商問：周朝而遂葬，則是殯于宫，葬乃朝廟。案春秋「晉文公卒，殯于曲沃」，是爲去絳就祖殯，與周禮異，未通。答曰：葬乃朝廟，當周之正禮也。其末世諸侯國，何能同也？傳合不合，當解傳耳，不得難經。何者？既夕將葬，「遷于祖，用軸」。既夕是周公正經，朝廟乃葬，故云不得難經。孔子發凡，言不殯于廟，〔一七〕不祔于姑，則不致明正禮，約殯于廟，發凡則是關異代。何者？孔子作春秋以通三王之禮，先鄭引之者，欲見春秋之世諸侯殯于廟，亦當朝廟乃殯。小喪亦如之。小喪者，王后、世子已下之喪〔一八〕。○升正柩，諸侯執綍五百人，四綍皆銜枚。司馬執鐸，左八人，右八人。匠人執羽葆御柩。大夫之喪，其升正柩也，執引三百人，執鐸者左右各四人，御柩以茅。枚，音梅。鐸，大洛反。葆，音保。引，以慎反。茅，亡交反。○升正柩者，謂將葬朝于祖，正棺於廟也。五百人，謂一黨之民。諸侯之大夫，邑有三百户之制，綍、引同耳。廟中曰綍，在塗曰引，互言之。御柩者居前道正之，大夫士皆二綍。○疏曰：升正柩者，謂將葬朝於祖廟，柩升廟之西階，正於兩楹之閒，其時柩北首，故既夕禮云「遷于祖，用軸」，「升自西階」，「正柩于兩楹閒」是也。四綍皆銜枚者，謂執綍之人口皆銜枚，止喧囂也。司馬，夏官，主武，故執金鐸，率衆左右各八人，夾柩以號令於衆也。匠人執羽葆御柩者，以鳥羽注於柄頭如蓋謂之羽葆，葆謂蓋也。匠人主宫室，故執羽葆居柩前，御行於道，示指揮柩於路爲進止之節也。然周禮喪祝御柩，此云匠人者，周禮王禮，此諸侯禮也。按周禮注：六鄉主六引，六遂主六綍。經云執綍，則應舉六遂。而言黨者，此非辨鄉遂之殊，正取五百人是一黨之人數耳。云「諸侯之大夫邑有三百户之制」者，謂小國中下大夫也，故鄭注易訟卦云：「小國之下大夫采地方一成，其定税三百家，故三百户也。」其實大國下大夫亦三百户，故論語云：「管仲奪伯氏駢邑三百。」注云：「伯氏，齊大夫。」是齊爲大國，下大夫亦三百家也。下大夫三百家一成之地。一成所以三百家者，一成九百夫，宫室塗巷山澤三分去一，餘有六百夫。地又不易、再易，通率一家而受二夫之地，是定税三百家也。○雜記○喪祝：乃奠，玄謂：乃奠，朝廟奠。○疏曰：乃奠者，案既夕禮朝廟之時：重先，奠從，燭從，柩從。彼奠乃昨夜夕奠，至廟下棺於廟兩楹之間設此宿奠，至明徹去宿奠，乃設此朝廟之奠於柩西，故云乃奠。小喪亦如之。小喪，王后、世子已下之喪。○天府：凡吉凶之事，祖廟之中，沃盥執燭。吉事，四時祭也。凶事，后王喪，朝于祖廟之奠。○疏曰：他官在祖廟中沃盥者，小祝大祭祀「沃尸盥」，小臣大祭祀「沃王盥」。此二官所沃盥在祖廟中，則天府爲之執燭。其若士師云「祀五帝，沃尸，盥」，非祖廟事，則不與執燭也。云「凶事王后喪朝于祖廟之奠」者，王及后喪七月而葬，將葬當朝六廟後乃朝祖廟，祖廟中日側爲祖奠，厥明將去爲大遣奠，皆有沃盥之事〔一九〕。○遂師：大喪，共蜃車之役。蜃車，柩路也。柩路載柳，四輪迫地而行，有似於蜃，因取名焉。○稍人：大喪，帥蜃車與其役以至，掌其政令，以聽於司徒。蜃車及役，遂人共之。稍人者，野監是以帥而致之。既夕禮曰：「既正柩，賓出，遂匠納車于階間。」則天子以至于士，柩路皆從遂來。○疏曰：按遂人職云：「大喪，帥六遂之役而致之。」又云：「及葬，帥而屬六綍。」又遂師職亦共丘籠及蜃車之役，故知遂人共之也。云「稍人者野監是以帥而致之」者，以其監三等采地是野監，故得并監六遂蜃車之事也。司徒，地官卿，掌徒庶之政令，故稍人帥衆以聽於司徒也。云「天子至士柩路皆從遂來」者，此經舉天子，既夕下舉士，則其中有諸侯、卿、大夫之喪，柩路皆從遂人來可知〔二〇〕。○巾車：小喪共匶路。疏曰：言大喪，據王，不別言后與世子，則此喪中可以兼之。載柩車，即蜃車〔二一〕。○祥車曠左。空神位也。祥車，葬之乘車。○疏曰：葬時魂車也。車上貴左，故僕在右，空左以擬神也。○曲禮○已上四條柩行通用，又至壙條、陳車窆條喪不以制，此條通用，當互考。○圉人：凡賓客喪紀，牽馬而入陳。喪紀之馬，啓後所薦馬。○疏曰：雖同牽馬入陳賓客，喪紀所陳有異。據賓客則在館，天子使人就館而陳之，若喪紀則謂將葬朝廟時。既夕禮：「薦馬，纓三就。」天子朝廟亦當在祖廟中，陳設明器之時，亦遣人薦馬及纓，入廟陳之，此馬謂擬駕乘車。廞馬亦如之。廞馬，遣車之馬人捧之，亦牽而入陳。○疏曰：此遣車，則天子九乘載所苞遣奠以入壙，皆人捧之。云「亦牽而入陳」者，亦於祖廟陳此明器也。但遣車及馬各使人别捧，故上注云行則解脱之是也〔一二〕。○柩行通用，内廞馬一條，陳明器通用。○士喪有與天子同者三，其終夜燎及乘人，專道而行。詳見士喪禮朝祖。

右朝祖奠薦車馬○叔孫豹卒，杜洩將以路葬，且盡卿禮。季孫使杜洩舍路，不可，曰：「夫子受命於朝而聘於王，在襄二十四年。王思舊勳而賜之路，感其有禮，以念其先人。復命而致之君。豹不敢自乘。君不敢逆王命而復賜之，使三官書之。吾子爲司徒，實書名。謂季孫也。書名，定位號。夫子爲司馬，與工正書服，謂叔孫也。服，車服之器，工正所書。孟孫爲司空以書勳。勳，功也。今死而弗以，是棄君命也。書在公府而弗以，是廢三官也。若命服，生弗敢服，死又不以，將焉用之？」遂使以葬。昭四年春秋左氏傳○鄭公孫蠆卒〔一三〕，赴於晉，晉侯以其善於伐秦也〔一四〕。六月，晉侯請於王，王追賜之大路，使以行，禮也。大路，天子所賜車之總名，以行葬禮。傳言：大夫有功，則賜服路。○襄十九年春秋左氏傳

喪祝：及祖，飾棺，乃載。祖爲行始，其序載而後飾。○疏曰：言「飾棺乃載」者，既載乃飾。

案既夕禮：遂匠納車於階間，却柩而下棺，乃飾棺設帷荒之屬。天子之禮，亦是先載乃飾棺。云「其序載而後飾」者，鄭見經先言飾棺，後言乃載，於文倒，故依既夕禮先載而後飾。小喪亦如之〔二五〕。

右載

縫人：縫，劉扶用反。掌縫棺飾焉，孝子既啓見棺，猶見親之身。既載，飾而以行，遂以葬，若存時居于帷幕而加文繡。喪大記曰：「飾棺，君龍帷、三池〔二六〕。」故書「焉」爲「馬」，杜子春云：當爲「焉」。○疏曰：「既載飾而以行遂以葬」者，按既夕禮：日側，「遂匠納車於階間」。却柩而下載之於蜃車之上，乃加帷荒飾棺訖，乃還車向外移柩車去載處設祖奠。明日旦，乃更徹祖奠，設遣奠。苞牲，取下體，乃引向壙，故云「既載飾而以行遂以葬」也。「若存時居於帷幕而加文繡」者，幕人：「共帷幕幄帟綬。」鄭注云：「在旁曰帷，在上曰幕。」是存時居於帷幕。而云加文繡者，生時帷幕無文繡，今死，恐衆惡其親，更加文繡，即所引喪大記已下是也。衣翣柳之材〔二七〕。衣，於既反。○必先纏衣其木，乃以張飾也。柳之言聚，諸飾之所聚。○疏曰：翣，即方扇是也。柳，即帷荒是也。二者皆有材，縫人以采繒衣纏之，乃後張飾於其上〔二八〕。○飾棺：君龍帷，三池，振容，黼荒，火三列，黼三列，素錦褚，加僞荒。纁紐六，齊五采五貝，黼翣二，黻翣二，畫翣二，皆戴圭。魚躍拂池。君纁戴六，纁披六。大夫畫帷，二池，不振容，畫荒，火三列，黻三列，素錦褚，纁紐二，玄紐二，齊三采，三貝，黻翣二，畫翣二，皆戴綏，魚躍拂池。大夫戴前纁後玄，披亦如之。士布帷布荒，一池，揄絞，纁紐二，緇紐二，齊三采一貝，畫翣二，皆戴綏。士戴前纁後緇，二披用纁。揄，音遥，注同。紐，音女九反。齊，如字，才細反。翣，所甲反。戴，丁代反。緇，側其反。披，彼義反，徐甫髮反。○飾棺者，以華道路及壙中，不欲衆惡其親也。荒，蒙也。在旁曰帷，在上曰荒，皆所以衣柳也。士布帷、布荒者，白布也。君、大夫加文章焉。黼荒，緣邊爲黼文。畫荒，緣邊爲雲氣。火、黻爲列於其中耳。僞，當爲「帷」，或作「于」，聲之誤也。大夫以上，有褚以襯覆棺，乃加帷荒於其上。紐，所以結連帷、荒者也。池，以竹爲之，如小車笭，衣以青布。柳象宫室，縣池於荒之爪端，若承霤然云。君、大夫以銅爲魚，縣於池下。揄，揄翟也，青質五色，畫之於絞繒而垂之，以爲振容，象水草之動揺，行則又魚上拂池。雜記曰：「大夫不揄絞屬於池下。」是不振容也。士則去魚。齊，象車蓋蕤，縫合雜采爲之，形如瓜分然，綴貝落其上及旁〔二九〕。戴之言值也，所以連繫棺束與柳材使相值，因而結前後披也。漢禮：翣以木爲筐，廣三尺，高二尺四寸，方兩角高，衣以白布。畫者，畫雲氣。其餘各如其象，柄長五尺，車行，使人持之而從，既窆，樹於壙中，檀弓曰「周人墻置翣」是也。綏，當作緌，讀如「冠蕤」之「蕤」，蓋五采羽注於翣首也。○疏曰：此明葬時尊卑棺飾。君龍帷者，諸侯柳車邊障，以白布爲之。王、侯皆畫爲龍，象人君之德，故云龍帷也。池，謂織竹爲籠，衣以青布，挂著於柳上荒邊爪端，象平生宫室有承霤也。天子生有四注屋，四面承霤，柳亦四池，象之。諸侯屋亦四注而柳降一池，闕於後一，故三池也。振容者，振，動也，容，飾也，謂以絞繒爲之，長丈餘，如幡，畫幡上爲雉，縣於池下爲容飾，車行則幡動，故曰振容。黼荒者，荒，蒙也，謂柳車上覆，謂鼈甲也。緣荒邊爲白黑斧文，故云黼荒。火三列者，列，行也，於鼈甲黼文之上、荒中央又畫爲火三行也。火形如半環也。黻三列者，又畫爲兩「己」相背爲三行也。素錦，白錦也。褚，屋也。於荒下又用白錦以爲屋也。葬在路，象宮室也，故雜記云「素錦以爲屋而行」，即褚是也。加僞荒者，帷是邊墻，荒是上蓋，褚覆竟而加帷荒於褚外也。纁紐六者，上蓋與邊墻相離，故又以纁爲紐，連之相著，旁各三，凡用六紐也。齊五采者，謂鼈甲上當中央，形圓如車蓋，高三尺，徑二尺餘。五采，謂人君以五采繒衣之，列行相次，故云五采也。五貝者，又連貝爲五行，交絡齊上也。黼翣二黻翣二畫翣二，翣形似扇，以木爲之，在路則障車，入椁則障柩也。凡有六，故二畫爲黼，二畫爲黻，二畫爲雲氣。諸侯六，天子八。禮器云：天子八翣，諸侯六，大夫四。鄭注縫人云：「漢禮器制度：飾棺，天子龍火黼黻，皆五列。又有龍翣二，其戴皆加璧也。」皆戴圭者，謂諸侯六翣，兩角皆戴圭玉也。魚躍拂池者，凡池必有魚，故此車池縣絞雉，又縣銅魚於池下，若車行，則魚跳躍上拂池也。隱義曰「振容在下」，是魚在振容間。君纁戴六者，事異飾棺，故更言「君」也。纁戴，謂用纁帛繫棺紐，著柳骨也。戴，值也，使棺堅值。棺横束有三，每一束兩邊輒各屈皮爲紐，三束有六紐，今穿纁戴於紐以繫柳骨，故有六戴也。纁披六者，纁謂亦用絳帛爲之，以一頭繫所連柳纁戴之中，而出一頭於帷外，人牽之，亦有六也。謂之披者，若車登高則引前以防軒車，適下則引後以防翻車，欹左則引右，欹右則引左，使車不傾覆也。大夫畫帷者，不得爲龍，畫爲雲氣。二池者，不得三，故二也。庾云：「兩邊而已。」賀云：「前後各一。」不振容者，謂不以揄絞屬於池下爲振容也，其池上揄絞則有也。畫荒者，不爲斧而爲雲氣也。火三列、黼三列、素錦褚者，與君同也。纁紐二玄紐二者，不得六故，用四，以連四旁也。不并一色，故二爲纁，二爲玄也。齊三采者，絳、黄、黑也。三貝者，又降二也。黻翣二畫翣二者，降兩黼也。皆戴綏者，翣角不圭，但用五采羽作緌，注翣兩角也。魚躍拂池者，無絞雉而有縣銅魚也。大夫戴前纁後玄者，事異，故更言大夫也。降人君，故不並用纁也，其數與披同用四也。披亦如之者，色及數悉與戴同也。士布帷布荒者，士帷及荒皆白布爲之而不畫也。一池者，唯一池在前也。揄絞者，亦畫揄雉於絞，在於池上，而池下無振容。大夫既不振容，明士亦不振容於池下。纁紐二緇紐二者，又降用纁緇也，猶用四，連四旁。齊三采者，與大夫同也。一貝者，又降二行，但一行絡之耳。畫翣二皆戴綏者，又降二黻也。池上、翣悉綏，故云「皆」也。士戴前纁後緇者，士異〔三〇〕，故重言「士」也。戴，當棺束，每束各在兩邊，前頭二戴用纁，後頭二戴用緇，通兩邊爲四戴，舉一邊即兩戴也。二披用纁者，據一邊，前後各一披，故云「二披用纁」。若通兩旁，則亦四披也。云「紐所以結連帷荒」者，荒在上，帷在旁，屬紐以結之，與束棺屬披之紐别也。云「池以竹爲之如小車笭衣以青布」者，鄭以漢之制度而知「如小車笭」者，以小車之箱必猶狹長，故云「如小車笭」。云「縣池於荒之爪端」，謂荒之材出外，若人之指爪，而縣此池於荒之爪端，其池若宫室之承霤。云「揄揄翟也青質五色」者，爾雅釋鳥文。經云「揄絞」，故知畫揄於絞繒也。云「齊象車蓋蕤」者，凡車蓋，四面有垂下蕤。今此齊形象此車蓋及蕤，謂上象車蓋，旁象蓋蕤。云「縫合雜采爲之形如瓜分然」者，言齊形既圓，上下縫合雜采，竪有限攝，如瓜内之子，以穰爲分限然也。○喪大記○大夫不揄絞屬於池下。揄，揄翟也。采青黄之間曰絞。屬，猶繫也。人君之柳，其池繫絞繒於下，而畫翟雉焉，名曰振容，又有銅魚在其間。大夫去振容，士去魚。此無「人君」及「士」，亦爛脱。○疏曰：諸侯以上，則畫揄翟於絞，屬於池下。若大夫，降下人君，不得畫以揄絞屬於池下，其池上則畫揄絞也。故喪大記士亦有揄絞，與大夫同，但不得屬於池下。○雜記○天子七月而葬，五重八翣。諸侯五月而葬，三重六翣。大夫三月而葬，再重四翣。重，直龍反。○天子葬五重者，謂抗木與茵也。葬者抗木在上，茵在下。士喪禮下篇陳器曰：「抗木，横三縮二，加抗席三，加茵，用疏布，緇翦，有幅，亦縮二横三。」此士之禮一重者。以此差之，上公四重。○疏曰：古者爲椁，累木於其四邊，上下不周，致茵於椁下，所以藉棺從上。下棺之後，又置抗木於椁之上，所以抗載於土。引「士喪禮下篇陳器云云」者，以士禮一重證此經葬五重、三重之義也。皇氏云：「下棺之後，先加折於壙上，以承抗席。折，猶庋也，方鑿連木爲之，蓋如牀。縮者三，横者五，無簀。於上加抗木，抗木之上加抗席三。此爲一重。如是者五，則爲五重。茵者，藉棺外下縟，用淺色緇布爲之，每將一幅，輒合縫爲囊，將茅秀及香草著其中，如今有絮縟也，而縮二横三，每爲一重也。抗木上横三，下縮二。以其在上象天，天數奇〔三一〕，故上三也。下象地，地數耦，故下二也。茵則上直二，下横三。茵既在下，下法地也。上數二象地，下數三象天，以天三含地二，人中央也。」云「以此差之上公四重」者，案天子既五，諸侯乃三。案豆數及棺之重數，上公與諸侯不同，今諸侯既三，明上公四重。凡儀禮之例，一種席皆稱重，故燕禮注云「重席，重蒲筵」是也。凡席有兩則稱二重，有一則稱一重，與棺重别也。○禮器○有虞氏之綏，夏后氏之綢練，殷之崇牙，周之璧翣。綏，耳隹反。綢，吐刀反，徐音籌。翣，所甲反。○綏，亦旌旗之緌也。夏綢其杠，以練爲之旒。殷又刻繒爲重牙，以飾其側，亦飾彌多也。湯以武受命，恒以牙爲飾也。此旌旗及翣〔三二〕，皆喪葬之飾。周禮：大喪葬，巾車執蓋，從車持旌，御僕持翣，旌從遣車，翣夾柩路左右前後。天子八翣，皆戴璧垂羽。諸侯六翣，皆戴圭。大夫四翣，士二翣，皆戴緌。孔子之喪，公西赤爲志，亦用此焉。爾雅説旌旗曰：「素錦綢杠，纁帛縿〔三三〕，素升龍於縿，練旒九。」○從，才用反。遣，棄戰反。縿，所銜反。○疏曰：此明魯有四代喪葬旌旗之飾。注「綏亦旌旗之緌」者，以前經云夏后氏綏是旌旗之緌，故云「綏亦旌旗之緌」，謂注旄竿首也。云「夏綢其杠以練爲之旒」者，既綢杠以練，又以練爲旒也。云「湯以武受命恒以牙爲飾也」者，前經云簨簴，既以崇牙爲飾，此旌旗又飾以崇牙，故云「恒」也。周人尚文，更以他物飾之。引「周禮大喪葬」「御僕持翣」者，明葬有旌旗，亦翣之義。云「天子八翣皆戴璧」者：天子八翣，禮器文；皆戴璧，即此璧翣，天子之禮也。云「諸侯六翣皆戴圭大夫四翣士二翣皆戴緌」，並喪大記文也。○明堂位○喪祝：凡卿大夫之喪，掌事而飾棺焉。詳見小斂條。

右飾棺翣披旌旗。○孔子之喪，公西赤爲志焉。公西赤，孔子弟子。志，謂章識〔三四〕。飾棺牆，牆之障柩，猶垣牆障家。置翣，牆，柳衣。翣，以布衣木，如攝與？設披，周也。設崇，殷也。綢練設旐，夏也。夫子雖殷人，兼用三王之禮，尊之。披，柩行夾引棺者。崇牙，旗旌飾也。綢練，以練綢旌之杠，此旌葬乘車所建也。旌之旒〔三五〕，緇布廣充幅，長尋，曰旐。爾雅説旌旗曰：「素錦綢杠。」○疏曰：公西赤以飾棺榮夫子，故爲盛禮，備三王之法，以章明志識焉。於是以素爲褚，褚外加牆，車邊置翣，恐柩車傾虧，而以繩左右維持之，此皆周之法也。其送葬乘車所建旌旗，刻繒爲崇牙之飾，此則殷法。又韜盛旌旗之竿以素錦，於杠首設長尋之旐，此則夏禮也。既尊崇夫子，故兼用三代之飾也。又曰「旌之旒緇布廣充幅長尋曰旐」，爾雅釋天文。引之者，證經中「設旐，夏也」。案鄭注明堂位云：「有虞氏當言緌，夏后氏當言旂。」以此差之，古代尚質。有虞氏但注旄竿首，未有繒帛，故云緌也。夏家漸文，故有素錦綢杠，又垂八尺之旐，故夏云旂也。周則文物大備，旂有九等，垂之以縿，繫之以斿，又有交龍之旂、龜蛇之旐，與夏不同。夏雖八尺之旐，更無餘飾。又引爾雅「素錦綢杠」者，證經文「綢練」，練則素錦，用以爲綢杠也。又曰：夫子用三代之禮不爲僭者，用其大夫之禮耳。○檀弓

司服：大喪，共其廞衣服。廞，陳也。玄謂：廞衣服，所藏於椁中。○疏曰：此則明器之衣服，亦沽而小者也。○自衣服以下，並獻明器條通用。○司常：大喪，建廞車之旌，及葬亦如之。葬云建之，則行廞車解説之。○疏曰：此謂在廟陳時建之〔三六〕，謂以廞旌建於遣車之上。及葬亦如之，此謂入壙亦建之。云「建之則行廞車解説之」者，在廟陳時云建，葬時亦建，惟有在道去之，使人各執遣車，又當各執廞旌，是行廞車解説之也。○車僕：大喪，廞革車。言興革車，則遣車不徒戎路，廣、闕、苹、輕皆有焉。○疏曰：經不云戎路而云革車，亦是五戎之總名，故知不徒戎路，廣、闕、苹、輕皆有可知。若然，王喪遣車九乘，除此五乘之外，加以金、玉、象、木四者，則九乘矣。○巾車：大喪，飾遣車，遂廞之行之。廞，興也，謂陳駕之，行之，使人以次舉之以如墓也〔三七〕。遣車，一曰鸞車。○疏曰：遣車，謂將葬遣送之車入壙者也。言「飾」者，還以金象革飾之，如生存之車，但粗小爲之耳。注後鄭訓廞爲興，即言謂陳駕之者，解廞爲陳駕也。案車僕云：「大喪廞革車。」彼廞謂作之，此文既言飾遣

車，已是作，更言遂廞之，故以「陳駕」解廞也。云「行之使人以次舉之以如墓也」者，當在朝廟之時，於始祖廟陳器之，明日大遣奠之後，則使人以次抗舉，又各執其一以如墓也。案冢人云「及葬，言鸞車象人」，是名遣車爲鸞車〔三八〕。○司裘：大喪，廞裘飾皮車。皮車，遣車之革路。故書「廞」爲「淫」，鄭司農云：「淫裘，陳裘也。」玄謂：廞，興也，若詩之興，謂象似而作之。凡爲神之偶衣，物必沽而小耳。○疏曰：飾皮車者，亦謂明器之車以皮飾之。注「皮車遣車之革路」者，案冬官考工記：「飾車欲侈」，「棧車欲弇。」除棧車之外，皆用革輓，即此皮車，非專革路。鄭特云皮車革路者，此司裘所飾唯革路而已。故書「廞」爲「淫」，鄭司農云：淫裘，陳裘也。此周禮一部之內稱「廞」者衆多，故書皆爲「淫」，先鄭皆爲陳，後鄭皆破從興，興，謂興象生時之物而作之〔三九〕。必知爲陳非爲興是者，車僕云：「大喪廞革車。」圉人云：「廞馬亦如之。」即是所廞車馬。又禮記檀弓云：「竹不成用，瓦不成味」，「琴瑟張而不平，竽笙備而不和。」皆是興象所作明器，非陳設之理，故不從先鄭。「玄謂廞興也若詩之興謂象似而作之」者，象似生時而作，但粗惡而小耳〔四〇〕。○校人：大喪，飾遣車之馬，及葬埋之。言埋之，則是馬塗車之芻靈。○疏曰：檀弓孔子云：「塗車芻靈，自古有之」，「謂爲俑者不仁」。古者以泥塗爲車，芻靈謂以芻草爲人、馬神靈。至周，塗車仍存，但刻木爲人馬替古者芻靈。今鄭云塗車之芻靈，則是仍用芻靈。與檀弓違者，鄭但舉古之芻靈況周耳，非謂周家仍用芻靈也〔四一〕。○窆條內有冢人鸞車象人，此條通用，當互考。○圉人：凡喪紀，廞馬。詳見朝祖奠條。○遣車視牢具。言車多少各如所包遣奠牲體之數也。然則，遣車載所包遣奠而藏之者與？遣奠，天子大牢包九箇，諸侯亦大牢包七箇，大夫亦大牢包五箇，士少牢包三箇。大夫以上乃有遣車。○疏曰：遣車，從葬載牲體之車也。牢具，遣奠所包牲牢之體，貴賤各有數也。一箇爲一具，取一車載之也，故云「視牢具」。遣車所用無文，因此視牢具，故云「載所包遣奠而藏之者與」。與者，疑辭也。云「天子大牢包九箇」以下者，以既夕禮遣奠用少牢以上約之，明大夫以上皆大牢包九箇者，以檀弓云：「國君七箇。」「大夫以上乃有遣車」者，諸侯大夫位尊，雖無三命，則有車馬之賜，及天子上士三命皆得有遣車。諸侯士以下賤，故無遣車也。○雜記○君之適長殤，車三乘。公之庶長殤，車一乘。大夫之適長殤，車一乘。皆下成人也。自上而下，降殺以兩。成人遣車五乘，長殤三乘，下殤一乘，尊卑以此差之。庶子言公，卑遠之，傳曰：「大功之殤中從上。」○疏曰：此一節論諸侯及卿大夫之子送葬遣車之數。且遣車之數〔四二〕，貴賤不同。若生有爵命車馬之賜，則死有遣車送之，諸侯七乘，大夫五乘。諸侯既七乘，降殺宜兩，則王宜九乘，士三乘也。今此所明並是殤未成人、未有爵命車馬之賜而得遣車者，言其父有之，得與子也。王九乘，若適子成人則應七乘，在長殤而死則五乘，中殤從上亦五乘，下殤三乘也。若王庶子成人則應五乘，長殤中殤三乘，下殤一乘也。諸侯既自得七乘，其適子成人五乘，長殤三乘，故「君之適長殤車三乘」也。中則從上，若下殤則一乘也。「公之庶長殤車一乘」者，公亦諸侯也，適長殤既三乘，庶子若成人乃三乘，而長殤則一乘，故云「車一乘」也。中殤亦從上，若下殤則無。「大夫之適長殤車一乘」者，大夫自得五乘，適子成人三乘，長殤降二，故一乘也。中殤從上亦一乘，若下殤及庶殤並不得也。案下注云：「人臣賜車馬，乃得有遣車。」禮：三命始賜車馬。但喪禮質略，天子之臣與諸侯之臣命數雖殊，喪禮不異，故鄭云「大夫以上乃有遣車」。文主天子大夫，其實兼諸侯大夫也。鄭以「士無遣車」者，文主諸侯之士，其實亦兼天子中、下士也。雜記云：「遣車視牢具。」則遣車一乘當苞一箇，士無遣車。既夕禮苞二箇者，亦是豐小殺大禮之義。若服虔之意，視牢具者，視饔餼牢具。故襄二十五年崔杼葬莊公，「下車七乘」，服注云「上公饔餼九牢，遣車九乘。」與此異也。注，君是對臣之名，有地大夫以上，皆有君號，公則五等之上，又同三公之尊。今庶子言「公」，就其尊號，是卑遠於庶子也。此有公、君相對，故爲此解。若文無所對，嫡亦稱公，故喪服云「公子，嫡子」是也。又引鄭喪服傳云「大功之殤中從上」者〔四三〕，證此遣車亦從上也。○檀弓○司兵：大喪廞五兵。廞，興作明器之役器五兵也，士喪禮下篇有甲、胄、干、笮。○疏曰：案既夕禮明器之用器有弓、矢，役器有甲、胄、干、笮。彼雖不具五兵，此既言五兵，明五者皆有也，故鄭引士喪禮下篇「甲胄干笮」爲證。○司弓矢：大喪，共明弓矢。弓矢，明器之用器也，士喪禮下篇曰：「用器：弓、矢。」○疏曰：明器中有用器、役器。役器中有甲、胄、干、笮，用器中有弓、矢，故鄭還引用器爲證也〔四四〕。○司干：大喪，廞舞器。及葬，奉而藏之。疏曰：此官云干盾及羽籥。及其所廞，廞干盾而已〔四五〕，其羽籥，籥師廞之。○樂師：凡喪，陳樂器，則帥樂官。帥樂官往陳之。○疏曰：喪言「凡」者，大喪、小喪皆有明器之樂器，故言「凡」以該之。樂官〔四六〕，謂笙師、鎛師之屬，廞樂藏之者也。云「往陳之」，謂如既夕禮陳器於祖廟之前庭及壙道東者也。○大司樂：大喪，涖廞樂器。及葬，藏樂器亦如之。涖，臨也。廞，興也。臨笙師、鎛師之屬。興，謂作之也。○疏曰：鄭知「臨笙師鎛師」者，案笙、鎛師皆云：「喪廞其樂器，奉而藏之。」司干亦云：「大喪，廞舞器。」此不言之，即屬中兼之也。此臨藏樂器，還臨笙師鎛師等，故彼皆云奉而藏之也〔四七〕。○眡瞭：大喪，廞樂器。疏曰：大喪廞樂器，謂明器，故檀弓云：「木不成斫」，「瓦不成味」，「竹不成用」，「琴瑟張而不平，竽笙備而不和。」是沽而小耳，是臨時乃造之。○笙師：大喪，廞其樂器。及葬，奉而藏之。廞，興也，興謂作之。奉，猶送。○鎛師：大喪，廞其樂器，奉而藏之。疏曰：此官所廞，謂作晉鼓、鼖鼓。○籥師：大喪，廞其樂器，奉而藏之。疏曰：此所廞作，惟羽籥而已，不作餘器。○典庸器：大喪，廞筍虡。疏曰：案檀弓「有鐘磬而無筍虡」，鄭注云：「不縣之。」彼鄭注見此文有筍虡，明有而不縣，以喪事略故也〔四八〕。

右陳明器○曾子曰：「晏子可謂知禮也已，恭敬之有焉。」言禮者敬而已矣。有若曰：「晏子一狐裘三十年，遣車一乘，及墓而反。國君七个，遣車七乘，大夫五个，遣車五乘，晏子焉知禮？」言其大儉逼下，非之。及墓而反，言其既窆則歸，不留賓客有事也。人臣賜車馬者乃得有遣車，遣車之差，大夫五，諸侯七，則天子九。諸侯不以命數，喪數略也。个，謂所包遣奠牲體之數也。雜記曰：「遣車視牢具。」○疏曰：晏子故爲非禮以矯齊之事，有子聞曾子説晏子知禮，故舉晏子不知禮之事以拒曾子也。狐裘貴在輕新，而晏子一狐裘三十年，是儉不知禮也。遣車一乘者，其父晏桓子是大夫，大夫遣車五乘，其葬父惟用一乘，又是儉失禮也。及墓而反者，及墓，謂葬時也。注云「不留賓客有事」者，案士既夕禮：「乃窆，主人哭，踊無筭。襲，贈用制幣玄纁束。拜稽顙，踊如初。卒，袒，拜賓，主婦亦拜賓」，「賓出則拜送。藏器於旁，加見。藏苞筲於旁」，「加抗席覆之，加抗木」，「實土三。主人拜鄉人」，「乃反哭。」今晏子既窆贈幣，拜稽顙，踊訖則還，不復拜賓及送賓之事，故云「不留賓客有事也」，又是儉失禮也。「國君七个遣車七乘大夫五个遣車五乘」，此更舉正禮以證晏子失禮也。个，謂所包遣奠牲體臂臑也，折爲七段、五段，以七乘、五乘遣車載之。今晏子略不從禮數，是不知也。又注云「言其太儉偪下非之」，「太儉」解三十年一狐裘并及墓而反也，「偪下」解一乘也，「下」謂其子及凡在己下者也。大夫五乘，適子三乘，今其父自用一乘，則其子便無，是「偪下」也。曾子曰：「國無道，君子恥盈禮焉。國奢則示之以儉，國儉則示之以禮。」時齊方奢，矯之是也。○檀弓○宋襄公葬其夫人，醯醢百甕，曾子曰：「既曰明器矣，而又實之。」言名之爲明器，而與祭器皆實之，是亂鬼器與人器。○疏曰：案既夕禮陳明器後云：「無祭器。」鄭云：「士禮略也。」大夫以上，兼用鬼器與人器。若此大夫諸侯並得人鬼兼用，則空鬼而實人，故鄭云「與祭器皆實之，是亂鬼器與人器也」。士既無人器，則亦實明器，故既夕禮云「甕三，醯、醢、屑」，又云「甒二，醴、酒」也。夏后氏專用明器，則分半以實之。殷人全用祭器，則亦分半以虛之。周人兼用明器、人器，人器實之，明器虛之。○同上。

喪祝：及祖，飾棺，遂御。鄭司農云：祖，謂將葬祖於庭，象生時出則祖也，故曰：事死如事生，禮也。檀弓曰：「飯於牖下，小斂於户内，大斂於阼，殯於客位，祖於庭，葬於墓，所以即遠也。」祖時喪祝主飾棺，遂御之，喪祝爲柩車御也。玄謂：祖爲行始，飾棺，設柳池紐之屬。既飾，當還車鄉外，喪祝御之。御之者，執翿居前却行爲節度。○疏曰：言「及祖」者，及，至也。初朝禰，次第朝親廟四〔四九〕，次朝二祧，次朝始祖后稷之廟。至此廟中設祖祭，案既夕禮：「請祖期，曰日側。」是至祖廟之中而行祖。

祖，始也。爲行始飾棺訖，乃還車向外，移柩車去載處，至庭中車西設祖奠。云「遂御」者，加飾訖，移柩車，喪祝執纛却行御正柩，故云遂御之〔五〇〕。○小斂條有封人等七官，大斂條有司几筵設葦席，朝夕奠條内有司服共奠衣服，朔月月半奠條内有籩人共薦籩羞籩，外饔實鼎俎，天子諸侯喪斬衰者奠，大夫喪齊衰者奠〔五一〕，啓條内有世婦濯摡爲齏盛，内豎爲内人蹕，皆祖奠所通用，當互考。

右祖奠

大師：大喪，帥瞽而廞作匱謚。廞，興也。興言王之行，謂諷誦其治功之詩。故書「廞」爲「淫」，鄭司農云：淫，陳也，陳其生時行迹，爲作謚。○疏曰：大喪言「凡」，則大喪中兼王后，雖婦從夫謚，亦須論行乃謚之。言「帥瞽」者，即帥瞽矇歌王治功之詩。廞作匱謚者，匱即柩也，古字通用之。以其與喻王治功之詩爲柩作謚，故云「廞作柩謚」。是以瞽矇職云「諷誦詩」，謂作謚時也。又注云「廞興也」者，周禮之内，先鄭皆從淫爲陳，後鄭皆爲興。引之在下者，以無正文，亦得爲一義故也。○瞽矇：諷誦詩，世奠繫，鼓琴瑟。玄謂：諷誦詩，主謂廞作柩謚時也，諷誦王治功之詩以爲謚。世之而定其繫，謂書於世本也。雖不歌，猶鼓琴瑟以播其音，美之。○疏曰：諷誦詩，謂於王喪將葬之時，則使此瞽矇諷誦王治功之詩，觀其行以作謚，葬後當呼之也。世奠繫者，奠，定也，謂辯其昭穆以世之序而定其繫，繫即帝繫、世本是也。鼓琴瑟者，詩與世本二者雖不歌詠，猶鼓琴瑟而合以美之。○小師：大喪與廞。從大師。○疏云：大師廞作柩謚，故小師從之也。○大祝：作六辭以通上下親疏遠近，六曰誄。誄，謂積累生時德行以賜之命，主爲其辭也。春秋傳曰：「孔子卒，哀公誄之。」此皆有文雅辭令難爲者也，故大祝主作六辭。或曰：誄，論語所謂「誄曰禱爾于上下神祇」。○大史：大喪，遣之日讀誄。遣，謂祖廟之庭大奠將行時也。人之道終於此，累其行而讀之。大師又帥瞽廞之而作謚，瞽史知天道，使共其事。言王之誄謚成於天道。○疏云：人之道終於此者，以其未葬已前，孝子不忍異於生，仍以生禮事之。至葬送形而往迎魂而反，則以鬼事之，故既葬之後當稱謚，故誄生時之行而讀之。此經誄即累也。云「大師又帥瞽廞之而作謚」者，瞽史既知天道，又於南郊祭天，之所稱天以誄之，是王之謚成於天道也。若然，先於南郊制謚乃遣之日讀之，葬後則稱謚。凡喪事考焉，爲有得失。小喪賜謚。小喪，卿大夫也。○疏云：大史雖賜之謚，不讀，使小史讀之，故小史職云：「卿大夫之喪，賜謚讀誄。」彼注云：「其讀誄，亦以大史賜謚爲節事相成。」其卿大夫將作謚之時，其子請於君，君親爲之制謚，謚成，使大史往賜之小史，至遣之日往爲讀之。檀弓云：「公叔文子卒，其子戍請謚於君」，謚曰貞惠文子。是其事也。明王禮亦當然。其諸侯之法，案曲禮「言謚曰類」，以其象聘問之禮，見天子乃使大史賜之謚，小史不讀之，以其諸侯自有史。此直言小喪賜之謚，則三公諸侯亦在焉。○小史：大喪，佐大史。卿大夫之喪，賜謚讀誄。其讀誄，亦以大史賜謚爲節，事相成。○疏曰：賜謚，大史之事，非小史。但小史於大史賜謚之時，須誄列生時行迹而讀之，故云「其讀誄」，亦以大史賜謚爲節。云「事相成」者，謚法依誄爲之，故云事相成〔五二〕。○惟周公旦、太公望開嗣王發，建功于牧野，及終將葬，乃制謚法，遂叙謚法。謚者，行之迹；號者，功之表；古者有大功則賜之善號，以爲稱也。

車服者，位之章也。是以大行受大名，細行受小名。行出於己，名生於人。名是謚號。壹民無爲曰神。以至無爲，神道設教。一德不懈曰簡。一，不委曲。靖民則法曰皇。靖，安。平易不訾曰簡。不信訾毁〔五三〕。德象天地曰帝。同於天地。尊賢貴義曰恭。尊事賢人，寵貴義士。仁義歸往曰王。民往歸之。敬事供上曰供。供，奉也。立志及衆曰公。志無私也。尊賢敬讓曰恭。敬有德，讓有功〔五四〕。執應八方曰侯。所執行八方應之。既過能改曰恭。言自知也。賞慶刑威曰君。能行四也。執事堅固曰恭。守正不移。平正不阿曰君。民從之。愛民長悌曰恭。順長接下。揚善賦簡曰聖。所稱得人〔五五〕，所善得實，所敷得簡。執禮御賓曰恭。迎侍賓也。敬祀享禮曰聖。既敬於祀，能通神道。芘親之闕曰恭。修德以益之。照臨四方曰明。以明照之。尊賢讓善曰恭。不專己善，推之於人。譖訴不行曰明。逆知之，故不行。威德悉備曰欽。威則可畏，儀則可象。經緯天地曰文。成其道。大慮慈民曰定。思樹德。道德博聞曰文。無不知。純行不差曰定。行一不傷。學勤好問曰文。不耻下問。安民大慮曰定。以慮安民。慈惠愛民曰文。惠以成文。安民法古曰定。不失舊意。愍民惠禮曰文。惠而有禮。闢土有德曰襄。取之以義。賜民爵位曰文。與同升。甲胄有勞曰襄。亟征伐。綏柔士民曰德。安民以柔，安士以事。小心畏忌曰僖。知難而退。諫慮不威曰德。不以威距諫。有伐而還曰釐。知難而退。剛强直理曰武。剛，無欲。强，無撓。直，正直。理，忠恕。質淵受諫曰僖。深故能受。威强直德曰武。與有德者敵。溫柔賢善曰懿。性能純善。克定禍亂曰武。以兵往，故能定。心能制義曰度。制事得宜。刑民克服曰成。法以正民，能使服也。聰明叡哲曰獻。有過知之聰。夸志多窮曰武。大之兵行多所窮。智質有聖曰獻。有所通而無蔽。安民立政曰成。政以安民。五宗安之曰孝。五世之宗。淵源流通曰康。性無忌。慈惠愛親曰孝。周愛親族。溫年好樂曰勤。好豐年，勤民事。協時肇厚曰孝。協，和。肇，始。常如初。秉德不回曰孝。順於德而不違。安樂撫民曰康。無四方之虞。令民安樂曰康。富而教之。執心克壯曰齊。能有嚴。布德執義曰穆。舜典：「四門穆穆。」輕輶供就曰齊。輶有所輕而供成。中情見貌曰穆。性心露也。甄心動懼曰頃。甄，情。容儀供美曰昭。有儀可象，行供可美。敏以敬慎曰頃。疾於所敬。昭德有勞曰昭。能勞謙。柔德安衆曰靜。成衆使安。聖善周聞曰宣。通於善道，聲教宣聞。供己解言曰靖。恭己正平，少言而中。治而無省曰平。寬樂令終曰靖。性寬樂義，以善自終。執事有制曰平。不任意。威德剛武曰圉。禦亂患。布綱治紀曰平。施之政事。彌年壽考曰胡。久其年。忠義而濟曰景。用義而成。保民耆艾曰胡。六十耆，七十艾。耆意大慮曰景。耆，强也。彊毅果敢曰剛〔五六〕。釐於義，致志固。布義行剛曰景。以剛行義。追補前過曰剛。勸善以補過。清白守節曰貞。行清白，執志固。猛以剛果曰威。猛則少寬，果敢行。大慮克就曰貞。不隱無屏曰貞。彊毅執正曰威。闢土服遠曰桓。以武力征四夷。治典不殺曰祈。秉常不衰。克敬動民曰桓。敬以使之。大慮行節曰孝。言成其節。闢土兼國曰桓。兼人故啓土。治民克盡曰使。克盡恩惠。能思辯衆曰元。别之使各有次。好和不争曰安。坐在少斷。行義説先曰元。民説其義。道德純一曰思。道大而德一。始建國都曰元。非善之良，何以始之。大省兆民曰思。大親民而不侈。主義行德曰元。以義爲主。外内思索曰思。言求善。聖善周聞曰宣。聞，謂所聞善事。追悔前過曰思。思而能改。兵革亟作曰壯。以數征爲嚴。行見中外曰慤。表裏如一。其國克服曰壯。禁圉敵人，能使服之。狀古述今曰譽。勝敵克亂曰壯。勝敵故能克亂。昭功寧民曰商。商度事宜，所以安民。死於原野曰壯。非嚴何以死難。克殺秉正曰夷。秉政不任賢。屢征殺伐曰壯。以嚴整之。安民好静曰夷。武而不遂曰壯。武功不成。執義揚善曰懷。稱人之善。柔質慈民曰惠。賑孤惸，加施惠。慈仁短折曰懷。短，未六十。折，未三十。愛民好與曰惠。與謂施。述義不克曰丁。欲立志義而弗能成。夙夜敬戒曰敬。敬身急戒。述事不弟曰丁。不孫弟。夙興恭事曰敬。敬以莅事。有功安民曰烈。以武立功。象方益平曰敬。法常而知。秉德尊業曰烈。業以通德爲而能尊。令善典法曰敬。非敬何以善之。剛克爲伐曰翼。伐，功也。剛德克就曰肅。成其不敬使爲終。思慮深遠曰翼。好遠思，不任亂。執心決斷曰肅。言嚴果。外内貞復曰白。正而後約始一。不生其國曰聲。生於外家。不勤成名曰靈。任本性不見賢思齊。未家短折曰傷。未家，未娶。死而志成曰靈。上志不忲命。愛民好治曰戴。愛養其民，天下戴仰。死見神能曰靈。有鬼不爲厲。曲禮不倦曰戴。倦，過。亂治不損曰靈。不能以治損亂。短折不成曰傷。幼稚而夭傷。好祭鬼交曰靈。請鬼神不致遠。隱拂不成曰隱。不以隱括改其性。極知鬼事曰靈。其智能聰徹之。不顯尸國曰隱。以王國。見美堅長曰隱。美過其令。殺戮無辜曰厲。官人應實曰知。能官人。愎狠遂過曰剌。去諫曰愎，反是曰狠。肆行勞祀曰悼。放心勞於淫祀，言不修德也。不思忘愛曰剌。忌甚。年中蚤天曰悼。年不稱者。早孤短折曰哀。早，未知人事。凶年無穀曰糠。不務稼穡。好率動民曰躁。好改舊以勞動民。外内從亂曰荒。家不治，官不治。不悔前過曰戾。知而不改。好樂怠政曰荒。淫於聲樂，怠於政事。怙威肆行曰醜。肆意行威。在國遭憂曰愍。仍多大喪。雍遏不通曰幽。權臣擅命，故令不達。在國逢難曰愍。兵寇之事。早孤銷位曰幽。銷位，即位而卒。禍亂方作曰愍。動祭亂常曰幽。易神之班。使民悲傷曰愍。妨政賊害。柔質受諫曰慧。受諫以爲慧。貞心大度曰斥。心正而名察。名實不爽曰質。名實，内外相應不差。德正應和曰莫。温良好樂曰良。言其人可好可樂。施勤無私曰惠。慈和偏服曰順。思慮果敢曰趕。博聞多能曰憲。雖多能，不至於大道。嗇於賜與曰愛。滿志多窮曰戈。自足者必不足。危身奉上曰忠。險不辭難。思慮不爽曰原。不差所思而得。克威捷行曰魏。有威而繁行。好内遠禮曰煬。淫於家，不奉禮。克威順禮曰魏。雖威不逆禮。好内怠政曰煬。内則淫朋，外則荒政。怠政外交曰攜。不自明而博外交。遠禮遠衆曰煬。教誨不倦曰長。疏遠繼位曰遠。肇敏行成曰直。彰義揜過曰堅。亡治。内外賓服曰正。華言無實曰夸。好廉自克曰節。廉，儉，不傷財，不害民。逆大虐民曰炕。所尊大而逆。好更改舊曰易。變故改常。名與實爽曰終。愛民在刑曰克。道之以政，聲之以法。擇善而從曰比。比方善而從之。除殘去虐曰湯。亂而不損爲靈。貪亂宜神靈。隱，哀之力也。景，武之力也。施爲文，除武也。辟地爲襄，服遠爲桓。剛克爲發，柔克爲懿。履正爲莊，有遇爲僖。施而不私爲宣。雲行雨施，日月無私。鄉惠無内德爲獻。無内德，謂惠不成也。由義而濟爲景，失志無輔則以其明。餘皆象也。以其明所及爲謚，象其事也。○謚法○

賤不誄貴，幼不誄長，禮也。誄，累也，累列生時行迹，讀之以作謚。謚當由尊者成。○疏曰：「賤不誄貴」，誄，累也，謂賤不得累列貴者之行而爲謚，幼不得累列長者之行而作謚。如此，是其禮也。所以然者，凡謚表其實行，當由尊者所爲。若使幼賤者爲之，則各欲光揚在上之美，有乖實事，故不爲也。唯天子稱天以誄之。以其無尊焉。春秋公羊説以爲讀誄制謚於南郊，若云受之於天然。○疏曰：唯天子稱天以誄之者，諸侯及大夫其上猶有尊者爲之作謚，其天子則更無尊於天子者，故惟爲天子作謚之時於南郊告天，示若有天命然，不敢自專也。又注「以其無尊焉」，按鄭之時説公羊者而爲此言，故白虎通云：天子崩，大臣之於南郊稱天以謚之者，爲人臣子莫不欲褒大其君，掩惡揚善，故至南郊，明不得欺天也。諸侯相誄，非禮也。禮：當言誄於天子也。天子乃使太史賜之謚。○疏曰：非但賤不誄貴，平敵相誄亦爲不可，故云「諸侯相誄非禮也」。案襄十三年左傳楚子囊爲共王作謚者，春秋亂世不能如禮。又案白虎通云：「君薨請謚，世子赴告於天子。天子唯遣大夫會葬而謚之。」又案檀弓云：「公叔文子卒，其子戍請謚於君。」大夫當請誄於君，則諸侯理當言誄於天子。云「天子乃使太史賜之謚」者，案大史職云「小喪賜謚」。鄭云：「小喪，卿大夫也。」卿大夫言賜之謚，明諸侯之喪亦然。○曾子問○幼名，冠字，五十以伯仲，死謚，周道也。疏云：幼名冠字者，名以質生，若無名不可分別，故始生三月而加名。人年二十，有爲人父之道，朋友等類不可復呼其名，故冠而加字。年至五十，耆艾轉尊，又捨其二十之字，直以伯、仲別之。至死而加謚。凡此之事，皆周道也。然則，自殷以前，爲字不在冠時，伯仲不當五十，以殷尚質不諱名故也。又殷以上有生號，仍爲死後之稱，更無別謚，堯、舜、禹、湯之例是也。周則死後別立謚，故總云周道也。士冠二十已有伯某甫、仲、叔、季，此云五十以伯仲者，二十之時雖云伯仲，皆配某甫而言，五十之時，直呼伯仲耳。禮緯含文嘉云：「質家稱仲，文家稱叔。」周代是文，故有管叔、蔡叔、霍叔、康叔、聃季等。末者稱季是也。○檀弓○古者五十而后爵，死而謚，今也。古者生無爵，死無謚。古，謂殷以前也。大夫以上乃謂之爵，死有謚也。周制：爵及命士，雖及之，猶不謚耳。今記時死則謚之，非禮也。○此一經明士禮，此是士冠禮記之文也，以士爲主。古謂殷以前。士生時無爵，謂爵不及也。死時無謚，謂不制謚也。又案典命云：「小國之君，其卿三命，其大夫再命，其士一命。」士既有命，命即爵也。故知爵及命士猶不謚者。檀弓云：「士之有誄，自此始也。」既從縣賁父、卜國爲始，明以前無誄也，無誄即無謚也。○郊特牲右謚誄案：人臣之喪有錫命，今附見于下。○春秋：莊公元年，王使榮叔來錫桓公命。追命桓公，褒稱其德，若昭七年王追命衛襄之比。○疏曰：杜於追命衛襄之下注云：「如今之哀策。」魏、晉以來，唯天子崩乃有哀策，將葬於是遣奠讀之，陳大行功德，叙臣子哀情，非此類也。人臣之喪，不作哀策，良臣既卒，或贈之以官，褒德叙哀，載之於策，將葬，賜其家以告柩，如今哀策，蓋此謂也。○春秋〔五七〕○昭公七年衛侯惡卒，衛齊惡告喪于周，且請命。王使成簡公如衛弔，簡公，王卿士也。且追命襄公曰：「叔父陟恪，在我先王之左右，以佐事上帝，恪，苦各反。○陟，登也。恪，敬也。帝，天也。叔父，謂襄公。如今之哀册。余敢忘高圉、亞圉？」圉，魚吕反。○二圉，周之先也。爲殷諸侯，亦受殷王追命者。○左氏傳○楚子疾，告大夫曰：「不穀不德，少主社稷。生十年而喪先君，未及習師保之教訓而應受多福，多福，謂爲君。是以不德而亡師于鄢，鄢，音偃。○鄢在成十六年。以辱社稷，爲大夫憂，其弘多矣。弘，大也。若以大夫之靈，獲保首領以没於地，唯是春秋窀穸之事，窀，張倫反，一音徒門反。穸，音夕。○窀，厚也。穸，夜也。厚夜，猶長夜。春秋，謂祭祀。長夜，謂葬埋。所以從先君於禰廟者，從先君代爲禰廟。請爲「靈」若「厲」，欲受惡謚以歸先君也。亂而不損曰靈，戮殺不辜曰厲。大夫擇焉。」莫對。及五命，乃許。秋，卒，子囊謀謚，大夫曰：「君有命矣。」子囊曰：「君命以共，共，音恭，下同。若之何毁之？赫赫楚國，而君臨之，撫有蠻夷，奄征南海，以屬諸夏，夏，户雅反。而知其過，可不謂共乎？請謚之『共』。」大夫從之。傳言子囊之善。○襄公十三年春秋左氏傳○魯莊公及宋人戰于乘丘，十年夏。縣賁父御，卜國爲右。縣、卜，皆氏也。凡車右，勇力者爲之。○疏曰：乘丘，魯地也。莊公十年夏六月，齊師、宋師次于郎，公子偃請擊之，大敗宋師于乘丘，齊師乃還。馬驚敗績，驚奔失列。公隊，佐車授綏，戎車之貳曰佐。授綏乘公。○疏曰：案周禮戎僕掌倅車之政，道僕掌貳車之政，田僕掌佐車之政。則戎車之貳曰倅。此云「佐」者，周禮相對爲文有異，若散而言之，則田獵兵戎俱是武事，故同稱佐車，少儀注「戎獵之副曰佐」是也。熊氏以爲此皆諸侯法。公曰：「末之卜也。」末之，猶微哉。言卜國無勇。縣賁父曰：「他日不敗績，而今敗績，是無勇也。」公他日戰，其御馬未嘗驚奔。遂死之。二人赴敵而死。○疏曰：知「二人」者，以卜國被責，縣賁父職掌馬事，自稱無勇，既序兩人於上，即陳遂死於下，明兩人俱死也。圉人浴馬，有流矢在白肉。圉人，掌馬者。白肉，股裏肉。○疏曰：圉人，掌養馬者。云「白肉股裏肉」者，以股裏白，故謂之白肉，非謂肉色白也。公曰：「非其罪也。」流矢中馬，非御與右之罪。遂誄之。誄其赴敵之功以爲謚。士之有誄，自此始也。記禮失所由來也。周雖以士爲爵，猶無謚也。殷大夫以上爲爵。○疏曰：知周以士爲爵者，案掌客云：「凡介、行人、宰、史，皆飧饔餼」，以其爵等爲之牢禮之陳數。凡介行人皆爲士而云爵等，是士有爵也，故鄭注大行人云：「命者五：公、侯、伯、子、男。爵者四：孤、卿、大夫、士〔五八〕。」云「猶無謚也」者，以此云士之有誄自此始，故知周士無謚也。云

「殷大夫以上爲爵」者，按士冠禮云：「古者生無爵，死無謚。」於士冠之下而爲此記，又不云諸侯大夫，明生無爵死無謚據士也。士冠禮是周禮而云古者，故知是殷以上。○檀弓上

○公叔文子卒，文子，衛獻公之孫，名拔〔五九〕，或作發。其子戍請謚於君，曰：「日月有時，將葬矣，請所以易其名者。」謚者行之迹。有時，猶言有數也。大夫士三月而葬。○疏曰：生存之日〔六〇〕，君呼其名。今既死將葬，故請所以誄行爲之作謚，易代其名者。君曰：「昔者衛國凶饑，夫子爲粥與國之餓者，是不亦惠乎？昔者衛國有難，夫子以其死衛，寡人不亦貞乎？難，謂魯昭公二十年盜殺衛侯之兄縶也。時齊豹作亂，公如死鳥。○疏曰：魯昭二十年左傳云：齊豹作亂，用戈擊公孟縶，殺之。公聞亂，乘，驅自閱門入，載寶以出。又云「公如死鳥」。注云：「死鳥，衛地。」夫子聽衛國之政，修其班制，以與四鄰交。衛國之社稷不辱，不亦文乎！」班制，謂尊卑之差。故謂夫子貞惠文子。後不言「貞惠」者，「文」足以兼之。○疏曰：案謚法：「愛民好與曰惠。外内用情曰貞。道德博聞曰文。」既有道德，則能惠能貞，故鄭云「後不言貞惠者文足以兼之」。案文次先惠後貞，此先云「貞」者，以其致死衛君事重，故在前。上先言「惠」者，據事先後言之。○檀弓

○魯哀公誄孔丘曰：「天不遺耆老，莫相予位焉。嗚呼哀哉，尼父！」誄其行以爲謚也。○疏曰：孔子以哀公十六年夏四月己丑日卒，哀公欲爲作謚，作謚宜先列其生時行狀，謂之爲誄。「嗚呼哀哉」，傷痛之辭也。尼父，尼則謚也，父且字，甫是丈夫之美稱，稱字而呼之尼父也。○同上

○孔丘

卒，公誄之曰：「旻天不弔，不憖遺一老，俾屏余一人以在位，煢煢余在疚。嗚呼哀哉，尼父！無自律。」疚，病也。律，法也。言喪尼父，無以自律法。子贛曰：「夫子之言曰：『禮失則昏，名失則愆。』失志爲昏，失所爲愆。生不能用，死而誄之，非禮也；稱一人，非名也。君兩失之。」疏曰：鄭玄禮記注云：「誄，累也，累列生時行迹，讀之以作謚。」此傳唯説誄辭，不言作謚，傳記羣書皆不載孔子之謚，蓋唯累其美行，示己傷悼之情而賜之命爾。鄭錯讀左傳云以字爲謚，妄爲此解。○哀十六年春秋左氏傳

大司馬：喪祭，奉詔馬牲。王喪之以馬祭者，蓋遣奠也。奉，猶送也。送之至墓，告而藏之。○夏官○司尊彝：大喪，存奠彝。存，省也，謂大遣時奠者，朝夕乃徹也。○疏曰：大喪之奠有彝尊盛鬱鬯，唯謂祖廟厥明將向壙，爲大遣奠時有之〔六一〕，朝夕乃徹也者。案檀弓云：「朝奠日出，夕奠逮日。」則朝奠至夕徹之，夕奠至朝乃徹，其大遣亦朝設，至夕乃徹。言此者，欲見所奠彝尊，朝夕奠存省之意也。○春官○鬱人：大喪及葬，共其祼器，遂貍之。遣奠之彝與瓚也，貍之於祖廟階間，明奠終於此。○疏曰：葬時不見有設奠之事，祖祭已前奠小，不合有彝器。奠之大者，唯有遣奠，故知於始祖廟中，厥明將葬之時，設大遣奠有此祼器也，司尊彝云「大喪存奠彝」是也。以奠無尸，直陳之於奠處耳。言「貍之於祖廟階間」者，此案曾子問無遷主者，以幣帛皮圭以爲主命行，反遂貍之於祖廟兩階之間。此大遣奠在始祖廟，事訖，明亦貍之於階間也。云「明奠終於此」者，自此已前不忍異於生，設奠食，象生而無尸。自此已後，葬訖反，日中而虞則有尸。以神事之謂之祭，異於生，故云「明奠終於此」也。○同上

○小祝：大喪及葬，設道賫之奠，分禱五祀。賫，猶送也。送道之奠，謂遣奠也。分其牲體以祭五祀，告王去此宮中不復反也。王七祀，祀五者，司命大厲，平生出入不以告。○疏曰：賫，送也，送道之奠，謂將葬於祖廟之庭，設大遣奠遣送死者，故謂之送道之奠。因分此奠以告五祀，言王去此宮中不復返也。案既夕禮：祖廟之庭，厥明設大遣奠，「包牲取下體」，是也。云「分其牲體以祭五祀」者，謂包牲而取下體，下體之外分之爲五處祭也。云「王七祀」者〔六二〕，祭法文。云「司命大厲平生出入不以告」者，案月令，春祀户，夏祀竈，季夏祀中霤，秋則祀門，冬則祀行，此並是人之以所由從之處，非直四時合祭，所以出入亦宜告之。案祭法，王七祀之中有司命大厲，此經五祀與月令同，月令不祭司命及大厲之等，此不祭則可知。既夕士禮，亦云「分禱五祀」者，鄭注云「博求之」〔六三〕，依祭法，士二祀。○同上○小斂條内有封人等七官，大斂條内有司几筵設葦席〔六四〕，朝夕奠條内有司服共奠衣服，朔月月半奠條内有籩人共籩，外饔實鼎俎、天子諸侯喪斬衰者奠〔六五〕，大夫喪齊衰者奠〔六六〕，啓條有世婦濯摡爲齍盛〔六七〕，内豎爲内人蹕，皆遣奠所通用，當互考〔六八〕。

右大遣奠

量人：掌喪祭奠竁之俎實。竁亦有俎實，謂所包遣奠，士喪禮下篇曰〔六九〕：「藏苞筲於旁。」○疏云：此喪祭文連奠竁〔七〇〕，竁是壙内，故鄭以喪祭爲大遣奠解之，是以大司馬喪祭亦爲遣奠也。又案冢人云：「請度甫竁。」竁，穿壙之名。此言奠竁，則奠入於壙，是以云所包遣奠也。引士喪禮云「藏苞筲於旁」者，苞謂苞牲取下體，葦苞二是也。藏筲者，即既夕禮云：「筲三：黍、稷、麥。」並藏之於棺旁。○

夏官○大夫之喪既薦馬，薦馬者哭踊，出乃包奠而讀書。嫌與士異，記之也。既夕禮曰：「包牲取下體。」又曰：「主人之史請讀賵。」○疏曰：此明大夫將葬，啓柩朝廟之後，欲出之時。既薦馬者，士喪禮下篇云薦馬之節凡有三時：一者，柩初出至祖廟設奠，爲遷祖之奠訖，乃薦馬，是其一也；至日側祖奠之時，又薦馬，是其二也；明日將行設遣奠之時，又薦馬，是其三也。此云既薦馬，謂第三薦馬之時也。以下則云「包奠而讀書」，於既夕禮當第三薦馬之節。薦馬者哭踊者，謂主人見薦馬。薦，進也。進馬至乃哭踊。出乃包奠者，出謂馬出。乃包奠者，取遣奠牲下體包裹之以遣送行也。然馬出在包奠之前，而必云「出乃包奠」，明出即包奠。包奠爲出之節，故言「出」也。而讀書者，書謂凡送亡者賵入椁之物書也，讀之者，省録之也。注云「嫌與士異」者，案既夕禮薦馬，馬出之後云「包牲取下體」也。又云「主人之史請讀賵」，今此大夫亦薦馬出後包奠讀書，與士同，記者嫌畏大夫之尊與士有異，故特記之，明與士同也，故引既夕禮以下者，證包牲讀賵之節，謂主人見薦馬送行物而哭踊，故云「薦馬者哭踊」也。所以馬進而主人哭踊者，馬是牽車爲行之物，今見進馬是行期已至，故孝子感之而哭踊。云「既夕禮曰包牲取下體」者，士則羊豕也。鄭注：「包者，象既饗而歸賓俎者也。」「前脛折取臂臑，後脛折取骼也。」臂，謂膝上膊下也。臑，謂肘後。取骼，謂膊下股骨也。羊、豕各三个。必取下體者，下體能行，亦示將行也。有遣車者，亦先包之也。云「又曰主人之史請讀賵」者，賵，猶送者人名也。○雜記

右包奠讀賵

遂師：大喪，使帥其屬以幄帟先，道野役。使以幄帟先者，大宰也，其餘司徒也。幄帟先，所

以爲葬窆之間，先張神坐也。道野役，帥以至墓也。○疏曰：大喪，王喪也。以幄帟先者，謂使大宰官帥其屬以幄帟先行至壙也。道野役者，謂司徒導引野中之役以出國城至壙也。大宰之屬幕人共帷幕幄帟綬，故大宰帥之。司徒主衆庶，故令野役也。先張神坐者，謂柩至壙脱載除飾柩則在地，未葬窆之間，須有神坐之所，故知大幕之下宜有幄之小帳，小帳之内而有帟之承塵，以爲神坐也。○地官○陳殯具條幕人掌次，此條通用。朝祖條閭胥聚衆庶，大司徒帥六鄉屬六引，遂人屬六紼，小司徒帥邦役治其政教，鄉師帥其民而至，又薦車馬及陳明器兩條並此章通用，當互考。○鄉士：大喪紀，各掌其鄉之禁令，帥其屬夾道而蹕。屬中士以下。○疏曰：大喪紀，當葬所經鄉道並過六鄉路，以是故各掌其鄉之禁令，當各帥其屬夾道而蹕。知屬是「中士以下」者，鄉士身是上士，故云中士以下。○秋官○方相氏：大喪先匶。先，去聲。匶，音柩。○葬使之道。○道，音導。○疏曰：喪所多有凶邪，故使之導也。○夏官○喪祝：及葬，御匶出宫，乃代。喪祝二人相與更也。○疏曰：及，至也〔七一〕，謂於祖廟厥明大奠後，引柩車出，喪祝於柩車前卻行，御柩車出宫乃代者。案序官云：「喪祝，上士二人〔七二〕。」故鄭云「二人相與更也」。小喪亦如之。○春官○鄉師：及葬，執纛以與匠師御匶而治役。匠師，事官之屬。其於司空，若鄉師之於司徒也。鄉師主役，匠師主衆匠，共主葬引。翿，羽葆幢也。爾雅曰：「纛，翳也。」以指麾挽柩之役，正其行列進退。○行，户剛反。○疏曰：言「及葬」者，及至葬，引向壙。纛，謂葆幢也。鄉師執葆幢，卻行在柩車之前，以與匠師御柩，謂在路恐有傾覆，故與匠師御正其柩。而治役者，亦謂監督役人也〔七三〕。注云「其於司空猶鄉師之於司徒也」者，地官之考稱鄉師，春官之考稱肆師，秋官之考稱士師，唯有天官之考稱宰夫，夏官之考稱軍司馬，自外皆稱師。此經鄉師是司徒考，明匠師亦是司空考，故云其於司空若鄉師之於司徒。案天官注「冬官亡，未聞其考」，此云匠師冬官考者，彼據冬官，亡，故云未聞其考。此據匠師與鄉師相對，以義約之，匠師冬官考也。云「鄉師主役匠師主衆匠共主葬引」者，冬官亡，雖無文，以其主匠，即知共葬也。○地官○司士：作六軍之士執披。

披，方寄反。○作，謂使之也。披，柩車行所以披持棺者，有紐以結之，謂之戴。鄭司農云：「披者，扶持棺險者也。天子旁十二，諸侯旁八，大夫六，士四。」玄謂：結披必當棺束，於束繫紐。天子諸侯戴柩三束，大夫士二束。喪大記曰：君「纁披六」，大夫披四，「前纁後玄」，士「二披用纁。」人君禮文，欲其數多，圍數兩旁言六耳，其實旁三。○疏曰：云「六軍之士」者，即六鄉之民，以其鄉出一軍，六鄉故名六軍之士也。天子千人而云六軍者，以天子千人出自六軍，故號六軍之士，非謂執披有七萬五千人也。柩車則蜃車，車兩旁使人持之，若四馬六轡然，故名持棺者爲披也。云「有紐以結之謂之戴」者，喪大記云「纁戴」者是也。先鄭云「披者扶持棺險」者，先鄭意蜃車行恐逢道險者有傾覆，故云「扶持棺險」也。云「天子旁十二諸侯旁八大夫六士四」者，無所依據，後鄭不從。「玄謂結披必當棺束於束繫紐」者，謂蜃車兩旁皆有柳材，其棺皆以物束之，故云「天子諸侯載柩三束，大夫士二束」。彼喪大記不言天子，此言者，欲見天子無文，約與諸侯同也。謂之戴者，彼大記注云「戴之言值也」，所以連繫棺束與柳材使相值，因而結前後披也。披結於紐，故引喪大記「君纁披六」已下，其蜃車柳材與中央棺束數等，人君三，大夫士二。記云「君纁披六大夫披四」者，皆是禮文，故圍數兩旁言六、言四也。士禮小，無文，故據一旁而言二。若然，大夫亦圍數兩旁言四，直云「人君」者，據尊者而言之也。○夏官○喪祝：掌大喪勸防之事。勸，猶倡帥前引者。防，謂執披備傾虧。○疏曰：「勸猶倡帥前引」者，即經「御柩」一也〔七四〕，謂執纛居柩路前卻行，左右車脚有高下，則以纛詔告執披者，使持制之不至傾虧。倡，先也，故云倡帥前引者。云「防謂執披備傾虧」者，案夏官司士「作六軍之士執披」，故以執披解防，恐柩車傾倒，故云「備傾虧」。經勸防因言所掌事及其行事，下文「及朝，御柩」是也。小喪亦如之。○春官○大史：大喪，執灋以涖勸防。鄭司農云：「勸防，引六綍。」○春官○巾車：大喪及葬，執蓋從車持旌。從，才用反。○從車，隨柩路持蓋與旌者。王平生時車建旌，雨則有蓋，今蜃車無蓋，執而隨之，象生時有也。所執者銘旌。○疏曰：及葬者，謂至葬時將向壙。云「執蓋從車」者，謂此巾車之官執蓋以隨柩車，持旌在柩車之前。而文在下者，以執蓋是巾車，因言持旌耳，非謂持旌亦從車也。以車銘旌表柩象，殯時在柩前，是以既夕禮云：「祝取銘置于茵。」注云：以「重不藏，故於此移銘加於茵上。」若然，茵既行時在柩車前，銘旌亦與茵同在柩車前可知也。注云「從車隨柩路」者，鄭欲以經車爲蜃車柩路解之。云今蜃車既設帷荒，不得設蓋，是以執而隨柩車，雖無用，但象生時有也。云「所執者銘旌」者，將葬之旌，士有二旌，大夫已上皆有三旌。既夕禮是士禮，而有乘車所建旜，是攝盛，故用孤卿所建通帛之旜也。大夫以上有乘車所建旌，卿已上尊矣，無攝盛，以尋常所建旌。王則大常，孤卿建旜，大夫亦應攝盛用旜，是一也。又有厭旌，又有銘旌也。○春官○御僕：大喪持翣。疏曰〔七五〕：喪大記注引漢禮：以木爲匡，廣三尺，高二尺四寸，方，兩角高，衣以白布。畫雲氣，謂之畫翣。畫之以黼，謂之黼翣之類是也。天子用八，諸侯用六，大夫用四，士用二，在路夾蜃車兩旁，入壙則樹之四旁。○夏官○女御：后之喪持翣。翣，棺飾也，持而從柩車。○疏曰：禮器云天子八翣，后喪亦同。將葬，向壙之前，使此女御持之，左右各四人，故云「持而從柩車」也。○天官○冢人：大喪及葬，言鸞車象人。鸞車，巾車所飾遣車也，亦設鸞旗。鄭司農云：「象人，謂以芻爲人。」言，猶語也。語之者，告當行若於生存者，於是巾車行之。孔子謂爲芻靈者善，謂爲俑者不仁，非作象人者，不殆於用生乎。○疏曰：及，至也，謂至葬。冢人語巾車之官，將明器鸞車及象人使行向壙。云「亦設鸞旗」者，遣車有鸞和之鈴，兼有旌旗。經直云鸞車，不言鸞旗，故鄭言之。先鄭云「象人謂以芻爲人」者，後鄭不從，以其上古有芻人，至周不用而用象人〔七六〕，則象人與芻靈別也。鄭引檀弓者，欲破先鄭以芻靈與象人爲一。若然，則古時有塗車芻靈，至周仍存塗車，唯改芻靈爲象人。○陳明器條通用。○春官○虎賁氏：及葬，從遣車而哭。遣車，王之魂魄所憑依。○疏曰：遣車者，將葬盛所苞奠遣送者之車。其車内既皆有牲體，故云王之魂魄所憑依。遣車多少之數，天子無文，鄭注雜記云：「天子大牢苞九个」，遣車九乘。苞肉皆取大遣奠之牲體，天子大牢外更用馬牲，皆前脛折取臂臑，後脛折取骼。苞肉各九个，皆細分其體以充數也。○夏官○内竪：王后之喪，及葬，執褻器以從遣車。褻器，振飾頮沐之器。○疏曰：從遣車，若生時從后。后之私褻小器，唯有振飾頮沐之器，故爲此解也。若然，玉府云：「凡褻器。」鄭注以爲清器虎子，不爲振飾頮沐器者，彼據生時，故與牀笫等連文。此注褻器爲振飾頮沐之器者，案特牲爲尸而有盤匜，并有簞巾，巾爲振飾，盤匜爲盥手，故既夕禮用器之中有盤匜，是送葬之時有褻器也。○天官○君葬用輴，四綍二碑，御棺用羽葆。大夫葬用輴，二綍二碑，御棺用茅。士葬用國車，二綍無碑，比出宮，御棺用功布。輴，音輇，市專反，王敕倫反。綍，音紼。碑，彼皮反〔七七〕。○大夫廢輴，此言輴非也。輴，皆當爲載以輇車之輇，聲之誤也。輇字，或作團，是以又誤爲「國」。輇車，柩車也，尊卑之差也。在棺曰綍，行道曰引，至壙將窆又曰綍，而設碑，是以連言之。碑，桓楹也。御棺，車前爲節度也。士言比出宮，用功布，則出宮而止，至壙無矣。綍，或爲率。○疏曰：此一經明葬時在路，尊卑、載柩之車及碑綍之等。四綍二碑者，綍有四條，碑有二所，此諸侯也，天子則六綍四碑。御棺用羽葆者，雜記云「諸侯用匠人執羽葆以鳥羽」，注：「於柄末如蓋，而御者執之居前，以指麾爲節度也。」大夫「二綍二碑」者，碑各一孔，樹於壙之前後，綍各穿之也。士「二綍無碑」者，手縣下之。比出宮御棺用功布者，比出宮，謂柩在宮墻内也；功布，大功布也，士用大功布爲御也。大夫用茅，自廟至墓，士卑，御自廟至大門墻内而止，出路便否，至墓不復御也。隱義云：「羽葆功布等，其象皆如麾。」又曰「輴皆當爲載以輇車之輇」者，謂經云「君葬用輴」、「大夫葬用輴」，此二「輴」皆當爲輇車之輇，讀從雜記之文，謂君及大夫皆載以輇車，明不以輴也。必知非輴者，以此文云「士葬用國車」，「國」字與「團」字相似，因誤耳。「團」與「輇」聲相類，輇則蜃車也。在路載柩，尊卑同用蜃車，其尊卑之差異在於棺飾耳。熊氏云：「尊卑之差，謂此經君四綍二碑，御棺用羽葆，大夫二綍二碑〔七八〕，御棺用茅，士葬用二綍無碑，御棺用功布。」失鄭注意，其説非也。云「行道曰引至壙將窆又曰綍而設碑是以連言之」者，此一經所論在道之時，未論窆時下棺之節。既是在塗，經當應云引。而云綍與碑者，其初時在塗，後遂窆葬，因在塗連言窆時，故云「是以連言之」。至窆時下棺，天子則更載以龍輴，故遂師注云：「蜃車，柩路也。行至壙」乃設奠，「復載以龍輴」。是天子殯用龍輴，至壙去蜃車，載以龍輴。以此約之，則諸侯殯以輴，葬則用輴明矣。若大夫，唯朝廟用輴，殯則不用輴，葬時亦無輴也。士則殯，不用輴，朝廟得用輴軸。若天子元士，葬亦用輁軸，與大夫異，禮有損之而益之也。云「碑桓楹也」者，下檀弓云「三家視桓楹」，是僭也。則天子用大木爲碑，謂之豐碑。諸侯則樹兩大木爲碑，謂之桓楹。此經君稱二綍二碑，故云「桓，楹也」，謂每一碑樹兩楹。云「士言比出宮用功布則出宮而止至壙無矣」者，以士卑，故出宮在路無御柩之物。○喪大記○喪祝：凡卿大夫之喪，掌事而斂飾棺焉。詳見小斂條。○春官〔七九〕○鄉士：三公若有邦事〔八〇〕，則爲之前驅而辟，其喪亦如之。鄭司農云：鄉士爲三公道也〔八一〕，若今時三公出城〔八二〕，郡督郵盜賊道也。○爲，于僞反。○疏曰：三公有邦事，須親自入鄉〔八三〕，則鄉士爲公作前驅而辟。云「郡督郵爲盜賊道也」者，郵謂郵行往來，盜賊謂舊爲盜賊，即不良之人，故郡督內察郵行者，是盜賊之人使之道，以況古鄉士爲道，相類也。○秋官○遂士：六卿有邦事，則爲之前驅而辟，其喪亦如之。疏曰：「其喪亦如之」者，亦謂公卿大夫之喪死於其中者，亦爲之前驅而辟也。○秋官○縣士：大夫有邦事，則爲之前驅而辟，其喪亦如之。疏曰：其喪，亦謂公卿大夫之喪有死於此者。○秋官○士喪有與天子同者三：其終夜燎，及乘人，專道而行。詳見士喪朝祖條。

右柩行○季子皐葬其妻，犯人之禾，季子皐，孔子弟子高柴，孟氏之邑成宰，或氏季。犯，躐也。○疏曰：子臯爲成宰，高是其正氏，今言季子臯，故鄭云或氏季。以身處季少，故以字爲氏而稱季也。猶若子游稱叔氏，仲由稱季路，皆其例也。申祥以告曰：「請庚之。」庚，古衡反。○申祥，子張子。庚，償也。子臯曰：「孟氏不以是罪予，時僭侈。朋友不以是棄予，言非大故。以吾爲邑長於斯也，買道而葬，後難繼也。長，丁丈反。○恃寵虐民，非也。○疏曰：子臯見申祥請償，故非之。云孟氏不以是犯禾之事罪責於我，朋友不以是犯禾之事離棄於我，以其小失非大故也，以吾爲邑長於此成邑，乃買道而葬，清儉太過，在後世之人難可繼續也。以孟氏不罪於己，故鄭云恃寵虐民。○檀弓○鄭簡公卒，將爲葬除，爲，于僞反。○除葬道。及游氏之廟，游氏，子大叔族。將毁焉。子大叔使其除徒執用以立，而無庸毁，用，毁廟具。曰：「子産過女而問，女，音汝。何故不毁，乃曰：『不忍廟也。諾，將毁矣。』」教毁廟者之辭。既如是，子産乃使辟之。司墓之室有當道者，簡公别營葬地，不在鄭先君舊墓，故道有臨時迂直也。司墓之室，鄭之掌公墓大夫徒屬之家。○迂，音于，一音於。毁之，則朝而堋。堋，北鄧反，徐甫贈反，下棺也。禮家作窆，義同。弗毁，則日中而堋。子大叔請毁之，曰：「無若諸侯之賓何？」不欲久留賓。子産曰：「諸侯之賓能來會吾喪，豈憚日中？無損於賓，而民不害，何故不爲？」遂弗毁，日中而葬。君子謂子産於是乎知禮，禮無毁人以自成也。疏曰：用謂毁廟之具，若今鍬钁之類也。教其除道之徒執所用作具，以佇立而無用，即毁廟也。○昭公十有二年春秋左氏傳○葬敬嬴，旱，無麻，始用葛茀。茀，方弗反，引棺索也。○記禮變之所由，茀所以引柩，殯則有之，以備火，葬則以下柩。○宣八年春秋左氏傳○吴伐齊，將戰，公孫夏命其徒歌虞殯。疏曰〔八四〕：賈逵云「虞殯，遣殯歌詩」，杜云「送葬歌曲」，並不解虞殯之名。禮：啓殯而葬，葬即下棺，反，日中而虞。蓋以啓殯將虞之歌，謂之虞殯。歌者，樂也。喪者，哀也。送葬得有歌者，蓋挽引之人爲歌聲以助哀，今之挽歌是也。舊説挽歌漢初田横之臣爲之，據此，挽歌之有久矣。晉初荀顗制禮，以吉凶不雜，送葬不宜有歌，去之。摯虞駁之云：「詩云：『君子作歌，惟以告哀。』歌不爲害也。」復存之。○哀公十一年左氏傳

巾車：大喪，及墓，嘑啓關，陳車。關，墓門也。車，貳車也。士喪禮下篇曰：「車至道左，北面立，東上。」○疏曰：鄭知車是貳車者，以其遣車在明器之中。案既夕陳明器在道東西北上，此不言明器而别陳車，是貳車可知。天子貳車象生時，當十二乘也。士喪禮云「車至道左北面立東上」者，士無貳車，惟據乘車、道車、稾車三乘，此王禮亦有此三乘車〔八五〕，於後别有貳車十二乘。然則，此車非止貳車而已。鄭直云貳車者，舉其士喪禮不見者而言耳〔八六〕。○此條朝祖薦車通用，柩行條遂師以幄帟先、朝祖條樂師陳樂器，此條通用，當互考。○春官○方相氏：大喪及墓，入壙，以戈擊四隅，毆方良〔八七〕。方良，上音罔，下音兩，又如字。○壙，穿地中也。方良，罔兩也。天子之椁柏，黄腸爲裏，而表以石焉。國語曰：木石「之怪夔罔兩」。○疏曰：必破「方良」爲「罔兩」者，入壙無取於方良之義故也。云「天子之椁柏黄腸爲裏而表以石焉」者，欲見有罔兩之義，故引漢法爲證。又檀弓云：天子「柏椁以

端，長六尺」。言椁柏，則亦取柏之心黄腸爲椁之裏，故漢依而用之，而表之以石。蓋周時亦表以石，故有罔兩也。云國語者，案國語：「水之怪龍罔象，土之怪夔罔兩。」則知方良當爲罔兩也。〇夏官〇喪祝：及壙，説載除飾。鄭司農云：「説載，下棺也。除飾，去棺飾也。四翣之屬，令可舉移安錯之。」玄謂：除飾，便其窆爾，周人之葬墻置翣。〇翣，所甲反，亦作翜。〇疏曰：脱載，謂下棺於地。除飾，謂除去帷荒，下棺於坎訖，其帷荒還入壙，張之於棺。注云「四翣之屬」者，案喪大記及禮器：士二翣，大夫四翣，諸侯六翣，天子八翣。周人之葬墻置翣者，謂帷荒與柩爲鄣若墻然，故謂之墻翣。在道柩車，傍人執之入壙，置之於椁傍，故云「置」也。小喪亦如之。小喪，王后以下之喪。〇春官〇掌蜃：掌斂互物蜃物，以共闉壙之蜃。互，户故反。〇互物，蚌蛤之屬。闉，猶塞也，將井椁，先塞下以蜃禦溼也。鄭司農説以春秋傳曰：「始用蜃炭。」言僭天子也。」〇疏曰：案士喪禮：「筮宅」，還井椁於殯門之外。注云：「既哭之，則往施之竁中。」是未葬前井椁材乃往施之壙中，則未施椁前，已施蜃炭於椁下，以擬禦溼也。引春秋者，是成公二年宋文公卒，始厚葬用蜃炭，雖二王之後，不得純如天子亦用蜃，故被譏。引之者，證天子之宜也。〇地官〇稻人：喪紀，共其葦事。葦以闉壙，禦濕之物。〇疏曰：春秋左氏傳有井闉。闉，塞也。〇地官〇澤虞：喪紀，共其葦蒲之事。葦以闉塞，蒲以爲席。〇疏曰：蒲以爲席者，謂抗席及禮記云「虞卒哭，芐翦不納」者是也。〇地官〇掌茶：掌以時聚茶以共喪事。疏曰：案既夕禮爲茵之法，用緇翦布，謂淺黑色之布各一幅合縫，著以茶。柩未入壙之時，先陳於棺下，縮二於下，横三於上，乃下棺於茵上是也。〇地官

右至壙

冢人：共喪之窆器。下棺豐碑之屬〔八八〕。○朝祖條小司徒帥邦役，遂人及窆陳役，並此條通用，當互考。○凡封，用綍，去碑負引。君封以衡，大夫士以咸。君命毋譁，以鼓封。大夫命毋哭，士哭者相止也。疏曰：凡封用綍去碑負引者，封，當爲「窆」。窆，謂下棺。下棺之時，將綍一頭以繫棺緘，又將一頭繞碑間鹿盧，所引之人在碑外，背碑而立，負引者漸漸應鼓聲而下，故云「用綍去碑負引」也。「君封以衡」，諸侯禮大物多，棺重，恐柩不正，下棺之時別以大木爲衡貫穿棺束之緘，平持而下，備傾頓也。大夫士以咸者，大夫士無衡，使人以綍直繫棺束之緘也。君命無譁以鼓封者，謂君下棺時，命令衆人無譁，以擊鼓爲窆時縱捨之節，每一鼓漸縱綍也。大夫卑，不得擊鼓，直命人使無哭耳。士哭者相止也者，士又卑，不得施教令，直以哭者自相止也。又云：諸侯四綍二碑，前後二綍各繞前後二碑之鹿盧，其餘兩綍於壙之兩旁，人輓之而下。其天子則六綍四碑，綍既有六，碑但有四，故以前碑後碑各重鹿盧，每一碑用二綍，前後用四綍，其餘兩綍繫於兩旁之碑。○喪大記○柩行條君葬四綍二碑，此條通用，當互考。○鼓人：詔大僕鼓。詳見本篇戒臣民條。○大僕：大喪，始崩，戒鼓，窆亦如之。窆，彼驗反，注之封音同，劉皆逋鄧反。○戒鼓以警衆也。司農云：「窆，謂葬下棺也。春秋傳所謂『日中而傰』，禮記謂之封，皆下棺也。音相似，窆讀如『慶封汜祭』之汜。」○傰，補鄧反〔八九〕。汜，方劍反。○詳見始死條。○遂師：大喪，及窆，抱磨〔九〇〕，共丘籠及蜃車之役。蜃車，柩路也。行至壙乃說，更復載以龍輴。役，謂執綍者。磨者，適歷執綍者名也。遂人主陳之，而遂師以名行校之。○

疏曰：云「共丘籠」者，王曰丘，謂共爲丘之籠器以盛土也。謂下棺之後，以壙上土反覆而爲丘壟，皆須籠器以盛土也。云「適歷執綍者名也」者，謂天子千人分布於六綍之上，謂之適歷者，分布稀疏得所名爲適歷也。云「遂人主陳之」者，案遂人云「及窆陳役」是也。遂師抱持版之名字，巡行而校録之，以知在否，故云抱磨也。○地官○鄉師：及窆，執斧以涖匠師。匠師，主豐碑之事，執斧以涖之〔九一〕，使戒其事〔九二〕。故書「涖」作「立」，立，讀爲涖，涖謂臨視也。○疏曰：及，至也。窆，下棺也〔九三〕，至壙下棺之時，鄉師執斧以涖匠師，匠師主衆匠，恐下棺不得所，須有用斧之事，又執斧以臨視之。云「匠師主豐碑之事」者，案檀弓云：「公室視豐碑，三家視桓楹。」鄭彼注：天子「斲大木爲之。」豐，大也〔九四〕，天子六綍四碑，前後各一碑，各重鹿盧，兩畔各一碑，皆單鹿盧。天子千人分置於六紼，皆背碑負引，擊鼓以爲縱舍之節，匠師主當之。云「執斧以涖之使戒其事」者，恐匠師不戒其事，須有用斧之處，故鄉師執斧助之，使匠師戒其事。「涖謂臨視也」者，謂臨視匠師也。○地官○冢人：及窆，執斧以涖。疏曰：案鄉師云「執斧以涖匠師」，則此亦涖匠師。兩官俱臨者，葬事大，故二官共臨。遂入藏凶器〔九五〕，凶器，明器。○疏曰：因上文窆，下棺訖，即遂入壙藏明器。正墓位，蹕墓域，守墓禁。位，謂丘封所居前後也。禁所爲塋限。○疏曰：墓位，即上文昭穆爲左右，須正之使不失本位。墓域，謂四畔溝兆。蹕，謂止行人不得近之。守墓禁，謂禁制不得漫入也。云「禁所爲塋限」者，謂禁者以塋域爲限而禁之。○春官○司常：建廞車之旌，及葬亦如之。詳見陳明器條。○樂師：凡喪，陳樂器則帥樂官。及序哭，亦如之。哭，此樂器亦帥之。○疏曰：案小宗伯云：「及執事眡葬獻器，遂哭之。」注云：「至將葬，獻明器之材，又獻素獻成，皆於殯門外，王不親哭，有官代之。」彼據未葬獻材時，小宗伯哭之。此序哭明器之樂器，文承「陳樂器」之下而云「序哭」，謂使人持此樂器向壙及入壙之時序哭之也。○春官○大司樂：涖藏樂器。詳見陳明器條。○笙師：廞樂器，及葬，奉而藏之。同上。○鎛師：廞樂器，奉而藏之。同上。○籥師：廞樂器，奉而藏之。同上。○司干：廞舞器，奉而藏之。同上。○校人：飾遣車之馬，及葬埋之。同上○典瑞：大喪，共贈玉。贈玉，蓋璧也。贈有束帛，六幣璧以帛。○疏曰：贈玉者，案既夕禮，葬時棺入坎，贈用玄纁束帛，即天子，加以玉，是贈先王之物也。注云「贈玉蓋璧也」者，以既夕禮云「士贈用束帛」，明天子亦有束帛也。而小行人「合六幣」，「璧以帛」，故知贈既用帛，明以璧配之。鄭言此者，恐天子與士異，士用帛，天子用玉，嫌不用帛，故言之也。○春官○大宰：大喪贊贈玉。助王爲之也。贈玉，既窆所以送先王。○疏曰：大喪既是王喪，云「助王爲之也」者，謂助嗣王也。案既夕士禮：「既窆，主人贈用玄纁以入壙。」王喪雖無文，應更有加，亦當以玄纁爲主也〔九六〕。」○小宗伯：成葬而祭墓爲位。成葬，丘已封也，天子之冢蓋不一日而畢。位，壇位也，先祖形體託於此地，祀其神以安之。冢人職曰：「大喪既有日，請度甫竁，遂爲之尸。」○疏曰：云「天子之冢蓋不一日而畢」者，案檀弓云：「有司以几筵舍奠於墓左，反，日中而虞。」注云：「所使奠墓有司來歸乃虞也。」則虞祭在奠墓後。此上文既云「詔相喪祭」，則虞祭訖矣，於下乃云「成葬祭墓爲位」，則虞祭不待奠墓有司來歸者，由天子之冢高大，蓋不一日而畢，故設經喪祭在成葬之上也。引冢人職者，證祭墓爲位時，冢人爲尸以祭后土也。○春官○冢人：凡祭墓爲尸。祭墓爲尸，或禱祈焉。

鄭司農云：「爲尸，冢人爲尸。」○疏曰：後鄭知此祭墓爲禱祈者，上文「遂爲尸」是墓新成祭后土，此文云「凡」，故知謂禱祈也。先鄭云「爲尸冢人爲尸」者，上文祭墓謂始穿地時，此文據成墓爲尸，後鄭以此亦得通一義，故引之在下，是以禮記檀弓云：「有司舍奠於墓左。」彼是成墓所祭，亦引此凡祭墓爲尸證成墓之事也。春官○冢人：凡諸侯及諸臣葬於墓者，爲之蹕，均其禁(九七)。○大夫廢其事，終身不仕，死以士禮葬之。以不任大夫也。○疏曰：大夫廢其事，故知不堪任大夫也。致仕而退，死得以大夫禮葬。○王制

右窆○宣公八年冬十月己丑，葬我小君敬嬴。雨，不克葬，禮也。禮：卜葬，先遠日，辟不懷也。卜葬先遠日，辟不思念其親，似欲汲汲而早葬之也(九八)。今若冒雨而葬，亦是不思其親，欲得早葬，故舉卜葬先遠日以證爲雨而止禮也。王制云「庶人葬，不爲雨止」者，鄭玄云(九九)：「雖雨猶葬，禮儀少也。」○春秋左氏傳○葬既有日，不爲雨止，禮也。雨不克葬，喪不以制也。喪事有進無退。又士喪禮有潦車載蓑笠，則人君之張設固兼備矣。禮先遷于廟，其明昧爽而引，既及葬日之晨，則祖行遣奠之禮設矣。故雖雨猶終事，不敢停柩久次。○穀梁傳○定公十有五年秋九月丁巳，葬我君定公，雨，不克襄事，禮也。襄，成也。雨而成事，若汲汲於欲葬。○春秋左氏傳○葬既有日，不爲雨止，禮也。雨不克葬，喪不以制也。戊午，日下稷，乃克葬。稷，昃也。下昃，謂晡時。乃急辭也，不足乎日之辭也。穀梁傳○孔子爲中都宰，先時季氏葬昭公於

墓道之南，孔子溝而合諸墓焉，謂季桓子曰：「貶君以彰己罪，非禮也。桓子，平子之子。今合之，所以揜夫子之不臣。」家語○晉文公既定襄王于郟，郟，古洽反。○郟，洛邑王城之地。王勞之以地，辭。辭不受也。請隧焉，隧，徐醉反。○賈侍中云：隧，王之葬禮。闕地通路曰隧。王弗許，曰：「昔我先王之有天下也，亦唯是先王之服物采章，采章，采色文章也。以臨長百姓而輕重布之，王何異之有？輕重布之，貴賤各有等也。王何異之有，言帝王皆然。若不然，叔父有地而隧焉，自制以爲隧也。余安能知之？」文公遂不敢請，受地而還。還，音旋。○國語○又案：左氏傳曰：晉侯朝王，請隧，弗許，曰：「王章也。未有代德，而有二王，亦叔父之所惡也。」○事見僖公二十五年。○許穆公卒于師，葬之以侯，禮也。詳見變禮道有喪。○臧僖伯卒，公曰：「叔父有憾於寡人，諸侯稱同姓大夫，長曰伯父，少曰叔父。有恨，恨諫觀魚不聽。寡人弗敢忘。」葬之加一等。加命服之等。○隱五年春秋左氏傳○宋文公卒，始厚葬，用蜃炭，益車馬，始用殉，重器備，椁有四阿，棺有翰檜。蜃，市忍反。翰，户旦反，一音韓。檜，古外反，徐音會。○燒蛤爲炭以瘞壙，多埋車馬，用人從葬。四阿，四注椁也。翰，旁飾。檜，上飾。皆王禮。○疏曰：周禮匠人云：「殷人四阿重屋。」鄭玄云：「阿，棟也」，四角設棟也。是爲四注椁也。士喪禮云：「抗木，横三縮二。」謂於椁之上設此木，從二横三以負土，則士之椁上平也。今此椁上四注而下，則其上方而尖也。禮，天子椁題湊，諸侯不題湊，不題湊則無四阿。釋詁云：「楨、翰，幹也。」又曰：楨，正也，築墻所立兩木也。榦，所以當墻兩邊障土者也。榦在墻之旁，則知此榦亦在旁也。詩云：「會弁如星。」鄭玄云：「會，謂弁之縫中。」言其際會之處也。會在弁之上，知此檜亦在上，故以爲棺旁飾、上飾也。言椁有、棺有，則本不當有。宋公所僭，必僭天子，明此四阿榦檜皆是王之禮也。蜃炭言用，亦本不當用，其蜃炭蓋亦王之禮也。君子謂華元、樂舉「於是乎不臣。臣，治煩去惑者也，是以伏死而爭。今二子者，君生則縱其惑，死又益其侈，是棄君於惡也，何臣之爲？」成二年春秋左氏傳

○季康子之母死，公輸若方小。公輸若，匠師。方小，言尚幼，未知禮。斂，般請以機封，般，音班。封，彼驗反。○斂，下棺於椁。般，若之族，多技巧者。見若掌斂事而年尚幼，請代之而欲嘗其技巧。將從之。時人服般之巧。公肩假曰：「不可。夫魯有初，初，謂故事。公室視豐碑，碑，彼皮反。○言視者，時僭天子也。豐碑，斫大木爲之，形如石碑，於椁前後四角樹之，穿中於閒爲鹿盧，下棺以繂繞。天子六繂四碑，前後各重鹿盧也。三家視桓楹。時僭諸侯，諸侯下天子也。斲之形如大楹耳，四植謂之桓。諸侯四繂二碑，碑如桓矣。大夫二繂二碑，士二繂無碑。○疏曰：凡言「視」者，不正相當，比擬之辭也，故王制云：天子之三公視公侯，卿視伯，大夫視子男。是也，故云「言視僭天子」也。豐碑「斲大木爲之形如石碑」者，以禮廟庭有碑，故祭義云：牲入「麗于碑」。儀禮每云「當碑揖」，此云「豐碑」，故知斲大木爲碑也。云「於椁前後四角樹之」者，謂椁前後及兩旁樹之，角落相望，故云四角，非謂正當椁四角也。云「穿中於閒爲鹿盧」者，謂穿鑿去碑中之木令使空，於此空閒著鹿盧，兩頭各入碑木。云「下棺以繂繞」者，繂即紼也，以紼之一頭繫緘，以一

頭繞鹿盧，既訖而人各背碑負紼末頭，聽鼓聲以漸卻行而下之。知唯「前後碑重鹿盧」者，以棺之入椁，南北豎長，前後用力深也〔一〇〇〕。案春秋天子有隧，以羨道下棺，所以用碑者。凡天子之葬，掘地以爲方壙，漢書謂之方中。又方中之内先累椁於其方中，南畔爲羨道，以蜃車載柩至壙，説而載以龍輴，從羨道而入，至方中乃屬紼於棺之緘，從上而下，棺入於椁之中，於此之時，用碑繂也。注「如大楹」者，以言視桓楹。不云碑，知不似碑形，故云「如大楹」耳。通而言之，亦謂之碑，故喪大記云諸侯大夫「二碑」是也。云「四植謂之桓」者，案説文：「桓，亭郵表也。」謂亭郵之所，而立表木謂之桓，即今之橋旁表柱也。今諸侯二碑，兩柱爲一碑而施鹿盧，故云「四植謂之桓」也。般，爾以人之母嘗巧，則豈不得以？以，「已」字。言寧有强使女者與？僭於禮，有似；作機巧，非也。「以」與「已」字本同。其毋以嘗巧者乎？則病者乎？毋，音無。〇毋，無也。於女寧有病苦與？止之。噫。不寤之聲。弗果從。檀弓〇陳乾昔寢疾，屬其兄弟而命其子尊己，曰：「如我死，必大爲我棺，使吾二婢子夾我。」乾，音干。屬，之玉反。夾，古洽反。〇婢子，妾也。〇疏曰：屬其兄弟而命其子尊己者，尊己者，子名也。兄弟言「屬」，子云「命」，輕重之義也。陳乾昔死，其子曰：「以殉葬，非禮也，況又同棺乎？」弗果殺。善乾昔子尊己，不陷父於不義。〇同上。〇陳子車死於衛，其妻與其家大夫謀以殉葬，子車，齊大夫。定而後陳子亢至，以告曰：「夫子疾，莫養於下，請以殉葬。」亢，音剛，又苦浪反，下同。〇子亢，子車之弟，孔子弟子。下，地下。〇疏曰：知孔子弟子者，以論語陳亢問於伯魚。子亢曰：「以殉葬，非禮也。雖然，則彼疾當養者，孰若妻與宰？得已，則吾欲已。不得已，則吾欲以二子者之爲之也。」度諫之不能止，以斯言拒之。已，猶止也。於是弗果用。果，決也。○同上。○秦伯任好卒，任好，秦穆公名。以子車氏之三子奄息、仲行、鍼虎爲殉，車，音居。行，户郎反。鍼，其廉反。殉，似俊反。○子車，秦大夫氏也。以人從葬爲殉。皆秦之良也。國人哀之，爲之賦黄鳥。君子曰：「秦穆公之不爲盟主也宜哉〔一〇一〕！」死而棄民。先王違世，猶詒之法，而況奪之善人乎？君子是以知秦之不復東征也。文公六年春秋左氏傳

士三虞，大夫五，諸侯七。尊卑恩之差也。天子至士，葬即反虞。○疏曰：知「天子至士葬即反虞」者，以其不忍一日末有所歸，尊卑皆然，故知葬即反虞。檀弓云：「葬日虞，不忍一日離也。」不顯尊卑，是貴賤同然也。○雜記○今案檀弓：「葬日虞，是日也，以虞易奠。」疏曰〔一〇二〕：「雜記云諸侯七虞，然則天子九虞也。初虞已葬日而用柔，第二虞亦用柔日。假令丁日葬，葬日而虞，則己日二虞，後虞改用剛，則庚日三虞也，故鄭注士虞禮云：『士則庚日三虞。』士之三虞用四日，則大夫五虞當八日，諸侯七虞當十二日，天子九虞當十六日。最後一虞與卒哭例同用剛日。」此可以補經文之闕，故備録於此。

○小宗伯：王崩，既葬，詔相喪祭之禮。喪祭，虞、祔也。檀弓曰：「葬日虞，弗忍一日離也。是日也，以虞易奠，卒哭曰成事。是日也，以吉祭易喪祭，明日祔于祖父。」○疏曰：鄭知喪祭是「虞、祔也」

者，以文承卜葬之下，成葬之上，其中唯有虞、祔而已，故以虞、祔解之也。葬之朝爲大遣奠，反，日中而虞，是不忍一日使父母精神離散，故云「不忍一日離」也。士虞禮云：「男，男尸。女，女尸。」爲神象鬼事之。是以虞易奠也。云「卒哭曰成事是日也以吉祭易喪祭」者，按士虞禮「三虞卒哭，他用剛日」，云哀薦成事，故檀弓記人解士虞禮云：「卒哭曰成事。」祭以吉爲成，故云「是日也以吉祭易喪祭」，虞祭是也。云「明日祔於祖父」者，引之證經喪祭爲虞祭，又爲祔祭。士之禮葬用柔日，假令丁日葬，葬日第一虞，隔戊日，己日爲第二虞，後虞改用剛，用庚日。卒哭亦用剛日，隔辛日，壬日爲卒哭祭，其祔祭又用柔日，則癸日爲祔祭。是士從始虞至祔日，總用七日。以此差之，大夫五虞，諸侯七虞，天子九虞，相次日數可知耳。此喪中自相對，虞爲喪祭，卒哭即爲吉祭，以卒去無時哭哀殺，故爲吉祭。若喪中對二十八月復平常爲吉祭，則禫祭已前皆爲喪祭也。若然，喪中自相對，虞爲喪祭，卒哭爲吉祭。而鄭云「喪祭虞祔」，并祔祭亦爲喪祭者，此鄭欲引檀弓并祔祭總釋，故喪中之祭，總爲喪祭而言。其實卒哭既爲吉祭，祔祭在卒哭後，是吉祭可知也。○春官○職喪：掌諸侯之喪及卿大夫士凡有爵者之喪。凡其喪祭，詔其號，治其禮。鄭司農云：號謂謚號。玄謂：告以牲號、齍號之屬，當以祝之。○疏曰：喪祭餘文皆爲虞，此言「凡」者，以其喪中自相對，則虞爲喪祭，卒哭爲吉祭。若對二十八月爲吉祭，則祥禫已前皆是喪祭，故言「凡」以該之，是以鄭亦不言喪祭爲虞也。云「治其禮」者，案大宗伯亦云治其禮，鄭云謂簡習其事，此「治其禮」義亦然也。先鄭云「號謂謚號」，後鄭不從者，小宗伯云：小喪，「賜謚讀誄。」不在此，故後鄭云「告以牲號，齍號之屬，當以祝之」。有牲號、齍號，謂若特牲、少牢云：「柔毛剛鬣，嘉薦普淖。」皆是祝辭，故云當以祝之也。凡公有司之所共，職喪令之，趣其事。令，令其當供物者給事之期也。有司或言公，或言國。言國者，由其君所來。居其官曰公。○疏曰：云「令令其當供物者給事之期也」者〔一〇三〕，此謂諸官依法令供給喪家者，不待王命，職喪依式令之使相供。云「有司或言公或言國言國者由其君所來」者，解稱國之意。君則王也。云「居其官曰公」者，謂不須王命，自居其官之職往供則曰公，公謂官之常職也。○春官○司巫：祭祀則共葙館。葙，子都反。○館所以承葙，謂若今筐也。士虞禮：「苴刌茅長五寸」，「實于筐，饌于西坫上。」○春官○甸師：甸，田遍反。祭祀，共蕭茅。鄭大夫云：「蕭」字或爲「莤」，莤，讀爲縮。束茅立之祭前，沃酒其上，酒滲下去，若神飲之。杜子春讀爲蕭，蕭，香蒿也。茅以供祭之苴，亦以縮酒，苴以藉祭。○疏曰：云「茅以共祭之苴」者，則士虞禮束茅「長五寸」，「立于几東」，謂之苴者是也。○天官○鄉師：大祭祀，共茅葙。玄謂：葙，士虞禮所謂「苴刌茅長五寸，束之」者是也。祝設於几東，席上命佐食取黍稷祭于苴，三取膚祭，祭如初，此所以承祭。既祭，蓋束而去之，守祧職云「既祭藏其隋」，是與？○刌，音忖。去，羌吕反。祧，他彫反。隋，吁恚反，劉相恚反。與，音餘。○地官○庖人：共喪紀之庶羞。喪紀，喪事之祭，謂虞祔也。○疏曰：凡喪未葬已前，無問朝夕奠及大奠，皆無薦羞之法。今言「共喪紀庶羞」者，謂虞祔之祭乃有之。又曰：天子九虞後作卒哭祭虞，卒哭在寢，明日祔於祖廟。今直云虞祔不言卒哭者，舉前後虞祔則卒哭在其中共庶羞可知〔一〇四〕。○天官○囿人、獸人：共獸。腊人：共乾肉。𩺰人：共鮮薨。醢人：共豆實。詳見陳小斂條。○地官○籩人：共籩。詳見朔月月半奠條。○外饔：饔，鄭於容反。凡小喪紀，陳其鼎俎而實之。謂喪事之奠祭。○疏曰：言「小喪紀」者，謂夫人已下之喪。云「陳其鼎俎」者，謂其殷奠及虞祔之祭皆有鼎俎，故鄭云「喪事之奠祭」也。○天官○上大夫之虞也少牢，卒哭成事，祔，皆太牢。下大夫之虞也犆牲，卒哭成事，祔，皆少牢。「卒哭成事祔」言「皆」，則卒哭成事祔與虞異矣。下大夫虞以犆牲，與士虞禮同與？○疏曰：上大夫平常吉祭，其禮少牢，虞依平常禮，故用少牢也。「卒哭成事祔皆太牢」者，卒哭謂之成事，成事，成吉事也，故云卒哭成事。祔，祔廟也，此二祭皆大，並加一等，故皆太牢也。「下大夫之虞犆牲」者，下大夫吉祭用少牢，今虞祭降一等用犆牲。「卒哭成事祔皆少牢」者，依平常吉祭禮也。不云「遣奠加」者，略可知也。鄭以士虞禮云：「三虞卒哭，他用剛日。」先儒以此三虞、卒哭同是一事，鄭因此經云「上大夫虞用少牢，卒哭用太牢」。其牢既别，明卒哭與虞不同，鄭引此文破先儒之義，故云「卒哭成事與虞異矣」。○雜記○喪祝：掌喪祭祝號。喪祭，虞也。檀弓曰：「葬日虞，不忍一日離也。是日也，以虞易奠。卒哭曰成事。是日也，以吉祭易喪祭。」○春官

右虞祭○曾子問曰：「小功可以與於祭乎？」祭，謂虞卒哭時。孔子曰：「何必小功耳？自斬衰以下與祭，禮也。」曾子曰：「不以輕喪而重祭乎？」怪使重者執事。孔子曰：「天子諸侯之喪祭也，不斬衰者不與祭。大夫齊衰者與祭。士祭不足，則取於兄弟大功以下者。」疏曰：「祭謂虞卒哭時」者，以孔子答云「諸侯之喪祭也」，故知此祭謂虞卒哭時也。知非練

祥者，以士練祥之祭大功之服已除，不得云「取於兄弟大功」以下者。其天子諸侯則得兼練祥也，以其練祥時猶斬衰與祭也。○曾子問

措之廟，立之主，曰帝。同之天神。春秋傳曰：「凡君」，「卒哭而祔，祔而作主。」○疏曰：措，置也。王葬後，卒哭竟而祔，置於廟，立主，使神依之也。白虎通云：「所以有主者，神無依據，孝子以繼心也。主用木，木有始終，又與人相似也。」蓋記之以爲題，欲令後可知也。方尺，或曰尺二寸。鄭云：「周以栗。」漢書：「前方後圓。」五經異義云：「主狀正方，穿中央，達四方。天子長尺二寸，諸侯長一尺。」天神曰帝，今號此主同於天神，故題稱帝，云文帝、武帝之類也。崔靈恩云：「古者，帝王生死同稱，今云措之廟立之主曰帝者，蓋是爲記時有主入廟稱帝之義，記者録以爲法也。」又曰：「凡君卒哭而祔」，卒哭者是葬竟虞數畢後之祭名也。孝子親始死，哭晝夜無時，葬後虞竟乃行神事，故卒其無時之哭，猶朝夕各一哭，故謂其祭爲卒哭。卒哭明日而立主祔於廟，隨其昭穆，從祖父食。卒哭，主暫時祔廟，畢，更還殯宮，至小祥作栗，主入廟，乃埋桑主於祖廟門左埋重處，故鄭云：虞而作主，至祔奉以祔祖廟，既事畢反之殯宮。然大夫士亦卒哭而祔，而左傳唯據人君有主者言之，故云「凡君」。鄭注祭法云大夫士無主也。此言「凡君」，明不關大夫士也。崔靈恩云：「大夫士無主，以幣帛祔，祔竟並還殯宮，至小祥而入廟也。」又檀弓云：「重，主道也。」鄭注引公羊傳云：「虞主用桑，練主用栗。」則似虞已有主。而左傳云「祔而作主」，二傳不同。案説公羊者，朝葬，日中則作虞主。若鄭君以二傳之文雖異，其意則同，皆是虞祭總了，然後作主。以作主去虞實近，故公羊上係之於虞，謂之虞主。又作主爲祔所須，故左氏據祔而言。古春

秋左氏説既葬反虞，天子九虞，九虞者以柔日，九虞十六日也，諸侯七虞十二日也，大夫五虞八日也，士三虞四日也。既虞然後祔死者於先死者，祔而作主，謂桑主也，期年然後作栗主。檀弓云：「虞而立尸，有几筵。」鄭以爲人君之禮，唯立尸，未作主也。○曲禮

右作主○殷主綴重焉，周主重徹焉。詳見喪禮義。○魯文公二年，作僖公主。主者，殷人以柏，周人以栗，三年喪終，則遷入於廟。○疏曰：主所以木終，無正文。公羊傳曰：「主者曷用？虞主用桑，練主用栗。」左傳唯言「祔而作主」，主一而已，非虞練再作，公羊之言不可通於此也。論語：「哀公問社於宰我，宰我對曰：『夏后氏以松，殷人以柏，周人以栗。』」先儒舊解或有以爲宗廟主者，故杜依用之。案古論語及孔、鄭皆以爲社主，且社主周禮謂之田主，無單稱主者，以張、包、周等並爲廟主，故杜所依用。劉炫就此以規杜過〔一〇五〕，未爲得也。○春秋○作主，非禮也。元年四月葬，二年乃作主，遂因葬文通譏之。凡君薨，卒哭而祔，祔而作主，特祀於主〔一〇六〕，既葬反虞則免喪，故曰卒哭，哭止也。以新死者之神，祔之於祖。尸柩已遠，孝子思慕，故造木主，立几筵。特用喪禮祭於寢，不同之於宗廟。凡君者，謂諸侯以上，不通於卿大夫。烝、嘗、禘於廟。冬祭曰烝，秋祭曰嘗。新主既特祀於寢，則宗廟四時常祀自如舊也，三年禮畢又大禘〔一〇七〕，乃皆同於吉。○疏曰：君既葬，反虞則免喪，故曰「卒哭，哭止也」。始免喪與葬不相遠，共在一月之內，故杜每云既葬卒哭。衰麻除謂之卒，哭者卒，此無時之哭。自此以後，惟朝夕哭耳。天子諸侯則於此除喪，全不復哭也。○左氏傳○案：杜預「天子諸侯既葬除喪服，諒闇以居心喪終制，不與士庶同禮」之議，見晉書本

傳，於左氏傳注遂有「既葬反虞則免喪」之説。司馬公嘗言其失矣，然其言乃曰衰麻主於哀戚，然庸人無衰麻，則哀戚不可得而勉。又謂：杜預辨則辨矣，不若陳逵之言質略而敦實也。愚謂衰麻之制，乃古先聖人沿孝子之情，爲之制服，蓋天理人心之所不容已者，豈專爲庸人而設，以勉其哀戚哉？杜預違經悖禮，淪斁綱常，當爲萬世之罪人，坐以不孝莫大之法。而特言其不若陳逵之言質略而敦實，非所以明世教也。先師朱文公曰：左氏所傳「祔而作主」，則與禮家虞而作主者不合；「烝嘗禘於廟」，則於王制喪三年不祭者不合。杜氏因左氏之失，遂有國君卒哭除之説。○作僖公主者何？爲僖公作主也。主狀正方，穿中央，達四方。天子長尺二寸，諸侯長一尺。主者曷用？虞主用桑，禮：平明而葬，日中而反虞〔一〇八〕。虞，猶安神也。用桑者，取其名，與其粗觕，所以副孝子之心。禮：虞祭，天子九，諸侯七，卿大夫五，士三。其奠處猶吉祭。練主用栗，謂期年練祭也。埋虞主於兩階之閒，易用栗也。夏后氏以松，殷人以柏，周人以栗。松，猶容也。想見其容貌而事之，主人正之意也。柏，猶迫也，親而不遠，主地正之意也。栗，猶戰栗謹敬貌，主天正之意也。禮士虞記曰：桑主不文，吉主皆刻而謚之。蓋謂禘祫時別昭穆也。虞主三代同者，用意尚粗觕，未暇別也。用栗者，藏主也。藏于廟室中，常所當奉事也。質家藏於室。作僖公主，何以書？譏，何譏爾？不時也。其不時奈何？欲久喪而後不能也。禮，作練主當以十三月。文公亂聖人制，欲服喪三十六月，十九月作練主，又不能卒竟，故以二十五月也。日者，重失禮鬼神。○公羊傳〔一〇九〕○立主，喪主於虞，其主用桑。吉主於練。其主用栗。作僖公主，譏其後也。僖公薨至此已十五月。

作主壞廟，有時日於練焉壞廟，壞廟之道，易檐可也，改塗可也。檐，以占反。〇禮：過高祖則毀其廟，以次而遷，將納新神，示有所加。〇疏曰：案莊公之喪已二十二月，仍譏其爲吉禘，今方練而作主，猶是凶服而曰吉主者，三年之喪至二十五月猶未合全吉，故公子遂有納幣之譏。莊公喪制未二十五月而禘祭，故譏其爲吉。此言「吉」者，比之虞主故爲吉也。然作主在十三月，壞廟在三年喪終，而傳連言之者，此主終入廟，入廟即易檐，以事相繼，故連言之，非謂作主、壞廟同時也。或以爲練而作主之時則易檐改塗，故此傳云於練焉壞廟，於傳文雖順，舊説不然，故不從之，直記異聞耳。麋信引衛次仲云：宗廟主皆用栗，右主八寸，左主七寸，廣厚三寸。若祭訖，則納於西壁埳中，去地一尺六寸。右主謂父也，左主謂母也。何休、徐邈並與范注同，云：「天子尺二寸，諸侯一尺，狀正方，穿中央，達四方。」是與衛氏異也。白虎通亦云藏之西壁，則納之西壁中。或如衛説去地高下，則無文以明之。〇穀梁傳

校勘記

〔一〕拭也 「拭」，原作「式」，據下文及周禮注疏改。

〔二〕明此内人從世婦而濯摡及爲粢盛也 「濯」，原作「擢」，據四庫本改。

〔三〕故還使内豎蹕也 句下，賀本有「並天官」三字。

〔四〕天子諸侯喪斬衰者奠大夫喪齊衰者奠　「諸侯」二字原脱，據賀本補。又「大夫」二字原作「諸侯」，據賀本改。

〔五〕萯塗龍輴以椁　「以椁」二字原脱，據賀本補。

〔六〕除萯塗椁者　「椁」，原作「棺」，據賀本改。

〔七〕王后世子已下之喪　句下，賀本有「○春官」二字。

〔八〕謂若小宗伯云左宗廟是也　句下，賀本有「○天官」二字。

〔九〕當互考　「互」，原脱，據賀本補。

〔一〇〕謂朝廟亦在宮中爲蹕也　句下，賀本有「○秋官」二字。

〔一一〕則亦使内豎在車前蹕止行人也　句下，賀本有「○天官」二字。

〔一二〕亦爲王而辟也　句下，賀本有「並秋官」三字。

〔一三〕疏曰　「疏曰」二字原脱，據賀本補。

〔一四〕帥六遂之役而致之　「役」，原作墨釘，據朝鮮本、四庫本補。

〔一五〕至於在道言引　「在」，原作「大」，據賀本改。

〔一六〕謂監當督察其事　句下，賀本有「○以上並春官」五字。

〔一七〕孔子發凡言不殯于廟　「凡言」，原誤倒，據四庫本乙正。

〔一八〕王后世子已下之喪　句下，賀本有「○春官」二字。

〔一九〕皆有沃盥之事　句下，賀本有「○並春官」三字。

〔二〇〕柩路皆從遂人來可知　句下，賀本有「○並地官」三字。

〔二一〕即蜃車　句下，賀本有「○春官」二字。

〔二二〕故上注云行則解脱之是也　句下，賀本有「○夏官」二字。

〔二三〕鄭公孫蠆卒　自「公孫蠆」至下「乃引向」，原缺頁，據朝鮮本、吕本、四庫本補。

〔二四〕晉侯以其善於伐秦也　「以其」二字原脱，據賀本補。

〔二五〕小喪亦如之　句下，賀本有「○春官」二字。

〔二六〕君龍帷三池　「帷三池」三字原脱，據賀本補。

〔二七〕衣翣柳之材　「翣柳」，原誤倒，據賀本乙正。

〔二八〕乃後張飾於其上　句下，賀本有「○天官」二字。

〔二九〕綴貝落其上及旁　「貝」，原作「具」，據吕本、四庫本改。

〔三〇〕士異　「士」，賀本、阮元校刻禮記正義作「事」。

〔三一〕天數奇　「天」，原作「夫」，據朝鮮本、吕本、四庫本改。

〔三二〕此旌旗及翣　「及」，原作「又」，據賀本及禮記正義改。

〔三三〕纁帛縿　「帛」，原作「白」，據吕本、四庫本及禮記正義改。

〔三四〕謂章識　「識」，原作「飾」，據四庫本、賀本及禮記正義改。

〔三五〕旌之旒　「旒」，原作「旃」，據四庫本、賀本及禮記正義改。下同。
〔三六〕此謂在廟陳時建之　「陳時」，原誤倒，據吕本、四庫本、賀本乙正。
〔三七〕使人以次舉之以如墓也　上「以」字，底本原脱，據吕本、四庫本補。
〔三八〕是名遣車爲鸞車　句下，賀本有「以上並春官」五字。
〔三九〕謂興象生時之物而作之　「興象」，原誤倒，據賀本及周禮注疏乙正。
〔四〇〕但粗惡而小耳　句下，賀本有「〇天官」二字。
〔四一〕非謂周家仍用芻靈也　句下，賀本有「〇夏官」二字。
〔四二〕且遣車之數　「且」，禮記正義作「但」。
〔四三〕又引鄭喪服傳云大功之殤中從上者　「引鄭」，禮記正義作「鄭引」。
〔四四〕故鄭還引用器爲證也　句下，賀本有「〇並夏官」三字。
〔四五〕廞干盾而已　「廞」，原作「二」，據吕本、四庫本、賀本改。
〔四六〕樂官　「官」，原作「師」，據賀本及周禮注疏改。
〔四七〕故彼皆云奉而藏之也　「也」，原作「同」，據吕本、四庫本、賀本改。
〔四八〕以喪事略故也　句下，賀本有「以上並春官」五字。
〔四九〕次第朝親廟四　此句原脱，據賀本及周禮注疏補。
〔五〇〕故云遂御之　句下，賀本有「〇春官」二字。

〔五一〕天子諸侯喪斬衰者奠大夫喪齊衰者奠　「諸侯」、「大夫」四字原脱，據賀本補。
〔五二〕故云事相成　句下，賀本有「〇以上並春官」五字。
〔五三〕不信訾毁　「不信訾毁」，原作「無用訾悔」，據四庫本改。
〔五四〕讓有功　「功」，原作「敵」，據四庫本、賀本改。
〔五五〕所稱得人　「所稱」，原脱，據四庫本、賀本補。
〔五六〕彊毅果敢曰剛　「彊」，原作「疆」，據賀本改。下「彊毅」同。
〔五七〕春秋　「春秋」，原作「左氏傳」，據賀本改。
〔五八〕孤卿大夫士　「士」，原脱，據賀本及禮記正義改。
〔五九〕名拔　「拔」，原作「技」，據四庫本、賀本及禮記正義改。
〔六〇〕生存之日　「存」，原作「時」，據四庫本、賀本及禮記正義改。
〔六一〕爲大遣奠時有之　「奠時」，原誤倒，據吕本、四庫本及周禮注疏乙正。
〔六二〕云王七祀者　「云」，原作「公」，據吕本、四庫本及周禮注疏改。
〔六三〕鄭注云博求之　「求」，原作「來」，據朝鮮本、四庫本、賀本改。
〔六四〕大斂條内有司几筵設葦席　「葦」，原作「几」，據賀本改。
〔六五〕天子諸侯喪斬衰者奠　「諸侯」，原脱，據賀本補。
〔六六〕大夫喪齊衰者奠　「大夫」，原作「諸侯」，據賀本改。

〔六七〕啓條有世婦濯摡爲齍盛　「摡」，原作「溉」，據賀本改。

〔六八〕當互考　「考」，原作「者」，據朝鮮本、吕本、四庫本改。

〔六九〕士喪禮下篇曰　「士」，原作「土」，據朝鮮本、吕本、四庫本改。

〔七〇〕此喪祭文連奠竁　「喪」，原作「長」，據朝鮮本、吕本、四庫本改。

〔七一〕至也　「至」，原作「更」，據朝鮮本、賀本改。

〔七二〕上士二人　「二」，原作「一」，據朝鮮本、吕本、四庫本改。

〔七三〕亦謂監督役人也　「役」，原脱，據賀本及周禮注疏補。

〔七四〕即經御柩一也　「一」，原作墨釘，據朝鮮本、四庫本改。

〔七五〕疏曰　「疏曰」，原脱，據賀本及周禮注疏補。

〔七六〕至周不用而用象人　下「用」字，原脱，據賀本及周禮注疏補。

〔七七〕彼皮反　「皮」，原作「布」，據賀本及禮記正義改。

〔七八〕大夫二綍二碑　自「大夫二綍」至「三公有邦事」，原缺頁，據朝鮮本、四庫本、賀本補。

〔七九〕詳見小斂條○春官　此七字，四庫本、賀本作「見上篇小斂章」。

〔八〇〕三公若有邦事　「若」，朝鮮本、四庫本脱，據賀本及周禮注疏補。

〔八一〕鄉士爲三公道也　「道也」，朝鮮本脱，據四庫本、賀本及周禮注疏補。

〔八二〕若今時三公出城　「若今時三公」五字，朝鮮本脱，據四庫本、賀本及周禮注疏補。

〔八三〕須親自入鄉　「須」，原脱，據賀本及周禮注疏補。

〔八四〕疏曰　「疏曰」，原脱，據賀本及春秋左傳正義補。

〔八五〕此王禮亦有此三乘車　「王」，原作「工」，據吕本、四庫本及周禮注疏改。

〔八六〕舉其士喪禮不見者而言耳　「喪」，原脱，據吕本、四庫本及周禮注疏補。

〔八七〕歐方良「歐」，原作「毆」，據周禮注疏改。

〔八八〕下棺豐碑之屬　句下，賀本有「〇春官」之屬。

〔八九〕傰補鄧反　「傰補」，原作「崩捕」，朝鮮本作「傰捕」，四庫本作「堋捕」，賀本作「堋補」，據上文及周禮注疏改。

〔九〇〕抱磿　「磿」，吕本、賀本作「曆」。下同。

〔九一〕執斧以涖之　「以」，原作「世」，據朝鮮本、吕本、四庫本改。

〔九二〕使戒其事　「戒」，原作「成」，據朝鮮本、吕本、四庫本、賀本改。

〔九三〕下棺也　「下」，原作「丁」，據朝鮮本、吕本、四庫本、賀本改。

〔九四〕大也　「大」，原作「夫」，據朝鮮本、吕本、四庫本改。

〔九五〕遂入藏凶器　「入」，原作「人」，據吕本、四庫本及周禮注疏改。

〔九六〕亦當以玄纁爲主也　句下，賀本有「〇天官」二字。

〔九七〕均其禁　句下，賀本有小字注文「〇並春官」三字。

〔九八〕似欲汲汲而早葬之也　「欲」，原作「故」，據四庫本及春秋左傳正義改。
〔九九〕鄭玄云　「玄」，原作「云」，據賀本及春秋左傳正義改。
〔一〇〇〕前後用力深也　「用力」，原脱，據賀本及禮記正義補。
〔一〇一〕秦穆公之不爲盟主也宜哉　「公」，原脱，據呂本、四庫本、賀本補。
〔一〇二〕疏曰　「疏曰」，原脱，四庫本作「又按」，據朝鮮本、賀本補。
〔一〇三〕云令令其當供物者給事之期也者　「云令令」，原漫漶，爲二字，朝鮮本作「令令」，四庫本作「云令」，據賀本及周禮注疏補。
〔一〇四〕舉前後虞祔則卒哭在其中共庶羞可知　「祔」，原脱，據四庫本、賀本及周禮注疏補。
〔一〇五〕劉炫就此以規杜過　「杜」，原作「社」，據四庫本及春秋左氏正義改。
〔一〇六〕特祀於主　「主」，原作「寢」，據賀本及春秋左氏正義改。
〔一〇七〕三年禮畢又大禘　「又大禘」，原脱，據賀本及春秋左氏正義補。
〔一〇八〕日中而反虞　「而」下，原衍「反」字，據四庫本及春秋公羊傳注疏删。
〔一〇九〕公羊傳　句上，賀本有「文二年」三字。

儀禮經傳通解續卷第七

喪禮五

卒哭祔練祥禫記七[一]吉祭忌日附。

補案：喪禮但至虞禮而止，卒哭、祔、練、祥、禫之禮，經無文，今取其散見於傳記者裒集成編，以補喪禮之缺。喪大記補篇亦但止於虞禮，若卒哭以後之禮，亦此篇通載，故列於喪大記之後。

死三日而殯，三月而葬，遂卒哭。謂士也。雜記曰：「大夫三月而葬，五月而卒哭。諸侯五月而葬，七月而卒哭。」此記更從死起，異人之間，其義或殊。○疏曰：「遂卒哭」，不言三虞者，是記人略言之。注云「謂士也」者，以此篇是士虞，故知三日、三月，據士而言。引雜記者，見大夫以上與士異者，以其王制大夫士同有三日而殯、三月而葬之文。雜記云：「大夫亦同三月而葬，卒哭。」則士云三月，大夫五月。卒哭之月不同者，曲禮云：「生與來日，死與往日。」鄭云：「與，猶數也。生數來日，謂成服杖以死來日數也。死數往日，謂殯斂以死日數也。」「大夫以上，皆以來日數。」若然，士云三日殯，三月葬，皆通死日、死月數，大夫以上，殯葬皆除死日、死月數，是以士之卒哭得葬之三月内。大夫三月葬，除死月，通死月，則四月。大夫有五虞卒哭，在五月。諸侯已上，以義可知。云「此記更從死起異人之間其義或殊」者，上已論虞卒哭，此記更從始死記之，明非上記人是異人之間，其辭或殊，其實義亦不異前記也。○士虞記〔一〕○士三月而葬，是月也卒哭。大夫三月而葬，五月而卒哭。諸侯五月而葬，七月而卒哭。詳見喪大記卜葬日條。○又案檀弓：「卒哭曰成事。」疏云：大夫三月而葬，五月而卒哭。諸侯五月而葬，七月而卒哭。約此，天子七月而葬，九月而卒哭。○卒哭，他用剛日。詳見士虞禮。○將旦而祔，則薦。薦，謂卒哭之祭。○疏曰：云「祔則薦」者，記人見卒哭之祭爲祔而設，故連文云將旦而祔，則爲此卒哭而祭也。○士虞禮記○是日也，以吉祭易喪祭。卒哭，吉祭。○檀弓○婦之喪，卒哭，夫若子主之。詳見士虞禮。○祭成喪者必有尸。詳見士虞禮。○男，男尸。女，女尸。同上。○以上兩條，祔、練、祥、禫通用。○用嗣尸。虞祔尚質，未暇筮尸。○疏曰：言用嗣尸，則從虞以至祔祭，唯用一尸而已。云「虞祔尚質未暇筮尸」者，以其哀未殺，故云「尚質未暇筮尸」。若然，練祥則筮尸矣。故小記云：「練筮日，筮尸。」大祥筮尸可知，是以鄭上文注云「餞，尸旦將始祔于皇祖」。是用一尸。○士虞禮○祔通用。○庖人：共喪紀之庶羞。詳見喪大記虞章。囿人、獸人：共獸。腊人：共乾肉。𣫚人：共鮮薨。醢人：共豆。詳見喪大記陳小斂奠條。籩人：共籩。詳見朔月月半奠條。○自天子達於庶人，祭從生者。詳見士虞禮。○子爲士，祭以士。子爲大夫，祭以大夫。同上。○以上三條，祔、練、祥、禫通用。○上大夫之虞也，少牢；卒哭成事、附，皆大牢。下大夫之虞也，犆牲；卒哭成事、附，皆少牢。詳見喪大記虞章。○祭稱「孝子」、「孝孫」，喪稱「哀子」、「哀孫」。名以其義稱。○疏曰：祭，吉祭，謂自卒哭以後之祭也。吉則申孝子心，故祝辭云孝，或子或孫，隨其人也。喪稱哀子哀孫者，謂自虞以前祭也。喪則痛慕未申，故稱哀也。故士虞禮稱哀子，卒哭乃稱孝子。○雜記○祔、練、祥、禫通用。○卒哭曰成事。詳見喪禮義。○曰哀薦成事。詳見士虞禮。○卒辭曰：「哀子某，來日某，隮祔爾于爾皇祖某甫，尚饗。」卒辭，卒哭之祝辭。隮，升也。尚，庶幾也。不稱饌，明主爲告祔也。今文「隮」爲「齊」。○疏曰：卒辭，卒哭之祝辭者，謂迎尸之前，祝釋孝子辭云爾。但卒哭之祭，實有牲饌而不稱者，以其卒哭祭主爲告神，將祔於祖，而設牲饌，故不言也。女子，曰「皇祖妣某氏」。女孫祔於祖母。○疏曰：此女子謂女未嫁而死，或出而歸，或未廟見而死，歸葬女氏之家。既葬，祔於祖母也。婦，曰「孫婦于皇祖姑某氏」。此不言爾，曰孫婦，婦差疏也。○差，所責反。○疏曰：此對上文「孫祔于祖」而云「祔于爾皇祖某甫」。此則不曰「爾」，而變曰「孫婦」，婦差疏，故不云「爾」也。若然，上女子亦不云「爾」者，文承孫下云「爾」可知，直言其皇祖妣異者耳。其他辭，一也。來日某，隮祔，尚饗。○疏曰：「他辭一」者，正謂「來日某」「隮祔」「尚饗」，女子及孫婦皆有此辭，故云「其他辭，一也」。其祔女子云：「來日某，隮祔爾于爾皇祖妣某氏，尚饗。」其孫婦云：「來日某，隮祔孫婦於皇祖姑某氏，尚饗。」○士虞禮記○饗辭曰：「哀子某，圭爲而哀薦之，饗。」詳見士虞禮記。○案：卒哭之祭，是以吉祭易喪祭，則合稱孝子、孝孫。今尚稱哀者，豈孝子不忍忘其哀，至祔而神之乃稱孝歟？ ○獻畢，未徹，乃餞。卒哭之祭，既三獻也。餞，送行者之酒。詩云：「出宿于沸，飲餞于禰。」尸旦將始祔於皇祖，是以餞送之。古文「餞」爲「踐」。○疏曰：自此盡「不脱帶」，論卒哭之祭未徹，餞尸於寢門外之事。鄭云「卒哭之祭」者，案上文直云「獻畢未徹乃餞」，不言卒哭，鄭知是卒哭之祭者，以其三虞無餞尸之事，明旦祔於祖，入廟乃有餞尸之禮，故鄭據卒哭而言。若然，三虞不餞尸者，以其三虞與卒哭同在寢，祔則在廟，以明旦當入廟，以其易處鄉尊所，故特有餞送尸之禮也。引詩者，彼生人餞行人之禮爲行始，此祭祀餞尸之禮亦鄉祖廟爲行始，事雖異，餞送飲酒是同，故引爲證也。知「旦將始祔於皇祖」者，下云「明日，以其班祔」，鄭云「卒哭之明日也」，是明日之旦也。尊兩甒于廟門外之右，少南，水尊在酒西，勺北枋。少南，將有事於北。有玄酒，即吉也。此在西，尚凶也。言水者，喪質，無鼏，不久陳。古文「甒」爲「廡」也。○疏曰：「少南將有事於北」者，正謂下文云「尸出門右南面」已下是也。云「有玄酒即吉也」者，以其虞祭用醴酒，無玄酒，至卒哭云如初，則與虞祭同，今至餞尸用玄酒，酒則尋常祭祀之酒，非醴，故云「即吉」也。云「此在西尚凶也」者，以其吉祭祭尊在房户之間，至於虞祭尊在室是凶，今卒哭餞尸尊在門西，不在門東，是尚凶，故變於吉也。洗在尊東南，水在洗東，篚在西。在門之左又少南。饌籩豆[三]，脯四脡。脡，徒頂反，又他頂反。○酒宜脯也。古文「脡」爲「挺」。有乾肉折俎，二尹縮，祭半尹，在西塾。乾肉，牲體之脯也，如今凉州烏翅矣。折以爲俎實，優尸也。尹，正也，雖其折之，必使正。縮，從也。古文「縮」爲「蹙」。

〇從，子容反。〇疏曰：「涼州烏翅」者，經云乾肉折俎，則漢時乾脯似之，故鄭以今曉古也。尸出，執几從，席從。祝入亦告利成，入前尸，尸乃出。几席，素几葦席也。以几席從，執事也。〇疏曰：「祝入亦告利成，入前尸，尸乃出」者，雖餞行飲酒，尸將起之時，祝亦如虞祭告云利成，尸乃興以前尸也。知「几席，素几葦席也」者，上經初虞云「素几葦席」在西序，至及再虞、三虞及卒哭皆如初，不見更設几席之文，明同初虞用素几葦席。今卒哭祭末餞尸於門外〔四〕，明是卒哭之几席，故知是「素几葦席」也。尸出門右，南面。俟設席也。〇疏曰：知「俟設席」者，尸在門右南面，在坐北立，下即云設席之事，明俟設席也。席設于尊西北，東面，几在南。賓出，復位。將入臨之位。士喪禮：賓繼兄弟「北上；門東，北面西上；門西，北面東上；西方，東面北上」。主人出，即位于門東少南；婦人出，即位于主人之北。皆西面，哭不止。鄭注云：婦人出者〔五〕，重餞尸。〇疏曰：婦人有事，自堂及房而已，今出寢門之外，故云「重餞尸」也。尸即席坐，惟主人不哭。洗廢爵，酌獻尸，尸拜受。主人拜送，哭，復位。薦脯醢，設俎于薦東，朐在南。朐，其俱反。〇朐，脯及乾肉之屈也。屈者在南，變於吉。〇疏曰：主人拜送者，案上祭云主人答拜，特牲亦云拜送，則拜時吉、凶同也。云「屈者在南，變於吉」者，案曲禮云：「以脯脩置者，左朐右末。」鄭云「屈中曰朐」，則吉時屈者在左。今尸東面，而云朐在南，則是凶禮，屈者在右末，頭在左，故云變於吉也。尸左執爵，取脯擩醢，祭之。佐食授嚌。授乾肉之祭。尸受，振祭，嚌，反之。祭酒，卒爵，奠于南方。反之，反於佐食。佐食反之於俎。尸奠爵，禮有終。○疏曰：鄭知「反之反於佐食」者，經云「佐食授嚌尸受振祭嚌」，嚌訖而云「反之」，明「反與佐食，佐食乃反於俎」可知也。云「尸奠爵禮有終」者，上經云三獻尸，皆有酢，今餞尸〔六〕，三獻皆不酢而奠之，是爲禮有終。謂若主人拜送，賓不答拜，亦是禮有終也。主人及兄弟踊，婦人亦如之。主婦洗足爵，亞獻，如主人儀，無從，踊如初。賓長洗繶爵，三獻，如亞獻，踊如初。佐食取俎，實于篚。尸謖，從者奉篚哭從之。祝前，哭者皆從，及大門內，踊如初。男女從尸，男由左，女由右。及，至也。從尸不出大門者，由廟門外無事尸之禮也。古文「謖」作「休」。○疏曰：鄭知「男女從尸男由左女由右」者，約上文男子在南，婦人在北，南爲左，北爲右，因從此位便，故知男子由左，婦人由右也。云「從尸不出大門者，由廟門外無事尸之禮也」者，在廟，以廟爲限，在寢門外，以大門爲限。正祭在廟，廟門外無事尸之禮。今餞尸在寢門外〔七〕，則大門外無事尸之禮，故鄭舉正祭況之。從尸不出大門外，取正祭比之，故注云由廟門外無事尸之禮也。尸出門，哭者止。以餞於外，大門猶廟門。○疏曰：尸出大門哭者便止者，正以餞於寢門，以大門爲限，似事尸在廟門爲限，故鄭云「大門猶廟門」也。

賓出，主人送，拜稽顙。送賓，拜於大門外。○疏曰：上從尸不出大門者，有事尸限，故不出大門送之。送賓於大門外，自是常禮，故云「送賓拜於大門外」。但禮有終，賓無答拜之禮也。主婦亦拜賓。女賓也。不言出，不言送，拜之於闈門之內。闈門，如今東西掖門。○疏曰：上主人送男賓，故知此主婦拜女賓也。云「不言出送拜之於闈門之內」者，決上文男主拜男賓，言出送，此明主婦送女賓于門之內，以其婦人送迎不出門，見兄弟不踰閾故也。云「闈門如今東西掖門」者，按爾雅釋宮云「宮中之門謂之闈」，則闈門在宮內。漢時宮中掖門在東西，若人左右掖，故舉以爲況也。丈夫說絰帶于廟門外。既卒哭，當變麻，受之以葛也。夕日，則服葛者爲祔期。今文「說」爲「稅」。○疏曰：「既卒哭當變麻受之以葛也」者，喪服鄭注云：「大夫以上，虞而受服，士卒哭而受服。」士亦約此文而言也。云「夕日則服葛者爲祔期」者，今日爲卒哭祭，明旦爲祔，前日之夕，爲祔祭之期，變麻服葛，是變重從輕，明旦亦得變，不要夕期之時變之。夕時言變麻服葛者，鄭云爲祔期，是因祔期即變之，使賓知變節故也。入徹，主人不與。入徹者，兄弟大功以下。言主人不與，則知丈夫、婦人在其中。古文「與」爲「豫」。○疏曰：鄭知「入徹」是「大功以下」者，見曾子問云：「士祭不足，則取於兄弟大功以下者。」經云「入徹主人不與」〔八〕，明取大功、小功、緦麻之等入徹也。云「言主人不與，則知丈夫婦人在其中」者，上文直言丈夫說絰，不辨親疏，下文婦人脫首絰，不辨齊斬婦人。此云入徹，據大功以下，則此文「入徹主人不與」之中，丈夫、婦人兼有可知。以其平常祭時，諸宰君婦廢徹不遲，則凶祭丈夫婦人亦在，但齊斬不與徹耳。婦人說首絰，不說帶。不說帶，齊、斬婦人帶不變也〔九〕。婦人少變而重帶，帶，下體之上也。大功小功者葛帶，時亦不說者，未可以輕文變於主婦之質。至祔，葛帶以即位。檀弓曰：「婦人不葛帶。」○疏曰：知「齊斬婦人帶不變也」者，案喪服小記云「齊衰帶惡笄以終喪」，鄭云「有除無變」，舉齊衰則斬衰帶不變可知。齊、斬帶不變，則大功已下變可知。云「婦人少變」者，以其男子既葬，首絰腰帶俱變，男子陽，多變，婦人既葬，直變首絰，不變帶，故云「少變」也。云「而重帶帶下體之上也」者，對男子陽重首，在上體，婦人陰重腰，腰是下體，以重下體，故帶不變也。云「大功小功者葛帶」者，案大功章云：「布衰裳，牡麻絰纓，布帶，三月，受以小功衰，即葛，九月者。」又案小功章云：「布衰裳，澡麻帶絰，五月者。」二者章内皆男女俱陳，明大功、小功婦人皆葛帶可知。云「時亦不説者，未可以輕文變於主婦之質」者〔一〇〕，變是文，不變是質，不可以大功已下輕服之文變主婦重服之質，故經直見主婦，不見大功已下也。云「至祔葛帶以即位」者，此鄭解大功以下，雖夕時未變麻服葛，至祔旦亦當葛帶即位也。知大功以下夕時未變麻服葛者，以其與主婦同在廟門外，主婦不變大功以下，亦不變。若然，夕時不變，夕後入室可以變，故至祔旦以葛帶即位也。引檀弓者，亦證齊衰婦人不葛帶之事。○士虞禮記〔一一〕○無尸則不餞，猶出，几席設如初，拾踊三。以餞尸者本爲送神也。丈夫婦人，亦從几席而出。古文「席」爲「筵」。○疏曰：自此至「賓出」，論卒哭祭無尸可餞之事。云「几席設如初」者，雖無尸，送神不異，故云如初，故鄭云「餞尸者本爲送神也」。云「丈夫婦人亦從几席而出」者，以其云「出，几席設如初」，即云「拾踊三」，明在門外有尸行禮之處，即知丈夫婦人從几席出可知。言「亦」者，亦餞尸之時也。哭止，告事畢，賓出。士虞禮記○脯曰尹祭。曲禮○祔通用。○父母之喪，既虞卒哭，疏食水飲，不食菜果。柱楣翦屏，芐翦不納。詳見通禮飲食居處條。○天子崩，國君薨，則祝取羣廟之主而藏諸祖廟禮也。卒哭成事，而后主各反其廟。藏諸主於祖廟，象有凶事者聚也。卒哭成事，先祔之祭名也。○疏曰：此實凶事而云「象」者，以凶事生人自聚，今主亦集聚似生人之象，故云象也。「卒哭成事，先祔之祭名」者，檀弓云「卒哭曰成事」，又曰「明日祔于祖」，是卒哭之事在祔祭之前。鄭必曰「先祔之祭名」者，以卒哭主各反其廟者，爲明日祔時須以新死者祔祭於祖，故祖主先反廟也。○曾子問○卒哭而諱，諱，辟其名。○辟，音避。生事畢而鬼事始已。謂不復饋食於下室，而鬼神祭之。已，辭也。既卒哭，宰夫執木鐸以命于宫曰：「舍故而諱新。」鐸，大各反。○故，謂高祖之父當遷者也〔二〕。易説帝乙曰：「易之帝乙爲成湯，書之帝乙六世王。天之錫命，疏可同名。」自寢門至于庫門。百官所在。庫門，宫外門。明堂位曰：「庫門，天子皐門。」○疏曰：卒哭而諱者，諱謂神名也。古者生不相諱，卒哭之前猶生事之，故不諱，至卒哭乃有神諱也。生事畢而鬼事始已者，既虞卒哭則生事畢，鬼神之事方爲始也。下室，謂内寢，生時飲食有事處也。未葬猶生事，當以脯醢奠殯，又於下室饋設黍稷，至朔月月半而殷奠。殷奠有黍稷，而下室不設也。既虞祭遂用祭禮，下室遂無事也。然「不復饋食於下室」文承「卒哭」之下，卒哭之時乃不復饋食於下室。皇氏以爲虞則不復饋食於下室，於理有疑。又曰：「高祖之父」，謂孝子高祖之父也，於死者高祖也，卒哭猶未遷，故云「當遷」也，至小祥乃遷毁也。「易説帝乙曰：易之帝乙爲成湯」者，鄭引易證六世不諱，故卒哭而舍高祖之父也。「易説」者，鄭引云易緯也。凡鄭云「説」者，皆緯候文。○檀弓○卒哭而諱。自此而鬼神事之，尊而諱其名。王父母、兄弟、世父、叔父、姑、姊妹，子與父同諱。父爲其親諱，則子不敢不從諱也。謂王父母以下之親諱，是謂士也。天子諸侯諱羣祖。母之諱，宫中諱。妻之諱，不舉諸其側。與從祖昆弟同名則諱。母之所爲其親諱，子孫於宫中不言。妻之所爲其親諱，夫於其側亦不言也。孝子聞名心瞿。凡不言人諱者，亦爲其相感動也。子與父同諱，則子可盡曾祖之親也。從祖昆弟在其中，於父輕不爲諱，與母妻之親同名重則諱之。○疏曰：王父母者，謂父之王父母，於己爲曾祖父母，正服小功，不合諱也。以父爲之諱，故子亦同於父而諱之。昆弟者，是父之兄弟，於己爲伯叔，正服期，父亦爲之期，則是子與父同有諱也。世父叔父者，是父之世父叔父，於己是從祖也，正服小功，不合諱，以父爲之諱，故己從父而諱。姑者，謂父之姑也，於己爲從祖姑，在家正服小功，出嫁緦麻，不合諱，以父爲之諱，故己從父而諱。姊妹者，謂父之姊妹，於己爲姑，在家正服期，出嫁大功九月，是己與父同爲之諱也。子與父同諱者，言此等之親，子之與父同爲之諱。又曰：云「父爲其親諱則子不敢不從諱也」者，謂父之王父母、世父、叔父及姑等，於己小功已下不合諱，但父爲之諱，故子不敢不從諱。其父之兄弟及姊妹己爲合諱，不假從父而諱，鄭此注者，據己不合諱者而言之也。云「謂王父母以下之親諱，是謂士也」者，此士者謂父身也，以父身是士，故諱王父。若是庶人，子不逮事父母，則不諱王父母也。直云「王父母以下」足矣，復云「之親諱」者，父之世父叔父與姑等皆是王父所生，今爲之諱，故云「王父母以下之親諱」也。云「天子諸侯諱羣祖」者，以其「天子七廟，諸侯五廟」，故知諱羣祖。「母之諱，宫中諱」者，謂母所爲其親諱，其子於一宫之中爲諱而不言也。「妻之諱不舉諸其側」者，謂妻諸親之諱，其夫不得稱舉其辭於其妻之側，但不得在側言之，則於宫中遠處得言之也。「與從祖昆弟同名則諱」者，謂母與妻二者之諱與己從祖昆弟名同則爲之諱，不但宫中旁側，其在餘處皆諱之。又曰：云「子與父同諱，則子可盡曾祖之親也」者，父爲王父諱，於子則爲曾祖父之伯叔及姑，則是子曾祖之親，故云子與父同諱則子可盡曾祖之親也，前經所云是也。云「從祖兄弟在其中」者，從祖昆弟共同曾祖之親，故云在其中。云「於父輕不爲諱」者，從祖昆弟於父言之，是父之同堂兄弟子也，父服小功，不爲之諱，己不得從父而諱。若「與母妻之親同名重則諱之」，重，謂重累，謂母妻諱與從祖兄弟名相重累則諱之。不但爲母妻而諱，若從祖昆弟身死亦爲諱，故云於父輕不爲之諱，與母妻之親同名重則諱之。觀檢注意，是爲從祖昆弟諱而生文也。○雜記○卒哭乃諱。敬鬼神之名也。諱，避也，生者不相避名。衛侯名惡，大夫有名惡，君臣同名，春秋不非。禮不諱嫌名，二名不偏諱。爲其難避也。嫌名，謂音聲相近，若「禹」與「雨」，「丘」與「區」同。偏，謂二名不一一諱也。孔子之母名徵在，言「在」不稱「徵」，言「徵」不稱「在」。逮事父母，則諱王父母。不逮事父母，則不諱王父母。逮，及也。謂幼孤不及識父母，恩不至於祖名，孝子聞名心瞿，諱之由心，此謂庶人。適士以上廟事祖，雖不逮事父母猶諱祖。君所無私諱，謂臣言於君前不辟家諱，尊無二。大夫之所有公諱。辟君諱也。詩、書不諱，臨文不諱。爲其失事正。廟中不諱。爲有事於高祖，則不諱曾祖以下，尊無二也，於下則諱上。夫人之諱，雖質君之前，臣不諱也。臣於夫人之家恩遠也。質，猶對也。婦諱不出門。婦親遠，於宮中言，辟之。大功、小功不諱。疏曰：古人生不諱，故卒哭前，猶以生事之，則未諱。至卒哭後，服已受變，神靈遷廟，乃神事之，敬鬼神之名，故諱之。諱，避也。生不相避名，名以名質，故言之不諱。死則質藏，言之則感動孝子，故諱之也。逮，及也。王父母謂祖父母也，若及事父母，則諱祖也。何以然，孝子聞名心瞿，祖是父之所諱，則子不敢言，既已終不言。若父母已亡，而已言便心瞿憶父母[一三]，故諱之也。○曲禮○大夫士諸父兄弟之喪，既卒哭而歸。詳見喪通禮居處條。○公之喪，大夫俟練，士卒哭而歸。同上。○小功既卒哭，可以冠取妻，下殤之小功則不可。大功卒哭，可以冠子；小功卒哭，可以取妻。下殤小功，齊衰之親，除喪而後可爲昏。禮，凡冠者，其時當冠，則因喪而冠之。○雜記○喪者不遺人。人遺之，雖酒肉受也。從父昆弟以下既卒哭，遺人可也。言齊斬之喪重志，不在施惠於人。○同上。○期之喪，卒哭而從政。詳見通禮動作章。○君既卒哭而服王事；大夫士既卒哭弁經帶，金革之事無辟也。同上。

右卒哭○申繻曰：「周人以諱事神，名，終將諱之。」禮：既卒哭，以木鐸徇曰：「舍故而諱新。」謂舍親盡之祖而諱新死者，故言以諱事神。名終將諱之，自父至高祖，皆不敢斥言。○桓六年春秋左氏傳○子夏曰：「三年之喪卒哭，金革之事無辟者，禮與？」孔子曰：「昔者魯公伯禽有爲爲之也。」詳見喪禮義。

明日，以其班祔。卒哭之明日也。班，次也。喪服小記曰：「祔必以其昭穆」，「亡則中一以上。」凡祔已，復于寢。如既祫，主反其廟，練而後遷廟。古文「班」或爲「辨」，辨氏姓或然，今文爲「胖」。○疏曰：引喪服小記者，彼解中猶間也，一以上祖又祖。孫祔祖爲正，若無祖則祔于高祖，以其祔必以昭穆，孫與祖昭穆同，故間一以上，取昭穆相當者，若婦，則祔于夫之所祔之妃，無亦間一以上，若妾祔，亦祔于夫之所祔之妾，無則易牲祔女君也。云「凡祔已復于寢如既祫主反其廟」者，案曾子問云：天子諸侯既祫祭，主各反其廟。今祔于廟祔已，復于寢。若大夫士無木主，以幣主其神，天子諸侯有木主者，以主祔祭訖，主反于寢，如祫祭訖主反廟相似，故引爲證也。云「練而後遷廟」者，案文二年穀梁傳曰：「作主壞廟有時日，於練焉壞廟。」是練而遷廟。引之者，證練乃遷廟，祔遷于寢。若然，唯祔祭與練祭祭在廟，祭訖，主反於寢，其大祥與禫祭，其主自在寢祭之。○士虞記○明日祔于祖父。祭告於其祖之廟。其變而之吉祭也，比至於祔，必於是日也接。詳見喪禮義。○程子曰〔一四〕：喪須三年而祔，若卒哭而祔，則三年都無事。禮，卒哭猶存朝夕哭，若無祭於殯宮，則哭於何處？古者君薨，三年喪畢吉禘，然後祔，因其祫祧主藏於夾室，新主遂自殯宮入于廟。國語言「日祭月享」，禮中豈有日祭之禮，此正謂三年之中不徹几筵，故有日祭朝夕之饋，猶定省之禮，如其親之存也。至於祔祭，須是三年喪終乃可祔也。○高氏喪禮曰：案禮既虞卒哭，明日祔于祖父，此周制也。若商人，則以既練祭之明日祔，故孔子曰：「周已戚，吾從殷。」蓋期而神之，人之情也。若卒哭而遽祔于廟，亦太早矣。然唐開元禮則既禫而祔，夫孝子哀奉几筵，至大祥而既徹之矣，豈可復俟禫祭乃始祔乎？唐禮，祥祭與禫祭隔兩月。此又失之於緩，故今於大祥徹靈座之後，則明日祔于廟，緣孝子之心不忍一日末有所歸也。○朱文公先生曰：衆言淆亂，則折諸聖。孔子之言萬世不可易矣，尚復何說？況期而神之之意，揆之人情亦爲允愜，但其節文次第今不可考。而周禮則有儀禮之書，自始死以至祥禫，其節文度數詳焉。故温公書儀雖記孔子之言而卒從儀禮之制，蓋其意謹於闕疑，以爲既不得其節文之詳，則雖孔子之言，亦有所不敢從者矣。程子之説，意亦甚善，然鄭氏説凡祔已復于寢練而後遷廟〔一五〕，左氏春秋傳亦有特祀于主之文，則是古人之祔固非遂徹几筵，程子於此恐其考之有所未詳也。開元禮之説，則高氏既非之矣，然其自説大祥徹靈座之後，明日乃祔于廟，以爲「不忍一日末有所歸」，殊不知既徹之後、未祔之前，尚有一夕其無所歸也久矣。凡此皆有未安，恐不若且從儀禮。温公之説次序節文亦自曲有精意，如檀弓諸説可見。○小宗伯：既葬，詔相喪祭之禮。詳見喪大記虞條。○大祝：付練祥，掌國事。付，音附。○疏曰：付練祥掌國事者，祔謂虞卒哭後祔祭於祖廟，練謂十三月小祥練祭，祥謂二十五月大祥除衰杖。此三者皆以國事，大祝掌之，故云「掌國事」也。○春官○凡主兄弟之喪，雖疏亦虞之。喪事虞祔乃畢。○疏曰：經云「虞」而注連言「祔」者，以「祔」與「虞」相近，故連言之。○詳見士虞禮。○婦之喪，祔則舅主之。婦，謂凡適婦、庶婦也。○詳見士虞禮。○主妾之喪則自祔，至於練祥，皆使其子主之。其殯祭不於正室。祔自爲之者，以其祭於祖廟。○疏曰：妾既卑賤，得主之者，崔氏云：「謂女君死，攝女君也。」則自祔者，以其祔祭於祖姑，尊祖，故自祔廟也。妾合祔於妾祖姑，若無妾祖姑，則祔於女君可也。其殯祭不於正室者，雖攝女君，猶下正適，故殯之與祭不得在正室。庾蔚云：「妾祖姑無廟，爲壇祭之。」鄭云「於廟」者，崔氏云：「於廟中爲壇祭之。此謂攝女君，若不攝女君之妾，則不得爲主，則別爲壇，不在祖廟中，而子自主之也。」○雜記○姑姊妹其夫死而夫黨無兄弟，使夫之族人主喪。妻之黨雖親，弗主。夫若無族矣，則前後家、東西家。無有，則里尹主之。或曰主之，而附於夫之黨。妻之黨自主之，非也。夫之黨，其祖、姑也。○疏曰：或曰主之者，或人之説。云妻黨主之，而祔祭之時在於夫之黨主之，其義非也。○雜記○沐浴、櫛、搔、翦。彌自飾也。搔，當爲爪。今文曰「沐浴」。搔翦，或爲蚤揃。揃，或爲鬋。○疏曰：彌自飾也者，上文「虞沐浴不櫛」，注云：「自潔清，不櫛，未在於飾。」鄭雖不言不在於飾，沐浴少飾，今祔時櫛是彌自飾也。○士虞禮〔一六〕○凡喪，小功以上，非虞祔練祥無沐浴。詳見士虞禮。○祔杖不升於堂。哀益衰，敬彌多也。○喪服小記〔一七〕○卒哭而祔，祔而作主，特祀於主。詳見喪大記作主條。○卒哭章内有用尸三條，此條通用，當互考。○用專膚爲折俎，取諸脰膉，專，猶厚也。折俎，謂主婦以下俎也，體盡人多，折骨以爲之。今以脰膉，貶於純吉。今文字爲「折俎」，而説以爲「肵俎」，亦甚誣矣。古文「脰膉」爲「頭嗌」也。○膉，音益。○疏曰：鄭知折俎是「主婦以下俎」者，特牲記云「主婦俎，觳折」、「佐食俎，觳折」，少牢云「主婦俎臑折」，是也。其他如饋食。如特牲饋食之事。或云以左胖虞，右胖祔，今此「如饋食」，則尸俎、肵俎，皆有肩、臂，豈復用虞臂乎？其不然明矣。○疏曰：「如特牲饋食之事」者，知不如士虞饋食禮者，虞不致爵，則夫婦無俎矣。上文有俎，則祔時夫婦致爵，以祔時變麻服葛，其辭稱「孝」，夫婦致爵與特牲同，故云「如特牲饋食之事」也。「或云以左胖虞，右胖祔」者，當鄭君時，有人解者，云虞祭與祔祭共用一牲，各用一胖，以左胖爲虞祭，右胖爲祔祭，不是，故鄭破之云。今此經云「如饋食」，謂如特牲饋食之禮，尸俎用右胖，解之主人俎左臂、左胖之臂以爲虞祭，主人豈得復取虞時左胖之臂而用之乎？明不然矣。○士虞記○外饗：凡小喪紀，陳其鼎俎而實之。詳見喪大記虞條。○卒哭章内有庖人以下三條，此章通用，當互考。○上大夫祔太牢，下大夫祔少牢。詳見卒哭章。○大夫附于士。士不附于大夫，附于大夫之昆弟。無昆弟，則從其昭穆，雖王父母在亦然。附，依注作「祔」，音同。

昭，常遥反。○附，皆讀爲祔。大夫祔於士，不敢以已尊自殊於其祖也。士不祔於大夫，自卑別於尊者也。大夫之昆弟，謂爲士者也。從其昭穆中一以上，祖又祖而已。附者，祔於先死者。○疏曰：「大夫祔於士」者，謂祖爲士，孫爲大夫，若死可以祔祭於祖之爲士者也。「士不附於大夫」者，謂先祖爲大夫，孫爲士，不可祔祭於大夫，唯得祔於大夫之兄弟爲士者。「無昆弟則從其昭穆」者，謂祖爲大夫，無昆弟爲士，則從其昭穆，謂祔於高祖爲士者。若高祖爲大夫，則祔於高祖昆弟爲士者。「雖王父母在亦然」者，謂孫死之後應合祔於王父，王父見在無可祔，亦如是祔於高祖也。祔者，祔祭於神，當從示旁爲之。云「大夫之昆弟謂爲士者也」，鄭恐經云「祔於大夫之昆弟」，恐大夫之昆弟身作大夫，士亦得祔之，故云大夫昆弟爲士者。若大夫昆弟全無士者，其孫雖士亦得祔之，故前文云「大夫祔於士」，是孫之尊可以祔祖之卑也。云「從其昭穆中一以上祖又祖而已」者，謂父爲昭，子爲穆，中猶閒也，謂自祖以上，閒一世各當昭穆而祔之。若不得祔祖，則閒去曾祖一世，祔於高祖。若高祖無可祔，則閒高祖之父一世，祔高祖之祖，故云「祖又祖而已」。是中一以上，喪服小記文也。○雜記

○婦附於其夫之所附之妃，無妃則亦從其昭穆之妃。妾附於妾祖姑，無妾祖姑，則亦從其昭穆之妾。夫所附之妃，於婦則祖姑。○疏曰：無妃，謂無祖姑。則亦從其昭穆之妃，謂亦閒一以上祔於高祖之妃。高祖無妃，則亦祔於高祖之祖妃。若其祖有昆弟之妃班爵同者，則亦祔之。○同上

○男子附於王父則配，女子祔於王母則不配。配，謂并祭。王母不配，則不祭王父也。有事於尊者可以及卑，有事於卑者不敢援尊。配與不配，祭饌如一，祝辭異，不言「以某妃配某氏」耳。女子，謂未嫁者，嫁未三月而死，猶歸葬於女氏之黨。

○疏曰：「男子附於王父則配」者，謂祭王父，并祭所配王母。「女子附于王母則不配」者，謂在室之女及已嫁未三月而死祔祭於王母，則不祭所配之王父。注云「配與不配，祭饌如一，祝辭異，不言『以某妃配某氏』耳」者，案特牲禮不云配，少牢禮云「以某妃配」，但士用特牲，大夫用少牢，其餘皆同，是祭饌如一。案少牢云「以某妃配某氏」〔一八〕，鄭注云：「某妃，某妻也。」「某氏，若言姜氏、子氏也。」此是言配也。不言配者，若特牲云用薦歲事于「皇祖某子」，不云以某妃配。特牲雖是常祭，容是禫月吉祭，故不舉配。○疏云「嫁未三月而死，猶歸葬於女氏之黨」者，曾子問文也。○同上○公子附於公子。不敢戚君。○疏曰：公子者，若公子之祖爲君，公子不敢祔之，祔於祖之兄弟爲公子者，不敢戚君故也。○同上○士大夫不得祔於諸侯，祔於諸祖父之爲士大夫者。其妻祔於諸祖姑，妾祔於妾祖姑，亡則中一以上而祔，祔必以其昭穆。士大夫，謂公子、公孫爲士大夫者。不得祔於諸侯，卑別也。既卒哭，各就其先君爲祖者兄弟之廟而祔之。中，猶閒也。○疏曰：禮：孫死祔祖。今祖爲諸侯，孫爲士大夫而死，則不得祔祖，謂祖貴，宜自卑遠之故也。「祔於諸祖父之爲士大夫」者，諸祖，祖之兄弟也〔一九〕，既不得祔祖，當祔祖之兄弟亦爲大夫士者也。「其妻祔於諸祖姑」者，夫既不得祔祖，故妻亦不得祔於祖姑，而可以祔於諸祖姑也。諸祖姑，是夫之諸祖父兄弟爲士大夫者之妻也。若祖無兄弟可祔，亦祔宗族之疏不爲諸侯者也。然上云「士易牲，祔於大夫」，而大夫不得易牲祔於諸侯者，諸侯之貴絶宗，故大夫士不得輕親也。「妾祔於妾祖姑」者，言妾死亦祔夫祖之妾也。「亡則中一以上而祔」者，亡，無也；中，閒也。若夫祖無妾，則又閒曾祖而祔高祖之妾也。凡祔，必使昭穆同，曾祖非夫同列也。然此下云「妾母不世祭」，於孫否，則妾無廟，今乃云祔及高祖者，當爲壇祔之耳。○小記○諸侯不得祔於天子，天子諸侯大夫可以祔於士。人莫敢卑其祖也。○疏曰：「諸侯不得祔於天子」者，亦謂祔祭，卑孫不可祔於尊祖也。「天子諸侯大夫可以祔於士」者，祖雖賤而孫雖貴，祔之不嫌也。若不祔之，則是自尊欲卑於祖也。○小記○婦祔於祖姑，祖姑有三人，則祔於親者。謂舅之母死而又有繼母二人也。親者，謂所生。○疏曰：「祖姑有三人則祔於親」者，謂舅之母有三人，親者，謂舅之所生者。言婦祔於姑，則祔於舅之所生者也。○小記〔二〇〕○案張子曰：祔葬祔祭極至理而論，只合祔一人。夫婦之道，當其初婚未嘗約再配。是夫只合一娶，婦只是合一嫁。今婦人夫死而不可再嫁，如天地之大義，夫豈得而再娶。然以重者計之，養親承家，祭祀繼續，不可無也，故有再娶之理。然其葬其祔，雖爲同穴同筵几，然譬之人情，一室中豈容二妻？以義斷之，須祔以首娶，繼室別爲一所可也。○或問朱先生曰：頃看程氏祭儀，謂凡配止用正妻一人，或奉祀之人是再娶所生，即以所生配。謂凡配止用正妻一人是也，若再娶者無子，或祔祭別位亦可也。若奉祀者是再娶之子，乃許用所生配。而正妻無子，遂不得配享，可乎？先生曰：程先生此說恐誤。唐會要中有論凡爲適母無先後皆當並祔合祭，與古者諸侯之禮不同。○又曰：夫婦之義如乾大坤至，自有差等，故方其生存，夫得有妻有妾，而妻之所天不容有二，況於死而配祔，又非生存之比。橫渠之說，似亦言之有太過也，只合從唐人所議爲允。況又有前妻無子，後妻有子之礙，其勢將有所杌隉而不安者。唯葬則今人夫婦未必皆合葬，繼室別營兆域宜亦可矣。○今案：喪服小記云：婦祔於祖姑，祖姑有三人，則祔於親者。祖姑有三人，皆得祔於廟，則其中必有再娶者，則再娶之妻自可祔廟。程子、張子特考之不詳耳，朱先生所辨正合禮經也。○其妻爲大夫而卒，而后其夫不爲大夫，而祔於其妻，則不易牲。妻卒而后夫爲大夫，而祔於其妻，則以大夫牲。妻爲大夫，夫爲大夫時卒，不易牲也。此謂始來仕無廟者，無廟者不祔。宗子去國，乃以廟從。○疏曰：「其妻爲大夫而卒」者，謂夫爲大夫時而妻死者也。「而后其夫不爲大夫」者，謂妻死後，夫或黜退，不復爲大夫而死也。「而祔於其妻，則不易牲」者，謂夫既不爲大夫，死若祔祭此妻，但依夫今所得用之牲，不得易用昔大夫時牲。「妻卒而后夫爲大夫，而祔於其妻，則以大夫牲」者，此謂妻死時夫未得爲大夫也，妻死後夫乃得爲大夫。今既祔祭其妻，則得用大夫牲，妻從夫之禮故也。注云「此謂始來仕無廟」者，若其有廟則死者當祔於祖，不得祔於其妻。今夫死祔於其妻，故知是無廟者。若其宗子去他國，乃以廟從，則祔於祖矣。小記○士祔於大夫則易牲。不敢以卑牲祭尊也〔二〕。大夫少牢也。○疏曰：謂祖爲大夫，孫爲士，孫死祔祖則用大夫牲，不敢用士牲，士牲卑，不可祭於尊者之前也。祭殤與無後者不云易牲，而此云「易牲」者，前是宗子家爲祭，不得同如宗子之禮，故殤及無後者，依亡人之貴賤禮供之。此是士卑，許進用大夫牲，故曰「易牲」。然賤不祔貴，而此云「士祔大夫」者，謂無士可祔，則不得不祔於大夫，猶如妾無妾祖姑，易牲而祔於女君可也。若有士則當祔於士，故雜記云：「士不祔於大夫。」謂先祖兄弟有爲士者當祔於士，不得祔於大夫也。○同上○妾無妾祖姑者，易牲而祔於女君可也。女君，適祖姑也。易牲而祔，則凡妾下女君一等。○疏曰：妾當祔於妾祖姑，若無妾祖姑，當祔於高祖妾祖姑，故前文云「亡則中一以上」。今又無高祖妾祖姑，則當易妾之牲，用女君之牲，祔於女君可也。注鄭恐女君是見在之女君，故云「女君，適祖姑也」。妾與女君牲牢無文，既云「易牲」，故云「下女君一等」。「下女君一等」者，若女君少牢，妾則特牲。若女君特牲，妾則特豚也。○同上○王父死，未練祥而孫又死，猶是附於王父也。未練祥，嫌未祫祭序於昭穆爾。王父既附，則孫可附焉。猶，當爲由；由，用也。附，皆當作祔。○疏曰：禮：孫死祔祖。今此明若祖喪雖未二祥而孫死，則孫亦得用是祔禮祔於祖也。注禮祔在練前，若祔後未練之前，則得祔，直云未練足矣。兼言祥者，案文二年穀梁傳云：「作主壞廟有時日，於練焉壞廟，壞廟之道，易檐可也，改塗可也。」注云：「親過高祖則毀其廟，以次而遷，將納新神，故示有所加。」以此言之，則練時壞祖與高祖之廟，改塗易檐，示有壞意。其以先祖入於太祖之廟，其祖祔入高祖廟〔一二〕，其新死者入祖廟，是練時遷廟也。三年喪畢，祫於大祖廟，是祥後祫也，故云「未練祥，嫌未祫祭，序於昭穆爾」。兼言「祥」者，恐未祫故也，故練祥兼言。但祖祔祭之後，即得祔新死之孫，故云「王父既祔，則孫可祔焉」。然王父雖祔未練，無廟，孫得祔於祖，其孫就王父所祔祖廟之中而祔祭王父焉。○雜記○庶子不祭殤與無後者，殤與無後者從祖祔食。不祭殤者，父之庶也。不祭無後者，祖之庶也。此二者當從祖祔食，而己不祭祖，無所食之也。共其牲物，而宗子主其禮焉。祖庶之殤，則自祭之。凡所祭殤者，唯適子耳。無後者，謂昆弟諸父也。宗子之諸父無後者，爲墠祭之。○疏曰：「殤與無後者從祖祔食」者，解庶所以不自祭義也。己不得祭父祖，而以此諸親皆各從其祖祔食。祖廟在宗子之家，故己不得自祭之也。○小記○曾子問曰：「女未廟見而死，則如之何？」孔子曰：「不遷於祖，不祔于皇姑。」詳見變禮昏條。○有父母之喪尚功衰，而祔昆弟之殤則練冠附，於殤稱「陽童某甫」，不名神也。此兄弟之殤，謂大功親以下之殤也。斬衰、齊衰之喪練，皆受以大功之衰，此謂之功衰。以是時而祔大功親以下之殤，大功親以下之殤輕，不易服。冠而兄爲殤，謂同年者也。兄十九而死，己明年因喪而冠。陽童，謂庶殤也。宗子，則曰陰童。童，未成人之稱也。某甫，且字也。尊神不名，爲之造字。○疏曰：知「大功親以下之殤」者，若大功正服，則變三年之練，此著練冠，故知大功親以下之殤也。若成人合服大功，其長殤小功，若成人小功，其長殤則緦麻，皆得著此三年練冠爲之祔，故云大功親以下之殤。言「以下」，兼小功也。己是祖之適孫，若祔大功兄弟長殤，得在祖廟，若小功兄弟長殤，則是祖之兄弟之後，當祔於從祖之廟。其小功兄弟身及父是庶人，不合立祖廟，則曾祖適孫爲之立壇，祔小功兄弟之長殤於從祖，立神而祭也。皇氏云：小功兄弟爲士，從祖爲大夫，士不可祔於大夫，當祔於大功親以下，從祖爲士，故祔小功兄弟長殤於己祖廟。義亦得通。云「大功親以下之殤輕不易服」者，案服問：大功殤長中，變三年之葛。得易首絰腰帶，不得易服，故此祔祭著練冠也。云「冠而兄爲殤謂同年者也」者，此鄭自難，云弟冠而兄得爲殤者，謂弟與兄同年十九也。云「兄十九而死己明年因喪而冠」者，此新死之兄既是小功之服，不合變三年之練，而得有因喪冠者，謂己明年之初用父母喪之練節而加冠，以後始祔兄弟也。云「陽童，謂庶殤也。宗子，則曰陰童。童，未成人之稱也」者，曾子問庶子之殤，祭於室白，故曰「陽童」。宗子殤死，祭於室奥，則曰陰童。云「某甫且字也」者，檀弓云：「五十以伯仲。」是正字。二十之時曰某甫，是且字，言且爲之立字。云「尊神不名爲之造字」者，以字者冠時所有，此兄去年已死，未得有字，雖云「某甫」，是死後祔時爲之造字。必造字者，以神道事之，不可觸名故也。○雜記○曰：「孝子某，孝顯相，夙興夜處，小心畏忌，不惰其身，不寧。稱孝者，吉祭。○疏曰：對虞時稱哀。案檀弓，虞爲喪祭，卒哭爲吉祭，祔在卒哭後，亦是吉祭，故鄭以吉祭言之也。用尹祭，尹祭，脯也。大夫士祭無云脯者。今不言牲號，而云尹祭，亦記者誤矣。○疏曰：鄭知尹祭是脯者，下曲禮云：「脯曰尹祭。」故知也。但曲禮所云是天子諸侯禮，用脯，案特牲、少牢無云用脯者，故云「大夫士祭無云脯者」。唯上餞尸有脯，此非餞尸，今不言牲號而云尹祭，亦記者誤也。以其上文初虞云「敢用絜牲剛鬣」，今不言牲號而云尹祭，是記人誤。云「亦」者，亦上文香合也。嘉薦，普淖，普薦，溲酒。普薦，鉶羹，不稱牲，記其異者。今文「溲」爲「醙」。○疏曰：知普薦是鉶羹者，案上文虞禮及特牲皆云「祝酌奠于鉶南」，則鉶在酒前而設，此亦普薦在酒上，故知也。但虞禮一鉶，此云饋食，則與特牲同二鉶，故云「普薦」也。云「不稱牲記其異」者，對與初虞之等稱牲，但記其異〔一三〕，雖不説牲之號，有號可知也。若然，云記其異者，所以嘉薦，普淖，普薦，溲酒，與前不異，記之，以其普薦與前異，將言設薦在普淖後、溲酒前，故并言其次矣。適爾皇祖某甫，以隮祔爾孫某甫，尚饗。」欲其祔合，兩告之。曾子問曰：「天子崩，國君薨，則祝取羣廟之主而藏諸祖廟，禮也。卒哭成事〔一四〕，而後主各反其廟。」然則士之皇祖，於卒哭亦反其廟。無主，則反廟之禮未聞，以其幣告之乎？○疏曰：「欲其祔合兩告之」者，欲使死者祔於皇祖，又使皇祖與死者合食，故須兩告之。是以告死者曰「適爾皇祖某甫」，謂皇祖曰「隮祔爾孫某甫」。二者俱饗，是其兩告也。引曾子問者，案彼鄭注云：「象有凶事者聚也。」云「卒哭成事而後主各反其廟」者，至祔須得祖之木主，以孫祔祭故也。天子諸侯有木主，可言聚與反廟之事，大夫無木主，聚而反之，故云「無主則反廟之禮未聞」。云「以其幣告之乎」者，曾子問云：無遷主，將行以幣帛爲主命。此大夫士或用幣，以依神而告使聚之，無正文，故云「乎」以疑之。○士虞禮記○卒哭條有祭稱孝子孝孫、脯曰尹祭爾條，此條通用，當互考。○案：卒哭有饗辭，此祔禮既有尸，則勸尸亦合有饗詞。今案卒哭饗辭注云：「祔及練祥亦同〔二五〕，但改哀爲孝耳。」則其詞宜云：「孝子某，圭爲而薦之，饗。」附所見於此。練、祥同。○父母之喪偕，先葬者不虞祔，待後事。詳見變除並有喪變服條〔二六〕。○練章有父母之喪將祭一條。此條通用，當互考。○祔練曰告。此致祭祀之餘於君子也。攝主言致福，申其辭也。自祭言膳，謙也。祔練言告，不敢以爲福膳也。○疏曰：以祭胙告君子，使知已祔祥而已。○少儀○朋友虞祔而已。喪服小記○詳見喪通禮主後條。○朋友虞附而退。雜記○詳見弔禮會葬條。

右祔○殷練而祔，周卒哭而祔。孔子善殷。期而神之人情。○檀弓○君氏卒，不祔于姑。詳見喪大記命赴條〔二七〕。

期而小祥。小祥，祭名。祥，吉也。檀弓曰：「歸祥肉。」古文「期」皆作「基」。○疏曰：自祔以後至十三月小祥，故云「期而小祥」。引檀弓者，彼謂顔回之喪，饋祥肉於孔子。彼云「饋」，此云「歸」者，饋即歸也，故變文言之。引之者，證小祥是祭，故有肉也。○士虞記○期而練。詳見喪服義。○十三月而練。同上○期之喪，十一月而練，十三月而祥，十五月而禫。此謂父在爲母也。○雜記○凡卜筮日，喪事先遠日。詳見士喪禮卜葬條。○大祥通用。○練，筮日筮尸視濯，皆要絰杖繩屨，有司告具而后去杖。筮日筮尸，有司告事畢而后杖拜送賓。詳見喪服變除練條。○大祝：練掌國事。詳見祔條。○大功者主人之喪，有三年者，則必爲之再祭。詳見喪通禮主後章。○大祥通用。○主妾之喪則練，使其子主之。詳見祔章〔二八〕。○五廟之孫，祖廟未毀，雖爲庶人，練則告。詳見士喪禮命赴條。○凡喪小功以上，非練無沐浴。詳見祔章。○練而慨然。詳見喪通禮哀戚條。○期而祭，禮也。期而除喪，道也。祭不爲除喪也。詳見變除練除服條。○練主用栗。詳見喪大記作主條。○吉主於練。同上○作主壞廟，有時日於練焉壞廟。壞廟之道，易檐可也，改塗可也。壞，音怪。檐，以占反。○疏曰：作主在十三月，壞廟在三年喪終，而傳連言之者，此主終入廟，入廟即易檐，以事相繼，故連言之，非謂作主、壞廟同時也。或以爲練而作主之時則易檐改塗，故此傳云於練壞廟，於傳文雖順，舊說不然，故不從之，直記異聞耳〔二九〕。○文二年穀梁傳○作主之說已見喪大記作主條〔三〇〕。又案張子曰：「祔與遷自是兩事，祔者奉新死者之主而告新死者以將遷于此廟也。既告則復新死者之主於寢，而祖亦未遷，比至于練，乃遷其祖入他廟，或夾室而遷新死者之主于其廟。」今案橫渠之説如此，鄭注亦然，既因練而遷，則必易檐改塗而後遷。此疏乃謂壞廟在三年，則失之矣。但練雖遷主于廟，祭訖復反主於寢，詳見祔章。明日以其班祔注文當考。○卒哭章祭成喪者必有尸以下二條，又庖人以下至祭以大夫又祭稱孝子孝孫，並此條通用，當互考。○曰：「薦此常事。」祝辭之異者。言「常」者，期而祭，禮也。古文「常」爲「祥」。○疏曰：注云「祝辭之異者」，謂小祥辭與虞祔之辭有異。異者，以虞祔之祭非常，一期天氣變易，孝子思之而祭，是其常事，故祝辭異也。云「期而祭禮也」者，喪服小記文。案彼云：「期而祭，禮也；期而除喪，道也。」祭不爲除喪也。注云：「此謂練祭也。禮：正月存親，親亡至今而期，期則宜祭。期，天道一變，哀惻之情益衰，衰則宜除，不相爲也。」是以謂小祥祭，爲常事也。○士虞記○祔條饗辭，此條所通用，詳見祔禮注，當互考。○自諸侯達諸士，小祥之祭，主人之酢也嚌之，衆賓兄弟則皆啐之。大祥，主人啐之，衆賓兄弟皆飲之可也。嚌、啐，皆嘗也。嚌，至齒。啐，入口。○疏曰：「主人之酢者嚌之」者，謂正祭之後，主人獻賓長，賓長酢主人，主人受賓長酢則嚌之也。「衆賓兄弟則皆啐之」者，亦謂衆賓及兄弟祭末受獻之時啐之也，以其差輕故也。「大祥，主人啐之」者，謂主人受賓酢之時，主人啐之。「衆賓兄弟皆飲之可也」，必知此主人之酢，非受尸酢者，以士虞禮主人主婦獻尸受酢之時皆卒爵。虞祭比小祥爲重尚卒爵，今大祥祭主人受尸之酢何得惟嚌之而已？故知受賓酢也。受尸酢，神惠爲重，雖在喪亦卒爵，賓禮爲輕，受賓之酢但嚌之。知喪祭有受賓酢者，鄭注曾子問云「虞不致爵，小祥不旅酬，大祥無」，無筭爵〔三一〕。故知小祥之祭〔三二〕，旅酬之前皆爲之也。○雜記○大夫士父母之喪，既練而歸，朔月忌日，則歸哭于宗室。詳見通禮居處條。○婦人喪父母，既練而歸。同上○公之喪，大夫俟練，士卒哭而歸。同上○既練，舍外寢，始食菜果飯素食，哭無時。詳見喪服斬衰章。○既練，居堊室，不與人居。君謀國政，大夫士謀家事。詳見通禮居處動作條。○期而小祥，居堊室，寢有席。詳見通禮居處條。○三年之喪，練，不羣立，不旅行。詳見變禮弔條。○三年之喪，雖功衰不弔。同上○如三年之喪，則既穎，其練祥皆行。詳見變除並有喪變服條。○父母之喪，將祭而昆弟死，既殯而祭。如同宫，則雖臣妾葬而后祭。祭，主人之升、降、散等，執事亦散等，雖虞、祔亦然。將祭，謂練祥也。言若同宫，則是昆弟異宫也。古者昆弟異居同財，有東宫，有西宫，有南宫，有北宫。有父母之喪，當在殯宫而在異宫者，疾病或歸者。主人，適子。散等栗階，爲新喪略威儀。○疏曰：將祭，謂將行大小祥祭也。「而昆弟死既殯而祭」者，若將祭而有兄弟死，則待殯後乃祭也。今不待葬後者，兄弟輕，故始殯後便可行吉祭也。「如同宫則雖臣妾葬而後祭」者，兄弟既殯後而行父母之祭，謂異宫者耳。若同宫，雖臣妾之輕卑，死猶待葬後乃行父母祭也。所以爾者，吉凶不相干，故喪服傳云：「有死於宫中者，則爲之三月不舉祭。」庾氏云：小祥之祭已涉於吉，尸柩至凶，故不可以相干，其虞祔則得爲之矣。若喪柩即去者，則亦祭，不待於三月可知矣。「祭主人之升降散等」者，祭，猶謂二祥祭；散，栗也；等，階也。吉祭則涉級聚足，喪祭則栗階，故云「散等」也。如此，祥祭宜涉級，於時爲有兄弟喪，故少威儀作散等也。「執事者亦散等」者，助執祭者亦栗階也。「雖虞祔亦然」者，謂主人至昆弟虞祔而行父母二祥祭，而執事者亦散等。○雜記○此條前祔後大祥皆通用。○君之喪，服除而後殷祭，禮也。詳見喪變禮並有喪條。○三年而后葬者必再祭，其祭之閒不同時而除喪。再祭，練祥也。閒不同時者，當異月也。既祔明月練而祭，又明月祥而祭，必異月者，以葬與練祥本異歲，宜異時也。而除喪已祥，則除不禫〔三三〕。○詳見變禮久而不葬條。○殷祭以下二條，大祥通用。○祔練曰告。詳見祔條。

右練祔章有殷練而祔，此章通用，當互考。○曾子問曰：「祭如之何則不行旅酬之事矣？」孔子曰：「聞之小祥者，主人練祭而不旅，奠酬於賓，賓弗舉，禮也。奠無尸，虞不致爵，小祥不旅酬，大祥無無筭爵，彌吉。昔者魯昭公練而舉酬行旅，非禮也。孝公大祥奠酬弗舉，亦非禮也。」疏曰：練，小祥祭也。旅，謂旅酬，故奠無尸。虞不致爵，至小祥彌吉，但得致爵於賓，而不得行旅酬之事，大祥乃得行旅酬，而不得行無筭爵之事也。此皆謂喪事簡略，於禮未備故也。案士虞禮云：「男，男尸。女，女尸。」檀弓云：「虞而立尸。」是虞時始立尸，故云「奠無尸」。奠所以無尸者，奠是未葬之前，形體尚在，未忍立尸異於生，故未立尸。虞是既葬之後，形體已去，鬼神事之，故立尸以象神也。又案特牲云：祝延尸於奧，「尸即席坐，主人拜妥尸，尸答拜」，「尸左執觶，右取菹揳于醢，祭于豆閒。佐食取黍稷肺祭授尸，尸祭之，祭酒啐酒」，祭鉶，乃食九飯。「主人洗角，升酌酳尸。」尸卒爵，「祝酌授尸，尸以酢主人」。主人卒爵筵，祝南面，主人酌獻祝，祝受卒爵，主人酌獻佐食，佐食受卒爵。此是主人之獻也。特牲又云：主婦洗爵獻尸，尸卒爵，尸酢主婦，主婦卒爵，主婦酌獻祝，祝卒爵，酌獻佐食，佐食卒爵。此是主婦之獻也。賓三獻，獻于尸，尸三爵止。注云：「尸止爵者，三獻禮成，欲神惠之均於室中。」云「虞不致爵」者，案士虞禮賓三獻尸，尸卒爵禮畢，無致爵以下之事，所謂「虞不致爵」也。案特牲又云：尸止爵之後，「席于戶內。主婦洗爵酌，致爵于主人，主人拜受爵，主婦拜送爵」。主人「卒爵拜，主婦答拜，受爵，酌酢，左執爵，拜，主人答拜」。「主人降，洗酌〔三四〕，致爵于主婦，席于房中南面。主婦拜受爵，主人西面答拜」，主婦卒爵拜，主人答拜。主人更爵酢，卒爵拜，主婦答拜，所謂致爵也。三獻之賓作，尸所止爵，尸飲，卒爵酢賓。賓飲卒爵，獻祝及佐食，致爵于主人主婦畢，主人降阼階，升，酌，西階上獻賓及衆賓訖，主人洗觶，于西階前北面酬賓訖，主人洗爵，于阼階上獻長兄弟及衆兄弟及内兄弟于房中。獻畢，賓乃坐取主人所酬之觶，於阼階前酬長兄弟受觶，於西階前酬衆賓，衆賓酬衆兄弟，所謂旅酬也。云「小祥不旅酬」者，賓不舉主人所酬之觶，不行旅酬之事。所謂小祥不旅酬，謂莫酬於主人，主人酬於賓，賓不舉也。旅酬之後，賓弟子、兄弟弟子各酌于其尊，舉觶各於其長，賓取觶酬兄弟之黨，長兄弟取觶酬賓之黨，所謂無筭爵也。云「大祥無無筭爵彌吉」者，大祥乃得行旅酬而不得行此無筭爵之事，故云「大祥無無筭爵」。以其漸漸備禮，故云「彌吉」，仍未純吉也。「昔者魯昭公練而舉酬行旅非禮也」者，練祭但得致爵於賓，賓不合舉此爵而行旅酬，今昭公行之，故曰非禮也。大祥彌吉得行旅酬〔三五〕，今孝公不然，亦曰非禮。○曾子問

又期而大祥〔三六〕。又，復也。○疏曰：此謂二十五月大祥祭，故云復期也。○士虞記○父母之喪，三年而祥。詳見喪服義。○三年之喪，二十五月而畢。同上○期之喪，十三月而祥。雜記○練章有喪事先遠日一條，此條所通用，當互考。○大祝：祥，掌國事。詳見祔條。○五廟之孫，祖廟未毁，雖爲庶人，祥則告〔三七〕。詳見練條。○主妾之喪，則自附至於祥，使其子主之。詳見祔條。○練章有大功者主人之喪爲之再祭，此條通用，當互考。○非祥無沐浴。詳見祔條。○卒

哭章内有祭成喪者必有尸下二條，庖人、圉人、籩人及祭從生者下三條，祭稱孝子孝孫一條，皆大祥所通用，當互考。○曰薦此祥事。變言祥事，亦是常事也。○士虞記○祔條饗辭，此條所通用，詳見祔禮注，當互考。○自諸侯達諸士，大祥主人啐之，衆賓兄弟皆飲之可也。詳見練章。○如三年之喪，則既穎，其練祥皆行。詳見練章。○練章有父母之喪將祭、又君之喪服除而后殷祭、又三年而后葬者必再祭三條，皆大祥所通用，當互考。○祥而廓然。詳見通禮哀戚條。○既祥，黝堊。詳見通禮居處條。○又期而大祥，有醯醬，居復寢，素縞麻衣。詳見變除。○祥而外無哭者，禫而内無哭者，樂作矣故也。外無哭者，於門外不哭也。内無哭者，入門不哭也。禫踰月而可作樂，樂作無哭者。○疏曰：祥，大祥也。外，中門外，即堊室中也。祥之日鼓素琴，故中門外不哭也。内，中門内也。禫已縣八音於庭，故門内不復哭也。「樂作矣故也」者，二處兩時不哭，是並有樂作故也。○喪大記○祥之日鼓素琴。詳見喪服義。○喪復常，讀樂章。疏曰：謂大祥除服之後也。樂章，謂樂書之篇章，謂詩也。○曲禮○三年之喪，祥而從政。詳見通禮動作條。○曾子曰：「廢喪服，可以與於饋奠之事乎？」孔子曰：「説衰與奠，非禮也，以擯相可也。」詳見變禮祭條。

右大祥○孝公大祥奠酬弗舉，亦非禮也。詳見練章。○孔子既祥，五日彈琴而不成聲，哀未忘也。十日而成笙歌。踰月且異旬也。祥亦凶事，用遠日，五日彈琴，十日笙歌，除由外也。琴以手，笙歌以氣。○疏曰：十日而成笙歌者，上云「彈琴而不成聲」，此云「十日而成笙歌」之聲音，曲諧和也。先彈琴，後笙歌者，由彈以手，手是形之外，故曰「除由外也」。祥是凶事用遠日，故十日得踰月，若其卜遠不吉，則用近日，雖祥後十日，亦不成笙歌，以其未踰月也。○檀弓○子夏既除喪而見，見於孔子。予之琴，和之而不和，彈之而不成聲，樂由人心。作而曰：「哀未忘也，先王制禮而弗敢過也。」作，起。子張既除喪而見，予之琴，和之而和，彈之而成聲，作而曰：「先王制禮，不敢不至焉。」雖情異善其俱順禮。○疏曰：案家語及詩傳皆言：子夏喪畢，夫子與琴，援琴而絃，衎衎而樂。閔子騫喪畢，夫子與琴，援琴而絃，切切而哀。與此不同者，當以家語及詩傳爲正，知者，以子夏喪親無異聞焉，能彈琴而不成聲。而閔子騫至孝之人，故孔子善之，云「孝哉閔子騫」。家語、詩傳云「援琴而絃，切切而哀」，以爲正也。熊氏以爲子夏居父母之喪異，故不同也。○同上○魯人有朝祥而莫歌者，子路笑之，笑其爲樂速。夫子曰：「由，爾責於人，終無已夫。三年之喪，亦已久矣夫。」爲當時如此，人行三年喪者希，抑子路以善彼。子路出，夫子曰：「又多乎哉，踰月則其善也。」又，復也[三八]。○疏曰：祥，謂二十五月大祥，歌哭不同日，故仲由笑之也。然祥日得鼓素琴也，時人皆廢而此獨能行，何須笑之。案喪服四制：「喪之日，鼓素琴。」不譏彈琴而譏歌者，琴以手，笙歌以氣，手在外而遠，氣在內而近也。○同上○顏淵之喪，饋祥肉，饋，遺也。孔子出受之，入，彈琴而後食之。彈琴以散哀也。○同上

中月而禫。禫，大感反。○中，猶閒也。禫，祭名也。與大祥閒一月。自喪至此，凡二十七月，禫

之言澹澹然平安意也。古文「禫」，或爲「導」。○猶閒，閒側之閒，下同。○疏曰：知與大祥閒一月，二十七月禫，徙月樂，二十八月復平常，正作樂也。云「禫之言澹澹然平安意也」者〔三九〕，禫月得無所不佩，又於禫月將鄉吉祭，又得樂懸，故云「平安意」也。但至後月，乃是即吉之正也。○士虞記○檀弓疏云：其祥禫之月，先儒不同。王肅以二十五月大祥，其月爲禫，二十六月作樂〔四〇〕。所以然者，以下云「祥而縞，是月禫，徙月樂」，又與上文魯人朝祥而莫歌。孔子云：「踰月則其善。」是皆祥之後月作樂也。又閒傳云：三年之喪，二十五月而畢。又士虞禮「中月而禫」，是祥月之中也，與尚書「文王中身享國」〔四一〕，謂「身之中閒」同。又文公二年冬「公子遂如齊納幣」，是僖公之喪至此二十六月，而左氏云「納幣，禮也」，故王肅以二十五月禫除喪畢。而鄭康成則二十五月大祥，二十七月而禫，二十八月而作樂復平常。鄭必以爲二十七月禫者，以雜記云，父在，爲母，爲妻，十三月大祥，十五月禫。爲母、爲妻尚祥禫異月，豈容三年之喪乃祥禫同月？若以父在爲母屈而不申，故延禫月，其爲妻當亦不申祥、禫異月乎？若以「中月而禫」爲月之中閒，應云「月中而禫」，何以言「中月」乎？案喪服小記云：「妾祔於妾祖姑，亡則中一以上而祔。」又學記云：「中年考校。」皆以中爲閒，謂閒隔一年，故以中月爲閒隔一月也，下云「祥而縞，是月禫，徙月樂」是也。謂大祥者縞冠，是月禫，謂是此禫月而禫，二者各自爲義，事不相干。故論語云：「子於是日哭，則不歌。」文無所繼，亦云是日。文公二年「公子遂如齊納幣」者，鄭箴膏肓：「僖公母成風主婚，得權時之禮，若公羊猶譏其喪娶。」其「魯人朝祥而莫歌」，及喪服四制云「祥之日，鼓素琴」，及「夫子五日彈琴不成聲，十日成笙歌」，并此「獻子禫縣」之屬，皆據省樂忘哀，非正樂也。其八音之樂，工人所奏，必待二十八月也，即此下文「是月禫，徙月樂」是也。其朝祥莫歌，非正樂歌，是樂之細別亦得稱樂，故鄭云「笑其爲樂速也」。其三年問云：「三年之喪，二十五月而畢。」據喪事終，除衰去杖，其餘哀未盡，故更延兩月，非喪之正也。王肅難鄭云：若以二十七月禫，其歲末遭喪，則出入四年，喪服小記何以云「再期之喪三年」？如王肅此難，則爲母十五月而禫，出入三年，小記何以云「期之喪二年」？明小記所云，據喪之大斷也。又肅以月中而禫，案曲禮「喪事先遠日」，則大祥當在下旬，禫祭又在祥後，何得云「中月而禫」？又禫後何以容吉祭？故鄭云二十七月也。戴德喪服變除禮：「二十五月大祥，二十七月而禫。」故鄭依而用焉。鄭以二十八月樂作，喪大記何以云「禫而内無哭者，樂作矣」？似禫後許作樂者。大記所謂禫後方將作樂，釋其「内無哭者」之意，非謂即作樂。大記又云：「禫而從御〔四二〕，吉祭而復寢。」間傳何以云大祥「居復寢」？間傳所云者，去堊室，復殯宫之寢。大記云「禫而從御」，謂禫後得御婦人，必待吉祭然後復寢。其吉祭者，是禫月值四時而吉祭，外而爲之，其祝辭猶不稱以某妃配，故士虞禮云：「吉祭猶未配。」○今案：疏文所辨禫祭月日，正讀禮者所當考，元繫於孟獻子「縣而不樂」之下，今移於此，庶學者易於檢尋也。

○爲父、母、妻、長子禫。目所爲禫者也。○疏曰：此一經，鄭云「目所爲禫者」，此一人而已，然慈母亦宜禫也。而下有「庶子在父之室，爲其母不禫」，則在父室爲慈母亦不禫也，故不言之。妻爲夫亦禫也，但記文不具。○小記

○庶子在父之室，則爲其母不禫。妾子父在厭也。○同上

○宗子，母在爲妻禫。宗子之妻尊也。○疏曰：此一節論宗子妻尊，得爲妻伸禫之事。宗子爲百世不遷之宗。賀瑒云：父在，適子爲妻不杖，不杖則不禫。若父没母存，則爲妻得杖，

又得禫。凡適子皆然。嫌畏宗子尊厭其妻〔四三〕，故特云「宗子母在爲妻禫」。宗子尚然，則其餘適子母在爲妻禫可知。賀循云：「出居廬，論稱杖者必廬，廬者必禫。」此明杖章尋常之禮，謂杖章之内居廬必禫。若别而言之，則杖有不禫，禫有不杖者。案小記篇云「宗子，母在爲妻禫」，則其非宗子〔四四〕，其餘適庶母在爲妻並不得禫也。小記又云：「父在」，「爲妻以杖即位」。鄭玄云：「庶子爲妻。」然父在爲妻猶有其杖，則父没母存有杖可知。此是杖有不禫者也。小記又云：「庶子在父之室，則爲其母不禫。」若其不杖，則喪服不杖之條應有庶子爲母不杖之文。今無其文，則猶杖可知也。前文云「三年而后葬」者，但有練祥而無禫，是有杖無禫，此二條是杖而不禫。賀循又云：婦人尊微不奪正服，並厭，其餘哀。如賀循此論，則母皆厭，其適子、庶子不得爲妻杖也，故宗子妻尊，母所不厭，故特明得禫也。○同上○期之喪，十五月而禫。詳見前練條。○卒哭章内有天子諸侯之喪不斬衰者不與祭一條，祭成喪者必有尸下二條，庖人、圃人、籩人及祭從生者以下二條，祭稱孝子孝孫一條，又祔章饗辭，皆此條通用，當互考。

○中月而禫，禫而飲醴酒。始飲酒者，先飲醴酒；始食肉者，先食乾肉。先飲醴酒，食乾肉者，不忍發御厚味。○間傳○禫而牀。同上○禫而從御，吉祭而復寢。從御，御婦人也。復寢，不復宿殯宫也。○疏曰：吉祭而復寢者，謂禫祭之後，同月之内值吉祭之節，行吉祭訖而復寢。若不當四時，吉祭則踰月，吉祭乃復寢，故士虞記云：「中月禫，是月也，吉祭猶未配。」注云：「是月，是禫月也。」當四時之祭月則祭也。亦不待踰月，故熊氏云：「不當四時，祭月則待踰月也。」案間傳既祥復寢與此吉祭復寢不同者，彼謂不復宿中門外，復於殯宫之寢，此吉祭後不復宿殯宫，復於平常之寢。文雖同，義別，故此注「不復宿殯宮也」，明大祥後宿殯宮也。○喪大記○禫而內無哭者，樂作矣故也。詳見前祥條。○是月禫，徙月樂。言禫明月可以用樂。○疏曰：是月禫徙月樂者，鄭志曰：「既禫徙月而樂作，禮之正也。」孔子五日彈琴自省樂，哀未忘耳。踰月可以歌，皆自身踰月所爲也。既禫始得備樂，而在心猶未忘，哀殺有漸，是以樂亦隨之也。○檀弓

右禫○孟獻子禫，縣而不樂，比御而不入。可以御婦人矣，尚不復寢。孟獻子，魯大夫仲孫蔑。夫子曰：「獻子加於人一等矣。」加，猶踰也。○疏曰：此一節論獻子除喪作樂，得禮之宜也。依禮，禫祭暫縣省樂而不恒作也，至二十八月乃始作樂。又依禮，禫後吉祭乃始復寢，當時人禫祭之後則恒作樂，未至吉祭而復寢。今孟獻子既禫，暫縣省樂而不恒作，可以御婦人而不入寢，雖於禮是常而特異餘人，故夫子善之云「獻子加於人一等矣」。○檀弓

是月也，吉祭猶未配。是月，是禫月也。當四時之祭月則祭，猶未以某妃配某氏，哀未忘也。少牢饋食禮祝祝曰：「孝孫某，敢用柔毛剛鬣，嘉薦普淖，用薦歲事于皇祖伯某，以某妃配某氏。尚饗。」○某妃，豐非反，又音配。○疏曰：謂是禫月禫祭仍在寢，此月當四時吉祭之月，則于廟行四時之祭，而猶未得以某妃配，哀未忘若喪中然也。言「猶」者，如祥祭以前，不以妃配也。案禮記云：「吉事先近日，喪事先遠日。」則大祥之祭仍從喪事，先用遠日下旬爲之，故檀弓云：「孔子既祥，五日彈琴而不成聲，十日而成笙歌。」注：「踰月且異旬也。」祥亦凶事，先遠日。案此禫言澹然平安，得行四時之祭，則可從吉事，先近日，用上旬爲之。若然，二十七月上旬行禫祭於寢，當祭月即從四時祭於廟，亦用上旬爲之。引少

牢禮者，證禫月吉祭未配，後月吉如少牢，配可知也。○士虞禮〔四五〕○吉祭而復寢。詳見禫條。

右吉祭○僖八年秋七月，禘于大廟，用致夫人。禘，三年大祭之名。大廟，周公廟。致者，致新死之主於廟，而列之昭穆。夫人淫而與弑，不薨於寢，於禮不應致，故僖公疑其禮。歷三禘，今果行之，嫌異常，故書之。○弑，音試。○春秋○秋，禘而致哀姜焉，非禮也。凡夫人，不薨于寢，不殯于廟，不赴于同，不祔于姑，則弗致也。寢，小寢。同，同盟。將葬又不以殯過廟。據經哀姜薨葬之文，則爲殯廟、赴同、祔姑。今當以不薨于寢，不得致也。○左氏傳○閔二年夏五月乙酉，吉禘于莊公。三年喪畢，致新死者之主於廟，廟之遠主當遷入祧，因是大祭以審昭穆，謂之禘。莊公喪制未闋，時别立廟，廟成而吉祭又不於大廟〔四六〕，故詳書以示譏。○闋，苦穴反。○春秋○夏吉禘于莊公，速也。左氏傳○其言吉何？據禘于大廟不言吉。言吉者，未可以吉也。都未可以吉祭。經舉重，不書禘于大廟，嫌獨莊公不當禘，于大廟可禘者，故加吉，明大廟皆不當。曷爲未可以吉？未三年也。禮：禘祫從先君數，朝聘從今君數。三年喪畢，遭禘則禘，遭祫則祫。○數，所主反。祫，音洽。三年矣，曷爲謂之未三年？三年之喪，實以二十五月。時莊公薨至是適二十二月，所以必二十五月者，取期再期，恩倍漸三年也。孔子曰：「子生三年然後免於父母之懷，夫三年之喪，天下之通喪。」禮士虞記曰：「期而小祥，曰薦此常事。又期而大祥，曰薦此祥事。中月而禫。是月也，吉祭，猶未配。」是月者，二十七月也。傳言二十五月者，在二十五月外可不譏。其言于莊公何？據禘于大廟，不言周公，祫僖公不言僖宮。未可以稱宮廟也。曷爲未可以稱宮廟？在三年之中矣。當思慕悲哀，未可以鬼神事之。吉禘于莊公，何以書？譏。何譏爾？譏始不三年也。與託始同義。○疏曰：注經「舉重不書」者，云春秋之義，常事不書，有善惡者乃始録而美刺之。今既已舉重，特書于莊公，不書於大廟，則嫌莊公一廟獨不當禘大廟，便可禘矣。然莊公卑于始祖而言舉重者，言三年之内作吉祭之時，莊公最不宜吉，故言「舉重」，不謂莊公尊于始祖也。○公羊傳○吉禘于莊公。三年喪畢，致新死者之主於廟，廟之遠主當遷入太祖之廟，因是大祭以審昭穆，謂之禘。莊公喪制未闋，時别立廟，廟成而吉祭，又不於太廟，故詳書以示譏。吉禘者，不吉者也。喪事未畢而舉吉祭，故非之也。禘，徒帝反。○莊公薨，至此方二十二月，喪未畢。○疏曰：言禘於莊公，即是莊公立宮而不稱宮者。莊公廟雖立訖，而公服未除，至此始二十二月，未滿三年，故不得稱宮也。此喪服未終舉吉，以非之。文二年亦喪服未終而大事于大廟，不言吉者，其譏已明，故不復云吉。言大事者，秋祫而物成，其祀大〔四七〕，故傳云「大是事也，著祫嘗」是也。凡祭祀之禮書者皆譏，故范略例云：「祭祀例有九，皆書月以示譏。」九者，謂：桓有二烝一嘗，總三也；閔吉禘，四也；僖禘大廟，五也；文著祫嘗，六也；宣公有事，七也；昭公禘武宮，八也；定公從祀，九也。知禘是三年喪畢之祭者，此莊公薨來二十二月仍書吉以譏之，明三年喪畢方得爲也。知必於大廟者，明堂位曰「季夏六月，以禘禮祀周公於太廟」是也。其禘祀之月，王肅、杜預之徒皆以二十五月除喪即得行禘祭，鄭玄則以二十八月始服吉嘗，即祫於太廟，明年春始禘於羣廟。今范云三年喪畢禘於大廟，必不得與明年春禘於羣廟同，其除喪之月或與鄭合，故何休注公羊亦以除喪在二十七月之後也。方者，未至之辭。此實二十二月而云方者，莊公以三十二年八月薨，至此年五月，始滿二十二月，未盡其月爲禘祭，故言「方」，或可譏其大速以甚言之，故云方也。○穀梁傳

小史：若有事，則詔王之忌諱。先王死日爲忌，名爲諱。○疏曰：先王死日爲忌名爲諱者，告王當避此二事。○春官○大夫士父母之喪，既練而歸，忌日則歸哭于宗室。詳見練章。○君子有終身之喪，忌日之謂也。詳見喪禮義。○喪三年以爲極，亡則弗之忘矣，故君子有終身之憂，而無一朝之患，故忌日不樂。同上

右忌日○文王之祭也，事死者如事生，思死者如不欲生，忌日必哀，稱諱如見親。詳見喪禮義。

校勘記

〔一〕卒哭祔練祥禫記七　「七」，原脱，據四庫本、賀本補。

〔二〕士虞記　「士虞記」，句本作「本經記」，朝鮮本、吕本、四庫本同，據賀本改。

〔三〕饌籩豆　「饌」，原作「餞」，據賀本及儀禮注疏改。

〔四〕今卒哭祭末餞尸於門外　「末」，原作「未」，據賀本及儀禮注疏改。

〔五〕婦人出者　「出」，原脱，據四庫本、賀本補。又句上「鄭注云」，賀本無。

〔六〕今餞尸　「今」，原作「水」，據朝鮮本、四庫本及儀禮注疏改。

〔七〕今餞尸在寢門外　「尸」，原作「凡」，據朝鮮本、吕本、四庫本、賀本改。

〔八〕經云入徹主人不與　「經」，原作「經」，據朝鮮本、四庫本、吕本改。

〔九〕齊斬婦人帶不變也　「變」，原作「説」，據賀本及儀禮注疏改。

〔一〇〕云時亦不説者未可以輕文變於主婦之質者　「不」下，原衍「可」字，據賀本及儀禮注疏删。

〔一一〕士虞禮記　句原作「詳見士虞記」，據賀本改。

〔一二〕謂高祖之父當遷者也　「者也」，原誤倒，據四庫本及禮記正義改。

〔一三〕而已言便心瞿憶父母　「言」，原脱，據賀本及禮記正義補。

〔一四〕程子曰　「程」，當作「張」，句下爲張載經學理窟文。下「程子」同。

〔一五〕然鄭氏説凡祔已復于寢練而後遷廟　「復」，原作「父」，朝鮮本作「反」，據吕本、四庫本、賀本改。

〔一六〕士虞禮　「禮」，賀本作「記」。

〔一七〕喪服小記　「服」，原脱，據賀本及禮記正義補。

〔一八〕案少牢云以某妃配某氏　「某」，原作「其」，據朝鮮本、吕本及禮記正義改。

〔一九〕祖之兄弟也　句上，衍「疏諸」二字，據賀本及禮記正義删。

〔二〇〕小記　句上，原有「喪」字，據賀本删。

〔二一〕不敢以卑牲祭尊也　「不敢」，原脱，據賀本及禮記正義補。

〔二二〕其祖祔入高祖廟　「祔」，賀本及禮記正義作「傳」。

〔二三〕但記其異　「記」，原作「詞」，據朝鮮本、吕本、四庫本、賀本改。

〔二四〕卒哭成事　「哭」，原作「器」，據朝鮮本、吕本、四庫本、賀本改。

〔二五〕祔及練祥亦同　「亦」，原作「不」，賀本作「皆」，據朝鮮本及讀禮通考所引改。

〔二六〕詳見變除並有變喪變服條　句漫漶，賀本作「詳見喪服變除篇並有喪服章」，據朝鮮本改。

〔二七〕詳見喪大記命赴條　「喪大」，賀本作「本經」。

〔二八〕詳見祔章　「祔」，原作「附」，據朝鮮本、吕本、四庫本改。

〔二九〕直記異聞耳　「聞」，原作「同」，據賀本及春秋公羊傳注疏改。

〔三〇〕作主之説已見喪大記作主條　句上，賀本有「今按」二字。

〔三一〕無筭爵　「無」，原脱，據賀本及禮記正義補。

〔三二〕故知小祥之祭　「小」，原作「大」，據賀本及禮記正義改。

〔三三〕則除不禫　句下，賀本有「〇小記」二字。

〔三四〕洗酌　「酌」，原作「爵」，據朝鮮本、賀本及禮記正義改。

〔三五〕大祥彌吉得行旅酬　「得」，原作「禮」，據朝鮮本、賀本及禮記正義改。

〔三六〕又期而大祥　「期」，原作「棋」，據朝鮮本、吕本、四庫本改。

〔三七〕祥則告　「則」，原作「必」，據賀本及禮記正義改。

〔三八〕復也　「也」，原作「出」，據四庫本、賀本改。

〔三九〕云禫之言澹澹然平安意也者　「安」，原作「常」，據朝鮮本、賀本改。

〔四〇〕二十六月作樂　「二」，原作「一」，據朝鮮本、四庫本、賀本改。

〔四一〕與尚書文王中身享國　「王」，原作「上」，據四庫本、賀本改。

〔四二〕禫而從御　「從」，原作「後」，據朝鮮本、吕本及禮記正義改。

〔四三〕嫌畏宗子尊厭其妻　「妻」，原作「得」，據吕本、四庫本及禮記正義改。

〔四四〕則其非宗子　「其」，原作「有」，據賀本及禮記正義改。

〔四五〕士虞禮　句下，賀本有「記」字。

〔四六〕廟成而吉祭又不於大廟　「成」，原作「或」，據朝鮮本、吕本、四庫本改。

〔四七〕其祀大　「大」，原脱，據四庫本及春秋穀梁傳注疏補。